作者简介

廖福田，男，中共党员，浙江省永嘉县人。

自部队退伍后，曾先后在公安机关、检察机关、监察机关、国家安全机关、纪检监察机关工作。

主要著作：编著《刑法分则的理论与司法实践》（法律出版社，1993年版），合著《新刑法全书》（中国人民公安大学出版社，1997年版）、《毒品犯罪惩治与防范全书》（中国法制出版社，1998年版），独著《受贿罪纵览与探究——从理论积淀到实务前沿》（中国方正出版社，2007年版）、《讯问艺术》（中国方正出版社，2015年增订版）、《讯问的知彼知己》（中国方正出版社，2017年版）。

讯问步骤

Interrogation steps

廖福田 著

中国法制出版社
CHINA LEGAL PUBLISHING HOUSE

前 言

拙作《讯问艺术》(增订版)(中国方正出版社2015年版)、《讯问的知彼知己》(中国方正出版社2017年版)出版发行后，广受好评，深受广大读者欢迎。特别是《讯问艺术》(增订版)一书，多次重印。然而，仅《讯问艺术》(增订版)、《讯问的知彼知己》二本拙作并不能阐明讯问工作的所有的方法和技巧。为了系统、全面、深入地阐明讯问工作的方法和技巧，在该二本拙作出版发行后，笔者又计划继续撰写《讯问步骤》《讯问策略》等书，以与《讯问艺术》(增订版)、《讯问的知彼知己》一道，成为系统、全面、深入阐明讯问工作的方法和技巧的系列著作，并得到了中国法制出版社的支持。《讯问步骤》一书完稿后，2018年，《中华人民共和国监察法》(以下本书简称《监察法》)颁布实施，《中华人民共和国刑事诉讼法》(以下本书简称《刑事诉讼法》)修改，于是，笔者又根据这两部法律对《讯问步骤》书稿进行了全面的修改。现《讯问步骤》一书已脱稿，交由中国法制出版社出版发行。

概言之，这本《讯问步骤》① 有以下突出的特点：

一、依法性和实践性

讯问的步骤是讯问进行的程序。关于讯问步骤，它既是《刑事诉讼法》等法律所规定的，又是讯问实践所必需的。讯问不讲步骤，既

① 需要说明的是，本书所称的“讯问”(除第三章《〈刑事诉讼法〉第一次讯问的法定步骤》外)，其他章节的绝大部分是站在广义的角度展开论述的，既涵盖《刑事诉讼法》《监察法》等法律规定的侦查犯罪案件、调查职务犯罪案件的“讯问”措施，也涵盖纪检监察机关审查调查违纪违法案件的“谈话”这一措施和司法机关未确定犯罪嫌疑人尚在一般性排查、监察机关尚在初步核实时的“盘问”、“询问”、“谈话”措施。

违反法律的规定，又无法实现讯问的目的。本书既依照法律，又根据讯问实践阐述了讯问的步骤。

依法性。本书严格按照法律的规定阐明讯问的步骤，特别是对第一次讯问的法定步骤作了详细的阐述，使之符合法律的规定。

实践性。本书所述的内容，都是从讯问实践中总结出来的，使之满足了实践的需要。

二、全面性和深入性

本书既全面，又深入地阐述了讯问的步骤。

全面性。本书分为十章。第一章《保证被讯问人合理、稳妥地到案》。该章叙述了保证被讯问人合理、稳妥到案有哪些意义和以哪些方法让被讯问人到案的问题。第二章《选择好讯问的时机》。该章叙述了选择好讯问时机有哪些意义和讯问时机应怎样进行选择、把握的问题。第三章《〈刑事诉讼法〉第一次讯问的法定步骤》。该章叙述了第一次讯问的概念、特征、任务、要求和第一次讯问的法定步骤有哪几步和如何走好这几步的问题。第四章《开好讯问的头》。该章叙述了开好讯问的头有哪些意义、如何选择和实施好讯问开头的问题。第五章《端正被讯问人对待讯问的态度》。该章叙述了端正被讯问人对待讯问的态度有哪些意义、被讯问人不端正态度的表现、原因和如何端正被讯问人对待讯问的态度的问题。第六章《切入好讯问的主题》。该章叙述了切入好讯问的主题有哪些意义和如何把讯问顺利地过渡到讯问与被讯问人犯罪或违纪违法事实有关的问题上来的问题。第七章《摧毁被讯问人抗审的心理防线》。该章叙述了应以什么方法摧毁被讯问人抗审心理防线的问题。第八章《促使被讯问人作出交代》。该章叙述了应以哪些手段促使被讯问人作出交代的问题。第九章《做好讯问结束工作》。该章叙述了做好讯问结束工作有哪些意义、如何选择讯问结束的方法和实施好讯问结束工作的问题。第十章《做好讯问结束后的工作》。该章叙述了讯问结束后应做好哪些工作和以什么方法做好这些工作的问题。这样就使阐述讯问的步骤显得十分全面。

深入性。本书在阐述讯问各步骤的过程中，并不是泛泛而论，而是不仅提出具体的问题，而且对这些问题逐一进行深入的研究，提出解决这些问题的具体方法。例如：在“保证被讯问人合理、稳妥地到案”中，为有利于讯问工作的进行，对被讯问人的到案，不仅提出了七种让被讯问人到案的方法，而且，就各种到案方法的特点、作用、适用对象、实施等进行详细的阐述。这样，既保证被讯问人能够到案，又保证讯问工作能顺利地进行。又如：在“《刑事诉讼法》第一次讯问的法定步骤”之“向犯罪嫌疑人提出问题”这一步中，不仅提出了七种向犯罪嫌疑人提出问题的方法，而且，就各种提问的方法提出要做到哪几点，并就如何做到各点进行详细阐述。这样，就保证了讯问顺利地向纵深发展，进而突破被讯问人的口供。

三、创新性和实用性

本书所阐述的讯问步骤，既坚持创新，又体现实用。

创新性。本书在叙述讯问步骤的过程中，根据被讯问人的不同情况，创新性总结梳理被讯问人到案的各种方法；根据案件侦查或调查、被讯问人到案和被讯问人心理情况，创新性总结梳理讯问被讯问人的各种有利时机；根据被讯问人的自身、到案、犯罪或违纪违法、心理、对待讯问现状和案件来源等情况，创新性总结梳理讯问被讯问人开头的各种方法；根据被讯问人对待讯问的不正确态度，创新性总结梳理端正被讯问人对待讯问的态度的各种方法；根据被讯问人抗审心理防线的情况，创新性总结梳理摧毁被讯问人抗审心理防线的情绪基础、理论基础、意志基础、认识基础、客观基础的各种方法；根据被讯问人拒绝交代或下不了交代决心的情况，创新性总结梳理促使被讯问人作出交代的各种手段；根据被讯问人的交代情况，创新性总结梳理讯问结束的各种方法；等等。这样，就使讯问有了新招。

实用性。本书所叙述的讯问步骤在实施中的方法与技巧，由于都是总结讯问实践创新出来的，因而，具有很强的实用性。例如，在“端正被讯问人对待讯问的态度”这一步之“剎被讯问人不端正态度的表现”中，不仅提出了以气势、态度、行为、才能、品格、把柄、法律、证据等剎的手段，而且就每一种手段的内容、方法和要注意的问题进行了详细的阐述。这样，就使这些刹被讯问人不端正态度的手段起到刹住被讯问人不端正态度表现的作用，从而有着实际的使用价值。

四、具体性和艺术性

本书所阐述的各讯问步骤的方法与技巧，既做到了具体，又富有艺术。

具体性。本书所阐述的各讯问步骤的方法与技巧，都是非常具体的。例如，讯问开头的方法，不仅阐述了如何选择讯问开头的方法，而且具体阐述了各种讯问开头方法在实施中要做到哪几点，如何做好这几点。讯问结束的方法同样如此。又如，在“促使被讯问人作出交代”这一步中，不仅叙述了以压、拉、劝、帮的手段促使被讯问人作出交代，而且具体叙述了以什么方法进行压、拉、劝、帮，怎样实施压、拉、劝、帮的方法。这样具体阐述讯问各步骤的方法与技巧，就能便于在讯问实践中进行操作。

艺术性。本书所叙述的讯问各步骤的方法与技巧都体现着艺术。例如，摧毁被讯问人抗审的心理防线这一步骤之“冲垮被讯问人抗审心理防线的客观基础”的方法中，在论述要“善于使用证据”时，叙述了在使用证据中要做到：一是要在最有利的时机出示证据；二是要在最恰当的时间出示证据；三是要以最有威力的证据出示；四是要以最灵活的方式出示证据；五是要以最巧妙的方法出示证据；六是要以最高超的策略出示证据。这样艺术地向被讯问人出示证据，也就能使出示的证据起到事半功倍的效果，从而顺利地冲垮被讯问人抗审心理防线的这一客观基础，实现讯问的目的。

以上是本书的特点。但老牛破车，力尚有限。浅陋与荒谬之处在所难免，犹见笑于大方之家。敬请大家斧正，赐教。

廖福田

2020年秋于杭州西子湖畔

目录
Contents

第一章

保证被讯问人合理、稳妥到案

被讯问人的到案，是讯问的前提。没有被讯问人的到案，就没有讯问的进行。

对于被讯问人的到案问题，往往没有引起讯问人员的重视。绝大多数讯问人员在需要对某一被讯问人进行讯问时，往往简单地去叫或抓被讯问人到案，并没有从有利于讯问进行的角度来考虑采取一种合理、稳妥的方法让被讯问人到案，以至于出现或被讯问人到不了案，或到了案不利于讯问的进行，或同案人、对合人逃跑，或毁灭罪证、订立攻守同盟，或使讯问人员处于被动的境地等问题。这些问题的出现，都是因为没有让被讯问人合理、稳妥地到案造成的。因此，讯问人员一定要重视被讯问人到案这一讯问的关键一步，以保证被讯问人能够合理、稳妥到案，从而有利于讯问和案件查处工作的顺利进行。

一、保证被讯问人合理、稳妥到案的意义

保证被讯问人合理、稳妥到案，对于讯问的顺利进行和取得案件查处工作的胜利有着十分重要的意义。

（一）有利于讯问的进行

讯问的进行，需要有被讯问的对象，即被讯问人。只有有了被讯问人，才能有讯问的进行。如果没有被讯问人，讯问就无从谈起。这是不言而喻的道理。

要做到有被讯问的对象，就要有被讯问人的到案。实践证明，被讯问人的到案并不是一件简单的事情。因为，绝大多数的被讯问人是不会自动到案的，需要讯问人员采取各种方法，或上门传讯，或通过组织领来，或通知亲属送来，或促其自己找上门来，或赶其出窝抓获，或借题传来，或追捕，才能使被讯问人到案。坐等是等不来被讯问人到案的。即使是那些自首投案的被讯问人，也需要讯问人员努力造成一种大兵压境的态势，使其感到主动投案比被抓更有利于自己时，才有可能自首投案。但是，这并不是说讯问人员只要采取了上述这些方法，就能保证被讯问人到案。如果讯问人员在采取上述这些方法让被讯问人到案的过程中，所采取的某一方法不适合被讯问人的情况，或在采取方法的过程中不讲技巧，就有可能使被讯问人逃跑或藏匿，造成被讯问人到不了案的结果。

由此可见，讯问人员在让被讯问人到案的过程中，一定要采取稳妥的方法。只有采取稳妥的方法，才能保证被讯问人到案，从而才有讯问的进行。否则，被讯问人是到不了案的，也就没有讯问的进行。

（二）有利于讯问胜利的取得

讯问胜利的取得是多方面因素共同作用的结果，不仅需要讯问人员对被讯问人进行艺术的讯问，还需要其他各方面因素的共同作用。被讯

问人到案是否妥帖就是其他各方面因素的一种。这是因为被讯问人到案做得妥帖与否能引起被讯问人不同的感觉。也就是说，被讯问人到案的方法妥帖，就有可能引发被讯问人有利于讯问的感觉，而不妥帖的到案方法就有可能引发被讯问人不利于讯问的感觉。被讯问人感觉的不同，对讯问结果的作用肯定不同。

各个案件和被讯问人的情况是不同的，不同的案件和被讯问人的情况，只有运用不同的方法让被讯问人到案，才能做得妥帖，从而才能引发被讯问人有利于讯问的感觉。如果讯问人员不根据案件和被讯问人的情况，不讲究让被讯问人到案的方法，就有可能使被讯问人引发不利于讯问的感觉，从而阻碍讯问的顺利进行。

有的被讯问人自认为作案手段高明，行为诡秘，或已对现场进行破坏，或已同他人订立攻守同盟，没有留下痕迹，查案机关不可能掌握自己犯罪或违纪违法的证据。对于这种被讯问人，就要采取能造成其认为讯问人员已经掌握了其犯罪或违纪违法确凿证据感觉的方法让其到案，使其在到案的过程中感觉到讯问人员已经掌握了其犯罪或违纪违法确实的证据。这样，在讯问中，讯问人员的讯问才会起到事半功倍的效果，有利于讯问的顺利进行。如果讯问人员不是采取给其造成认为讯问人员已经掌握了其犯罪或违纪违法确凿证据感觉的方法让其到案，其在到案的过程中就会认为讯问人员仅仅是怀疑而已，让其到案不过是问问话，没有真凭实据，从而坚定其抗审的决心，不利于讯问的进行。

有的被讯问人实施犯罪或违纪违法行为，其周围的群众可能已有所觉察，只不过还没有查到被讯问人的头上，周围群众没有向查案机关提供线索、疑点而已。被讯问人也可能觉察到这一点。对于这种被讯问人，就要采取让群众都知道被讯问人已被查案机关带走，被讯问人就是犯罪或违纪违法嫌疑人的方法让其到案，一方面发动群众向查案机关提供被讯问人犯罪或违纪违法的线索、疑点；另一方面使被讯问人在到案的过程中感觉到群众一定会向查案机关提供情况。这样，不仅有利于讯问人员获得新的证据，而且有利于造成被讯问人的心理压力，从而有利于讯问的顺利进行。

有的被讯问人在犯罪后畏罪心理严重，害怕被从重处罚，从而阻碍其对犯罪事实作出交代。对于这种被讯问人，就要采取有利于消除或减弱其畏罪心理的方法让其到案，使其在到案的过程中感觉到讯问人员是给了他一个从轻处理的条件。这样，被讯问人在讯问中就有可能在讯问人员的劝导下，抓住这个从轻处理的条件，如实交代自己的犯罪的事实。如果讯问人员对这种被讯问人不是采取有利于消除或减弱其畏罪心理的方法让其到案，其就会认为自己反正已经没有了从轻处理的条件，在畏罪心理的支配下就会拒绝交代犯罪的事实，从而不利于讯问的顺利进行。

有的被讯问人的犯罪或违纪违法行为是与他人或多人共同实施的，或是与他人对合实施的。这种共同或对合实施的案件，如果同案人或对合人知道了被讯问人已经到案，有可能要交代犯罪或违纪违法事实，从而把自己供出来。在这种情况下，同案人或对合人就会采取应对措施，或逃跑，或藏匿、毁灭证据，或订立攻守同盟。因此，对于这种共同或对合犯罪或违纪违法案件的被讯问人，在让其到案的过程中，就要尽量做到稳妥，尽可能做到不让同案人或对合人知道被讯问人到案。这样，有利于避免同案人或对合人逃跑、藏匿、毁灭证据，订立攻守同盟问题的发生，从而有利于迅速查明全案。

以上的这些情况仅是列举。从上述可见，被讯问人到案的方法是否妥帖，直接关系到讯问是否胜利取得。因此，讯问人员一定要根据案件和被讯问人的情况，采取妥帖的方法让被讯问人到案，既保证被讯问人到案，又有助于讯问胜利的取得。

（三）有利于讯问人员始终处于主动地位

对被讯问人进行讯问，特别是在没有破案、掌握被讯问人犯罪或违纪违法的真凭实据或虽掌握被讯问人犯罪或违纪违法的一些证据，但都是间接证据，不能够认定就是被讯问人实施了犯罪或违纪违法行为的情况下对被讯问人进行讯问，其结果有可能突破不了被讯问人的口供，无法对被讯问人采取强制措施，只能让被讯问人回去。对于这种情况的被讯问人，如果讯问人员让被讯问人到案的方法不妥帖，就有可能使自己陷入被动的境地，下不了台阶，无法堂而皇之地让被讯问人回去，若只管让被讯问人回去，又会带来一系列麻烦的后果，且在群众中造成不良的影响。

讯问人员为了使自己始终处于主动的地位，不至于产生突不破被讯问人的口供所带来的尴尬局面，在突不破被讯问人口供，不能对被讯问人采取强制措施，要让被讯问人回去的情况下，能够堂而皇之地让被讯问人回去，退得自如，退得有理由，就要在让被讯问人到案的方法上做文章，使被讯问人到案的方法妥帖，做到未雨绸缪。这样，既使被讯问人能够顺利到案，又可以在万一突不破被讯问人的口供，不能对被讯问人采取强制措施，要让其回去时理由充分，使被讯问人心服口服。因此，保证被讯问人稳妥到案，有利于讯问人员始终处于主动的地位，进退自如，进得扎实，退得潇洒。

（四）有利于讯问人员发现证据

有的被讯问人在犯罪或违纪违法过程中，作案手段诡秘，小心谨慎，没有留下犯罪或违纪违法的痕迹证据，在作案后又潜伏得很深，不动声色，没有暴露出犯罪或违纪违法的迹象。但经对有关情况的分析，被讯问人实施了某一犯罪或违纪违法行为或某一犯罪或违纪违法行为就是被讯问人所为。对于这种案件的被讯问人，继续侦查或调查，既没有侦查或调查的目标，也没有侦查或调查的切入点。如果贸然对其进行讯问，不仅没有证据，而且风险性很大；而如果不对被讯问人进行讯问，案件又无法突破而成为死案。事实上，要想突破这种案件，留给讯问人员的只有对被讯问人进行讯问这一条路可走。这就需要讯问人员在让被讯问人到案的方法上下功夫，通过对被讯问人采取妥帖的到案方法，打草惊蛇，被讯问人在受惊的过程中就有可能暴露出犯罪或违纪违法的证据，从而被抓住把柄。这样，既保证了被讯问人能够到案，又发现了被讯问人犯罪或违纪违法的证据，可谓“人赃俱获”“一石二鸟”。如果讯问人员对这种被讯问人不采取妥帖的方法让其到案，不仅讯问无法进行，工作陷入被动，而且被讯问人根本不可能露出犯罪或违纪违法的“马脚”。因此，保证被讯问人稳妥地到案，有利于讯问人员发现被讯问人犯罪或违纪违法的证据。

二、保证被讯问人合理、稳妥到案的方法

保证被讯问人合理、稳妥到案的方法，要根据案件和被讯问人的情况，并围绕以下两个目标确定：一是要保证被讯问人能够到案；二是要有利于讯问工作的进行。总结讯问实践，保证被讯问人合理、稳妥到案的方法主要有上门传讯、通过组织领来、通知亲属送来、促其找上门来、赶其出窝抓获、借题传来、追捕等。

（一）上门传讯到案

所谓上门传讯到案，是指讯问人员持查案机关的证明文件或工作证件到被讯问人的住所、单位或其他处所对被讯问人进行传唤，将被讯问人传讯到案。如果已批准拘传、拘留、逮捕的，也可对被讯问人宣布拘传、拘留、逮捕，将其强制抓捕到案。

1. 上门传讯到案的特点

上门传讯到案是一种公开、强硬地让被讯问人到案的一种方法。它具有突然性、公开性、强制性的特点。

（1）突然性

所谓突然性，是指讯问人员对被讯问人进行传讯，这种传讯行为对于被讯问人来说是一种突然的行为，被讯问人在没有思想准备或没有充分准备的情况下被传讯到案。

（2）公开性

所谓公开性，是指讯问人员对被讯问人进行传唤或宣布拘传、拘留、逮捕时是公开进行的。

(3) 强制性

所谓强制性，是指讯问人员对被讯问人进行传讯是强制执行其到案的，没有任何商量的余地。

2. 上门传讯到案的作用

上门传讯被讯问人到案的方法有以下重要的作用：

(1) 由于被讯问人在受到传讯前并不清楚或不完全清楚讯问人员要传讯他，其没有思想准备或思想准备不足，因而，被讯问人没有构筑或没有很好地构筑起抗审的心理防线。同时，讯问人员出其不意地对其进行传讯，往往能使被讯问人方寸大乱，使之处于惊慌失措的境地，没有了对策。其即使想构筑抗审的心理防线，在慌乱中也难以构筑起严密、坚固的抗审心理防线，难免漏洞百出。

(2) 由于上门传讯这种方法是公开进行的，在传讯被讯问人时，其周围的干部、群众都知道被讯问人被查案机关带走，被讯问人是犯罪或违纪违法嫌疑人或某一案件可能是被讯问人所为。这样，对于查案机关来说，便于进一步发动群众，向查案机关提供被讯问人犯罪或违纪违法的线索、疑点乃至证据；对于被讯问人来说，他知道自己是被公开带走的，群众都已知道自己是犯罪或违纪违法嫌疑人，群众可能会向查案机关提供自己犯罪或违纪违法的线索、疑点乃至证据，揭发检举自己的犯罪或违纪违法行为，从而增强被讯问人的心理压力。同时，也为讯问中向被讯问人出示证据打下基础。

(3) 由于上门传讯这种方法在传讯时是强制执行的，强制性体现着严肃性和坚决性，表明讯问人员胸有成竹，证据在手，底气十足。这样，被讯问人就会认为讯问人员已经掌握了其犯罪或违纪违法的事实和证据。从而使其从信心上、精神上、心理上败下阵来，不敢与讯问人员抗衡，“坦白从宽”才是唯一的出路。

3. 上门传讯的对象

由于上门传讯具有公开性和强制性的特点，决定了上门传讯的对象必须是已经收集到其犯罪或违纪违法证据的人，或虽没有收集到其犯罪或违纪违法的确实证据，但其有前科劣迹或有把柄在讯问人员之手的人。也就是说，上门传讯的对象一定要搞清楚。如果上门传讯的对象搞不清楚，就有可能使讯问人员陷入被动。总结讯问实践，以下几种对象可采取上门传讯的方法让其到案。

（1）已掌握其犯罪或违纪违法确实证据的被讯问人

有的被讯问人实施的犯罪或违纪违法行为，在现场留下了能证明是其实施犯罪或违纪违法的客观物质痕迹，或在作案的过程中留下了能证明是其实施犯罪或违纪违法的主观知觉痕迹，这些客观物质痕迹或主观知觉痕迹经讯问人员收集并经审查判断、查证属实后，足以认定被讯问人实施了犯罪或违纪违法行为或被讯问人就是作案人。对这种被讯问人采取上门传讯的方法让其到案，不会发生错传的问题，在任何时候、任何情况下都是证据铁板钉钉，不会有变故。因此，对于已掌握其犯罪或违纪违法确实证据的被讯问人，可以采取上门传讯的方法让其到案，接受讯问。

（2）有前科劣迹的被讯问人

有的案件的被讯问人，讯问人员并未掌握其犯罪或违纪违法确实的证据，而只掌握其实施犯罪或违纪违法的线索或疑点，对这些线索和疑点进行分析，被讯问人实施了犯罪或违纪违法行为，或某一犯罪或违纪违法行为就是该被讯问人所为。如果不对被讯问人采取上门传讯的方法让其到案进行讯问，一是无法查清案件，二是不足以对被讯问人形成威慑，其会认为讯问人员并未掌握其犯罪或违纪违法的证据，不利于突破其口供。而如果讯问人员对被讯问人采取上门传讯的方法让其到案进行讯问，突破其口供的把握性又不大，有可能无法突破其口供，法定时间一到就要让被讯问人回去，讯问人员就会处于被动的地位。为了既能通过上门传讯这种方法给被讯问人以威慑，又能避免使讯问人员陷入被动，讯问人员应寻找被讯问人的前科劣迹。如果被讯问人有前科劣迹的，讯问人员可以采取上门传讯的方法让被讯问人到案对其进行讯问。因为这种有前科劣迹的被讯问人，一旦讯问失败，不能突破其口供，讯问人员完全可以以他的前科问题尚未查清对其进行讯问后将其放回，被讯问人也就无话可说，在群众中也不会造成不良影响。如果被讯问人没有前科劣迹，讯问人员应改用其他方法让被讯问人到案进行讯问。因为这种没有前科劣迹的被讯问人，若以上门传讯的方法让其到案，一旦讯问失败，不能突破其口供，讯问人员就没有了对其进行讯问的借口，将其放回就会使讯问人员非常被动，而且在群众中也会造成不良影响。因而，应改用其他方法让被讯问人到案。

（3）有把柄在讯问人员之手的被讯问人

同前述有前科的被讯问人一样，有的案件通过对被讯问人一些表面现象的分析，可以判断被讯问人有某方面的犯罪或违纪违法的行为或某一犯罪或违纪违法行为就是被讯问人所为，但讯问人员并未掌握其犯罪或违纪违法的事实和证据，贸然采取上门传讯的方法让其到案对其进行讯问有一定的风险，有可能突不破被讯问人的口供，到时捕又捕不起来，放又不好放，而使讯问人员自己陷入被动。对于这种被讯问人，讯问人员如果认为以上门传讯的方法让其到案对讯问更为有利，那么在传讯前被讯问人应有把柄在讯问人员之手，例如治安方面的问题、其他犯罪或违纪违法方面的问题等。这样，一旦在讯问中突不破被讯问人的口供，不能取得其犯罪或违纪违法的证据，讯问人员就可以抓住其把柄，对其采取行政措施或强制措施，即使将其放回，也不会有什么不良后果。因此，对于这种被讯问人也可采取上门传讯的方法让被讯问人到案。

4. 上门传讯方法的实施

上门传讯方法的实施要做到以下几点：

（1）要摸准被讯问人所在的准确位置以及所在位置的环境

讯问人员采取上门传讯的方法让被讯问人到案，要做到一举成功。否则，被讯问人知道了讯问人员要传讯他，其就会逃跑、藏匿，造成被讯问人到不了案的后果。而且，被讯问人还可能销迹灭证、订立攻守同盟。即使日后被讯问人到案，也会给讯问造成极大困难。而要做到一举成功，讯问人员在上门传讯被讯问人前，就要摸准其所在的准确位置，一上门就使其处于讯问人员的控制之下。同时，还应摸清被讯问人所在位置的环境，在传讯时堵死被讯问人可能逃跑的道路，使被讯问人欲逃无路。

（2）要准备好法律手续和械具

上门传讯被讯问人到案是执法行为，传唤、拘传、拘留、逮捕被讯问人都要有法律的依据，不能空口无凭。而且，在上门传讯的过程中，被讯问人可能会以讯问人员没有法律手续为由而拒绝到案，被讯问人的亲属或不明真相的群众也有可能会因讯问人员没有法律手续而起哄，对讯问人员进行纠缠，不让讯问人员带走人，被讯问人就有可能乘机脱逃。因此，讯问人员在上门传讯被讯问人前要准备好证明文件、工作证件、传唤证、拘传证、拘留证或逮捕证和械具。在上门传讯时要向被讯问人出示法律手续，使被讯问人或其亲属、不明真相的群众无话可说，乖乖地让讯问人员将人带走。

（3）要迅速、果断、坚决

上门传讯被讯问人要做到迅速、果断、坚决，不能拖沓。讯问人员一见到被讯问人就应将其控制，同时向其出示法律手续，宣布决定后即带离现场。这样，一方面表明讯问人员胸有成竹，证据在手，给被讯问人以威慑；另一方面使被讯问人没有脱逃和毁灭证据的任何机会和条件。在实践中，有的被讯问人在讯问人员上门传讯时，向讯问人员提出准备一下带的东西，整理一下杂乱的东西，或等某人来交代一下某件事情的要求，如果讯问人员同意了被讯问人的要求，被讯问人就有可能乘机脱逃或自杀或毁灭罪证，从而给讯问工作带来不可弥补的损失。因此，讯问人员在上门传讯被讯问人的过程中，一定要做到迅速、果断、坚决。

（4）要及时进行搜查

讯问人员在上门传讯被讯问人，将被讯问人带离现场后或有把握控制住被讯问人的情况下，要不失时机地对被讯问人住所，或办公地点，或所在的地方和其人身进行搜查，及时获取被讯问人犯罪或违纪违法的证据，以防被讯问人或其亲属销毁证据。

（5）带回的途中要提高警惕

被讯问人突遇传讯，其心里一般都是十分恐惧的，往往容易出现逃跑或自杀的情况。有的被讯问人表面上装作配合讯问人员，实际上心中在盘算着逃跑或自杀。因此，讯问人员在上门传讯到被讯问人后，在带回的途中一定要提高警惕，不要被被讯问人的表面现象所迷惑，严防其逃跑或自杀，确保将其安全带回讯问的地点。

（二）通过组织领来到案

所谓通过组织领来到案，是指讯问人员通知被讯问人单位领导或基层干部，以某种理由由单位领导或基层干部将被讯问人领到讯问地点，使其到案的一种方法。

1. 通过组织领来到案的特点

通过组织领来到案是一种平稳的、公开的、可进可退的让被讯问人到案的方法。它具有缓和性、公开性、掩饰性的特点。

（1）缓和性

所谓缓和性，是指由单位领导或基层干部将被讯问人领来到案，在方式上不与被讯问人产生正面冲突，显得平和、自然、融洽。

（2）公开性

所谓公开性，是指被讯问人被单位领导或基层干部领来到案是公开进行的，其单位的同志或其所在地的群众都知道被讯问人已被带走。

（3）掩饰性

所谓掩饰性，是指被讯问人被单位领导或基层干部领来到案是以某种理由掩饰对其犯罪或违纪违法行为的讯问。

2. 通过组织领来到案的作用

通过组织领来被讯问人到案的方法有以下重要的作用：

（1）由于单位领导或基层干部与被讯问人长期相处，被讯问人与单位领导或基层干部比较熟悉、亲近，对单位领导或基层干部具有信任感、依赖感。这样，一方面，在单位领导或基层干部领被讯问人到案的过程中，被讯问人不会有严重的对立情绪，也不会惊慌失措，使其在讯问中不会与讯问人员相对立或因惊慌失措而回忆不了犯罪或违纪违法的事实。另一方面，由于被讯问人是由单位领导或基层干部领来的，被讯问人在心理上会认为单位领导或基层干部一定会向讯问人员求情，自己的从宽处理就有了希望。再一方面，在讯问中如果出现了卡壳的情况，讯问人员可以向被讯问人转告其所在单位领导或基层干部的意见，对被讯问人进行间接的讯问，或让单位领导或基层干部亲自出面，面对面地向被讯问人提出希望或对被讯问人所提出的合法要求予以承诺。在这种情况下，良好的讯问氛围便可形成，被讯问人就有可能听从单位领导或基层干部的意见，对犯罪或违纪违法事实作出交代。

（2）由于被讯问人是被单位领导或基层干部公开带走的，被讯问人所在单位或其所在地的干部、群众都知道被讯问人被带往查案机关，这样，一方面有利于讯问人员发动群众向查案机关提线索、摆疑点，对被讯问人的犯罪或违纪违法事实进行举报，干部、群众也有可能主动向查案机关提线索、摆疑点，举报被讯问人，从而使讯问人员收集到被讯问人犯罪或违纪违法的各种线索、证据。另一方面就被讯问人而言，他知道自己是被公开带往查案机关的，周围的干部、群众知道后，很有可能会检举、揭发自己的犯罪或违纪违法的问题，向查案机关提线索、摆疑点、出证据，使被讯问人感到自己的问题已无法隐瞒，从而增加被讯问人的心理压力，促其对犯罪或违纪违法事实作出交代。

（3）由于被讯问人的到案是以某种理由为借口由单位领导或基层干部领来的，这样就使讯问人员可进可退，始终处于主动的地位，不会陷入被动的境地。

我们知道，讯问既有成功取胜的结果，也有卡壳失败的可能。突破不了被讯问人的口供，收集不到被讯问人犯罪或违纪违法的证据是常有的事。正所谓“胜败乃兵家常事”。如果讯问人员只在讯问前看到讯问成功取胜的结果，看不到讯问卡壳失败的可能，那是非常危险的，随时都有可能陷自己于被动的局面。因此，讯问人员在讯问前就要谋划好如果讯问卡壳失败如何应对的对策，使自己始终处于主动的地位。

讯问人员采用通过组织领来这种方法让被讯问人到案。进，可以向被讯问人发起猛烈的进攻，运用各种讯问策略和手段对被讯问人进行讯问，突破被讯问人的口供，收集到被讯问人犯罪或违纪违法的证据，进而根据法律的规定对被讯问人采取刑事强制措施或调查措施；退，一旦讯问卡壳失败，无法突破被讯问人的口供，通过讯问收集不到被讯问人犯罪或违纪违法的证据，不能对被讯问人采取刑事强制措施或调查措施时，讯问人员完全可以根据被讯问人领来的理由，以已解决或已查清这个将被讯问人领来理由的问题为由，将被讯问人放回或由其单位领导或基层干部领回。这样，被讯问人也就无话可说，在群众中也不会造成什么不好的影响。

3. 通过组织领来到案的对象

由于通过组织领来让被讯问人到案的方法具有缓和性的特点，而且，由单位领导或基层干部出面将被讯问人领来，强制性不是很强，因而，被讯问人有可能在到案的过程中乘机逃跑，而致被讯问人到不了案。因此，适用这种方法应当具备犯罪或违纪违法的性质、情节不十分严重，被讯问人不会逃跑的前提条件。如果被讯问人的犯罪或违纪违法的性质、情节严重，被讯问人就会认为自己要被判处重刑，不如一逃了之。因而，被讯问人就有可能不随单位领导或基层干部前去到案，而是在得知消息时或前去到案的过程中因强制性不强而逃跑。这样，就给讯问工作带来了巨大的损失。

总结讯问实践，在具备犯罪或违纪违法的性质、情节不十分严重，被讯问人不会逃跑的前提条件下，以下对象可采取通过组织领来的方法让被讯问人到案：

（1）有较好的固定职业或虽无较好的固定职业，但有某一重要事项拴住他的被讯问人

这种有较好的固定职业的被讯问人，例如国家公务员、企事业单位的工作人员，一般都十分珍惜自己的工作，他们不愿意随便丢掉自己的“铁饭碗”。当单位领导或基层干部要将其带到查案机关时，他会根据

自己的犯罪或违纪违法行为和自己的工作，对是逃跑好，还是随单位领导或基层干部去查案机关接受讯问好进行权衡，作出选择。如果选择逃跑，不仅逃亡的道路异常艰辛，同时随时有被抓获的可能，而且意味着即刻丢掉自己的工作；如果选择随单位领导或基层干部前去，由于自己的犯罪或违纪违法的性质、情节不严重，不会被从重处罚，也有可能免予处罚。这样，被讯问人在趋利避害、侥幸心理的支配下，就会选择随单位领导或基层干部前去接受讯问。

虽无较好的固定职业，但有某一重要事项能拴住他的被讯问人，由于其某一重要事项缠身，其内心放不下，也舍不得放下这一重要事项。当单位领导或基层干部要将其领到查案机关时，他同样会根据自己的犯罪或违纪违法行为和缠身的重要事项，对是逃跑好，还是随单位领导或基层干部去查案机关接受讯问好进行权衡，作出选择。如果选择逃跑，不仅逃亡路漫漫，艰辛异常，还面临着随时被抓获的危险，而且意味着就要放下这一重要事项，永远不可能再继续进行了。如果选择随单位领导或基层干部前去接受讯问，或许由于自己的犯罪或违纪违法的性质、情节不严重，可以从轻处罚或免予处罚，或许查案机关只是怀疑，并未真正掌握自己的犯罪或违纪违法的事实和证据，因此可以闯过这一关。这样，自己的重要事项就可以继续进行。这种被讯问人在趋利避害、侥幸心理的支配下，就会选择随单位领导或基层干部前去接受讯问。

（2）初犯、偶犯的被讯问人

这种初犯、偶犯的被讯问人，其在犯罪或违纪违法案发后，特别是在知道查案机关要找他时，由于其没有这种经历，不知道查案机关会如何对待他，心中充满着惊恐、疑惧。由单位领导或基层干部陪同他到查案机关接受讯问，他会把单位领导或基层干部当成他所依靠的人，认为有单位领导或基层干部作陪，查案机关不会对他怎么样，因而，有利于消除被讯问人的慌乱心理，从而有利于其对犯罪或违纪违法事实的回忆。同时，这种被讯问人由于没有对付讯问的经验，一般都会听从单位领导或基层干部的安排，不会产生逃跑的问题。另外，这种被讯问人也容易听信单位领导或基层干部的劝导，相信单位领导或基层干部所说的话，由单位领导或基层干部领其到案，有利于其对犯罪或违纪违法事实作出如实的交代。

（3）尚未掌握其犯罪或违纪违法事实和证据的被讯问人

有的案件在讯问前，讯问人员只掌握被讯问人犯罪或违纪违法的线索或疑点，并未掌握被讯问人犯罪或违纪违法的真凭实据，需要通过讯问，突破被讯问人的口供来获取被讯问人犯罪或违纪违法的证据。对于这种尚未掌握其犯罪或违纪违法事实和证据的被讯问人，讯问人员可以一定的理由为掩饰，例如以了解某一情况为由，由单位领导或基层干部领来让其到案。这样，一方面可以隐蔽讯问人员的意图，使被讯问人认为讯问人员确实是因为这样的情况让自己来的，否则，讯问人员就不会让单位领导或基层干部领来，而是由讯问人员直接抓来。容易麻痹被讯问人，使之不会产生惊慌造成脱逃。同时，有利于在讯问中攻其无备，出其不意一举拿下被讯问人的口供。另一方面，万一讯问进行得不顺利，无法突破被讯问人的口供，讯问人员可以全身而退，不会造成被动和不利的影响。

4. 通过组织领来到案方法的实施

通过组织领来到案方法的实施要做到以下几点：

（1）要搞准对象

所谓要搞准对象，是指通过组织领来让其到案的一定是不会逃跑，能够保证其到案的被讯问人。

通过组织领来让被讯问人到案这种方法，前提是要保证被讯问人能够到案。只有被讯问人能够到案，讯问才有可能进行。如果采取这种方法不能保证被讯问人到案，那么，这种方法不仅毫无意义，反而会给讯问工作带来危害。

由于通过组织领来让被讯问人到案这种方法具有缓和性的特点，强制性不强，而且出面让被讯问人到案的又是单位领导或基层干部，不仅没有这方面的经验，也不可能在将被讯问人领来的过程中采取强制性的手段。因而，被讯问人如果是一个要逃跑的人，就完全有可能逃跑。只有被讯问人是一个不会逃跑的人，采取这种方法才能保证被讯问人能够到案。因此，采取这种方法，其对象一定是不会逃跑，能够保证其到案的被讯问人。

要使被讯问人一定不会逃跑，保证其到案，关键是要搞准这个对象，确认这个被讯问人是一个不会逃跑的人。只有这样，采取这种方法让被讯问人到案，才能保证被讯问人到得了案。否则，对象不准，被讯问人是一个会逃跑的人，就无法保证被讯问人能够到案。因此，讯问人员在采取这种方法前，一定要搞准被讯问人是否是一个不会逃跑的人。

而要搞准被讯问人是否是一个不会逃跑的人，讯问人员就要根据案件的事实情况、被讯问人的有关情况、一贯表现情况以及这个领其来的单位领导或基层干部的权威情况、人品情况、被讯问人对其信任度情况和与其关系情况等进行由此及彼、由表及里的分析，从而作出正确的判断。在确认被讯问人不会逃跑，单位领导或基层干部一定能够将其领来到案的情况下，实施这一让被讯问人到案的方法让被讯问人到案。

（2）要找好一个适当的理由

所谓要找好一个适当的理由，是指以这种方法让被讯问人到案，要以一个适当的理由为借口，使单位领导或基层干部不觉得为难，使被讯问人放松警惕，不会惊慌。

通过组织领来让被讯问人到案这种方法，在实施的过程中，讯问人员要尽量隐蔽自己已经确认被讯问人就是作案者，要对其进行讯问的意图，淡化被讯问人的犯罪或违纪违法行为。只有这样，才有利于被讯问人的到案和讯问的进行。为此，就要有一个适当的理由作为借口。

以适当的理由为借口让单位领导或者基层干部将被讯问人领来，一方面，单位领导或基层干部不会觉得太为难。虽然打击犯罪或惩处违纪违法行为也是单位领导或基层干部的职责，但单位领导或基层干部毕竟不是专司此职。而且，单位领导或基层干部长期与被讯问人相处，同被讯问人的亲属也比较熟悉，让单位领导或基层干部断然将被讯问人送交查案机关依法惩处，显然会使单位领导或基层干部感到为难，一旦被讯问人被判处刑罚，不好面对被讯问人的亲属。以一个适当的理由为借口让单位领导或基层干部领被讯问人到案，单位领导或基层干部就不会觉得太为难。另一方面，容易使被讯问人放松警惕，不会惊慌。虽然被讯问人知道自己实施了犯罪或违纪违法行为，单位领导或基层干部将其领到查案机关，查案机关有可能怀疑是自己实施了犯罪或违纪违法行为，但有了一个适当的理由，被讯问人会在侥幸心理的支配下，认为讯问人员并未掌握其犯罪或违纪违法的事实和证据，真的是为此理由让其到查案机关的，因而，其在到案的过程中会围绕该理由考虑问题，放松对讯问人员讯问其犯罪或违纪违法事实的警惕，不能及时地构筑抗审心理防线。同时，有了一个适当的理由为借口让被讯问人到案，被讯问人不会惊慌，既有利于被讯问人顺利到案，又有利于被讯问人在讯问中对犯罪或违纪违法事实作出交代。

要达到上述两方面的效果，关键是这个由头要适当，只有这个由头适当，顺理成章，才能使单位领导或基层干部不觉得为难，才能使被讯问人信以为真，从而放松警惕和不会惊慌。如果这个由头勉强，或说不通，或不符合实际，那么，就难以达到上述两方面的效果。因此，让被讯问人到案的这个由头一定要适当。

而要使这个由头适当，讯问人员就要根据案件和被讯问人的情况以及对当时、当地的实际进行分析，找出、找准、找好一个适当的由头，千万不可随意，以免画蛇添足、弄巧成拙。

（3）要向单位领导或基层干部提出要求

讯问人员在搞准这个对象和找好适当的由头后，就要向单位领导或基层干部布置任务，通知其将被讯问人领到查案机关。在布置任务的过程中，讯问人员不能只简单地向单位领导或基层干部下达将被讯问人领到查案机关的任务，而且要向单位领导或基层干部说明将被讯问人领到查案机关的由头、到达的时间和地点，并提出一些具体的要求，以保证被讯问人的到案。

总结讯问实践，这些具体要求主要有：

①要求单位领导或基层干部一定要按照讯问人员所说的理由向被讯问人说明，不得自编理由，更不得暴露讯问人员的意图。

②要求单位领导或基层干部要切实保证被讯问人能够到案。被讯问人如果不愿走，要好言相劝，真的劝不动，要及时报告讯问人员，并以适当的方法看住被讯问人，等待讯问人员的到达。

③要求单位领导或基层干部在通知被讯问人到案时语言要平和、态度要诚恳、气氛要轻松。

④要求单位领导或基层干部在领被讯问人到案的过程中要关心、爱护被讯问人，特别要注意安全，防止意外事故的发生。

（三）通知亲友送来到案

所谓通知亲友送来到案，是指讯问人员通过通知被讯问人的亲友，要求被讯问人的亲友将被讯问人送到查案机关，使其到案的一种方法。这种方法同前述的通过组织领来到案的方法在形式上基本相同，只不过这种方法是通过被讯问人的亲友将被讯问人送来到案，而前述的通过组织领来到案的方法是通过被讯问人的单位领导或基层干部将被讯问人领来到案，送或领被讯问人到案的主体不同而已。

1. 通知亲友送来到案的特点

通知亲友送来让被讯问人到案这种方法虽然在形式上与通过组织领来让被讯问人到案这种方法基本上相同，但在实质上有着很大的不同。其主要的特点是它的明确性、自愿性和隐秘性。

（1）明确性

所谓明确性，是指这种通知被讯问人亲友将被讯问人送到查案机关到案，讯问人员在通知其亲友时就明确告诉被讯问人的亲友被讯问人实施了犯罪或违纪违法行为，要其将被讯问人送到查案机关接受讯问。

（2）自愿性

所谓自愿性，是指这种通知被讯问人的亲友将被讯问人送到查案机关到案，被讯问人的到案是被讯问人的亲友和被讯问人两者的一种自愿行为。

(3) 隐秘性

所谓隐秘性，是指这种通知被讯问人的亲友将被讯问人送到查案机关到案，并不是在社会上公开进行的。

这种方法下的被讯问人到案，被讯问人的亲友在接到讯问人员的通知后，不需要通过他人或不让公众知道而直接将被讯问人送到查案机关接受讯问。

2. 通知亲友送来到案的作用

通知亲友送来让被讯问人到案的方法有以下重要的作用：

(1) 有利于给被讯问人造成思想压力，使之感到讯问人员已经掌握了其犯罪或违纪违法的事实证据

这种通知被讯问人亲友将被讯问人送到查案机关接受讯问的到案方法，是讯问人员明确告诉被讯问人的亲友，被讯问人有犯罪或违纪违法行为，而让其送被讯问人到查案机关接受讯问的，这在被讯问人听来，讯问人员一定是已经掌握了自己的犯罪或违纪违法的事实证据，如果讯问人员还没有掌握自己的犯罪或违纪违法的事实和证据，是不会这样明确告诉的。这样，就给被讯问人造成了思想上的压力，使之在到案的过程中就对犯罪或违纪违法事实进行回忆。在讯问中，由于其已经感到讯问人员掌握了其犯罪或违纪违法的事实和证据，就不敢抗拒讯问人员的讯问。被讯问人在这种心理的支配下，其就有可能对犯罪或违纪违法的事实作出如实的交代。

(2) 有利于被讯问人充分相信查案机关和讯问人员，在讯问一开始就能建立起良好的心理接触，做到心理上的沟通

这种通知被讯问人的亲友将被讯问人送来到案的方法，是讯问人员建立在充分相信采取这种方法能够让被讯问人到案的基础上作出的。这意味着讯问人员对被讯问人的亲友和被讯问人的信任，如果讯问人员不信任被讯问人的亲友和被讯问人，是绝不会采取这种方法让被讯问人到案的。将心比心，这对于被讯问人来说是能够体会和认识到的。正基于此，当被讯问人的亲友接到讯问人员的通知，要求将其亲人送到查案机

关时，其内心必然会感到讯问人员对其的信任。同样，被讯问人也会感到让其亲友送其到查案机关是对他的信任，否则，就不会让其亲友将其送到查案机关，而是采取抓捕的方法。这样，被讯问人就有可能产生相信查案机关和讯问人员的心理。进而，在讯问一开始就能与讯问人员建立起良好的心理接触，实现与讯问人员心理上的沟通。

（3）有利于感化被讯问人，促使其走自首从宽的道路

通知被讯问人的亲友将被讯问人送到查案机关接受讯问，实质上是讯问人员为被讯问人的自首创造了“自动投案”的条件。1998 年4 月6 日《最高人民法院关于处理自首和立功具体应用法律若干问题的解释》第一条第（一）项第三款中规定：“……公安机关通知犯罪嫌疑人的亲友，或者亲友主动报案后，将犯罪嫌疑人送去投案的，也应当视为自动投案。”根据这一规定，被讯问人由其亲友送到查案机关到案，就具备了我国《刑法》第六十七条关于成立自首的“自动投案”这一条件。如果其到案后能够“如实供述自己的罪行”，也就构成了“自首”。构成了“自首”，也就具备了可以从轻、减轻或免除处罚的法定情节。

在讯问中，讯问人员通过对被讯问人进行“自首”法律的教育，使其在懂得这一法律的情况下，认识到讯问人员让其亲友送其到案，是给其提供了自首从宽处理的机会，是在真心地帮助、挽救自己。这样，一方面能够感化被讯问人，激发被讯问人的情感；另一方面使被讯问人感到如果自己不如实交代犯罪的事实，就白白浪费了讯问人员为其提供的“自动投案”的条件，丧失了自首的机会。在这种情况下，被讯问人就有可能珍惜自首的机会，从而促使其走自首从宽的道路。

（4）有利于被讯问人为顾全自己的名声而交代犯罪或违纪违法的事实

由于这种由被讯问人的亲友送被讯问人到案的方法，被讯问人的到案并不是公开进行的，具有隐秘性的特点，被讯问人犯罪或违纪违法的知情面小。如果被讯问人在到案后能够如实交代犯罪或违纪违法的事实，其犯罪或违纪违法的问题就不会广为传播，限定在一个较小的范围之内，否则，其犯罪或违纪违法的问题随着查案时间的延长、查案范围的扩大，就会广为扩散，大家都知道其实施了犯罪或违纪违法行为，是

一个犯罪或违纪违法的人。这对被讯问人的名声无疑是一种损害。在这种情况下，一旦被讯问人知道了这种利害关系，为了自己的犯罪或违纪违法问题不会广为传播、扩散，限定在一个较小的知情范围内，不使自己的名声受到太大的损害和影响，在趋利避害的心理支配下，就有可能如实交代犯罪或违纪违法的事实。

3. 通知亲友送来到案的对象

由于通知亲友送来让被讯问人到案的方法具有自愿性的特点，也就是说，采用这种方法让被讯问人到案，被讯问人的到案是被讯问人亲友和被讯问人两者自愿行为结合的结果。被讯问人的亲友和被讯问人只要有一方不自愿，被讯问人也就到不了案。因此，采取这种方法让被讯问人到案，其对象必须是被讯问人的亲友能够自愿让被讯问人到案和被讯问人能够自愿到案接受讯问的被讯问人。

总结讯问实践，以下对象可采取通知亲友送来的方法让被讯问人到案：

（1）其亲友明事理的被讯问人

通知亲友送来到案的被讯问人，被讯问人的亲友必须是一个明事理的人。

通知亲友送来到案这种方法让被讯问人到案，是通过被讯问人亲友的行为实现的。也就是说，只有被讯问人的亲友自愿并决定送被讯问人到案接受讯问，被讯问人才有可能到案。如果被讯问人的亲友不自愿送被讯问人到案，被讯问人也就不能因此到案。被讯问人的亲友是否自愿送被讯问人到案，取决于被讯问人的亲友是否明事理。一个明事理的被讯问人亲友，懂得其中的利害关系，知道怎样做对被讯问人有利，怎样做对被讯问人不利；知道怎样做才是解脱被讯问人的唯一办法，怎样做不仅解脱不了被讯问人，而且只能使被讯问人永无出头之日。这样，其才有可能下定决心送被讯问人到案接受讯问。如果被讯问人的亲友不是一个明事理的人，其就不懂得其中的利害关系，反而认为送被讯问人到案就是自己送亲人入虎口。这样，其就有可能不仅不送被讯问人到案，反而唆使被讯问人逃跑或藏匿被讯问人，阻止被讯问人到案。因此，采用这种方法让被讯问人到案，其亲友必须是一个明事理的人。只有这样，才能保证被讯问人的到案。否则，被讯问人是难以保证到案的。

（2）犯罪性质、情节不十分严重的被讯问人

犯罪的性质、情节不十分严重，处罚也就相对不会很重，被讯问人的亲友和被讯问人的心理压力也就相对较轻。这样，被讯问人的亲友和被讯问人就会对到案和不到案的利弊进行权衡：到案，犯罪的性质、情节不十分严重，本身处罚不会很重，再加上送被讯问人到案，如实交代犯罪的事实，又有一个自首从轻处罚的法定情节，处罚结果就会更轻，大不了判几年，时间一晃就过去，得到的是永久平安；不到案，查案机关就会采取上网追捕的方法对被讯问人进行追捕，逃亡的路不仅艰辛，从此永远不得露面，而且随时有被追捕归案的可能，要被从重处罚。两相比较，被讯问人的亲友就会选择送被讯问人到案接受讯问，被讯问人就会接受亲友的“送”。如果被讯问人犯罪的性质、情节严重，有可能被判处极刑或重刑的，被讯问人的亲友就会认为送被讯问人到案，等于是送被讯问人去死或让其遭受长期的牢狱之苦，反正送去也是这么回事，不如逃一天算一天、躲一天是一天，其就不会送被讯问人到案，被讯问人也不会接受被送到案。这样，采用这种方法让被讯问人到案，被讯问人就到不了案。因此，采用这种方法让被讯问人到案的对象，其犯罪性质、情节是不十分严重的被讯问人。

（3）犯罪性质、情节虽然较重，但具有取保候审或监视居住条件的被讯问人

犯罪性质、情节虽然较重，但具有取保候审或监视居住条件的被讯问人，以通知其亲友送来到案，其在交代了犯罪的事实后，不需要对其采取拘留或逮捕的刑事强制措施，可以对其采取取保候审或监视居住的强制措施。这种被讯问人，当讯问人员通知其亲友将其送来到案时，被讯问人的亲友和被讯问人同样会对到案和不到案的利弊进行权衡：到案，虽然犯罪的性质、情节较重，但感到被讯问人具有取保候审或监视居住的条件，到案后只要能把犯罪的事实交代清楚，就有可能被采取取

保候审或监视居住的措施，而不需要被关押，至少可以过了眼前的这一关，以后的问题再想办法；不到案，就要逃跑或藏匿，而逃跑或藏匿又不是一件容易的事。讯问人员肯定要采取强制手段让被讯问人到案。这样，白白失去一个自首的机会，要被从重处罚。两相比较，被讯问人的亲友就会作出送被讯问人到案的决定，被讯问人也会接受亲友送其到案。而且，有的被讯问人，例如患有严重疾病、生活不能自理，怀孕或者正在哺乳期的妇女，或系生活不能自理的人的唯一扶养人等，他们根本不具备逃跑或藏匿的条件，无法逃跑或藏匿。这些被讯问人的亲友在接到查案机关让其送被讯问人到案的通知后，一般都会面对现实而选择送被讯问人到案。如果被讯问人犯罪的性质、情节严重，又不具备取保候审、监视居住的条件，送被讯问人到案就意味着送被讯问人去关押、判重刑，被讯问人的亲友就不会下送被讯问人到案的决心，即使有的被讯问人的亲友下了送被讯问人到案的决心，被讯问人也不会接受亲友送其到案。这样，被讯问人就到不了案。因此，采取这种方法让被讯问人到案的对象，如果其犯罪性质、情节较重，应是具备取保候审或监视居住条件的被讯问人。

（4）未成年犯罪的被讯问人

我国《刑事诉讼法》以专章规定了未成年人刑事案件诉讼程序，充分体现了我国重视对未成年人的保护。对违法犯罪的未成年人，实行教育、感化、挽救的方针，坚持教育为主、惩罚为辅的原则。讯问人员对违法犯罪未成年人的讯问，“必须坚决实行教育、感化、挽救的方针，着眼于挽救”①。因此，对于未成年人的犯罪，如果不是当场抓获的，要尽量采取通知其亲友送来到案的方法让被讯问人到案。

这种未成年的被讯问人，其在犯罪案发后，由于刚涉世或涉世不深，一般都会处在惊恐、疑惧之中。由其亲友将其送来到案，他会有一种安全感、依靠感，有利于消除其惊恐、疑惧的心理，进而有利于其对

---

① 见李寿伟主编：《中华人民共和国刑事诉讼法解读》，中国法制出版社 2018 年版，第 682 页。

违法犯罪事实的回忆和交代；同时，根据我国《刑事诉讼法》第二百八十一条关于“对于未成年人刑事案件，在讯问和审判的时候，应当通知未成年犯罪嫌疑人、被告人的法定代理人到场”的规定，在讯问未成年被讯问人时，应当有其法定代理人在场。由其亲友将其送来到案，如果其亲友是其法定代理人，讯问时就可由其亲友在场，而不需要再行通知被讯问人的法定代理人到场；而且，由其亲友将其送来到案，向未成年被讯问人提供了一个成立自首的“自动投案”条件，给了他一个自首从轻的机会，有利于促使其对违法犯罪事实作出如实的交代，成立自首，得到从轻、减轻或免除处罚的处理结果，促其回归社会，贯彻实行教育、感化、挽救的方针和坚持教育为主、惩罚为辅的原则。

（5）爱面子、重名声的被讯问人

有的被讯问人特别爱面子、重名声，他生怕自己的犯罪或违纪违法的事实广为传播，今后在社会上没脸见人。因而，总想让自己的犯罪或违纪违法的影响面小一些。

由于这种通知其亲友送来到案的方法具有隐秘性的特点，这种被讯问人当得知由其亲友送其到案时，就会感到这样到案可减少影响面，不被或少被他人知道自己实施了犯罪或违纪违法行为。如果自己不到案，查案机关就会采取抓捕的方法让自己到案，那么，自己的犯罪或违纪违法行为就会公之于众，广为传播，害得自己今后没脸见人。在这种情况下，这种被讯问人就会为顾全自己的面子和名声而由其亲友送其到案。而且，以这种方法让被讯问人到案，其会在爱面子、重名声的促使下对犯罪或违纪违法的事实作出如实交代。因此，对于爱面子、重名声的被讯问人，可采取通知亲友送来的方法让其到案。

4. *通知亲友送来到案方法的实施*

通知亲友送来到案方法的实施要做到以下几点：

（1）了解掌握被讯问人亲友和被讯问人的有关情况，确认采取这种方法能否保证被讯问人到案和是否有利于对被讯问人的讯问

采取这种方法让被讯问人到案，首先要考虑这种方法能否保证被

讯问人到案和是否有利于对被讯问人讯问的问题。以通知亲友送来这种方法让被讯问人到案必须考虑这两个问题。只有在确认采取这种方法让被讯问人到案能够保证被讯问人到案和对被讯问人的讯问更为有利的情况下，才能采取这种方法让被讯问人到案。否则，就不应采取这种方法让被讯问人到案，而应采取比这种更好的方法让被讯问人到案。

而要确认以通知亲友送来的方法让被讯问人到案能够保证被讯问人到案和对被讯问人的讯问更为有利，讯问人员就要了解掌握这个被通知的被讯问人的亲友和被讯问人的有关情况，并根据这些情况作出判断。只有这样，作出的判断才有可能是准确的，从而才有可能保证被讯问人能够到案和对被讯问人的讯问更为有利。为此，讯问人员在采取这种方法让被讯问人到案前，要了解掌握这个被通知的被讯问人亲友是否明事理，能否对被讯问人到案和不到案的不同后果进行权衡利弊，清醒地作出正确的决定；其在被讯问人亲友中的地位、影响、威望情况是否是一个有权威的人；被讯问人对其的信任、依赖程度，是否会听从他所作出的决定等。要了解掌握被讯问人是成年犯还是未成年犯，其性格和平时表现情况，是否会听从正确的意见，是否有一个固定较好的职业，是否有上进心，是否是一个爱面子、重名声的人；其犯罪或违纪违法的性质、情节情况如何，是否严重，有无被从轻处罚的可能；其有无具备取保候审、监视居住的条件，在其如实交代违法犯罪问题后能否被取保候审或监视居住；等等。讯问人员在了解掌握这个被通知的被讯问人亲友和被讯问人的上述有关情况的基础上，围绕能否保证被讯问人到案和是否对被讯问人的讯问更为有利这两个问题进行分析判断，在确认采用这种方法能够保证被讯问人到案和对被讯问人的讯问更为有利的情况下，才可采用以这种方法让被讯问人到案。

（2）阐明利害关系

讯问人员采用这种方法让被讯问人到案，在通知被讯问人亲友的过程中，要向被讯问人的亲友阐明利害关系。

有的被讯问人的亲友虽然是明事理的人，但事理是需要他人点拨的。特别是那些不懂法律的被讯问人亲友，在这个问题上更需要讯问人员的点拨。

由于要被讯问人到案，意味着被讯问人要接受法律的制裁。被讯问人是被讯问人亲友的亲人或关系密切的人，当被讯问人的亲友接到讯问人员的通知，要其送被讯问人到查案机关接受讯问时，在送还是不送的问题上，其必然要进行激烈而艰难的思想斗争。在这个思想斗争过程中，如果被讯问人的亲友不知道其中的利害关系，其想到的可能就是送被讯问人到案对被讯问人不利的一面，而想不到对被讯问人有利的一面，因而其就有可能作出不送被讯问人到案的决定，甚至可能帮助被讯问人逃跑或藏匿。这样，被讯问人就无法到案。讯问人员向被讯问人的亲友阐明了到案与不到案的利害关系，指出被讯问人到案对被讯问人有利的方面和不到案对被讯问人不利的后果，被讯问人的亲友就会根据讯问人员的点拨对被讯问人到案和不到案的后果进行权衡，在权衡利弊中，使其认识到只有送被讯问人到案这一条路可走，“过了这个村，就没了这个店”，时不我待，机不可失，在趋利避害心理的支配下作出送被讯问人到案的决定。因此，讯问人员在通知被讯问人的亲友送被讯问人到案的过程中，要向被讯问人的亲友阐述被讯问人到案和不到案的利害关系，以利于被讯问人的亲友作出正确的决定。

（3）做到态度既严肃，又诚恳

讯问人员在通知被讯问人亲友送被讯问人到案的过程中，要做到态度既严肃，又诚恳。

严肃的态度，显示出讯问人员一定要被讯问人到案的威严，如果被讯问人的亲友不送被讯问人到案，讯问人员就要采取坚决的措施将被讯问人捕获到案，没有任何商量的余地，从而使被讯问人的亲友感到有一种强大的压力。

诚恳的态度，显示出讯问人员帮助、教育、挽救被讯问人的姿态，体现着讯问人员作为教育者、挽救者的真诚。讯问人员是出于对被讯问人的帮助、教育、挽救的目的，才给被讯问人提供了一个让其自首从轻处理的机会，从而使被讯问人的亲友不仅感到讯问人员是在真心实意地帮助、教育、挽救被讯问人，还看到被讯问人出路的希望。

如果讯问人员在通知的过程中，态度既不严肃又不诚恳，或只有严肃没有诚恳，或只有诚恳没有严肃，被讯问人的亲友就感觉不到压力，也不会认为讯问人员是在帮助、教育、挽救被讯问人；或只感到压力，看不到被讯问人的希望；或认为讯问人员是在求他，完全可以敷衍了事。因此，讯问人员在通知被讯问人亲友送被讯问人到案的过程中，态度一定要做到既严肃，又诚恳，以利于被讯问人的亲友下决心送被讯问人到案。

（四）促使被讯问人自己找上门来到案

所谓促使被讯问人自己找上门来到案，是指讯问人员有意识地通过一些手段，促使被讯问人自己来找查案机关，然后对找上门来的被讯问人进行讯问的一种到案方法。

1. 促使被讯问人自己找上门来到案的特点

促使被讯问人自己找上门来到案是被讯问人自动前去找查案机关让其到案的一种方法。它具有自动性、侥幸性、试探性的特点。

（1）自动性

所谓自动性，是指这种到案方法是被讯问人在讯问人员的促使下，其自动前去找查案机关而到案，并不是讯问人员公开要求其到案的。

（2）侥幸性

所谓侥幸性，是指被讯问人自己前去找查案机关是为了向查案机关解释、说明其没有实施犯罪或违纪违法行为，意图通过解释、说明能免予查案机关对自己犯罪或违纪违法的查处。

（3）试探性

所谓试探性，是指被讯问人自己前去找查案机关，对讯问人员进行摸底，意图摸到讯问人员是否把自己列为犯罪或违纪违法的嫌疑对象，有无掌握自己犯罪或违纪违法的事实和证据，以便采取对策。

2. 促使被讯问人自己找上门来到案的作用

促使被讯问人自己找上门来到案的方法有以下重要的作用：

（1）有利于被讯问人暴露出矛盾，被讯问人员抓住把柄

由于这种方法到案具有侥幸性，被讯问人的目的之一是洗清查案机关对自己犯罪或违纪违法的嫌疑，以此摆脱查案机关对自己的侦查或调查。因而，被讯问人在找上门来后，就会千方百计地向查案机关进行解释、说明，表明自己没有实施犯罪或违纪违法行为的各种理由。既然被讯问人要表明自己没有实施犯罪或违纪违法行为的各种理由，其就不得不编造虚假的事实和理由，以使讯问人员相信其确实没有实施犯罪或违纪违法行为。而编造虚假的事实和理由，并不是一件容易的事，必然会在编造的事实和理由本身、编造的事实和理由与客观事实之间、编造的事实和理由与情理之间出现矛盾，从而也就使被讯问人在编造虚假事实和理由中暴露出矛盾而被讯问人员抓住把柄。讯问人员就可抓住矛盾，揭露矛盾，对被讯问人进行讯问，促使其在矛盾面前不得不交代犯罪或违纪违法的事实。因此，以促使被讯问人自己找上门来到案的方法让被讯问人到案，有利于被讯问人暴露出矛盾，被讯问人员抓住把柄。

（2）有利于讯问人员有理由对被讯问人进行讯问

讯问被讯问人需要有一个理由，也就是说，对被讯问人的讯问需要有依据，如果对被讯问人的讯问没有依据，就有侵犯被讯问人的合法权益之嫌，而且被讯问人也完全可以因此拒绝接受讯问。这样，讯问人员在毫无依据的情况下就无法把讯问进行下去。

由于这种到案方法具有侥幸性和试探性的特点，被讯问人在找上门来后要解释、说明其没有实施犯罪或违纪违法行为和对讯问人员是否真的将其列为犯罪或违纪违法嫌疑人以及掌握其犯罪或违纪违法事实和证据情况进行试探、摸底。这样，就为讯问人员对其进行讯问提供了由头。讯问人员完全可以针对被讯问人的解释、说明和对讯问人员的试探、摸底对被讯问人进行讯问。在必要的时候，讯问人员完全可以以被

讯问人的解释、说明和对讯问人员的试探、摸底行为反问被讯问人："你如果没有实施犯罪或违纪违法行为，为什么要来解释、说明，为什么要对讯问人员进行摸底、试探，这不是'此地无银三百两'又是什么?"这样，讯问人员就可据此把讯问进行下去，使被讯问人自己提供被讯问的由头，乖乖地接受讯问。

(3) 有利于讯问人员以自首可以从宽对被讯问人展开攻势，促其对犯罪事实作出交代

由于这种到案具有自动性的特点，是被讯问人自动到查案机关的。虽然被讯问人自动到查案机关的目的是解释、说明自己没有实施犯罪行为和进行摸底、试探，并不是自动投案，但被讯问人如果在自动到查案机关后，经讯问人员讯问，能够主动交代犯罪事实的，应认定为自动投案。对于尚未确定为犯罪嫌疑人的被讯问人来说，根据2010年12月22日《最高人民法院关于处理自首和立功若干具体问题的意见》第一条第一款第三项"在司法机关未确定犯罪嫌疑人，尚在一般性排查询问时主动交代自己罪行的""也应当视为自动投案"的规定，视其为自动投案。因为讯问人员并未掌握其犯罪的事实和证据，未将被讯问人确定为犯罪嫌疑人。对于那些已掌握其犯罪的事实和证据，已被确定为犯罪嫌疑人的被讯问人来说，只要其在讯问中如实交代，因为毕竟是其自己来的，亦应认定为自动投案。

在讯问中，讯问人员向被讯问人宣讲《刑法》关于自首的规定，以自首可以从轻或减轻处罚对被讯问人展开攻势，使被讯问人认识到，如果自己如实交代犯罪的事实，就有机会构成自首，从而能够得到从轻或减轻处罚的处理。被讯问人在解释、说明此路不通的情况下，就有可能为了构成自首，能得到从轻或减轻处罚的处理而对犯罪事实作出如实的交代。因此，以促使被讯问人自己找上门来到案的方法让被讯问人到案，有利于讯问人员以自首可以从宽对被讯问人展开攻势，促其对犯罪事实作出如实的交代。

(4) 有利于讯问人员进退自如，牢牢掌握主动权

促使被讯问人自己找上门来到案的被讯问人，一般都是那些讯问人

员并未掌握其犯罪或违纪违法的证据，仅有怀疑的人。正因如此，讯问的结果具有不确定性。也就是说，讯问的结果有可能突破被讯问人的口供，获取其犯罪或违纪违法的证据，也有可能突不破被讯问人的口供，毫无所获，或被讯问人确实不是作案者。

由于这种方法到案的被讯问人是自己找上门来，自动到查案机关的，这样，如果讯问的结果能够突破被讯问人的口供，获取其犯罪或违纪违法的证据，讯问人员就可对被讯问人采取强制措施或调查措施，继续深入地对被讯问人的犯罪或违纪违法展开侦查或调查；如果讯问的结果突不破被讯问人的口供，毫无所获，或被讯问人确实不是作案者，不能对其采取强制措施或调查措施的，讯问人员就可很自然地让其回去，不致出现被动；被讯问人也无话可说，不致因讯错而与讯问人员纠缠。因此，以促使被讯问人自己找上门来到案的方法让被讯问人到案，有利于讯问人员进退自如，牢牢掌握主动权。

3. 促使被讯问人自己找上门来到案的对象

促使被讯问人自己找上门来到案的对象，是因为不具备以其他方法让其到案的条件，故采用这种方法让其到案。

总结讯问实践，以下对象可采取以促使被讯问人自己找上门来的方法让被讯问人到案。

（1）只是怀疑，并没有“卡住其脖子”的证据的被讯问人

有的案件，经过侦查或调查，发现了被讯问人犯罪或违纪违法的一些迹象，但并没有发现其犯罪或违纪违法的证据，讯问人员只是怀疑这个案件可能是被讯问人所为或被讯问人可能有犯罪或违纪违法行为，而没有能“卡住其脖子”的证据，继续侦查或者调查也没有任何进展。这种被讯问人，如果不进行正面接触，对其予以讯问，就无法收集到其犯罪或违纪违法的证据，案件就不能突破。如果进行正面接触，对其予以讯问，把握性又不大，有可能突不破被讯问人的口供，或通过正面接触，原先发现的其犯罪或违纪违法迹象同案件没有关联，其根本就不是作案者或其根本就没有犯罪或违纪违法的行为，是讯问人员怀疑错了。

在这种情况下，讯问人员就要让其回去。这样，对这种被讯问人如果采取公开对其进行讯问的方法让被讯问人到案，一旦出现突不破其口供或被讯问人不是作案者，或其没有实施犯罪或违纪违法的情况，讯问人员就会相当被动，被讯问人也有可能因此与讯问人员纠缠，要讯问人员赔礼道歉、赔偿损失、恢复名誉，造成恶劣的影响。而采取以促使被讯问人自己找上门来到案的方法让被讯问人到案，即使出现突不破其口供或被讯问人不是作案者，或其没有实施犯罪或违纪违法的情况，由于被讯问人是自己找上门来的，讯问人员也不会被动，被讯问人也就没有理由与讯问人员纠缠。因此，对于只是怀疑，并没有“卡住其脖子”的证据的被讯问人，可采取以促使被讯问人自己找上门来到案的方法让被讯问人到案。

（2）无把柄可抓的被讯问人

有的被讯问人，讯问人员对其无把柄可抓。其既没有犯罪或违纪违法的前科和其他犯罪或违纪违法的问题，又没有该起犯罪或违纪违法的证据或重大线索的问题。对这种被讯问人，如果采取公开对其讯问的方法让被讯问人到案，其在讯问中就有可能与讯问人员对着干，硬碰硬要讯问人员拿出证据。这样，就会使讯问人员无处入手，既不能从其前科或其他犯罪或违纪违法的问题入手，也不能从该起犯罪或违纪违法的证据或重大线索入手。一旦被讯问人坚持要讯问人员拿出证据，僵持在那里，讯问人员就束手无策。而以促使被讯问人自己找上门来到案这种方法让被讯问人到案，一是被讯问人要对其没有实施犯罪或违纪违法作出解释或说明，其在解释或说明中有可能被讯问人员抓住矛盾，讯问人员就可以揭露矛盾的手段对被讯问人进行追审。二是即使在解释或说明中没有矛盾，被讯问人也不会硬碰硬要讯问人员拿出证据。三是即使当其发现讯问人员是在讯问其犯罪或违纪违法行为，硬碰硬要讯问人员拿出证据，讯问人员无法从其前科或其他犯罪或违纪违法问题，或该起犯罪或违纪违法的证据或重大线索入手对其进行讯问，突破其口供，也完全可以以其是自己找上门来为由回击被讯问人，让其回去。因此，对于无把柄可抓的被讯问人，可采取以促使被讯问人自己找上门来到案的方法让被讯问人到案。

（3）头脑简单又胆大的被讯问人

这种头脑简单又胆大的被讯问人，一方面对问题欠考虑，不知道用一分为二的观点来考虑问题、分析问题，往往只知其一，不知其二；另一方面胆大妄为，不顾危险，其在讯问人员的促使下，往往异想天开，认为讯问人员也怕硬，自己攻上去，诈一顿，表白一通，就会把讯问人员吓回去，自己就可溜之大吉，而考虑不到这是自投罗网。因而，其在讯问人员的促使下，就会不顾一切地自己找上门来。如果被讯问人的头脑复杂，考虑问题周到，胆子又小，其一方面会对自己找上门来的利弊进行思考分析，另一方面会对自己找上门来心有余悸，不敢贸然行动。这样，其就不会自己找上门来，被讯问人就到不了案。因此，对于头脑简单且又胆大的被讯问人，可采取以促使被讯问人自己找上门来到案的方法让被讯问人到案。

4. 促使被讯问人自己找上门来到案方法的实施

促使被讯问人自己找上门来到案方法的实施要做到以下几点：

（1）促的手段要得当、有效

所谓促的手段要得当、有效，是指讯问人员在运用这种方法让被讯问人到案，促使被讯问人自己找上门来这个“促”的手段要做得既得当，又有效。也就是说，这个“促”不仅要促得巧妙，而且要能够促得动被讯问人自己找上门来。

以这种方法让被讯问人到案，表面上看，是被讯问人自动找上门来到案的，但被讯问人的这个“自动”，是因为讯问人员的“促”而产生的，没有讯问人员的“促”，也就没有被讯问人的“自动”。因此，讯问人员这个“促”的手段只有做到得当、有效，才能促使被讯问人自动找上门来。

要使这个“促”的手段做得得当、有效，讯问人员就要根据案件和被讯问人的实际情况，或以巧妙的方法通过被讯问人的亲属、哥们儿，由其亲属、哥们儿怂恿被讯问人到查案机关责问或解释、说明，或通过群众有意把风放出去，传给被讯问人，促其到查案机关责问或解释、说明，或通过手段影射被讯问人，刺痛或激怒他，促其到查案机关责问或解释、说明。

（2）落实监控措施

讯问人员在实施“促”的手段的同时，要落实好对被讯问人的监控措施。

被讯问人在讯问人员“促”的手段的作用下，在其自己找上门来之前，有的可能会与同案人、对合人或知情人订立攻守同盟；有的可能会转移赃物、藏匿作案工具，毁灭罪证。如果讯问人员能够落实监控措施，被讯问人就能始终在讯问人员的监控之下，一旦被讯问人有这些行为，讯问人员就能及时发现，获取其犯罪或违纪违法的证据。

（3）要做好两手准备

讯问人员以这种方法让被讯问人到案，要做好被讯问人能够到案和被讯问人不到案的两手准备。

以这种方法让被讯问人到案，由于是被讯问人自动找上门来到案，因而，被讯问人有可能到案，也有可能不到案。对于这两种情况，讯问人员都要做好充分的准备。对于被讯问人自己找上门来到案的，讯问人员要做好对被讯问人进行讯问的各项准备工作，以便被讯问人一到案，讯问人员就能有条不紊地对被讯问人进行讯问；对于被讯问人不到案的，讯问人员要做好以其他方法让被讯问人到案的准备，以便在被讯问人不能到案的情况下，讯问人员能胸有成竹地采取其他方法让被讯问人到案，使讯问人员始终处于主动的地位。

（五）赶被讯问人出窝将其抓获到案

所谓赶被讯问人出窝将其抓获到案，是指讯问人员以打草惊蛇的手段，迫使被讯问人逃离家门，然后将其抓获，对其进行讯问的一种让被讯问人到案的方法。

1. 赶被讯问人出窝将其抓获到案的特点

赶被讯问人出窝将其抓获到案的方法具有以下特点：

（1）强行性

所谓强行性，是指讯问人员以强行的手段对被讯问人实施赶的行为，迫使被讯问人逃离家门，然后又以强行的手段将被讯问人抓获，使之到案。

（2）迷惑性

所谓迷惑性，是指这种到案方法是被讯问人对讯问人员赶其逃离家门的行为产生错觉，被讯问人在被迷惑的情况下，误认为不逃离就要被讯问人员抓获，对自己不利而实施逃离行为。

（3）理由性

所谓理由性，是指以这种方法让被讯问人到案，讯问人员就可以其逃跑为由将被讯问人抓获，对其进行讯问。

2. 赶被讯问人出窝将其抓获到案方法的作用

赶被讯问人出窝将其抓获到案方法有以下重要的作用：

（1）有利于讯问人员以正当的理由对被讯问人进行讯问

以这种方法到案的被讯问人，有的是不能以其他方法让其到案，例如对被讯问人犯罪或违纪违法只是怀疑，没有抓住其犯罪或违纪违法的证据，或没有抓住其把柄，若对其以其他方法让其到案不仅没有正当的理由对其进行讯问，而且一旦突不破被讯问人的口供，或被讯问人不是犯罪或违纪违法者，讯问人员就会显得十分被动；有的是以其他方法让其到案，又到不了案，例如以促使被讯问人自己找上门来的方法让其到案，被讯问人又不会自己找上门来。故对这种被讯问人只得采用赶被讯问人出窝将其抓获到案的方法让其到案。

以这种方法让被讯问人到案，不仅能够使这种被讯问人到案，而且，被讯问人在到案以后，讯问人员就可以“你没有问题，为什么要逃跑”为理由对被讯问人进行讯问。这样，被讯问人一方面对讯问人员对其进行的讯问无话可说，另一方面就要对讯问人员提出的“你没有问题，为什么要逃跑”的问题作出解释、说明。如果被讯问人是一个实施了犯罪或违纪违法行为的人，其就要编造各种事实和理由，既然是编造，就不可避免地会暴露出各种矛盾，讯问人员就可抓住矛盾进行揭露，对被讯问人进行讯问，进而突破被讯问人的口供。如果被讯问人不是一个实施了犯罪或违纪违法行为的人，或无法突破其口供，讯问人员也完全可以“因为你逃跑，才对你进行讯问”为理由让被讯问人回去，不至于出现被动的局面。

(2) 有利于造成被讯问人心理上的压力

被讯问人之所以会逃跑，是因为其预感到犯罪或违纪违法的事实可能已经暴露，其是在重重心理压力下出逃的。在逃跑的过程中，讯问人员又采取强行的手段将被讯问人抓获。这在被讯问人看来，讯问人员一定是已经掌握了自己犯罪或违纪违法的事实和证据，才会这样果断地将自己抓捕归案的。如果讯问人员没有掌握自己犯罪或违纪违法的事实和证据，讯问人员是不会如此果断地将自己抓捕归案的。这样，就进一步造成和加重了被讯问人心理上的压力，认为逃跑已无济于事，抗拒更无济于事，只有老老实实坦白交代才是唯一的出路，从而促使被讯问人在心理压力之下交代犯罪或违纪违法的事实。

(3) 有利于获取被讯问人犯罪或违纪违法的证据

这种被讯问人是在其认为讯问人员可能已经掌握其犯罪或违纪违法证据的情况下出逃的，其在出逃前往往要对证据进行毁灭，或随身携带证据出逃。这样，就为讯问人员发现和获取被讯问人犯罪或违纪违法证据提供了条件。讯问人员通过对被讯问人的监控，或抓获时通过对被讯问人的搜查，就可获取被讯问人犯罪或违纪违法的证据，从而使被讯问人在证据面前不得不交代犯罪或违纪违法的事实。

3. 赶被讯问人出窝将其抓获到案的对象

总结讯问实践，以下对象可采取赶被讯问人出窝将其抓获到案的方法让被讯问人到案：

(1) 非直接接触不能获取其犯罪或违纪违法证据的被讯问人

这种非直接接触不能获取其犯罪或违纪违法证据的被讯问人，讯问人员经侦查或调查，通过分析，认为其实施了犯罪或违纪违法行为或该犯罪或违纪违法行为是被讯问人所为，但是没有获取其犯罪或违纪违法的证据，继续侦查或调查，通过其他手段也无法获取其犯罪或违纪违法的证据，案件无法深入，留给讯问人员的只有直接接触被讯问人，对其进行讯问，突破其口供获取证据这一条路可走。而采取其他方法让被讯问人到案，或者是没有正当的理由对被讯问人进行讯问，或者是被讯问人到不了案。所以，对这种非直接接触不能获取其犯罪或违纪违法证据，而采取其他方法到案又不妥的被讯问人，可采取这种方法让被讯问人到案。

（2）没有把柄可抓的被讯问人

这种没有把柄可抓的被讯问人，讯问人员既没有其此次犯罪或违纪违法的把柄，又没有其前科劣迹或其他犯罪或违纪违法的把柄。如果采取其他方法让其到案，其可能到不了案，或者到案又没有理由对其进行讯问，若强行对其进行讯问，他就会有很多理由进行应对，而且有可能与讯问人员公开对立，讯问人员又没有把柄对其进行进攻，就会使讯问陷入僵局，一旦无法突破其口供，收集不到其犯罪或违纪违法的证据，就会使讯问人员处于相当不利的境地。而采取这种方法让其到案，不仅对其讯问有了充足的理由，而且，一旦突不破被讯问人的口供，讯问人员完全可以以其逃跑，所以对其进行讯问为由让被讯问人回去，不会使讯问人员处于被动。因此，对这种没有把柄可抓的被讯问人，可采取这种方法让被讯问人到案。

（3）胆子小的被讯问人

这种胆子小的被讯问人，一听到要查他的消息，一见到有查他的行为，其就会预感到大祸来临，心中害怕、惊慌，坐立不安，担心赃物不安全，担心作案工具被讯问人员查获，担心自己被抓。于是，便对赃物进行转移，对作案工具进行藏匿，与同案人或对合人订立攻守同盟，自己出去避避风头，逃到外地藏匿。如果被讯问人的胆子大，其听到要查他的消息和见到要查他的行为，会静下心来，冷静地进行思考分析，以不变应万变，不会贸然地转移赃物、藏匿作案工具，与同案人或对合人订立攻守同盟，也不会外逃。这样，这种到案方法对胆子大的被讯问人就不会起作用，以这种方法让被讯问人到案，被讯问人就到不了案。因此，以这种方法到案的对象，应当是胆子小的被讯问人。

4. 赶被讯问人出窝将其抓获到案方法的实施

赶被讯问人出窝将其抓获到案方法的实施，要做到以下几点：

(1) 赶的手段既要有力，又要隐蔽

所谓赶的手段既要有力，又要隐蔽，是指讯问人员实施赶被讯问人出窝的方法既要做到能赶得动被讯问人，将其赶出窝，又要做到不让被讯问人觉察到是讯问人员在有意赶他出窝。

这种到案方法的实现，首先取决于“赶”字，也就是说，“赶”是关键，“赶”得有力，才能赶动被讯问人，“赶”得隐蔽、巧妙，才能将被讯问人赶出窝。如果讯问人员赶得没有力，被讯问人就会无动于衷，赶不动被讯问人；赶得不隐蔽、巧妙，被被讯问人识破了意图，被讯问人就不会出窝。因此，赶的手段要做到既有力，又隐蔽。

要使赶的手段做到有力，讯问人员就要根据案件和被讯问人的情况，研究并实施赶得有力的方法：一是加紧、加快、加大侦查或调查的力度，围绕被讯问人展开各种侦查或调查的措施，通过散风或让被讯问人目击，使被讯问人知道讯问人员已紧紧地盯住他不放，正在紧锣密鼓地进行，很可能马上就要对他下手；二是在加紧、加快、加大侦查或调查力度的同时，要以召开大会、开展座谈等方式影射地对被讯问人发动政治攻势，以教育犯罪或违纪违法者自动坦白为由对其进行揭露，表明如不自动坦白，就要采取果断的措施，造成一种大兵压境的紧张气氛。

要使赶的手段做到隐蔽，讯问人员就要根据案件和被讯问人的情况及其赶的方法，一是在加紧、加快、加大侦查或调查力度中，在有意识地让被讯问人知道时，要加以伪装，使被讯问人感觉到是讯问人员在无意中或因保守秘密做得不好而泄露的，而不是有意让被讯问人知道的。二是在召开大会、展开座谈等方式对被讯问人发动政治攻势中，在针对被讯问人时要以巧妙、含蓄的语言影射被讯问人，或让被讯问人感觉到讯问人员说漏了嘴。

通过上述既有力又隐蔽的手段，赶被讯问人出窝。

（2）落实对被讯问人的监控，将被讯问人牢牢掌握在手中

讯问人员要落实好对被讯问人的监控措施，使被讯问人的一举一动都在讯问人员的视线之内，将被讯问人牢牢掌握在手中。

被讯问人在讯问人员赶的手段的作用下，其在逃离前，有可能转移赃物、藏匿或销毁罪证，与同案人或对合人、知情人订立攻守同盟，也有可能随身携带赃物、罪证逃跑。讯问人员通过监控措施的落实，就能知道被讯问人的一举一动，一旦被讯问人有这些行为，讯问人员就能及时获取其犯罪或违纪违法的证据。

（3）落实抓获的措施

这一到案方法的实现，同时取决于“抓”字。只有“抓”得住被讯问人，才能使被讯问人到案。如果讯问人员抓不住被讯问人，采取这种方法让被讯问人到案也就无从谈起。

而要能抓获被讯问人，就要落实抓获的各种措施，只有抓获被讯问人的各种措施落到实处，才能在被讯问人出逃时将被讯问人抓获，否则，被讯问人就会逃之夭夭，无法到案。

要使抓获的措施落实，一是要组织好抓获的力量，二是该守候的要守候，该上技术侦查手段的要上技术侦查手段，布下天罗地网，被讯问人一逃离，就可将其抓捕归案。

（六）借题传来到案

所谓借题传来到案，是指不是以讯问被讯问人的名义，而是以一定的借口为由将被讯问人传来，对其进行讯问的一种让被讯问人到案的方法。

1. 借题传来到案的特点

借题传来到案的方法具有以下特点：

（1）借口性

所谓借口性，是指这种借题传来让被讯问人到案的方法，是讯问人员以一定的借口，例如以了解有关情况为由将被讯问人传到查案机关，从而使被讯问人到案。

（2）麻痹性

所谓麻痹性，是指讯问人员隐蔽了自己要对被讯问人进行讯问的意图，麻痹被讯问人，使被讯问人感觉到讯问人员不是要讯问自己，而是因为某种原因让自己到查案机关，从而使被讯问人对自己的犯罪或违纪违法放松警惕。

（3）主动性

所谓主动性，是指以这种方法让被讯问人到案，讯问人员始终都不会被动，无论能否确认被讯问人是作案人，或能否突破其口供，讯问人员都能处于主动的地位。

（4）平稳性

所谓平稳性，是指以这种方法让被讯问人到案，不会引起被讯问人的反感或对立，能够平稳地让被讯问人到案。

2. 借题传来到案方法的作用

借题传来到案的方法有以下重要作用：

（1）有利于讯问人员确认被讯问人是否是作案者

讯问人员通过对案件的侦查或调查，收集到一些证据，如果这些证据属实，被讯问人就是作案者。但讯问人员无法通过其他途径查证这些收集到的证据是否属实，需要同被讯问人面对面地接触，通过被讯问人本人才能查证这些证据是否属实。在这种情况下，如果采用其他方法让被讯问人到案，可能被讯问人到不了案；可能被讯问人保持着高度警觉，不利于讯问的进行；一旦这些收集到的证据不确实或案件不是被讯问人所为，讯问人员就会处于相当被动的地位。而采取这种方法让被讯问人到案，通过讯问人员与被讯问人的面对面接触，就可使讯问人员在被讯问人毫无警觉的情况下，对收集到的证据进行甄别，从而确认被讯问人是否是作案者。

（2）有利于麻痹被讯问人

由于这种到案方法具有麻痹性，被讯问人只知道讯问人员是因某种原因传自己到查案机关，而不知道讯问人员的真正目的是要核实其犯罪或违纪违法的证据和对其进行讯问。因而，被讯问人容易对自己的犯罪或违纪违法放松警惕，在同讯问人员的正面接触中往往疏忽对犯罪或违纪违法有关证据的隐蔽和对有关问题的回答，从而使讯问人员能够顺利地核实收集到的证据。如果采取其他方法让被讯问人到案，被讯问人同讯问人员正面接触前，就会构筑如何应对讯问人员的防线，或销毁有关的证据，在同讯问人员正面接触的过程中，就会保持着高度的警惕，隐蔽有关犯罪或违纪违法的证据，对讯问人员的提问三思而后回答，从而使讯问人员无法核实已收集到的证据。因此，采用这种方法让被讯问人到案，有利于麻痹被讯问人。

（3）有利于讯问人员进退自如

这种方法让被讯问人到案，是因为讯问人员对已收集到的证据不能确定是否真实，或案件是否是被讯问人所为，需要通过与被讯问人的正面接触进行查证。因而，查证的结果就有两种可能：一是证据是真实的，犯罪或违纪违法行为就是该被讯问人所为；二是证据是虚假的，犯罪或违纪违法行为不是该被讯问人所为。由于这种到案方法具有借口性和主动性的特点，查证的结果无论是上述哪一种情况，讯问人员都能处于主动的地位，进退自如：若同被讯问人正面接触后，证明收集的证据是真实的，犯罪或违纪违法行为就是被讯问人所为，讯问人员就可对被讯问人进行正式的讯问，通过讯问，突破被讯问人的口供，进而对被讯问人采取强制措施或调查措施；若同被讯问人正面接触后，证明收集到的证据是虚假的，犯罪或违纪违法行为不是被讯问人所为，讯问人员就可以“要解决的问题已经解决，要了解的情况已经了解清楚”为由让被讯问人回去。因此，采用这种方法让被讯问人到案，有利于讯问人员进退自如，丝毫不会被动。

3. 借题传来到案的对象

总结讯问实践，以下对象可采取以借题传来到案的方法让其到案：

（1）已掌握一些证据，但对证据需要进行人身检查才能确定其是作案者的被讯问人

有的案件，通过侦查或调查，已收集到一些被讯问人犯罪或违纪违法的证据，但这些已收集到的证据是否确实，讯问人员通过其他途径无法查证，需要通过对被讯问人的人身检查才能得到查证。例如，被害人陈述，其在被害反抗的过程中曾咬伤作案者的某处，或作案者的某部位曾被某物体刺破、碰伤，或发现作案者身体的某部位有特殊的特征、标记，但因不熟悉作案者，不能确定作案者是谁。讯问人员在侦查或调查的过程中，认为被讯问人有犯罪或违纪违法的嫌疑，该案的作案者可能是该被讯问人，但被害人提供的这些证据通过其他途径又无法查证属实，需要通过对被讯问人的人身进行检查，查明被讯问人的身体是否有被害人所述的伤痕或特征，以确认被讯问人是否就是作案者。对这种被讯问人如果以公开对其讯问的方法让其到案，一是讯问人员还不能确定被讯问人就是作案者，具有很大的盲目性；二是一旦收集到的证据不确实，或被讯问人的身体没有这些伤痕或特征，被讯问人不是作案者，讯错了被讯问人，讯问人员就会显得十分被动。而以借题传来的方法让被讯问人到案，讯问人员就可避免盲目性和被动情况的出现。因此，对已掌握一些证据，但已掌握的证据需要对被讯问人进行人身检查才能确定其是作案者的被讯问人，可采取以借题传来到案的方法让被讯问人到案。

（2）非正面接触被讯问人，无法查证收集到的证据是被讯问人留下的痕迹的被讯问人

有的案件在犯罪的现场提取到一些痕迹，例如鞋印、指纹等；有的案件在被害人的身体里提取到作案者遗留的痕迹，例如精液、血迹等。讯问人员通过侦查，认为某被讯问人的嫌疑很大，有可能就是该被讯问人所为，但又不能确定这些现场提取的痕迹和遗留在被害人身体里的痕迹就是被讯问人留下的，通过其他方法又无法对这些痕迹进行查证，非

正面接触被讯问人，就无法查证收集到的证据是否系被讯问人留下的痕迹。对这种被讯问人，如果以公开对其进行讯问的方法让其到案，同样具有很大的盲目性，一旦收集到的这些痕迹不是被讯问人所遗留的，讯问人员就会处于十分被动的地位。而以借题传来的方法让被讯问人到案，一旦证实了这些痕迹是被讯问人遗留的，被讯问人是作案者也就确定无疑，讯问人员就可乘胜追击，对被讯问人进行讯问，促使其在证据面前交代犯罪的事实；一旦证实这些痕迹不是被讯问人所遗留的，也就排除了被讯问人的嫌疑，讯问人员就可以借题已经解决为由让被讯问人回去，避免被动局面的出现。因此，对非正面接触被讯问人，无法查证收集到的证据是被讯问人留下的痕迹的被讯问人，可采取以借题传来到案的方法让被讯问人到案。

（3）非由被讯问人自己提供情况，无法解决疑问的被讯问人

有的案件，通过侦查或调查，讯问人员认为该案件应当是某被讯问人所为。但侦查或调查的情况又有一些疑问，如果这些疑问不解决，又无法确定该被讯问人就是作案者。而这些疑问通过其他途径又无法解决，非由被讯问人自己提供情况解决不了。对这种被讯问人，如果以公开讯问的方法让其到案对其进行讯问，亦具有很大的盲目性和一旦被讯问人自己提供的情况解决了疑问，被讯问人不是作案者，讯问人员同样会十分被动。而以借题传来的方法让被讯问人到案，通过被讯问人自己提供情况，无论是疑问的解决证实被讯问人是作案者，还是证实被讯问人不是作案者，讯问人员都能始终处于主动的地位，进可攻，退有路。因此，对非由被讯问人自己提供情况，无法解决疑问的被讯问人，可采取以借题传来到案的方法让被讯问人到案。

4. 借题传来到案方法的实施

借题传来到案方法的实施，要做到以下几点：

（1）要“借”好这个“题”

要“借”好这个“题”，就是要设计好这个作为借口的“题”的理由，使这个作为借口的“题”的理由充分、自然。

“借”好这个“题”，是实施这种方法很重要的一环。“借”好了这个“题”，被讯问人就会信以为真，认为讯问人员确实是因为这个“题”而传他到查案机关。这样不仅有利于被讯问人到案，而且，被讯问人在到案的过程中，就会把注意力集中在这个“题”上，疏忽其犯罪或违纪违法的问题，有利于讯问人员在讯问中攻其无备，出其不意。如果这个“题”没有“借”好，理由不充分、不自然，就会引起被讯问人的警觉，被讯问人就会认为这只是一个“借口”，实际上是以此为“借口”把自己骗到查案机关，对自己进行讯问。那么，被讯问人就不会到案，有可能乘机逃跑。即使被讯问人到案，其在到案的过程中也会思考如何对付讯问的问题，构筑抗审的心理防线，不利于讯问人员对被讯问人的讯问。因此，讯问人员在实施以这种方法让被讯问人到案时，就要“借”好这个“题”。

而要“借”好这个“题”，讯问人员就要根据案件和被讯问人的实际情况，对这个作为借口的“题”进行周密的设计，使这个“题”正当，理由充分、自然，顺理成章，从而使被讯问人对这个“题”确信无疑。

（2）要做好充分的准备

实施这种方法让被讯问人到案，讯问人员要做好以下准备：

①要针对被讯问人可能拒绝或以各种理由推托到案做好准备。以这种方法让被讯问人到案，有的被讯问人可能自感罪行败露，拒绝到案或乘机逃跑，有的被讯问人可能以各种理由进行推托不到案。对于这些有可能出现的情况，讯问人员在事前都要做好应对的准备，一旦出现这些情况，就能以有效的方法予以应对，从而保证被讯问人的到案。

②要做好检查，从被讯问人身上取材，对疑问问题进行了解的准备。讯问人员要准备好在被讯问人到案后，以什么巧妙的方法对被讯问人进行人身检查，以什么正当的理由从被讯问人身上取材，以什么技巧向被讯问人进行了解有关事宜，做到“事前定则不困”。①

① 见《中庸》，载中华经典普及文库《四书五经》，中华书局2009年版，第55页。

③要做好讯问的准备。讯问人员以平稳的方法接触被讯问人后，一般就能确认被讯问人是否是作案者。对于确认被讯问人是作案者的，讯问人员就要趁热打铁对被讯问人进行正式的讯问，打被讯问人一个措手不及。因此，讯问人员在事前要做好讯问的各项准备工作。

（3）要讲究策略

在向被讯问人核实有关证据，确认被讯问人是否是作案者的过程中，讯问人员要讲究策略。在这个过程中，讯问人员要根据事先的准备，讲策略、讲技巧，如检查其身上有无遗留痕迹，可借故关心他的身体进行；如提取他的指纹、掌纹，可借故拿一个能留下其指纹、掌纹的东西给被讯问人；如提取他的血型，可借故以其头上有白头发将其拔下；等等，尽量不让被讯问人发觉讯问人员的目的，或即使被讯问人发觉了讯问人员的目的，由于讯问人员有名目在先，被讯问人也就有口难言。

（4）要实事求是

通过核实，对于被讯问人不是作案者的，讯问人员就不要再绕来绕去，而应以友好的态度表明借题传其来的“题”已经解决，让其回去。

（七）追捕到案

所谓追捕到案，是指对逃跑藏匿或抗拒逮捕的被讯问人实施追逃或强行将其捕获到案，对其进行讯问的一种让被讯问人到案的方法。

1. 追捕到案的特点

追捕到案的方法具有以下特点：

（1）公开性

所谓公开性，是指这种追捕让被讯问人到案的方法，在对被讯问人实施抓获时是公开进行的，被讯问人周边的有关人都知道被讯问人被查案机关抓捕归案。这种公开性仅指抓捕时的公开，并不是指寻找被讯问人过程和抓捕前行为的公开，寻找被讯问人的过程和抓捕前的行为仍需秘密地进行。

（2）强制性

所谓强制性，是指讯问人员抓获被讯问人让其到案是强制执行的，一旦讯问人员抓获被讯问人，就对被讯问人采取强制的手段，强行让其到案。

（3）迅猛性

所谓迅猛性，是指讯问人员在抓获被讯问人的过程中，所采取的手段是迅速猛烈的，不容被讯问人有任何反抗的余地，如有反抗，便迅速猛烈地予以制服。

2. 追捕到案方法的作用

追捕到案方法有以下重要的作用：

（1）有利于已逃跑藏匿或抗拒逮捕的被讯问人到案

有的被讯问人在实施犯罪或违纪违法行为，或得知查案机关查到他头上，预感到要被查案机关捕获后，便采取“三十六计走为上”的计策，溜之大吉、逃之夭夭，逃往外地或在本地藏匿起来；有的被讯问人在查案机关对其采取传讯等方法让其到案的过程中，乘机逃跑藏匿；有的被讯问人在实施犯罪或违纪违法的过程中被发现，或逃跑，或依托有利地形等条件负隅顽抗，抗拒逮捕；等等。对这些被讯问人，只有采取强行追捕的手段，寻到其藏身藏匿之处，或排除其有利地形等条件的依托，以迅猛的手段，强行将其抓获，才有可能使被讯问人到案接受讯问。否则，采取其他方法而非采取这种方法，被讯问人是不可能到案的。因此，采取追捕的方法，有利于已逃跑藏匿或抗拒逮捕的被讯问人的到案。

（2）有利于震慑被讯问人

这种逃跑藏匿或抗拒逮捕的被讯问人，一般都是犯罪或违纪违法的基本事实已经清楚，基本证据已经确实。讯问人员之所以采取果断的措施将其追捕归案，依据也就在这里。

这种逃跑藏匿的被讯问人，其在逃跑藏匿的过程中，总是心存侥幸，认为讯问人员有可能没有掌握其犯罪或违纪违法确实的证据，不会花很大的精力将自己抓获归案，或认为自己既已逃跑藏匿，讯问人员难以找到自己。这种依托有利地形等条件抗拒逮捕的被讯问人，在抗拒逮捕的过程中，心中同样存有侥幸，认为自己依托有利地形等条件，讯问人员招数不多，自己有可能脱身或讯问人员有可能知难而退。而讯问人员采取有力、果断的措施将被讯问人追捕到案，表明讯问人员态度坚决，掌握其犯罪或违纪违法证据确实，能力高超，这无疑对被讯问人是一种震慑。被讯问人被追捕到案后，就会从心理上败下阵来，认为自己根本就不是讯问人员的对手，逃跑藏匿、抗拒逮捕已无济于事，抗拒讯问同样将是无济于事，而且只能得到从重的处罚，这就使得被讯问人在讯问中有可能不敢与讯问人员相对抗。因此，采取追捕的方法让被讯问人到案，有利于震慑这种已逃跑藏匿或抗拒逮捕的被讯问人。

（3）有利于讯问人员直奔主题对被讯问人进行讯问

这种逃跑藏匿或抗拒逮捕而被追捕到案的被讯问人，一般都是犯罪或违纪违法的基本事实已经清楚，基本证据已经确实。他之所以逃跑躲匿或抗拒逮捕，是因为查案机关已经掌握了他犯罪或违纪违法的证据。他对自己是犯什么罪或违纪违法被查案机关追捕到案非常清楚，同时，查案机关之所以将其追捕到案是因为有了确实的证据。这种被讯问人已经公开地暴露在那里，而且，这种被讯问人逃跑藏匿或抗拒逮捕又给了讯问人员一个把柄。对这种被讯问人在讯问中要直奔主题，即直接让其交代犯罪或违纪违法的问题，不会出现什么变故。因此，采取追捕到案的方法，有利于讯问人员在讯问中直奔主题对被讯问人进行讯问。

3. 追捕到案的对象

总结讯问实践，追捕到案的对象有：

（1）已有犯罪或违纪违法证据，逃跑藏匿的被讯问人

这种已有犯罪或违纪违法证据，逃跑藏匿的被讯问人，讯问人员只有采取追捕的方法，才能使被讯问人到案。

（2）在到案的过程中逃跑的被讯问人

这种在到案的过程中逃跑的被讯问人，讯问人员只有在其逃跑时立

即进行追捕，才能不失时机地及时捕获被讯问人，使之到案。如果讯问人员不立即对其进行追捕，其就必然逃之夭夭，待其逃跑藏匿后再进行追捕，对查案工作就会带来危害，而且有可能难以捕获被讯问人，使之到案。

（3）实施犯罪或违纪违法行为时被发现，抗拒逮捕或逃跑的被讯问人

这种在实施犯罪或违纪违法行为时被发现，抗拒逮捕或逃跑的被讯问人，讯问人员只有采取有力、果断的措施，对其实施追捕，才能使被讯问人到案。如果讯问人员不采取有力、果断的措施对被讯问人实施追捕，被讯问人的抗拒逮捕、逃跑的行为就会得逞，从而一时无法使被讯问人到案，有的甚至让被讯问人逃脱法网。

4. 追捕到案方法的实施

追捕到案方法的实施，要做到以下几点：

（1）要布下天罗地网，摸准被讯问人藏匿的地点

对于已经逃跑藏匿的被讯问人来说，追捕其到案，前提是要摸准被讯问人藏匿的地点。只有摸准了被讯问人的藏身之处，才有可能将被讯问人追捕到案。否则，追捕被讯问人到案便无从谈起，只能沦为一句空话。

而要摸准被讯问人藏匿的地点，就要布下天罗地网，该上网的要上网，该边控的要边控，该使用技侦手段的要使用技侦手段，该搜寻的要搜寻，该发动群众的要发动群众，该蹲点守候的要蹲点守候，该派出人员到外地排摸的要派出人员到外地排摸，等等。总之，要运用各种手段，采取各种措施，做到天网恢恢、疏而不漏，无论被讯问人逃匿到何处，都能摸准被讯问人藏匿的地点。

（2）要组织强有力的力量实施追捕

摸到了被讯问人藏匿的地点，要组织强有力的追捕力量对被讯问人实施捕获。只有追捕的力量强有力，才能顺利地捕获被讯问人。否则，就有可能再次让被讯问人逃脱。

要组织强有力的追捕力量，指挥追捕的领导人员就要根据被追捕对象和其藏匿地点的情况，配备好追捕人员和携带所需的器械，并做好分工，使组织起来的追捕力量无论在人数上、素质上还是器械配备上，都体现出强有力，任何违法犯罪分子都能被一举擒获。

（3）实施时要迅猛

讯问人员在实施对被讯问人抓捕时，要做到迅猛。只有做到迅猛，才能使被讯问人在没有明白是怎么回事的情况下就乖乖受擒，即使被讯问人明白了是怎么回事，也无法进行反抗和没有任何再逃跑的机会。否则，被讯问人就有可能反抗逃跑或乘机逃跑。因此，讯问人员在实施捕获时一定要做到迅猛。

（4）及时对被讯问人的人身和藏匿地点进行搜查

讯问人员在捕获被讯问人后，要及时对被讯问人的人身和藏匿地点进行搜查，以便不失时机地从被讯问人的身上或藏匿地点获取其犯罪或违纪违法的证据。

第二章

选择好讯问的时机

古人云："人虽智而不遇时无功。"① 这足见时机对于事情成功的重要性。

讯问的目的是要突破被讯问人抗审的心理防线，促使被讯问人对犯罪或违纪违法事实作出交代。这是一项非常艰巨而又复杂的工作。因而，仅凭讯问人员的智慧和能力是不够的，更需要讲时机。只有在最有利的时机对被讯问人进行讯问，才能使讯问顺利地进行，从而取得讯问的成功。

一直以来，理论界和实务界对讯问的时机问题都没有引起足够的重视。在理论界，很少有研究讯问时机的力作；在实务界更是不重视讯问的时机，有相当一部分讯问人员想到讯问就进行讯问，或被讯问人一到案还没有讯问的时机就迫不及待地进行讯问，或讯问的有利时机出现而拖沓不进行讯问，以至于讯问时机不成熟或错失讯问的良机，从而导致无法突破被讯问人的口供，造成极为被动的局面，甚至使犯罪或违纪违法者逃脱法网。鉴于此，笔者将"选择好讯问的时机"作为继"保证被讯问人合理、稳妥地到案"后的一个讯问步骤提出来进行研究，以起到在理论界抛砖引玉、在实务界引起重视讯问的这一步的作用。

① 见《吕氏春秋·首时》，载许维遹撰：《吕氏春秋集释》（上），中华书局 2009 年版，第 325 页。

一、选择好讯问时机的意义

选择好讯问的时机，对于在最有利的时机对被讯问人进行讯问、顺利地突破被讯问人的口供、避免不顾时机地对被讯问人进行讯问、不错失讯问被讯问人的良机都具有重要的意义。

（一）有利于在最佳时机对被讯问人进行讯问

讯问的时机是否恰当，能否在最佳时机对被讯问人进行讯问，对于讯问能否顺利地进行，能否取得讯问的成功意义重大。讯问的时机恰当，在最佳的时机对被讯问人进行讯问，就能使讯问顺利地进行，取得讯问的成功；讯问的时机不恰当，在不利的时机对被讯问人进行讯问，讯问就将遇到困难，难以顺利地进行。

而时机的恰当，最佳的时机，并不是可以随便遇合的，正如古人所云："时不可以苟遇，道不可以虚行。"① 而是需要讯问人员去选择、把握的。如果讯问人员不能选择、把握时机，那么，最佳的时机是不可能送到讯问人员手中的，即使出现，也会稍纵即逝，丧失时机。而时机一旦丧失，就难以再出现有利的时机，"机不可失，时不再来"。② 因此，选择好讯问的时机，把握好讯问的时机，有利于在最佳时机对被讯问人进行讯问。

（二）有利于顺利地突破被讯问人的口供

我们知道，讯问的目的是要突破被讯问人抗审的心理防线，促使被讯问人对犯罪或违纪违法事实作出交代。

而要突破被讯问人抗审的心理防线，促使被讯问人对犯罪或违纪违

① 见（唐）王勃：《常州刺史平原郡开国公行状》，载《中国古代名句辞典》（修订本），上海辞书出版社 2012 年版，第 559 页。

② 见（唐）张九龄：《敕幽州节度张守珪书》，载熊飞校注：《张九龄集校注》（中册），中华书局 2008 年版，第 566 页。

法事实作出交代，讯问的时机是一个很重要的因素。讯问人员只有选择在最佳的时机对被讯问人进行讯问，才能一举突破被讯问人的口供。如果讯问的时机不利，在还没有出现讯问有利时机的情况下，对被讯问人进行讯问，那么，讯问人员即使有诸葛之谋、公输之巧、离娄之明，也难以突破被讯问人的口供。这与“取天下与守天下，无机不能”① 是同一个道理。这一道理充分说明，能否突破被讯问人的口供，不在于被讯问人的态度是否顽固，抗审能力是否强大，而是在于讯问人员能否把握好时机。正所谓“事之难易，不在大小，务在知时”。② 只有“知时”，才能突破被讯问人的口供。而要做到“知时”，讯问人员就要选择好讯问有利的时机。因此，选择好讯问的时机，有利于顺利地突破被讯问人的口供。

（三）有利于避免不顾时机地对被讯问人进行讯问情况的发生

我们通过前面的论述，知道讯问被讯问人必须要在最有利的时机进行。如果讯问的时机不利，在还没有出现讯问有利时机的情况下对被讯问人进行讯问，那么，不但讯问不能顺利地进行，难以突破被讯问人的口供，而且有可能永远无法突破被讯问人的口供，使被讯问人因此而逃脱法网。因而，讯问人员必须要避免不顾时机地对被讯问人进行讯问情况的发生，在有利时机还未出现的时候，就不能对被讯问人进行讯问，要等待或创造有利时机出现，才可对被讯问人进行讯问。正所谓“虽有智慧，不如乘势；虽有镃基，不如待时”③。

如果讯问人员不重视讯问的时机，不对讯问的时机进行选择，任意地对被讯问人进行讯问，那么，避免不顾时机地对被讯问人进行讯问情

① 见（宋）苏洵：《远虑》，载《唐宋名家文集·苏洵集》，中州古籍出版社2013年版，第216页。

② 见《吕氏春秋·首时》，载许维遹撰：《吕氏春秋集释》（上），中华书局2009年版，第325页。

③ 见《孟子·公孙丑章句上》，载程林主编：《四书五经》（第一卷），北京燕山出版社2008年版，第154页。

况的发生就只能是一句空话。其结果就有可能在最不利的时机对被讯问人进行讯问。因此，选择好讯问的时机，有利于避免不顾时机地对被讯问人进行讯问情况的发生。

（四）有利于不错失讯问被讯问人的良机

讯问人员要在最有利的时机对被讯问人进行讯问，就要紧紧地抓住有利的时机。只有紧紧地抓住有利的时机，才不会错失良机，从而在最有利的时机对被讯问人进行讯问。

我们知道，获得适当的时机是最难的，获得最有利的时机，更是难上加难。正所谓“深惟贤者之处世，皆以得时为至难”①。而且，时机不仅难得，还因出现的时间极短，很容易失去。而时机一旦失去，就不会再来。对此，有这样一句名言：“难得而易失者时也，时至而不旋踵者机也，故圣人常顺时而动，智者必因机以发。”② 因此，讯问人员要“贵于乘时，时不可失。”③

而要“贵于乘时，时不可失”，讯问人员就要对讯问的时机进行选择。通过选择，紧紧地抓住有利的时机，使之不再失去，在最有利的时机对被讯问人进行讯问，从而取得讯问的胜利。如果讯问人员不对讯问的时机进行选择，那么，也就无法抓住有利的时机，其结果必然是错失讯问的良机，从而不能在最有利的时机对被讯问人进行讯问。因此，选择好讯问的时机，有利于不错失讯问被讯问人的良机。

二、讯问时机的具体选择

讯问要选择在恰当的时机进行，其间不能有一息的相差。如果先于

---

① （宋）苏轼：《贺吴副枢启》，载《苏东坡全集》（第5卷），北京燕山出版社2009年版，第2412页。

② 见《三国志·魏书·荀彧荀攸贾诩传》，（宋）裴松之注引：《九州春秋》，载中华经典普及文库《三国志》，中华书局2006年版，第198页。

③ 见《三国演义》第六十七回，中华书局2005年版，第378页。

时机过于急促地对被讯问人进行讯问，就过头了；如果错过时机对被讯问人进行讯问，就来不及了。强调的是既不过，也不不及，正好恰当合适。"时之至间不容息，先之则太过，后之则不及"① 说的就是这个道理。因此，讯问人员在时机尚未到来时，不要急于对被讯问人进行讯问，而在遇到有利的时机时要及时抓住时机，果断地对被讯问人进行讯问。否则，时机尚未到来或失去了有利时机，在时机未出现或时机过后对被讯问人进行讯问，不仅不利于讯问的进行，反而会遭受到危害。

那么，应选择在什么时机对被讯问人进行讯问呢？总结讯问实践，应根据侦查或调查的情况、被讯问人的到案情况、被讯问人的心理情况，选择在以下时机对被讯问人进行讯问最为恰当。

（一）根据侦查或调查的情况选择

根据侦查或调查的情况，选择在以下时机对被讯问人进行讯问：

1. 获取被讯问人犯罪或违纪违法主要事实证据的时候

被讯问人犯罪或违纪违法的主要事实证据，证明了犯罪或违纪违法行为的人是该被讯问人和该被讯问人实施的行为是犯罪或违纪违法这样两个问题。获取了证明这样两个问题的证据的时候，是讯问被讯问人最有利的时机：

（1）被讯问人是犯罪或违纪违法的人无疑，对其进行讯问，不会讯错人。

（2）被讯问人实施的行为是犯罪或违纪违法行为，并非不是犯罪或违纪违法行为，对其实施讯问的手段符合法律的规定，不会侵犯被讯问人的合法权益。即使讯不下来，也不会有什么严重的后果或出现不可收场的局面。

（3）主要犯罪或违纪违法的证据具有极大的证明力和威慑力，被讯问人面对其犯罪或违纪违法的主要事实的证据，就会产生惧怕的心

① 见（唐）李筌：《太白阴经·作战篇》，军事科学出版社 2007 年版，第 152 页。

理，从而在其心理上就会产生巨大的压力，使其感到只有走坦白交代的道路才是唯一的出路，除此别无他途。

（4）在获取被讯问人犯罪或违纪违法主要事实证据时，被讯问人并无防备或来不及防备，有利于攻被讯问人的无备，一举突破被讯问人的口供。

因此，讯问人员在获取被讯问人犯罪或违纪违法主要事实的证据时，就应果断地对被讯问人进行讯问，及时突破被讯问人的口供。

如果在此时不对被讯问人进行讯问，随着时间的推移，被讯问人就会知道讯问人员掌握其犯罪或违纪违法证据的情况，其就会针对讯问人员掌握证据的情况进行应对，准备狡辩或否定的理由。在被讯问人有了对策的情况下再对被讯问人进行讯问，被讯问人就会以准备的对策与讯问人员抗衡到底。这样，尽管获取的证据是被讯问人犯罪或违纪违法主要事实的证据，但无法突破被讯问人的口供。因此，在获取被讯问人犯罪或违纪违法的主要事实证据时，是讯问被讯问人最恰当的时机之一。

2. 在被讯问人的人身、住处当场发现或搜得犯罪或违纪违法证据的时候

有的被讯问人在实施犯罪或违纪违法行为的过程中，身上留有犯罪或违纪违法的痕迹；有的被讯问人将犯罪或违纪违法的证据藏匿在身上；有的被讯问人将犯罪或违纪违法的证据藏匿于住处；等等。讯问人员在侦查或调查的过程中，可能从被讯问人的人身或住处当场发现或搜得其犯罪或违纪违法的证据。这种当场发现或搜得证据的时候，是讯问的有利时机：

（1）当场发现或搜得证据，“人赃俱获”，证明被讯问人就是犯罪或违纪违法的行为人，其无法进行狡辩。

（2）在当场发现或搜得证据的情况下，由于事出突然，被讯问人一般都比较惊慌，来不及想好对证据进行狡辩或否定的理由，面对讯问人员的讯问，其就有可能脱口而出，供出实情。即使其在惊慌中对证据进行狡辩，由于没有准备，也只能是胡乱编造一个理由进行搪塞应付，而不能把理由说圆。这样，就被讯问人员抓住了矛盾，其在矛盾面前就只有如实交代这一条路可走。

(3) 在“人赃俱获”的当场，被讯问人来不及产生抗审的心理或抗审的心理比较脆弱，有利于讯问人员一举突破其口供。

因此，在被讯问人的人身、住处当场发现或搜得犯罪或违纪违法证据的时候，是对被讯问人进行讯问一个非常有利的时机，讯问人员应紧紧抓住这个有利时机，以迅雷不及掩耳之势对被讯问人进行讯问，迅速突破被讯问人的口供。

讯问人员如果在被讯问人的人身、住处当场发现或搜得犯罪或违纪违法证据的时候，不以迅雷不及掩耳之势立即对被讯问人进行讯问，错过了这个时机，待被讯问人冷静下来，缓过了神，其就会对讯问人员发现或搜得的证据周密地思考狡辩或否定的理由，堵塞漏洞，寻找合理的理由或推脱的依据，编造出天衣无缝的谎言，以对付讯问人员的讯问。由于这些从被讯问人的人身、住处发现或搜得的证据一般都表现为间接证据，其不能直接证明被讯问人的犯罪或违纪违法事实，而且，大部分的间接证据都具有可辩性，可以做这样的解释和认定，也可以做那样的解释和认定，甚至可以做相反的解释和认定。如果被讯问人编造出天衣无缝的谎言，以“合理”的理由对当场发现或搜得的证据进行狡辩或否定，在讯问人员再无旁证的情况下，就有可能使被讯问人的狡辩或否定得逞，当场发现或搜得的证据就毫无作用而成为废品，甚至有可能成为证明被讯问人无罪或无错的证据。其结果就有可能眼睁睁地看着被讯问人逃脱法网。因此，在被讯问人的人身、住处当场发现或搜得犯罪或违纪违法证据的这一讯问的良机千万不能错失。

3. 抓住被讯问人把柄的时候

有的案件经讯问人员的侦查或调查，从获取的情况来看，被讯问人就是该案的作案人，但无法收集到被讯问人犯罪或违纪违法的证据，更没有直接的证据证明被讯问人的犯罪或违纪违法事实，继续侦查或调查下去也不会有什么新的进展。对这种案件，抓住被讯问人把柄的时候，就是讯问的有利时机：

（1）把柄对被讯问人是一个威慑，抓住了被讯问人的把柄，就抓住了被讯问人的弱点，从而就把被讯问人控制在了讯问人员的手中，被讯问人就无法强硬起来。

（2）被讯问人的把柄为讯问人员对其进行讯问提供了一个理由，讯问人员以讯他的把柄为由对他的犯罪或违纪违法行为进行讯问，如果讯不下来，无法突破被讯问人的口供，完全可以以把柄为掩护撤出。

（3）抓住了被讯问人的把柄对被讯问人进行讯问，被讯问人就会认为讯问人员在自己身上是下了功夫的，连这种把柄都已被讯问人员掌握，自己的犯罪或违纪违法证据完全有可能已被讯问人员掌握。如果讯问人员的讯问方法巧妙，完全有可能突破被讯问人的口供。

因此，对这种被讯问人应在抓住其把柄的时候，不失时机地对被讯问人进行讯问，以巧妙的讯问方法突破被讯问人的口供。

对这种被讯问人，如果讯问人员过于急躁，在没有抓住被讯问人把柄的时候就对被讯问人进行讯问，讯问就没有切入点，而且具有很大的冒险性，一旦讯不出被讯问人的犯罪或违纪违法事实，讯问人员就使自己处于十分不利的境地，无法收场。

如果讯问人员在抓住被讯问人把柄的时候，不对被讯问人进行讯问，失去这一讯问的时机，就会产生以下不利的后果：

（1）很难再找到讯问被讯问人的理由，案件又无法深入，从而使案件旷日持久地拖下去，不能及时破案，而且有可能成为疑难案件。

（2）已抓到的把柄因时间的推移会逐渐失去作用。时间一长，被讯问人就会认为讯问人员没有掌握其犯罪或违纪违法的证据，而只掌握其与犯罪或违纪违法无关或不能证明其犯罪或违纪违法事实的证据。这样，这个抓到的把柄对促使讯问人交代犯罪或违纪违法的事实也就失去了作用。如果再以这个把柄对被讯问人进行讯问，由于良机已失，就不会起到什么作用，而且有可能起到反作用，坚定被讯问人的抗审心理。

因此，对于这种案件的被讯问人，不能错失这一良机。

4. 发现破绽的时候

有的案件，讯问人员在侦查或调查的时候，并未发现和确定犯罪或违纪违法人是谁，通过向有关人员了解情况，以获取证据和发现犯罪或违纪违法的人。在向某人的了解中，该人露出了破绽，其就是犯罪或违纪违法的作案人或发现了其犯罪或违纪违法的问题，被讯问人就在眼前。有的案件，通过侦查或调查，某人的作案嫌疑重大，但既没有收集到其犯罪或违纪违法的证据，也没有抓到其把柄，只得以了解情况为由同其正面接触。在正面接触中，发现了该人的破绽。这种发现被讯问人破绽的时候，就是对被讯问人进行讯问的良机：

（1）被讯问人露出了破绽，说明被讯问人就是犯罪或违纪违法的行为人，对其进行讯问不会弄错对象。

（2）对已经露出的破绽进行讯问，理所当然，是顺理成章的事。即使讯不下来，被讯问人也无话可说。

（3）被讯问人已露出了破绽，被讯问人员抓住了把柄或犯罪或违纪违法的证据，讯问有了切入点。

（4）被讯问人露出了破绽，其心中明白已被讯问人员抓住了尾巴，在心理上必然会出现惊慌。

（5）在这个时候对被讯问人进行讯问，被讯问人尚未构筑起抗审的心理防线，处于被动挨打的地位。

因此，对这种露出破绽的被讯问人，讯问人员就要做到特事特办，立即将向其了解情况转为讯问，边准备边对被讯问人进行讯问。不能按部就班，待完全做好讯问的准备后，再对被讯问人进行讯问。

如果对这种已露出破绽的被讯问人不立即进行讯问，而是按部就班，待完全做好准备后再对被讯问人进行讯问，就失去了讯问的良机：

（1）若让被讯问人先回去，被讯问人知道自己的犯罪或违纪违法已经暴露，被讯问人员抓住了尾巴，其就有可能逃跑，“走为上策”。一旦被讯问人逃跑，对破案就带来了极大的困难。

（2）若将被讯问人先控制起来，被讯问人就会质问讯问人员为什么限制其人身自由。同时，其会针对露出的破绽进行补救、堵塞，重新把话说圆，把破绽掩饰过去。讯问人员如果没有新的证据，就无法将讯问深入进行下去。

（3）被讯问人在补救、堵塞破绽的同时，其会对抗审的心理防线进行全面的构筑，一旦被讯问人筑起了抗审的心理防线，讯问人员再要突破这道有针对性的心理防线就不是一件容易的事，在没有新的事实证据的情况下，有可能永远也无法突破这道心理防线。

因此，被讯问人露出破绽的这一讯问时机，“机不可失，时不再来”。

5. 只有讯问被讯问人这一条路可走的时候

有的案件，讯问人员动用了所有的人力、物力，运用了所有的侦查或调查的手段和措施，想尽了所有的办法，使出了九牛二虎之力对案件进行侦查或调查，但就是无法再深入下去。既收集不到被讯问人犯罪或违纪违法的证据，又抓不住被讯问人的把柄和发现被讯问人的破绽，案件的侦查或调查到了山穷水尽的地步，处于僵死的状态。但根据案件的侦查或调查，作案人就是被讯问人或被讯问人确有某种犯罪或违纪违法行为。如果不对被讯问人进行讯问，案件就永远无法突破，进而无法向纵深发展。也就是说，摆在讯问人员面前的只有讯问被讯问人这一条道路可走。对于这种案件的被讯问人，讯问人员就应将只有讯问被讯问人这一条路可走的时候选为讯问的时机。

应当说，在只有讯问被讯问人这一条路可走的时候，不是讯问被讯问人的有利时机，但却是讯问被讯问人不是时机的时机：

（1）案件的侦查或调查已到了山穷水尽的地步，留给讯问人员的只有讯问被讯问人这一条路可走，讯问人员不仅没有了努力的方向，而且已没有了选择，这条路不走也得走。

（2）如果继续侦查或调查，不仅没有获得证据和使案件深入的条件，而且会暴露侦查或调查的意图和讯问人员的底细，从而使案件彻底办砸，无法再使案件起死回生。

（3）如果放任不管，就等于放弃了侦查或调查，放纵了真正的罪犯或违纪违法的人，这就有失讯问人员作为执法者的责任和良心。

（4）把“死马当活马医一回”也不失为一种有效的方法，如果

“不医，该马就彻底死亡”，如果“医一回，或许能救回来”。

当然，把只有讯问被讯问人这一条路可走的时候作为讯问的时机，在这个时候讯问被讯问人，并不是说讯问人员可以盲目蛮干，不计后果地乱整一通，而是应当在有把握的情况下于这一时机对被讯问人进行讯问。

要做到有把握，讯问人员应做到以下几点：

（1）讯问人员要有百分之百的把握弄准被讯问人就是该案的作案者或其确实有某种犯罪或违纪违法行为。如果被讯问的对象没有把握准，讯问有把握就无从谈起。

（2）讯问人员要在被讯问人到案的方法上下功夫。对这种被讯问人的到案，最好是以促使被讯问人自己找上门来或赶被讯问人出窝抓获的方法让被讯问人到案。这样，即使讯不下来，讯问人员也不会处于被动。

（3）讯问人员要在讯问的策略上下功夫，以最高明的策略对被讯问人进行讯问。

（4）讯问人员要在讯问的技巧上下功夫，以最巧妙的方法对被讯问人进行讯问。

6. 侦查或调查暴露的时候

对案件的侦查或调查，无论是公开进行，还是秘密进行，都不能暴露侦查或调查的方向和意图，为的是在被讯问人毫无察觉的情况下收集到被讯问人犯罪或违纪违法的证据，打被讯问人一个措手不及。但是，侦查或调查总是在一定的时间和空间进行，加上当今社会人际关系极其复杂，尽管侦查或调查讯问人员千方百计地保守侦查或调查的秘密，但侦查或调查的情况仍难免会通过各种渠道或途径暴露出来，被犯罪或违纪违法嫌疑人所知晓。在这种情况下，如果侦查或调查讯问人员已获取了犯罪或违纪违法嫌疑人一定的材料，足以判定被讯问人就是该案的作案者时，就应在侦查或调查暴露的时候，不失时机地对被讯问人进行讯问。

侦查或调查暴露的时候，应当说不是讯问的有利时机，但是，任何事物都是一分为二的，不利当中蕴藏着有利：

（1）既然侦查或调查已经暴露了，就不能再逆转，不利已经摆在了那里。如果在这个时候不对被讯问人进行讯问，时间越长就越不利，一系列更不利的后果就会随之产生。从这个角度来看问题，此时又是最有利的时机。

（2）任何事物都具有两重性，侦查或调查暴露也毫不例外地具有两重性：一方面被讯问人知道了讯问人员侦查或调查的方向和意图；另一方面此时的被讯问人处于惊慌失措、惶恐不安的状态，尚未构筑起抗审的心理防线，有利于打他一个措手不及。

因而，侦查或调查暴露的时候，作为讯问的时机，又是一个有利的时机。

如果在侦查或调查暴露的时候不对被讯问人进行讯问，就错失了这一时机的有利方面，而使讯问人员处于越来越不利的境地：

（1）有的被讯问人因为畏罪心理有可能逃跑藏匿。

（2）有的被讯问人因感到自己罪行严重或今后无脸见人，有可能自杀。

（3）有的被讯问人会趁机毁灭证据或藏匿证据。

（4）有的被讯问人会请教“高人”如何应对，“高人”给其出谋划策，其根据“高人”的指点对抗讯问人员的侦查或调查。

（5）被讯问人构筑起抗审的心理防线，凭借抗审心理防线与讯问人员抗衡。

因此，侦查或调查暴露的时候这一讯问的时机不能错失，否则，后患无穷。

7. 被讯问人有外逃迹象的时候

案件在侦查或调查的过程中，有的被讯问人由于闻到了某种气息，认为再下去自己就要被采取强制措施或调查措施，与其在此等死，不如一走了之，于是便准备逃跑。对于这种准备逃跑的被讯问人，在其有外逃迹象的时候，是讯问的有利时机：

（1）这种被讯问人之所以准备外逃，是因为其感觉到讯问人员已掌握了其犯罪或违纪违法的证据，心中害怕。被讯问人基于这种原因的害怕，正是其弱点。

（2）被讯问人要逃跑，说明被讯问人的心是虚的，感觉到自己无法面对讯问人员的讯问，不能抵挡住讯问人员的讯问。因而，其经不起讯问人员的进攻。

（3）被讯问人想的是以逃跑对付讯问，此时的精力集中在如何逃跑、逃到哪里藏匿、今后如何生活的问题上，很少或没有考虑构筑抗审的心理防线。也就是说，其没有抗审的心理准备。

因此，对这种被讯问人，在其有外逃迹象的时候，是对其进行讯问的有利时机。讯问人员应不失时机地在此时对被讯问人进行讯问。

对这种有逃跑迹象的被讯问人，在发现其有逃跑迹象的时候，如果不及时将其抓获到案对其进行讯问，就错失了讯问的良机：

（1）被讯问人就会一跑了之。一旦被讯问人逃跑成功，讯问人员就无法再对其进行讯问，需要找到他才能对其进行讯问。而被讯问人逃跑后再找到他不是一件容易的事，不仅一时难以找到，而且需要付出大量的人力、物力，甚至付出大量的人力、物力也不一定有成效。

（2）导致案件难以深入侦查或调查。被讯问人逃跑了，没有了侦查或调查的对象，侦查或调查也就难以深入下去，只能在外围做一些调查取证，不能涉及案件的核心问题，致使案件不能查清而成为疑难案件。

（3）被讯问人有可能继续危害社会。一些被讯问人，特别是一些普通刑事犯罪的被讯问人，在逃跑以后并不会金盆洗手，而是继续实施犯罪行为，甚至有过之而无不及，给社会带来严重的危害。

因此，被讯问人有外逃迹象的时候这一讯问的时机不能错失，否则，后果严重。

8. 同案人或对合人被抓获的时候

有的案件是被讯问人与同案人或对合人共同实施或对合实施的犯罪

或违纪违法行为，被讯问人被抓获，而同案人或对合人逃跑。这种被讯问人就会认为，同案人或对合人已逃跑，不能到案，除同案人或对合人外，他人不知道自己的犯罪或违纪违法事实。因而，在讯问中拒不交代犯罪或违纪违法的事实。对这种被讯问人，在抓获同案人或对合人时，是对其进行讯问的一个有利时机：

（1）被讯问人先前不交代，是基于同案人或对合人已逃跑，不能到案，其侥幸没有人能证明其犯罪或违纪违法事实，而现在同案人或对合人被抓获，这种侥幸也就随之被破除。

（2）同案人或对合人能直接证明其犯罪或违纪违法的事实，这对被讯问人无疑是一种威慑。正是这种威慑，被讯问人就会产生害怕和紧张的心理，而害怕和紧张的心理又正是被讯问人的弱点。

（3）由于被讯问人先前侥幸同案人或对合人不能到案，其抗审的心理防线也就构筑在这个基础上。而现在同案人或对合人刚被抓获，其还来不及构筑针对同案人或对合人到案的抗审心理防线。

（4）同案人或对合人的到案，有利于讯问人员对他们进行“拉锯式”的讯问，促使讯问不断地向纵深发展。

因此，讯问人员要抓住同案人或对合人被抓获的这一有利时机，对被讯问人进行讯问。

而如果讯问人员错过了这个时机，不在同案人或对合人被抓获的时候对被讯问人进行讯问，就会出现以下不利的情况：

（1）被讯问人经长时间的磨合，其害怕和紧张的心理就会逐渐消除，由害怕转变为不害怕，由紧张转变为镇定。

（2）被讯问人知道同案人或对合人已经到案后，其就会将构筑在同案人或对合人不能到案的抗审心理防线转为构筑在同案人或对合人已经到案之上，针对同案人或对合人已经到案的情况，构筑起抗审的心理防线。一旦被讯问人的这种抗审心理防线构筑起来，就难以突破其口供。

（3）无法做到在被讯问人与同案人或对合人之间进行“拉锯式”的讯问，只能是各讯各的，不利于讯问迅速向纵深发展。

因此，同案人或对合人被抓获的时候这一讯问的有利时机不能错失，否则，对讯问将产生极为不利的后果。

（二）根据被讯问人的到案情况选择

根据被讯问人的到案情况，选择在以下时机对被讯问人进行讯问。

1. 被讯问人在作案时被当场抓获的时候

有的被讯问人在实施犯罪或违纪违法行为时，当场被群众或讯问人员抓获归案；有的被讯问人在实施犯罪或违纪违法行为后即被发现，其仓皇逃跑，群众即进行追赶将其抓获归案，或查案机关组织力量在其逃往的地方进行搜捕抓获归案；有的被讯问人在移尸、销赃或藏匿证据时被当场抓获归案；有的被讯问人连续作案，讯问人员采取蹲坑守候的方式，在其重新犯罪或违纪违法时将其当场抓获归案；有的被讯问人，讯问人员对其采取技术侦查措施的方法，在其转移、藏匿赃物或重新犯罪时将其抓获归案；等等。这种被讯问人在作案时被当场抓获的时候，是对其进行讯问的有利时机：

（1）被讯问人在作案时被当场抓获，有群众或讯问人员目睹其犯罪或违纪违法的过程，被讯问人知道难以否认和抵赖。

（2）在作案时被当场抓获，往往都是“人赃俱获”。在“人赃俱获”的情况下，被讯问人更加心虚，一时难以产生抗审的心理。

（3）被讯问人在当场被抓获时，处于惊魂未定的状态，惊慌、紧张、害怕。在这种情况下，其来不及也无法构筑起抗审的心理防线，编造出辩解或否定的理由，往往容易脱口而出，即使其进行编造，也无法编圆，必定漏洞百出，矛盾重重。

因此，被讯问人在作案时被抓获的时候，是讯问的绝佳时机，讯问人员要抓住这一时机，立即对被讯问人进行讯问。

如果讯问人员不在这个绝佳时机对被讯问人进行讯问，错过这个时机，待其思想稳定后再对其进行讯问，就会出现不利于讯问的后果：

（1）被讯问人在思想稳定后，其就会产生抗审的心理，抗拒讯问人员的讯问。

（2）为了抗审，其就会对自己犯罪或违纪违法和被抓获的过程进行回忆，寻找辩解和否定的理由，然后编造出谎言，对犯罪或违纪违法的事实进行狡辩和否认，以此对付讯问。

因此，错失了这一绝佳的讯问时机，就难以突破被讯问人的口供，甚至使案件成为疑难案件。

2. 被讯问人找上门来的时候

我们在第一章《保证被讯问人合理、稳妥到案》中曾论述过促使被讯问人自己找上门来到案这种被讯问人到案的方法。被讯问人的这种到案方法，是被讯问人在讯问人员有效手段的作用下促使其自己找上门来到案的。事实上，被讯问人自己找上门来还有一种情况，那就是被讯问人错误地估计了形势，采取先发制人的策略，表白自己，讨个说法，或对某种情况作出解释说明，想把讯问人员吓回去或干扰讯问人员的侦查或调查而主动找上门来。无论是讯问人员促使其找上门来，还是被讯问人自己主动找上门来，在被讯问人找上门来的时候，都是讯问的有利时机：

（1）由于被讯问人是犯罪或违纪违法人，其实施了犯罪或违纪违法行为，因而，被讯问人的心是虚的。尽管其在找上门来时壮了胆，但无论怎么壮胆，虚的就是虚的，无法将虚的变为实的，仍然是色厉内荏。被讯问人的心虚就是一个弱点，其经不起讯问人员的进攻，在讯问人员的进攻面前就会露出原形。

（2）被讯问人自己找上门来，按俗语说，是“送肉上秤”。讯问人员趁机对其进行讯问是其自己找的，因而，顺理成章。即使突破不了其口供，被讯问人也无话可说，不会出现什么不良的后果。讯问人员可以进退自如，牢牢地掌握着主动权。

（3）这种敢于自己找上门来的被讯问人错误地估计了形势，认为讯问人员对其犯罪或违纪违法一无所知，或仅仅是怀疑，不可能掌握其犯罪或违纪违法的证据。否则，其也不会自己找上门来。而其认为讯问人员不掌握其犯罪或违纪违法的证据，说明其对证据没有思想准备，这又是被讯问人的一个弱点。此时讯问人员对其进行讯问，以巧妙的方法出示已收集到的证据，或客观上有但尚未收集到的证据，正好“攻其无备，出其不意”，打被讯问人一个措手不及。由于被讯问人事先对证据没有思想准备，其也就无法进行辩解和否认。

因此，被讯问人自己找上门来的时候，是讯问的有利时机，讯问人员应不失时机地对被讯问人进行讯问。

如果此时不对被讯问人进行讯问，就会出现以下不利的后果：

（1）对于在侦查或调查中没有收集到其犯罪或违纪违法有力证据的被讯问人来说，如果在以后的侦查或调查中仍然不能收集到其犯罪或违纪违法的有力证据，要对其进行讯问，就很难再找到有利的时机。

（2）让被讯问人摸清了讯问人员的底细。在被讯问人自己找上门来又让其回去后，被讯问人就会认为，讯问人员确实没有掌握自己犯罪或违纪违法的证据。否则，讯问人员是不会放自己走的。

（3）被讯问人有可能就会因此越发猖狂起来，不利于侦查或调查工作的深入和以后对被讯问人的讯问，使案件查处工作陷入被动。

因此，失去了这一讯问时机，对于突破被讯问人的口供是非常不利的。

3. 被讯问人外逃被抓获的时候

有的被讯问人因犯罪或违纪违法败露，为逃避打击而外逃躲避。这种被讯问人在被抓获的时候，是讯问的有利时机：

（1）被讯问人在外逃躲避的过程中，本身就是惊弓之鸟，过着提心吊胆的生活，其突然被抓获，更是惊慌不已，处于紧张、恐惧、失望的状态。而且，其之所以逃避，是因为其知道自己的犯罪或违纪违法行为已经暴露，被查案机关掌握了证据。被讯问人在紧张、恐惧、失望的状态时，容易对认为已被查案机关掌握了证据的犯罪或违纪违法事实作出交代。

（2）被讯问人在外逃躲避期间，由于提心吊胆，其思想集中在如何才能躲避过去，不被查案机关抓获的问题上，很少或没有考虑如何对付讯问的问题，即使其有过考虑，也会被抓获时的激烈场面所打乱。因而，其在此时不知道该如何进行抗审，对付讯问人员的讯问。

（3）由于被讯问人外逃躲避在外，断绝了或很少同熟人接触，消息闭塞。因而，其在刚被抓获时，对查案机关的侦查或调查的情况不了解，不能针对侦查或调查的情况构筑抗审的心理防线。而且，由于事出突然，其在慌乱之中也无法构筑起抗审的心理防线，只有被动“挨打”的份。

（4）被讯问人外逃躲避的地方往往藏有赃物、作案工具、书证等犯罪或违纪违法的证据，在抓获时对其进行讯问，有利于同时查获物证、书证等实物证据。

因此，讯问人员在抓获外逃的被讯问人时，不等带回办案场所，就应立即对其进行讯问，至少应把主要的犯罪或违纪违法事实讯下来。

如果在抓获外逃的被讯问人时不立即对其进行讯问，就有可能出现以下不利的后果：

（1）由于被讯问人已经知道自己的犯罪或违纪违法在哪一个环节上暴露，待其冷静下来后，其会针对暴露的环节思考补救的对策，编造辩解或否定的理由，把暴露的环节掩饰、补救起来。

（2）随着时间的推移，其就会了解、探听到侦查或调查的情况，然后针对侦查或调查的情况思考对付讯问的对策，构筑起抗审的心理防线。在讯问中死守抗审心理防线，与讯问人员对抗，以致无法突破被讯问人的口供。

（3）如果被讯问人外逃躲避的地方藏匿有物证、书证等证据，不立即对被讯问人进行讯问，就难以及时查获，以致造成证据的流失。

因此，失去了这一讯问时机，后果是十分严重的。

4. 被讯问人的亲友送被讯问人到案的时候

我们在第一章《保证被讯问人合理、稳妥到案》中论述了通知被讯问人的亲友送来被讯问人到案的方法。对于这种被讯问人亲友送来到案的被讯问人，在其亲友送来到案的时候，是讯问的有利时机：

（1）被讯问人亲友送来到案的被讯问人，其对送其来的亲友寄予很大的希望，有着依赖性，在其亲友将其送来的时候即对其进行讯问，有利于利用其对亲友所寄予的希望突破其口供。如果在此时不对其进行讯问，其亲友离开后，被讯问人就会认为亲友对自己已经没有了办法。这样，被讯问人的思想就会发生变化，有可能产生破罐子破摔的想法，从而不利于讯问的进行。

有的被讯问人亲友送来的被讯问人是未成年人，根据我国法律的规定，在讯问未成年犯罪嫌疑人的时候，应当有其法定代理人在场。此时讯问被讯问人，被讯问人的亲友就可作为其法定代理人在场。如果此时不对被讯问人进行讯问，其亲友必然要离开，待讯问时重新通知其亲友到场，其亲友就会产生厌烦感，甚至出现对立情绪。被讯问人亲友的对立情绪直接影响到被讯问人的交代态度。

（2）被讯问人的亲友之所以会送被讯问人到案，被讯问人之所以愿意让亲友送其到案，都是基于对查案机关和讯问人员的信任。这种被讯问人被亲友送来时，讯问人员即对其进行讯问，表现出讯问人员的一片诚意，使被讯问人相信讯问人员真的是出于挽救的目的，给自己一个自首的机会。这样，有利于被讯问人对犯罪或违纪违法事实作出交代。如果在此时不对被讯问人进行讯问，被讯问人就会认为讯问人员是骗他过来的，目的是要整倒自己。这样，其就会对讯问人员失去信任，进而产生抗审的心理。

（3）亲友送来的被讯问人，其本身就是要来交代犯罪或违纪违法事实的，否则，其亲友也不会送，其自己也不会来。此时对被讯问人进行讯问，有利于顺势而下，促使被讯问人对犯罪或违纪违法事实作出交代。如果在此时不对被讯问人进行讯问，被讯问人就会猜测讯问人员究竟要干什么，为什么不对自己进行讯问，究竟有什么企图，越想就会越害怕，越想就会越怀疑，最终导致被讯问人改变交代的主意，产生抗审的心理。

（4）被讯问人在其亲友送来的过程中，考虑的是如何在作了交代后闯过这一关，对抗审没有思想准备，也没有抗审的对策。这时对被讯问人进行讯问，有利于一举突破被讯问人的口供，如果此时不对被讯问人进行讯问，当其产生抗审的心理后，其就会对抗审作出对策，构筑起抗审的心理防线，在讯问中凭借抗审心理防线与讯问人员对抗。

因此，被讯问人的亲友送被讯问人到案的时候，是讯问的有利时机，讯问人员不能错过这一时机。否则，将产生极为不利的后果。

5. 被讯问人前来自首的时候

被讯问人在犯罪后，有的慑于查案机关的查案声势，预感到自己必然会被查案机关查获，认为与其被查案机关查获归案，不如去自首归案，于是，便到查案机关自首；有的在同他人商量对策的过程中，经分析，他人认为被讯问人的这种情况很难逃避得了，去自首是上策，于是，被讯问人听从他人的分析，便到查案机关自首；有的在亲友的劝说下到查案机关自首；有的外逃以后，由于外逃的艰难，其受不了外逃之苦；有的认为不可能永远外逃下去，终究有一天要被抓获；有的认为外逃不是个办法，永远无出头之日，于是，这种外逃的被讯问人便放弃外逃，到查案机关自首；有的被讯问人为达到某一目的而来假自首，或顶包自首；等等。这种自首的被讯问人，无论是真自首，还是假自首抑或顶包自首，在其前来自首的时候，都是对其进行讯问的有利时机：

（1）这种自首的被讯问人，既然其是来自首，其在前来自首的时候就会对犯罪事实作出交代，不会抗拒讯问，不交代犯罪的事实。即使有的被讯问人是想通过自首轻微的犯罪行为来掩盖自己严重的犯罪行为，或假自首，或顶包自首，但既然他已经来了，总是要交代一些问题或说明一些情况，不会哑口无言。只要其开口交代一些问题或说明一些情况，讯问人员就可根据其交代的一些问题或说明的一些情况，或进行深究追讯，或抓住其在交代或说明中的矛盾进行揭露，或对其进行教育，就有可能促使被讯问人如实地交代犯罪事实，或道出真正的犯罪的人。

（2）真正来自首的被讯问人，都是抱着通过自首能得到从宽处理的目的。而要通过自首得到从宽的处理，就要成立自首。在不成立自首的情况下，是不可能得到从宽处理的。自首成立的条件，一是自动投案，二是如实交代。被讯问人在这两个条件面前，由于自动投案这一条件已经具备，只要讯问人员讯问的方法得当，在这个时候，其就会为争取第二个条件而如实交代犯罪的事实，使自己成立自首。那些假自首或顶包自首的被讯问人，虽然其不是来真正自首的，而是想通过这种行为来实现另一个目的，但是，当其知道自己已被讯问人员识破，其另一个目的已经无法实现时，就会产生惊慌的心理，无法编造出辩解的理由，从而只得面对现实，道出实情，以避免自己因此而得到从重的处罚。

(3) 人的思想是会随着时间、地点、环境的变化而变化的，被讯问人当然也不例外。如果讯问人员在被讯问人前来自首的时候，不对被讯问人进行讯问，而是让被讯问人等在那里，时间一长，当其看到或体会到讯问地点的庄严、环境的肃穆、讯问人员的威严，被讯问人就有可能被吓回去，思想就有可能产生变化，从打算自首转变为抗拒交代，甚至可能趁讯问人员不注意时，或借口什么事先出去一下而逃跑。

因此，对于自首到案的被讯问人，在其自首到案的时候，应立即对被讯问人进行讯问。

(三) 根据被讯问人的心理情况选择

根据被讯问人的心理情况，选择在以下时机对被讯问人进行讯问。

1. 被讯问人在心理上毫无防备的时候

有的被讯问人对讯问人员对其开展侦查或调查毫不知晓，没有任何防备，对讯问人员掌握其犯罪或违纪违法证据的情况一无所知，没有任何觉察，对讯问人员对其讯问更是没有任何准备，自我感觉良好，非常放心。被讯问人这种在心理上毫无防备的时候，是对其进行讯问的有利时机：

(1) 打被讯问人一个措手不及。在被讯问人心理上毫无防备的情况下对被讯问人进行讯问，正是“攻其无备，出其不意”，被讯问人措手不及，没有时间思考对付讯问人员讯问的问题，在其还没有明白过来是怎么回事的情况下就被讯问人员击垮。

（2）被讯问人无法进行反抗。由于“攻其无备，出其不意”，被讯问人没有任何心理准备，其也就不知道应该如何进行反抗，留给被讯问人的就只有被动挨打的份，完全丧失了反抗的能力。

（3）被讯问人无法构筑起抗审的心理防线。由于被讯问人事先没有任何心理准备，也就没有对抗审的心理防线进行构筑。在其突然遭到进攻的情况下，其处于慌乱之中，无法构筑起抗审的心理防线。在没有抗审心理防线的情况下，被讯问人更是不堪一击。

（4）被讯问人无法对讯问人员出示的证据进行辩解或否定。由于被讯问人对讯问人员掌握其犯罪或违纪违法证据的情况一无所知，对证据没有任何思想准备，当讯问人员向其出示证据的时候，其就不知道以什么理由对讯问人员出示的证据进行辩解或否定。而“临时抱佛脚”编造谎言，又无法把谎言编圆，不是编得违背常理，就是编得漏洞百出，矛盾重重，“画虎不成反类犬”，自己递条绳索给讯问人员把其自己绑起来。

因此，被讯问人在心理上毫无防备的时候，是讯问被讯问人的有利时机，讯问人员应抓住这个时机，对被讯问人“攻其无备，出其不意”，突破被讯问人的口供。

2. 被讯问人心理上惶恐不安的时候

有的被讯问人知道自己的犯罪或违纪违法行为已经败露，讯问人员已对其展开侦查或调查，因而，在心理上惶恐不安，既惊慌害怕，又心神不宁，睡不着、吃不下，心不在焉，像丢了魂似的，被讯问人这种在心理上惶恐不安的时候，是对其进行讯问的有利时机：

（1）由于这种被讯问人知道讯问人员已对其展开侦查或调查，在其到案的时候，就会认为讯问人员已掌握其犯罪或违纪违法的证据，否则讯问人员是不会让其到案接受讯问的。因而，只要讯问人员讯问的方法得当，出示证据巧妙，其就会面对现实，不会做无意义的反抗，而是乖乖地接受讯问。

（2）由于这种被讯问人惊慌害怕，心神不宁，此时其注意力无法集中到构筑抗审的心理防线上来。即使其对抗审心理防线进行了构筑，也会因为惊慌害怕、心神不宁，构筑不起严密的抗审心理防线，必然是残缺不全，或漏洞百出，很容易被讯问人员击垮。

（3）由于这种被讯问人在到案前受到惊慌害怕、心神不宁的折磨，其身心已非常疲惫，心力交瘁，精疲力竭，其在面对终于发生的问题时，其心情反而会平静下来，任凭天意和命运的安排、摆布，任凭事态自然发展，不做任何努力去改变。在这种情况下，被讯问人就不会进行反抗，至少不会进行激烈的反抗，抗拒讯问。这正是讯问人员引导其走上"坦白从宽"道路的有利时机，只要讯问人员讲究方法，其就会听从讯问人员。

因此，被讯问人在心理上惶恐不安的时候，是讯问被讯问人的有利时机。如果讯问人员在此时不抓住这一有利时机对被讯问人进行讯问，由于人的惶恐不安是有时限的，其不可能永远惶恐不安下去，随着时间、环境的变化，各种因素的作用，被讯问人的心理就会从惶恐不安向镇定自若转化，从而构筑起抗审的心理防线，筹划好对付讯问人员讯问的对策，树立起抗审的信心，下定抗审的决心。在这种情况下再对被讯问人进行讯问，就难以甚至无法突破被讯问人的口供。

3. 被讯问人在心理上抗审信心不足的时候

有的被讯问人因为打击犯罪的严厉形势、查案的浩大声势、讯问人员的精明强干，而产生抗审信心不足的心理，认为在如此严厉的形势下、浩大的声势中、精明强干的讯问人员面前，自己难以扛得住讯问，抗审起不了什么作用。被讯问人这种在心理上抗审信心不足的时候，是对其进行讯问的有利时机：

（1）被讯问人的抗审信心不足，其就不会有抗审的意志。抗审需要有抗审的意志，只有具有顽强的抗审的意志，才能把抗审进行下去。而抗审的意志来源于抗审的信心，被讯问人只有在有着实足抗审信心的情况下，才能产生抗审的顽强意志。因而，被讯问人的抗审信心不足，就不会有抗审的意志，至少说其不会有抗审的顽强意志。没有了抗审的意志，其就不能进行抗审。因为“哀莫大于心死”①，没有比丧失意志、万念俱灰而甘于自弃更为可悲的。

（2）被讯问人的抗审信心不足，就不会有抗审的精神力量。抗审需要精神力量的支撑，只有具有旺盛的抗审精神力量，才能将抗审支撑下去，从而以坚强的决心、坚韧的毅力把抗审坚持下去。而抗审的精神力量同样首先来源于抗审的信心。被讯问人只有在有着实足抗审信心的情况下，才能产生旺盛的抗审精神力量。因而，被讯问人的抗审信心不足，其就不会有抗审的精神力量，更不可能有旺盛的抗审精神力量。没有了抗审的精神力量，其就不能将抗审支撑下去。

（3）被讯问人的抗审信心不足，其就不会有抗审的充分准备。抗审需要进行充分准备，突出地表现在构筑起牢固的抗审心理防线。只有做好抗审的充分准备，构筑起牢固的抗审心理防线，才能进行有效的抗审。而抗审的充分准备，构筑牢固的抗审心理防线，首先要有抗审的信心。被讯问人只有在有着实足抗审信心的情况下，才有可能以积极的态度、清晰的思路、扎实的行动去进行准备，对抗审的心理防线进行构筑。因而，被讯问人的抗审信心不足，就无法去进行充分的抗审准备，构筑起抗审的心理防线，至少构筑不起牢固的抗审心理防线。没有抗审心理防线，或抗审心理防线不牢固，被讯问人就无法进行抗审，更不能进行有效的抗审。

因此，被讯问人在心理上抗审信心不足的时候，是讯问被讯问人的有利时机。讯问人员要利用好这一时机，突破被讯问人的口供。

4. 被讯问人在心理上举棋不定的时候

有的被讯问人在作案后，认为自己可能会暴露，讯问人员要查到自己的头上来，但又侥幸自己不会暴露；有的被讯问人是窝案、串案中的

---

① 见《庄子·田子方》，载金涛主编：《老子庄子全注全译典藏本》，外文出版社2013年版，第319页。

作案人，在讯问人员开展对窝案、串案的侦查或调查后，其认为随着案件查处的深入，自己会被牵出来，但又侥幸不会查到自己头上。于是，在畏罪和侥幸心理的双重作用下，产生了举棋不定的矛盾心理：由于畏罪心理，害怕担心被查到，想争取主动去自首；又由于侥幸心理，认为有可能查不到自己头上，又不想去自首，被讯问人这种在心理上举棋不定的时候，是对其进行讯问的有利时机：

（1）被讯问人想去自首，说明被讯问人就是犯罪或违纪违法的嫌疑人或其有犯罪或违纪违法的行为，在这种情况下对被讯问人进行讯问，即使没有收集到其犯罪或违纪违法的证据，也不会讯错被讯问人。

（2）被讯问人在举棋不定的情况下，其心思在害怕、担心和侥幸上，围绕着是去自首还是不去自首考虑问题，此时，其不会去思考构筑抗审的心理防线和如何对付讯问人员的讯问的问题。被讯问人在没有构筑起抗审心理防线和思考好对付讯问的对策的情况下，容易突破其口供。

（3）此时对被讯问人进行讯问，其心理上的侥幸已不复存在。在这种情况下，由于被讯问人是想得到从宽处理过这一关，而不是想抗审过这一关，因而，其在畏罪心理的作用下，为了达到从宽处理，其就容易向交代心理转化，从而对犯罪或违纪违法的事实作出交代。

（4）在举棋不定的情况下，抗审心理本身就弱或没有抗审的心理，即使其在此时产生抗审的心理，由于已在接受讯问，仓促之中也无法构筑起抗审的心理防线，更不可能构筑起牢固的抗审心理防线。

（5）被讯问人举棋不定，实质上是在自首还是不自首这两者之间进行选择，而现在已不能进行选择，没有了自首的机会，被讯问人往往会产生后悔的心理，后悔自己当时没有选择自首，错失了良机。后悔心理有其明显的弱点，只要讯问人员的讯问方法得当，针对其后悔心理进行讯问，就能破除被讯问人的后悔心理，一旦被讯问人的后悔心理被破除，错失良机的前车之鉴就能促使其对犯罪或违纪违法事实作出交代。

因此，被讯问人在心理上举棋不定的时候，是讯问的有利时机。讯问人员应抓住这一有利时机对被讯问人进行讯问。如果丧失了这一时机，被讯问人在举棋不定的过程中，经思考、分析、判断，就有可能在侥幸心理的作用下，下定抗审的决心，构筑起牢固的抗审心理防线。一旦被讯问人下定了抗审的决心，构筑起牢固的抗审心理防线，再对其进行讯问，突破其口供就不是一件容易的事。

5. 被讯问人在心理上对讯问人员敬畏的时候

有的被讯问人在刚到案的时候，自认为讯问人员没有掌握其犯罪或违纪违法的证据，或恃自身硬，或恃有靠山，讯问人员对其没有办法。于是，态度恶劣，气焰嚣张，甚至以粗野的行为与讯问人员公然对抗。如果在这个时候对被讯问人进行讯问，讯问人员若没有有效的措施和办法，就有可能使讯问变为被讯问人审讯问人员，或使讯问变成斗嘴、斗气，甚至斗殴。这是讯问最为忌讳的。对这种被讯问人，讯问人员要尽量避其锋芒，等待或创造讯问的时机，于被讯问人在心理上对讯问人员敬畏的时候对其进行讯问。这是因为：

（1）被讯问人在心理上对讯问人员敬畏的时候，其就会从抗审的信心上败下阵来，出现自卑心理，自感不是讯问人员的对手，无法与讯问人员抗衡，从而丧失或减弱抗审的决心和意志，甘拜下风，接受讯问人员的讯问。

（2）被讯问人在心理上对讯问人员敬畏的时候，其就会从抗审的勇气上败下阵来，出现胆怯的心理，自感鸡蛋不能与石头相碰，如果不识时务，硬要一试，必然是“若卵投石，岂可得全”①，其结果只能是粉身碎骨，一败涂地。从而丧失了抗审的胆量和勇气，不敢与讯问人员抗衡。

（3）被讯问人在心理上对讯问人员敬畏的时候，增强了讯问人员说话的分量，讯问人员所说的话更具权威性、威慑性，被讯问人就有可能把讯问人员所说的话当成“圣经”，从而听从讯问人员。

（4）被讯问人在心理上对讯问人员敬畏的时候，由于被讯问人对讯问人员既敬重又畏惧，这就打乱了被讯问人的思路。对于尚未构筑抗

---

① 见《三国志·魏书·吕布张邈臧洪传第七》，（宋）裴松之注引：《献帝春秋》，载中华经典普及文库《三国志》，中华书局2006年版，第138页。

审心理防线的被讯问人，其无法构筑起抗审的心理防线；对于已经对抗审心理防线进行构筑的被讯问人，抗审心理防线也会因此而混乱。

因此，被讯问人在心理上对讯问人员敬畏的时候，是讯问的有利时机。讯问人员对于那种态度恶劣，气焰嚣张，甚至以粗野的行为与讯问人员对抗的被讯问人，在被讯问人到案后，不要立即对被讯问人进行讯问，而要先将其“晾”在那里，等待或创造被讯问人在心理上对讯问人员敬畏时机的出现，再对被讯问人进行讯问。

6. 被讯问人在心理上认为讯问人员已掌握其犯罪或违纪违法证据的时候

证据是查处案件和讯问中最为重要的问题，一切案件的侦查或调查都是围绕证据进行，一切讯问都是以证据为前提和基础。对于讯问人员来说，确定犯罪嫌疑人需要讲证据，把被讯问人审下来需要靠证据，认定被讯问人的犯罪或违纪违法事实需要依证据，把被讯问人送上法庭更需有证据；对于被讯问人来说，其最害怕的就是证据被讯问人员掌握，最没有办法对付的就是确实、充分的证据，最能破除其自信性侥幸心理的就是证据，最能起到突破其口供作用的还是证据。因此，被讯问人在心理上认为讯问人员已掌握其犯罪或违纪违法证据的时候，是讯问被讯问人的有利时机：

（1）被讯问人在心理上认为讯问人员已掌握其犯罪或违纪违法证据的时候，其自信性侥幸心理的根源也就被挖除，拒供的自信性侥幸心理障碍也就随之被破除。挖除了被讯问人自信性侥幸心理的根源，破除了被讯问人拒供的自信性侥幸心理障碍，被讯问人也就没有了抗审心理防线的认识基础和客观基础，其也就无法继续进行抗审。关于被讯问人抗审心理防线的认识基础和客观基础，笔者将在本书第七章《摧毁被讯问人抗审的心理防线》中进行论述。

（2）被讯问人在心理上认为讯问人员已掌握其犯罪或违纪违法证据的时候，其就会产生害怕的心理，害怕证据证明其犯罪或违纪违法的事实，被讯问人一旦产生害怕的心理，其就没有了抗审的胆量和勇气。

（3）被讯问人在心理上认为讯问人员已掌握其犯罪或违纪违法证据的时候，其就会同时产生紧张、慌乱的心理，从而乱了阵脚。其事先编造的辩解理由和准备的谎言，由于不是针对证据准备的，在证据面前将不攻自破。而此时其临时编造针对证据的理由，由于慌乱一时难以编得起来，即使其编造理由，也难以符合情理，容易被讯问人员抓住矛盾。而且，证据是客观的，不是随便以一个理由就能辩解和否定得了的，往往欲盖弥彰。

（4）被讯问人在心理上认为讯问人员已掌握其犯罪或违纪违法证据的时候，其还会产生面对现实的心理，认为证据已被讯问人员掌握，不交代不仅毫无意义，而且还会落得个从重处理的下场，除了面对现实，别无选择。被讯问人一旦产生面对现实的心理，其就丧失了抗审的意志和决心。

因此，被讯问人在心理上认为讯问人员已掌握其犯罪或违纪违法证据的时候，是讯问的有利时机。讯问人员应抓住这一有利时机对被讯问人进行讯问。如果讯问人员不在此时对被讯问人进行讯问，错过了这一时机，被讯问人就会对讯问人员掌握的证据进行分析，找出证据的瑕疵，准备辩解和否定的理由，构筑起抗审的心理防线，待被讯问人做好了准备再对其进行讯问，就很难突破其口供。

7. 被讯问人在心理上产生错觉的时候

由于讯问人员缜密地对案件进行侦查或调查，或在侦查或调查的过程中巧妙地运用策略，往往使被讯问人产生错觉：有的认为自己被列为侦查或调查对象，是因为某方面的问题已经暴露了；有的认为是某人在证明自己的犯罪或违纪违法行为；有的认为自己犯罪或违纪违法的某一个事实、情节已被认定；有的认为某一个犯罪或违纪违法的事实，情节已被某人供出；有的认为某一个犯罪或违纪违法事实、情节已被揭发；有的共同或对合犯罪或违纪违法案件，被讯问人认为与其共同或对合犯罪或违纪违法的人已经到案或已作出交代；等等。对于这些在心理上产生错觉的被讯问人，在其心理上产生错觉的时候，是对其进行讯问的有利时机：

（1）被讯问人在心理上产生错觉的时候，其误认为错觉的问题已成事实，把还未出现的事实当成了事实已经出现。在这种情况下，被讯问人容易对错觉的事实作出交代。只要讯问人员讯问的方法得当，其就能够交代错觉的事实。

（2）在被讯问人心理上产生错觉的时候，由于被讯问人处在错觉的状态，其就会在错觉的作用下，对讯问人员出示的涉及错觉问题的客观上有但尚未收集到的证据深信不疑，认为讯问人员确实已掌握了这一证据，讯问人员出示的证据不会有假。

（3）被讯问人心理上产生错觉的时候，其在错觉的作用下，就会产生联想，从而加速被讯问人心理证据的形成。被讯问人的心理证据一旦形成，其就会认为讯问人员已掌握了其犯罪或违纪违法的证据，这又是讯问被讯问人的一个有利时机。对此，我们在上一个问题中已经作了充分的论述。

（4）被讯问人心理上产生错觉的时候，其所错觉的事实是被讯问人的一个薄弱环节，讯问人员将此薄弱环节选为突破口，就容易一举突破被讯问人的口供。

因此，被讯问人在心理上产生错觉的时候是讯问的有利时机，讯问人员应抓住这一有利时机，及时对被讯问人进行讯问。如果失去了这一时机，时间一长，被讯问人就有可能摸到真实的情况，从而走出错觉，作出正确的判断。即使被讯问人没有摸到真实的情况，也不可能永远地错觉下去。在这种情况下再对被讯问人进行讯问，就难以突破被讯问人的口供。

8. 被讯问人自信性侥幸心理严重的时候

所谓自信性侥幸心理，是指被讯问人自信地认为他人不可能知道自己的犯罪或违纪违法事实，查案机关不可能收集到自己的犯罪或违纪违法证据，只要自己不交代，查案机关就奈何不了自己的一种心理状态。

自信性侥幸心理的被讯问人，总认为自己在犯罪或违纪违法的过程中没有留下犯罪或违纪违法的痕迹、物证，也没有被人知晓，犯罪或违纪违法后没有出现任何漏洞，自己的犯罪或违纪违法谁也不会知道；或认为自己已对现场进行了破坏，讯问人员没有能力在现场收集到自己犯罪或违纪违法的证据；或认为自己已对现场进行了伪装，讯问人员不可能查到自己头上来；或不相信查案机关和讯问人员的查案能力，认为查案机关和讯问人员不可能收集到自己犯罪或违纪违法的证据；或认为自己已与同案人或对合人、知情人订立过攻守同盟，他们不会不守承诺，攻守同盟牢不可破；等等。因而，自信性侥幸心理严重。在被讯问人自信性侥幸心理严重的时候，是对被讯问人进行讯问的有利时机：

（1）被讯问人自信性侥幸心理严重的时候，在思想上处于解除武装的状态，没有任何警惕性和防备性，对讯问人员的侦查或调查一无所知，对讯问人员掌握其犯罪或违纪违法证据没有防备，其自己为讯问人员“攻其无备，出其不意”创造了条件，讯问人员正好可以在此时“攻其无备，出其不意”，打他一个措手不及。

（2）被讯问人自信性侥幸心理严重的时候，集中考虑的是在讯问中顶住，自己不交代，讯问人员就没有证据，就没有办法，没有考虑到顶不住时怎么办的问题。被讯问人这就没有留好自己的退路，在其顶不住的时候，就没有退路可退，只能在“顶住”这条路上被动挨打。

（3）被讯问人自信性侥幸心理严重的时候，由于其心思全在其侥幸的问题上，只想着查案机关和讯问人员什么证据也无法收集到，而没有考虑到被查案机关和讯问人员收集到证据应如何应对、如何继续抗审的问题。即没有对如何辩解和否定证据做好准备。也就是说，其只构筑起针对讯问人员什么证据也没有的抗审心理防线，而没有构筑起针对讯问人员已收集到证据的抗审心理防线。这样，其构筑的抗审心理防线就留下了一个致命的大漏洞。一旦讯问人员针对其这个致命的大漏洞发起进攻，向其出示证据，被讯问人就什么招数也没有了。讯问人员就可从这个大漏洞乘虚而入，轻而易举地突破其抗审的心理防线，促使其对犯罪或违纪违法事实作出交代。

因此，被讯问人自信性侥幸心理严重的时候，是讯问的有利时机，讯问人员应不失时机地对被讯问人进行讯问。如果不在这个有利的时机对被讯问人进行讯问，随着时间的推移、情况的变化，被讯问人的自信性侥幸心理就有可能转化到全面地构筑抗审心理防线上来。一旦被讯问人构筑起全面的抗审心理防线，就给突破其口供增加了难度，甚至无法突破其口供。

9. 被讯问人畏罪心理严重的时候

所谓畏罪心理，是指犯罪行为人在犯了罪后害怕受到法律制裁，特别是害怕受到从重制裁的一种心理状态。

有的被讯问人在实施犯罪行为后，特别是案发被采取刑事强制措施后，害怕被法律制裁；害怕被关押、判刑，失去人身自由；害怕被剥夺生命；害怕被开除党籍、公职、丢掉饭碗；害怕影响家庭、子女；等等，畏罪心理特别严重。被讯问人畏罪心理严重的时候，是对被讯问人进行讯问的有利时机：

（1）被讯问人畏罪心理严重的时候，其心思在害怕担心被法律制裁，特别是害怕担心被从重制裁上，处于极度的害怕惊慌之中。因而，其无法把精力集中在构筑抗审心理防线上。而且，有畏罪心理的被讯问人并不是一心想通过抗拒来达到不被处罚或从轻处罚的目的。也就是说，什么途径能使其不被处罚或从轻处罚其就走什么路。这样，被讯问人也就不会专门思考如何抗拒的问题，围绕抗拒构筑抗审的心理防线。而没有构筑起抗拒的抗审心理防线，被讯问人在讯问中也就不能进行有效的抗拒。

（2）被讯问人畏罪心理严重的时候，由于畏罪心理的本质是害怕被法律制裁，更害怕被从重处罚。因而，有畏罪心理的被讯问人具有强烈的求生、求轻、求免的欲望。而且，畏罪心理越严重，其求生、求轻、求免的欲望就越强烈，心情就越迫切。哪条道路能使其生、轻、免，其就会往哪条道路上走。正因如此，当被讯问人感觉到摆在其面前的求生、求轻、求免道路只有“坦白交代，悔过自新”这一条道路可走时，其就会义无反顾地走上“坦白交代，悔过自新”的道路。因此，此时只要讯问人员的讯问方法得当，堵死被讯问人的其他求生、求轻、求免的路，只留出“坦白交代，悔过自新”这一条求生、求轻、求免的道路，被讯问人就会“坦白交代，悔过自新”。

（3）被讯问人畏罪心理严重的时候，由于其求生、求轻、求免的欲望强烈，心情迫切，因而，其最愿意、最有兴趣听如何才能从宽处理的话。只要讯问人员说得有道理，符合实际，被讯问人就能听得进去，就能发挥作用，从而促使被讯问人按照讯问人员的指引，走上“坦白交代，悔过自新”的道路。

由上可见，被讯问人畏罪心理严重的时候，是对被讯问人进行讯问的有利时机。如果错过了这一时机，被讯问人就有可能向抗拒的心理转化。因为被讯问人的心理不可能永远停留在畏罪上，其在畏罪到一定程度的时候，就可能在畏罪心理的促使下，走上以抗拒求生、求轻、求免的道路。一旦被讯问人走上了这条道路，对讯问是极为不利的。

10. 被讯问人顾虑心理严重的时候

所谓顾虑心理，是指被讯问人因担心交代了犯罪或违纪违法事实会产生对自己、对别人或对事情不利的后果，而不敢交代犯罪或违纪违法事实的一种心理状态。

被讯问人在犯罪或违纪违法后，面对查案机关的侦查或调查，往往会产生各种顾虑的心理：有的被讯问人，特别是共同或对合犯罪或违纪违法的被讯问人，担心自己交代了犯罪或违纪违法事实，自己或家人会因此受到他人打击报复；有的被讯问人担心交代了犯罪或违纪违法事实，自己会因此被人唾骂、鄙视、孤立；有的被讯问人担心交代了犯罪或违纪违法事实，得不到从轻处理；有的被讯问人担心交代了犯罪或违纪违法事实，自己今后没脸见人；有的被讯问人担心交代了犯罪或违纪违法事实，会断送自己的前途；有的被讯问人担心交代了犯罪或违纪违法事实，会葬送自己的事业；有的被讯问人担心交代了犯罪或违纪违法事实，得不到家人的谅解，会妻离子散；有的被讯问人担心交代了犯罪或违纪违法事实，会影响家庭，断送子女的前途；有的被讯问人担心交代了犯罪或违纪违法事实要牵涉他人，会害了他人；等等。被讯问人顾虑心理严重的时候，是对被讯问人进行讯问的有利时机：

（1）被讯问人顾虑心理严重的时候，缠着他的都是这些其所顾虑的烦心事，牵制着他的精力，没有省心的时候。在这种情况下，被讯问人就没有精力去构筑抗审的心理防线，也无法构筑起抗审的心理防线。因而，此时对被讯问人进行讯问，其就没有抗审心理防线的依托，只能处于被动挨打的地位。

（2）被讯问人顾虑心理严重的时候，由于其思考是围绕所顾虑的问题而展开的，因而，其就会在是交代还是抗拒的问题上进行权衡，究竟何者对自己更为有利。这种权衡就为被讯问人能够作出交代打下了一个基础。

（3）被讯问人顾虑心理严重的时候，他不是铁了心不交代问题，而是由于所顾虑的问题阻碍着其对犯罪或违纪违法事实的交代。此时，只要讯问人员的讯问方法得当，消除其思想顾虑，其就会走上坦白从宽的道路。

由上可见，被讯问人顾虑心理严重的时候，是对被讯问人进行讯问的有利时机，讯问人员应不失时机地对被讯问人进行讯问。如果讯问人员错过了这一有利时机，由于被讯问人不可能永远顾虑下去，其在交代与抗拒的权衡中终究是要作出选择的，一旦选择了抗拒，其就会构筑起抗审的心理防线。在此情况下再对被讯问人进行讯问，将对讯问带来极为不利的后果。

11. 被讯问人出现听天由命心理的时候

有的被讯问人在实施犯罪或违纪违法行为后，特别是查案机关对案件开展侦查或调查后，其对自己实施犯罪或违纪违法行为的过程进行了回忆，通过回忆，被讯问人认为，如果案件查到了自己头上，自己所实施的犯罪或违纪违法行为无论如何也辩解、否定不了，被追究刑事责任是铁板钉钉的事；有的被讯问人是因为出于报仇的动机实施犯罪行为，这种被讯问人在实施犯罪行为后，其心理上就会有一种满足感，认为大仇已报，被追究刑事责任也值了；有的被讯问人由于犯罪的手段残酷、情节恶劣、后果严重，其认为一旦查到自己头上，不仅推脱不了，同时，无论如何都是一个死；等等。同时，这些被讯问人认为逃跑不仅难以逃得了，终究要被抓获归案，而且逃跑的生活过于艰难，因而，其不想逃跑，而去自首，又觉得万一查不到自己头上，去自首了又太亏。于是，便产生听天由命的心理，坐等案件的发展。被讯问人在心理上听天由命的时候，是对被讯问人进行讯问的有利时机：

（1）被讯问人出现听天由命心理的时候，其没有想以抗拒的方法逃避惩罚，而是顺其自然，被抓获归案就抓获归案，能侥幸避过则是最好的。因而，被讯问人就不会去构筑抗审的心理防线。在被讯问人没有构筑抗审心理防线的情况下对被讯问人进行讯问，容易突破被讯问人的口供。

（2）被讯问人出现听天由命心理的时候，由于听天由命心理的出现有着前述的原因，在先前没有构筑抗审的心理防线，即使其在讯问的时候突然想以抗拒的方法对付讯问，由于时间急促，一时也无法构筑起抗审的心理防线。在被讯问人构筑不起抗审心理防线的情况下对被讯问人进行讯问，被讯问人就会处于被动的地位。

（3）被讯问人出现听天由命心理的时候，其在听天由命心理的支配下，就会面对现实，因为这种结果在其心理的预期之内。这样，被讯问人就能够对犯罪事实作出交代。

由上可见，在被讯问人出现听天由命心理的时候，是对被讯问人进行讯问的有利时机。如果错过了这个时机，被讯问人就有可能由听天由命的心理转化为逃跑的心理或抗拒的心理。这样，对查处案件和突破被讯问人的口供是非常不利的。

12. 被讯问人出现愤怒心理的时候

有的被讯问人，特别是与他人共同或对合犯罪或违纪违法的被讯问人，在得知与其共同或对合犯罪或违纪违法人将责任推向他，或说其坏话，或对其亲人有不法行为时，便产生愤怒的心理；有的涉案被讯问人，在事前或事后帮助犯罪或违纪违法嫌疑人犯罪或违纪违法后，得知犯罪或违纪违法嫌疑人不仅没有感激他，而且还埋怨、责怪或把责任推给他时，便产生愤怒的心理；有的涉案被讯问人，得知犯罪或违纪违法嫌疑人还与其他的女人有不正当的关系时，便产生愤怒的心理；等等。被讯问人在出现愤怒心理的时候，是对被讯问人进行讯问的有利时机：

（1）被讯问人出现愤怒心理的时候，其注意力全部集中在愤怒上，没有意识，也不可能有意识去考虑自己言行的得失和利弊。这样，其在愤怒发作的过程中就会图一时的痛快而不计后果地把实情和盘托出，管不了，也不去管对自己是有利还是不利，只要是其认为对对不起他的人不利的问题都会像竹筒倒豆子似的倒出来。

（2）被讯问人出现愤怒心理的时候，其对其认为对不起他的人恨之入骨，在愤怒心理的支配下，为了报其认为对不起他的人的仇，就会失去理智，冲动蛮干。

（3）被讯问人出现愤怒心理的时候，情绪激动，头脑膨胀发热，处于极不冷静的状态，自制能力差，一旦其发泄愤怒，其就无法再控制自己的言行。

由上可见，在被讯问人出现愤怒心理的时候，是对被讯问人进行讯问的有利时机。如果错过了这个时机，被讯问人就有可能因时间、环境的变化，由愤怒的心理转化为冷静的心理，进而构筑起抗审的心理防线。这样，就有可能无法突破被讯问人的口供。

第三章

《刑事诉讼法》第一次讯问的法定步骤

本章所论及的第一次讯问，是专指《刑事诉讼法》相关规定而言的。[①] 我国《刑事诉讼法》对第一次讯问的步骤作出了明确的规定。凡是对犯罪嫌疑人进行的是第一次讯问，讯问人员都要按照法律规定的步骤进行，否则，就违反了法律的规定，导致第一次讯问的不合法。

① 根据《监察法》的规定，监察机关对涉嫌贪污贿赂、失职渎职等职务犯罪的被调查人，可以进行讯问。《监察法实施条例》提出了首次讯问的概念。本章所论述的第一次讯问，仅依据《刑事诉讼法》展开论述。

一、第一次讯问的概念、特征、基本任务和要求

为了更好地掌握第一次讯问的法定步骤，讯问人员首先要明确第一次讯问的概念、特征、基本任务和要求。因为讯问人员只有明确第一次讯问的概念、特征、基本任务和要求，才能更深刻地了解和更有效地实施好第一次讯问的步骤。

（一）第一次讯问的概念

所谓第一次讯问，是指侦查机关根据《刑事诉讼法》的规定，在对刑事案件立案后，将被讯问人确定为犯罪嫌疑人而对其所进行的第一次讯问。

1. 第一次讯问是根据《刑事诉讼法》规定所进行的讯问，是刑事诉讼意义上的讯问，是侦查措施之一。

2. 第一次讯问发生于刑事案件立案后。侦查阶段的立案活动，是刑事诉讼活动开始的标志，也就是说，没有立案活动，就没有侦查活动的开始，也就没有讯问这一侦查措施的进行。因此，作为侦查措施之一的讯问，只能发生于刑事案件立案后。在刑事案件立案前的调查、访问中进行的了解、询问、盘问都不是刑事诉讼意义上的讯问，也就不存在第一次讯问的问题。

3. 第一次讯问的主体只能是人民检察院或者公安机关或《刑事诉讼法》特别规定的机关的侦查人员。讯问犯罪嫌疑人是法律赋予人民检察院和公安机关或法律特别规定的机关的专属权力，除此之外，其他任何机关、团体和个人都无权行使。因而，其他任何机关、团体和个人所进行调查询问都不是刑事诉讼意义上的讯问，也就不存在其他机关、团体和个人进行第一次讯问的问题。

4. 第一次讯问的被讯问对象只能是犯罪嫌疑人。根据法律的规定，只有把被讯问的对象确定为犯罪嫌疑人后，才能进行第一次讯问。因此，第一次讯问的被讯问对象只能是犯罪嫌疑人。在未确定该人是犯罪

嫌疑人之前，因怀疑而向该人所进行的了解、询问或盘问，不是刑事诉讼意义上的讯问，因而，也就不是第一次讯问。

（二）第一次讯问的特征

我国《刑事诉讼法》对与第一次讯问有关的问题作出了一系列的规定，根据这些规定，第一次讯问具有以下特征：

1. 被讯问对象的特定性

《刑事诉讼法》第三十四条第一款规定："犯罪嫌疑人自被侦查机关第一次讯问或者采取强制措施之日起，有权委托辩护人……"根据这一规定，被讯问人只有在被侦查机关确定为犯罪嫌疑人后，侦查机关对其进行的第一次讯问，才是这里所称的第一次讯问。如果侦查机关还没有将该人确定为犯罪嫌疑人，即使其是真正的犯罪嫌疑人，向该人所进行的或进行过的了解、盘问或询问，都不是这里所称的第一次讯问。因此，第一次讯问，是侦查机关将被讯问的对象确定为犯罪嫌疑人之后的第一次讯问。由此可见，第一次讯问的被讯问对象是特定的，只能是犯罪嫌疑人。

据此，以下几种情况都不是这里所称的第一次讯问：

（1）侦查机关在没有确定该人是犯罪嫌疑人前，向该人了解、询问有关情况，不是法律意义上的第一次讯问。

（2）侦查机关怀疑是该人实施了犯罪行为，但并未确定该人是犯罪嫌疑人前，而根据《人民警察法》的有关规定对该人所进行过的盘问，也不是法律意义上的第一次讯问。

对这些不是法律意义上的第一次讯问，如果侦查人员对了解、询问或盘问的情况需要制作成笔录的，不能使用"讯问笔录"，可使用"询问笔录"。被了解、询问、盘问的人不得以侦查机关没有告诉自己有权委托辩护人等为由提出控告，因为侦查机关有权向任何了解案件情况的人进行调查取证。犯罪嫌疑人也是了解案件情况的人，依法向其进行了解、询问、盘问是侦查机关职责权力范围内的活动。

2. 讯问主体的法定性

《刑事诉讼法》第一百一十八条第一款规定："讯问犯罪嫌疑人必须由人民检察院或者公安机关的侦查人员负责进行。讯问的时候，侦查人员不得少于二人。"该款是法律对讯问犯罪嫌疑人主体和人数的规定。

这里所规定的"讯问犯罪嫌疑人"，是整个侦查阶段对犯罪嫌疑人的讯问，既包括查获犯罪嫌疑人后的第一次讯问，也包括进一步查证犯罪的预审活动中对犯罪嫌疑人的继续讯问。根据该款的法律规定，在侦查阶段无论是第一次讯问，还是继续讯问，法律规定的讯问主体为：

（1）只能由人民检察院或者公安机关的侦查人员对犯罪嫌疑人进行讯问

人民检察院、公安机关是我国有权行使侦查权的机关。讯问犯罪嫌疑人是刑事诉讼中的重要侦查措施之一，通过讯问犯罪嫌疑人查明犯罪嫌疑人有无犯罪行为，查清犯罪的具体情节，证实犯罪事实，发现新的犯罪线索和新的犯罪嫌疑人。在侦查阶段除法律特别规定以外，只能由人民检察院或者公安机关的侦查人员依法行使讯问犯罪嫌疑人的权力，其他任何机关、团体和个人，都无权对犯罪嫌疑人进行讯问。

法律特别规定，是指以下几种情况：

①国家安全机关的侦查人员。《刑事诉讼法》第四条规定："国家安全机关依照法律规定，办理危害国家安全的刑事案件，行使与公安机关相同的职权。"根据该条的规定，国家安全机关的侦查人员办理危害国家安全的刑事案件，有权对犯罪嫌疑人进行讯问。

②军队保卫部门的侦查人员。《刑事诉讼法》第三百零八条第一款规定："军队保卫部门对军队内部发生的刑事案件行使侦查权。"根据该款的规定，军队保卫部门的侦查人员办理军队内部发生的刑事案件，有权对犯罪嫌疑人进行讯问。

③中国海警局的侦查人员。《刑事诉讼法》第三百零八条第二款规定："中国海警局履行海上维权执法职责，对海上发生的刑事案件行使

侦查权。”根据该款的规定，中国海警局的侦查人员办理海上发生的刑事案件，有权对犯罪嫌疑人进行讯问。

④监狱的侦查人员。《刑事诉讼法》第三百零八条第三款规定：“对罪犯在监狱内犯罪的案件由监狱进行侦查。”根据该款的规定，监狱的侦查人员办理监狱内的犯罪案件，有权对犯罪嫌疑人进行讯问。

根据法律的这些特别规定，国家安全机关、军队保卫部门、中国海警局和监狱行使法律授予的侦查权时，侦查人员依法行使讯问犯罪嫌疑人的权力，有权对犯罪嫌疑人进行讯问。

（2）讯问主体在人数上不得少于二人

《刑事诉讼法》第一百一十八条规定的“讯问的时候，侦查人员不得少于二人”，是指侦查人员不得独立讯问犯罪嫌疑人，必须由二人或二人以上侦查人员对犯罪嫌疑人进行讯问。法律之所以作这样的规定，主要是考虑：一是讯问工作的需要，有利于客观、真实获取和固定证据，保证讯问活动的合法性；二是有利于互相配合、监督，防止个人营私舞弊或发生刑讯逼供、诱供等非法讯问行为；三是有利于防止一些犯罪嫌疑人诬告侦查人员有人身侮辱、刑讯逼供等行为；四是有利于有效发挥集体智慧；五是有利于防止犯罪嫌疑人自杀、逃跑、行凶等事故的发生。

3. 讯问时间的限定性

对犯罪嫌疑人进行第一次讯问，我国《刑事诉讼法》在讯问的时间上作了限定性的特别规定。主要体现在以下两个方面：

（1）讯问开始的时间限定

根据《刑事诉讼法》第八十六条规定，对被采取拘留强制措施的犯罪嫌疑人，应当在犯罪嫌疑人拘留后的二十四小时以内对其进行讯问，否则，就违反了法律的规定。

根据《刑事诉讼法》第九十四条规定，对被采取逮捕强制措施的犯罪嫌疑人，必须在逮捕后的二十四小时以内对其进行讯问，否则，就违反了法律的规定。

（2）第一次讯问持续的时间限定

第一次讯问持续时间的限定是针对被传唤、拘传的犯罪嫌疑人而言的。

《刑事诉讼法》第一百一十九条第二款规定："传唤、拘传持续的时间不得超过十二小时；案情特别重大、复杂，需要采取拘留、逮捕措施的，传唤、拘传持续的时间不得超过二十四小时。"根据这一规定，如果第一次讯问发生在传唤、拘传中，那么，第一次讯问持续的时间不得超过十二小时，案情特别重大、复杂，需要采取拘留、逮捕措施的，第一次讯问持续的时间不得超过二十四小时。否则，就违反了法律的规定。

对于被采取取保候审、监视居住的犯罪嫌疑人的第一次讯问持续时间的限定，我国《刑事诉讼法》没有作出明文规定，但是，根据《刑事诉讼法》对传唤、拘传的犯罪嫌疑人持续时间的限定规定，如果对被取保候审、监视居住的犯罪嫌疑人进行第一次讯问，应当从被取保候审、监视居住的犯罪嫌疑人到案时起十二小时内讯问完毕，案情特别重大、复杂，需要变更为拘留、逮捕措施的，第一次讯问的持续时间不得超过二十四小时，也就是说，从被取保候审、监视居住的犯罪嫌疑人到案时起二十四小时内讯问完毕。

只要是第一次讯问，都应按照上述法律限定的时间进行，或在法定的时限内开始，或在法定的时限内结束，不得有任何随意性。

4. 讯问地点的规定性

对犯罪嫌疑人进行第一次讯问，我国《刑事诉讼法》在讯问的地点上也作出了规定。这些规定分别是：

（1）对羁押在看守所的犯罪嫌疑人，讯问地点规定在看守所内

《刑事诉讼法》第一百一十八条第二款规定："犯罪嫌疑人被送交看守所羁押以后，侦查人员对其进行讯问，应当在看守所内进行。"这里规定的"讯问"既指第一次讯问，也指进一步查证犯罪的预审活动中对犯罪嫌疑人的继续讯问。因此，根据这一规定，对被送交看守所羁

押以后的犯罪嫌疑人的第一次讯问，讯问的地点必须在看守所内，不得在看守所以外的地方设置讯问室对犯罪嫌疑人进行讯问。

（2）对不需要逮捕、拘留的犯罪嫌疑人，讯问地点规定在犯罪嫌疑人所在市、县内的指定地点或者犯罪嫌疑人的住处

《刑事诉讼法》第一百一十九条第一款前节规定："对不需要逮捕、拘留的犯罪嫌疑人，可以传唤到犯罪嫌疑人所在市、县内的指定地点或者到他的住处进行讯问，但是应当出示人民检察院或者公安机关的证明文件。"这里规定的讯问，同样既指第一次讯问，也指进一步查证犯罪的预审活动中对犯罪嫌疑人的继续讯问。因此，根据这一规定，对不需要逮捕、拘留的犯罪嫌疑人的第一次讯问，可以在犯罪嫌疑人所在市、县内的指定地点或者犯罪嫌疑人的住处进行讯问。

（3）对在现场发现的犯罪嫌疑人，讯问地点可以在现场或犯罪嫌疑人所在市、县内的指定地点

《刑事诉讼法》第一百一十九条第一款后节规定："对在现场发现的犯罪嫌疑人，经出示工作证件，可以口头传唤，但应当在讯问笔录中注明。"这一规定，虽没有明确规定对在现场发现的犯罪嫌疑人的讯问地点，但从条文"可以口头传唤"的规定来看，既然是"可以口头传唤"，那么，就可经口头传唤在现场对犯罪嫌疑人进行讯问或根据该款前节规定的"可以传唤到犯罪嫌疑人所在市、县内的指定地点"对犯罪嫌疑人进行讯问。因此，对在现场发现的犯罪嫌疑人，可以在现场或犯罪嫌疑人所在市、县内的指定地点进行讯问。

5. 讯问程序的规范性

我国《刑事诉讼法》和《公安机关办理刑事案件程序规定》（以下简称《程序规定》）对第一次讯问的程序作出了规范性的规定。

我国《刑事诉讼法》第一百二十条第一款规定："侦查人员在讯问犯罪嫌疑人的时候，应当首先讯问犯罪嫌疑人是否有犯罪行为，让他陈述有罪的情节或者无罪的辩解，然后向他提出问题……"该条第二款规定："侦查人员在讯问犯罪嫌疑人的时候，应当告知犯罪嫌疑人享有

的诉讼权利，如实供述自己罪行可以从宽处理和认罪认罚的法律规定。”该条的规定虽未指明是第一次讯问，但应当是针对第一次讯问而言的。《程序规定》第二百零三条第三款规定：“第一次讯问，应当问明犯罪嫌疑人的姓名……等情况。”从这些规定可见，法律、法规对第一次讯问的程序规定是非常具体、规范的。

第一次讯问犯罪嫌疑人的这些程序，是法律明文规定的。在第一次讯问中都要严格遵守，否则，就违反了法律的规定，影响讯问的合法性。

（三）第一次讯问的基本任务

第一次讯问的基本任务主要是：

1. 贯彻落实好《刑事诉讼法》讯问犯罪嫌疑人及其有关规定

我国《刑事诉讼法》对讯问犯罪嫌疑人和犯罪嫌疑人在诉讼中应当享有的各种权利作出了明确而严格的规定。例如，在讯问的时间上规定：“公安机关对于被拘留的人，应当在拘留后的二十四小时以内进行讯问。”在讯问的程序上规定：“侦查人员在讯问犯罪嫌疑人的时候，应当首先讯问犯罪嫌疑人是否有犯罪行为，让他陈述有罪的情节或者无罪的辩解，然后向他提出问题。”犯罪嫌疑人在诉讼中享有权利的规定：“犯罪嫌疑人自被侦查机关第一次讯问或者采取强制措施之日起，有权委托辩护人”“侦查机关在第一次讯问犯罪嫌疑人或者对犯罪嫌疑人采取强制措施的时候，应当告知犯罪嫌疑人有权委托辩护人”“侦查人员在讯问犯罪嫌疑人的时候，应当告知犯罪嫌疑人享有的诉讼权利，如实供述自己罪行可以从宽处理和认罪认罚的法律规定”等。《刑事诉讼法》的这些规定只有不折不扣地得到贯彻，落实到刑事诉讼的过程中，才能惩治犯罪，保护无辜，所办理的案件才是合法的、有效的。如果这些规定不能贯彻落实在刑事诉讼的过程中，或者说不按这些规定办理案件，那么，所办理的案件就是违法的，而且，有可能冤枉无辜或放纵罪犯。可见，在刑事诉讼中贯彻落实这些规定，依照这些规定办理案件是何等的重要。而这些规定的贯彻落实，从法律的规定来看，要通过第一次讯问来实现，也就是说，第一次讯问时就要贯彻落实《刑事诉讼法》的这些规定。因此，第一次讯问的任务之一就是要贯彻落实好《刑事诉讼法》关于讯问犯罪嫌疑人及其有关的规定，从而保证严格执法。

2. 了解、核对犯罪嫌疑人和案件的有关情况，防止和纠正错拘、错捕的情况

刑事案件发生后，侦查机关通过采取现场勘查等侦查措施，收集到了一些犯罪的证据，并根据这些证据确认了犯罪嫌疑人。但是，由于侦查机关在讯问犯罪嫌疑人之前所进行的各种侦查活动都是背靠背进行的，受到各种条件的限制，其工作方式和方法都有一定的局限性，因而很难保证这些收集到的证据都是真实可靠的，其中难免存在有虚或有假的问题。在这种情况下，拘、捕或确认的犯罪嫌疑人就有可能不是真正的罪犯，以至于真凶逍遥法外，冤者入狱。再者，由于社会上同名同姓的情况存在，亦有可能将与犯罪嫌疑人同名同姓的无辜者误作为犯罪嫌疑人予以确认或拘、捕起来，从而放纵了真正的罪犯，侵犯了无辜公民的合法权益，冤枉了好人。正因为有可能发生错拘、错捕或弄错犯罪嫌疑人的情况，所以，我国《刑事诉讼法》对被拘留或者逮捕的犯罪嫌疑人，都规定在被拘留、逮捕后的二十四小时内进行讯问，并且规定，如果发现犯罪嫌疑人不应当拘留或者逮捕的时候，必须立即释放，发给释放证明。这样规定可以使侦查机关及时发现对犯罪嫌疑人采取的拘留、逮捕措施是否正确，发现错误及时纠正，立即释放被错拘、错捕的人，保证无辜公民的人身自由权利不受侵犯，维护社会主义法制的尊严。同时，也有利于迅速查明已掌握的证据是否确实可靠，以便不失时机地展开进一步的侦查工作。对于这些可能出现的错拘、错捕的问题，只有在第一次讯问中通过了解、核对犯罪嫌疑人和案件的有关情况，才有可能及时地发现，从而得到纠正。因此，第一次讯问的又一任务就是通过与犯罪嫌疑人的面对面接触，了解、核实犯罪嫌疑人和案件的有关情况，弄清犯罪嫌疑人与案件之间的关系，查明犯罪嫌疑人犯罪事实的有无，辨准被拘、捕的人是不是真正的犯罪嫌疑人，防止和纠正错拘、错捕的情况。

3. 突破犯罪嫌疑人的口供

口供，即《刑事诉讼法》第五十条规定的八种证据之一的“犯罪嫌疑人、被告人供述和辩解”。

犯罪嫌疑人对自己是否实施了犯罪行为，实施了什么样的犯罪行为以及实施犯罪行为的整个过程和全部细节最为清楚。因而，犯罪嫌疑人的如实供述和辩解，对查明和认定案件事实具有特别重要的意义。而犯罪嫌疑人供述和辩解这一证据的取得，最主要的途径是通过讯问这一侦查措施来实现。据此，讯问的目的，就是突破犯罪嫌疑人的口供，取得其如实的供述和辩解。因此，第一次讯问的主要任务就是要突破犯罪嫌疑人的口供，使其对犯罪事实作出如实的供述和辩解。

第一次讯问，由于犯罪嫌疑人处于刚被传唤，或拘传，或拘留，或逮捕之际，在这个时候突破犯罪嫌疑人的口供有着许多有利的条件：

（1）犯罪嫌疑人在突然的变故面前，思想处于惊慌混乱之中，心理处于恐慌的状态。一般来说，人在惊恐之际，往往容易实话实说，脱口而出。

（2）由于时间紧，犯罪嫌疑人还来不及考虑对付讯问的办法，未能构筑起抗审的心理防线，处于没有防备的状态。犯罪嫌疑人在没有防备的情况下，对讯问人员的讯问往往是束手无策，不知所措，最容易突破其口供。

（3）此时的犯罪嫌疑人不仅不了解讯问人员掌握案件的情况和所获取证据的情况，心中无底。而且，由于对其采取了强制措施，人身自由受到了限制，使其意识到讯问人员已经掌握其犯罪的证据，否则，不会断然对其采取强制措施。在这种情况下，被讯问人心虚害怕，对突破犯罪嫌疑人的口供极为有利。

（4）此时对犯罪嫌疑人进行讯问，犯罪嫌疑人对讯问人员要运用何种策略和方法对其进行讯问，心中无数，使犯罪嫌疑人处于被动的境地，无力对讯问人员的讯问进行反抗，有利于突破犯罪嫌疑人的口供。

总之，第一次讯问时，犯罪嫌疑人或处于惊慌失措之际，或处于没有防备的状态，或处于心虚害怕的时候，或处于没有反抗能力的境地，是讯问人员突破犯罪嫌疑人口供的最佳时机。只要讯问人员抓住这一时机，运用有针对性的讯问策略和方法，乘虚而入，攻其无备，出其不意，就有可能突破犯罪嫌疑人的口供。

4. 了解犯罪嫌疑人的性格特点和心理活动

讯问犯罪嫌疑人，并不是通过一次讯问就能完成的，其间要进行多次讯问。有的犯罪嫌疑人在第一次讯问中可能对犯罪的事实作出交代，但一些情节不可能全部交代清楚；有的在第一次讯问中交代了犯罪事实，但以后又进行翻供；有的在第一次讯问，乃至以后的续审中拒不交代犯罪事实。因此，对犯罪嫌疑人进行第一次讯问以后，还要进行多次续讯。已经交代的，通过续讯促使犯罪嫌疑人详细交代犯罪的全部事实和情节；翻供的，通过续讯促使其认识到翻供不仅无济于事，而且要被从重处罚，从而不再翻供，如实供述犯罪事实；拒不交代的，通过续讯突破其口供，对犯罪事实作出如实交代。讯问犯罪嫌疑人无论是让其详细交代全部事实和情节，还是促使其不再翻供，抑或是突破其口供，都需要讯问人员运用有针对性的策略和方法。而运用有针对性的策略和方法，就要知道犯罪嫌疑人的性格特点和心理活动，因此，为了续讯的顺利进行，第一次讯问的再一任务就是要了解犯罪嫌疑人的性格特点和心理活动，以便讯问人员为续讯确定对策提供依据。

（四）第一次讯问的要求

第一次讯问的要求主要有：

1. 要严格依法进行，切忌有法不依

讯问犯罪嫌疑人是一项极为严肃的工作，它由我国《刑事诉讼法》规范。而第一次讯问又是贯彻落实《刑事诉讼法》关于讯问犯罪嫌疑人一系列规定的开始，《刑事诉讼法》的一系列规定要在第一次讯问中体现出来。只有这样，讯问才是合法的，讯问的成果才是有效的。因此，第一次讯问一定要严格按照法律的规定进行，切忌有法不依，违反法律的规定。否则，在刑事诉讼的程序上是违法的，即使获取了犯罪嫌疑人的供述，也不能作为证据使用。

严格依法进行有以下几点要求：

（1）对被拘留或者逮捕的犯罪嫌疑人的第一次讯问，必须在犯罪嫌疑人被拘留、逮捕后的二十四小时内进行。如果对拘留或者逮捕的犯罪嫌疑人的第一次讯问未能在二十四小时内进行，侦查机关的侦查活动，在程序上就违反了《刑事诉讼法》的规定。

（2）对不需要逮捕、拘留的犯罪嫌疑人的第一次讯问，侦查机关参加讯问的侦查人员，应当向犯罪嫌疑人出示人民检察院或者公安机关（国家安全机关、军队保卫部门、中国海警局、监狱）的证明文件。如果不向犯罪嫌疑人出示证明文件，在程序上是违法的，犯罪嫌疑人可以拒绝接受讯问。

对不需要逮捕、拘留的犯罪嫌疑人的讯问所持续的时间不得超过十二小时，案情特别重大、复杂，需要采取拘留、逮捕措施的犯罪嫌疑人的讯问所持续的时间不得超过二十四小时。不得以连续传唤、拘传的形式变相拘禁犯罪嫌疑人，如果持续时间超过法律规定的十二小时或二十四小时，或以连续传唤、拘传的形式变相拘禁犯罪嫌疑人，在程序上就违反了《刑事诉讼法》的规定。

对在现场发现的犯罪嫌疑人的讯问，侦查人员应当向犯罪嫌疑人出示工作证件，才能口头传唤进行讯问。讯问所持续的时间不得超过十二小时或二十四小时，亦不得以连续传唤的形式变相拘禁犯罪嫌疑人。如果侦查人员没有出示工作证件就传唤犯罪嫌疑人进行讯问，或讯问所持续的时间超过十二小时或者二十四小时，或以连续传唤的形式变相拘禁犯罪嫌疑人，在程序上就违反了《刑事诉讼法》的规定。

（3）对被送交看守所羁押的犯罪嫌疑人的讯问，讯问地点应当在看守所内。如果不在看守所内进行，就违反了《刑事诉讼法》的规定。

（4）讯问犯罪嫌疑人，侦查人员不得少于二人。也就是说，讯问犯罪嫌疑人不能一人进行。如果侦查人员一个人对犯罪嫌疑人进行讯问，就违反了《刑事诉讼法》的规定。

（5）按照法律规定的步骤进行。《刑事诉讼法》对第一次讯问的步骤作出了明确的规定。讯问人员在对犯罪嫌疑人进行第一次讯问时，要严格按照《刑事诉讼法》规定的步骤进行。如果讯问人员在第一次讯问中不按规定的步骤进行，就违反了《刑事诉讼法》的规定。

（6）告知犯罪嫌疑人享有的诉讼权利，如实供述自己罪行可以从宽处理和认罪认罚的法律规定。《刑事诉讼法》规定了犯罪嫌疑人享有一系列的诉讼权利；《刑法》《刑事诉讼法》规定了犯罪嫌疑人如实供述自己罪行可以从宽处理和认罪认罚的法律规定。在第一次讯问中，讯问人员要告知犯罪嫌疑人所享有的这些权利和这些法律规定。如果讯问人员不进行告知，就违反了《刑事诉讼法》的规定。

讯问人员在对犯罪嫌疑人的第一次讯问中，只有严格依照法律的规定进行，才能完成第一次讯问关于贯彻落实好《刑事诉讼法》讯问犯罪嫌疑人及其有关规定的任务，从而才能使第一次讯问具有合法性。

2. 要耐心听取犯罪嫌疑人对有罪情节的供述或无罪的辩解，切忌先入为主

犯罪嫌疑人陈述有罪的情节或无罪的辩解，是法律赋予犯罪嫌疑人在讯问中的权利，讯问人员对犯罪嫌疑人进行的有罪陈述或所作的无罪辩解要认真、耐心地予以听取，保证犯罪嫌疑人有进行充分供述或辩解的时间和条件。

由于第一次讯问是在侦查的基础上进行的，讯问人员在侦查的过程中了解掌握了各种各样的情况，收集到各种各样的证据。这些所了解掌握的情况和收集到的证据容易影响和左右讯问人员的思维，使讯问人员先入为主。在这种情况下，往往使讯问人员认为犯罪嫌疑人就是有罪的，实施的就是某一种犯罪，犯罪的行为和过程就是那样的。因而，在讯问中不是首先讯问犯罪嫌疑人是否有犯罪行为，而是直接指认其实施了某一犯罪。当犯罪嫌疑人在进行有罪陈述时，与先前侦查所得情况相符合的，就予以赞许，一旦与先前侦查所得情况不相符合的，就认为犯罪嫌疑人不老实；当犯罪嫌疑人在进行无罪、罪轻辩解时，就认为犯罪嫌疑人是无理狡辩，对其大加训斥、辱骂，不让犯罪嫌疑人进行辩解，

剥夺其进行无罪、罪轻辩解的权利。讯问人员要明白这种做法不仅违反法律的规定，而且导致不能实事求是地查明案件的事实真相，容易造成新的冤假错案和不利于深挖犯罪、扩大战果等严重后果的发生，危害是十分严重的。因此，讯问人员在第一次讯问中，一定要做到认真、耐心地听取犯罪嫌疑人的有罪供述或无罪辩解，切忌先入为主。即使犯罪嫌疑人的无罪辩解是无理狡辩，讯问人员也要认真、耐心地听，并从其无理狡辩中发现矛盾。

3. 要有一个良好的讯问氛围，切忌氛围恶劣

讯问氛围，是指讯问犯罪嫌疑人时犯罪嫌疑人周围的气氛和情调。它是讯问环境中能给犯罪嫌疑人某种强烈感觉的精神表现或景象和能引起犯罪嫌疑人各种不同感情的格调或事物所具有的性质的总和。

由于讯问氛围所包含的精神表现或景象和格调或事物所具有的性质等要素能给犯罪嫌疑人某种强烈的感觉和引起犯罪嫌疑人各种不同的感情，因此，讯问氛围中的精神表现或景象和格调或事物所具有的性质等要素的不同，其给犯罪嫌疑人的强烈感觉和引起犯罪嫌疑人的感情也就肯定不同：良好的讯问氛围能给犯罪嫌疑人良好的强烈感觉和引起犯罪嫌疑人良好的感情；恶劣的讯问氛围给犯罪嫌疑人的是恶劣的强烈感觉和引起犯罪嫌疑人恶劣的感情。而犯罪嫌疑人不同的强烈感觉和感情引发着犯罪嫌疑人不同的态度、精神、思想、行为和心理。也就是说，良好的讯问氛围能够引发犯罪嫌疑人良好的态度、精神、思想、行为和心理，而恶劣的讯问氛围则引发犯罪嫌疑人恶劣的态度、精神、思想、行为和心理。因此，讯问氛围是否良好对于能否取得讯问的胜利具有重大的意义。

第一次讯问是将被讯问对象正式确定为犯罪嫌疑人后的首次讯问，犯罪嫌疑人面临的是一个新的境况，其在思想上、精神上、心理上、情绪上同在未将其确定为犯罪嫌疑人时是不同的。在这种情况下，更需要有一个良好的讯问氛围。因此，在第一次讯问中，讯问人员要努力营造一个良好的讯问氛围，做到讯问氛围良好，切忌讯问氛围恶劣。关于良

好讯问氛围的营造，笔者曾在《讯问艺术》（增订版）中作过详细的论述。[①]

4. 要做好充分准备，切忌仓促上阵

第一次讯问既关系到能否严格执法的问题，又关系到能否一举突破犯罪嫌疑人口供，从而迅速查清案件的问题。同时，由于在第一次讯问中，讯问人员对案件的事实缺乏全面的了解，对案件的证据掌握有限，对犯罪嫌疑人的心理状态、个性特点、认罪态度和反讯问伎俩的了解有限，加之时间紧促，往往给第一次讯问增加了难度。为了使第一次讯问既符合法律的规定，又能够一举突破犯罪嫌疑人的口供，杜绝夹生饭的形成，讯问人员就要做好充分的准备。

对于第一次讯问的准备，主要做好以下几点：

（1）组织一支合理的讯问力量。

（2）了解掌握案件的基本情况、证据情况和犯罪嫌疑人的情况，分析犯罪嫌疑人的心理和选准讯问的突破口等。

（3）制订讯问计划。讯问人员要根据案件和犯罪嫌疑人的情况，制订讯问计划，列出讯问提纲，做到心中有数，在讯问中按图施工。

（4）应当通知适合的成年人到场。讯问未成年犯罪嫌疑人，应当通知未成年犯罪嫌疑人的法定代理人到场；无法通知、法定代理人不能到场或者法定代理人是共犯的，也可以通知未成年犯罪嫌疑人的其他成年亲属，所在学校、单位、居住地基层组织或者未成年人保护组织的代表到场，并将情况记录在案。

（5）翻译人员到场。讯问聋哑犯罪嫌疑人，应当有通晓聋、哑手势的人参加，并在讯问笔录上注明犯罪嫌疑人的聋、哑情况，以及翻译人员的姓名、工作单位和职业。讯问不通晓当地语言文字的犯罪嫌疑人，应当配备翻译人员。

（6）准备录音、录像设备。讯问犯罪嫌疑人，应当全程录音、录像。

---

① 见《讯问艺术》（增订版），中国方正出版社 2015 年版，第 282—310 页。

(7) 进行安全检查。对传唤、拘传的犯罪嫌疑人，应当进行安全检查。

二、第一次讯问的法定步骤

根据《刑事诉讼法》和《程序规定》的规定，第一次讯问犯罪嫌疑人的法定步骤是：[1]

(一) 讯问犯罪嫌疑人的基本情况

《程序规定》第二百零三条第三款规定："第一次讯问，应当问明犯罪嫌疑人的姓名、别名、曾用名、出生年月日、户籍所在地、现住地、籍贯、出生地、民族、职业、文化程度、政治面貌、工作单位、家庭情况、社会经历、是否属于人大代表、政协委员、是否受过刑事处罚或者行政处理等情况。"根据这一规定，讯问人员在对犯罪嫌疑人进行第一次讯问时，第一步就要依照这一规定逐一问明犯罪嫌疑人的上述基本情况。

讯问人员在问明犯罪嫌疑人的上述情况时，要注意以下几点：

1. 犯罪嫌疑人的姓名、别名、曾用名，要弄清每一个字的写法，不能以同音字进行代替。

2. 犯罪嫌疑人的出生年月日，要问明出生在哪一年、哪个月、哪一日，不能以年龄来代替出生年月日。

3. 是否属于人大代表、政协委员，要问明犯罪嫌疑人是否是人大代表、政协委员。如果犯罪嫌疑人属于人大代表或政协委员，要问明其

---

① 下面阐述的六个步骤是第一次讯问的法定步骤，讯问人员要严格按照法律的规定实施好这六个步骤。讯问人员在实施"讯问犯罪嫌疑人的基本情况"这一步后，其余五步的实施顺序，讯问人员可以根据案情、被讯问人情况和自己的讯问风格而定。但不论以什么顺序进行，一是一定要把法律规定的这五步的内容在第一次讯问中反映出来；二是（四）、（五）、（六）这三步的前后顺序不能变，即（四）在前，（五）居中，（六）最后。这是法律的规定，不能随心所欲。

属于哪一级的人大代表、政协委员。

4. 是否受过刑事处罚或者行政处理，要问明在何时、何地、因何受到何机关的什么刑事处罚或行政处理。

问明犯罪嫌疑人的上述基本情况，对于核实被讯问人的真实身份，确认被讯问人就是犯罪嫌疑人，防止发生错拘、错捕、错审具有十分重要的意义。由于我国幅员辽阔、人口众多，同名、同姓的人很多。而且，有的犯罪嫌疑人伪造或使用他人身份证，或冒用他人的姓名进行犯罪，如果不问明犯罪嫌疑人的这些基本情况，就有可能张冠李戴，出现错拘、错捕、错审的情况，而冤枉无辜、放纵真凶。通过问明犯罪嫌疑人的上述基本情况，就可及时发现和纠正错误，避免错拘、错捕、错审的情况出现。

（二）告知犯罪嫌疑人享有的诉讼权利和承担的义务

我国《刑事诉讼法》第一百二十条第二款规定："侦查人员在讯问犯罪嫌疑人的时候，应当告知犯罪嫌疑人享有的诉讼权利……"根据这一规定，讯问人员在对犯罪嫌疑人进行第一次讯问时，就要依照这一规定，告知犯罪嫌疑人享有的诉讼权利。

1. 告知犯罪嫌疑人享有的诉讼权利

根据我国《刑事诉讼法》的规定，犯罪嫌疑人享有如下诉讼权利：

（1）自我辩护的权利

《刑事诉讼法》第三十三条规定："犯罪嫌疑人、被告人除自己行使辩护权以外，还可以委托一至二人作为辩护人……"这一规定明确犯罪嫌疑人享有自我辩护的权利。

自我辩护权，是指犯罪嫌疑人根据事实和法律，自己提出证明自己无罪、罪轻或应当减轻、免除处罚的材料和意见的一种诉讼权利。犯罪嫌疑人的自我辩护权不应受到任何限制。

（2）委托律师作为辩护人、约见值班律师的权利

《刑事诉讼法》第三十四条规定："犯罪嫌疑人自被侦查机关第一

次讯问或者采取强制措施之日起，有权委托辩护人；在侦查期间，只能委托律师作为辩护人。侦查机关在第一次讯问犯罪嫌疑人或者对犯罪嫌疑人采取强制措施的时候，应当告知犯罪嫌疑人有权委托辩护人……”根据这一规定，犯罪嫌疑人在侦查期间有委托律师作为辩护人的权利。

根据《刑事诉讼法》第三十六条规定，犯罪嫌疑人、被告人有约见法律援助机构派驻的值班律师的权利。

（3）申请变更强制措施的权利

《刑事诉讼法》第九十七条规定：“犯罪嫌疑人、被告人及其法定代理人、近亲属或者辩护人有权申请变更强制措施……”这一规定明确了犯罪嫌疑人有权提出变更强制措施的申请，这是法律赋予犯罪嫌疑人的一项权利。

为了保证刑事诉讼活动的顺利进行，《刑事诉讼法》规定了拘留、逮捕、指定居所监视居住等限制人身自由的强制措施。正因为考虑到这些措施涉及限制人身自由，《刑事诉讼法》对这些限制人身自由的强制措施的条件作了严格的限定，并规定拘留、逮捕后应当在二十四小时内进行讯问，发现不应当拘留、逮捕的，应当立即释放并发给释放证明；逮捕后，检察机关仍应当对羁押的必要性进行审查，发现不需要继续羁押的，应当提出释放或者变更强制措施的建议，等等。这些都是从严格规范有关司法机关采取强制措施的角度作出的规定。犯罪嫌疑人有申请变更强制措施权利的规定，则是从犯罪嫌疑人的角度出发作出的。这样，从两个方面加以规定，更有利于对犯罪嫌疑人权利的保护，是在涉及限制人身自由措施上应当采取审慎态度的立法精神的贯彻落实。

申请变更强制措施，可以是强制措施种类的变更，由强度较大的措施变更为强度较小的措施，如申请将拘留、逮捕变更为监视居住、取保候审；也可以申请变更强制措施的执行方式，如由指定居所监视居住变更为在犯罪嫌疑人的住处执行监视居住。

（4）要求回避的权利

《刑事诉讼法》第二十九条规定：“审判人员、检察人员、侦查人员有下列情形之一的，应当自行回避。当事人及其法定代理人也有权要求他们回避：……”而根据《刑事诉讼法》第一百零八条第二项的规定：“‘当事人’是指被害人、自诉人、犯罪嫌疑人、被告人、附带民事诉讼的原告人和被告人。”根据《刑事诉讼法》的这些规定，犯罪嫌疑人有要求侦查人员回避的权利。

所谓回避，是指审判人员、检察人员、侦查人员和法律规定的其他人员遇有法律规定的情形，应当不再参加审判、检察、侦查或者其他诉讼活动的制度。就侦查而言，法定回避的对象包括：负责本案的侦查讯问人员、对本案有处理决定权的公安机关负责人，以及担任本案记录工作、翻译工作和鉴定工作的人员。对这些人员如果有法律规定的四种情形，即，①是本案的当事人或者是当事人的近亲属的；②本人或者他的近亲属和本案有利害关系的；③担任过本案的证人、鉴定人、辩护人、诉讼代理人的；④与本案当事人有其他关系，可能影响公正处理案件的，应当自行回避。应当自行回避而没有回避的，犯罪嫌疑人和他的法定代理人有权要求他们回避。根据《刑事诉讼法》第三十条的规定，如果审判人员、检察人员、侦查人员不是上述法律规定的这四种情形的回避对象，但接受当事人及其委托的人的请客送礼，违反规定会见当事人及其委托的人，犯罪嫌疑人及其法定代理人有权要求他们回避。要求回避是法律赋予犯罪嫌疑人及其法定代理人的诉讼权利，讯问人员要向犯罪嫌疑人及其法定代理人告知这一项权利。

（5）拒绝回答“与本案无关的问题”的权利

《刑事诉讼法》第一百二十条第一款规定：“……犯罪嫌疑人对侦查人员的提问，应当如实回答。但是对与本案无关的问题，有拒绝回答的权利。”根据这一规定，犯罪嫌疑人对讯问人员所提出的与本案无关的问题，有拒绝回答的权利。讯问人员应向犯罪嫌疑人告知这一项权利。

所谓“与本案无关的问题”，是指与犯罪嫌疑人、案件事实、情节、证据等没有牵连关系的问题。也就是说，与犯罪嫌疑人有关，与案件的事实、情节有关，与案件的证据有关的问题，不属于“与本案无关的问题”，犯罪嫌疑人不得以“与本案无关”为由而拒绝回答。

(6) 使用本民族语言文字进行诉讼的权利

《刑事诉讼法》第九条规定:"各民族公民都有用本民族语言文字进行诉讼的权利……"根据这一规定,犯罪嫌疑人无论是什么民族的公民,都有用本民族的语言文字进行诉讼的权利。讯问人员应当向犯罪嫌疑人告知这一项权利。

犯罪嫌疑人的这项权利包括以下内容:

①各民族的犯罪嫌疑人都有权使用本民族的语言文字进行诉讼,在讯问中,讯问人员应当使用与犯罪嫌疑人相同的语言文字或者为其提供翻译。

②在少数民族聚居或者多民族杂居的地区,在讯问犯罪嫌疑人时,应当用当地通用的语言文字进行讯问,并用当地通用的文字书写各种对外公布的诉讼文书。

③办理外国籍人犯罪案件必须使用中华人民共和国通用的语言文字。对通晓中国语言文字而不需要翻译的,犯罪嫌疑人应当出具书面声明;不通晓中国语言文字的,应当为其翻译。经公安机关批准,外国籍犯罪嫌疑人可以自行聘请翻译。

(7) 未成年犯罪嫌疑人,在讯问和审判的时候,其法定代理人到场的权利

《刑事诉讼法》第二百八十一条规定:"对于未成年人刑事案件,在讯问和审判的时候,应当通知未成年犯罪嫌疑人、被告人的法定代理人到场。无法通知、法定代理人不能到场或者法定代理人是共犯的,也可以通知未成年犯罪嫌疑人、被告人的其他成年亲属,所在学校、单位、居住地基层组织或者未成年人保护组织的代表到场……"根据这一规定,未成年犯罪嫌疑人、被告人,在讯问和审判的时候,有让其法定代理人或有关人员到场的权利,讯问人员应向未成年犯罪嫌疑人告知这一项权利。

(8) 对讯问笔录进行核对,提出补充、改正或者请求自行书写供述的权利

《刑事诉讼法》第一百二十二条规定:"讯问笔录应当交犯罪嫌疑

人核对，对于没有阅读能力的，应当向他宣读。如果记载有遗漏或者差错，犯罪嫌疑人可以提出补充或者改正……犯罪嫌疑人请求自行书写供述的，应当准许……”根据这一规定，犯罪嫌疑人有对讯问笔录进行核对，提出补充、改正或者请求自行书写供述的权利。讯问人员应将这一权利告知犯罪嫌疑人。

（9）知道用作证据的鉴定意见和申请补充鉴定或者重新鉴定的权利

《刑事诉讼法》第一百四十八条规定：“侦查机关应当将用作证据的鉴定意见告知犯罪嫌疑人、被害人。如果犯罪嫌疑人、被害人提出申请，可以补充鉴定或者重新鉴定。”根据这一规定，犯罪嫌疑人有知道用作证据的鉴定意见和申请补充鉴定或者重新鉴定的权利。讯问人员应将用作证据的鉴定意见和可以申请补充鉴定或者重新鉴定的权利告知犯罪嫌疑人。

（10）申诉、控告权

根据《刑事诉讼法》第十四条第二款和第一百一十七条的规定，犯罪嫌疑人对审判人员、检察人员和侦查人员的下列行为有提出申诉或者控告的权利：

①侵犯公民诉讼权利和人身侮辱的行为；

②采取强制措施法定期限届满，不予释放、解除或者变更的行为；

③应当退还取保候审保证金不退还的行为；

④对与案件无关的财物采取查封、扣押、冻结措施的行为；

⑤应当解除查封、扣押、冻结不解除的行为；

⑥贪污、挪用、私分、调换、违反规定使用查封、扣押、冻结的财物的行为。

根据上述规定，犯罪嫌疑人对审判人员、检察人员、侦查人员的上述行为享有申诉、控告的权利，讯问人员应将这一权利告知犯罪嫌疑人。

2. 告知犯罪嫌疑人承担的诉讼义务

对于犯罪嫌疑人应承担的诉讼义务，我国《刑事诉讼法》并没有规定在讯问的时候要告知犯罪嫌疑人，但是犯罪嫌疑人既然享有权利，就要承担义务。因此，在第一次讯问时，也应把犯罪嫌疑人应承担的诉讼义务告知犯罪嫌疑人。

根据我国《刑事诉讼法》的规定，犯罪嫌疑人应承担的诉讼义务主要有：

（1）如实回答讯问人员提问的义务

《刑事诉讼法》第一百二十条规定："……犯罪嫌疑人对侦查人员的提问，应当如实回答……"根据这一规定，犯罪嫌疑人有如实回答侦查人员提问的义务。

（2）不得伪造、隐匿或者毁灭证据的义务

《刑事诉讼法》第五十四条第四款规定："凡是伪造证据、隐匿证据或者毁灭证据的，无论属于何方，必须受法律追究。"

"无论属于何方"，是指无论是执法人员，还是诉讼参与人，抑或其他人，只要有伪造、隐匿、毁灭证据的行为，都要受到法律的追究。因此，犯罪嫌疑人有不得伪造、隐匿、毁灭证据的义务。

（3）在有关法律文书上签名或者盖章的义务

《刑事诉讼法》第一百二十二条规定："……犯罪嫌疑人承认笔录没有错误后，应当签名或者盖章……"此外，《刑事诉讼法》还对犯罪嫌疑人在有关法律文书上签名或盖章的义务作出了规定。

对于犯罪嫌疑人权利和义务的告知形式，既可以是口头告知，在讯问笔录中注明，也可以制作犯罪嫌疑人诉讼权利和义务告知书，让犯罪嫌疑人阅读后签名。在告知犯罪嫌疑人诉讼权利和义务的过程中，如果犯罪嫌疑人对告知他在诉讼过程中的权利和义务有不清楚、不明白的地方，讯问人员还应当向他讲解，并告知他在诉讼过程中如何正确行使自己的权利和履行自己的义务。

（三）告知犯罪嫌疑人如实供述自己罪行可以从宽处理和认罪认罚的法律规定

我国《刑事诉讼法》第一百二十条第二款同时规定："侦查人员在讯问犯罪嫌疑人的时候，应当告知犯罪嫌疑人……如实供述自己罪行可以从宽处理和认罪认罚的法律规定。”根据这一规定，讯问人员在对犯罪嫌疑人进行第一次讯问时，就要依照这一规定，告知犯罪嫌疑人如实供述自己罪行可以从宽处理和认罪认罚的法律规定。

1. 告知的法律规定内容

告知犯罪嫌疑人如实供述自己罪行可以从宽处理和认罪认罚的法律规定的内容，是指应当告知具体的法律规定：

（1）如实供述自己罪行可以从宽处理的法律规定，是指《刑法》第六十七条第三款的规定。2011年2月25日第十一届全国人大常委会第十九次会议通过的《刑法修正案（八）》在《刑法》第六十七条中增加规定第三款“犯罪嫌疑人虽不具有前两款规定的自首情节，但是如实供述自己罪行的，可以从轻处罚；因其如实供述自己罪行，避免特别严重后果发生的，可以减轻处罚”。

（2）认罪认罚的法律规定，是指《刑事诉讼法》第十五条、第一百六十二条、第一百七十二条、第一百七十三条、第一百七十四条、第一百七十六条、第一百九十条、第二百零一条、第二百二十二条等规定的关于认罪认罚从宽原则和制度的诉讼程序的规定。

2. 告知中应注意的问题

讯问人员在告知犯罪嫌疑人如实供述自己罪行可以从宽处理和认罪认罚的法律规定时，要注意以下几点：

（1）要原原本本地告知犯罪嫌疑人上述的法律规定，而不能以笼统的“坦白从宽、抗拒从严”的政策予以代替，或讯问人员根据自己的理解而胡乱发挥一通。

（2）要坚持原则性。讯问人员在告知的过程中要坚持原则性，不能违反法律的规定自行对犯罪嫌疑人作出某种承诺。

（四）首先讯问犯罪嫌疑人是否有犯罪行为

我国《刑事诉讼法》第一百二十条第一款规定：“侦查人员在讯问犯罪嫌疑人的时候，应当首先讯问犯罪嫌疑人是否有犯罪行为，让他陈述有罪的情节或者无罪的辩解，然后向他提出问题……”根据这一规定，讯问人员对犯罪嫌疑人进行第一次讯问时，就要依照这一规定，应当首先讯问犯罪嫌疑人是否有犯罪行为。

应当首先讯问犯罪嫌疑人是否有犯罪行为，是指讯问人员在讯问犯罪嫌疑人的时候，必须首先向犯罪嫌疑人提出其是否有犯罪行为的问题。这里有三点值得特别注意：一是要“应当”，而不是“可以”，也就是必须要这样做；二是要“首先”，而不是“事中”“事后”，也就是一开始就要这样做；三是要问犯罪嫌疑人是否有犯罪行为，也就是不能先入为主，直接指认其实施了犯罪，提出其犯罪的问题。否则，就违反了法律的规定。

（五）让犯罪嫌疑人陈述有罪的情节或无罪的辩解

根据我国《刑事诉讼法》第一百二十条第一款的规定，讯问人员在向犯罪嫌疑人提出是否有犯罪行为的问题后，就要让犯罪嫌疑人作出回答，陈述有罪的情节或者无罪的辩解。

犯罪嫌疑人对讯问人员提出的其是否有犯罪行为问题的回答，可能有以下三种情况：

1. 犯罪嫌疑人承认自己有犯罪行为，并对其实施的犯罪行为作出交代

对于这种情况，讯问人员要认真地听犯罪嫌疑人的陈述，并对其陈述的内容做好笔录。犯罪嫌疑人在陈述的过程中可能会避重就轻，对此，讯问人员不要急于进行驳斥，要耐心地听犯罪嫌疑人陈述完毕。

2. 犯罪嫌疑人否认自己有犯罪行为，并进行辩解

对于这种情况，讯问人员亦要耐心地听取犯罪嫌疑人的辩解，不能一听犯罪嫌疑人的辩解，就进行训斥、批驳、指责，因为犯罪嫌疑人作无罪的辩解是法律赋予他的权利。讯问人员对于犯罪嫌疑人的有理辩解要予以采纳；对于不能确定是有理还是无理的辩解要及时进行核实；对于无理的辩解，要从中发现矛盾，便于在后面的讯问中抓住其辩解中的

矛盾予以揭露。

3. 犯罪嫌疑人不作出回答

在讯问实践中，有的犯罪嫌疑人由于持定势心理，以不开口说话的方式对付讯问。对于这种情况，讯问人员不要急躁，要耐住性子，并对其不作回答的情况在笔录中予以注明。

（六）向犯罪嫌疑人提出问题

根据我国《刑事诉讼法》第一百二十条第一款的规定，讯问人员在讯问了犯罪嫌疑人是否有犯罪行为，让其陈述有罪的情节或者无罪的辩解后，就要向犯罪嫌疑人提出问题。

所谓向犯罪嫌疑人提出问题，就是对犯罪嫌疑人的犯罪事实进行讯问。即向犯罪嫌疑人提出与其犯罪有关的问题，让犯罪嫌疑人回答，讯清犯罪嫌疑人的犯罪事实。

在讯问中提出什么问题，以什么方式、方法提出问题，这要根据案件情况和犯罪嫌疑人的情况具体确定，做到具体问题具体对待。

下面介绍几种向犯罪嫌疑人提出问题的方法：[①]

1. 对于犯罪事实比较清楚的犯罪嫌疑人，可采取依犯罪嫌疑人作案的顺序向犯罪嫌疑人提出问题

所谓依犯罪嫌疑人作案的顺序提出问题，顾名思义，是指依犯罪嫌疑人实施犯罪的预备、开始、经过、结束的先后时间顺序向犯罪嫌疑人提出问题。

有的案件，犯罪嫌疑人的犯罪事实已经比较清楚，证据也比较确实、充分。对于这种案件的犯罪嫌疑人，讯问人员可采取依犯罪嫌疑人作案的顺序向犯罪嫌疑人提出问题。

依犯罪嫌疑人作案的顺序向犯罪嫌疑人提出问题，要做到以下几点：

---

① 这里所介绍的在第一次讯问中向犯罪嫌疑人提出问题的方法，同样适用于不是第一次讯问的继续讯问。

（1）按犯罪嫌疑人实施犯罪的预备、开始、经过、结束的先后时间顺序向犯罪嫌疑人提出问题

犯罪嫌疑人实施犯罪，一般都经过预备、开始、经过、结束这几个阶段，有着时间上的顺序性。讯问人员在向犯罪嫌疑人提出问题的过程中，要按照犯罪嫌疑人犯罪的预备、开始、经过、结束的时间顺序，就每一个阶段向犯罪嫌疑人提出问题，逐一问清这几个作案阶段的情况。

（2）要向犯罪嫌疑人提出关键性的问题

所谓向犯罪嫌疑人提出关键性的问题，是指所提的问题是犯罪嫌疑人实施的犯罪行为或与犯罪行为有直接关系的问题。

讯问人员就犯罪嫌疑人作案各个阶段提出的问题，一定要抓住犯罪嫌疑人实施的犯罪行为或与犯罪行为有直接关系的问题向犯罪嫌疑人发问。也就是说，所提的问题直达犯罪嫌疑人的犯罪行为或与犯罪行为有直接的关系，犯罪嫌疑人只要对讯问人员所提的问题作出如实的回答，也就交代了其在该阶段的犯罪事实情节。在这里，特别要注意避免所提的问题切不中要害、抓不住关键性问题情况的出现，以至于向犯罪嫌疑人提了一大堆的问题，仍不能问清犯罪嫌疑人的犯罪事实、情节。

向犯罪嫌疑人提出关键性的问题，主要是指以下几方面的问题：

①有关犯罪嫌疑人犯罪的时间、地点问题；

②有关犯罪嫌疑人犯罪动机、目的的问题；

③有关犯罪嫌疑人犯罪的主观故意的问题；

④有关犯罪嫌疑人犯罪手段的问题；

⑤有关犯罪嫌疑人犯罪情节的问题；

⑥有关犯罪嫌疑人犯罪涉及的人、事、物的问题；

⑦有关犯罪嫌疑人犯罪的结果问题。

在讯问中，讯问人员要紧紧抓住上述这些关键性的问题，向犯罪嫌疑人提出问题，让犯罪嫌疑人回答。

（3）讯问人员提出的问话本身不能涉及案件的事实

所谓提问的问话本身不能涉及案件的事实，是指讯问人员向犯罪嫌疑人所问的话中不能包含案件的事实情况。

由于这种案件犯罪嫌疑人的犯罪事实已经比较清楚，证据也比较确实、充分，讯问人员在向犯罪嫌疑人提出问题时，往往容易在所问的话中涉及案件的事实，把案件的事实包含在问话中，甚至以案件的事实代替所提的问题。这样，讯问人员向犯罪嫌疑人所问的话就成为向犯罪嫌疑人指供。这不仅违反了法律的规定，而且犯罪嫌疑人有可能因此而拒绝回答讯问人员的提问，与讯问人员对立，或顺讯问人员的杆子爬，所作的交代不是犯罪嫌疑人自己对犯罪事实的供述，导致无法查清案件的事实。因此，讯问人员向犯罪嫌疑人提问的问题本身切不可涉及案件的事实，以免有指供之嫌，给讯问带来不利的后果。

2. 对于已掌握其某一犯罪情节的犯罪嫌疑人，可从该情节入手，循序渐进地向犯罪嫌疑人提出问题

所谓循序渐进地向犯罪嫌疑人提出问题，是指讯问人员根据案件的情况，从已掌握的犯罪嫌疑人犯罪的某个情节或细节入手，然后顺着这个情节或细节一步一步地向犯罪嫌疑人提出有关其犯罪的问题，让其回答，最后直达犯罪嫌疑人的犯罪核心。

有的案件，讯问人员已掌握犯罪嫌疑人犯罪的某一情节或细节，该情节或细节是证明犯罪嫌疑人犯罪的一个重要证据，或与犯罪嫌疑人犯罪事实存在内在的联系，只要犯罪嫌疑人承认这个情节或细节，就等于承认这个案件是他作的案。对于这种案件的犯罪嫌疑人，讯问人员可从该情节或细节入手，循序渐进地向犯罪嫌疑人提出问题。

从已掌握的某一犯罪情节或细节入手，循序渐进地向犯罪嫌疑人提出问题，要做到以下几点：

（1）这个已掌握的某一情节或细节，必须是证明犯罪嫌疑人犯罪的一个重要证据或与犯罪嫌疑人的犯罪事实存在内在的联系

讯问人员运用这种方法向犯罪嫌疑人提出问题，首先要搞准这个情节或细节。也就是说，这个已掌握的情节或细节，不仅要真实可靠，而且是证明犯罪嫌疑人犯罪的一个重要证据或与犯罪嫌疑人的犯罪事实存在内在的联系，只有这样，从这个情节或细节入手，所提的问题才能提得准，从而才能一步步地向纵深发展。如果这个情节或细节不真实可

靠，那么就等于告诉犯罪嫌疑人讯问人员并未掌握其犯罪的事实和证据，循序渐进地向犯罪嫌疑人提出问题就无从谈起；如果这个已掌握的情节或细节不是证明犯罪嫌疑人犯罪的一个重要证据或与犯罪嫌疑人的犯罪事实存在内在的联系，那么，即使犯罪嫌疑人承认了这个情节或细节，也不可能向纵深发展，无法渐进到犯罪嫌疑人的犯罪事实上。因此，讯问人员在运用这种方法向犯罪嫌疑人提出问题前，一定要搞准这个情节或细节，即这个情节或细节一定要真实可靠，并且必须是证明犯罪嫌疑人犯罪的一个重要证据或与犯罪嫌疑人的犯罪事实存在内在的联系。

（2）从这个情节或细节入手，在开始的时候不要正面直接地接触犯罪嫌疑人的主要犯罪事实

讯问人员从这个情节或细节入手时，在开始的时候所提的问题不要直接正面地接触犯罪嫌疑人的主要犯罪事实，而是应当从其他角度提出问题，逐步涉及这个情节或细节，使犯罪嫌疑人在没有警觉的情况下对这个情节或细节予以承认。这样就解决了从这个情节或细节入手的问题。如果讯问人员一开始就直接正面接触犯罪嫌疑人的主要犯罪事实，犯罪嫌疑人就有可能对这个情节或细节进行否认、辩解，从而使讯问处于胶着的状态，无法实现从这个情节或细节入手的问题。因此，讯问人员在从这个情节或细节入手时，一定不能急躁，在开始的时候不要直接正面接触犯罪嫌疑人的主要犯罪事实。

（3）渐进的过程要环环紧扣

讯问人员从这个情节或细节入手后，就要循着这个情节或细节向犯罪嫌疑人的犯罪事实渐进。在渐进的过程中，讯问人员所提的问题要做到一环紧扣一环，环环相扣，不能脱节，形成一条无懈可击的链条，使犯罪嫌疑人在回答了前一个问题后，不得不对讯问人员提出的下一个问题作出如实的回答。只有这样，才能渐进得稳妥、牢固、扎实。也只有这样，才能顺利地得以渐进。如果在渐进的过程中，讯问人员所提的问题不能做到一环紧扣一环，环环相扣，而是脱节、断档，那么，渐进就无法做到稳妥、牢固、扎实，犯罪嫌疑人也就有可能对讯问人员提出的

问题不作出回答，或作出虚假的回答，从而使渐进中断。因此，渐进的过程要做到环环相扣，不能脱节、断档。

（4）在渐进的过程中要注意及时堵死犯罪嫌疑人的退路

渐进的目的是要犯罪嫌疑人循着讯问人员既定的路线渐进到对犯罪事实作出交代的目的地。在循着既定路线渐进的过程中难免会出现一些漏洞或岔路，对此，讯问人员要及时地予以堵死，否则，犯罪嫌疑人在接触到其犯罪事实时，就有可能从这些漏洞或岔路逃走。因此，在渐进的过程中，一定要及时堵死犯罪嫌疑人的退路，使之欲退无路，只能乖乖地循着讯问人员的既定路线，到达交代犯罪事实的目的地，作出如实的交代。

做到了上述几点，也就实现了从某一犯罪情节或细节入手，循序渐进地向犯罪嫌疑人提出问题的目的。例如：

笔者在《讯问艺术》（增订版）中曾经介绍的应某强奸、抢劫案,[①] 讯问人员在对应某的讯问中，就是以循序渐进的方法向应某提出问题的。

某地发现一具无名女尸。经尸体检验，该女系颈部受强力压迫窒息死亡，阴道有精液，被人强奸过。经查，该女系数日前走亲戚失踪的某村女青年周某。据周某兄反映：其出差去美国时在夏威夷购买一条挂坠系黑珍珠的项链送给其妹，那天其妹正是戴着这条项链走亲戚的。公安机关在发现周某尸体的地方重新进行寻找，但不见这条项链。

侦查人员在走访群众的过程中，据周某要走的亲戚村一群众反映：其隔壁女青年刘某突然有一条黑珍珠挂坠的项链。经被害人周某兄的辨认，该项链就是他从夏威夷买来送给其妹的。经对刘某突审，刘某供认该项链是其表兄应某向其求婚于二天前送给她的。于是，公安机关便拘留了应某。

侦查人员根据掌握应某涉嫌犯罪的这一证据，分析认为，应某送给刘某的这条项链这一情节，是证明案件事实的一个重要证据，只要应某

① 见《讯问艺术》（增订版），中国方正出版社 2015 年版，第 418—420 页。

承认刘某的这条项链是他送给刘某的这个情节，也就等于其承认了强奸、抢劫的犯罪事实。于是，讯问人员决定对应某的讯问从这条项链入手，采取循序渐进的方法向应某提出问题。

在讯问中，讯问人员从这条项链入手，循序渐进地向应某提出了下列方面的问题。

第一，围绕应某表妹刘某这条项链是应某送给她的事实向应某提出问题，让应某交代刘某的这条项链是他送给刘某的。

对于这方面，讯问人员是这样向应某提出问题的：

（1）先向应某提出刘某是其表妹的问题。问："应×，××村的刘×是你表妹？"

对于这一问题，应某容易作出回答，其也不会不回答或作否定的回答。在应某作出肯定的回答后，又向其提出第二个问题。

（2）向应某提出其向刘某求婚的问题。问："你在向她求婚？"

对于这一问题，应某也容易作出回答，其也不会不回答或作否定的回答。在应某作了"想是这样想的"回答后，又向应某提出第三个问题。

（3）向应某提出有什么东西送给刘某的问题。问："你想求婚成功，不能空口讲白话，总要送点像样的东西给她，都有什么东西送给她了？"

对于这一问题，由于涉及应某犯罪的赃物这条黑珍珠项链，应某会作出否定的回答。于是讯问人员在提出这一问题时，就准备了针对应某否定回答的问题。果然，应某作出了否定的回答："没有东西送给她。"在应某对这一问题作出否定的回答后，讯问人员根据已准备的问题向应某提出第四个问题。

（4）针对应某否定的回答，向应某提出促使其不得不回答的问题。问："这有什么不好意思说的，送都送给她了，你不好意思说，她也会说的。"

这一提问实质是在向应某暗示其送给刘某黑珍珠项链这一证据。通过这样暗示证据，应某就不得不作出回答。应某在思考了一下后，作出了"我有条项链送给她了"的回答。在应某作出这一回答后，讯问人员为了把这一重要证据坐实，又向应某提出这条送给刘某的项链“是什么样子”的问题。在应某不回答的情况下，讯问人员又以暗示证据的方法向应某提出第五个问题。

（5）以应某自己所说的话向应某暗示证据的方法向应某提出问题。问：“项链送给她都说了，是什么样子的怎么不好意思说?”

对讯问人员的这一提问，应某只得作出如实的回答。应某回答：“是有一颗黑珍珠的项链。”至此，应某已经承认这条黑珍珠项链是其送给刘某的。

第二，讯问人员围绕堵死应某这条项链是抢来的退路方面向应某提出问题。

对于这方面，讯问人员是这样向应某提出问题的：

（1）先向应某提出其这条黑珍珠项链是哪里来的问题。问：“这条黑珍珠项链你是从哪里弄来的?”

对于这一提问，应某肯定不会承认这条项链是其从周某身上劫取的，也不会说这条项链是偷来的，或是捡来的，或是他人送来的。因为说偷来的是犯罪，而且还要说清是哪里偷的；说捡来的，脱不干净其抢劫的干系；说别人送来的，要说出是谁送来的。因此，其必然会作出这条项链是通过正当、合法途径买来的回答。果然，应某作出了“我是二天前到县城商店里买来的”回答。为了顶死应某的这一回答，不使应某在接下来的讯问中脱开这一回答，向应某提出第二个问题。

（2）以顶死应某的这一回答向应某提出问题。问：“真的是买来的?”

对于这一提问，应某肯定会作出肯定的坚决回答。果然，应某回答：“真的是买来的。”在应某作出这一肯定的回答后，讯问人员为了进一步地顶死应某的回答，又向应某提出第三个问题。

（3）提出了进一步顶死应某回答的问题。问：“这么说，既不是偷来的，也不是捡来的，真的是买来的?”

应某对讯问人员的这一提问作出了肯定的回答：“这是肯定的。”

至此，讯问人员已将应某的退路堵死。

第三，讯问人员围绕应某这条项链是抢来的方面向应某提出问题。对于这方面，讯问人员是这样向应某提出问题的：

（1）以事实驳斥应某的谎言，向应某提出问题。问：“我告诉你，你送给你表妹的那条项链，不要说是县城商店，就是中国的所有商店都没有这种项链，你到哪里去买？”

对于这一问题，由于应某的谎言已被事实揭穿，其不可能再坚持“我是二天前到县城商店里买来的”这一说法，其肯定要作出其他说法的回答。果然，应某在慌乱之中出尔反尔，作出了“我是捡来的”回答。针对应某的出尔反尔，讯问人员向应某提出第二个问题。

（2）以以其矛攻其盾的方法向应某提出问题。问：“你刚才不是说肯定不是偷来、捡来的吗？这个我还再三问过你，怎么现在又说是捡来的?!”

对于这一提问，由于讯问人员是以以其矛攻其盾的方法提出的，应某肯定坚持不了。于是，应某改口回答：“我是向他人借来的。”应某的这一回答不仅于情理不通，显然是谎话。而且，其也说不出是向谁借的，即使能说出是向谁借的，也经不起查证。于是，讯问人员又针对应某的谎话向其提出第三个问题。

（3）针对应某的谎话向应某提出问题。问：“向谁借的？借来的怎么送人！这种谎话也说得出口？”

对于这一提问，应某肯定无言以对。接下来，应某只有如实说出这条项链的真实来源这一条路可走。至此，循序渐进已经到达了讯问人员的目的地。

接着，讯问人员对应某进行了政策、法律教育。应某经政策、法律的教育，作出了“我是从别人那里弄来的”回答。讯问人员接着向应某提出了直达案件事实的实质性的第四个问题。

（4）向应某提出了实质性的问题。问：“在什么时间、什么地点、怎么弄来的？”

对于这个问题，应某只能作出如实的回答。于是，应某交代了抢劫的经过。

至此，应某已承认抢劫的犯罪事实。

第四，讯问人员围绕应某强奸的事实方面向应某提出问题。

对于这方面，讯问人员是这样提出问题的：

（1）向应某提出了周某为什么会死亡的问题。问：“你只抢周某的项链，她怎么会死亡？”

对于这个问题，应某肯定不会作出如实的回答。因为作出如实的回答，就是交代强奸致周某死亡的事实，但其也没有其他的回答可作。因而，应某作出不可知的回答：“我怎么知道她怎么会死亡。”

讯问人员针对应某在这个问题上无路可退的情况，对应某进行了政策、法律教育，而后，以关心应某的态度向应某提出第二个问题。

（2）以肯定抢劫是其主动交代，可以从宽处理向应某提出问题。问：“我告诉你，刚才你交代项链是从周某那里抢来的，是你主动交代的，这肯定是可以从宽处理的情节。怎么，这个问题不要从宽了？”

讯问人员在向应某提出这个问题后，向应某暗示其留在周某阴道内精液的证据。接着，又向应某提出第三个问题。

（3）以给应某留从宽处理为条件，采用剑拔弩张的方法向应某提出问题。问：“你自己说清楚，同我把证据公开摆出来处罚肯定是不一样的。”

对讯问人员提出的这一问题，应某考虑了一下，便作出了“我交代”的回答。接着，应某又交代了强奸周某致周某死亡的事实。

上例应某强奸、抢劫案，讯问人员以循序渐进的方法向应某提出问题。在提问的过程中，先以已掌握的应某抢劫的赃物黑珍珠项链这一重要证据入手，在开始的提问中不正面直接接触应某抢劫、强奸的事实，而是环环紧扣地向应某提出问题，最后到达讯问人员的目的地。在这个过程中，又及时地堵死应某的退路，使之欲逃不能，从而促使应某如实交代了强奸、抢劫的犯罪事实，讯问大获成功。

3. 对于只掌握一些犯罪疑点的犯罪嫌疑人，可采取旁敲侧击的方法向犯罪嫌疑人提出问题

所谓旁敲侧击向犯罪嫌疑人提出问题，是指不直截了当地从正面向

犯罪嫌疑人提出问题，而是用若明若暗的语言影射或转弯抹角地向犯罪嫌疑人提出问题。

有的案件，通过侦查，只掌握犯罪嫌疑人实施犯罪行为的一些疑点，并未掌握其实施犯罪行为的确实证据。但通过对这些疑点的分析，犯罪嫌疑人实施了犯罪行为或已实施的犯罪行为是该犯罪嫌疑人所为。对于这种案件的犯罪嫌疑人，讯问人员可采取旁敲侧击的方法向犯罪嫌疑人提出问题。

以旁敲侧击的方法向犯罪嫌疑人提出问题，要做到以下几点：

（1）讯问人员所提的问题要围绕犯罪嫌疑人实施犯罪行为的疑点进行

讯问人员在侦查中掌握了犯罪嫌疑人实施犯罪行为的疑点。这些疑点，有的实质上同犯罪嫌疑人的犯罪事实之间只隔着一层纸，捅破这层纸，犯罪嫌疑人的犯罪事实就跃然纸上，露出其本来的面目。旁敲侧击的目的就是要捅破这层纸。

为了捅破犯罪嫌疑人实施犯罪行为的疑点与犯罪嫌疑人犯罪事实之间的这层纸，讯问人员的旁敲侧击就要围绕着这些疑点进行。因为只有围绕着这些疑点进行旁敲侧击，才能敲在犯罪嫌疑人的要害处，击在犯罪嫌疑人的担心上，从而使犯罪嫌疑人感觉到讯问人员已经掌握了其犯罪的事实和证据，产生心理上的压力，进而促使犯罪嫌疑人对犯罪事实作出交代。如果讯问人员的旁敲侧击不是围绕着这些疑点进行，旁敲侧击的目标就与犯罪嫌疑人的犯罪事实远隔千山万水，毫无关系，也就不能敲在犯罪嫌疑人的要害处，击在犯罪嫌疑人的担心上，不可能使犯罪嫌疑人产生心理压力。这层纸也就无法捅破，即使捅破了，暴露出来的也不是犯罪嫌疑人的犯罪事实。因此，运用旁敲侧击这种方法向犯罪嫌疑人提出问题，所提的问题一定要围绕犯罪嫌疑人实施犯罪行为的疑点进行，切不可离开疑点提一些与疑点没有关系的问题。

（2）要从不同的角度、不同的侧面进行敲击

讯问人员在围绕犯罪嫌疑人实施犯罪行为的疑点进行旁敲侧击的过程中，要从不同的角度、不同的侧面对犯罪嫌疑人进行敲击。

犯罪嫌疑人感觉到讯问人员已经掌握了其犯罪的事实和证据，并不是讯问人员的三言两语旁敲侧击就能奏效的。犯罪嫌疑人这一感觉的形成、判断的作出需要多方面因素的影响，来自不同角度、不同侧面的压力。为促使犯罪嫌疑人的这一感觉的形成、判断的作出，讯问人员要给犯罪嫌疑人造成一种“风声鹤唳”“草木皆兵”“四面楚歌”的境况。而“风声鹤唳”“草木皆兵”“四面楚歌”境况的形成，离不开讯问人员从不同的角度、不同的侧面对犯罪嫌疑人进行敲击。或者说，没有从不同的角度、不同的侧面对犯罪嫌疑人进行敲击，“风声鹤唳”“草木皆兵”“四面楚歌”的境况也就无法形成，犯罪嫌疑人也就不会产生和作出讯问人员已经掌握其犯罪事实和证据的感觉和判断。因此，讯问人员在运用旁敲侧击这种方法向犯罪嫌疑人提出问题时，一定要从不同的角度、不同的侧面对犯罪嫌疑人进行敲击，切忌简简单单几句话。

(3) 要做到暗中点

所谓暗中点，是指用一种含而不露、若明若暗的语言影射、点破犯罪嫌疑人的犯罪事实，暗示犯罪嫌疑人，讯问人员已经掌握其犯罪的事实和证据。

对犯罪嫌疑人的犯罪事实进行暗中点是由旁敲侧击这种方法本身和讯问人员只掌握其实施犯罪行为疑点的实际所决定的。旁敲侧击这种方法本身就是不直截了当地向犯罪嫌疑人提出问题，而是以若明若暗的语言影射或转弯抹角地向犯罪嫌疑人提出问题；讯问人员只掌握犯罪嫌疑人实施犯罪行为疑点的实际不允许，也没有条件直截了当地向犯罪嫌疑人提出问题，而只能是以含而不露、若明若暗的语言影射或转弯抹角地向犯罪嫌疑人提出问题。讯问人员通过暗中点，使犯罪嫌疑人产生极大的悬念性、诱惑性和惧怕感，使其处于一种苦苦的猜测和极度的惊慌疑惧之中，从而在猜测和惊慌疑惧之中认为讯问人员已经掌握其犯罪的事实和证据。因此，讯问人员在运用旁敲侧击这种方法向犯罪嫌疑人提出问题时，一定要做到暗中点，暗示犯罪嫌疑人讯问人员已经掌握其犯罪的事实和证据，切忌“三块板二条缝”，直来直去。

(4) 要做到在"敲击"中有"拉"

所谓在"敲击"中有"拉",是指在对犯罪嫌疑人的犯罪事实进行敲击的同时,要拉犯罪嫌疑人一把。

犯罪嫌疑人的犯罪事实经讯问人员的旁敲侧击后,认为讯问人员已经掌握其犯罪的事实和证据。但此时的犯罪嫌疑人并不会立即对犯罪的事实作出交代,其思想上会产生各种各样的顾虑,这些顾虑阻碍着犯罪嫌疑人的交代。在这种情况下,讯问人员就要伸手"拉"犯罪嫌疑人一把,通过"拉",使之认识到讯问人员是在教育、挽救自己,是真心帮助自己,从而消除犯罪嫌疑人的顾虑,看到希望,促使犯罪嫌疑人在讯问人员的又"敲击"又"拉"中交代犯罪事实。如果讯问人员只"敲击"而不去"拉",就有可能把犯罪嫌疑人"敲击"到绝路上去,破罐子破摔。因此,讯问人员在对犯罪嫌疑人敲击到一定程度的时候,就要伸手去"拉"犯罪嫌疑人一把,做到"敲击"中有"拉","拉"中进行"敲击",又"敲击"又"拉",而不能一味地"敲击"下去。

做到上述几点,也就实现了以旁敲侧击向犯罪嫌疑人提出问题的目的。例如:

故意杀人、抢劫犯罪嫌疑人潘某,系农民,单身汉。

某地发生一起故意杀人、抢劫案件。经现场勘查,作案者系爬墙潜入被害人院内,然后从窗户进入被害人睡觉的房间,在房间窗户下的桌上有似解放鞋鞋印一枚,但因模糊,没有鉴定价值;被害人直躺在床上,头、额部有三处锐器猛击的痕迹,一处深达颅内;被害人口中塞有自己裤子的裤管;被害人的左手腕有戴手表的痕迹,但手上已没有手表;被害人睡觉床上的床头板上和床沿下的地上溅有血迹;房间的地上有斧头一把,斧头口上有血迹,经对斧头柄进行检验,提取一前一后掌纹二枚,但因模糊没有鉴定价值;窗户下的桌上有电筒一支和钥匙一串,电筒上有带血的掌纹一枚,但由于电筒表面有花纹,无法对掌纹进行鉴定,钥匙上有血迹。房间柜、桌的抽屉有被翻过的痕迹;作案人从房间内开门离开现场,然后将房门反锁,在木门闩上提取指纹二枚,也因模糊没有鉴定价值。

侦查人员走访群众，潘某的邻居反映：潘某昨晚下半夜才回到家中，回来后，即换了外衣、裤子和鞋子，并对外衣、裤子和鞋子进行了清洗。今天一早就不知去向，所洗的外衣、裤子和鞋子仍晾在房中。经对潘某所洗的外衣、裤子和鞋子进行检验，有血的反应，但因已清洗，无法进行鉴定，将其鞋子与现场提取的鞋印进行对照，潘某的鞋与现场提取的鞋印的大小相符。据此，侦查人员认为，潘某有作案的重大嫌疑。于是便集中力量对潘某进行追捕。

潘某被采取强制措施后，大喊冤枉。

侦查讯问人员对该案进行了分析，认为该案只掌握潘某的一些犯罪疑点，并未掌握其犯罪的证据。但从该案作案的事实经过来看，潘某从窗户潜入房间时脚踩在桌上要留下脚印，这一点潘某应当能够认识到；其拿过斧头，又拿过电筒，用手去拉门闩开门，能留下掌纹、指纹，这一点潘某也应当能够认识到；其在作案的过程中，血溅在床头板上和地上，同样也溅在他的身上要留下痕迹，这一点他应当也能认识到，正因如此，其才在深夜对外衣、裤子、鞋子进行清洗。根据上述分析，侦查讯问人员决定采取旁敲侧击的方法向潘某提出问题，对其进行讯问。

讯问中，讯问人员是这样向潘某提出问题的：

问："你是几号从家中出走的？"

答："我是大前天早上从家中出走的。"

问："那你大前天的头天，也就是你出走的早一天的晚上你是几点钟回家的？回家以后都干了什么？"

答："那晚我一直在家中，没有出去过，不存在几点钟回家的问题，更不存在回家后干了什么。"

问："这有什么不好承认的。俗话说：'床底角吃柿子都有人知道'，何况在不在家，几点钟回的家，回家以后干了什么。你知道为什么'床底角吃柿子都有人知道'的道理吗？这是因为虽然一个人在床底角吃柿子，当时没人看见，但是，吃了柿子后牙齿缝中夹有柿子渣，口腔里留有柿子味，嘴边沾有柿子的痕迹，这不就被人发现了吗？有人为了消除这些吃过柿子的痕迹，就去刷牙、洗脸，但是，如果粗心，刷牙、洗脸不彻底，夹在牙缝中的柿子渣、留在口腔中的柿子味、沾在嘴边的柿子痕迹不一定能消除干净。他人通过对这些的查看，还是证明了这个人吃过柿子。所以，即使刷了牙、洗了脸，还是会被他人发现的。”

这是讯问人员在讲吃柿子，牙缝里、口腔中、嘴角边必然要留下柿子的痕迹，即使刷了牙、洗了脸，还是会留下痕迹来敲击潘某杀了人，身上溅有血，即使对衣服等进行清洗，还是会留痕迹的。

潘某听了讯问人员这一番话，当即木呆，显然同刚进讯问室时判若两人，但不开口回答。

问：“你不回答是吧，那我再问你：你在回家前都去了哪里，都干了什么，是从哪里离开回家的？”

答：“我没有去哪里，也没有干什么，更没从哪里离开回家。”

问：“还是不想讲是吧，我同你说，你去过哪里，要用脚走，脚要落地对吧，用脚走，脚落地就会留下脚印，特别是脚踏在比较平整的地方，例如桌子的木板上，脚印就会更加明显，如果是穿着鞋，穿什么鞋就会留下什么鞋印，这个鞋印是你留的，不是证明你去过那个地方吗？你干过什么，要用手去做，手要握住一个东西对吧，用手去做，手去握一个东西就会留下手印、指纹，如果这件东西上留下的是你的手印、指纹，不是证明了你拿这件东西干了什么吗？你离开某个地方，比如离开某个房间，要用手去拉门闩开门对吧，用手拉门闩开门，门闩上就会留下指纹，如果门闩上留下的是你的指纹，不是证明了你是从那个房间离开的吗？所以说，你去过哪里、干了什么、是从哪里离开回家的，你不说，别人凭这些也会知道的。”

这是讯问人员以讲去过哪里、干了什么、从哪里离开，要留下脚印、手印、指纹来敲击潘某，暗示在杀人现场留有他的鞋印，斧头柄上、电筒上留有他的掌纹、指纹，门闩上留有他的指纹。

此时的潘某已出现惊慌，但很快镇定下来。

问：“你说说看，是不是这个道理？”

答：“我不知道，反正我没有去过什么地方，也没有干过什么，更没从哪里离开回家。”

问：“我说过，这不是凭你说没有去过就没有去过，没有干过就没有干过，没从哪里离开回家就没从哪里离开回家，凭的是事实和客观证据。既然你说没有，那我再问你：你懂科学技术吗？”

答：“我一个种田人，不知道什么科学技术。”

问：“那我告诉你，有一种科学技术叫鉴定。鉴定就是办案机关指派或聘请具有专门知识的人，就案件中某些专门性问题进行鉴别和判断的活动。鉴定有法医类鉴定、物证类鉴定、声像资料鉴定等。下面说说物证类鉴定，物证鉴定包括文字鉴定、痕迹鉴定和微量鉴定等。特别是痕迹鉴定，在案件侦查中运用最为普遍。痕迹鉴定就是鉴定人员对指纹、掌纹、脚印、血迹、弹痕等进行的鉴别判断活动。鉴定人员经过鉴定，出具的鉴定结论①是刑事证据的种类之一，也就是说，鉴定结论认定现场所留的脚印、指纹、掌印是谁的，谁就是作案人。谁的衣服上、裤子上或鞋子上留有被害人的血迹，也从一个角度证明了谁是作案人。

“哎，我差点忘了提醒你，我们在抓获你的时候就叫你按了掌印和指纹，你还记得吧？而且，我还要告诉你，你出走前洗的外衣、裤子和鞋子晾在你家中的，你不在家时，我们在村干部的见证下一起到你家把东西拿到我们这里了。你啊，就是粗心，洗都不洗干净。”

这是讯问人员以讲鉴定科学技术和已对其提取了掌印、指纹，提取其衣服、裤子、鞋子来敲击潘某，暗示现场所留的脚印、掌印、指纹，经鉴定就是他的脚印、掌印、指纹，其衣服、裤子、鞋子上留有被害人的血迹。证据已经确实、充分。

此时的潘某惊恐失措，冷汗从额头渗出，顺着脸颊流下。

讯问人员趁热打铁，对潘某进行了形势、法律、政策和前途教育。在教育的基础上，温和地向潘某指出：“从我上面问你话的情况中，你就可知道我掌握你作案的证据到了一个什么程度。否则，我是说不出这

① 办理该案时，当时的《刑事诉讼法》称这种证据为鉴定结论。

些话的。我之所以没有把证据公开地摆在你面前，是想给你留一个‘坦白从宽’的条件。我如果把证据都给你摆出来，那就不是你主动坦白了，你就没有从轻处理的条件了。现在特别注重和体现‘宽严相济’的刑事政策。在这期间，如果抗拒交代，那就会严到底，如果主动交代，态度好，那就会宽得幅度很大。所以，我给你留一个‘坦白从宽’的条件，让你自己主动地作出交代。”潘某听讯问人员这么一说，一边哭，一边交代了杀人、抢劫的事实经过。突破了潘某的口供。

上例潘某杀人、抢劫一案，讯问人员在只掌握潘某一些犯罪疑点的情况下，采取旁敲侧击的方法向潘某提出问题对潘某进行讯问。在讯问中，讯问人员围绕潘某的作案疑点向潘某提出了“你是几号从家中出走的”“你出走的早一天的晚上你是几点钟回家的？回家以后都干了什么”“你在回家前都去了哪里，都干了什么，是从哪里离开回家的”等问题。从不同的角度、不同的侧面对潘某进行敲击：首先从潘某具有作案时间的角度侧面进行敲击；接着从潘某到过作案现场的角度侧面进行敲击；再接着从潘某拿过作案工具拉过门闩开门的角度侧面进行敲击；还接着从其作案时其衣服、裤子、鞋子上留有被害人血迹的角度侧面进行敲击。在敲击的过程中进行暗中点：首先引用俗语“床底角吃柿子都有人知道”的道理暗中点其在案件发生那晚出去过，回家以后干了清洗外衣、裤子、鞋子的事；接着以去过哪里要用脚走路，脚落地会留下脚印暗中点在案发现场留有潘某的脚印；又接着以干什么要用手去做，手要握住东西会留下手印、指纹，以离开房间要用手拉门闩会在门闩上留下指纹暗中点在作案工具、门闩上面有潘某的手印、指纹；再接着以讲科学技术鉴定暗中点现场所留的脚印、手印、指纹经鉴定是潘某的无疑；还接着以讲已到其家取得其已清洗过的外衣、裤子和鞋子和其粗心没有洗干净，暗中点其外衣、裤子、鞋子上留有被害人的血迹。在敲击中对潘某进行拉，讯问人员最后以给其留从宽的条件来拉潘某一把。通过上述旁敲侧击的方法向潘某提出问题对潘某进行讯问，顺利地突破了潘某的口供。

4. 对于已掌握一些与犯罪有关表面问题的犯罪嫌疑人，可采取迂回围歼的方法向犯罪嫌疑人提出问题

所谓迂回围歼向犯罪嫌疑人提出问题，是指先有意绕过犯罪嫌疑人犯罪事实的核心问题，对犯罪事实有直接关系或者对认定案件事实起关键作用的问题不予提问，而是从与案件和犯罪事实表面上关系不大，但又有内在关联的问题入手进行讯问，不让犯罪嫌疑人察觉到讯问人员的真正意图，逐步把讯问引向深入，最后向犯罪嫌疑人提出认定案件事实的关键问题。

有的案件，讯问人员通过侦查，掌握了犯罪嫌疑人一些与犯罪有关的表面问题，但这些与犯罪有关的表面性问题，从现象上看，与犯罪嫌疑人的犯罪事实关系不大，或者说不是犯罪行为，但从联系的观点来看，这些与犯罪有关的表面性问题又与犯罪嫌疑人的犯罪事实具有内在的联系。对于这种案件的犯罪嫌疑人，讯问人员可采取迂回围歼的方法向犯罪嫌疑人提出问题。

以迂回围歼的方法向犯罪嫌疑人提出问题，要做到以下几点：

（1）首先要解除犯罪嫌疑人的思想武装，松懈其警惕性

讯问人员运用迂回围歼这种方法向犯罪嫌疑人提出问题，讯问犯罪嫌疑人的犯罪事实，首先要解除犯罪嫌疑人的思想武装，使之松懈警惕性。

讯问人员虽然在开始向犯罪嫌疑人提问题的时候，所提的问题与犯罪嫌疑人的犯罪事实关系不大或不是犯罪行为，但讯问人员毕竟是在讯问犯罪嫌疑人，同时，这些表面问题又与犯罪嫌疑人的犯罪事实存在内在联系。在这种情况下，如果犯罪嫌疑人保持高度的警惕，就不会对讯问人员所提的问题作出如实的回答。这样，迂回围歼的迂回就无法进行。犯罪嫌疑人只有在思想武装被解除，警惕性得以松懈、丧失的情况下，认为对讯问人员所提的问题作出如实回答不会有什么危险，或认为作出如实回答对自己有利，才有可能对讯问人员的提问作出如实的回答，从而使讯问人员完成迂回的任务。因此，讯问人员在运用迂回围歼的方法向犯罪嫌疑人提出问题时，首先要解除犯罪嫌疑人的思想武装，

使之松懈、丧失警惕性。

（2）在迂回的过程中，要从侧面向犯罪嫌疑人提出问题

讯问人员运用这种方法向犯罪嫌疑人提出问题，在开始讯问的时候，也就是在迂回的过程中，要从侧面向犯罪嫌疑人提出问题。

从侧面向犯罪嫌疑人提出问题，就是讯问人员对与犯罪嫌疑人犯罪事实有直接关系或者对认定案件事实起关键作用的问题不予提问，而是从侧面提出一些在犯罪嫌疑人看来与案件的事实关系不大，或与犯罪嫌疑人关系不大的问题。而事实上，讯问人员所提的问题又与犯罪嫌疑人的犯罪事实有着内在的联系。这样从侧面提出问题，一是犯罪嫌疑人摸不到讯问人员讯问的意图和进攻的路线，容易作出回答；二是能够进一步松懈犯罪嫌疑人的警惕性，使犯罪嫌疑人确信对讯问人员所提的这些问题作出如实的回答，不仅不会有危险，而且还有可能对自己有利，从而促使犯罪嫌疑人对讯问人员所提的问题作出如实的回答，使讯问人员完成迂回的任务，实现迂回的目的。如果讯问人员在这过程中不从侧面向犯罪嫌疑人提出问题，而是从正面提出问题，就会增强犯罪嫌疑人的警惕性，其就不会如实回答讯问人员的提问而作出虚假的回答。这样，讯问人员迂回的任务就无法完成。因此，在迂回的过程中，讯问人员一定要从侧面向犯罪嫌疑人提出问题，以保证迂回任务的顺利完成。

（3）迂回的过程要特别注意围绕扫清外围障碍、堵死犯罪嫌疑人退路的目标进行

在迂回的过程中，讯问人员要特别注意围绕扫清外围障碍、堵死犯罪嫌疑人退路的目标向犯罪嫌疑人提出问题。

迂回的目的是围歼，而要实现围歼的目的，做到彻底、干净地消灭，就要在迂回的过程中扫清外围障碍，堵死犯罪嫌疑人的退路，既使犯罪嫌疑人的犯罪事实暴露在光天化日之下，又使犯罪嫌疑人无路可逃。为此，讯问人员在迂回的过程中就要特别注意围绕扫清外围障碍，使犯罪嫌疑人的犯罪事实充分暴露，堵死犯罪嫌疑人的退路，使之无路可逃的目标向犯罪嫌疑人提出问题。通过犯罪嫌疑人对讯问人员所提问题的回答，由犯罪嫌疑人自己将犯罪事实充分地暴露出来，自己把自己

的退路堵死，从而为围歼打下扎实的基础。如果讯问人员在迂回的过程中所提的问题不是围绕扫清外围障碍、堵死犯罪嫌疑人的退路的目标进行的，犯罪嫌疑人的犯罪事实就无法暴露出来，在围歼时，犯罪嫌疑人就会从退路撤出，得以脱逃。因此，讯问人员在迂回的过程中，所提的问题一定要特别注意围绕扫清外围障碍、堵死犯罪嫌疑人退路的目标进行，使犯罪嫌疑人的犯罪事实充分地暴露出来，并没有丝毫的退路余地。

（4）迂回过程的气氛要轻松，氛围要和谐

在迂回的过程中，讯问人员要努力营造轻松的气氛、和谐的氛围。

讯问人员迂回地向犯罪嫌疑人提出问题，是为了使犯罪嫌疑人在毫无警觉的情况下，将其自认为与犯罪无关的事实暴露出来。而要犯罪嫌疑人将其自认为与犯罪无关的事实暴露出来，迂回过程的气氛和氛围至关重要。

讯问气氛的轻松、氛围的和谐，不仅有利于犯罪嫌疑人的心理与讯问人员相容，而且有利于犯罪嫌疑人放松警惕，从而将其自认为与犯罪无关的事实如实暴露出来，将其自己的退路堵死。如果讯问的气氛紧张、严肃，氛围恶劣、不和谐，犯罪嫌疑人的心理就无法与讯问人员相容，其就会保持着高度的警惕性。这样，不利于迂回进行，难以扫清外围障碍，堵死其退路。因此，在迂回的过程中，气氛一定要轻松，氛围一定要和谐，使犯罪嫌疑人在毫无警觉的情况下，自己暴露犯罪事实，自己堵死退路。

（5）围歼的过程要做到迅猛、凌厉

围歼的过程要做到迅猛、凌厉。讯问人员要向犯罪嫌疑人提出最尖锐的问题，直达要害。

讯问人员在扫清外围障碍，暴露出犯罪嫌疑人的犯罪事实，堵死其退路后，就要以迅雷不及掩耳之势、泰山压卵的威力对犯罪嫌疑人进行围歼，向犯罪嫌疑人提出最尖锐的问题，令犯罪嫌疑人回答。在这个过程中，只有做到迅猛、凌厉，向犯罪嫌疑人提出最尖锐的问题，才能使犯罪嫌疑人没有招架之功、还击之力，在其还没有反应过来是怎么回事的情况下就束手就擒。如果讯问人员在围歼的过程中做不到迅猛、凌厉，所提的问题不尖锐、不直达要害，犯罪嫌疑人就有可能对讯问人员所提的问题进行敷衍，待犯罪嫌疑人清醒以后，其就有可能无理也要辩三分，进行胡搅蛮缠，从而使围歼受阻。因此，讯问人员在围歼的过程中一定要做到迅猛、凌厉，所提的问题一定要尖锐，直达要害，使犯罪嫌疑人没有任何反抗机会和力气。

做到上述几点，也就实现了以迂回围歼方法向犯罪嫌疑人提出问题的目的。例如：

笔者在《讯问艺术》（增订版）中曾经作过介绍的贺某受贿案①，讯问人员在对贺某的讯问中，就是以迂回围歼的方法向贺某提出问题对贺某进行讯问的。

接群众举报，贺某利用职务上的便利，收受贿赂。在对贺某案的初步核实中，收集到一件贺某利用职务为他人安排工作，以借为名收受请托人 5 万元人民币的证据。

取得了这件证据后，讯问人员分析认为，贺某可能都是利用“借”的手段收受贿赂。讯问人员通过进一步的分析，认为现在掌握的这件证据只在表面上与贺某收受贿赂有关，并不能以此证明贺某就是收受贿赂。贺某既然是以“借”的名义收受贿赂，如果正面向其提出收受贿赂的问题，一方面，其会对拿到钱这个受贿基本事实的问题保持高度的警惕，不易暴露其受贿拿到钱这个基本事实；另一方面，即使其拿到钱这个受贿的基本事实暴露在那里，其也会以“借”为由与讯问人员抗衡。因而，无法使贺某交代受贿的事实。根据这一分析，讯问人员决定以迂回围歼的方法向贺某提出问题。为了使迂回围歼能够顺利，讯问人员又对迂回要解决什么问题、怎样迂回和如何围歼作出了详细的研究和谋划。

首先，讯问人员研究了迂回要解决的问题。经分析，讯问人员认

---

① 该例所介绍的对贺某的讯问，不属于刑事诉讼意义上的第一次讯问。虽然如此，但向贺某提出问题所运用的是迂回围歼的方法。见《讯问艺术》（增订版），中国方正出版社 2015 年版，第 704—711 页。

为，迂回要解决以下几个问题：

（1）通过迂回，暴露出贺某各向什么人“借”钱，借了多少钱，总共已拿到多少钱这一收受贿赂的基本事实。

（2）通过迂回，暴露出贺某利用职务上的便利，为他人谋取利益和借的钱有无归还，其与出借人的关系如何，是否具有借款的基础这几个区分是受贿，还是借款界限的标准的问题。

（3）通过迂回，暴露出贺某“借”钱不成立的事实理由，扫除认定其受贿的外围障碍，堵死其退路。

其次，讯问人员研究了怎样迂回的问题。经斟酌，讯问人员决定采取自由交谈的方式向贺某提出问题，并以“利”促使其“纵”起来，使之在没有警觉的情况下说出向谁借钱、他人因什么原因借给他钱、借了多少钱和借钱不能成立的事实。

最后，讯问人员研究了如何围歼的问题。对此，讯问人员决定以最高人民法院《全国法院审理经济犯罪案件工作座谈会纪要》关于区分受贿与借款界限的规定，揭露贺某“借”钱的事实与“借”钱不能成立的事实之间的矛盾，对贺某进行围歼，促使其交代受贿的事实。

讯问人员经上述研究和谋划后，便开始了对贺某的讯问。在讯问中，讯问人员根据上述的研究和谋划，以迂回围歼的方法向贺某提出了问题，对贺某进行讯问。

第一，讯问人员首先以解除贺某的思想武装，松懈其警惕性的方法围绕贺某向何人“借”钱、其“借”了多少钱的问题向贺某提出问题进行迂回。

对于这一步的迂回，讯问人员是这样提出问题的：

（1）讯问人员以淡化的手法向贺某提出第一个问题。问：“你讲讲与他人经济来往方面从表面上看同错误有关的事情吧。”

这个提问既淡化，又具有蒙蔽性，贺某会弄不明白什么是从表面上看同错误有关的事情，其一定会纳闷，向讯问人员打听。果然，讯问人员在提出这一问题后，贺某纳闷地回答：“经济来往方面的？经济来往方面怎么从表面上看好像同错误有关？”在此情况下，讯问人员向贺某提出了第二个问题。

（2）讯问人员以肯定贺某在经济上有从表面上看同错误有关的事情向贺某提出问题。问："是啊！据我们调查所知，你与他人有表面上同错误有关的经济来往方面的事情。"

一方面，这个问题为贺某在接下来如实说出其经济上从表面上看同错误有关的事情打下基础；另一方面，由于这个问题没有解决贺某的纳闷，其一定会要求讯问人员给他说说什么是表面上同错误有关的问题。果然，贺某在讯问人员的这一提问下，作出了"我还是听不懂，你说给我听听好吗"的表示。这样，讯问人员就可顺理成章地以解释什么是从表面上看同错误有关的事情向贺某提出第三个问题。

（3）讯问人员以解释什么是从表面上看同错误有关的事情向贺某提出问题。问："那我就打个比方吧！比如：有人叫你办事，送给你钱，你不要，他说借给你，你把钱拿来了。像这种情况就是表面上同错误有关的事情。为什么说从表面上看同错误有关呢？你有这么一件事，如果你是收受的，为他人谋取利益，那就是受贿；如果人家是借给你的，你是借人家的钱，那就不是受贿——而是借。是受贿还是借这对你关系可大了。是受贿就得判刑，负刑事责任；是借就没有问题，更谈不上负刑事责任或纪律责任。如果你有这么一件事，钱在你这里，你却不讲清这个事，这说明你这笔钱是受贿，如果不是受贿，你怎么连拿到钱这个基本的事实都否认呢？这不是'此地无银三百两'又是什么？没有问题不需要否认钱在你这里，越否认就越从另一个侧面证明这是受贿。本来不是受贿的，而你却否认钱在你这里这个基本事实，反而变成有受贿嫌疑了。就算定不了你受贿，但你总给领导、组织留下这么一个嫌疑，今后对你选拔任用时，有人就会说：'他还有受贿的嫌疑问题没有搞清，先放着吧！'你就被打了闷棍了。"

在这一问题中，讯问人员以不搞清这些问题会影响到他以后的选拔任用，以此吊起贺某说清这些问题的兴趣。此时的贺某，急切地想知道其现在被调查是否影响今后选拔任用的问题。因而，贺某急不可待地问："我都被你们采取调查措施了，今后还有被选拔任用的可能吗？"

这样，讯问人员又顺理成章地向贺某提出第四个问题。

（4）讯问人员以说明在什么情况下影响选拔任用，什么情况下不影响选拔任用向贺某提出问题。问：“怎么没有可能呢？这你就不懂了！采取调查措施只是一个查案的措施，不是处理决定，它同选拔任用没有必然的联系。你将问题解释清楚了，如果不是违纪违法的问题，就不影响提干。倒是你不解释清楚，那个嫌疑的事悬在那里，说你受贿，没有证据证实，说你没有受贿，又否定不了，到讨论你的选拔任用时，说你还有那么个事没有搞清，那就只能先放着了，那才影响你！我刚才说过，这叫‘打闷棍’。只有把事情弄清了，才不会给领导、组织留下疑问，也就没有了后患。这是其一。”

“其二呢！是不是受贿，只有你把事情说清楚了，才能分得清。如果你不说，那只能任凭人家说了。人家说是送给你的，而你又不说这事情，本来可能不是受贿的，却任凭人家说成了受贿。你能澄得清的，你又不去澄清，自己丧失了澄清的机会，那不是更可惜？有的钱即使人家咬定是送给你的，但你如果确实是借他的，也无法认定你是受贿。所以我说，把这些从表面上看同错误有关联的经济往来的事情说清楚了，只会对你有利，不会对你不利。其实，你说不说这些事，对于我们来说是无所谓的，因为是借的钱，根本就不是错误，不是我们所要管的事，但吃亏的是你自己。呀，我多管闲事了。”

在这一提出的问题中，讯问人员后面放的是一颗烟雾弹，这颗烟雾弹一方面松懈了贺某的警惕，另一方面又促使贺某讲清这些影响提干的事。贺某在听了讯问人员所说的话后，由于思想上对其所谓的向他人“借”还是不放心，于是，向讯问人员提出了咨询：“打个比方：为别人办了事，也向他借了钱，把这说清了就没有问题了？真的不是受贿？”在此情况下，讯问人员又顺理成章地向贺某提出第五个问题。

（5）讯问人员以解释什么是受贿向贺某提出问题。问：“受贿是指国家工作人员利用职务上的便利，索取他人财物的，或者非法收受他人财物，为他人谋取利益的行为。根据这一规定，构成受贿最主要的，一是要利用职务上的便利；二是要索取或收受他人财物。而借，是向他人借钱，这个钱是向他人借来的，不是利用职务上的便利索取或收受来的。由此可见，受贿和借钱根本就是性质不同的两回事，一个是犯罪行为，一个是借贷关系。”

在这个提出的问题中，讯问人员避开贺某咨询的要害，没有正面回答贺某咨询的问题，而是在说借与受贿是性质不同的两回事。为了增强贺某对讯问人员所说的信任度，此时，辅审在一旁插了一句：“×局长是刑法专家，他著有刑法专著，还是中国人民大学国际刑法研究所的研究员。”辅审又到隔壁房间拿来了主审参加编著的《新刑法全书》，并翻到《新刑法全书》顾问、编委、编辑人员、撰稿人名单这一页，把主审的名字指给贺某看。为了进一步使贺某解除思想武装，讯问人员又向贺某提出了第六个问题。

(6) 讯问人员以自己是多管闲事向贺某提出问题。问：“贺县长，我也许是多管闲事了，你若愿意说，你就说，组织给你澄清不留下隐患。如果不愿意说，也就算了，但恐怕会有隐患。”

讯问人员在提出这一问题后，又从举动中表示出讯问人员对此事不感兴趣：主审跟辅审便开始闲聊其他一些事情，继而又跟贺某聊些琐事。此时，贺某已彻底丧失了警惕，解除了思想武装，讲出了“我向六个人共借了二十万元。在任镇长时，向金××借了五万元、向刘××借了二万元；在任工程建设指挥部指挥时，向胡××借了三万元；在任工业园区主任时，向季××借了五万元，向彭××借了三万元；在任副县长时，向金××借了二万元，共二十万元”的事实。

至此，贺某收受贿赂拿到钱这个基本事实已经暴露出来。第一步的迂回已经完成。

第二，讯问人员从侧面围绕受贿罪构成的“利用职务上的便利，为他人谋取利益”的要件，区分是受贿还是借款界限中“钱是否归还，有无借款的基础”这两个标准向贺某提出问题，进行迂回。

对于这一步的迂回，讯问人员是这样提出问题的：

(1) 讯问人员根据受贿罪的构成要件“利用职务上的便利，为他人谋取利益”向贺某提出问题。问：“那他们是怎么把钱借给你的?”

这一提问，讯问人员顺着贺某说的借这一侧面向贺某提出问题，而不是从正面提出“你是如何利用职务上的便利，为他们谋取利益”的问题。贺某在讯问人员的这一提问下，讲出了“金××贷去了一百万元，刘××贷去了五十万元，胡××向我包去了一个工程，季××让我安排他儿子工作，我将他安排在工业园区。彭××是包了一个工程，金××是审批一个项目。他们在要我办事时，有的是他们主动借给我，有的是我向他们借的。我虽为他们办了事，但都是借他们的钱。而且办的事都是正当的，没有为他们谋取利益”借钱的原因。接着，讯问人员又向贺某提出了第二个问题。

（2）讯问人员以区分是受贿还是借款界限的标准之一向贺某提出问题。问：“你借了钱有向借钱人还过或还给了他人吗？”

贺某在讯问人员的这一提问下，作出了“没有向出借人还过，也没有还给出借人”的回答。接着，讯问人员又向贺某提出了第三个问题。

（3）讯问人员以区分是受贿还是借款界限的又一标准向贺某提出问题。问：“那你借钱的经过是你到他们家去借，还是他们拿过来借给你的？”

这一提问，从侧面提出了他们之间有无借款的基础，即他们之间的关系如何，而不是从正面提出“你们之间的关系如何？有无借款基础”的问题。贺某在讯问人员的这一提问下，作出了“是他们拿到我的办公室借给我的。不是我去他们家借的，我不知道他们住在哪里”的回答。

至此，第二步的迂回已经完成。

第三，讯问人员以轻松的气氛、和谐的氛围围绕其借钱不成立的事实理由，扫除认定其受贿的外围障碍，堵死其退路提出问题，继续进行迂回。

对于这一步的迂回，讯问人员是这样提出问题的：

讯问人员在贺某回答了讯问人员前面两个迂回所提出的问题后，以温和的语气说：“好的，这样组织就可以分清了。这事就先这样吧，现在我们谈点别的吧。”

（1）讯问人员提出了贺某家都有哪些家庭成员的问题。问：“你家四口人，妻子、女儿、儿子和你，没错吧？”

对这一提问，在贺某作出了“对”的回答后，讯问人员向贺某提出了第二个问题。

（2）讯问人员提出了其家庭成员都是干什么工作的问题。问：“你妻子、女儿、儿子都干什么工作？”

对这一提问，在贺某作出了“妻子是事业单位的职工，女儿高中毕业后，安排在机关单位工作，儿子去年大学毕业，也安排在机关工作”的回答后，讯问人员向贺某提出了第三个问题。

（3）讯问人员提出了经济收入怎么样的问题。问：“收入怎么样？”

对这一提问，在贺某作出了“都还可以，发工资，妻子再做点小生意，赚些钱”的回答后，讯问人员向贺某提出了第四个问题。

（4）讯问人员提出其家庭的积蓄情况的问题。问：“你一家四人都工作，不容易，妻子又做点生意，有不少积蓄吧？”

对这一提问，在贺某作出了“不多，也就是五六十万元吧！平时很节俭，也没有办过什么需要花费钱的大事，所以有这么多积蓄”的回答后，讯问人员向贺某提出了第五个问题。

（5）讯问人员提出了其家庭投资情况的问题。问：“投资了吗？”

对这一提问，在贺某作出了“没有，都存在银行，投资怕风险”的回答后，讯问人员为了坐实其以借为名收受的二十万元也存在银行，向贺某提出了第六个问题。

（6）讯问人员提出了其收受的二十万元也存在银行的问题。问：“包括‘借’的二十万元吧？”

对这一提问，在贺某作出了“对，包括借的二十万元，都一起存在银行，总共就这么多”的回答后，讯问人员为了顶实贺某所说的话，不使他在后面反口，又向贺某提出了第七个问题。

（7）讯问人员提出了其上述所说的是否都是事实的问题。问：“你以上说的都是事实？”

对这一提问，贺某作出了“说的都是事实，如有欺骗组织，愿从重处理”的回答。

至此，讯问人员已完成了第三步的迂回。

通过上述三方面问题的提问和贺某作出的回答，讯问人员已完成了迂回的全部任务，暴露出了贺某收受贿赂基本的事实和贺某“借”款理由不成立的事实，已堵死了贺某收受贿赂以“借”为借口的退路。接着，讯问人员对贺某进行了围歼。

第四，讯问人员以最高人民法院《全国法院审理经济犯罪案件工作座谈会纪要》关于区分受贿与借款界限的规定，揭露贺某“借”钱事实与“借”的理由不能成立事实之间的矛盾，以迅猛、凌厉的气势对贺某进行围歼。

对于这个围歼，讯问人员是这样提出问题的：

(1) 讯问人员一反常态向贺某提出了问题。问：“贺县长，那就有问题了。”

在贺某对这一提问作出了“我说的真的都是事实，不会有问题的”的回答后，讯问人员严肃地向贺某提出了第二个问题。

(2) 讯问人员以严厉的措辞向贺某提出问题。问：“我说的有问题是你借钱怎么存银行？你家中有钱为什么要向他人借？又不还给他人，这能说是借吗？”

贺某在讯问人员严肃态度的揭露和质问下，说不出话，只发出“我……我……”的声音。讯问人员趁贺某在惊慌之中又提出了第三个问题。

(3) 讯问人员又打又劝地向贺某提出问题。问：“贺县长，你应当知道党的政策，说实话吧！”

当贺某还想抵挡一阵，以“……我真是借他们的”进行抵抗时，讯问人员针对贺某的抵抗向其提出了第四个问题。

(4) 讯问人员以法律的规定向贺某提出问题。问：“强辩是毫无作用的。关于区分是受贿还是借款的界限，最高人民法院有明确的规定。我把最高人民法院的规定拿来让你看看，你对照对照，你那二十万元究竟是借还是受贿？”

讯问人员将 2003 年 11 月 13 日最高人民法院《全国法院审理经济

犯罪案件工作座谈会纪要》（以下简称《纪要》）递给贺某，并责令："贺县长，你自己看看这个规定吧！"贺某拿过《纪要》，认真地看了起来，边看冷汗边从额头渗出。一会儿，便手拿《纪要》呆在那里。在此情况下，讯问人员乘势向贺某提出了第五个问题。

（5）讯问人员根据法律的规定以揭露和说理相结合的方法向贺某提出问题。问："贺县长，根据这个规定，无论你是否作出如实交代都会认定你不是借，而是受贿：一是借款总得有借款的正当事由，而你却没有正当的借款事由，你不是说'没有办过需要花钱的大事'吗？所以，你没有正当的事由需要借钱。二是真正的借款是急需使用才去借，而你不是需要用钱而去借，而是将所谓'借'来的钱存入银行，哪有借款存银行的？三是真正的借款，借款人与出借人要有借款的基础，即两人之间要有较密切的关系，平时有过经济来往，而你与那六人平日关系有几个仅一面之交，有几个人你事前根本就不认识，以前更没有经济往来。你不是说'我不知道他们住在哪里'吗？四是所谓的借给你钱的人都是因为要求你利用职务上的便利为其谋取利益，你也已经为他们谋取利益，而为他人谋取利益，无论谋取的是正当的利益还是不正当的利益，都属于受贿罪的为他人谋取利益。你不是说'他们有的是你贷款给他，有的是你为他儿子安排了工作'吗？……五是真正的借款，在借款后要有归还的意思表示和归还的行为，而你在所谓借款后没有归还的意思表示和行为。你不是说'没有向出借人还过，也没有还给出借人'吗？六是真正的借款，在借款后一旦有归还的能力即归还借款，而你有归还的能力却没有归还。七是真正的借款没有归还，一定有没有归还的原因，而你没有归还却没有原因。说得难听点，实质上你未归还的原因是你不想归还。这七点，你说哪一点对不上你是受贿？我觉得如实交代对你有好处。说吧！说清了还有一个主动交代的从轻机会。"

经讯问人员的揭露和说理，贺某待了好一会，而后无可奈何又后悔地说了一句"我中计了，真该死，我怎么还会想提干呢"的话后，便开始交代以"借"为名收受贿赂的详细事实经过，突破了贺某的口供。

上例贺某以"借"为名收受贿赂一案，讯问人员在仅掌握表面上与贺某收受贿赂有关问题的情况下，采取迂回围歼的方法向贺某提出问题对贺某进行讯问。在讯问中，讯问人员以自由交谈的方式、轻松的气氛、和谐的氛围解除贺某的思想武装，松懈其警惕，从侧面向贺某提出问题进行了三大步的迂回，完成了迂回的任务。然后，讯问人员一反常态，以严肃的态度，迅猛、凌厉的气势向贺某提出问题进行围歼，从而一举突破了贺某以“借”为名进行受贿的口供，取得了讯问的成功。

5. 对于在特定环境里作案，且已明确作案环境情况，但没有掌握直接证据的被讯问人，可从作案环境入手，采取虚实并举的方法向犯罪嫌疑人提出问题

所谓虚实并举地向犯罪嫌疑人提出问题，是指讯问人员把还没有掌握的案件事实或证据情况与已掌握的案件事实或证据材料结合起来向犯罪嫌疑人提出问题。

有的犯罪行为，是犯罪嫌疑人在特定的环境里实施，讯问人员对于犯罪嫌疑人作案地点的环境情况和作案有关的一些情况已经掌握，但没有掌握其犯罪的直接证据。对于这种案件的犯罪嫌疑人，讯问人员可以从犯罪嫌疑人作案的环境入手，采用虚实并举的方法向犯罪嫌疑人提出问题。

从作案环境入手，采取虚实并举的方法向犯罪嫌疑人提出问题，要做到以下几点：

（1）已掌握的作案环境情况和作案有关的情况一定要搞准

讯问人员在运用这种方法向犯罪嫌疑人提出问题时，首先一定要搞准已掌握的作案环境情况和作案有关情况，也就是说，实的方面一定要搞确实、准确。因为犯罪嫌疑人是作案人，其作案的地方环境情况怎样，其作案的有关情况如何，犯罪嫌疑人最为清楚。只有搞准了已掌握的情况，以这些情况向犯罪嫌疑人提出问题，才能提得准，犯罪嫌疑人才有可能认为讯问人员确实已掌握其犯罪的事实和证据。如果讯问人员对这些已掌握的情况不准或不确实，就等于告诉犯罪嫌疑人，讯问人员并未掌握其犯罪的事实和证据，是在蒙自己。这样，虚实并举就没有了“实”的方面。因此，讯问人员在运用这种方法向犯罪嫌疑人提出问题

时，前提一定要搞准、搞确实已掌握的情况。

(2) 向犯罪嫌疑人提出实的方面的问题，口气一定要坚定

讯问人员在向犯罪嫌疑人提出实的方面问题的时候，口气一定要坚定，做到底气足，不能犹豫不定或迟疑，显得没有底气。只有这样，犯罪嫌疑人才能认为讯问人员确实是掌握了这些情况，才能造成犯罪嫌疑人的心理压力。如果讯问人员提出这些问题的口气不坚定，没有底气。犯罪嫌疑人就会认为这些问题虽提得准，但不是讯问人员确实掌握，有可能是讯问人员猜测的。这样，就形不成犯罪嫌疑人的心理压力，虚实并举提问题就不会有任何效果。因此，讯问人员在运用这种方法向犯罪嫌疑人提出实的方面的问题时，口气一定要坚定。

(3) 向犯罪嫌疑人提出虚的方面的问题，在内容上一定要提得抽象、笼统，在方法上一定要提得巧妙，加大迷惑性、悬念性

①在所提的内容上要提得抽象、笼统

由于虚的方面的问题讯问人员并没有掌握，只知道有这方面的事实和证据，但不知道是什么样的事实和证据，只有在内容上提得抽象、笼统，使犯罪嫌疑人只知道讯问人员已经掌握了这方面的事实证据，但不知道掌握的是什么事实和证据，"丈二和尚摸不到头脑"，才能使其认为讯问人员已真的掌握了这些事实和证据。如果讯问人员对这些虚的方面提的问题的内容不抽象、笼统，而是涉及具体的情况，由于具体情况讯问人员并未掌握，必然提得不准。这样，犯罪嫌疑人就会通过对讯问人员所提问题的分析，认为讯问人员并未掌握这些事实和证据，是在瞎蒙。这样，虚的事实和证据不仅起不了任何作用，而且会起反作用，从而使虚实并举的方法便失去意义。因此，讯问人员在运用这种方法向犯罪嫌疑人提出虚的事实问题时，在内容上一定要提得抽象、笼统，切不可提出凭想象、猜测、分析或以往的经验得出的具体情况。

②在所提的方法上要做到巧妙，加大迷惑性、悬念性

虚的事实、证据由于并不是讯问人员已经掌握的事实、证据，它是靠犯罪嫌疑人的回忆、联想，而使其误认为讯问人员已经掌握而起作用的。因而，只有在所提的方法上做到巧妙，加大所提问题的迷惑性、悬

念性，才能促使犯罪嫌疑人进行回忆、联想，在回忆、联想的过程中产生错觉，误认为讯问人员真的已经掌握了这些事实和证据。如果讯问人员在提问题的方法上不讲技巧，直挺挺地、干巴巴地提出问题，没有了迷惑性和悬念性，就无法引起犯罪嫌疑人的回忆、联想，也就不会有错觉的产生。因此，讯问人员在运用这种方法向犯罪嫌疑人提出虚的问题时，一定要讲究技巧，提得巧妙，加大迷惑性和悬念性，从而引起犯罪嫌疑人的回忆、联想，在迷惑和悬念中产生错觉。

（4）向犯罪嫌疑人虚实并举地提出问题，还要辅之以道理

所谓辅之以道理，是指讯问人员在向犯罪嫌疑人虚实并举地提出问题的过程中或以后，要对犯罪嫌疑人进行有关道理的教育。

讯问人员在向犯罪嫌疑人提出问题的过程中或提出问题以后，为了促使犯罪嫌疑人对讯问人员所提的问题确信是讯问人员已经掌握的，讯问人员还要对犯罪嫌疑人进行有关道理的教育。通过讲道理，向犯罪嫌疑人说明讯问人员为什么会掌握这些事实情况的理由，从而使犯罪嫌疑人更加信以为真，没有任何怀疑。如果讯问人员不向犯罪嫌疑人辅之以道理教育，就有可能使犯罪嫌疑人处于半信半疑的状态，下不了交代的决心。因此，在向犯罪嫌疑人虚实并举地提出问题的过程中或在提出问题以后，要对犯罪嫌疑人辅之以有关道理的教育，促使犯罪嫌疑人对讯问人员提出的问题深信不疑。

（5）要“拉”犯罪嫌疑人一把

虚实并举地向犯罪嫌疑人提出问题，实质上是以“打”的手段对犯罪嫌疑人进行讯问。但光打效果往往不好，容易把犯罪嫌疑人打到绝路上去，打得犯罪嫌疑人没有了希望。因而，在“打”到一定的时候，要“拉”犯罪嫌疑人一把，使之感到讯问人员理解他、同情他，使之看到出路。这样一打一拉，效果就会更为显著。因此，讯问人员在运用虚实并举的方法向犯罪嫌疑人提出问题的过程中，在“打”了犯罪嫌疑人一顿后，要“拉”其一把，把他“拉”到坦白从宽的道路上来。

做到上述几点，也就实现了以虚实并举向犯罪嫌疑人提出问题的目的。

6. 对于对犯罪证据思想准备不足的犯罪嫌疑人，可采取单刀直入的方法向犯罪嫌疑人提出问题

所谓单刀直入向犯罪嫌疑人提出问题，是指针对目标，猛勇精进，以事实或证据直截了当地向犯罪嫌疑人提出其犯罪的问题。

有的案件，讯问人员已掌握了犯罪嫌疑人主要的犯罪证据，而犯罪嫌疑人对讯问人员已掌握其犯罪主要证据的情况毫无思想准备。对于这种案件的犯罪嫌疑人，讯问人员可采用单刀直入的方法向犯罪嫌疑人提出问题。

以单刀直入的方法向犯罪嫌疑人提出问题，要做到以下几点：

（1）用以直入的“刀”，即案件的事实或证据一定要真实可靠，且是犯罪嫌疑人犯罪的主要事实或证据

由于单刀直入是以事实或证据直截了当地向犯罪嫌疑人提出其犯罪的问题，让其回答实施犯罪的事实。因而，讯问人员用以直入的这把“刀”，即案件的事实或证据一定要真实可靠，且是犯罪嫌疑人犯罪的主要事实或证据。只有这样，犯罪嫌疑人在事实和证据面前才没有任何反抗的余地。

所谓事实或证据真实可靠，顾名思义，是指事实是实实在在的、客观的，而不是想当然的，或捕风捉影的；证据是确实的，而不是虚假的，或半真半假有水分的。犯罪嫌疑人作为作案者，其经历了作案的全过程和细节，他对自己实施了什么样的犯罪行为，经过如何、犯罪的事实情况怎样，自己在实施犯罪行为的过程中留下什么证据、证据情况如何，最为清楚。讯问人员以真实可靠的事实或证据向犯罪嫌疑人提出问题，其就会感觉到讯问人员已确实掌握了其犯罪的事实和证据。这样，犯罪嫌疑人就不会、不敢反抗，只能乖乖地对讯问人员提出的问题作出如实的回答。如果讯问人员用以向犯罪嫌疑人提出问题的事实和证据不真实可靠，犯罪嫌疑人就会认为讯问人员并未掌握其犯罪的事实和证据。这样，犯罪嫌疑人就会强化抗审的心理，与讯问人员对抗下去。因此，用以向犯罪嫌疑人提出其犯罪问题的事实或证据一定要做到真实可靠。

所谓事实或证据是犯罪嫌疑人犯罪的主要事实或证据，是指该事实或证据能证明是犯罪嫌疑人实施了该行为和犯罪嫌疑人实施的行为是犯罪行为这样两个要害的问题。由于主要事实和证据证明着这两个问题，讯问人员以主要事实或证据向犯罪嫌疑人提出问题，其在事实和证据面前就不能反抗。如果其进行反抗，不仅毫无意义，而且要落得个“抗拒从严”的下场。在趋利避害心理的支配下其就会对讯问人员的提问作出如实的回答，走“坦白从宽”的道路。如果讯问人员用以向犯罪嫌疑人提出问题的事实和证据不是主要的事实和证据，也就不能证明是犯罪嫌疑人实施了该行为和犯罪嫌疑人实施的行为是犯罪的问题。这样，就击不中犯罪嫌疑人的要害，似隔靴搔痒，对犯罪嫌疑人毫发无损，没有丝毫威慑力，犯罪嫌疑人也就不会对犯罪的事实作出交代。因此，用以向犯罪嫌疑人提出其犯罪问题的事实和证据一定要是犯罪嫌疑人犯罪的主要事实和证据。

（2）要在犯罪嫌疑人对事实和证据没有思想准备时向犯罪嫌疑人提出问题

所谓在犯罪嫌疑人对事实和证据没有思想准备时向犯罪嫌疑人提出问题，是指犯罪嫌疑人对讯问人员向其提出的事实和证据没有思想上的准备，在犯罪嫌疑人没有觉察和防备的情况下向其提出。

犯罪嫌疑人对讯问人员向其提出的事实和证据没有思想准备，在其没有觉察和防备的情况下向他提出问题，其在讯问人员提出问题前就不会对该事实和证据进行防备、想好对策。这样，一旦讯问人员以该事实和证据向犯罪嫌疑人提出其犯罪的问题，其就会毫无准备、惊慌失措、束手无策，只有被动挨打的份。正所谓“攻其无备、出其不意”①，使之乖乖受擒，如实交代犯罪的事实。如果犯罪嫌疑人对讯问人员向其提出的事实和证据已经有了思想准备，在其已经觉察和有了防备的情况下向他提出问题，犯罪嫌疑人对讯问人员提出的事实和证据早就做好了辩

① 见《孙子兵法·始计篇》，载马肇基主编：《国学经典》（第二卷），线装书局2012年版，第217页。

解或否认理由的充分准备，等待讯问人员的提出。一旦讯问人员以该事实和证据向犯罪嫌疑人提出其犯罪的问题，其就会胸有成竹地根据事先准备的理由对讯问人员提出的事实和证据进行辩解或否认，与讯问人员相持、周旋，甚至胡搅蛮缠，使讯问处于僵持、胶着的状态，无法向纵深发展。因此，运用单刀直入的方法向犯罪嫌疑人提出问题，要在犯罪嫌疑人对事实和证据没有思想准备时向犯罪嫌疑人提出问题。

（3）提出问题的气势要做到凌厉

所谓气势要凌厉，是指向犯罪嫌疑人提出问题要迅速而气势猛烈。

气势凌厉，表现出风驰电掣的迅速，无坚不摧、泰山压卵的威力，讯问人员持事实和证据这把“刀”乘着凌厉的气势就能长驱直入，直达犯罪嫌疑人的要害，任何阻挡都将是螳臂当车。如果讯问人员向犯罪嫌疑人提出问题的气势不凌厉，用以提出问题的事实和证据就没有威力，犯罪嫌疑人就会认为讯问人员对事实和证据没有把握，底气不足，自己怀疑自己。这样，用以提出问题的事实和证据就发挥不出它的威慑力，难以起到应有的作用。因此，向犯罪嫌疑人提出问题的气势一定要做到凌厉。

（4）在适当的时候要对犯罪嫌疑人进行教育或“拉”其一把

所谓在适当的时候要对犯罪嫌疑人进行教育或“拉”其一把，是指在以事实和证据向犯罪嫌疑人提出问题后，抓准时机，对犯罪嫌疑人进行思想教育或以“拉”的手段促使犯罪嫌疑人走“坦白从宽”的道路。

犯罪嫌疑人在讯问人员以事实和证据向其提出犯罪的问题后，虽然其在确实的主要犯罪事实和证据面前已无反抗的余地，但并不表明犯罪嫌疑人就会因此对讯问人员提出的问题作出如实的回答，交代犯罪的事实。此时的犯罪嫌疑人处在激烈的思想斗争之中：是交代还是不交代，徘徊在这个十字路口。在这个思想斗争的过程中，其有可能在事实和证据面前如实回答讯问人员的提问，交代犯罪的事实，但也完全有可能由于畏罪心理或其他原因不回答讯问人员的提问，或下定决心不作交代，死扛到底。为了防止后一种情况的出现，在犯罪嫌疑人思想斗争的过程中，讯问人员就应对犯罪嫌疑人进行道理的、政策的或法律的教育，促使其走“坦白从宽”的道路，或以“拉”的手段把处于坦白与抗拒十字路口的犯罪嫌疑人从十字路口“拉”到“坦白从宽”的道路上来，为其如实回答讯问人员的提问，交代犯罪事实铺平道路，提供帮助。这样，犯罪嫌疑人就有可能在讯问人员的指引、帮助下，选择走“坦白从宽”的道路，如实回答讯问人员的提问，作出交代。如果讯问人员在犯罪嫌疑人思想斗争的过程中任其自由，或继续对犯罪嫌疑人进行穷追猛打，犯罪嫌疑人就看不到希望，认为自己反正没有了出路，就索性来个“破罐子破摔”“躺在茅草丛中任蛇咬”，选择走“抗拒从严”的道路，拒不交代犯罪的事实。因此，讯问人员在以事实和证据向犯罪嫌疑人提出问题后，要抓住犯罪嫌疑人思想斗争的时机，对犯罪嫌疑人进行思想教育或“拉”其一把，促使其走上“坦白从宽”的道路。

做到上述几点，也就实现了以单刀直入的方法向犯罪嫌疑人提出问题的目的，从而就能取得讯问的成功。

7. 对于对付讯问准备比较充分的犯罪嫌疑人，可采取以暴露矛盾的方法向犯罪嫌疑人提出问题

所谓以暴露矛盾的方法向犯罪嫌疑人提出问题，是指讯问人员用能够让犯罪嫌疑人暴露矛盾的方法向犯罪嫌疑人提出问题，促使犯罪嫌疑人暴露矛盾。

有的案件，犯罪嫌疑人对如何对付讯问人员的讯问做了比较充分的准备，堵塞了漏洞，准备了对犯罪事实和证据进行辩解的理由，对讯问人员可能采取的各种讯问策略和手段想好了对策，试图在讯问中做到滴水不漏、天衣无缝，胸有成竹地对付讯问人员的讯问。对于这种案件的犯罪嫌疑人，讯问人员可采取以暴露矛盾的方法向其提出问题。

以暴露矛盾的方法向犯罪嫌疑人提出问题，要做到以下几点：

（1）要围绕暴露矛盾的目的设计问话，向犯罪嫌疑人提出问题

这种犯罪嫌疑人，由于其在讯问前已对如何对付讯问人员的讯问作了比较充分的准备，其在讯问中就会按照事先的准备对付讯问人员的讯问，对讯问人员提问的回答做到滴水不漏、天衣无缝，对犯罪事实和证

据的辩解理由充分，对讯问人员的讯问策略和手段应对自如，使讯问人员抓不到、抓不住他的把柄。在这种情况下，讯问人员只有以暴露矛盾的方法向犯罪嫌疑人提出问题，打乱其先前的准备，才能促使其在回答讯问人员的提问中暴露出矛盾，从而让讯问人员抓到、抓住把柄。

而要促使犯罪嫌疑人在回答讯问人员的提问中暴露出矛盾，讯问人员就要围绕暴露矛盾的目的设计问话。因为犯罪嫌疑人的矛盾并不会凭空暴露出来，它依赖于讯问人员的问话。但并不是讯问人员的任何问话都能让犯罪嫌疑人暴露出矛盾，而只有围绕暴露矛盾的问话，才有可能使犯罪嫌疑人在回答讯问人员的提问中暴露出矛盾。因此，讯问人员在向犯罪嫌疑人提出问题前要围绕暴露矛盾的目的设计好问哪些话，先问哪些话，再问哪些话，怎样去问。只有这样，在向犯罪嫌疑人提出问题的过程中，才能心中有数、有条不紊，句句问话都是促使犯罪嫌疑人对矛盾的暴露，从而使犯罪嫌疑人在回答讯问人员的提问中暴露出矛盾。

（2）要采用多种方法向犯罪嫌疑人提出问题

讯问人员在暴露犯罪嫌疑人矛盾的过程中，要运用多种方法向犯罪嫌疑人提出问题。只有方法多样，才能使犯罪嫌疑人顾此失彼，防不胜防，从而彻底暴露出各种矛盾。如果讯问人员问话的方法单一，是很难让犯罪嫌疑人暴露出矛盾的，更不可能彻底地暴露出各种矛盾。因此，讯问人员要采取多种方法向犯罪嫌疑人提出问题，以促使其彻底地暴露出各种矛盾。

向犯罪嫌疑人提出问题的方法主要有：

①纵横交错地提出问题

纵横交错地提出问题，即把时间上、空间上的问题交叉错杂在一起，对犯罪行为从开始到结束、从结束到开始、从人到事、从事到人、从因到果、从果到因地向犯罪嫌疑人提出问题。这种方法是寻根究底、详细讯问，促使犯罪嫌疑人暴露矛盾。

②从不同角度、不同侧面提出问题

从不同角度、不同侧面提出问题，即对同一犯罪事实和情节不从一个角度、一个侧面向犯罪嫌疑人提出问题，而是从不同的角度和侧面，用不同的话题向犯罪嫌疑人提出问题。这种方法是通过不同的话题，使犯罪嫌疑人在对这些问题的回答中，在编造谎言中考虑得不周到而于一些细节上暴露出矛盾。

③间隔重复提出问题

间隔重复提出问题，即对同一犯罪事实和情节，在提出问题后间隔一段时间再次提出。这种方法是通过犯罪嫌疑人对编造虚假谎言的印象不深刻，间隔一段时间再提出，使之在回答中同先前的回答产生矛盾。

④化整为零提出问题

化整为零提出问题，即把同一犯罪事实和情节，拆散成多个具体问题，夹杂在其他事实和情节中向犯罪嫌疑人提出问题。这种方法是利用犯罪嫌疑人对犯罪事实和情节中一些具体细节容易疏忽的弱点，分散犯罪嫌疑人的注意力，造成其思维上的混乱，暴露出矛盾。

⑤集零为整提出问题

集零为整提出问题，即把某一事实和情节同其他的事实和情节混合在一起向犯罪嫌疑人提出问题。这种方法同样是通过分散犯罪嫌疑人的注意力，造成其思维上的混乱，暴露出矛盾。

⑥针对疑问，对照客观事实提出问题

针对疑问，对照客观事实提出问题，即针对一些有疑问的事实情节，向犯罪嫌疑人提出已客观存在的事实问题，例如自然条件、地理环境、风俗习惯、科学常识等。这种方法是通过将客观事实与疑问问题相对照，暴露出矛盾。

（3）加快提问的节奏

讯问人员在以暴露矛盾的方法向犯罪嫌疑人提出问题时，要加快提问的节奏。

讯问人员要趁犯罪嫌疑人的思维停留在已作准备的问题上，对暴露矛盾的提问没有准备之机，根据暴露矛盾的方法，加快提问的节奏，连续向犯罪嫌疑人发问，责令其作出回答，使犯罪嫌疑人只有招架之功，没有还击之力，不让犯罪嫌疑人有时间和条件来考虑如何回答，如何对付讯问人员提出的问题。这样，犯罪嫌疑人要跟上讯问人员提问的节奏，要么作出如实的回答，要么“临时抱佛脚”，匆忙编造谎言。犯罪嫌疑人作出如实的回答，正是讯问人员所需要的；而犯罪嫌疑人“临时抱佛脚”，匆忙编造谎言，就不可避免地要露出“马脚”，出现矛盾。这样，讯问人员就可以揪住其“马脚”，拖出其犯罪行为这匹“马”来，或对矛盾进行揭露，使其不能自圆其说，促使其如实回答讯问人员的提问，交代犯罪事实。如果讯问人员不能加快提问的节奏，而是慢慢吞吞的，犯罪嫌疑人就有时间考虑如何回答讯问人员的提问，如何应付讯问的问题。这样，矛盾就难以暴露出来。因此，讯问人员在运用这种方法向犯罪嫌疑人提出问题时，一定要加快提问的节奏，使犯罪嫌疑人没有时间进行考虑。

做到上述几点，也就实现了以暴露矛盾的方法向犯罪嫌疑人提出问题的目的，从而暴露出矛盾，对矛盾进行揭露。例如：

贪污犯罪嫌疑人华某，系某局代理会计（因正式会计生产，由其暂时代理）。

华某在任代理会计期间，利用职务上的便利，以虚开购货发票进行平账的手段贪污公款二万元人民币。正式会计产假期满上班后，其将财务移交正式会计，一年后，经审计发现单位并未购置发票所称的物品而案发。

华某自知贪污的行为已经暴露，无法继续隐瞒。经思考后，主动向单位领导作了交代，并退还了二万元。在向单位领导交代中，华某以四点理由将贪污行为辩解为挪用公款行为。讯问人员在讯问华某前，对该案的情况进行了分析，认为华某将贪污行为辩解为挪用公款行为，并提出了辩解的理由，说明其已作了充分的准备，在讯问中，其会按照自己的准备进行辩解，难以突破其贪污的口供。要突破其贪污的口供，就要抓住矛盾进行揭露，使其挪用公款的理由不能自圆其说。而要抓住矛盾进行揭露，首先要发现矛盾。于是，讯问人员决定以暴露矛盾的方法向华某提出问题，暴露矛盾，而后对矛盾进行揭露，促使华某交代贪污的事实。为此，讯问人员根据贪污罪与挪用公款罪区分的标准和华某的辩解理由，认为要在以下几个方面暴露出矛盾：

（1）华某辩解是在其妻子难产时急需交医疗费的情况下动用了这笔款。据此，要暴露出与此辩解相矛盾的即华某不是在此时动用了这笔款的问题。

（2）华某辩解虚开发票进行平账是在动用了这笔款后，在要移交财务的前一天，生怕暴露挪用的事实，为暂时隐瞒而虚开发票进行平账。据此，要暴露出与此辩解相矛盾的即华某不是在要移交财务的前一天，为暂时隐瞒而虚开发票进行平账，而是远在移交财务前就虚开发票进行平账的问题。

（3）华某辩解自己在虚开发票前就要归还此款，曾向他人借款归还，因借不到款，才去虚开发票进行平账，移交账目后也曾多次向他人借款要归还这笔款。据此，要暴露出与此辩解相矛盾的即其没有向他人借款有归还意思和行为的问题。

（4）华某辩解自己是能够归还这笔款的。据此，要暴露出与此辩解相矛盾的即华某归还不了这笔款的问题。

讯问人员在对该案作了上述分析后，围绕要暴露的矛盾，对问话进行了设计。在讯问中根据设计向华某提出问题，对华某进行讯问。

第一，围绕要暴露出与华某辩解“是在其妻子难产时急需交医疗费的情况下动用了这笔款”相矛盾的问题向华某提出问题。

对这一问题，讯问人员是这样提出问题对华某进行讯问的：

问：“你是因为什么用途拿了这二万元的？”

答：“我妻子到医院生产，因难产需做手术，急需交一笔款。由于当时紧急，我即到保险箱取出这未入账的二万元现金用于交医疗费，我并不是要贪污这二万元，只是暂时移用一下，我是要归还的，而且一直都在设法归还。”

问：“这二万元未入账的现金来自哪里？”

答：“是当天办事大厅送来的，我打了收条给办事大厅。”

问：“你平时对办事大厅送来的钱都是如何处理的？”

答：“平时对办事大厅送来的钱，我都及时送到银行，保险箱里是不放钱过夜的。”

问：“都是这样的吗？”

答：“都是这样的，这是财务制度所规定的。”

问：“那你有在保险箱中放钱过夜吗？”

答：“肯定没有，这次的钱我也不准备过夜的，要送交银行的。”

问：“办事大厅都在什么时候把钱送到你这里的？”

答：“办事大厅都是在下午四点左右把钱送过来的。送过来后，我就送到银行去，每天都是这样的。”

问：“有上午送过来的吗？”

答：“上午肯定没有。因上午刚开始办事，收的钱不多，不可能有钱送过来的。”

第二，围绕要暴露出与华某辩解“虚开发票进行平账，是在要移交财务时才去开的”相矛盾的问题向华某提出问题。

对于这个问题，讯问人员是这样提出问题对华某进行讯问的：

问：“你开假发票平账是什么时候？”

答：“是我移交财务的前一天去开的。我挪用了这二万元后，因一时无钱归还，又值我要移交财务。我怕这样交出去暴露了挪用这二万元的问题，在移交财务的前一天，我想去向他人借二万元，把挪用的款还上。但借不到钱，所以我在情急之下去商店开了二万元的假发票先予以冲抵，缓一缓，暂时瞒一下。我交给了财务后，到处向他人借钱，但都没有借到。”

问：“这张发票是你自己去开的，还是你叫别人去开过来给你的？”

答：“是我自己去开的，我还同开票人说了很多好话他才开给我的。”

问：“你是穿什么衣服去开的？”

答：“具体穿哪件衣服记不清，我只记得是穿衬衫去的。”

问：“肯定是这样吗？”

答：“绝对肯定。”

第三，围绕要暴露出与华某辩解“其在移送财务前和移交财务后曾向他人借钱要归还此款”相矛盾的问题向华某提出问题。

对于这个问题，讯问人员加快提问节奏，是这样提出问题对华某进行讯问的：

问："你在移交财务的前一天向谁借过钱？"

华某迟疑了一下。

问："说！"

答："是我初中的一个同学。"

问："叫什么名字？"

答："他叫胡××。"

问："你是怎么去向他借的？"

答："我是骑自行车过去借的，但胡××说自己没有钱。"

问："你交了财务后，向谁借过钱？"

答："也都是朋友、同学。"

问："他们都叫什么名字？"

华某又迟疑。

问：说！

答："周××、李××、谷××。"

问："你是怎么去向他们借的？"

答："向周××借是骑自行车去的，向李××、谷××借是坐公交去的。"

问："你都碰到他们了？"

答："都碰到了。他们都说没有钱。"

第四，围绕要暴露出与华某辩解"自己是能够归还这笔款的"相矛盾的问题向华某提出问题。

对于这一问题，讯问人员是这样提出问题对华某进行讯问的：

问："你挪用公款想让人知道吗？"

答："当然不想让人知道，挪用公款也是犯罪。"

问："那你怎样才能不被人知道？"

答："我想凑到钱后，偷偷地把钱还回去。"

第五，再次围绕要暴露出与华某辩解"是在妻子难产时急需交医疗费的情况下动了这笔款"相矛盾的问题向华某提出问题。

对此讯问人员是这样提出问题对华某进行讯问的：

问："你妻子是什么时候生产出现难产的？"

答："我妻子是那天凌晨开始肚子痛，我即将她送到医院，到上午八时，进了产房，医师一检查，说是小孩的脚先出来，要马上手术，叫我立即去交钱。我就到办公室取出二万元钱到医院交了钱。"

第六，再次围绕要暴露出与华某辩解"其在移交财务前和移交财务后曾向他人借钱要归还此款"相矛盾的问题向华某提出问题。

对于这个问题，讯问人员是这样提出问题对华某进行讯问的：

问："胡××住在哪里，在什么单位工作？"

答："他是××乡人，也住在那里，在什么单位工作不清楚。"

问："周××、李××、谷××都分别住在哪里，在什么单位工作？"

华某支支吾吾了半天也回答不上来。

第七，围绕华某暴露出来的矛盾，向华某提出问题，对矛盾进行揭露。

对于这个问题，讯问人员是这样提出问题对华某进行揭露的：

（1）揭露华某不是在其妻子难产时动用了这笔款："你说二万元是当天办事大厅收入未入账的现金。而你又说你的妻子是上午八时进的产房，发现难产要立即手术，你即去拿了这二万元交给医院作医疗费。你还说，办事大厅都是在下午四时左右交给你钱。那么，我问你：你到保险箱拿钱是在上午，当时钱都没有交来，你保险箱里没有这笔钱，你怎么能拿到钱？"

（2）揭露华某不是在要移交财务时去开假发票："你移交财务是12月5日，而你刚才说，你开假发票是为了应付移交财务，在移交财务的前一天去开的，你还说是穿衬衫去开的。那么，我问你，你在冬天怎么穿衬衫？"

（3）揭露华某在移交财务前和后都没有向他人借钱要归还这笔款："你说在移交财务的前一天曾骑自行车去胡××那里借钱，但没有借到钱。而胡××居住在××乡，离你单位所在地五十多公里，那么，我问你：你怎么骑的自行车？你说移交财务后曾骑自行车或坐公交去向周××、李××、谷××借过钱要还款，并都碰到了他们，但又不知道这三个人住哪里，在什么单位工作，那么，我问你：你又是怎么碰到的?”

（4）揭露华某是不可能把钱还回去的：“你说想凑到钱后偷偷地把钱还回去，那么，我问你：你已交了财务账目，怎么能偷偷把钱还回去？还到哪里去?”

最后，讯问人员提出：“你把这几个问题解释清楚!”

华某理屈词穷，哑口无言，一个问题也解释不了。在讯问人员的教育下，华某交代了先开了假发票平账后贪污这二万元的犯罪事实。

上例华某贪污一案，犯罪嫌疑人华某已作了对付讯问的充分准备，将贪污辩解为挪用公款。针对华某已作充分准备对付讯问的情况，讯问人员采取以暴露矛盾的方法向华某提出问题，对华某进行讯问。在讯问中，讯问人员围绕要暴露的矛盾，采用纵横交错，从不同的角度、就同一个要暴露的矛盾间隔提出问题和加快讯问节奏的方法向华某提出问题，从而暴露出了华某的各个矛盾。在华某暴露出各个矛盾后，讯问人员又用“以其矛攻其盾”的方法对各个矛盾进行了逐一的揭露，揭得华某无言以对，最后交代了贪污的事实。

第四章

开好讯问的头

讯问开头是讯问的第一步。任何一个讯问都要经讯问开头，然后继讯问开头对被讯问人进行讯问。

讯问开头是讯问中难度很大又非常重要的一步。说它难度很大，就是说讯问开头是在讯问一开始就要进行的工作，这个工作以什么方法、什么方式、什么策略、什么内容进行往往一时难以把握，开好讯问的头不是一件容易的事，正所谓“万事开头难”。说它非常重要，就是说讯问开头开得好，就能在讯问一开始便建立起良好的讯问氛围，吸引和震动被讯问人，使被讯问人能够听讯问人员说话和回答讯问人员的提问，从而使讯问顺利进行并及时突破被讯问人的口供。讯问开头开得不好，就会强化被讯问人的抗审心理，激发被讯问人的对立情绪，被讯问人就不会听讯问人员说话和回答讯问人员的提问，甚至与讯问人员当场闹翻，使讯问陷入僵局。正所谓“天下之事，制之在始”。[①] 因此，讯问人员要以极其认真的态度做好讯问的开头工作，以高超的技巧开好讯问的头。

关于讯问开头，笔者曾在《讯问艺术》（增订版）一书中就讯问开头的基本要求和讯问开头的具体方法作过专章的论述。[②] 鉴于讯问开头是讯问工作中难度很大又非常重要的一步，为提高讯问人员对讯问开头重要性的认识和便于讯问人员对讯问开头的操作，切实重视讯问的开头和开好讯问的头，本书就讯问开头的意义、讯问开头的方法选择及其实施等问题进行详细的论述，使之与《讯问艺术》（增订版）中的“讯问开头”这一章遥相呼应、相得益彰，从而使讯问开头这重要的一步更具理论性、实践性和可操作性。

---

① 见（宋）苏洵：《上文丞相书》，载《唐宋名家文集·苏洵集》，中州古籍出版社 2013 年版，第 15 页。

② 见《讯问艺术》（增订版），中国方正出版社 2015 年版，第 351—390 页。

一、开好讯问的头的意义

开好讯问的头，意义重大。它对于在讯问一开始就建立起良好的讯问氛围，吸引和震动被讯问人，为接下来的讯问打好基础和在讯问开头时就把讯问切入主题，促使被讯问人对犯罪或违纪违法事实作出交代都具有重要的作用。

（一）有利于在讯问一开始就建立起良好的讯问氛围

讯问需要有一个良好的讯问氛围，将被讯问人置于“威慑下的和谐”氛围之中进行讯问。只有这样，才能给被讯问人以威慑和和谐的强烈感觉，从而引起被讯问人既畏惧又感动的心理，促使被讯问人由拒供的心理向交代的心理转化，进而作出交代。如果讯问氛围恶劣，给被讯问人带来的是恶劣的强烈感觉，从而引起被讯问人既仇恨又对抗的心理，阻碍被讯问人由拒供的心理向交代的心理转化，坚定其抗审的决心。

良好的讯问氛围不会凭空而来，它需要讯问人员通过营造来建立。而营造良好的讯问氛围，虽然包括客观方面和主观方面的营造，体现在讯问的全过程中，但讯问开头对于在主观方面营造良好的讯问氛围至关重要。因为讯问一开始，被讯问人刚与讯问人员接触，讯问人员的形象和言语对被讯问人的影响是最为深刻的，往往能起到事半功倍的作用。在讯问开头的过程中，如果讯问人员讯问开头的方法能够针对案件和被讯问人的具体情况，开头的方式能够讲究策略，开头的内容能够做到客观、真实或符合情理，开头时讯问人员的形象能够做到既威严又尊重人，就能给被讯问人以威慑感和和谐感，从而在讯问一开始就将被讯问人置于“威慑下的和谐”氛围之中，建立起良好的讯问氛围。如果讯问开头开得不好，不仅不能建立良好的讯问氛围，使被讯问人乖乖受审，而且有可能增强被讯问人的抗审心理，甚至可能导致被讯问人与讯问人员闹翻，使讯问无法进行。因此，开好讯问的头有利于在讯问一开始就建立起良好的讯问氛围，使被讯问人在良好的讯问氛围中受审。

（二）有利于在讯问一开始就促使被讯问人听讯问人员说话和回答讯问人员的提问

讯问需要被讯问人能够听讯问人员说话，并能听得进讯问人员所说的话和回答讯问人员的提问。只有这样，讯问才有可能进行并向纵深发展，进而实现讯问的目的。如果被讯问人不听讯问人员说话，或把讯问人员的话当作耳边风，听而不闻，听不进讯问人员所说的话和不回答讯问人员的提问，那么，讯问就无法进行，更不可能向纵深发展。

不少被讯问人在讯问开始时都持戒备心理或定势心理，他们不听讯问人员说话，更听不进讯问人员所说的话，也不回答讯问人员的提问。特别是那些与查案机关打过交道，对“坦白从宽、抗拒从严”政策有着片面体会和经多次讯问仍未突破其口供的被讯问人，认为讯问人员所说的话全是假话、骗人、坑人的话，回答问题就要吃大亏，因而，抱着不听讯问人员说话和不回答讯问人员提问的心态来面对讯问。而被讯问人不听讯问人员说话，就无法促使被讯问人的心理转化；被讯问人不回答讯问人员的提问，就无法使讯问进行下去。因此，促使被讯问人能够听讯问人员说话，并能听得进讯问人员所说的话和回答讯问人员的提问，就成为讯问能够进行和取得成功的前提和关键，离开了这个前提和关键，讯问的进行和取得成功便无从谈起。

而要促使被讯问人能够听讯问人员说话，并能听得进讯问人员所说的话和回答讯问人员的提问，就要在讯问一开始做到吸引和震动被讯问人。因为被讯问人只有在被吸引和震动的情况下，其心理才有可能起变化，从而才有可能去听讯问人员说话和回答讯问人员的提问。

在讯问一开始就能吸引和震动被讯问人，无疑取决于讯问的开头。

一个良好的讯问开头，在讯问开始时，就能紧紧抓住被讯问人的心理，吸引住被讯问人和震动被讯问人，从而促使被讯问人与讯问人员建立起良好的心理关系，产生心理上的相容，进而使被讯问人不仅能够听讯问人员说话，听得进讯问人员所说的话，而且促使被讯问人迫切地想听讯问人员说话，似有“久旱盼甘霖”的需求。这样，触动其心理就成为可能，继而促使被讯问人的心理转化，回答讯问人员的提问，交代犯罪或违纪违法的事实。如果讯问开头开得不好，是无法吸引和震动被讯问人的，也就无法促使被讯问人与讯问人员建立起良好的心理关系，产生心理上的相容，被讯问人也就不会去听讯问人员说话和听得进讯问人员所说的话，也不会回答讯问人员的提问。因此，开好讯问的头，有利于在讯问一开始就促使被讯问人听讯问人员说话和回答讯问人员的提问。

（三）有利于为接下来的讯问打好基础

讯问过程的前后是一个有机的组成，它需要一环紧扣一环，环环相扣，前一个过程要为后一个过程打好基础、做好铺垫，后一个过程要在前一个过程的基础上进行发挥、深入。只有这样，讯问才能一步步地向纵深发展，最后突破被讯问人的口供。如果讯问过程的前后不能一环紧扣一环，环环相扣，前一个过程不能为后一个过程打好基础，讯问不仅无法深入，而且有可能因此使讯问陷入僵局。

讯问开头是正面对被讯问人进行讯问的起点，接下来的讯问都是沿着讯问的开头而展开的。因此，这个讯问开头只有开得好，才能为接下来的讯问打好基础，铺平道路，从而使讯问不断地深入，顺利向纵深发展。

一个良好的讯问开头，它是根据案件和被讯问人的情况设计的。讯问人员根据案件和被讯问人的情况对讯问开头的具体方法、讯问开头的策略、讯问开头的内容、讯问开头的表述方式进行了设计，这样就使讯问开头符合和针对案件和被讯问人的情况。在讯问中，讯问人员通过对设计的讯问开头的实施，由于实施的讯问开头符合和针对案件和被讯问人的情况，这就为接下来的讯问打下了基础，铺平了道路。如果讯问开头开得不好，不符合和针对案件和被讯问人的情况，离开了案件和被讯问人的实际，孤零零地在那里，势必不能为接下来的讯问打下基础，铺平道路。因此，开好讯问的头，有利于为接下来的讯问打好基础。

（四）有利于在讯问开头时就把讯问切入主题

所谓讯问切入主题，是指把讯问过渡到讯问与被讯问人犯罪或违纪违法事实有关的问题上来。

讯问的目的是要被讯问人如实交代犯罪或违纪违法的事实，因而，讯问人员只有把讯问过渡到讯问与被讯问人犯罪或违纪违法事实有关的问题上来，才能促使被讯问人对犯罪或违纪违法事实作出交代。也就是说，如果讯问不能把讯问过渡到讯问与被讯问人犯罪或违纪违法事实有关的问题上来，被讯问人是不可能对犯罪或违纪违法的事实作出交代的。

把讯问过渡到讯问与被讯问人犯罪或违纪违法事实有关的问题上来有一个前提条件，那就是被讯问人能够听讯问人员说话，回答讯问人员的提问。离开了这个前提条件，讯问是无法真正过渡到讯问与被讯问人犯罪或违纪违法事实有关的问题上来的。

一个好的讯问开头，要在讯问一开始就建立起良好的讯问氛围，将被讯问人置于"威慑下和谐"的讯问氛围之中，促使被讯问人听讯问人员说话和回答讯问人员的提问。这样，就为讯问人员把讯问过渡到讯问与被讯问人犯罪或违纪违法事实有关的问题上来创造了前提条件，从而使讯问人员在讯问开头的过程中就可把讯问过渡到讯问与被讯问人犯罪或违纪违法事实有关的问题上来。因此，开好讯问的头，有利于在讯问开头时就把讯问切入主题。

（五）有利于在讯问开头时就突破被讯问人的口供

促使被讯问人如实交代犯罪或违纪违法的事实，突破被讯问人的口供，是讯问的目的。讯问的全过程都是围绕这一目的而展开的，讯问的开头同样是为了实现这一目的。

一个好的讯问开头，是根据案件和被讯问人的情况来确定讯问开头的具体方法、讯问开头的策略、讯问开头的内容和讯问开头的表述方式的。正因如此，一个好的讯问开头，就针对了被讯问人的心理，有的甚至针对了被讯问人拒供心理障碍的根源。这就为挖除被讯问人拒供心理障碍的根源，破除被讯问人拒供的心理障碍提供了可能。在讯问开头的过程中，讯问人员通过对讯问开头的实施，就有可能一举挖除被讯问人拒供心理障碍的根源，破除被讯问人拒供的心理障碍，进而促使被讯问人如实交代犯罪或违纪违法的事实，突破被讯问人的口供。例如，以使用证据的方法开头。以使用证据开头的这种方法，针对的是被讯问人或认为自己的行为诡秘，作案手段高明，在犯罪或违纪违法的过程中没有留下痕迹、物证，也没有人知晓；或认为自己同他人订立过攻守同盟，攻守同盟牢不可破；或不相信查案机关和讯问人员的能力，认为查案机关和讯问人员没有能力收集到自己犯罪或违纪违法的证据；或认为证据“一对一”等自信性侥幸心理的根源。在被讯问人对证据最没有思想准备的讯问开头时，向被讯问人出示证据对讯问进行开头。由于出示证据的开头方法正针对被讯问人自信性侥幸心理的根源，这样，就有可能一举挖除被讯问人自信性侥幸心理的根源，破除被讯问人的自信性侥幸心理，从而促使被讯问人在证据面前不得不交代犯罪或违纪违法的事实，在讯问开头时就突破被讯问人的口供。同样，以正话反说开头、以被讯问人最担心的人或事开头、以被讯问人最放心的人或事开头、以帮助被讯问人分析从宽的情节开头、以被讯问人走上犯罪或违纪违法道路的客观原因开头等讯问开头的方法，都是针对被讯问人的心理或被讯问人拒供心理障碍的根源对讯问进行开头的。这些讯问开头的方法在讯问开头的过程中就针对被讯问人拒供的心理障碍展开，在讯问开头时就有可能破除被讯问人的拒供心理障碍，进而突破被讯问人的口供。因此，开好讯问的头，有利于在讯问开头时就突破被讯问人的口供。

二、开好讯问头的一般方法

总结讯问实践，开好讯问头的一般方法有选择好讯问开头的方法、组织好讯问开头的内容和实施好讯问开头的过程这几点。

（一）选择好讯问开头的方法

选择好讯问开头的方法，是开好讯问头的前提和基础。讯问人员只有选择好讯问开头的方法，在讯问开头的过程中，才能根据选择好的讯问开头方法胸有成竹地对讯问进行开头，从而才有可能开好讯问的头。如果讯问人员没有选择好讯问开头的方法，不知道以什么方法对讯问进行开头，在讯问开头时，就会出现“临时抱佛脚”的情况，以至于没有选择地胡乱拿一种方法进行开头。这样，讯问开头就无法符合和针对被讯问人和案件的情况，从而也就无法开好讯问的头。因此，要开好讯问的头，首先要选择好讯问开头的具体方法。

我们知道，一个好的讯问开头，应当符合并针对被讯问人和案件的情况。由于各个被讯问人和案件的情况千差万别，各不相同，因而，要使讯问开头的方法符合并针对被讯问人和案件的情况，就要根据各个被讯问人和案件的具体情况，因人、因案而异地对讯问开头的方法进行选择。只有这样，这个讯问开头的方法才有可能是一个好的讯问开头，进而才有可能开好这个讯问的头。

在实际工作中，可以作为讯问开头根据的被讯问人和案件的情况是多方面的，有被讯问人的自身情况、有被讯问人的到案情况、有被讯问人的犯罪或违纪违法情况、有被讯问人的心理情况、有被讯问人对待讯问的现状情况、有案件的来源情况和上一次讯问的结束情况，等等。根据这些众多的情况，可以选择出众多的讯问开头方法。而每一次讯问只需一个讯问开头。那么，在这么众多的情况中，应当如何选择一个最好的讯问开头方法呢?

这种选择的方法是：

1. 认真梳理，排列出可供选择讯问开头方法的所有情况

讯问人员首先要对被讯问人的自身情况、到案情况、犯罪或违纪违法情况、心理情况、对待讯问的现状情况、案件来源的情况和上一次讯问结束的情况等进行认真的梳理，把所有可供选择讯问开头方法的各种

情况一一列出，并对这些情况进行认真的了解，弄清其真实的情况，为选择讯问开头的方法打下扎实可靠的基础。

2. 深入分析，根据排列出的各种情况一一选择讯问开头的方法

讯问人员在排列出可供选择讯问开头方法的各种情况后，要对排列出的各种情况进行深入的分析，在分析的基础上，一一选择出讯问开头的方法。例如，通过对被讯问人怕硬性格情况的分析，选择出以施威的方法对讯问进行开头；通过对被讯问人多次犯罪或违纪违法情况的分析，选择出以反常规的话语对讯问进行开头；通过对被讯问人自信性侥幸心理的分析，选择出以使用证据的方法对讯问进行开头；通过对被讯问人已不愿再听讯问人员说话的现状分析，选择出以引起被讯问人关注的话语的方法对讯问进行开头；通过对被讯问人潜逃后追捕到案的情况的分析，选择出以开门见山的方法对讯问进行开头；等等。

3. 反复比较，选定最为有利的讯问开头方法

讯问人员在根据被讯问人和案件的各种情况，一一选择出各种讯问开头的方法后，要将各种讯问开头的方法进行反复比较，通过比较，从中选定最能吸引被讯问人、最能震动被讯问人、最有利于讯问进行、最有利于突破被讯问人口供的方法作为讯问开头的方法。

（二）组织好讯问开头的内容

要使讯问开头开得好，不仅需要有好的讯问开头方法，更需要有好的讯问开头内容。讯问人员只有通过组织，才能有好的内容，也只有通过组织，才能在讯问开头的过程中胸有成竹地运用这些组织起来的内容对讯问进行开头，从而才有可能开好讯问的头。如果讯问人员没有对讯问开头的内容进行组织，在讯问开头的过程中，就不知道运用哪些事实、哪条法律、哪种政策、哪个道理对讯问进行开头，势必凭感觉胡乱搬一些内容对讯问进行开头。这样，不仅不能开好讯问的头，而且有可能使讯问开头起反作用。因此，要开好讯问的头，就要组织好讯问开头的内容。

那么，应当如何组织好讯问开头的内容呢？

1. 根据讯问开头的方法去组织

讯问开头的方法需要通过具体的内容将其表现出来。也就是说，只有符合讯问开头方法的内容，才能使讯问开头的方法表现出来。否则表现出来的就不是这种讯问开头的方法，而是另外的讯问开头方法。例如，思想教育的讯问开头方法，其内容就应是有关思想教育的内容，而不应是同思想教育无关的内容。又如，施威的讯问开头方法，其内容就应是能压倒人的力量或使人敬畏的态度，而不应是安慰或吹捧的内容，等等。因此，讯问开头的内容要根据讯问开头的方法，组织符合讯问开头方法的内容。

2. 根据被讯问人的情况去组织

被讯问人的情况不同，讯问开头的内容也应不同。只有这样，才具有针对性，讯问开头才能起作用。否则，讯问开头就不具有针对性，不仅不会起作用，而且可能会起反作用。例如，对未成年人关心教育的讯问开头方法，关心的内容就应针对未成年人的特点，教育的内容就应是与未成年人有关的法律规定，而不能以关心和教育老年人的内容对未成年人进行关心和教育。又如，对侥幸心理严重的被讯问人出示证据的讯问开头方法，出示的证据就要针对被讯问人侥幸心理的根源，即其因什么而侥幸，而不能出示与其侥幸根源无关的证据，等等。因此，讯问开头的内容要根据被讯问人的情况，组织起针对被讯问人情况的讯问开头内容。

3. 根据配套的需要去组织

要使讯问开头发挥其应有的作用，其内容不应是单一的，而应当是多方面的，因为有的内容需要其他内容才能发挥作用，或发挥出更大的作用。例如，施威的讯问开头方法，如果专以威的内容对讯问进行开头，就有可能将被讯问人赶到绝路上去，发挥不了作用，而且起到反作用。为了使威发挥作用，在施威的同时，就要给被讯问人来一点“软”的，威中带谐。这样，威在谐的作用下，就能发挥出其应有的作用。又如，出示证据的讯问开头方法，如果光以证据对讯问进行开头，对有的证据，被讯问人就会处于半信半疑的状态，或不相信讯问人员已真的掌握了这些证据。在这种情况下，出示的证据就发挥不了其作用。为了使出示的证据发挥作用，使被讯问人相信讯问人员已确实掌握了这一证据，在出示证据的同时，就要对被讯问人进行教育。这样，在教育的作用下，就能使被讯问人确信讯问人员已收集到这一证据，从而发挥出其应有的作用，等等。因此，讯问开头的内容要根据配套的需要，组织起配套的讯问开头内容。

（三）实施好讯问开头的过程

讯问开头开得好还是不好，能否发挥它应有的作用，实现讯问开头的目的，实施是关键。也就是说，讯问人员只有实施好讯问开头的过程，这个讯问开头才有可能是好的，才有可能发挥它应有的作用，实现讯问开头的目的。否则，即使讯问开头的方法最好，内容最针对、最有效，也会因实施得不好而无法开好讯问的头，不仅不能发挥它应有的作用，而且还有可能背道而驰。因此，讯问人员要十分讲究讯问开头的实施，以最艺术的技巧实施好讯问开头的过程。

那么，应当如何实施好讯问开头的过程呢？

1. 要十分重视自己的形象

虽然在整个讯问的过程中，讯问人员都要十分重视自己的形象，以良好的形象对被讯问人进行讯问。但在讯问开头中，讯问人员的形象显得尤为重要。因为讯问开头，是讯问人员与被讯问人正面接触的开始，被讯问人首先看到的是讯问人员的形象，讯问人员给被讯问人的第一印象如何至关重要，直接决定着被讯问人对讯问人员的看法和影响着讯问开头的效果，进而影响着讯问能否顺利地进行。因此，讯问人员在实施讯问开头的时候，一定要十分重视自己的形象，不能有半点的随意。做到既体现出作为执法者的威严，又体现出作为教育者、挽救者的诚恳。

2. 要注意对讯问开头意图的隐蔽

讯问人员在实施讯问开头的过程中，自始至终都要注意对讯问开头意图的隐蔽。隐蔽好讯问开头的意图是为了吸引和震动被讯问人，营造一个良好的讯问氛围，促使被讯问人能够听讯问人员说话，听得进讯问人员所说的话，回答讯问人员的提问，从而使接下来的讯问顺利地进行。只有隐蔽好讯问开头的意图，不让被讯问人觉察，才能实现讯问开头的目的，发挥讯问开头的作用。如果讯问人员不能隐蔽好讯问开头的意图，被讯问人发觉了讯问人员讯问开头的目的，其就会反其道而行之。这样，讯问开头也就无法吸引和震动被讯问人，良好的讯问氛围也就营造不出来，被讯问人也就不会听讯问人员说话，更听不进讯问人员所说的话和回答讯问人员的提问，使讯问开头归于失败。因此，讯问人员在实施讯问开头的全过程中，都要注意对讯问开头意图的隐蔽。

3. 要铺平讯问开头的道路

为讯问开头铺平道路，是实施讯问开头很重要的一环。相当部分的讯问开头方法，只有先铺平讯问开头的道路，讯问开头的内容才能顺理成章地灌输给被讯问人，讯问开头的实施才能顺利。如果讯问人员不铺平那些需要铺平道路的讯问开头，一上来就直接将讯问开头的内容向被讯问人灌输，一是不能做到顺理成章，从而暴露出讯问人员讯问开头的意图；二是向被讯问人灌输的内容由于道路不平，途中受阻，无法发挥或全部发挥这些内容的作用。因此，讯问人员在实施讯问开头的过程中，对那些需要铺平道路的讯问开头方法要做好铺垫，在铺平讯问开头道路的情况下，再向被讯问人灌输讯问开头的内容。

4. 要有步骤地实施

绝大多数讯问开头的内容都是多方面的，对这些内容要做到有步骤地实施。先实施什么、再实施什么、又实施什么、还实施什么、最后实施什么，都要做到有步骤地进行。只有这样，才能做到步步为营，一步步地向纵深发展。如果实施没有步骤，东一榔头，西一棒槌，混乱不堪，就无法步步为营，无法向纵深发展。那么，这个讯问开头就是失败的。因此，讯问人员在实施讯问开头的过程中，要有步骤地进行。

5. 要衔接好前后的内容

由于绝大多数讯问开头的内容是多方面的，在实施的过程中，对这些内容做好前后衔接就显得十分重要。讯问人员对这些先后实施的内容只有做好衔接，做到一环紧扣一环，环环紧扣，使之成为一个和谐的、有机的整体，这些实施的内容才能互相推动、互相促进，从而才能起到讯问开头的作用，实现讯问开头的目的。如果讯问人员对这些先后实施的内容不能做到衔接，各自孤零零的，似一盘散沙或一堆乱石，那么其就不能互相推动、互相促进，也就无法起到它的作用，讯问开头的目的也就不能实现。因此，讯问人员在实施讯问开头的过程中，要衔接好前后的内容。

6. 要说好每一句话

讯问开头的形式主要是由讯问人员说，因而，说好每一句话也就成为开好讯问头的关键之关键。而要说好每一句话，讯问人员在讯问开头的过程中，就要根据讯问开头的不同内容，以不同的措辞、语调、技巧予以表达。只有这样，才能说好每一句话。如果讯问人员在讯问开头的过程中，没有根据讯问开头的内容，以不恰当的措辞、语调进行表达，那么，也就无法将讯问开头的内容表达出来，甚至使表达出来的内容起到不良的后果。因此，讯问人员在实施讯问开头的过程中，一定要根据讯问开头的内容，说好每一句话。

7. 要使好每一个眼神和神态

有的讯问开头的内容在表达的过程中，需要讯问人员无声的眼神或神态的配合。讯问人员在表达这些内容的过程中，只有做到以得当的眼神或神态进行配合，才能彰显讯问开头内容的作用。如果讯问人员在实施的过程中，对这些需要以眼神或神态配合的内容没有以眼神或神态进行配合，或者配合的眼神或神态不得当，那么，这些表达的内容就无法起到它的作用，甚至给被讯问人以某种信息而起到相反的作用。因此，讯问人员在实施讯问开头的过程中，一定要根据讯问开头的内容，使好每一个眼神和神态。

8. 要表好每一个态度

不同的讯问开头方法和不同的内容，需要以不同的态度来表达。讯问人员在实施讯问开头的过程中，要根据讯问开头的方法和内容，表现出与之相适应的态度。只有这样，才能使讯问开头的方法和内容发挥出应有的作用。如果讯问人员在实施讯问开头的过程中，没有根据讯问开头的方法和内容表现出与之相适应的态度，该表现出严肃的态度却表现出和气的态度，该表现出诚恳的态度却表现出冷酷的态度，那么，这个讯问开头的方法和内容也就失去了它的作用，而且可能起反作用。因此，在实施讯问开头中，讯问人员一定要根据讯问开头的方法和内容，表现好每一个态度。

三、讯问开头具体方法的选择及其实施

（一）根据被讯问人的自身情况选择讯问开头的方法和对讯问进行开头

各个被讯问人都有其自身情况，讯问人员要善于根据被讯问人的自身情况选择讯问开头的方法和对讯问进行开头。

1. 根据被讯问人的年龄选择讯问开头的方法和对讯问进行开头

有的被讯问人是未成年人，有的被讯问人是成年人，有的被讯问人是老年人。由于被讯问人的年龄不同，其特点、心理活动、对问题的看法和处置也就不同。因此，对不同年龄的被讯问人，讯问开头的方法及其实施也应不同。讯问人员要根据被讯问人的年龄，选择适合和针对其年龄的讯问开头方法对讯问进行开头。

（1）未成年被讯问人的讯问开头

我国《刑事诉讼法》第五编特别程序规定了未成年人刑事案件诉讼程序，对未成年犯罪实行教育、感化、挽救的方针和坚持教育为主、惩罚为辅的原则。因而，对未成年被讯问人的讯问就要遵循教育、感化、挽救的方针和坚持教育为主、惩罚为辅的原则进行，在讯问的开头上，就要体现这一方针和原则。

由于未成年人正处在长身体、长知识期间，身心发育尚未完善，其

涉世浅、见识短、知识薄、经验不足，平时都是在父母、亲人的呵护下生活，在老师的关心、爱护下学习，没有遇到过变故。因而，其在犯罪或违纪违法后，特别是在被采取刑事强制措施或调查措施后，往往思想害怕、心理紧张、精神恍惚，处于极度惊慌惶恐、不知所措的状态，似有一种天塌下来的感觉。在这种情况下，其无法回忆犯罪或违纪违法的事实经过，不知如何回答讯问人员的提问。根据未成年被讯问人的这些情况，在讯问开头的方法上应选择采用以关心教育被讯问人的方法对讯问进行开头，力求创造一个和谐的讯问气氛，使讯问在平和的环境中开局。

所谓以关心教育被讯问人的方法开头，是指在讯问开头中向被讯问人涉入对其关心的话语和对其进行有关的教育的方法对讯问进行开头。

对未成年被讯问人以这种方法对讯问进行开头，就有可能使被讯问人感觉到讯问人员是在关心、教育、帮助、挽救他，从而建立起良好的讯问氛围，使讯问顺利地进行。

以关心教育的方法对未成年被讯问人的讯问进行开头，要做到以下几点：

①要向被讯问人涉入关心其生活、身体的话语，并予以安慰

讯问一开始，讯问人员就要向被讯问人涉入关心其生活、身体的话语，询问其能否吃得下饭、睡得着觉，身体是否舒服；有哪些需要和要求，都有一些什么想法，把需要、要求和想法尽管向讯问人员提出来，并表明只要是法律允许的，讯问人员都会予以满足。同时，要对被讯问人进行安慰，叫其放宽心，没有什么大不了的，要吃饱饭、睡好觉、保养好身体。

②在关心教育的内容上，要根据法律的规定和未成年人的特点，以针对性的内容对未成年被讯问人进行关心教育

第一，向被讯问人阐述我国《刑事诉讼法》关于对未成年人犯罪实行教育、感化、挽救的方针和坚持教育为主、惩罚为辅的原则

讯问人员要向被讯问人阐明，我国《刑事诉讼法》第二百七十七

条第一款明文规定："对犯罪的未成年人实行教育、感化、挽救的方针，坚持教育为主、惩罚为辅的原则。"教育、感化、挽救的方针，就是在办理未成年人的案件时，必须立足于教育、感化、挽救，通过教育、感化，增强未成年人的法制观念，促其认识错误，改过自新，重新回归社会，挽救未成年人。教育为主、惩罚为辅的原则，就是在处理教育和惩罚的关系时，要以教育为主要目的，而不能以刑罚作为目的，刑罚也是对其教育的一种手段，服从于教育、感化、挽救的目的。

第二，向被讯问人宣讲《刑法》关于未成年人刑事责任的规定

讯问人员要向被讯问人宣讲《刑法》第十七条第三款关于"已满十四周岁不满十八周岁的人犯罪，应当从轻或者减轻处罚"和第四十九条第一款关于"犯罪的时候不满十八周岁的人……不适用死刑"的规定。在宣讲这一法律规定时，要特别明确说明在对未成年人犯罪案件的处理上，两条重要而特殊的处理原则：一是从宽处理原则；二是不适用死刑原则。

第三，向被讯问人说明查案机关查案的目的

讯问人员要向被讯问人说明查案机关查案的目的，是查清案件事实，警示他人不要犯罪和教育、挽救犯罪的人。

第四，向被讯问人讲解我党对待犯罪人的一贯方针和刑事政策

讯问人员要向被讯问人讲解我党对待犯罪人的一贯方针是"惩前毖后，治病救人"，刑事政策是"坦白从宽，抗拒从严"，并指出其应以怎样的正确态度对待自己所犯的罪行或错误。

③在关心教育的方法上，要做到语重心长，循循善诱，入情入理

第一，要语重心长地对被讯问人进行关心教育

讯问人员要出于对被讯问人教育、感化、挽救的真心对被讯问人予以语重心长的教育，做到言辞郑重恳切，情意深长，对被讯问人进行真诚的忠告或劝说，切不可虚情假意，骂骂咧咧，恶语伤人。

第二，要循循善诱地对被讯问人进行关心教育

讯问人员对被讯问人的教育要循循善诱，做到耐心细致，深入浅出，言近旨远，一步一步地引导教育，切不可简单从事。

第三，要入情入理地对被讯问人进行关心教育

讯问人员在对被讯问人的关心教育中要满腔热情、感情真挚，讲出感情、讲清道理，做到以情感人、以理服人，既符合常情，也符合事理，情理结合，切不可无情无理。

④在关心教育的态度上，要做到以诚恳的姿态出现，在诚恳中体现出严肃

第一，要以诚恳的态度对被讯问人进行关心教育

讯问人员要以父母对子女、兄长对弟妹、老师对学生、医师对病人的姿态对待被讯问人，对被讯问人予以关心教育，充分体现出诚恳，使被讯问人感觉到讯问人员是可亲、可信、可依赖的。

第二，在诚恳中要体现出严肃

讯问人员在以诚恳的态度对被讯问人进行教育中，要体现出严肃，把严肃蕴含在诚恳之中，使被讯问人隐隐感觉到如果自己不承认错误、改正错误，讯问人员就会像父母一样要“打”自己，像兄长一样要训斥自己，像老师一样要批评处分自己，像医生一样要给自己打针、动手术，绝不会由着自己来。

对未成年被讯问人通过上述方法对讯问进行开头，向被讯问人涉入关心其生活、身体的话语，并对其进行安慰，向其宣讲关于未成年犯罪人的法律规定和对其进行查案的目的、我党对待犯罪人的一贯方针和政策教育，就有可能使讯问一开始就消除被讯问人害怕的思想、紧张的心理、恍惚的精神，促使其回忆起犯罪或违纪违法的事实经过，如实回答讯问人员的提问，进而对犯罪或违纪违法事实作出交代。

（2）老年被讯问人的讯问开头

老年被讯问人由于年龄大，平时在家中处于长辈的地位，在社会上处于老者的身份，受下代儿孙和周围人的尊重，且阅历深、见识广，有着丰富的社会经验；但往往又患有一些老年性的疾病，例如高血压、糖尿病等，在身体、生活方面需要关照。老年人在犯罪或违纪违法被采取刑事强制措施或调查措施后，由于情况突然发生了变化，受人尊重的场景不见了，身体、生活的关照也没有了，现有的处境与原有的生活形成

了极大的反差，心理上便产生了极不平衡、极不适应的感觉，于是便产生了对立的心理。有的身体不好的被讯问人，认为这样下去非死不可，于是便产生了害怕的心理。有的认为自己反正年龄这么大了，早晚都得死，而且自己今后也没脸见人，于是便产生了破罐子破摔的心理。在这些情况下，被讯问人就有可能因对立心理而与讯问人员对着干，因害怕心理而不敢交代犯罪或违纪违法的事实，因破罐子破摔心理而拒绝作出交代。根据老年人的这些特点情况，应选择采用以尊重关照被讯问人的方法对讯问进行开头，力求创造一个尊重、关照的气氛，使讯问在感人的环境中开局。

所谓以尊重、关照被讯问人的方法开头，是指在讯问开头中，对被讯问人予以尊重和涉入对其尊重、关照的言语和行为的方法对讯问进行开头。

对老年人以这种方法开头，使被讯问人感到讯问人员很尊重他、关照他，自己又回到原来受尊重、关照的时候，从而产生与讯问人员相容的心理，进而消除对立、害怕或破罐子破摔的心理，做到与讯问人员心理上的沟通，使讯问顺利地进行。

以尊重、关照被讯问人的方法开头，要做到以下几点：

①讯问人员要以尊敬的称谓称呼被讯问人

被讯问人到讯问室后，讯问人员在称呼被讯问人时，要使用尊敬的称谓。例如，称被讯问人原有的职务，称被讯问人为大伯、大叔、大婶、大妈等，而不要直呼其名，更不得称其绰号。通过尊敬的称谓称呼被讯问人，使被讯问人一进到讯问室就有一种受到尊重的感觉。

②讯问人员要做出相应尊敬被讯问人的举止

讯问人员在以尊敬的称谓称呼被讯问人的同时，最好以“请”的语言让被讯问人坐下。而后，如有条件的，泡杯茶或递上矿泉水让被讯问人饮用。通过做出这些相应尊敬被讯问人的举止，使被讯问人进一步感觉到讯问人员是真心地尊重自己。

③向被讯问人涉入关照的话语

讯问人员要询问被讯问人身体情况怎么样，有什么疾病，需服什么药，带药了没有；是否吃得下饭，想吃点什么东西，有什么要求；是否睡得着觉，被子盖得暖不暖，或是否会太热等，并表明对被讯问人的合理要求，会立即吩咐看守人员或陪护人员予以满足。通过向被讯问人涉入这些关照的话语，使被讯问人真正感到讯问人员对自己的关心和爱护。

④向被讯问人宣讲《刑法》关于对老年人刑事责任和处罚的有关规定

对于已满七十五周岁的老年人犯罪，讯问人员要向被讯问人宣讲《刑法》关于对老年人刑事责任和处罚的规定。我国《刑法》第十七条之一规定："已满七十五周岁的人故意犯罪的，可以从轻或者减轻处罚；过失犯罪的，应当从轻或者减轻处罚。"《刑法》第七十二条规定，对于被判处拘役、三年以下有期徒刑的已满七十五周岁的人，同时符合一定条件的，应当宣告缓刑。通过向已满七十五周岁的被讯问人宣讲《刑法》的这些规定，使被讯问人看到自己的出路。

在向已满七十五周岁的被讯问人宣讲《刑法》第七十二条的规定时，要特别强调悔罪表现这一条件对于适用缓刑的重大作用。

对老年被讯问人通过上述方法对讯问进行开头，以尊敬的称谓称呼，做出相应尊敬其的举止，涉入关照其身体、生活的话语，宣讲关于老年犯罪人的法律规定，就有可能感化被讯问人，拉近被讯问人与讯问人员的距离，建立起良好的心理接触，促使被讯问人对立、害怕、破罐子破摔心理的破除，从而使讯问顺利进行，突破被讯问人的口供。

2. 根据被讯问人的性格选择讯问开头的方法和对讯问进行开头

各个被讯问人的性格是不相同的，有的性格怕硬、有的性格怕软、有的性格暴躁、有的性格温和、有的性格内向、有的性格外向，等等。对这些不同性格的被讯问人，讯问人员要善于根据被讯问人的不同性格选择讯问开头的方法和开好讯问的头。

（1）怕硬性格被讯问人的讯问开头

怕硬性格的被讯问人害怕讯问人员使用硬的讯问手段。这种被讯问人一见硬的讯问手段就会出现胆怯的心理，惶恐害怕、惊慌失措、抖抖擞擞、忐忑不安，其嚣张的气焰就会随之收敛，蛮横的态度就会随之改变，拒供的心理防线就会随之动摇。这种性格怕硬的被讯问人，如果在讯问开头时同他好好说，其就会认为讯问人员奈何不了他，于是，他就会蛮横起来，以嚣张的气焰、恶劣的态度与讯问人员对抗。因此，对这种性格怕硬的被讯问人，在讯问开头的方法上应选择采用以施威的方法对讯问进行开头，以威慑的手段开始讯问，力求创造一种威慑的讯问气氛，使讯问在威慑的环境中开局。

所谓以施威的方法开头，是指在讯问开头中，向被讯问人施以能压服被讯问人的力量或使被讯问人敬畏的态度的方法对讯问进行开头。

对这种性格怕硬的被讯问人，以这种方法对讯问进行开头，在讯问一开始就给被讯问人一个“下马威”，打掉其嚣张的气焰，端正其恶劣的态度，使之不敢与讯问人员对抗，乖乖受审。

以施威的方法对讯问进行开头，要做到以下几点：

①施威的内容要根据案件和被讯问人的情况施以有针对性的威

由于案件和被讯问人的情况不同，所施的威的内容也应不同。讯问人员要根据案件和被讯问人的情况选择有针对性的内容施威，只有这样，所施的威才能起到它应有的作用。如果所施的威的内容不具有针对性，被讯问人就会认为讯问人员是在虚张声势，拉大旗作虎皮，不过是吓唬吓唬罢了，那么，这个所谓的威不仅起不到它的作用，而且有可能要起反作用。因此，施威的内容一定要根据案件和被讯问人的情况施以有针对性的威。

②施威的方法要合法

施威的方法只有做到合法，不违反法律的规定，所施的威才能真正体现出威慑力，从而使被讯问人害怕。否则，所施的威既违反法律的规定，是一种违法行为，又无法体现出威慑力，起不到威的作用。因此，施威的方法一定要做到合法。

③施威的态度要强硬

讯问人员在施威开头的过程中要做到神情严峻、语气坚定、气势凌厉，表现出强硬的态度。只有这样，才能使威发挥更大的威慑力，起到事半功倍的效果。如果讯问人员在施威的过程中态度不强硬，软绵绵的，这个威就无法体现出来。因此，施威的态度一定要做到强硬。

④要威中带谐

讯问人员在以强硬的态度施威的过程中，要留有余地，不要一威到底，把被讯问人“硬”到绝路上去，以至于破罐子破摔。因而，在“硬”到适当的时候，也要给被讯问人来一点“软”的，做到威中带谐，使之看到出路、希望。

对怕硬性格的被讯问人通过上述方法对讯问进行开头，以合法的方法、强硬的态度给其施以有针对性的威，同时在施威的过程中威中带谐，就有可能在讯问一开始就慑服被讯问人，使之不敢与讯问人员对立，端正对待讯问的态度，接受讯问。

（2）怕软性格被讯问人的讯问开头

怕软性格被讯问人的弱点在于经不起讯问人员“软”的手段的感化。这种性格的被讯问人一见到讯问人员软的行为，一听到软的话语，他的心理就会受到感化，心就会软下来，抗审的意志就会随之削弱，抗审的心理就会随之瓦解，抗审的心理防线也会随之动摇，抗审的行为也会随之收敛。这种怕软性格的被讯问人，如果在讯问开始时对其来硬的手段，由于其不怕硬，就有可能与讯问人员公开对抗，在讯问一开始就使讯问陷入僵局。因此，对这种怕软性格的被讯问人的讯问开头，讯问人员要根据其怕软性格的弱点，选择采用以对被讯问人予以理解的方法对讯问进行开头，以“软”的手段开始讯问，力求创造一个和谐的讯问气氛，使讯问在和谐的环境中开局。

所谓以对被讯问人予以理解的方法开头，是指在讯问开头中，向被讯问人涉入对其理解的话语的方法对讯问进行开头。

对这种怕软性格的被讯问人，以这种方法对讯问进行开头，在讯问一开始就有可能使被讯问人受到感化，在心理上做到与讯问人员相容。

以对被讯问人予以理解的方法进行讯问开头，要做到以下几点：

①对被讯问人予以理解的内容要根据案件和被讯问人的具体情况而定

各个案件和被讯问人的具体情况是不相同的，因而，对被讯问人予以理解的内容也应不同。只有根据案件和被讯问人的具体情况而定的予以理解的内容，才具有针对性，从而才能打动被讯问人的心，对被讯问人起到感化的作用。如果对被讯问人予以理解的内容不符合案件和被讯问人的具体情况，也就没有了针对性。而没有针对性的理解不仅不可能感化被讯问人，而且极有可能引起被讯问人的反感而产生逆反的心理，认为讯问人员是在求他。因此，对被讯问人予以理解的内容一定要根据案件和被讯问人的具体情况，对被讯问人予以有针对性的理解。

②对被讯问人予以理解，要做到适量适度

量和度与质密切相关，而且决定着质。也就是说，量和度既不过，也不不及，正好恰当，即适量适度，质才会是好的，才是我们所要求的质。这是辩证唯物主义的基本原理。对被讯问人予以理解同样要遵循这一原理。如果对被讯问人予以理解的量和度不足，就不能感化被讯问人；反之，如果对被讯问人予以理解的量和度过了，就有可能引起被讯问人的厌恶，甚至被讯问人会认为讯问人员是假惺惺，是在讨好他，“巧言令色，鲜矣仁”[①]。因此，对被讯问人予以理解一定要做到适量适度。

③对被讯问人予以理解，要做到软中有硬

讯问人员在对被讯问人以理解的方法进行讯问开头的过程中，要做到软中有硬。也就是说，不能一味地理解，在理解中要体现出威慑，使被讯问人感到讯问人员对其理解是有条件的。否则，被讯问人就会认为讯问人员是在向他献媚，是在讨好他，是在求他交代。因此，对被讯问人予以理解一定要做到软中有硬。

---

① 见《论语·学而》，载程林主编：《四书五经》（第一卷），北京燕山出版社2008年版，第37页。

对怕软性格的被讯问人通过上述方法对讯问进行开头，以适量、适度的针对性内容对其予以理解，同时在理解中做到软中有硬，就有可能在讯问一开始就感化被讯问人，从而建立起良好的讯问氛围，使被讯问人的心理做到与讯问人员相容，进而听讯问人员说话和回答讯问人员的提问，达到促使其交代犯罪或违纪违法事实的目的。

(3) 暴躁性格被讯问人的讯问开头

暴躁性格的被讯问人遇事容易冲动，好发脾气。这种被讯问人在案发后，特别是在被采取强制措施或调查措施后，往往心如油煎、情绪激动，甚至歇斯底里。对这种被讯问人，只有首先平静其心态、稳定其情绪，其才有可能听讯问人员说话和回答讯问人员的提问。如果讯问开头的方法不当，其就有可能因一句话不投机而越发地情绪激动，歇斯底里，导致与讯问人员闹翻。因此，对这种暴躁性格的被讯问人，应选择以能平静其心态、稳定其情绪的方法对讯问进行开头。在实践中，可考虑选择以关心被讯问人的方法对讯问进行开头，力求创造一种温馨的讯问气氛，使讯问在温馨的环境中开局。

所谓以关心被讯问人的方法开头，是指在讯问开头的过程中，对被讯问人予以重视和爱护，向其涉入对其重视和爱护的语言或行为的方法对讯问进行开头。

对这种暴躁性格的被讯问人以关心被讯问人的方法开头，在讯向一开始就能稳住其暴躁的性格，至少不会触怒其暴躁的性格而与讯问人员闹翻，从而使讯问在和谐中进行。

以关心被讯问人的方法对讯问进行开头，要做到以下几点：

①对被讯问人关心的内容要针对被讯问人的需要

由于各个被讯问人的情况不同，其需要关心的方面也就不同。讯问人员只有针对被讯问人需要关心的方面对其进行关心，这个关心才能使被讯问人感到亲切、珍贵，才能起作用。如果被讯问人不需要这方面的关心而讯问人员却给予了关心，这个关心不仅不会起作用，而且还会引发被讯问人的反感。因此，对被讯问人的关心一定要针对被讯问人的需要。

②对被讯问人的关心不仅要表现在口头上，而且要落实在行动上，做到真心实意

讯问人员在以关心被讯问人的方法对讯问进行开头的过程中，要做到真心实意。为此，不仅要在口头上表示出对被讯问人的关心，而且要在行动上做到对被讯问人的关心，“言顾行，行顾言”[①]，言行一致，使被讯问人感到讯问人员是在真正地关心他、帮助他。如果讯问人员对被讯问人的关心仅仅表现在口头上，而没有行动上的表示，被讯问人就会认为讯问人员不是真正关心自己，而是以“软刀子杀人”。这样，就有可能越发引发被讯问人暴躁的性格。因此，对被讯问人的关心不仅要表现在口头上，而且要落实在行动上，做到真心实意。

③对被讯问人的关心要讲究一个度

对被讯问人的关心同对被讯问人的同情、理解一样，要做到适度。如果对被讯问人的关心超过了这个度，那么，表现出来的就不是关心，而是献媚、讨好、巴结。这样，这个关心就会起反作用。因此，对被讯问人的关心把握好这个度非常重要，讯问人员一定要讲究这个度。

对暴躁性格的被讯问人通过上述方法对讯问进行开头，根据其需要在口头上、行动中以针对其需要的内容对其予以适度的关心，其心理上就会有一种温暖的感觉，就有可能在讯问一开始就平静其心态、稳定其情绪，从而建立起对话的基础，使讯问顺利进行。

3. 根据被讯问人的经历选择讯问开头的方法和对讯问进行开头

各个被讯问人的经历是各不相同的。有的被讯问人的经历顺利，一直受组织和领导的关心培养，而有的被讯问人的经历则挫折，受到过种种打击，甚至迫害；有的被讯问人的经历中具有耀眼的闪光点，立功或受奖，而有的被讯问人的经历则污秽不堪，受到过刑事处罚或纪律处分。对这些有着不同经历的被讯问人，讯问人员要善于根据被讯问人的不同经历选择讯问开头的方法和开好讯问的头。

---

① 见《中庸》，载程林主编：《四书五经》（第一卷），北京燕山出版社 2008 年版，第 19 页。

(1) 经历顺利的被讯问人的讯问开头

经历顺利的被讯问人往往一直受到党组织和领导的关心培养，其在党组织和领导的关心培养下顺利地成长，可谓事业有成。这种被讯问人，其会在自己的经历中产生对党组织和领导深厚的感情，充分相信党和组织，听信、服从领导。正因如此，对这种经历顺利，一直受党组织和领导关心培养的被讯问人，在讯问开头的方法上可选择以领导对其寄予希望的方法对讯问进行开头，力求创造一种温暖的讯问气氛，使讯问在温暖的环境中开局。

所谓以领导对其寄予希望的方法开头，是指在讯问开头中，将领导对其所寄予的希望转达给被讯问人的方法对讯问进行开头。

对这种经历顺利的被讯问人以领导对其寄予希望的方法开头，在讯问一开始就把领导对其关心的温暖送到他的心坎上，使之心里暖乎乎的，就有可能感化被讯问人，将被讯问人引导到听领导的话上来。

以领导对其寄予希望的方法对讯问进行开头，要做到以下几点：

①要如实转达领导对被讯问人所寄予的希望

讯问人员在转达领导对其所寄予的希望时，一定要如实转达，不能自己想当然，更不得无中生有。为此，讯问人员在讯问前就要向领导汇报被讯问人案件的情况，听取领导的指示。一般情况下，领导在指示时都会提出一些对被讯问人的希望和要求。如果领导没有提出对被讯问人的希望和要求，讯问人员要有意识地请示领导，其对被讯问人有什么希望和要求。这样，领导就会明确地提出其对被讯问人的希望和要求。

②要对被讯问人进行教育

在向被讯问人转达领导对其所寄予的希望的同时，要向被讯问人宣讲“惩前毖后，治病救人”的方针和“坦白从宽”的政策，对被讯问人进行教育，以党对待犯错误同志的方针和政策促使被讯问人将领导的希望变为实际行动，交代犯罪或违纪违法的事实。

对经历顺利，一直受党组织和领导关心的被讯问人通过上述方法对讯问进行开头，向其转达领导对其的希望和关心，并对其进行“惩前毖后，治病救人”的查案方针和“坦白从宽”政策的教育，就有可能在讯问一开始就建立起良好的讯问氛围，甚至有可能通过讯问开头就突破被讯问人的口供。

(2) 经历挫折的被讯问人的讯问开头

有的被讯问人原本是一个奋发向上，严格要求，遵纪守法，坚持原则，办事公正，为人正派的人。但由于在人生的历程中受到某种打击，经历了挫折，不能正确对待，因而改变了对生活的态度，以致走上了犯罪或违纪违法的道路。这种经历挫折的被讯问人，其在犯罪或违纪违法案发后，特别是在被采取强制措施或调查措施后，往往会从自己的经历中总结认为整个世界到处都是邪恶，是一个没有是非、弱肉强食、互相倾轧、漆黑一团的社会，根本就没有是非、友好、帮助、善良，因而对社会、对生活失去信心，情绪消沉、精神颓废，对自己不抱任何希望，表现出任人宰割的态度。正因如此，其在讯问中就不会听讯问人员说话和真心回答讯问人员的提问。对这种被讯问人，首先要矫正其对社会的错误认识，使之认识到社会并不是他所认为的那样，而是有真心、真爱、真情，树立起其对社会、对自己的信心。只有这样，其才有可能去听讯问人员说话，才有可能真心回答讯问人员的提问。因此，对这种被讯问人的讯问开头，可选择以对被讯问人予以同情的方法对讯问进行开头，力求创造一种融洽的讯问气氛，使讯问在融洽的环境中开局。

所谓以对被讯问人予以同情的方法开头，是指在讯问开头中，对被讯问人所遭受到的挫折，向其涉入同情的话语的方法对讯问进行开头。

对这种经历挫折的被讯问人以这种方法对讯问进行开头，就有可能使被讯问人一开始就受到感化和认为讯问人员很同情、理解、体谅、关心他。这样，就使被讯问人产生对讯问人员的信任感、亲切感。

以对被讯问人予以同情的方法对讯问进行开头，要做到以下几点：

①要在对被讯问人予以赞扬的基础上，针对其所受到的挫折表示同情

这种经历受到挫折的被讯问人，一般来说，原先都有较好的表现。讯问人员在对被讯问人予以同情前，要对其原先表现好的方面予以赞扬，在此基础上，再针对其所受到的挫折，对其所受到的不幸遭遇表示

出同情。在这里，针对性非常重要。讯问人员的同情只有针对其所受到的不幸遭遇，这个同情才能使被讯问人感到亲切、温暖，才能起到它应有的作用。如果讯问人员的同情不能针对其所受到的遭遇，就有可能使被讯问人认为讯问人员是假惺惺，从而引起其反感。因此，对被讯问人的同情，一定要针对其所受到的挫折。

②在对被讯问人表示同情的过程中，要重在帮助被讯问人从挫折中总结经验教训上下功夫

对被讯问人的同情只是一种手段，并不是目的。同情的目的在于促使被讯问人能够听讯问人员说话，通过其听讯问人员所说的话转变其思想。因而，在表示同情的过程中，讯问人员要把使被讯问人思想转变的话说出来，让被讯问人去听。由于被讯问人是因为对受到的挫折不能正确对待，而走上了犯罪或违纪违法的道路，所以，从被讯问人的挫折中总结出经验教训，使之“前车之覆，后车之鉴”，也就成为转变其思想的关键。因而，在对被讯问人表示同情的过程中，要重在帮助被讯问人从挫折中总结教训上下功夫。

对挫折经历的被讯问人，通过上述方法对讯问进行开头，对其原先较好的表现予以肯定、赞扬，对其所受到的挫折表示同情，帮助其从挫折中总结经验教训，就有可能在讯问一开始就拉近被讯问人与讯问人员的距离，促使被讯问人认真地听讯问人员说话，进而转变思想，矫正挫折给其带来的错误认识和消极行为，顺应讯问人员，如实回答讯问人员的提问，从而使讯问顺利地进行。

（3）具有闪光点经历的被讯问人的讯问开头

不少被讯问人在犯罪或违纪违法前，表现是良好的。特别是一些公务人员，曾有过辉煌的人生经历，有着耀人的闪光点。有的工作、学习、表现十分突出，得到过领导的赞扬或组织的表彰；有的在工作中有创新精神，被推广到各地；有的为党、为人民作出过重大的贡献，因此而立功受奖；有的被评为先进工作者、劳动模范或标兵；等等。这些有闪光点的被讯问人，在犯罪或违纪违法案发被采取强制措施或调查措施后，往往会回想起过去的经历，在回想中，极易产生怨恨感，认为组织

不顾自己先前作出的贡献，太没有感情、情义了。怨恨组织对自己不公平、不实事求是，有的甚至认为是有人故意要整他。因而，有着很大的对立情绪，不愿意听讯问人员说话。对这种有闪光点经历的被讯问人，在讯问开头的方法上可选择以赞扬被讯问人的方法对讯问进行开头，力求创造一种令人欢欣的讯问气氛，使讯问在被讯问人的欢欣中开局。

所谓以赞扬被讯问人的方法开头，是指在讯问的开头中，一开始就以实事求是的态度对被讯问人的人生闪光点予以充分肯定和赞扬的方法对讯问进行开头。

对这种经历中有闪光点的被讯问人以这种方法对讯问进行开头，就有可能在讯问一开始就吸引住被讯问人，进而与讯问人员建立起心理上的沟通。

以赞扬被讯问人的方法对讯问进行开头，要做到以下几点：

①实事求是地肯定、评价、赞扬被讯问人的闪光点

讯问人员不能因为被讯问人实施了犯罪或违纪违法行为，就认为其一无是处，否认其以前的闪光点，抹杀其曾作出的成绩和贡献，而应当以实事求是的态度对待被讯问人的人生闪光点，对其作出过的成绩和贡献给予客观、公正的肯定、评价和赞扬。在肯定、评价、赞扬的同时，要阐明组织对其所作出贡献的态度，表明组织并没有忘记其所作出过的成绩和贡献，对其是客观、公正的。通过对被讯问人人生闪光点的肯定、评价、赞扬和阐明组织的态度，吸引住被讯问人，使被讯问人在讯问一开始就产生对讯问人员的信任感。

②对被讯问人人生闪光点的肯定、评价和赞扬要恰如其分

讯问人员在肯定、评价和赞扬被讯问人的人生闪光点的过程中要做到恰如其分，只有恰如其分，才能体现出讯问人员的真心实意，从而吸引住被讯问人，进而产生对讯问人员的信任感。因此，对被讯问人人生闪光点的肯定、评价和赞扬不能有意进行拔高，过度地予以赞扬；也不能有意进行缩小，轻描淡写点一下。有意进行拔高，过度地予以赞扬会给人一种肉麻的感觉，被讯问人会认为讯问人员是在讨好他；有意进行缩小，轻描淡写点一下会给人一种无所谓的感觉，被讯问人会认为讯问

人员并未真正看到他的闪光点，是假心假意。

③在肯定、评价、赞扬中，要适时地涉及其犯罪或违纪违法的问题

肯定、评价、赞扬的目的是引发被讯问人高兴的心情，吸引被讯问人，使之对讯问人员产生信任感而能够听讯问人员说话和听得进讯问人员所说的话，促使其交代犯罪或违纪违法的事实。因而，在肯定、评价、赞扬中，当被讯问人有了对讯问人员的信任感后，就不能停留在肯定、评价、赞扬上，要适时地涉及其犯罪或违纪违法的问题，把讯问切入主题。

对具有闪光点经历的被讯问人通过上述方法对讯问进行开头，对其人生闪光点进行实事求是、恰如其分的肯定、评价和赞扬，同时在肯定、评价、赞扬中适时地涉及其犯罪或违纪违法的问题，就有可能在讯问一开始便激起被讯问人的情感，使被讯问人认为讯问人员很实事求是，对他很客观、很公正，从而使被讯问人信任讯问人员，顺应讯问人员，进而如实回答讯问人员的提问，交代犯罪或违纪违法的事实。

4. 根据被讯问人的兴趣爱好特点选择讯问开头的方法和对讯问进行开头

各个被讯问人的兴趣爱好特点是不一样的，而且不少被讯问人有着在某一方面的特别兴趣爱好。有的被讯问人受人尊敬惯了，特别喜欢别人尊重他；有的被讯问人好听好话，特别喜欢别人吹捧他；有的被讯问人好某一方面，特别钟其所好。对这些在某一方面有着特别兴趣爱好的被讯问人，讯问人员要善于根据被讯问人的兴趣爱好选择讯问开头的方法和开好讯问的头。

（1）爱好他人尊重的被讯问人的讯问开头

人都喜欢他人尊重，而有的人特别喜欢他人的尊重。被讯问人也是如此。这种特别喜欢他人尊重的被讯问人，往往都是平时受人尊重惯了，一受到他人的尊重，会觉得舒畅，来了精神，而一受到他人的不尊重，就会火冒三丈，来了怨气。其在案发被采取强制措施或调查措施后，一落千丈，心理极不平衡，往往对立情绪严重。对于这种被讯问人，在讯问开头的方法上可选择以尊称、尊重被讯问人的方法对讯问进

行开头，力求创造一种令人舒心的讯问气氛，使讯问在被讯问人的舒心中开局。

所谓以尊称、尊重被讯问人的方法开头，是指在讯问开头中以尊敬的称谓称呼被讯问人，并对被讯问人做出相应尊重的举止的方法对讯问进行开头。

对这种爱好他人尊重的被讯问人以这种方法对讯问进行开头，在讯问一开始就使其在心理上有一种极大的满足感，好像又回到了原来的时候，觉得舒心，从而消除其对立的情绪。

以尊称、尊重被讯问人的方法对讯问进行开头，要做到以下几点：

①对被讯问人的称呼，要予以尊称

讯问人员在讯问开始称呼被讯问人时，要称被讯问人的职务，例如：×局长、×县长等，或称被讯问人为“先生”“女士”，例如：×先生、×女士等，或称被讯问人为“老”，例如：×老等，不要直呼其姓名，更不得称其绰号。

②要做出相应的尊重举止

讯问人员在尊称被讯问人的同时，要根据他的喜好或习惯做出相应的尊重举止。例如给被讯问人泡茶等。

对爱好他人尊重的被讯问人通过上述方法对讯问进行开头，其面对讯问人员对其尊敬的称呼和尊重的行为举止，内心就会感到无比的舒心，从而就有可能使其兴奋起来，消除对立的情绪，做到与讯问人员心理上的相容，建立起良好的讯问氛围。

（2）爱好他人吹捧的被讯问人的讯问开头

有的人特别喜欢他人吹捧，一听到吹捧的话就飘飘然起来，来了兴致，忘掉了心中的烦恼和不愉快，无意中来到了另一个境界，原有的不良态度和行为举止即随之得到改变，表现出一种崭新的面貌。

不少被讯问人在犯罪或违纪违法案发被采取强制措施或调查措施后，心理负担沉重、心情焦虑、情绪低落、精神颓废。在讯问开始的时候，如果不能有效地激起被讯问人愉快的心情，使其忘掉心中的烦恼和不愉快，其就不会听讯问人员说话和回答讯问人员的提问。这样，讯问也就无法进行。因此，对这种心理负担沉重、心情焦虑、情绪低落、精神颓废的被讯问人，在讯问一开始就应设法激起其愉快的心情。而激起被讯问人愉快的心情，要根据被讯问人的具体情况施以有针对性的方法。

这种特别喜欢他人吹捧的被讯问人，对其进行吹捧正是激起其愉快心情的良方。因此，对于这种特别喜欢他人吹捧的被讯问人，在讯问开头的方法上可选择以吹捧被讯问人的方法对讯问进行开头，力求创造一种令人愉快的气氛，使讯问在被讯问人的愉快中开局。

所谓以吹捧被讯问人的方法开头，是指在讯问开头中对被讯问人予以吹嘘捧场的方法对讯问进行开头。

对这种爱好他人吹捧的被讯问人以这种方法对讯问进行开头，就有可能在讯问一开始便激起其愉快的心情，促使其忘掉心中的烦恼和不愉快，消除其沉重的心理负担、焦虑的心情、低落的情绪，振奋其精神，创造一个轻松、和谐的讯问环境。

以吹捧被讯问人的方法对讯问进行开头，要做到以下几点：

①吹捧的内容要根据被讯问人的实际情况而定

各个被讯问人的实际情况是不同的，有的被讯问人在这一方面值得吹捧，有的被讯问人在那一方面值得吹捧，有的被讯问人在这件事上值得吹捧，有的被讯问人在那件事上值得吹捧，等等。讯问人员要根据被讯问人的实际情况，选择那些值得吹捧、被讯问人自己最为得意的问题对被讯问人进行吹捧。只有这样，吹捧才具有针对性，被讯问人才会愿意听，听得高兴，才能有效地激起被讯问人的愉快心情。否则，胡乱地吹捧一通，不仅不能起到应有的作用，而且有可能引起被讯问人的反感。因此，吹捧的内容一定要根据被讯问人的实际情况而定，千万不可乱吹。

②吹捧要吹得自然、恰到好处

在根据被讯问人的实际情况，对被讯问人值得吹捧、被讯问人自己最为得意的问题进行吹捧的过程中，还要做到吹捧得自然、恰到好处。只有吹捧得自然、恰到好处，被讯问人才能听得舒服、听得亲切，像大热天吃冰激凌那样无比舒服。如果吹捧得不自然，不是恰到好处，就有可能使被讯问人产生厌恶感、肉麻感，像吃过一只绿头苍蝇那样恶心，从而使被讯问人引起警觉，认为讯问人员吹捧他是另有所图。这样，不仅达不到吹捧的目的，反而起了反作用。因此，吹捧一定要做到吹捧得自然、恰到好处，千万不可造作、吹过头。

对爱好他人吹捧的被讯问人通过上述方法对讯问进行开头，其在讯问人员既实际又自然，还恰到好处的吹嘘捧场下，在讯问一开始就有可能心里美滋滋的、脸上喜洋洋的，从而消除其或对立，或消极，或低落的情绪，使讯问顺利地进行。

(3) 对某一方面有特别兴趣的被讯问人的讯问开头

不少被讯问人都有他自己特别感兴趣的一方面。有的对此方面特别感兴趣，有的对彼方面特别迷恋；有的对这方面特别酷爱，有的对那方面特别喜欢；有的有这方面的嗜好，有的有那方面的嗜好；等等。这些对某一方面有特别兴趣的被讯问人，对感兴趣的问题特别执着、特别在意、特别沉迷，一提到其特别感兴趣的问题，其就会被深深吸引，心血来潮、精神大振，忘却其他方面的问题，丢开一切烦恼和杂念，引起愉悦的心情而“言无所择”。正因如此，对这种在某一方面有特别兴趣的被讯问人，在讯问开头的方法上可选择以向被讯问人说其特别感兴趣的问题的方法对讯问进行开头，力求创造一种令人着迷的气氛，使讯问在被讯问人的着迷中开局。

所谓以向被讯问人说其特别感兴趣的问题的方法开头，是指在讯问开头中对被讯问人特别感兴趣的问题或予以提起，或予以叙述，或予以评论的方法对讯问进行开头。

对这种对某一方面有特别兴趣爱好的被讯问人以这种方法对讯问进行开头，在讯问一开始就把被讯问人的注意力拉到其感兴趣的问题上来，引起他愉悦的心情，忘却其他方面的问题，打开其话匣子。

以向被讯问人说其特别感兴趣的问题的方法对讯问进行开头，要做到以下几点：

①要摸准被讯问人特别感兴趣的问题

被讯问人特别感兴趣的问题是引起被讯问人愉悦心情，忘却其他方面的问题，打开其话匣子的关键。如果被讯问人对某一问题不感兴趣，不仅不能引起被讯问人愉悦的心情，而且往往会引起被讯问人的厌恶，起反作用。因此，讯问人员首先要摸准被讯问人特别感兴趣的问题是什么，在这个问题的哪一点上其最为感兴趣。只有这样，在讯问开头中向被讯问人涉入的问题才能涉得准，才有可能起到应有的效果。

要摸准被讯问人特别感兴趣的问题，讯问人员就要从各个方面对被讯问人感兴趣的问题进行全面、深入的了解，在了解掌握的基础上，比较、梳理出被讯问人最为感兴趣的问题。切不可道听途说或简单从事，把被讯问人不感兴趣或兴趣不大的问题作为被讯问人最感兴趣的问题在讯问开头中运用。

②运用要自然、顺理成章

讯问人员在运用被讯问人最感兴趣的问题对讯问进行开头的过程中，要做到自然、顺理成章。因为只有做到自然、顺理成章，才能不引起被讯问人的警觉，从而才能引起被讯问人愉悦的心情，使之忘却烦恼和杂念，打开话匣子。否则，就会引起被讯问人的戒备，无法起到作用。因此，在以向被讯问人说其特别感兴趣的问题的方法对讯问进行开头的过程中，运用被讯问人特别感兴趣的问题一定要做到自然、顺理成章，不留任何痕迹。

要做到自然、顺理成章，一是讯问人员事先要根据被讯问人的情况做出周密的安排、部署；二是在运用前要做好铺垫；三是在运用的过程中要缓和气氛，以自由交谈的形式轻松地进行。

对某一方面特别感兴趣的被讯问人通过上述方法对讯问进行开头，其在讯问人员对其特别感兴趣的问题自然、顺理成章地提起、叙述或评论面前，就有可能更加引起其对感兴趣问题的执着、沉迷，专注地听讯问人员说，并饶有兴趣地与讯问人员一起讨论，促使其在对感兴趣问题的执着、沉迷中交代犯罪或违纪违法的事实。

5. 根据被讯问人的人品特点选择讯问开头的方法和对讯问进行开头

有的被讯问人的人品高尚，而有的被讯问人则人品卑下。对于不同人品的被讯问人，讯问开头的方法也应不同。讯问人员要善于根据被讯问人不同的人品特点选择讯问开头的方法和开好讯问的头。

（1）人品高尚的被讯问人的讯问开头

人都喜欢别人称他的人品高尚，尤其是被讯问人，由于其特殊的地位和处境，更是喜欢他人称赞他的人品。其对他人对他高尚人品的称赞会产生一种极大的心理满足感、快乐感，认为讯问人员并没有因为其犯罪或违纪违法而否定其高尚的人品，是实事求是的，这就无形中拉近了其与讯问人员的距离，做到与讯问人员心理上的相容、相通，其就有可能按照讯问人员为其树立的高尚人品去体会、去行动，为维护被树立起来的高尚人品形象而顺应讯问人员，进而交代犯罪或违纪违法的事实。因此，对于人品高尚的被讯问人，讯问人员可选择以称赞被讯问人高尚人品的方法对讯问进行开头，力求创造一种令人高兴的气氛，使讯问在被讯问人的高兴中开局。

所谓以称赞被讯问人高尚人品的方法开头，顾名思义，是指在讯问开头中对被讯问人的高尚人品予以赞扬的方法对讯问进行开头。

对这种人品高尚的被讯问人以这种方法对讯问进行开头，在讯问一开始就有可能使被讯问人做到与讯问人员心理上的相容、相通。

以称赞被讯问人高尚人品的方法对讯问进行开头，要做到以下几点：

①要以被讯问人人品高尚的具体事例对被讯问人的人品进行称赞

在以称赞被讯问人高尚人品的方法对讯问进行开头的过程中，要选择被讯问人人品高尚的具体事例，通过具体事例来赞扬被讯问人的高尚人品，不能空对空，光说一些冠冕堂皇的华丽词语。只有这样，被讯问人才能听得亲切，听得温暖，听得舒心。否则，被讯问人会认为讯问人员是另有所图，不仅达不到以这种方法对讯问进行开头的目的，而且往往会起反作用。因此，以称赞被讯问人高尚人品的方法对讯问进行开头，要通过被讯问人人品高尚的具体事例来赞扬被讯问人。

②要做到适度

对被讯问人高尚人品的赞扬同样要做到适度，既不过，又不不及。只有适度的赞扬，才能使被讯问人听得舒心、听得自然，否则，就有可能起反作用或起不了作用。因此，以称赞被讯问人高尚人品的方法对讯问进行开头，赞扬要做到适度。

③要在赞扬中适时联系被讯问人的犯罪或违纪违法行为，并对其犯罪或违纪违法行为进行淡化

讯问人员在对被讯问人高尚人品进行赞扬的过程中，在赞扬到一定程度的时候，要适时有意识地巧妙地联系其犯罪或违纪违法的问题，以其高尚的人品淡化其犯罪或违纪违法的问题。

对人品高尚的被讯问人通过上述方法对讯问进行开头，被讯问人在讯问人员对其人品高尚具体事例的赞扬中，就有可能按照讯问人员为其树立的高大形象去体会、去行动，在对犯罪或违纪违法问题的淡化中悔过，进而交代犯罪或违纪违法的问题。

（2）人品卑下的被讯问人的讯问开头

有的被讯问人人品卑下，为人或尖酸刻薄，或假仁假义，或文过饰非，或恩将仇报，或捏造事实陷害他人，等等。但这些人品卑下的被讯问人又不喜欢他人称其人品是卑下的，更害怕自己卑下的人品被揭露出来，公布于众。一旦讯问人员抓住其人品卑下的把柄并予以揭露，声称如不交代犯罪或违纪违法事实，就将他的犯罪或违纪违法事实和卑下的人品、败坏的道德问题统统予以查清楚，作为一个反面教材公布于众，就会给被讯问人的心理造成极大的压力，其就有可能为保全名声、捍卫家庭门风、顾及子孙后代脸面而端正对待讯问的态度，顺应讯问人员，接受讯问，进而交代犯罪或违纪违法的问题。因此，对于人品卑下的被讯问人，讯问人员可选择以揭露被讯问人卑下人品的方法对讯问进行开头，力求创造一种威慑的气氛，使讯问在威慑的环境中开局。

所谓以揭露被讯问人人品卑下的方法开头，是指在讯问开头中，对被讯问人卑下的人品进行无情的揭露对讯问进行开头。

对这种人品卑下的被讯问人以这种方法对讯问进行开头，就有可能使被讯问人慑于自己卑下的人品被张扬出去而促使其端正对待讯问的态度，使之接受讯问。

以揭露被讯问人卑下的人品方法对讯问进行开头，要做到以下几点：

①要以重量级的事实对被讯问人的卑下人品进行揭露

讯问人员揭露被讯问人的卑下人品，要选择重量级的人品卑下的事实进行揭露。因为只有重量级的人品卑下事实，才能关系到被讯问人的名声、家庭门风和子孙后代脸面，从而才能使被讯问人惊恐、害怕。如果讯问人员用以揭露其人品卑下的事实不是重量级，只是一些轻描淡写的问题，或一些表面、笼统的东西，就不足以使被讯问人惊恐、害怕，从而，也就不仅无法起到作用，而且被讯问人会认为讯问人员是虚张声势，反而起了反作用。因此，讯问人员在以揭露被讯问人卑下的人品对讯问进行开头时，一定要选择重量级的事实进行揭露。

②揭露的气势要凌厉

讯问人员在以揭露被讯问人卑下人品的方法进行开头的过程中，揭露要做到气势凌厉，以泰山压卵之势向被讯问人揭露，使被讯问人胆战心惊。只有这样，才能使被讯问人感到，讯问人员把他这个人品卑下的事实作为了一个严肃的问题，从而引起被讯问人的惊恐。如果讯问人员在揭露时没有气势，被讯问人就会认为讯问人员并没有把这个问题当回事，而只是觉得自己不地道，随便说说而已。这样，被讯问人就不会把讯问人员所说的当回事，也就无法引起被讯问人的惊恐。因此，讯问人员揭露的气势要凌厉。

③表明的态度要强硬

讯问人员以这种方法对讯问进行开头，在揭露了被讯问人卑下人品的事实后，就要以强硬的口气向被讯问人表明态度，被讯问人如果不把犯罪或违纪违法讲清，讯问人员就把其卑下人品的事实一并查清公布于众，没有任何商量的余地。这样，被讯问人就会认为讯问人员是动真格，从而产生害怕的心理。如果讯问人员表明的态度不强硬，被讯问人就会认为讯问人员只是吓唬吓唬他罢了，不可能真正将其卑下的人品公布于众。这样，也就不能使被讯问人害怕，从而也就无法起到作用，甚至有可能起到反作用。因此，讯问人员表明的态度要强硬。

对人品卑下的被讯问人通过上述方法对讯问进行开头，被讯问人在讯问人员对其重量级人品卑下事实的揭露下和讯问人员所表明的态度面前，其就会胆战心惊，从而端正被讯问人对待讯问的态度，促使其乖乖受审，进而交代犯罪或违纪违法的事实。

（二）根据被讯问人的到案情况选择讯问开头的方法和对讯问进行开头

被讯问人的到案情况不同，讯问开头的方法也应不同。讯问人员要善于根据被讯问人的到案情况，选择讯问开头的方法和对讯问进行开头。

1. 自首到案被讯问人的讯问开头

投案自首的被讯问人都是在压力下，经深思熟虑权衡后才来投案自首的，目的是希望通过自首能得到从宽处理，闯过这一关，因而在心理上期望能得到讯问人员的认可，能得到较大幅度的从轻。有的投案自首的被讯问人想通过自首轻微的犯罪行为来掩盖自己严重的犯罪行为，或避重就轻，或假自首达到过关的目的。这样，被讯问人在自首的过程中就不会如实彻底地交代犯罪事实。为了促使自首的被讯问人在讯问中如实彻底地进行自首，对犯罪后投案自首的被讯问人，可选择以肯定和宣讲法律相结合的方法对讯问进行开头，力求创造一种既令人满足又使人有压力的气氛，使讯问在被讯问人既满足又有压力中开局。

所谓以肯定和宣讲法律相结合的方法开头，是指在讯问开头中，肯定被讯问人进行自首的行为是好的，是悔罪的表现，在肯定的同时，向被讯问人宣讲《刑法》关于自首的规定的方法对讯问进行开头。

对这种自首的被讯问人以这种方法对讯问进行开头，其就有可能在讯问中如实、彻底地自首犯罪事实。

以肯定和宣讲法律相结合的方法对讯问进行开头，要做到以下几点：

（1）肯定要恰如其分

讯问人员对被讯问人自首行为的肯定要恰如其分，既不能大书特书，也不能轻描淡写。大书特书，被讯问人就会认为讯问人员对自己的自首行为已十分满意，其也就不会再思考彻底自首的问题；轻描淡写，被讯问人就会认为讯问人员对自己的自首行为不予重视，不仅不能促使其心理上有一种满足感，而且有可能引起被讯问人的不满。因此，对被讯问人的肯定要做到恰如其分。

（2）宣讲法律要着重阐明自首的构成和处罚的原则

由于绝大多数自首的被讯问人都不是真诚悔罪来自首的，因而，其不会如实彻底地自首自己的犯罪行为。为了促使自首的被讯问人在自首交代中能如实、彻底地自首，讯问人员宣讲法律就要着重阐明自首的构成和处罚原则。这是因为，要构成自首，就要如实供述自己的罪行；要得到从轻、减轻或免除处罚的处理，就要真诚地自首所有的犯罪事实，如果不真诚自首所有的犯罪事实，虽然自首的那部分构成自首，但却可能得不到从轻、减轻或免除处罚的处理。因为我国《刑法》规定自首处罚的原则是“可以”，而不是“应当”。这样，自首的被讯问人就有可能因没有彻底自首而不给予从轻、减轻或免除的处罚。通过着重阐明自首的构成和处罚原则，就使被讯问人认识到，要构成自首就要如实供述，要得到从轻、减轻或免除的处罚，就要彻底地自首，否则，自首就会前功尽弃，从而促使被讯问人不敢不如实供述和不敢隐瞒犯罪的事实。因此，对被讯问人宣讲法律要着重阐明自首的构成和处罚的原则。

（3）向被讯问人表明彻查的态度

讯问人员在以这种方法对自首的被讯问人进行开头的过程中，还要向被讯问人表明，这个案件是要彻底查清的，肯定不会凭其自首什么就是什么、自首多少就是多少而了结。这样，被讯问人就有可能作出彻底的自首。

（4）开头的气氛要和谐

无论被讯问人是出于何种动机和目的来自首的，讯问人员都要以缓和的口气对讯问进行开头，使被讯问人在和谐的气氛中细细品味讯问人员所说的话，进而认识到讯问人员是在为自己着想，从而顺应讯问人员。如果讯问人员在讯问的开头中口气过于严厉，或者对其不良的动机和目的进行无情的揭露和指责，就有可能把被讯问人吓回去而不敢自首。因此，开头的气氛要和谐。

对这种自首的被讯问人，通过上述方法对讯问进行开头，一方面被讯问人对讯问人员的肯定有一种满足感，使之在心态上比较放松；另一方面使被讯问人认识到，要想自己的行为成立自首，就要在自首中如实交代犯罪的事实，否则是不可能成立自首的；要想达到从轻、减轻或免除处罚的目的，就要把所有的犯罪行为彻底地自首清楚，否则，一旦再被查获，将前功尽弃。这样，通过肯定和宣讲法律相结合的方法对讯问进行开头，这种被讯问人就有可能如实彻底地进行自首。

2. 潜逃后被追捕到案的被讯问人的讯问开头

潜逃后被追捕到案的被讯问人，是在犯罪或违纪违法行为暴露后，为逃避处罚而潜逃的。其之所以潜逃，就是因为他知道自己的犯罪或违纪违法事实已被查案机关查获，查案机关已经掌握了自己的犯罪或违纪违法证据，他对自己是什么犯罪或违纪违法被查案机关发现非常清楚。同时，查案机关之所以将被讯问人追捕到案，就是因为有了确实的证据。这种被讯问人已经公开地暴露在那里，犯罪或违纪违法的事实都已比较清楚，证据也都已经确实，不会存在什么变故。因此，对这种被讯问人的讯问，可选择以“开门见山”的方法对讯问进行开头，力求营造一种事实已经清楚的气氛，使讯问在被讯问人感觉到其犯罪或违纪违法事实已经清楚中开局。

所谓以“开门见山”的方法开头，是指在讯问开头中，在向被讯问人提出问题的一开始，讯问人员就直接向被讯问人提出让其交代犯罪或违纪违法有关的问题对讯问进行开头。

对这种潜逃后被追捕到案的被讯问人以这种方法对讯问进行开头，就有可能在讯问开头的过程中就促使被讯问人对犯罪或违纪违法事实作出交代。

以“开门见山”的方法对讯问进行开头，要做到以下几点：

（1）明确地向被讯问人提出要其交代犯罪或违纪违法事实的问题

在向被讯问人提出问题的一开始，讯问人员就应明确地向被讯问人提出要其交代犯罪或违纪违法的问题，直接把讯问切入主题。这样，就给被讯问人当头一棒，将其注意力集中到交代犯罪或违纪违法事实的问题上来，没有精力去思考其他方面的问题。如果讯问人员不明确地向其提出要其交代犯罪或违纪违法的问题，被讯问人就有可能思考如何对付讯问的问题，进而以各种方法与讯问人员对抗。因此，在向被讯问人提出问题的一开始，就要向被讯问人提出要其交代犯罪或违纪违法事实的问题。

（2）态度要严肃，口气要坚决

讯问人员向被讯问人提出要其交代犯罪或违纪违法问题的态度要做到严肃，口气要做到坚决。这样，就给被讯问人以威慑，使之感觉到讯问人员已掌握了其确实、充分的犯罪或违纪违法的证据，如不交代得到的只能是从重处理。如果讯问人员的态度不严肃、口气不坚决，被讯问人就会认为讯问人员没有底气，可能没有掌握自己犯罪或违纪违法的确实、充分证据，只是怀疑而已，从而其就会与讯问人员进行抵抗。因此，向被讯问人提出问题的态度一定要严肃，口气一定要坚决。

（3）要指出其所具有的从轻条件，奉劝其抓住从轻处理的条件

讯问人员在向被讯问人提出要其交代犯罪或违纪违法事实的问题后，要适时向被讯问人指出其所具有的从轻条件，奉劝其抓住从轻处理的条件。也就是说，在“打”的同时，要“拉”被讯问人一把，以既“打”又“拉”的手段促使被讯问人走上“坦白从宽”的道路。

对潜逃后追捕到案的被讯问人，通过上述方法对讯问进行开头，在向被讯问人提出问题的一开始就让其交代犯罪或违纪违法的事实，使被讯问人感到查案机关已确实掌握了其确实、充分的证据，否则，讯问人员是不会以如此严肃的态度、坚决的口气让自己交代犯罪或违纪违法的事实的，而且，自己从轻处理的条件讯问人员也不可能指得这样准。进而使其认识到，逃跑已无济于事，抗拒也将无济于事，只有坦白从宽才是唯一正确的道路，从而就有可能在讯问开头的过程中促使被讯问人对犯罪或违纪违法事实作出交代。

3. 亲友送来到案的被讯问人的讯问开头

我们在本书第一章《保证被讯问人合理、稳妥地到案》之“保证被讯问人合理、稳妥到案的方法”中叙述了被讯问人到案的其中一种方法：通知亲友送来到案。事实上，亲友送来到案的除了这一种情形外，还有以下几种情形：(1) 并非出于犯罪嫌疑人主动，而是经亲友规劝、陪同投案到案；(2) 亲友主动报案后，将犯罪嫌疑人送去投案到案；(3) 犯罪嫌疑人被亲友采用捆绑等手段送到司法机关到案；(4) 在犯罪嫌疑人亲友带领侦查人员前来抓捕时无拒捕行为被抓捕到案；等等。在被讯问人的这些到案情形中，对于前两种到案情形和查案机关通知犯罪嫌疑人亲友送来到案这三种情形，根据 1998 年 4 月 6 日《最高人民法院关于处理自首和立功具体应用法律若干问题的解释》（以下简称《自首和立功解释》）第一条第一项的规定，都应视为“自动投案”。如果这些犯罪嫌疑人在到案后能“如实供述自己的罪行”的，就构成《刑法》第六十七条规定的自首；对于后两种情形，根据 2010 年 12 月 22 日《最高人民法院关于处理自首和立功若干具体问题的意见》（以下简称《自首和立功意见》）第一条第四款的规定，这两种到案情形虽然不能认定为主动投案，但在到案后并如实供述犯罪事实的，可以参照法律对自首的有关规定酌情从轻处罚。综上，对于亲友送来到案的这五种情形，犯罪嫌疑人在到案后能“如实供述自己的罪行”的，就可构成《刑法》第六十七条第一款规定的自首或可参照自首的有关规定酌情从轻处罚。为了促使这些亲友送来到案的被讯问人在讯问中能如实供述自己的犯罪事实，对这些被讯问人的讯问，可选择以向被讯问人宣讲法律关于自首规定的方法对讯问进行开头，力求创造一种以法促使被讯问人作出如实交代的气氛，使讯问在法律的宣讲中开局。

所谓以向被讯问人宣讲法律关于自首规定的方法开头，顾名思义，就是在讯问开头中，向被讯问人宣讲《刑法》第六十七条第一款的规定和《自首和立功解释》或《自首和立功意见》的规定的方法对讯问进行开头。

对这些亲友送来到案的被讯问人以这种方法对讯问进行开头，一方面被讯问人会认真地听讯问人员对法律的宣讲，另一方面被讯问人在法律的促使下有可能如实地供述自己的犯罪事实。

以向被讯问人宣讲法律关于自首规定的方法对讯问进行开头，在实施中要做到以下几点：

（1）要原原本本地向被讯问人宣讲法律关于自首的规定

讯问人员在讯问开头中，要向被讯问人原原本本地宣讲法律关于自首的规定，不能以“坦白从宽、抗拒从严”的政策来代替法律的规定。一是要向被讯问人原原本本地宣读《刑法》第六十七条第一款的规定，在原原本本宣读的基础上，根据自首的刑法理论向被讯问人解释法律的这一规定。二是要根据被讯问人的到案情形向被讯问人原原本本地宣读《自首和立功解释》或《自首和立功意见》的规定，在宣读的基础上向被讯问人解释这些规定。

（2）要着重向被讯问人阐明自首的构成和处罚的原则

讯问人员在向被讯问人原原本本宣讲法律关于自首的规定中，要着重向被讯问人阐明自首的构成和处罚的原则。关于向被讯问人阐明自首的构成和处罚原则，我们已在前面作过论述，在此不予赘述。

（3）要以亲情对被讯问人进行教育

讯问人员要在向被讯问人宣讲法律关于自首规定的基础上，对被讯问人进行亲情教育。在亲情教育中，还要向被讯问人提出希望，希望其不要辜负亲人的一片苦心。以亲情促使被讯问人对犯罪事实作出如实的交代。

对这些亲友送来到案的被讯问人，通过上述方法对讯问开头，向其原原本本地宣讲法律关于自首的规定，着重阐明自首的构成和处罚的原则，对其进行亲情教育，被讯问人就能知道自己的行为是“自动投案”，只要如实交代就可构成自首，或虽不是“自动投案”，但只要如实交代，就可参照自首的规定酌情从轻处罚。这样，被讯问人就有可能在法律和亲情的双重作用下，如实回答讯问人员的提问，对犯罪事实作出如实的交代。

（三）根据被讯问人犯罪或违纪违法的情况选择讯问开头的方法和对讯问进行开头

被讯问人犯罪或违纪违法的情况不同，讯问开头的方法也应不同。讯问人员要善于根据被讯问人犯罪或违纪违法的情况，选择讯问开头的方法和对讯问进行开头。

1. 根据被讯问人是初次犯罪或违纪违法，还是再次犯罪或违纪违法，选择讯问开头的方法和对讯问进行开头

（1）初次犯罪或违纪违法的被讯问人的讯问开头

初次犯罪或违纪违法的被讯问人，由于其是初犯，尚没有经历过被查处、被讯问的情况，其在案发被采取强制措施或调查措施后，不知道讯问人员会怎样对待自己，自己应当怎样对付讯问，而且，往往对查案工作持有一些错误的认识。因而，这种被讯问人的思想压力很大，往往比较惊慌、害怕、不知所措。虽然其也在考虑如何对付讯问，但毕竟是初次犯案，首次经历这种场面，没有对付讯问的经验，缺乏自我防御的体系。因此，对初次犯罪或违纪违法被讯问人的讯问，可选择以思想教育的方法对讯问进行开头，力求创造一种缓和的讯问气氛，使讯问在缓和的环境中开局。

所谓以思想教育的方法开头，是指在讯问开头中，针对被讯问人惊慌、害怕、不知所措的情况和其对查案工作的错误认识，以有针对性的内容对其进行思想教育的方法对讯问进行开头。

对这种初次犯罪或违纪违法的被讯问人以这种方法对讯问进行开头，就有可能创造一种和谐的讯问氛围，从而缓解被讯问人的惊慌、害怕心理，消除其错误的思想认识，促使其对案件的事实作出交代。

以思想教育的方法对讯问进行开头，要做到以下几点：

①在教育的内容上要选择有针对性的内容对其进行教育

讯问人员要针对被讯问人惊慌、害怕、不知所措、思想压力大的实际，选择那些有利于缓和被讯问人紧张、害怕心理，减轻其思想压力的内容对被讯问人进行教育，一方面说明查案机关查案的目的是不仅要打

击各种违法犯罪，而且要教育、挽救违法犯罪的人。从而逐步缓解被讯问人的紧张、害怕心理，减轻其思想上的压力，使其感到讯问人员是在真心实意地帮助他、挽救他，是为他着想，让被讯问人处在一个和谐的讯问环境之中。另一方面说明犯了罪或违了法纪的人，只有认罪、悔罪或认错、悔错，坦白犯罪或违纪违法的问题，真心悔改，才是唯一的出路。

②在教育的方法上要讲究艺术，做到生动、形象

讯问人员对被讯问人进行思想教育，要十分注重教育的方法，以艺术的方法对被讯问人进行教育，做到生动、形象。只有做到了生动、形象，被讯问人才会听得深刻、听得舒心，从而使教育起到事半功倍的作用。

要使教育方法讲究艺术，做到生动、形象，讯问人员就要根据案件和被讯问人的实际情况，以打比喻的方法，或深入浅出、言近旨远的方法将教育的内容表达出来，切忌照本宣科，或干巴巴、打官腔。

③在教育的态度上，要做到诚恳

讯问人员对被讯问人进行思想教育，还有一个很重要的问题，就是讯问人员在教育的态度上要做到诚恳。只有做到诚恳，才能体现出讯问人员的真心实意，从而才能使被讯问人感觉到讯问人员是一个真诚的挽救者。

要使教育的态度做到诚恳，讯问人员在对被讯问人进行教育的过程中，要做到语重心长、循循善诱、入情入理、苦口婆心，不得简单，更不得粗暴。同时，在诚恳中要体现严肃，原则性要强，不得随便，更不得庸俗。

对初次犯罪或违纪违法的被讯问人通过上述方法对讯问进行开头，被讯问人在讯问人员针对性的内容，艺术、生动、形象的方法，诚恳的态度的教育下，就有可能缓解紧张、害怕的心理，感到讯问人员是在真心实意地帮助自己、挽救自己、关心自己，是为自己着想，从而在讯问一开始就创造了一个良好的气氛，进而接受讯问，交代犯罪或违纪违法的事实。

(2) 再次犯罪或违纪违法被讯问人的讯问开头

这种再次犯罪或违纪违法的被讯问人，有过犯罪或违纪违法的历史，曾被查案机关侦查或调查和处理过，同查案机关打过交道，有的甚至打过多次交道，几进宫。这种被讯问人对查案机关的办案方式、方法，讯问的策略、手段比较清楚，有一套反讯问的伎俩。同时，这种被讯问人也总结过去与查案机关打交道的得与失，有着对付讯问的片面认识。因而，他们往往以老眼光看待讯问人员和讯问，认为还是老一套，充分做好了与讯问人员相抗衡的心理准备。

这种被讯问人通过原先与查案机关打交道的总结，产生了片面的认识：有的认为，讯问人员所说全是假话、骗人的话，根本不值得相信，特别是"坦白从宽、抗拒从严"的政策，更是认为"坦白从严、抗拒从宽"；有的认为，言多必失，言多了就容易暴露出矛盾，被讯问人员抓住把柄，在讯问中千万不可多说，最好是不说；有的认为，讯问人员称已经掌握了证据，那都是糊弄人的话，切不可信以为真，"眼见为实，耳听为虚"，要见到实实在在的证据才可相信；有的认为，讯问人员已经掌握确实、充分证据的问题要交代，讯问人员没有掌握证据或掌握证据不充分的千万不能交代，要在确实摸准了讯问人员底细的情况下，才能作出交代；有的认为，无论在什么情况下都不能开口交代，就是当场搜出和抓获的也不要交代，不交代承认讯问人员就没有招数；有的认为，在讯问中要胡搅蛮缠，打乱讯问人员的讯问思路和讯问计划；等等。对持有这些片面认识的被讯问人，如果没有出奇制胜的方法，仍沿用常规性的方法对讯问进行开头，被讯问人就会在这些片面认识的支配下，不会听讯问人员说话和接受讯问。因此，对这种被讯问人的讯问开头，可针对被讯问人的片面认识，选择以反常规的话语的方法开头，力求创造一种迎合被讯问人心理的气氛，使讯问在讯问人员牵着被讯问人鼻子中开局。

所谓以反常规的话语的方法开头，是指在讯问开头中，以迎合被讯问人的心理，用不符合规定、本不该说的话语的方法对讯问进行开头。

对这种再次犯罪或违纪违法，对查案机关和讯问人员有着片面认识的被讯问人以这种方法对讯问进行开头，其在讯问一开始就有可能认为讯问人员的话新鲜、奇特、实际，从而引起被讯问人的兴趣，就会把讯问人员的话听下去，进而认为讯问人员说话坦率、直爽、实事求是，不是在骗自己，最后达到促使其交代犯罪或违纪违法事实的目的。

以反常规的话语对讯问进行开头，要做到以下几点：

①反常规的话语要针对被讯问人的片面认识

由于被讯问人的片面认识不同，讯问人员反常规的话语也应不同。只有具体问题具体对待，才能把话说到被讯问人的心坎上，从而才能起到它的作用。因此，讯问人员在以反常规的话语对讯问进行开头的过程中，一定要根据被讯问人的片面认识，向被讯问人涉入有针对性的话语。

②要用一分为二的观点对被讯问人的片面认识向被讯问人进行分析

讯问人员在向被讯问人涉入反常规话语的同时，要根据被讯问人的片面认识的具体情况，对其片面的认识向被讯问人进行一分为二的分析，通过分析，把被讯问人引导到正确的方向上来，使之丢弃错误的观念，听信讯问人员所说的话，促使被讯问人按照讯问人员的指引去实践。

对再次犯罪或违纪违法的被讯问人通过上述方法对讯问进行开头，讯问人员迎合其心理的话就能吸引住被讯问人，对其片面的认识进行一分为二的分析，就能把被讯问人的认识引导到正确的道路上来。这样，讯问人员就有可能在讯问一开始便紧紧地牵住被讯问人的鼻子，使之跟着讯问人员走，按照讯问人员的话去做。

2. 根据被讯问人犯罪或违纪违法的客观原因选择讯问开头的方法和对讯问进行开头

有的被讯问人走上犯罪或违纪违法的道路，实施犯罪或违纪违法行为，客观原因起了很大的作用。如果没有客观原因的推动，其是不会实施犯罪或违纪违法行为的。

这种因客观原因作用而实施犯罪或违纪违法行为的被讯问人，其在实施犯罪或违纪违法行为后，特别是在被采取强制措施或调查措施后，内心是非常痛苦、悲伤的，希望有人能理解、同情他。对这种被讯问人，可选择以被讯问人犯罪或违纪违法客观原因的方法对讯问进行开头，力求创造一种吸引和感化被讯问人的气氛，使讯问在被讯问人被吸引和感化中开局。

所谓以被讯问人犯罪或违纪违法客观原因的方法开头，是指在讯问开头中，向被讯问人讲其犯罪或违纪违法是由客观原因引起的方法对讯问进行开头。

对这种犯罪或违纪违法因客观原因引起的被讯问人以这种方法对讯问进行开头，就有可能在讯问一开始便吸引和感化被讯问人。

以被讯问人犯罪或违纪违法的客观原因对讯问进行开头，要做到以下几点：

（1）要明确表明被讯问人的犯罪或违纪违法是有客观原因的以及客观原因的情况

以这种方法对讯问进行开头，一开始就要向被讯问人明确表明其实施犯罪或违纪违法行为是有客观原因的和指出这种客观原因的情况，是这种客观原因导致其实施了犯罪或违纪违法行为。只有这样，才能迅速吸引被讯问人的注意力，从而吸引住被讯问人。

（2）要对被讯问人表示同情和理解

讯问人员在明确表明被讯问人的犯罪或违纪违法是有客观原因的同时，要对被讯问人表示同情和理解，向其涉入同情和理解的话语，把话说在被讯问人的心坎上，使其感到亲切、温暖，从而激起被讯问人的情感。

对因客观原因实施犯罪或违纪违法行为的被讯问人，通过上述方法对讯问进行开头，明确表明其犯罪或违纪违法是由客观原因引起的，并对被讯问人因客观原因引起而实施犯罪或违纪违法行为表示同情和理解。这样，一方面表明讯问人员实事求是，使被讯问人信任讯问人员；另一方面表明讯问人员同情他、理解他，有可能从一开始就感化被讯问人，使被讯问人的心理在讯问开始时就与讯问人员相容；再一方面有可能可以减轻被讯问人的心理压力，使其内心感到轻松一些，认为自己的犯罪或违纪违法是有客观原因的，找到从轻的理由，减轻其心理上的罪责感，使被讯问人一开始就看到求生、求轻的希望，为坦白交代犯罪或违纪违法事实在讯问开始时就铺平道路。

3. 根据被讯问人犯罪或违纪违法行为的从轻情节选择讯问开头的方法和对讯问进行开头

有的被讯问人的犯罪或违纪违法行为具有从轻的情节，但由于一些被讯问人不懂法律，看不到其行为的从轻情节，再加上畏罪心理是每一个被讯问人都具有的心理。这种被讯问人在畏罪心理的支配下同样不敢交代犯罪或违纪违法的事实，生怕交代了得不到从轻处理。对于这种犯罪或违纪违法行为具有从轻情节的被讯问人，可选择以帮助被讯问人分析从轻情节的方法对讯问进行开头，力求创造一种吸引人的气氛，使讯问在被讯问人被吸引中开局。

所谓以帮助被讯问人分析从轻情节的方法开头，是指在讯问开头中，对被讯问人犯罪或违纪违法行为所具有的从轻情节向被讯问人进行分析的方法对讯问进行开头。

对这种犯罪或违纪违法行为具有从轻情节的被讯问人以这种方法对讯问进行开头，就有可能在讯问一开始便将被讯问人的注意力吸引到认真地倾听讯问人员分析其从宽的情节上来，使之感到讯问人员很实事求是和认识到自己确实具有从宽的情节，从而缓解或消除其畏罪心理。

以帮助被讯问人分析从轻情节的方法对讯问进行开头，要做到以下几点：

（1）要在确实掌握了被讯问人从轻情节的基础上进行分析

分析被讯问人从轻的情节，只有在确实掌握了被讯问人的犯罪或违纪违法行为具有从轻情节的基础上进行分析，才能分析得准、分析到点子上，被讯问人才能愿意听，才能感觉到讯问人员已掌握了其犯罪或违纪违法的事实和证据。如果讯问人员没有掌握被讯问人的从轻情节而胡乱地去分析被讯问人的从轻情节，就不可能分析准被讯问人的从轻情节。这样，不仅被讯问人不会愿意听，而且还会暴露讯问人员的底细，被讯问人就会认为讯问人员并未掌握其犯罪或违纪违法的事实和证据，从而坚定被讯问人拒供的心理。因此，以这种方法开头，一定要在确实掌握了被讯问人从轻情节的基础上进行分析。

（2）分析要有理有据

分析被讯问人从轻的情节，只有做到有理有据，被讯问人才能听得真切、听得深刻，从而感觉到讯问人员分析得实事求是，自己确实是这种情况，具有从轻的情节，可以得到从宽的处理。同时，使被讯问人进一步感到讯问人员确实已掌握了自己犯罪或违纪违法的事实和证据，否则，讯问人员是无法作出这样有理有据的分析的。如果讯问人员分析无理无据，被讯问人不仅听得不真切、深刻，而且会认为讯问人员是在胡扯，进而感到讯问人员并没有掌握自己犯罪或违纪违法的事实和证据，那么以这种方法开头不仅失去了它的作用，反而会带来不利的后果。因此，以这种方法开头，分析一定要做到有理有据、入情入理。

对犯罪或违纪违法行为具有从轻情节的被讯问人，通过上述方法对讯问进行开头，准确地指出其所具有的从轻情节和进行有理有据的分析，一方面使被讯问人感到讯问人员已确实掌握了其犯罪或违纪违法的事实证据，否则，讯问人员不可能如此准确地指出和进行有理有据的分析；另一方面使被讯问人认为讯问人员很实事求是，从而感化被讯问人。这样，不仅有可能在讯问一开始就促使被讯问人认真听讯问人员说话，而且有可能在讯问开头就促使被讯问人承认自己的犯罪或违纪违法问题。

（四）根据被讯问人的心理选择讯问开头的方法和对讯问进行开头

被讯问人的心理支配着被讯问人的行为，讯问人员要善于根据被讯问人的心理，选择讯问开头的方法和对讯问进行开头。

1. 根据被讯问人拒供的心理障碍选择讯问开头的方法和对讯问进行开头

（1）自信性侥幸心理的被讯问人的讯问开头

自信性侥幸心理的被讯问人总认为自己犯罪或违纪违法的行为诡

秘，没有人知晓，自己的作案手段高明，没有留下犯罪或违纪违法的痕迹、物证，查案机关不可能知道自己犯罪或违纪违法的事实，更不可能收集到自己犯罪或违纪违法的证据；或认为自己已与同案人或对合人订立过攻守同盟，攻守同盟牢不可破；或不相信查案机关的能力，认为查案机关没有能力收集到自己犯罪或违纪违法的证据；等等。总之，这种被讯问人自信地认为自己的犯罪或违纪违法不可能暴露，查案机关也不可能掌握自己犯罪或违纪违法的证据。因而，其在讯问开始时往往自信性侥幸心理十分严重，对证据最没有思想准备。对这种自信性侥幸心理严重的被讯问人，可选择以使用证据的方法对讯问进行开头，力求创造一个攻其无备、出其不意，打他一个措手不及的局面，使讯问在被讯问人毫无防备中开局。

所谓以使用证据的方法开头，是指在讯问开头中，向被讯问人出示证据，把证据摆在被讯问人的面前的方法对讯问进行开头。

对这种持自信性侥幸心理的被讯问人，以这种方法对讯问进行开头，就有可能在讯问一开始就打他一个措手不及，将被讯问人置于威慑下的恐惧之中，打掉其嚣张的气焰，端正其恶劣的态度，使之在证据面前不敢对立，乖乖接受讯问。

以使用证据的方法对讯问进行开头，要做到以下几点：

①使用的证据一定要确实无疑，且具有极大的威慑力

以使用证据的方法对讯问进行开头，所使用的证据一定要做到确实无疑，且具有极大的威慑力。只有证据确实无疑，被讯问人才能感觉到讯问人员已掌握其确实的证据；只有证据具有极大的威慑力，被讯问人才能在该证据面前没有丝毫的反抗余地。如果使用的证据不确实，或有水分，或结论不是唯一的，可以作这样解释也可以作那样解释的，那么，使用的证据就不仅不能制服被讯问人，而且有可能增强被讯问人的抗审意志。这样，以使用证据开头不仅毫无意义，而且还会起反作用。因此，使用的证据一定要确实无疑，且具有极大的威慑力。

②使用证据的气势要凌厉

讯问人员在使用证据对讯问开头时，使用证据的气势一定要做到凌

厉。只有以凌厉的气势出示证据，才能使被讯问人毫无喘息的机会，一举击垮被讯问人。如果出示证据时慢慢悠悠、吞吞吐吐，毫无气势，那么，被讯问人就会认为讯问人员对出示的证据没有把握，同时，也给了被讯问人以喘息的机会，使被讯问人有了思考、想对策的时间。这样，以使用证据开头就难以达到以这种方法开头的目的和效果。因此，使用证据的气势一定要做到凌厉。

③使用证据后要对被讯问人进行教育或“拉”被讯问人一把

讯问人员在使用证据对讯问的开头中，在使用证据以后要针对被讯问人自信性侥幸心理的根源进行有针对性的教育，或“拉”被讯问人一把。通过对被讯问人进行有针对性的教育，使被讯问人确信讯问人员已取得这一证据。通过“拉”被讯问人一把，使被讯问人看到希望和出路，从而把被讯问人拉到“坦白从宽”的道路上来。因此，在使用证据后，要对被讯问人进行教育或“拉”被讯问人一把。

对自信性侥幸心理的被讯问人通过上述方法对讯问进行开头，在讯问一开始就以凌厉的气势向其出示确实无疑且具有极大威慑力的证据，把证据摆在他的面前，同时，对其进行教育或“拉”其一把。这样，就有可能在讯问一开始就将被讯问人置于“威慑下和谐”的良好的讯问氛围之中，促使其对犯罪或违纪违法事实作出交代。

（2）盲目性侥幸心理的被讯问人的讯问开头

盲目性侥幸心理的被讯问人，总是盲目地认为“无供不录案”“只要自己不开口，哪怕你是神仙也难下手”。在这种盲目心理的支配下，被讯问人抱定在任何情况下都不开口供述的信条，即使讯问人员掌握的证据确实、充分，其也不作出供述。产生这种心理的原因，有的是对我国刑事诉讼的证据理论和适用原则不了解，不知道我国《刑事诉讼法》第五十五条关于“对一切案件的判处都要重证据，重调查研究，不轻信口供。只有被告人供述，没有其他证据的，不能认定被告人有罪和处以刑罚；没有被告人供述，证据确实、充分的，可以认定被告人有罪和处以刑罚”的规定。有的是不相信我国刑事诉讼的证据理论和适用原则，其虽然知道《刑事诉讼法》有这样的规定，但认为这只是纸上写写而已，是没有科学依据的，在实践中是不可能真正按照这一法律规定去认定案件和作出处理的，只要自己不开口，没有自己的口供，即使查案机关的证据确实、充分，最后还是不能认定自己的犯罪或违纪违法事实和对自己作出处理的。甚至认为，只要自己不交代，即使查案机关根据“没有被告人供述，证据确实、充分的，可以认定被告人有罪和处以刑罚”的规定对自己作出处理，上一级机关也会翻过来。这种被讯问人在其知道或相信刑事诉讼的证据理论和适用原则之前，其是不会听讯问人员说话的，讯问人员的任何讯问策略和讯问手段都不会对其起作用。因此，对这种盲目性侥幸心理的被讯问人，可选择以向被讯问人宣讲证据理论和适用原则或我国的证据适用原则是建立在辩证唯物主义认识论基础之上的道理的方法对讯问进行开头，力求创造一个以法制人或以理服人的局面，使讯问在以法制人、以理服人中开局。

所谓以向被讯问人宣讲证据理论和适用原则或我国的证据适用原则是建立在辩证唯物主义认识论基础之上的道理的方法开头，是指在讯问开头中，向被讯问人宣讲《刑事诉讼法》第五十五条的规定及其理论或向被讯问人宣讲我国的证据制度适用原则是建立在马克思辩证唯物主义认识论这一基础之上的道理的方法对讯问进行开头。

对这种盲目性侥幸心理的被讯问人以这种方法对讯问进行开头，就有可能使被讯问人在讯问一开始就知道或相信证据理论和适用原则，促使其听讯问人员说话，接受讯问。

以宣讲证据理论和适用原则或我国的证据适用原则是建立在辩证唯物主义认识论基础之上的道理的方法对讯问进行开头，要做到以下几点：

①首先要弄清被讯问人盲目性侥幸心理的原因

盲目性侥幸心理的原因，一种是不了解我国的证据理论和适用原则，不知道我国《刑事诉讼法》第五十五条的规定；另一种是不相信我国的证据理论和适用原则，认为在实践中不可能真正按照《刑事诉讼法》第五十五条的规定去认定案件和作出处理，也认定不了案件和作出处理。讯问人员只有弄清被讯问人盲目性侥幸心理的原因，才有可能做到对症下药：对不了解我国证据理论和适用原则的，向其宣讲证据理论和适用原则，使之知道；对不相信我国的证据理论和适用原则的，向其宣讲我国的证据适用原则是建立在辩证唯物主义的认识论基础之上的道理，使之相信。如果讯问人员不首先弄清被讯问人盲目性侥幸心理的原因，在讯问开头时就有可能牛头不对马嘴，无法对症下药、矢中其的。因此，以这种方法对讯问进行开头，首先要弄清被讯问人盲目性侥幸心理的原因。

②宣讲的态度要既严肃，又诚恳

讯问人员以这种方法对讯问进行开头，无论是宣讲证据理论和适用原则，还是宣讲我国的证据适用原则是建立在辩证唯物主义认识论基础之上的道理，宣讲的态度都要做到既严肃，又诚恳，体现出讯问人员既作为执法者的威严，又作为教育、挽救者的真诚，一威一谐，威中有谐，谐中带威。只有这样，被讯问人才能当一回事，认真地去听，听得进去。

③宣讲的内容既要原则，又要明了

讯问人员在宣讲的内容上，既要做到原则，又要做到明了。所谓做到原则，是指要坚持以法律或辩证唯物主义认识论为依据的原则，对法律或辩证唯物主义认识论进行准确的阐述和解释。所谓做到明了，是指在阐述和解释的过程中，要做到深入浅出，使被讯问人听得明白，听得深刻。

对盲目性侥幸心理的被讯问人通过上述方法对讯问进行开头，其通过讯问人员对其进行既严肃、又诚恳，既原则、又明了的关于《刑事诉讼法》第五十五条的规定及其理论或我国的证据适用原则是建立在辩证唯物主义的认识论基础之上的道理的宣讲，使不了解我国的证据理论和适用原则的被讯问人知道、懂得我国的证据理论和适用原则；使不相信我国的证据理论和适用原则的被讯问人相信我国的证据理论和适用原则，从而就有可能在讯问一开始便创造一个良好的讯问氛围，使被讯问人认真地听讯问人员说话和接受讯问。

（3）畏罪心理被讯问人的讯问开头

畏罪心理的被讯问人，在案发被查案机关侦查和被采取刑事强制措施后，总是害怕被法律制裁，害怕被判刑、劳改，失去人身自由，害怕被剥夺生命。这种被讯问人一方面不敢交代犯罪事实，害怕交代了被法律制裁；另一方面又不敢不交代犯罪事实，害怕不交代被从重处罚。因而，其总是在交代与不交代的十字路口徘徊，注意力集中在害怕被法律制裁的问题上。一旦被讯问人认为只有对犯罪事实作出彻底、如实的交代，才能得到从轻处理这一条路可走时，为了实现从轻的欲望，其就会作出彻底、如实的交代，走“坦白从宽”的道路。因此，对于这种被讯问人的讯问开头，要针对其害怕被法律制裁的顾虑进行，可选择以向被讯问人宣讲悔罪是从轻、减轻或免予处罚的唯一出路的方法对讯问进行开头，力求创造一个缓和的讯问气氛，使讯问在轻松的环境中开局。

所谓以向被讯问人宣讲悔罪是从轻、减轻或免予处罚的唯一出路的方法开头，是指在讯问开头中，向被讯问人宣讲在犯罪已经实施，没有其他从轻、减轻或免予处罚情节的情况下，只有悔罪是从轻、减轻或免予处罚的唯一出路的方法对讯问进行开头。

对这种畏罪心理的被讯问人以这种方法对讯问进行开头，就有可能在讯问一开始便将其注意力从害怕被法律制裁转移到听如何才能从轻、减轻或免予处罚的问题上来，促使其认真听讯问人员说话，并听得进讯问人员所说的话。

以宣讲悔罪是从轻、减轻或免予处罚的唯一出路的方法对讯问进行开头，要做到以下几点：

①要开宗明义地向被讯问人提出“悔罪是从轻、减轻或免予处罚的唯一出路”的命题

由于被讯问人畏罪，害怕被法律制裁，其注意力就集中在这个问题上，一旦其明确地听到有一条从轻、减轻或免予处罚的出路，其就会把注意力转移到听讯问人员的说话上。因此，在讯问开始时，就应开宗明义地提出这一命题，只有这样，才能迅速地把被讯问人的注意力从害怕被法律制裁的担心中转移到听如何才能从轻、减轻或免予处罚的问题上来。

②要简要地叙述悔罪的表现形式

讯问人员在提出“悔罪是从轻、减轻或免予处罚的唯一出路”的命题后，要简要地叙述悔罪的表现形式，即自首、如实彻底地交代所犯的罪行、积极退赃挽回损失、检举立功等，为被讯问人接下来的悔罪指出明确的方向。

③对“悔罪是从轻、减轻或免予处罚的唯一出路”的理由[1]要做到引而不发

在讯问开头的时候，对“悔罪是从轻、减轻或免予处罚的唯一出路”的理由先不要和盘托出，要做到引而不发，以引起被讯问人的悬念。因为被讯问人对犯罪事实的交代，走悔罪的道路在很大程度上取决于讯问人员对其犯罪证据的掌握。被讯问人只有在其认为讯问人员已掌握了其确实、充分的证据，犯罪事实已是铁板钉钉，没有其他出路，只有悔罪才是唯一出路的情况下，才会选择走悔罪的道路。如果讯问人员在开头时就将该理由和盘托出，被讯问人没有了悬念，其就会把注意力集中在要不要悔罪的问题上，不会再认真地去听讯问人员的说话，一旦其认为讯问人员没有掌握其确实、充分的证据，其就不会选择走悔罪的道路。因此，对“悔罪是从轻、减轻或免予处罚的唯一出路”的理由在开头的时候要做到引而不发，不要和盘托出，待出示证据以后再予以详细的阐述。

对畏罪心理的被讯问人通过上述方法对讯问进行开头，向其提出“悔罪是从轻、减轻或免予处罚的唯一出路”的命题，宣讲悔罪的表现形式，就有可能在讯问一开始就对被讯问人的畏罪心理有所缓解，将被讯问人的注意力集中到听讯问人员的说话上来，进而思考自己如何进行悔罪的问题，从而使讯问顺利地进行，突破被讯问人的口供。

（4）优势心理的被讯问人的讯问开头

优势心理的被讯问人，有的认为自己地位高、权势重，不可一世，

---

① 关于“悔罪是从轻、减轻或免予处罚的唯一出路”的理由，见《讯问艺术》（增订版），中国方正出版社 2015 年版，第 630 页。

讯问人员不会对自己怎么样；有的认为自己身份特殊，从事或被聘从事有关国家利益的工作，讯问人员不敢对自己怎么样；有的认为自己财富多，地方经济建设离不开自己，讯问人员亦不能对自己怎么样；有的认为自己关系网密，靠山硬，讯问人员更不能对自己怎么样；有的认为自己的亲戚权势重，讯问人员亦不能对自己怎么样；等等。这些被讯问人自认为有这些优势，靠着这些优势定能脱案。因而，这些被讯问人在讯问中特别是在讯问开始的时候，或态度傲慢，或气焰嚣张，或满不在乎，或蔑视讯问人员。有的甚至捶桌子、摔板凳、砸物品，辱骂、推扭讯问人员。特别是一些财大气粗、靠山硬、亲属权势重的被讯问人，更是肆无忌惮、有恃无恐、为所欲为、不可一世。对这种被讯问人，在讯问开始的时候，如果不首先狠挫他的优势心理，其是不会接受讯问的。因此，对于这种被讯问人的讯问开头，应选择以施威的方法对讯问进行开头，力求创造一个在讯问一开始就给他一个“下马威”的气氛，使讯问在威慑的环境中开局。

关于以施威的方法开头，我们在前面对怕硬性格的被讯问人的讯问开头中说过，是指在讯问开头中，向被讯问人施以能压服被讯问人的力量或使被讯问人敬畏的态度的方法对讯问进行开头。

对这种优势心理的被讯问人以这种方法对讯问进行开头，在讯问一开始就以威挖其优势心理的根源，就有可能使被讯问人因慑于讯问人员的威而不敢与讯问人员闹对立。

对这种持优势心理的被讯问人以施威的方法对讯问进行开头，除要做到前述对怕硬性格被讯问人的讯问开头的几点外，要特别强调以下二点：

①在施威的内容上要针对被讯问人优势心理的根源

被讯问人优势心理的根源不同，施威的内容也应不同。只有这样，所施的威才能做到对症下药，起到作用。如果施威的内容不是针对被讯问人优势心理的根源，那么，所施的威也就只能是空气震动而已，不会有任何效果。因此，施威的内容一定要针对被讯问人优势心理的根源，使所施的威矢中其的。

要使施威的内容做到针对被讯问人优势心理的根源，讯问人员首先要弄清被讯问人优势心理的根源是什么，然后根据其优势心理的根源，以有针对性的内容对被讯问人进行施威。

②在施威的方法上要讲究技巧

施威的方法是否巧妙，直接决定着施威的效果。只有做到施威方法巧妙，所施的威才能产生威慑力，起到作用。如果施威不讲究技巧，那么，所施的威在被讯问人看来不过是虚张声势而已，不仅不能产生威慑力，起到作用，而且有可能强化被讯问人的优势心理。因此，施威的方法一定要讲究技巧，使所施的威起到事半功倍的作用。

要使施威的方法做到巧妙，讯问人员就要根据案件和被讯问人的情况，精心设计施威的方法，以巧妙的方法进行施威。

对优势心理的被讯问人通过上述方法对讯问进行开头，以巧妙的方法对其施以有针对性的威，就有可能在讯问一开始就使他的优势心理受到重创，从而使被讯问人接受讯问。

2. 根据被讯问人心理上最牵挂、最担心、最放心的人或事选择讯问开头的方法和对讯问进行开头

（1）最牵挂某一人或事的被讯问人的讯问开头

被讯问人在案发后，特别是在被采取强制措施或调查措施后，一般都有其牵挂的人或事。有的牵挂其最亲、最爱的人的生活、安危、前途，害怕因自己的问题害了他；有的牵挂自己的前途、事业、家庭，害怕因此而毁了它，等等。这些牵挂是被讯问人的一块心病，时刻萦绕在其心头，甚至火急火燎，急于想知道其所牵挂的人或事的现状如何，是怎样的一种情况，可能会是什么样的结果。正因如此，其也就最愿意听其所最牵挂的人或事的情况。因此，对这种被讯问人，可选择以向被讯问人说其最牵挂的人或事情况的方法对讯问进行开头，力求创造一种令人急切需求的气氛，使讯问在被讯问人的急切需求中开局。

所谓以向被讯问人说其最牵挂的人或事情况的方法开头，是指在讯问开头中，对被讯问人最牵挂的人或事的情况向被讯问人提起或进行叙述的方法对讯问进行开头。

对这种对某一人或事最牵挂的被讯问人以这种方法对讯问进行开头，就有可能在讯问一开始就引起被讯问人的更加牵挂而吸引住被讯问人，使其能够静心地倾听讯问人员说话。

以向被讯问人说其最牵挂的人或事情况的方法对讯问进行开头，要做到以下几点：

①要弄准被讯问人最牵挂的人或事

讯问人员在以这种方法对讯问进行开头，首先要弄准被讯问人最牵挂的人或事是什么，即牵挂什么人或什么事，牵挂该人或事的什么问题。只有这样，讯问开头才具有针对性，才能吸引住被讯问人。否则，被讯问人的心思不在这里，就无法吸引住被讯问人，被讯问人也就不会去倾听讯问人员说话。因此，讯问人员一定要弄准被讯问人最牵挂的人或事。

②要给被讯问人留下悬念

讯问人员在向被讯问人说其最牵挂的人或事的情况时，不要把所有的情况都一五一十地告诉被讯问人，而是应以向被讯问人提出问题的方法向被讯问人说，给被讯问人留下悬念。然后，在被讯问人的悬念中叙述对其最牵挂人或事的见解。只有这样，被讯问人才能听得迫切，听得认真，进行权衡，顺应讯问人员的见解。否则，被讯问人没有了悬念，也就无法吸引被讯问人把讯问人员的话继续听下去。这样，这种讯问开头就不会有什么效果。因此，讯问人员在说的过程中，一定要给被讯问人留下悬念。

对最牵挂某一人或事的被讯问人，通过上述方法对讯问进行开头，在说被讯问人最牵挂的人或事的过程中给被讯问人留下悬念。这样，就有可能在讯问一开始就使被讯问人急于想知道其所最牵挂的人或事的现状而认真听讯问人员说话，从而开创良好的讯问局面。

（2）最担心某一人或事的被讯问人的讯问开头

被讯问人在实施犯罪或违纪违法行为的过程中，不可避免地要涉及一些人或事。这些涉及的人或事有的是能够直接证明其犯罪或违纪违法事实的，一旦被查案机关发现或查获，被讯问人的犯罪或违纪违法事实也就随之被证实。因此，这些能够证明被讯问人犯罪或违纪违法事实的人或事是其最为担心害怕的。

被讯问人在犯罪或违纪违法行为暴露案发后，特别是在其被采取强制措施或调查措施后，其必然会对案件的有关情况进行回忆思考，反复思考作案的全过程和作案后情况的每一个环节和细节，分析在什么环节、什么人、什么事上出了问题。通过分析，认为哪些是最担心的人、哪些是最担心的事，担心害怕这些人或事被查案机关发现或被查获而证实自己的犯罪或违纪违法事实。

被讯问人最担心的人或事是被讯问人的软肋，一旦讯问人员抓准了被讯问人的这一软肋，被讯问人就没有任何反抗的余地，只得乖乖地受审。因此，对这种最担心某一人或事的被讯问人，可选择以向被讯问人说其最担心的人或事的方法对讯问进行开头，力求创造一个使被讯问人害怕的气氛，使讯问在被讯问人的害怕中开局。

所谓以向被讯问人说其最担心的人或事的方法开头，是指在讯问开头中，向被讯问人公开提出其最担心的人或事或者暗中点出其最担心的人或事的方法对讯问进行开头。

对这种对某一人或事最担心的被讯问人以这种方法对讯问进行开头，就有可能在讯问一开始就击中被讯问人的要害，使被讯问人处于害怕之中而不敢反抗，从而开创良好的讯问局面。

以向被讯问人说其最担心的人或事的方法对讯问进行开头，要做到以下几点：

①要分析准并掌握被讯问人最担心的人或事

讯问人员以这种方法对讯问进行开头，很关键的一点就是要分析准并掌握被讯问人最担心的人或事是什么，也就是说，什么人或什么事是被讯问人最为担心的，这一被讯问人最担心的人或事已被掌握证据。只有分析准并掌握了被讯问人最担心的人或事是什么，在讯问的开头中向被讯问人提出这一被讯问人最担心的人或事，才能一举击中被讯问人的要害。否则，如果被讯问人最担心的人或事不准，或虽准但没有掌握证据，那么，也就不仅不能击中被讯问人的要害，而且会增强被讯问人的抗审心理。因此，讯问人员一定要分析准并掌握被讯问人最担心的人或事。

②向被讯问人说这一问题的气势要凌厉，语气要坚定

事实上，向被讯问人说其最担心的人或事，实质上是向被讯问人出示证据。讯问人员在向被讯问人说这一问题时，只有做到气势凌厉、语气坚定，才能使被讯问人感到讯问人员已确实掌握了这一证据，从而才能使被讯问人在确实的证据面前没有任何反抗余地。如果讯问人员在向被讯问人说这一问题时气势不凌厉、语气不坚定，被讯问人就会认为讯问人员自己心中都没底，只不过是蒙人罢了。那么，以这一方法对讯问进行开头就起不到它的作用，而且有可能要起反作用。因此，讯问人员在向被讯问人说这一问题时，无论是公开提出，还是暗中点出，一定要做到气势凌厉、语气坚定。

③要向被讯问人发出忠告

以这种方法对讯问进行开头，在向被讯问人说其最担心的人或事的同时，要向被讯问人发出忠告，奉劝被讯问人不要继续顽抗，要争取从宽处理的条件，“拉”被讯问人一把，把被讯问人“拉”到“坦白从宽”的道路上来。

对最担心某一人或事的被讯问人通过上述方法对讯问进行开头，以凌厉的气势、坚定的语气向被讯问人提出或点出其最担心的人或事，就有可能在讯问一开始就使被讯问人没有反抗的余地，使被讯问人乖乖受审。同时在“拉”的作用下，就有可能促使被讯问人对犯罪或违纪违法的事实作出交代。

（3）最放心某一人或事的被讯问人的讯问开头

被讯问人在被采取强制措施或调查措施后，在思考分析哪些是最担心的人、哪些是最担心的事的同时，也在思考分析哪些是最放心的人、哪些是最放心的事。通过思考分析，被讯问人或认为自己实施犯罪或违纪违法的行为诡秘，手段狡猾，“天知、地知、我知”；或认为自己已采取了一些补救措施，毁灭了证据；或认为情况已经发生了变化，某些人或事是最放心、最保险的，万无一失，绝对不会出问题，可以高枕无忧。

被讯问人最放心的人或事是被讯问人最没有思想准备、最没有防范的。一旦讯问人员以被讯问人最放心的人或事向被讯问人发起突然袭

击，被讯问人就会措手不及。因此，对这种最放心某人或某事的被讯问人，可选择以向被讯问人说其最放心的人或事的方法对讯问进行开头，力求创造一个既使被讯问人害怕，又使被讯问人措手不及的气氛，使讯问在被讯问人的又怕又措手不及中开局。

所谓以向被讯问人说其最放心的人或事的方法开头，是指在讯问开头中，以被讯问人最放心的人或事向被讯问人发起进攻的方法对讯问进行开头。

对这种对某一人或事最放心的被讯问人以这种方法对讯问进行开头，在讯问一开始就击中被讯问人没有防备的要害，就有可能使被讯问人又害怕又措手不及而不敢和无法反抗，从而开创讯问的良好局面。

以向被讯问人说其最放心的人或事的方法开头，要做到以下几点：

①要分析准并掌握被讯问人最放心的人或事

讯问人员以这种方法对讯问进行开头，同样要分析准并掌握被讯问人最放心的人或事是什么，也就是说，什么人或什么事是被讯问人最放心的，这一被讯问人最放心的人或事已被掌握证据。只有分析准并掌握了被讯问人最放心的人或事是什么，在讯问的开头中以该最放心的人或事向被讯问人发起突然袭击，才能打被讯问人一个措手不及。否则，如果被讯问人最放心的人或事不准，或没有掌握证据，那么，也就不能攻其无备、出其不意，被讯问人也就不存在措手不及的问题。这样，以这种方法对讯问进行开头就起不到任何效果，而且有可能起反作用。因此，以这种方法对讯问进行开头，一定要分析准被讯问人最放心的人或事，并掌握证据。

②要以凌厉的气势、坚定的语气向被讯问人发起进攻

以这种方法对讯问进行开头，事实上同样是向被讯问人出示证据。讯问人员在以这种方法对讯问进行开头，向被讯问人发起进攻时，只有做到气势凌厉、语气坚定，才能使被讯问人感到讯问人员已确实掌握了这一证据，从而才能使被讯问人在确实的证据面前产生害怕和措手不及。如果讯问人员在发起进攻的过程中气势不凌厉、语气不坚定，被讯问人就会认为讯问人员没有底气，从而其就会思考如何应对的问题。这

样，以这种方法对讯问进行开头就无法使被讯问人害怕和打被讯问人一个措手不及，起不到它的作用，而且有可能要起反作用。因此，讯问人员在以这种方法对讯问进行开头时，一定要做到气势凌厉、语气坚定。

③要对被讯问人进行规劝和教育

以这种方法对讯问进行开头，在向被讯问人进行突然袭击的同时，要以法律或道理规劝、教育被讯问人，促使其在事实和证据面前走“坦白从宽”的道路。

对最放心某人或某事的被讯问人通过上述方法对讯问进行开头，以凌厉的气势、坚定的语气向被讯问人发起进攻，出示其最放心的人或事的证据，攻其无备、出其不意，被讯问人就有可能既害怕又措手不及，措手不及增加其害怕，害怕更使其措手不及。在讯问一开始就使被讯问人乖乖地接受讯问，开创良好的讯问局面，同时在讯问人员的规劝、教育下，就有可能促使被讯问人交代犯罪或违纪违法的事实。

（4）最顾虑某事的被讯问人的讯问开头

被讯问人在犯罪或违纪违法案发，面对查处和讯问的过程中，其心理活动是复杂、尖锐的，因而产生各种各样的思想顾虑。被讯问人在思想顾虑的作用下思想烦躁，心不在焉，无心听讯问人员说话，没有心思回答讯问人员的提问，一心地想着其所顾虑的问题，有的甚至拒绝接受讯问，与讯问人员对着干。

被讯问人最顾虑的问题严重地阻碍着讯问的进行和被讯问人对犯罪或违纪违法事实作出交代。如果不能消除被讯问人的思想顾虑，讯问将无法进行，更不可能促使被讯问人对犯罪或违纪违法事实作出交代。而要消除被讯问人的思想顾虑，首先要引导被讯问人能够听讯问人员说话。由于被讯问人的心思在其所顾虑的问题上，因而其只愿意听与其思想顾虑有关的话题。因此，对这种最顾虑某事的被讯问人，可选择以向被讯问人提出其所顾虑问题的话题的方法对讯问进行开头，力求创造一个使被讯问人急于想知道如何对待这个问题的气氛，使讯问在被讯问人急于想知道中开局。

所谓以向被讯问人提出其所顾虑问题的话题的方法开头，是指在讯问开头中，向被讯问人提出其思想上所顾虑的问题的方法对讯问进行开头。

对这种最顾虑某事的被讯问人以这种方法对讯问进行开头，由于被讯问人正被此事所困，其急于想知道如何对待这个问题，当讯问人员在讯问开头中向其提出此事，就有可能在讯问一开始就把被讯问人的注意力吸引过来，促使其听讯问人员说话。

以向被讯问人提出其所顾虑问题的话题的方法对讯问进行开头，要做到以下几点：

①要摸准被讯问人最顾虑的问题及其原因

讯问人员只有摸准了被讯问人最顾虑的问题及其原因，在讯问开头中才有可能做到针对性，从而吸引住被讯问人，把被讯问人的注意力从其对顾虑问题的担心上吸引到听讯问人员对这一问题的说话上。如果讯问人员对被讯问人所顾虑的问题及其原因掌握不准，那么，以这种方法对讯问进行开头，就无法把被讯问人的注意力吸引到听讯问人员对这一问题的说话上，被讯问人的心思仍然在其所顾虑的问题上。这样以这种方法开头，就起不到任何作用。因此，讯问人员一定要摸准被讯问人最顾虑的问题及其原因。

②在讯问开头的过程中，要直截了当地向被讯问人指出其最顾虑的问题及其原因

讯问人员在讯问开头的过程中，只有直截了当地向被讯问人指出其顾虑的问题及其原因，才能迅速地把被讯问人的注意力吸引过来，从而在讯问一开始就吸引住被讯问人，使之产生听讯问人员说话的兴趣，认真地听讯问人员说话，进而产生心理上的相通，建立起对话的基础。如果讯问人员在向被讯问人指出这一问题时，不是直截了当，而是遮遮掩掩、吞吞吐吐，就无法把被讯问人的注意力吸引过来，更不可能把被讯问人的注意力迅速吸引过来，时间一长，就难以引起被讯问人听讯问人员说话的兴趣，被讯问人的心思仍在其所顾虑的问题上。因此，讯问人员以这种方法开头，一定要做到直截了当地向被讯问人指出其最顾虑的问题及其原因。

对最顾虑某事的被讯问人通过上述方法对讯问进行开头，其对讯问人员准确地提出其所顾虑的问题和其产生这一顾虑的原因，其一方面会敬佩讯问人员的明察秋毫，另一方面会急于想知道讯问人员对此问题的高见，从而就有可能在讯问一开始就吸引住被讯问人，促使其认真地听讯问人员的说话，从而开创良好的讯问局面。

（五）根据被讯问人对待讯问的现状选择讯问开头的方法和对讯问进行开头

各个被讯问人对待讯问的现状是不同的。讯问人员要善于根据被讯问人对待讯问的现状选择讯问开头的方法和对讯问进行开头。

1. 已不愿再听讯问人员说话的被讯问人的讯问开头

有的被讯问人经讯问人员的多次讯问，仍未突破其口供。被讯问人从讯问人员的多次讯问中，得出讯问人员的讯问是老一套，说来说去就是那么几句话，没有什么新的招数。因而，其不愿再听讯问人员说话。特别是那些熟悉法律、懂得办案套路的被讯问人，其一旦认为讯问人员没有新的招数，其就不会再去听讯问人员说话。如果被讯问人“身在曹营心在汉”，讯问人员在讲，被讯问人不听，就无法达到讯问的目的。要使这种被讯问人能够听讯问人员说话，讯问人员的话在讯问一开始就要能够吸引住被讯问人，从而转变其不愿再听讯问人员说话的心态，达到促使其认真听讯问人员说话的目的。因此，对这种已不愿再听讯问人员说话的被讯问人，可选择采用以引起被讯问人关注的话语的方法对讯问进行开头，力求创造一个能使被讯问人认真听讯问人员说话的气氛，使讯问在被讯问人的认真倾听中开局。

所谓以引起被讯问关注的话语的方法开头，是指在讯问开头中，以向被讯问人说能够使被讯问人关心、重视的话语的方法对讯问进行开头。

对这种已不愿再听讯问人员说话的被讯问人以这种方法对讯问进行开头，就有可能在讯问一开始就引起被讯问人听讯问人员说话的兴趣，进而认真地倾听讯问人员的说话。

以引起被讯问人关注的话语的方法对讯问进行开头，要做到以下几点：

（1）要选准能引起被讯问人关注的话语

以这种方法对讯问进行开头，首先要选准能引起被讯问人关注的话语。也就是说，哪些话语是能够引起被讯问人关注的，要选得准。只有这样，在讯问开头中，向被讯问人说这些选准的话语，才能引起被讯问人的关注，从而吸引住被讯问人。

要选准能引起被讯问人关注的话语，就要根据案件和被讯问人的情况，分析被讯问人对什么问题最关注，什么话他最感兴趣、最愿意听，从而选准最能引起被讯问人关注的话语。

（2）要先进行必要的铺垫

讯问人员以这种方法对讯问进行开头时，在向被讯问人说其关注的话语前，要先进行必要的铺垫，在铺垫的基础上，再向被讯问人说其关注的话语，不要一开始就唐突地抛出其关注的话语。这样，被讯问人就会听得自然，听得顺理成章，不感觉到别扭。否则，被讯问人就会感到突然、别扭，从而就有可能认为讯问人员是另有所图，关注的话语不仅引不起被讯问人的关注，而且还有可能起反作用。

要进行必要的铺垫，讯问人员同样要根据案件和被讯问人的情况进行铺垫，做到铺得自然，铺得平坦，铺得不留痕迹。

（3）所说的内容既要紧紧围绕后面讯问的问题，又要入情入理

讯问人员在向被讯问人说引起其关注话语的过程中，既要紧紧围绕后面讯问的问题，又要入情入理。所谓紧紧围绕后面的讯问问题，是指所说的内容不要离题，要与后面讯问所说的话相呼应，目的是促使被讯问人听讯问人员后面讯问的话。所谓入情入理，是指所说的内容要符合情理，不要臆造做作、牵强附会。这样，就为被讯问人能够认真地听讯问人员后面讯问的话打下基础，被讯问人就会听得真实，不觉得虚假。否则，被讯问人就会认为讯问人员是在讲假话，从而，也就无法引起被讯问人的关注。

要做到所说的内容既紧紧围绕后面讯问的问题，又入情入理，讯问人员更应根据案件和被讯问人的情况以及讯问人员自身的情况确定所要说的内容去向被讯问人说，做到说得既不离题，又符合情理，符合实际。

对已不愿再听讯问人员说话的被讯问人，通过上述方法对讯问进行开头，讯问人员既自然又入情入理正中其怀的话语就有可能在讯问一开始就引起被讯问人的兴趣，勾起被讯问人的欲望，从而促使被讯问人认真地将讯问人员的话听下去、听进去。

2. 拒供已成定势的被讯问人的讯问开头

有的被讯问人经讯问人员多次的讯问，仍未能突破其口供，拒供的思维已成定势。这种被讯问人，如果在续审开始的时候，讯问人员没有新的招数，仍以平常的话语对讯问进行开头，被讯问人就会以定势思维对付讯问，不仅不听讯问人员说话、不回答讯问人员的提问，更不会权衡是否交代的问题。因此，这种被讯问人在续审的时候，就要以新的招数对讯问进行开头，使讯问人员的话一开始就能引起被讯问人的新鲜感，认为讯问人员不是来要他口供的，促使其在听讯问人员说话的过程中，不知不觉地从抗审思维的定势中走出来，接受讯问，进而权衡是否作出交代的问题。正因如此，对这种被讯问人的讯问，可选择以正话反说的方法对讯问进行开头，力求创造一个使被讯问人认为讯问人员不是来要他口供的气氛，使讯问在被讯问人的错觉中开局。

所谓以正话反说的方法开头，是指在讯问开头中，对本来正面说的话在语言表达上却反过来说的方法对讯问进行开头。

对这种拒供已成定势的被讯问人以这种方法对讯问进行开头，就有可能使被讯问人认为讯问人员真的不是来要自己口供的，从而接受讯问，把讯问人员的话听下去。

以正话反说的方法对讯问进行开头，要做到以下几点：

（1）正话反说要说得符合情理

正话反说只有说得符合情理，被讯问人才能信以为真。为此，讯问人员要根据案件和被讯问人的情况以及讯问人员自己的情况斟酌好反说的内容，使反说的话符合情理，从而使被讯问人信以为真。

（2）要切实隐蔽好讯问人员的意图

讯问人员以这种方法开头，目的是使被讯问人接受讯问，把讯问人员的话听下去，破除其定势思维，促使其交代犯罪或违纪违法事实。讯问人员的这一意图一定要隐蔽好。如果这一意图隐蔽不好，让被讯问人察觉，被讯问人不仅不会接受讯问，听讯问人员说话，而且还会强化被讯问人抗审的定势思维。

讯问人员要隐蔽好自己的意图，在讯问开头的过程中要说一些支持反说内容的话或表明支持反说内容的态度，以这些内容来隐蔽自己的意图。

对拒供已成定势的被讯问人，通过上述方法对讯问进行开头，在没有任何暴露讯问人员意图的情况下，向被讯问人说符合情理的反话，被讯问人就有可能在讯问一开始就对讯问人员所说的话信以为真，在错觉的作用下促使被讯问人接受讯问，从而开创良好的讯问局面。

3. 气焰嚣张的被讯问人的讯问开头

在讯问实践中，有不少被讯问人都以嚣张气焰来对付讯问，以图使讯问人员知难而退。这种被讯问人，如果在讯问开始时同他心平气和地说，不狠刹他的嚣张气焰，其就会认为讯问人员没有办法对付他，从而越发地嚣张起来，以更加嚣张的气焰来对付讯问。因此，对这种气焰嚣张的被讯问人，应选择以狠刹被讯问人嚣张气焰的方法对讯问进行开头，力求创造一个威慑的气氛，使讯问在威严的环境中开局。

所谓以狠刹被讯问人嚣张气焰的方法开头，是指在讯问开头中，以铁的手腕、强硬的态度对被讯问人的嚣张气焰予以坚决制止的方法对讯问进行开头。

对这种气焰嚣张的被讯问人以这种方法对讯问进行开头，在讯问一开始就狠刹他的嚣张气焰，就有可能使之不敢再行嚣张。

以狠刹被讯问人嚣张气焰的方法对讯问进行开头，要做到以下几点：

（1）开头的内容要针对被讯问人嚣张气焰的根源

被讯问人之所以气焰嚣张，都是有其根源的。有的是认为自身硬：一是认为自己财大气粗，要钱有钱，要人有人，你们动不了我；二是认为自己在社会上有地位、有影响，你们不敢真正动我；三是认为自己能力强，能言善辩，你们动不过我。有的是认为自己有外援：一是认为自己有组织作靠山，组织定会出面交涉；二是认为自己交际广，结识了一大批有权有势的朋友，他们不会坐视不管；三是认为自己家人与高官关系密切，家人定能通过高官为自己解脱；四是认为自己的亲戚是手握实权的高官，亲戚定会出面向查案机关施压。有的是认为自己有经验：一是认为自己在犯罪或违纪违法中没有留下证据，没有证据讯问人员就没有办法；二是认为自己的攻守同盟牢不可破，不会出问题，讯问人员抓不住自己的辫子。还有的被讯问人是拉大旗作虎皮，认为自己强硬，讯问人员就会害怕、退缩，等等。对于这些不同根源而产生的嚣张气焰，讯问人员只有针对不同根源的内容才能刹住被讯问人的嚣张气焰。因此，讯问开头的内容要针对被讯问人嚣张气焰的根源。

（2）开头的态度要坚决、强硬

以这种方法对讯问进行开头，讯问人员的态度一定要做到坚决、强硬，使被讯问人感觉到没有任何商量的余地。要做到坚决、强硬：一是讯问人员在口气上要坚决、强硬。所谓口气上要坚决、强硬，就是讯问人员说话的口气要稳重有力，确定不移、斩钉截铁。二是在内容上要坚决、强硬。所谓内容上要坚决、强硬，就是向被讯问人指出法律的规定，因为法律是国家强制力保证实施的行为规范。三是在行动上要坚决、强硬。所谓行动上要坚决、强硬，就是以坚决、强硬的行动刹住被讯问人的嚣张气焰和其所实施的粗暴行为。四是在出路上要坚决、强硬。所谓出路上要坚决、强硬，就是堵死被讯问人其他的出路，只留出一条坦白交代的出路。

对气焰嚣张的被讯问人，通过上述方法对讯问进行开头，以坚决、强硬的态度，针对其嚣张气焰的根源的内容对被讯问人的嚣张气焰予以制止，就有可能在讯问一开始就刹住被讯问人的嚣张气焰，使其乖乖受审。

4. 情绪低落、悲观失望的被讯问人的讯问开头

有的被讯问人在犯罪或违纪违法被采取强制措施或调查措施后，情绪低落、悲观失望，对前途和生活失去了信心，破罐子破摔，“躺在茅草丛中任蛇咬”。对这种被讯问人，如果在讯问开始的时候，不鼓起他对前途的憧憬，树立起对生活的信心，其就不会去听讯问人员说话，更听不进讯问人员所说的话，对讯问人员的讯问采取全然不理的态度。因此对这种被讯问人的讯问，可以选择以鼓舞被讯问人的方法对讯问进行开头，力求创造一个鼓舞人的气氛，使讯问在被讯问人受鼓舞的环境中开局。

所谓以鼓舞被讯问人的方法开头，是指在讯问开头中，从各方面对被讯问人进行鼓舞，使被讯问人振作起来，增强对前途和生活的信心或勇气的方法对讯问进行开头。

对这种情绪低落、悲观失望的被讯问人以这种方法对讯问进行开头，就有可能在讯问一开始就使被讯问人感到自己还是有希望的，从而促使被讯问人把讯问人员的话听下去。

以鼓舞被讯问人的方法对讯问进行开头，要做到以下几点：

（1）要以关心的口气指出被讯问人情绪低落、悲观失望的问题及其原因

讯问人员在讯问一开始的时候就应以关心的口气向被讯问人指出其情绪低落、悲观失望的问题，同时指出其情绪低落、悲观失望的原因。通过这样切中要害地指出问题，震动被讯问人，从而唤起被讯问人，将其从一味的情绪低落、悲观失望中引导到注意听讯问人员说话上来。

（2）要以诚恳的态度指出被讯问人这种认识的错误

讯问人员在向被讯问人指出其情绪低落、悲观失望的问题及其原因的基础上，要以诚恳的态度指出其这种认识的错误，并提纲挈领地说明这种认识错误的理由。通过这种有针对性地指出其认识的错误和简要阐明其认识错误的理由，把被讯问人的注意力吸引过来，为接下来其认真倾听讯问人员对这个问题的见解打下基础。

（3）要以满腔热情鼓舞被讯问人

讯问人员在以诚恳的态度指出被讯问人这种认识错误的同时，要以满腔热情对被讯问人进行出路、前途、希望的鼓舞，通过鼓舞，使被讯问人走出情绪低落、悲观失望的境地，产生兴致，从而鼓起他对前途的憧憬，树立起对生活的信心，进而认真地把讯问人员的话听下去、听进去。

对情绪低落、悲观失望的被讯问人，通过上述方法对讯问进行开头，以关心的口气、诚恳的态度指出被讯问人情绪低落、悲观失望的问题及其原因和这种认识的错误，以满腔的热情对被讯问人进行鼓舞，就有可能在讯问一开始就促使被讯问人认真地听讯问人员说话，接受讯问。

（六）根据案件的来源选择讯问开头的方法和对讯问进行开头

在讯问实践中，案件的来源是不同的。有的案件来源于基层，有的案件是从侦查或调查过程中深挖出来的，等等。讯问人员要善于根据案件的来源不同，选择讯问开头的方法和对讯问进行开头。

1. 来源于基层案件的被讯问人的讯问开头

来源于基层的案件，讯问人员在对被讯问人讯问之前，被讯问人已经在基层单位被讯问过，有的甚至进行过多次的讯问。这些被讯问人在基层被讯问，往往都是由派出所的民警、巡警，甚至协警、保安人员或基层纪检单位的人员、陪护人员进行的。由于这些人员长期在基层工作，法律知识欠缺，业务素质不高，讯问的经验和方法不足，有的甚至没有从事过这项工作，更没有法律知识、业务素质和讯问的经验和方法。他们在讯问被讯问人的过程中，往往态度粗暴、方法简单，有的对被讯问人进行指供、诱供，有的对被讯问人进行讽刺、侮辱、打骂，有的甚至对被讯问人进行刑讯逼供。由于这些被讯问人受到过不文明的审查、不公正的待遇，因而对查案机关产生了强烈的抵触、对抗情绪，对讯问人员怀有敌意。如果在讯问开始的时候，不能消除这种被讯问人的抵触对抗情绪和敌意，拉近被讯问人与讯问人员的距离，其就不会相信讯问人员和接受讯问。因此，对这种被讯问人的讯问开头，应当选择比较平和的方法对讯问进行开头，力求创造一个和谐的讯问气氛，使讯问在融洽的环境中开局。

所谓以比较平和的方法开头，是指在讯问开头中，以相对温和的语气、态度，自然平稳地向被讯问人提出问题的方法对讯问进行开头。

对这种来自基层案件的被讯问人以这种方法对讯问进行开头，就有可能在讯问一开始便使被讯问人感到讯问人员的讯问是依法的、文明的，讯问人员是公正的、诚恳的，从而产生对讯问人员的信任感，拉近其与讯问人员的距离，消除其抵触、对抗的情绪和敌意，使讯问活动正常地进行。

以比较平和的方法对讯问进行开头，要做到以下几点：

（1）要先对被讯问人的身体、生活予以关心

在讯问的时候，不要一开始就涉及其犯罪或违纪违法的问题，要先对被讯问人的身体、生活予以关心，询问其身体情况如何，询问其生活是否习惯，有什么困难，是否有需要照顾的地方。通过对被讯问人身体、生活的关心，以消除或减弱其对查案机关的偏见和对讯问人员的敌意，使之感到讯问人员是善良的，是文明办案的。

（2）要以自然平稳的方法向被讯问人提出问题

在消除或减弱被讯问人的偏见和敌意的基础上，讯问人员要以平和的口气、自然平稳的方法向被讯问人提出问题，询问其是在什么时间、什么地点被抓的或被采取强制措施或调查措施的，是因为什么原因被抓或被采取强制措施或调查措施的。通过这样自然平稳地向被讯问人提出问题，一方面使被讯问人容易回答，有利于顺利地把讯问切入主题；另一方面使被讯问人感到讯问人员是真正关心自己的，有利于进一步拉近与讯问人员的距离，从而相信讯问人员。

对来源于基层案件的被讯问人，通过上述方法对讯问进行开头，在对被讯问人的身体、生活予以关心的基础上，以自然平稳的方法向被讯问人提出问题，就有可能在讯问一开始就建立起良好的讯问氛围，促使

被讯问人能够如实回答讯问人员的提问。

2. 来源于查案过程中深挖出来案件的被讯问人的讯问开头

来源于查案过程中深挖出来案件的被讯问人，是办案人员在查办案件的过程中通过讯问其他被讯问人或者调查取证中发现的。讯问人员已经取得了证明案件事实的确实证据，案件的主要事实已经清楚（当然这种在讯问其他被讯问人或者调查取证中发现的案件，证据要经审查判断，确认是否确实），不会存在变数。因此，对这种被讯问人的讯问，可选择以单刀直入的方法对讯问进行开头，力求创造一个威严的讯问气氛，使讯问在威严的环境中开局。

所谓以单刀直入的方法开头，是指在讯问开头中，以事实或证据直截了当地向被讯问人提出其犯罪或违纪违法问题的方法对讯问进行开头。

对于这种来源于查案过程中深挖出来案件的被讯问人，以这种方法对讯问进行开头，就使被讯问人在还不明白是怎么回事的情况下，就挨当头一棒，使之没有思考对策、进行反抗的余地，只得老老实实地接受讯问。

以单刀直入的方法对讯问进行开头，关于单刀直入方法在实施中要做到的几点，我们在本书第三章《〈刑事诉讼法〉第一次讯问的法定步骤》中已经就单刀直入的方法向犯罪嫌疑人提出问题作过较为详细的论述。在那里论述要做到的几点也就是以单刀直入的方法对讯问进行开头要做到的几点。因而，在此不予赘述。

对来源于查案过程中深挖出来案件的被讯问人，通过以单刀直入的方法对讯问进行开头，被讯问人的第一反应就是感觉到查案机关已经掌握了其犯罪或违纪违法的确实证据。这样，就有可能在讯问一开始就突破被讯问人的抗审心理防线，促使其作出如实的交代。

（七）根据上一次讯问结束情况选择讯问开头的方法和对讯问进行开头

对被讯问人的讯问，并不是经一次讯问就能完成的。绝大多数案件的被讯问人，需要经多次讯问才能完成。这是因为，有的被讯问人经多次讯问才能突破其口供；有的被讯问人经多次讯问才能交代清楚犯罪或违纪违法的事实；有的被讯问人经多次讯问才能交代完其所犯的多种犯罪或违纪违法行为。我们知道，每一次讯问都有讯问结束这一步，讯问人员在每一次讯问结束时都会以恰当的方法对讯问进行结束。在这当中，相当一部分的讯问结束是为下一次讯问的顺利进行打基础、铺道路的。这就有了下一次进行的讯问要承接好上一次的讯问的问题，否则，不仅上一次的讯问结束这一步毫无意义，而且有可能起反作用。而要承接好上一次的讯问，下一次的讯问开头就要根据上一次讯问结束的情况选择讯问开头的方法和对讯问进行开头。

根据上一次讯问结束情况选择讯问开头的方法和对讯问进行开头，要做到以下几点：

1. 要紧紧围绕上一次讯问结束的情况对讯问进行开头

在该次讯问开头时，讯问人员要紧紧围绕上一次讯问结束的情况，简单扼要地重申上一次讯问结束的内容对讯问进行开头，从而承好上一次讯问，启好该次的讯问，使该次讯问开头承上启下，发挥出其应有的作用。

2. 讯问人员的态度要诚恳

无论上一次讯问是以温和的方式结束，还是以严厉的方式结束，在此次讯问开头中，讯问人员都要以诚恳的态度对待被讯问人。因为被讯问人经上一次讯问结束后，其经过考虑、思想斗争，上一次的讯问结束可能已经起作用，其思想已经起变化，顺应讯问人员。在此情况下，如果讯问人员不以诚恳的态度对待被讯问人，被讯问人就会认为反正都是一个样，其就有可能返回到原有的态度上，从而使这种方法的讯问开头失去作用。因此，在讯问开头中，讯问人员的态度一定要做到诚恳。

3. 讯问人员的口气要温和

讯问人员在根据上一次讯问结束情况对讯问进行开头的过程中，在态度诚恳的同时，口气要温和，以温和的口气彰显诚恳的态度，使被讯问人感到讯问人员是出于对自己的教育、挽救，是在真心地帮助自己，进一步激发被讯问人在上一次讯问结束后所思考的有利成果，促使被讯问人按照所思考的正确态度对待讯问。

通过上述几点，开好根据上一次讯问结束情况的讯问开头。

第五章

端正被讯问人对待讯问的态度

端正被讯问人对待讯问的态度，是继讯问开头后非常关键和重要的一步。说它关键，意思就是被讯问人对待讯问的不端正态度得到端正，就能使讯问顺利地进行下去，否则，讯问就无法进行，将不欢而散。说它重要，意思就是被讯问人不端正的态度得到端正，就能及时地制服被讯问人，进而突破被讯问人的抗审心理防线，促使被讯问人作出如实的交代，认罪、认错，悔过自新。否则，被讯问人就不会接受讯问，死守抗审心理防线，拒绝作出交代和拒不认罪、认错。一些讯问之所以进行不下去，导致不欢而散；一些被讯问人之所以有恃无恐，无法制服；一些被讯问人的抗审心理防线之所以无法突破；一些被讯问人在确实、充分的证据面前之所以拒不交代；一些被讯问人在事实面前之所以只承认事实并不承认有罪、有错，就是因为被讯问人对待讯问的态度得不到端正。

在讯问实践中，许多讯问人员没有注意和重视端正被讯问人对待讯问的态度这一步，在被讯问人的态度尚未得到端正的情况下，就迫不及待地将讯问切入主题，讯问被讯问人的犯罪或违纪违法事实，以至于不是被讯问人与讯问人员闹翻，就是出现对峙胶着的僵局。因此，在讯问中，讯问人员一定要重视这一步，走好这一步。

事实上，我们在前面论述的讯问开头这一步，就态度不端正的被讯问人来说，也是在端正被讯问人对待讯问的态度。经过讯问开头这一步，有的被讯问人能够端正态度，但绝大多数的被讯问人，态度还是不能端正的。因此，讯问开头后，对于态度不端正的被讯问人，讯问人员就要集中力量端正被讯问人对待讯问的态度，使之有一个端正或比较端正的态度对待讯问。

一、端正被讯问人对待讯问态度的意义

端正被讯问人对待讯问的态度，对于建立起讯问的正常秩序，保证讯问的顺利进行；制服被讯问人，使之乖乖受审；突破被讯问人的抗审心理防线，促使被讯问人作出如实交代和真诚的悔过自新都有着重要的意义。

（一）有利于建立起讯问的正常秩序，保证讯问的顺利进行

被讯问人对待讯问的态度是否端正，决定着讯问能否有一个正常的秩序。也就是说，没有被讯问人对待讯问态度的端正，就没有讯问的正常秩序。

讯问秩序正常，讯问人员根据讯问思路对被讯问人进行有序的讯问，被讯问人按照讯问人员的要求接受讯问，回答讯问人员的提问。只有在这种正常的讯问秩序下，讯问才能够顺利地进行下去。如果没有一个正常的讯问秩序，被讯问人不接受讯问，或气焰嚣张、盛气凌人、蛮横无理，向讯问人员发难、质问、声称要控告，对讯问人员进行威胁；或公然激烈对抗：捶桌子、摔板凳、砸物品，辱骂、动手殴打讯问人员；或目空一切、蔑视讯问人员；或胡搅蛮缠；或矢口否认；或闭口不语；或毫无反应；或实施无赖行为；等等。那么，在这种混乱秩序的情况下，讯问就将无法进行。因此，建立正常的讯问秩序是讯问顺利进行的前提和基础。

建立正常的讯问秩序，关键在于被讯问人对待讯问态度的端正。被讯问人只有在其讯问态度得到端正的情况下，才能停止或收敛这些不端正态度的表现，接受讯问，从而建立起正常的讯问秩序。否则，正常的讯问秩序便无法建立，讯问便无法顺利进行，其结果只能是乱哄哄的场面，被讯问人与讯问人员对着干，顶嘴、吵架、激烈对抗，或死气沉沉。因此，端正被讯问人对待讯问的态度有利于建立起正常的讯问秩序，保证讯问的顺利进行。

（二）有利于被讯问人自愿受审

被讯问人能否自愿接受讯问，是由被讯问人对待讯问的态度是否端正决定的。也就是说，被讯问人对待讯问的态度端正，其就能够自愿接受讯问，否则，被讯问人就不可能做到自愿接受讯问。

由于犯罪或违纪违法行为要承担法律或纪律责任，因而，绝大多数被讯问人在讯问开始的时候，都不能以端正的态度自愿接受讯问，总是以不端正的态度拒绝接受讯问，千方百计地破坏讯问的正常进行，以维护自己的切身利益，达到脱案、不被法律或纪律追究的目的。

要使被讯问人自愿地接受讯问，讯问人员就要有效地刹住被讯问人不端正态度的表现、彻底地挖除被讯问人不端正态度的根源，进而端正被讯问人对待讯问的态度。只有这样，被讯问人才有可能老老实实地接受讯问。否则，在被讯问人对待讯问的态度尚未得到端正的情况下，被讯问人是不可能接受讯问的，更不可能老老实实、自愿地接受讯问，其就会以其不端正的态度与讯问人员抗衡、周旋，拒绝接受讯问。因此，端正被讯问人对待讯问的态度，有利于使被讯问人自愿受审。

（三）有利于突破被讯问人的抗审心理防线

被讯问人的抗审心理防线能否突破，在很大程度上取决于被讯问人对待讯问的态度。也就是说，被讯问人对待讯问的态度得到了端正，其抗审心理防线就有可能被突破，否则，被讯问人的抗审心理防线就无法突破。

被讯问人对待讯问的不端正态度，实质上是其构筑的抗审心理防线的前沿阵地、赖以抗审的第一道屏障，被讯问人首先就是以此屏障来抵抗讯问人员的进攻。这道屏障如果不能破除，被讯问人就会依托这一屏障与讯问人员进行垂死抵抗，那么，被讯问人构筑的抗审心理防线也就无法予以突破。而被讯问人对待讯问的态度得到了端正，表明被讯问人借以抗审的第一道屏障已被打破，被讯问人也就失去了这一屏障，再不能依托这一屏障进行抗审，这样，就为讯问人员全线突破被讯问人构筑的抗审心理防线扫除了障碍，打开了缺口。

被讯问人抗审心理防线的突破，需要被讯问人听讯问人员说话，听得进讯问人员所说的话，并在其心理上发生作用，促使其由拒供的心理向交代的心理转化。只有这样，被讯问人的抗审心理防线才能突破。而要做到这样，就要端正被讯问人对待讯问的态度。否则，在被讯问人对待讯问的态度尚未得到端正的情况下，被讯问人是不可能去听讯问人员说话的，更不可能听得进讯问人员所说的话。这样，被讯问人抗审心理防线的突破也就无从谈起。因此，端正被讯问人对待讯问的态度，有利于突破被讯问人的抗审心理防线。

（四）有利于促使被讯问人作出如实交代

被讯问人能否如实地交代犯罪或违纪违法的事实，完全取决于被讯问人对待讯问的态度。也就是说，被讯问人对待讯问的态度得到了端正，其以端正的态度对待讯问，其就有可能对犯罪或违纪违法的事实作出如实的交代。否则，被讯问人是不可能如实交代犯罪或违纪违法事实的。

被讯问人能否交代犯罪或违纪违法的事实，受其心理的支配。换言之，被讯问人在心理上认为应当如实交代犯罪或违纪违法事实的情况下，其就会对犯罪或违纪违法的事实作出如实的交代；其在心理上认为不应当交代犯罪或违纪违法事实的情况下，其就不会对犯罪或违纪违法的事实作出如实的交代。正因如此，被讯问人在对待讯问的态度不端正的情况下，其心理活动是：或认为自身有地位高、权势重、立过大功、财大气粗、身份特殊、所从事的新高领域离不开自己、自己是名人、水平高能力强的硬条件，讯问人员不敢、不会、不能对自己怎么样，凭自身这些硬条件定能脱罪；或认为自己有与领导关系密切、交际广、关系铁、江湖朋友多、势力强、家人与高官关系密切、亲戚是查案机关的领导或者高官或者手握实权的人物的优势，自己的这些关系、朋友、亲戚定能出手相救，凭外援定能脱罪；或认为自己作案手段高明、行为诡秘，自己已对现场进行了破坏，毁灭了证据，已与他人订立攻守同盟，查案机关和讯问人员不可能有那么大的能力，收集不到自己犯罪或违纪违法的证据，只要自己不交代，讯问人员就没有证据；或认为“无供不录案”，只要自己不开口，哪怕你讯问人员是神仙也难下手；或认为自己胡搅蛮缠、矢口否认、闭口不语、毫无反应、实施自杀、绝食、装病、装疯卖傻、躺在地上和衣和裤大小便的无赖行为，就可以纠缠住讯问人员、吓住讯问人员，使讯问人员束手无策；等等。在这些心理的支配下，被讯问人就不可能对犯罪或违纪违法事实作出如实交代，即使证据最确实、充分，被讯问人也不会作出交代。在这些情况下，要想让被讯问人作出如实的交代，就要破除被讯问人的这些心理，挖除其不端正态度的根源，端正其对待讯问的态度。只有这样，被讯问人才有可能作出如实的交代。因此，端正被讯问人对待讯问的态度，有利于促使被讯问人作出如实的交代。

（五）有利于被讯问人真诚地悔过自新

被讯问人能否真诚地悔过自新，也取决于被讯问人对待讯问的态度是否端正。也就是说，被讯问人对待讯问的态度得到了端正，其就有可能真诚地悔过自新。否则，被讯问人是不会真诚地悔过自新的。

查处犯罪或违纪违法的目的，不仅仅是惩罚犯罪或违纪违法，更重要的是教育、感化、挽救犯罪或违纪违法人，使之“去邪从正”，成为对社会有用的新人，健康地复归社会。而要实现这一更重要的目的，犯罪或违纪违法人的真诚悔过自新起着决定性的作用。因为犯罪或违纪违法人只有真诚悔过自新，才有可能“去邪从正”，成为对社会有用的新人，健康地复归社会。否则，就实现不了这一目的。

被讯问人的真诚悔过自新并不会自动实现，它是通过讯问人员端正其不端正的态度实现的。被讯问人在态度不端正的情况下，其考虑的是如何否认犯罪或违纪违法、如何推卸责任、如何能使自己脱案，根本不会考虑自己的行为是犯罪或违纪违法和对社会、对他人造成的危害。因而，其是不会悔过自新的，更不可能真诚地悔过自新。特别是一些犯罪或违纪违法有客观原因，或被害人有错在先，或这种行为社会上普遍存在，或犯罪或违纪违法的动机出于工作、维护他人或自己合法权益的案件的被讯问人，认识不到自己的行为是犯罪或违纪违法，真诚地悔过自新更是无从谈起。这些态度不端正的被讯问人，其只有在态度得到端正的情况下，才能认识到自己的行为是犯罪或违纪违法和对社会、对他人造成的危害，自己确实是错了，对不起社会、对不起他人，受到良心上的谴责，进而才有可能真诚地悔过自新。因此，端正被讯问人对待讯问的态度，有利于被讯问人真诚地悔过自新。

二、被讯问人不端正态度的表现和原因

要端正被讯问人对待讯问的态度，首先要了解被讯问人不端正态度的表现和原因。只有这样，才能做到对症下药。

（一）被讯问人不端正态度的表现

我们说过，由于犯罪或违纪违法行为要承担法律或纪律责任，因而，绝大多数的被讯问人都不肯自愿地接受讯问，在讯问开始的阶段，往往都以不端正的态度来对付讯问，以逃脱法律或纪律的制裁。

总结讯问实践，被讯问人不端正态度的表现主要有：

1. 气焰嚣张

不少被讯问人在讯问开始的阶段都表现出嚣张的气焰。

（1）盛气凌人、高傲自大

这种被讯问人一进到讯问室就表现出骄横的气势，抬着头、挺着胸、瞪着眼，背交着手，大摇大摆，蛮横无理，以蔑视的目光环顾四周。讯问人员让其坐下，他爱理不理，或冷冷地一句：“坐，我还不知道，用你说?”坐下后，仰着头，跷着二郎腿，不停地抖动。讯问人员问其叫什么名字，或你叫××吗?其要么不理，要么反问：“我叫什么名字都不知道，你为什么叫我来?”或“知道了还问什么?”一副自以为了不起，什么都不放在眼里的神态。

（2）发难、质问

这种被讯问人往往采取以攻为守的策略，向讯问人员发难，质问讯问人员："你凭什么把我叫到这里来？你有证据吗？你有证据你拿出来！拿出来啊！"逼迫讯问人员拿出证据。看讯问人员没有拿出证据时，其便得寸进尺，更加猖狂地要讯问人员拿出证据来，否则，绝不罢休，要与讯问人员斗到底，直斗到讯问人员赔礼道歉、赔偿损失，为其恢复名誉为止。

（3）声称控告

这种被讯问人声称讯问人员侵犯了他的合法权益，要向上级控告讯问人员："你这是在侵犯我的人权，是在违法办案，是在破坏经济建设，是在冤枉好人、放纵坏人，我要控告你，直到把你告下台，受到处分、判刑为止，否则，我是不会收手的！你等着处分、判刑吧！"

（4）威胁

这种被讯问人使出威胁的手段，对讯问人员进行威胁："你搞我，你这碗饭算是吃到头了，你这身衣服算是要脱掉了，有人会为我出头的""你要是弄不死我，我就弄死你，弄死你的家人""你叫××，我认识你，你家住在×××住宅区，你妻子在××单位，你儿子在××幼儿园，这些我都知道""我就是被你冤枉判了刑，总有出来的时候，我出来之日就是你和你家人的忌日""我还有一批为我两肋插刀的朋友，他们不会放过你的！"等等。

（5）对着干

这种被讯问人与讯问人员对着干。有的顶撞讯问人员，讯问人员说一句，他顶一句，甚至顶几句；有的讯问人员叫他这样，他偏那样，例如叫他坐端正，他不仅不坐端正，反而更加蛮横，叫他放下二郎腿，他不仅不放下，反而说"老子这样惯了，我就这样，看你有什么办法"，等等。

（6）要见领导

这种被讯问人摆出架势，声称："你有什么资格同我说话，叫你们领导来同我说，你们领导不来，我是不会回答你任何问题的！你不配同我谈，你知道吗?”有的甚至点名要某某领导来。

(7) 抬出权贵

这种被讯问人拉大旗作虎皮，抬出权贵。称：“某某领导是我朋友，前天我刚同他一起吃酒”“某某人是我亲戚，他是省里第几把手你不会不知道吧”“某某人是我提拔上来的，他称我为恩师，现在他担任什么职务你清楚吗？说出来我怕吓死你!”等等。

2. 激烈对抗

有的被讯问人以激烈对抗的行为对付讯问。

(1) 捶桌子、摔板凳、砸物品

这种被讯问人气势汹汹、行为不端，动辄实施激烈的对抗行为来对付讯问。有的以拳头或手掌猛击桌板，虚张声势，公然与讯问人员对抗；有的擒起凳子狠摔下去；有的掀翻桌子；有的看到物品就抢过来到处乱砸，甚至连讯问室的设施都砸，砸得一地狼藉，发泄心中的不满；有的抢去讯问人员的档案袋，气急败坏地狠撕，毁灭证据；等等。

(2) 辱骂

这种被讯问人道德沦丧，破口大骂：有的不指名地骂人祖宗；有的指名道姓地骂人、咒人；有的用手指指着讯问人员进行辱骂，并步步向讯问人员逼近，似一个骂街的泼妇，骂个不停；等等。

(3) 动手

这种被讯问人肆无忌惮地对讯问人员动手：有的推搡讯问人员；有的扭住讯问人员的衣服或胳臂；有的扑向讯问人员，抓住讯问人的头发或衣领，要与讯问人员拼命；有的动手殴打讯问人员，用脚踢讯问人员，甚至用嘴咬讯问人员；有的拎起茶杯、板凳等物品砸向讯问人员；有的甚至持凶器向讯问人员行凶；等等。

(4) 拒绝行走

这种被讯问人被讯问人员抓获将其带回或从这一地点带到另一地点，或带到讯问室接受讯问，有的拒不迈开脚步走路，一动不动地站在那里或蹲在地上；有的索性躺倒在地，拒不起来行走；等等。

3. 蔑视

有的被讯问人目空一切，把什么都不放在眼里，以蔑视的各种表现来对付讯问。

（1）神态蔑视

这种被讯问人摆出一副对讯问人员不屑一顾的神态，斜着眼睛，眼角挂着讥诮的笑意打量着讯问人员。

（2）腔调蔑视

这种被讯问人说话的腔调阴阳怪气，对讯问人员的话语嗤之以鼻或打鼻腔，一声声“哼、哼”的；对讯问人员的提问总是哼儿哈儿地进行敷衍。

（3）语言蔑视

这种被讯问人常以语言对讯问人员进行讥讽：“你不要说了，这些我不会比你不懂，我告诉你，当你还在吃奶的时候，我就是这方面的一个著名专家了。”“你懂得什么？还不是手中有点权要要威风，说话前言不搭后语的。有时间的话，我给你上几课。”“我走过的桥比你走过的路多，吃过的盐比你吃过的米多。”耻笑讯问人员没有水平和能力。

（4）行为蔑视

这种被讯问人头一扭一摇的，手一挥一摆的，身一欠一仰的。有的甚至搓脚皮、挖鼻孔、抓头皮、掏耳朵、摆弄手指、脚趾，等等，完全不把讯问人员放在眼里。

4. 胡搅蛮缠

有的被讯问人以胡搅蛮缠来对付讯问。

（1）大呼小叫

这种被讯问人以高声喊叫、吵嚷纠缠讯问人员，其一到讯问室，未等讯问人员开口，就大呼小叫。有的喊自己是被冤枉的，是讯问人员搞错了，或指责讯问人员冤枉无辜，放纵真正的罪犯；有的喊自己是被陷害的，是有人故意陷害自己；有的喊自己是被打击报复的，是某人利用职权对自己进行打击报复。为了表明自己无辜，在大呼小叫的过程中，有的蹬着双脚，有的用拳捶着胸部，有的伏地磕头，有的甚至在地上打滚，等等。

（2）哭哭啼啼

这种被讯问人以哭纠缠讯问人员，其挂着泪珠来到讯问室，一见讯问人员更是哭得伤心，有的甚至跪在地上或坐在地上痛哭，哭自己冤枉，哭自己身体不好受不了，哭自己被冤枉没脸见人，哭自己活不下去了。当讯问人员叫其不要哭，先听讯问人员说话时，其反而哭得更凶，甚至叫着“黄天”哭个不停。当讯问人员提出问题让其回答时，其以哭声回答讯问人员的提问，边哭边发誓自己真没有犯罪或违纪违法。

（3）顾左右而言他

这种被讯问人以避开问题纠缠讯问人员，其对讯问人员的提问不作正面回答，而是顾左右而言他。有的给自己摆好评功，进行自我标榜；有的强调客观原因，只字不提自己的问题；有的满口胡话，说一些风马牛不相及的东西；有的极力狡辩，说当时的情况根本就不是那样的，而是这样的，天花乱坠地说上一通；等等。

（4）抓住一点大做文章

这种被讯问人抓住他人的一点过错大做文章，蛮不讲理，以此纠缠讯问人员。有的被讯问人抓住被害人的过错不放，对被害人的过错进行无限扩大，将责任全部推给被害人，把让其交代问题的讯问变成了声讨被害人罪过的大会；有的被讯问人抓住查案机关或讯问人员在方式方法上的一点不妥，借题发挥，胡乱纠缠，无限上纲上线，蛮不讲理地一定要求作出严肃处理，并以此与讯问人员纠缠不休；等等。

5. 矢口否认

有的被讯问人以矢口否认来对付讯问，对任何事实和证据都坚决不予承认。

（1）以起誓进行否认

这种被讯问人为了证明自己没有犯罪或违纪违法，以起誓对犯罪或违纪违法的事实进行否定。有的不惜祖宗，以“如有犯罪或违纪违法，或者是我干的，十八代狗生”进行否认；有的不惜家人，以“如有犯罪或违纪违法，或者是我干的，全家死光光”进行否认；有的不惜子女，以“如有犯罪或违纪违法，或者是我干的，断子绝孙”进行否认；有的不惜自己，以“如有犯罪或违纪违法，或者是我干的，遭五雷轰”进行否认；有的要当场写下保证书，保证自己没有犯罪或违纪违法行为，或者不是他干的，声称如是他干的，甘愿受从重处罚；等等。

（2）以硬辩进行否认

这种被讯问人在事实和证据面前进行硬辩，无理也要辩三分。有的强辩不是他干的，甚至就是一句话：“反正不是我干的。”有的强辩不是这么回事，而是怎么一回事，甚至也是一句话：“反正不是这么回事。”

（3）以硬抗进行否认

这种被讯问人在确实、充分的证据面前，就是拒不承认，有的说：“这是什么狗屁证据，这证据是假的，是伪造的。”有的说：“你们认为有证据，证据确实、充分，那你们定罪就是了，还要我说干什么？我没有什么可讲的，你们想怎么办就怎么办！”

（4）以硬赖进行否认

这种被讯问人对任何事实、证据都不认账，有的甚至对从他身上、家中或办公室搜出的证据也不承认，说是有人陷害他放到他身上、家中或办公室的，或者干脆说自己不知道。更有甚者，当场抓获也不承认，抵赖到底。

6. 闭口不语

有的被讯问人以不开口说话的固定方式来对付讯问。

（1）不应声

这种被讯问人不论讯问人员怎么叫他，是呼他姓名，还是职务、职称，抑或先生、女士，都不应声。

（2）不回答

这种被讯问人不论讯问人员问其什么问题，都紧闭嘴唇，一概一声不吭，就是不回答，甚至连最基本的姓名、年龄、学历等情况也不作回答。

（3）不辩解

这种被讯问人无论讯问人员揭露他什么事实、批驳他什么问题、说他什么情况，他都不辩解。即使事实不是这样的，而是那样的，其也不作辩解，闭口听之任之，任讯问人员去说。

（4）不交代

这种被讯问人无论事实怎么清楚，证据怎么确实、充分，铁板钉钉的事实和证据摆在他的面前，他也不开口，更不交代。

7. 毫无反应

有的被讯问人以毫无反应的固定方式来对付讯问。

（1）不听

这种被讯问人无论讯问人员同他说什么、怎么说，他都不听。在讯问中，他总是扭着头，或仰着头，或低着头，或侧着身子，自己想怎么样就怎么样，我行我素，就是不听讯问人员说话。

（2）不理

这种被讯问人无论讯问人员是对其进行教育，还是进行揭露、批驳，抑或对其施威，都不予理睬，任你折腾，置之不理。

（3）不显

这种被讯问人无论讯问人员怎么说、怎么做，是向其出示证据，把实实在在的证据摆在他的面前，还是向其宣讲法律，把法律的规定阐述给他听；是向其阐明道理，还是向其输入情感，抑或向其许诺利益，其都没有任何反应。

8. 无赖行为

有的被讯问人以故意实施放刁撒泼、蛮不讲理的无赖行为来对付讯问。

（1）以假自杀相威胁

这种被讯问人在讯问中声称自己不能活了，只有以死明志，表明自己的清白。于是，便使出假自杀的伎俩，来威胁讯问人员，以使讯问人员害怕其自杀致死而停止对其犯罪或违纪违法行为的查处和讯问。

（2）以绝食相威胁

这种被讯问人在被采取强制措施或调查措施期间，采取不吃饭、不喝水的绝食手段对讯问人员进行威胁，以使讯问人员害怕其饿死而停止对其犯罪或违纪违法行为的查处和讯问。

（3）装病

这种被讯问人在被采取强制措施或调查措施期间，或在讯问中装病。有的叫自己的头痛得厉害，捧着个头；有的叫自己的头昏得不行，天旋地转的；有的叫自己的眼睛看不见或看不清东西，眼前一片漆黑或金星直冒，模糊一片；有的叫自己的胸部闷得很或痛得很，喘不上气，抚摸着胸部；有的叫自己的肚子痛得不得了，用手捂着肚子，佝偻着身子不停地扭动；等等，以使讯问不能进行，趁去医院检查、治疗之机逃跑。

（4）装疯卖傻

这种被讯问人在讯问中故意装出精神失常、疯癫、呆傻的样子，说话胡言乱语、行为疯疯癫癫、模样傻里傻气，以使讯问无法进行，停止对其犯罪或违纪违法的查处。

（5）躺在地上大小便

这种被讯问人在讯问中索性躺在地不起来，和衣和裤大小便，湿淋淋、黏糊糊的，臭气冲天，一副“死猪不怕开水烫”的模样，以使讯问人员没有招数而停止对其犯罪或违纪违法的查处和讯问。

（二）被讯问人不端正态度的原因

被讯问人不端正态度的产生都是有其原因的。讯问人员只有找准被讯问人不端正态度的原因，才能有针对性地挖除其不端正态度的根源，从而端正其不端正的态度。

总结讯问实践，被讯问人不端正态度的原因主要有：

1. 认为自身硬

有不少被讯问人都因为认为自身硬而导致其不端正的态度。主要有以下几种情况：

（1）认为自己地位高、权势重

这种被讯问人自认为担任或担任过重要职务，手中握有或握有过实权，自己在社会上有地位、有影响、有名声，是一个呼风唤雨、炙手可热的人物。而且，其认为有一批干部是自己提拔上来的，桃李满天下，他们分布在各条战线，掌握着实权，对自己这个“恩师”敬重有加，忠心耿耿。因而，其认为讯问人员不敢对他怎么样，于是，便表现出嚣张的气焰。

（2）认为自己立过大功，为党和人民作出过重大贡献

这种被讯问人自认为自己曾立过大功，为党和人民作出过重大贡献，组织和领导是不会不顾自己曾作出过的卓越贡献而绝情于他的。因而，其认为领导是不会将自己查到绝路上去的，定能网开一面，于是，便以恶劣的态度对付讯问。

（3）认为自己财大气粗

这种被讯问人自认为自己财富多，富甲一方，为地方经济建设作出过或正在作出重大贡献，查了他，地方的经济建设就无法进行；或认为自己的企业规模大，自己是税收大户，是地方经济的主要来源，查了他，地方的经济就会崩溃。因而，其认为领导肯定会过问，讯问人员不敢真正地查下去，不可能对自己怎么样，于是，便以嚣张的气焰来对付讯问。

（4）认为自己身份特殊

这种被讯问人从事或被聘从事有关国家利益的工作，自认为自己的身份特殊，事关国家的重大利益，查处他，就是对国家利益的侵犯，危害了国家的利益。因而，其认为讯问人员无权查处他，也不可能查处他，于是，便表现出嚣张的气焰。

（5）认为某高新领域离不开自己

这种被讯问人因掌握着某高新领域的现代化科学技术，是这个领域的领军人物、主心骨或宗师，便自认为这个领域离不开自己。查了他，这个领域的工作就无法开展和继续进行，因而，认为为了这个领域的工作，领导不可能不过问。到时领导一过问，讯问人员就不得不停止对自

己的调查和讯问，于是，便以蛮横的态度来对付讯问。

（6）认为自己是名人

这种被讯问人因在广播中有声、报上有名、电视上有影，自认为自己是名人，名闻中外，备受社会关注，自己名气大、粉丝多。因而，认为自己被查，必然会引起社会的极大反响、群众的呼声，领导不可能不顾自己的影响、社会的反响、群众的呼声，到时领导一发话，什么都烟消云散，于是，便以恶劣的态度对付讯问。

（7）认为自己水平高、能力强

这种被讯问人自认为自己知识渊博、业务精通、见识广、经验足、精明强干、能言善辩，讯问人员斗不过自己，完全可以凭自己的一身真功夫同讯问人员斗下去，并斗败讯问人员。因而，认为讯问人员不是他的对手，自己完全可以立于不败之地，于是，便以嚣张的气焰来与讯问人员抗衡。

2. 认为自己有外援

有的被讯问人的不端正态度，是因为其认为自己有外援而产生的。主要有以下几种情况：

（1）认为自己与领导关系密切

这种被讯问人有的平时巴结献媚于领导，领导在单位和家中的事都由他包揽下来，似领导的家丁。领导也将其作为心腹，什么重要的事、私密的事都交给被讯问人去办；有的是领导家中的常客，隔三岔五自己或带着家人去领导家玩，打得火热，不似亲人胜似亲人，领导也将其作为最亲密的人，无话不说，无事不谈；有的是领导的贵宾，与领导交往密切，感情深厚，深受领导的宠爱和器重；等等。因而，这种被讯问人认为，领导是定会出面做查案机关领导的工作，为自己开脱的。领导一出面，查案机关的领导就要买账，案件就不得不了了之。于是，便以不端正的态度来对付讯问，或气焰嚣张，或激烈对抗。

（2）认为自己交际广，关系网牢固

这种被讯问人平时靠金钱或美色广交朋友，罗织了层层关系网，特别是结交了一些有权有势的人，与之称兄道弟、称兄道妹，相互勾结、互相利用，并信誓旦旦地有福同享、有难同当。因而，其认为自己的关系网一定会发挥作用，一定不会对自己坐视不管，必会出手相救。一旦自己的关系网发挥作用，这些有权有势的朋友出手相救，讯问人员必会顾忌自己的这些关系网而不敢查处自己的问题，自己定能脱案。于是，便表现出嚣张的气焰或激烈对抗的行为。

（3）认为自己的家人与高官关系密切

这种被讯问人因其家人与一些有权的高官是同学、战友、朋友或上下级、同事关系，平时联系密切、来往频繁，互相照应、利用。因而，其认为自己的家人一定会求救于有权的高官，高官也定会出手相助，向查案机关的领导发指示、打招呼、讲人情，为自己开脱，到时查案机关的领导一开口，自己就万事大吉，案件就不了了之。于是，便以嚣张的气焰或激烈对抗的行为来对付讯问。

（4）认为自己的亲属、亲戚是查案机关的领导或是高官、握有实权的人物

这种被讯问人因其亲属或亲戚是查案机关的领导或是高官、握有实权的人物，其认为自己的亲属或亲戚一定会为自己开脱，而且，讯问人员也一定会对自己的亲属或亲戚有所顾忌，不敢得罪自己的亲属或亲戚。一旦自己的亲属或亲戚出面或讯问人员知道自己的亲属或亲戚是其领导或高官、握有实权的人物，讯问人员就不能、不敢对自己的案件查下去，定会知难而退，案件就不了了之。于是，便以不端正的态度来对付讯问。

（5）认为自己江湖朋友多，势力强

这种被讯问人因同学、战友关系，朋友本来就多，平时广交朋友，结拜兄弟，江湖义气重，为朋友两肋插刀，形成了一股互相帮助、互相出头的势力。因而，这种被讯问人认为，现在自己出事，这些朋友肯定不会丢下自己不管，定会各显神通为自己开脱。讯问人员一定经不住自己朋友这股势力的压力，到时定会知难而退，败下阵来。于是，便以不端正的态度来对付讯问，与讯问人员对着干。

3. 认为讯问人员不可能掌握证据

有的被讯问人因为种种原因，认为讯问人员不可能掌握其犯罪或违纪违法的证据，而导致其产生恶劣的态度。关于被讯问人认为讯问人员不可能掌握其犯罪或违纪违法证据的种种原因及其具体情况，将在本书第七章《摧毁被讯问人抗审的心理防线》中予以阐述。

4. 认为“无供不录案”

有的被讯问人因认为“无供不录案”，只要自己不开口交代，没有自己的口供，讯问人员就无法认定自己有罪和处以刑罚，而导致其产生恶劣的态度。关于被讯问人认为“无供不录案”的具体情况，亦将在本书第七章《摧毁被讯问人抗审的心理防线》中予以阐述。

5. 不承认自己的行为是犯罪或违纪违法

这种被讯问人实施犯罪或违纪违法行为或因事出有因，或因被害人有错在先，或因迫于无奈，或因维护自己或家人的正当利益，或因出于正义感，或因这种行为在社会上普遍存在，等等，因而，其认为自己的行为没有错，更不是犯罪或违纪违法，讯问人员查处自己不公。于是，便以恶劣的态度对付讯问，不承认自己的行为是犯罪或违纪违法。

6. 认为比自己的问题大得多的人多的是，不查他们而查自己，是有意要整自己

这种被讯问人认为比他问题大得多的人比比皆是，查案机关不去查他们，却偏偏要查他的问题，是小题大做，政治陷害，是有人有意要整他，与他过不去。于是，便以恶劣的态度对付讯问。

7. 认为可以吓住讯问人员

这种被讯问人认为，人都是怕出问题，怕自己承担责任的。讯问人员同样如此。如果自己实施自杀、绝食行为，一方面可以表明自己以死明志，没有犯罪或违纪违法行为，从而动摇讯问人员的信心和决心；另一方面可以吓住讯问人员，从而使讯问人员不敢继续对自己进行讯问。于是，便实施假自杀或绝食的行为，以自杀或绝食威胁讯问人员，妄图以此吓住讯问人员，停止对他犯罪或违纪违法行为的查处和讯问。

8. 认为可以使讯问人员无计可施

这种被讯问人认为，无赖行为不好对付，人都会顾忌无赖行为，讯问人员同样如此。如果自己以放刁撒泼、蛮不讲理的无赖行为对付讯问，讯问人员就无计可施、束手无策、毫无办法。于是，便实施无赖行为。或以装病、装疯卖傻，或以躺在地上和衣和裤大小便来对付讯问，妄图使讯问人员无计可施而停止对其犯罪或违纪违法行为的查处和讯问。

三、端正被讯问人不端正态度的步骤及其基本方法

总结讯问实践，端正被讯问人不端正态度的步骤及其基本方法有以下几个方面。

（一）刹被讯问人不端正态度的表现

所谓刹被讯问人不端正态度的表现，是指讯问人员运用各种手段制止被讯问人不端正态度的表现。

端正被讯问人对待讯问的态度，首先要制止住被讯问人不端正态度的表现。也就是说，讯问人员面对被讯问人不端正态度的表现，决不能迁就、回避，视而不见，见而不管，放任自流，而是首先要以铁的手腕、强硬的态度、巧妙的方法予以制止，刹住其不端正的态度表现。如果讯问人员不首先制止被讯问人不端正态度的表现，被讯问人就会认为讯问人员没有招数对付他不端正态度的表现，对其不端正态度的表现是害怕了。这样，被讯问人就有可能得寸进尺，越发地猖狂、嚣张，以更加恶劣的态度与讯问人员对抗。在这种情况下，讯问人员就很难控制住讯问的局面，讯问就将反客为主，不是讯问人员审被讯问人，而是被讯问人审讯问人员，使讯问人员处于被动的地位或使讯问变成斗嘴、斗气，互相争吵。这种现象是讯问中最为忌讳的。因此，端正被讯问人对待讯问的态度，很关键的一步就是首先要对被讯问人不端正态度的表现

进行制止，刹住其不端正的态度表现。

刹被讯问人不端正态度表现的方法主要有：以气势刹、以态度刹、以行为刹、以才能刹、以品格刹、以把柄刹、以法律刹、以证据刹。

1. 以气势刹

所谓以气势刹，是指讯问人员在讯问被讯问人前或讯问中营造一种大兵压境、锐不可当，雷电皆至，泰山压卵、无坚不摧，凌厉庄严、威气逼人，大帅亲征、稳操胜券，舳舻千里、旌旗蔽空，壮志凌云、气吞山河，风卷残云、大势所趋的强大气势，使被讯问人慑于这种强大的气势而不敢放肆、造次，收敛或改正其不端正态度的表现，从而刹住被讯问人不端正态度的表现。

（1）以气势刹被讯问人不端正态度表现的方法

总结讯问实践，以气势刹被讯问人不端正态度表现的方法主要有：

①通过营造查案的强大声势表现气势，刹被讯问人不端正态度的表现

所谓通过营造查案的强大声势表现气势，刹被讯问人不端正态度的表现，是指讯问人员有意识地通过各种手段营造出强大的查案声势，把气势表现出来，使被讯问人慑于查案的强大声势而不敢实施或继续实施不端正态度的表现，从而刹住被讯问人不端正的态度表现。

查案的强大声势所表现出来的是一种大兵压境、锐不可当的气势，显示出强大的威力，任何阻挡这种气势的行为都将是螳臂当车。这种气势使被讯问人感觉到自己是无法与之相抗衡的，更不可能阻挡这种气势。如果自己以不端正的态度对待讯问或继续实施不端正的态度表现，无疑要被碾得粉碎。在这样的心理作用下，被讯问人就有可能不敢实施或继续实施其不端正的态度表现。

查案强大声势的营造，主要从以下几个方面来进行：

第一，全党重视，各部门参与。党委加强对查办案件的领导，主要负责同志亲临一线，组织协调各职能部门参与，各负其责、各司其职，互相组合、协同作战，把一个由统帅部统一指挥、各诸兵种联合作战的

查案气势摆在被讯问人的面前。

第二，组织强有力的查案力量。负责案件查处的领导要抽调各方面的查案精英、业务能手、精兵强将，组织起一支战无不胜、攻无不克、所向披靡、浩浩荡荡的查案大军摆在被讯问人的面前。

第三，发动、动员群众。广泛地发动、动员群众参与，提线索、摆疑点、找证据、寻逃犯，把一场人民战争的汪洋大海摆在被讯问人的面前。

第四，召开各种会议。召开各种大会、小会、座谈会、研讨会，宣传查案的声势，部署查案的任务，贯彻落实查案的措施，把一个既扎实，又有声有色的查案场景摆在被讯问人的面前。

通过上述营造查案的强大声势，表现出气势，刹住被讯问人不端正态度的表现。

②通过宣传打击犯罪或违纪违法的严厉形势表现气势，刹被讯问人不端正态度的表现

所谓通过宣传打击犯罪或违纪违法的严厉形势表现气势，刹被讯问人不端正态度的表现，是指讯问人员通过各种形式、各种手段，大张旗鼓地宣传严厉打击犯罪或违纪违法的形势，把气势表现出来，使被讯问人慑于形势而不敢实施或继续实施不端正态度的表现，从而刹住被讯问人不端正态度的表现。

打击犯罪或违纪违法的严厉形势所表现出来的是一种雷电皆至的气势，显示出明察一切，决不留情的威势，任何阻挡这种气势的行为都将灰飞烟灭。这种气势使被讯问人胆战心惊，感觉到“人方为刀俎，我为鱼肉”①，自己根本无法与之抗衡。如果自己以不端正的态度对待讯问或继续实施不端正的态度表现，定将被“剁”成肉泥。在这样的心理作用下，被讯问人就有可能不敢实施或继续实施不端正的态度表现。

---

① 见（汉）司马迁：《史记·项羽本纪》，载中华经典普及文库《史记》，中华书局2006年版，第64页。

宣传打击犯罪或违纪违法的严厉形势，主要从以下几方面来进行：

第一，在宣传的内容上，大张旗鼓、反复地宣传严厉打击犯罪或违纪违法的决定或通告、"坦白从宽，抗拒从严"和"宽严相济"的刑事政策、敦促犯罪或违纪违法分子投案自首的期限等。

第二，在宣传的方法上，动用一切宣传工具，运用一切宣传方式，通过电视、广播、报纸，悬挂各种标语、张贴公告，召开群众大会等进行宣传。

通过上述宣传打击犯罪或违纪违法的严厉形势表现出气势，刹住被讯问人不端正态度的表现。

③通过宣传和贯彻执行领导的指示、批示表现气势，刹被讯问人不端正态度的表现

所谓通过宣传和贯彻执行领导的指示、批示表现气势，刹被讯问人不端正态度的表现，是指查案机关和讯问人员将领导对案件查处的重视而所作出的指示、批示进行宣传，并予以贯彻落实，把气势表现出来，使被讯问人慑于领导的指示、批示而不敢实施或继续实施不端正态度的表现，从而刹住被讯问人不端正态度的表现。

有的案件由于特别重大，引起了党和国家领导人的重视和关注，作出了指示或批示；有的案件各级领导都非常重视，级级作出指示或批示；有的案件当地领导十分重视，作出了指示或批示；有的案件查案机关的领导十分重视，不仅作出指示或批示，并且亲临第一线，亲自部署、亲自指挥侦破或办理。领导对案件的重视所作出的指示或批示，特别是党和国家领导人作出的指示或批示所表现出来的是一种泰山压卵、无坚不摧的气势，任何阻挡这种气势的行为都将会粉身碎骨。这种气势使被讯问人感到自己的渺小，如果以不端正的态度对待讯问或继续实施不端正的态度表现，无疑是"若卵投石，岂可得全也!"[①] 在这样的心理作用下，被讯问人就有可能不敢实施或继续实施其不端正的态度表现。

① 见《三国志·魏书·吕布张邈臧洪传》，（宋）裴松之注引：《献帝春秋》，载中华经典普及文库《三国志》，中华书局2006年版，第138页。

宣传和贯彻执行领导的指示或批示，主要从以下几个方面来进行：

第一，对于可以公开宣传的领导的指示或批示，讯问人员要利用宣传工具和通过各种会议进行广泛宣传，并层层予以传达，或直接向被讯问人进行宣传；对于不宜公开宣传的领导的指示或批示，讯问人员要有意识地让被讯问人知道领导对案件查处的重视，有着重要的指示或批示。

第二，讯问人员要根据领导的指示或批示，以雷厉风行的作风、认真务实的态度、切实有效的措施贯彻执行领导的指示或批示，并落到实处。

通过上述宣传和贯彻执行领导的指示或批示，造成一个全党重视，或党委、政府重视，或查案机关重视的查案气势，刹住被讯问人不端正态度的表现。

④通过选择讯问地点、布置讯问环境表现气势，刹被讯问人不端正态度的表现

所谓通过选择讯问地点（指对送交看守所羁押和采取留置措施以外的被讯问人的讯问）、布置讯问环境表现气势，刹被讯问人不端正态度的表现，是指讯问人员选择好讯问地点，布置好讯问环境，置被讯问人于肃静、庄重、威严的讯问环境中，使被讯问人慑于这种肃静、庄重、威严的环境而不敢实施或继续实施不端正态度的表现，从而刹住被讯问人不端正态度的表现。

讯问地点选择在肃静的地方，讯问环境布置得庄重、威严，所表现出来的是一种肃穆庄严、咄咄逼人的气势，任何阻挡这种气势的行为都将是自讨苦吃。这种气势使被讯问人感到不可造次，只有老老实实、乖乖受审才是唯一的选择，如果以不端正的态度对待讯问或继续实施不端正的态度表现，必将受到严厉的惩罚，下场可悲。在这样的心理作用下，被讯问人就有可能不敢或继续实施其不端正的态度表现。

选择讯问地点、布置讯问环境，主要从以下方面来进行：

第一，讯问地点要选择在肃静的地方，无外界干扰，不要设在路旁、通道、会议室、商店、影剧院、娱乐场所附近。特别要注意场内、

场外不要有人来回走动，周围不要有人高声喧哗或其他各种噪声的出现。

第二，讯问室要布置得庄重、威严，物品摆放、装饰、颜色、照明等都要体现庄重、威严，如有条件的，可安排警察站岗。同时，讯问室的布置要合法，尊重被讯问人的人格，整齐、干净和避免各种干扰。

通过上述对讯问地点的选择、讯问环境的布置，使被讯问人一到讯问室就有一种威严的感觉，使之从精神上败下阵来，刹住被讯问人不端正态度的表现。

⑤通过领导坐镇讯问表现气势，刹被讯问人不端正态度的表现

所谓通过领导坐镇讯问表现气势，刹被讯问人不端正态度的表现，是指在讯问的过程中，领导到讯问现场坐镇讯问，把气势表现出来，使被讯问人慑于领导的权威而不敢实施或继续实施不端正态度的表现，从而刹住被讯问人不端正态度的表现。

领导坐镇讯问所表现出来的是一种大帅在此、稳操胜券的气势，任何阻挡这种气势的行为都将是关公面前舞大刀。这种气势似一把利剑悬在被讯问人的头顶，使被讯问人感到随时都有可能刺向自己，如果自己以不端正的态度对待讯问或继续实施不端正态度的表现，无疑是身首异处。在这样的心理作用下，被讯问人就有可能不敢实施或继续实施不端正态度的表现。

领导坐镇讯问，主要从以下几方面来进行：

第一，对一些案情特别重大复杂、态度十分恶劣的被讯问人，在讯问开始时，领导就到讯问现场，坐镇讯问或亲自担任主审。

第二，对在讯问过程中表现出恶劣态度的被讯问人，领导视情况到达讯问现场，坐镇讯问表明态度，或发出指示，或采取措施。

通过上述领导坐镇讯问表现出气势，刹住被讯问人不端正态度的表现。

⑥通过强大的讯问队伍表现气势，刹被讯问人不端正态度的表现

所谓通过强大的讯问队伍表现气势，刹被讯问人不端正态度的表现，是指根据讯问的需要和被讯问人不端正态度的表现情况，以一支强

大的讯问队伍对被讯问人进行讯问，把气势表现出来，使被讯问人慑于讯问队伍的强大而不敢实施或继续实施不端正态度的表现，从而刹住被讯问人不端正态度的表现。

强大的讯问队伍所表现出来的是一种雄兵百万、“舳舻千里，旌旗蔽空”的气势，任何阻挡这种气势的行为都将是飞蛾扑火。这种气势使被讯问人感到洪流滚滚而来、汹涌澎湃，一浪高过一浪，如果自己以不端正的态度对待讯问或继续实施不端正的态度表现，定是折戟沉沙。在这样的心理作用下，被讯问人就有可能不敢实施或继续实施不端正态度的表现。

以强大的讯问队伍对被讯问人进行讯问，主要从以下几方面来进行：

第一，在讯问人员的人数上做到强大。要根据讯问的需要和被讯问人不端正态度的表现情况，由多名讯问人员组成讯问队伍对被讯问人进行讯问，把被讯问人置于多名讯问人员之下，显示讯问队伍的强大、被讯问人的渺小。

第二，在讯问人员的素质上做到强大。要根据案件和被讯问人的情况，由素质高的讯问人员组成讯问队伍对被讯问人进行讯问，把被讯问人置于高素质的精兵强将之下，显示出讯问队伍的强大、被讯问人的渺小。讯问队伍中特别要有那些仪表威武、态度严肃和专业技术人员、法律专家、讯问能手等讯问人员。

通过上述强大的讯问队伍表现出气势，刹住被讯问人不端正态度的表现。

⑦通过讯问人员的仪表、精神表现气势，刹被讯问人不端正态度的表现。

所谓通过讯问人员的仪表、精神表现气势，刹被讯问人不端正态度的表现，是指通过讯问人员堂堂的仪表、端庄肃穆的仪容、威武英姿的仪态、饱满旺盛的精神，把气势表现出来，使被讯问人慑于讯问人员的气势而不敢实施或继续实施不端正态度的表现，从而刹住被讯问人不端正态度的表现。

讯问人员堂堂的仪表、端庄肃穆的仪容、威武英姿的仪态、饱满旺盛的精神所表现出来是一种“壮志凌云、气吞山河”的磅礴气势，任何阻挡这种气势的行为都将是自掘坟墓。这种锐不可当的强大威势令被讯问人肃然起敬，感到有一种无形的压力正向其压去，自己根本就不是讯问人员的对手，根本无法与之较量，如果自己以不端正的态度对待讯问或继续实施不端正的态度表现，无疑是自不量力。在这样的心理作用下，被讯问人就有可能不敢继续实施不端正态度的表现。

事实上，通过讯问人员的仪表、精神表现气势，刹被讯问人不端正态度的表现，就是通过讯问人员的威仪表现气势，以威仪所表现出的气势来刹被讯问人的不端正态度表现。关于讯问人员的威仪，笔者将在本书第七章《摧毁被讯问人抗审的心理防线》中作详细的论述。

（2）以气势刹被讯问人不端正态度表现要注意的问题

以气势刹被讯问人不端正态度的表现，实质上是讯问人员通过营造的强大气势向被讯问人袭去，使被讯问人产生畏惧的心理，慑于这种气势而不敢实施或继续实施不端正的态度表现，从而刹住被讯问人不端正态度的表现。鉴于此，讯问人员以气势刹被讯问人不端正态度的表现，要注意以下几点：

①要讲究时机节奏

以气势刹被讯问人不端正态度表现的时机节奏非常重要，时机恰当、节奏急促迅捷就能刹得有效，起到事半功倍的效果。正所谓：“激水之疾，至于漂石者，势也；鸷鸟之疾，至于毁折者，节也。”[①] 因此，讯问人员以气势刹被讯问人不端正态度的表现，要十分讲究时机节奏，在最有利的时机以最急促迅捷的节奏进行。

以气势刹被讯问人不端正态度表现的时机节奏，从讯问实践来看，最好是在被讯问人不端正态度的表现尚未出现或略有出现的时候，以迅速猛烈的气势刹被讯问人不端正态度的表现，就能使被讯问人慑于气势而不敢实施不端正态度的表现或将被讯问人不端正态度的表现扼杀在萌

① 见《孙子兵法·兵势篇》，载马肇基主编：《国学经典》（第二卷），线装书局2012年版，第226页。

芽状态。

②要讲究角度

以气势刹被讯问人不端正态度的表现，所处的角度更为重要。角度选择好，就能使气势更加猛烈，被讯问人的畏惧心理也就大大增强，有利于一举刹住被讯问人不端正态度的表现。正所谓："任势者，其战人也，如转木石。木石之性，安则静，危则动，方则止，圆则行。故善战人之势，如转圆石于千仞之山者，势也。"① 因此，讯问人员以气势刹被讯问人不端正态度的表现，要非常重视对角度的选择，在最能产生气势威力的角度营造气势。

最能产生气势威力的角度，从讯问实践来看，一是高度，要以政治的高度营造气势；二是针对，要针对被讯问人不端正态度的原因营造气势。

③要讲究真实

以气势刹被讯问人不端正态度的表现，气势的真实性是关键。气势真实感强，一股实实在在的强大气势向被讯问人袭去，被讯问人就会真正体会到这股气势的强大和威力，从而产生畏惧的心理。如果气势不具有真实性，被讯问人就会认为讯问人员是故意做作、故弄玄虚、虚张声势，从而所营造的气势也就只有其名而无其实，更没有什么威力可言。因此，讯问人员以气势刹被讯问人不端正态度的表现，要非常讲究营造气势的真实性。

要使营造的气势具有真实性，讯问人员就要从案件和被讯问人的情况、查处案件的实际情况出发营造气势，以实实在在的气势向被讯问人袭去，使被讯问人真正感受到气势的威力。

2. *以态度刹*

所谓以态度刹，是指讯问人员对被讯问人不端正态度的表现，通过表明自己的态度进行制止，使被讯问人慑于讯问人员的态度不敢放肆，

① 见《孙子兵法·兵势篇》，载马肇基主编：《国学经典》（第二卷），线装书局2012年版，第227—228页。

从而刹住被讯问人不端正态度的表现。

（1）以态度刹被讯问人不端正态度表现的方法

总结讯问实践，以态度刹被讯问人不端正态度表现的方法主要有：

①什么都不怕的态度

讯问人员面对被讯问人不端正态度的表现，要向被讯问人明确表示什么都不怕的态度：不怕威胁、不怕控告、不怕报复、不怕陷害、不怕穿小鞋、不怕迫害、不怕得罪人、不怕没朋友、不怕受处分、不怕来真硬的、不怕任何困难险阻。同时，无论被讯问人以何种手段对付讯问、以何种反抗行为对付讯问人员，讯问人员都要有大将风度，“泰山崩于前而色不变，麋鹿兴于左而目不瞬”①。在向被讯问人表示什么都不怕的态度和做到处变不惊的同时，向被讯问人表明以下几点：

第一，查处犯罪或违纪违法和讯问被讯问人是国家行为，被讯问人面对的是国家机器，哪有一个国家会害怕犯罪或违纪违法分子的？哪有一个国家机器会胆怯反抗行为的？国家行为还怕你这点伎俩？

第二，讯问人员是代表国家行使职权，有国家权力和法律的保护，国家权力是讯问人员的保护神，法律是讯问人员的护身符。有这样强大的保护神和法力无边的护身符，讯问人员害怕什么？什么都不怕！

第三，讯问人员是依据法律的规定对案件进行查处和对被讯问人进行讯问的，履行的是国家法律，体现的是依法办事，堂堂正正、有依有据，没有半点的违法和丝毫的不当，“身正不怕影子斜”②，还有什么可怕的！表明这种依法办事的精神有可能还要受到表扬。

第四，打击犯罪和查处违纪违法符合人民的愿望，是在保护人民的利益，得到了广大人民群众的支持和拥护。有群众的支持和拥护，讯问人们还怕你被讯问人什么！

---

① 见（宋）苏洵：《心术》，载《唐宋名家文集·苏洵集》，中州古籍出版社 2013 年版，第 174 页。

② 见柳青：《种谷记》五，载《柳青文集》（第一卷），人民文学出版社 2005 年版，第 52 页。

第五，被讯问人实施的这种对抗行为所造成的结果，是你被讯问人的自己行为造成的，而不是我们讯问人员造成的。因此，这种结果只能由你被讯问人自己负责，我们不负任何责任，即使造成了严重的后果，也不是我们讯问人员的责任，被讯问人自己负责，大不了我们被批评几句，我们不需要怕！

通过上述向被讯问人表明讯问人员什么都不怕的态度，刹被讯问人不端正态度的表现。

②有的是力量、有的是办法的态度

讯问人员面对被讯问人不端正态度的表现，要表现出讯问人员有的是力量、有的是办法的态度。无论被讯问人表现出何种不端正态度的表现，以何种不端正态度的行为进行表演，讯问人员都要有胸有甲兵的神态，做到胸有成竹。同时，向被讯问人表明以下几点：

第一，讯问人员是代表党和国家对被讯问人进行讯问的，我们党和国家有的是力量，有的是办法。连日本侵略者都有力量、有办法将其打败，使其乖乖投降，还怕没有力量、办法对付你；连奸诈狡猾、无恶不作的残匪都有力量、有办法将其肃清，彻底镇压，还怕没有力量、办法对付你；连手握实权、显赫朝野的高官犯罪分子都有力量、有办法将其制服，送上法庭处以重刑、极刑，还怕没有力量、办法对付你。

第二，我们什么都见过，对什么都有力量、办法对付。讯问人员要向被讯问人表明自己无论什么样的被讯问人都见过，无论什么对付讯问的手段都领教过，对无论什么样的被讯问人和无论什么对付讯问的手段都有力量、办法予以对付，至今还没有对付不了的，被讯问人的这点伎俩只不过是一点雕虫小技而已，比起那些简直是小巫见大巫，不堪一击。在这里，可以举典型的案例对被讯问人进行警示，使其感到连那么高超的对付讯问的伎俩讯问人员都有力量、办法予以制服，使其乖乖受审，自己的这点伎俩的确是不堪一击。

第三，我们有足够的力量。讯问人员要向被讯问人表明我们有足够的力量。查案机关是一个坚强的战斗集体，拥有痕迹专家、证据专家、刑法专家、刑事技术专家、社会科学专家、自然科学专家和各类人才，我们有力量、有能力收集犯罪或违纪违法的各种证据，并组成证据体系，证实被讯问人的犯罪或违纪违法事实。

第四，我们有多种侦查或调查手段。讯问人员要向被讯问人表明我们有多种侦查或调查手段。查案机关根据《刑事诉讼法》《监察法》和《监察法实施条例》的规定，拥有多种侦查或调查手段，讯问只不过是这多种侦查或调查手段中的一种。除了讯问这一侦查或调查手段外，还有谈话；询问；查询；调取；勘验、检查、辨认；侦查实验；冻结；搜查；查封、扣押；鉴定；技术侦查、调查措施；通缉、限制出境等多种侦查或调查手段。有这么多的侦查或调查手段，最顽固、最狡猾的违法犯罪分子也无法逃脱法网。

第五，我们有充足的时间。讯问人员要向被讯问人表明我们有充足的时间。虽然我国《刑事诉讼法》规定的拘留期限最长只有三十天，但我国《刑事诉讼法》有指定住所监视居住的规定，监视居住最长可以有六个月的时间。对于逮捕的犯罪嫌疑人，经批准，可以延长羁押期限。因此，我们有充足的时间。

通过上述向被讯问人表明讯问人员有的是力量、有的是办法的态度，刹被讯问人不端正态度的表现。

③决不姑息的态度

讯问人员面对被讯问人不端正态度的表现，要表现出决不姑息、纵容的态度，以坚决的态度把被讯问人不端正态度的表现打下去。

第一，从表情表现决不姑息的态度。讯问人员要通过面部表情的变化，以庄严、庄重的表情把决不姑息的态度表现出来。

第二，从眼神表现决不姑息的态度。讯问人员要通过眼神把决不姑息的态度表现出来，做到目光犀利、炯炯有神；目不转睛盯视被讯问人；视线直射，狠瞪被讯问人，使被讯问人望而生畏。

第三，从双眉、嘴唇的变化表现决不姑息的态度。讯问人员要通过双眉、嘴唇的变化把决不姑息的态度表现出来，做到双眉紧蹙、嘴唇紧闭，使被讯问人望而却步，不敢造次。

第四，从语言表现决不姑息的态度。讯问人员要通过语言把决不姑息的态度表现出来，责令被讯问人立即停止不端正态度的表现行为，警告其如不停止，即采取严厉的措施予以制裁，使被讯问人不敢继续实施不端正态度的表现行为。

第五，以行为表明决不姑息的态度。关于以行为表明决不姑息的态度，我们将在下一个问题“以行为刹”中作详细的论述。

通过上述向被讯问人表明决不姑息的态度，刹被讯问人不端正态度的表现。

④决不罢休的态度

讯问人员面对被讯问人不端正态度的表现，要表现出不查清被讯问人犯罪或违纪违法的事实决不罢休、誓不半途而废的态度。

第一，显示不获全胜、决不收兵的态度。讯问人员要显示出坚决地把案件查下去，直到查清被讯问人的犯罪或违纪违法事实，水落石出，证据确实、充分，将被讯问人送上法庭，绳之以法或绳之以纪为止，不获全胜、决不收兵，誓不半途而废或草草了结的态度。

第二，集中优势兵力的态度。讯问人员要表现出将调集各类精英、查案能手、精兵强将，集中优势兵力，组成一支能力强、业务精、作风硬，无坚不摧、无往不胜的查案队伍的态度，坚决把案件查下去。

第三，调动一切资源的态度。讯问人员要表现出将调动公安、检察、纪委、监察、审计和有关部门的人力、物力、技术力，把一切可利用的资源调动起来，组成一支多兵种、多功能的查案力量，互相配合、各司其职、协同动作、各负其责的态度，坚决把案件查下去。

第四，采取各种措施的态度。讯问人员要表现出被讯问人如不老实接受讯问，将采取一切可以采取的措施，并层层加码、步步升级，以更加严厉的措施对付被讯问人和对其犯罪或违纪违法进行查处，坚决把案件查下去。

第五，不怕困难、不怕阻力、不怕干扰的态度。讯问人员要表现出不怕困难、不怕阻力、不怕干扰，敢于、勇于、善于克服一切困难、粉碎一切阻力、排除一切干扰的态度，对被讯问人或其关系人的拉拢以坚决的态度予以拒绝，不受拉拢，对被讯问人或其关系人的威胁以坚决的态度予以回击，不怕威胁，坚决把案件查下去。

通过上述向被讯问人表明决不罢休的态度，刹被讯问人不端正态度的表现。

⑤“挖地三尺”，全面彻查的态度

讯问人员面对被讯问人不端正态度的表现，要表现出被讯问人如不端正态度，如实交代其犯罪或违纪违法的事实，就来一个“挖地三尺”，对其进行全面彻查的态度。

第一，讯问人员在分析准被讯问人可能还有其他方面的问题，经不起彻查的基础上，要以暗示或明示的方法点其存在的其他犯罪或违纪违法的问题或其他方面的问题，并毫不留情地指出其在这些方面经不起彻查。

第二，讯问人员要以坚决的口气，明确表明被讯问人如果执迷不悟，继续以不端正的态度对付讯问，拒不如实交代犯罪或违纪违法的事实，就对其展开全面的彻查，“挖地三尺”，查清他所有的问题，不论是过去的，还是现在的；不论是政治、经济的，还是生活的；不论是犯罪或违纪违法的，还是道德、伦理的，都进行翻箱倒柜，不留死角地查。

通过上述向被讯问人表明“挖地三尺”，全面彻查的态度，刹被讯问人不端正态度的表现。

（2）以态度刹被讯问人不端正态度的表现要注意的问题

以态度刹被讯问人不端正态度的表现，实质上是讯问人员通过向被讯问人表明自己对于被讯问人不端正态度的看法和要采取的行动，把威表现出来，使被讯问人畏惧，而不敢继续以不端正的态度对付讯问，从而刹住被讯问人不端正态度的表现。因此，讯问人员在以态度刹被讯问人不端正态度的表现时，要注意以下几点：

①讯问人员表明态度的观点既要明确，又要扼要

讯问人员以态度刹被讯问人不端正态度的表现，向被讯问人所表明的这个态度的观点，即是一个什么态度，要做到既明确，又扼要。

明确。讯问人员所表明的态度观点要明白、确定，不含糊，被讯问

人一听就知道讯问人员是一个什么态度，对其不端正态度的表现是怎样的一个看法和要采取什么行动，听得明明白白、清清楚楚。这样，就能立即在被讯问人的心理上发生作用。如果讯问人员所表明的态度观点不明白、确定，而是含混不清，被讯问人就听不明白讯问人员的态度究竟是什么，究竟是怎样的一个看法，究竟要采取什么样的行动。这样，所表明的这个态度就不会有任何效果。因此，所表明态度的观点一定要明确，不能含混不清。

要做到明确，讯问人员所表明的态度观点就要旗帜鲜明、概念明确、用词准确、吐字清晰，清楚地向被讯问人表明讯问人员是一个什么样的态度。

扼要。讯问人员所表明的态度观点要抓住要点，不绕来绕去，被讯问人一听就直接明白讯问人员所持的态度是什么，自己面临的是一个什么样的结果，落得的是一个什么样的下场。这样，被讯问人就会立即审视自己不端正态度的表现。如果讯问人员所表明的态度观点没有抓住要点，而是拖沓冗长，绕来绕去，磨磨叽叽，不仅被讯问人不能立即明白讯问人员的态度，而且讯问人员的态度也会失去严肃性和坚决性。这样，所表明的这个态度就有可能起到反作用。因此，所表明的态度观点一定要扼要，不能绕来绕去。

要做到扼要，讯问人员所表明的态度观点就要条理清晰、逻辑严密、一针见血、直中标的，精要地表明讯问人员的态度。

②讯问人员表明态度的内容既要合法，又要实际

讯问人员以态度刹被讯问人不端正态度的表现，向被讯问人员所表明的这个态度的内容，要做到既合法，又实际。

合法。讯问人员所表明的态度内容要符合我国法律的规定，不得违反我国的法律规定。我国《刑事诉讼法》第五十二条明文规定“严禁刑讯逼供和以威胁、引诱、欺骗以及其他非法方法收集证据”。因此，讯问人员向被讯问人表明的态度不得有威胁、引诱、欺骗以及其他非法的内容。只有这样，讯问人员向被讯问人所表明的态度才是合法的，讯问所取得的证据才具有法律的效力。如果讯问人员所表明的态度内容违

反了法律对讯问的规定，有威胁、引诱、欺骗以及其他非法的内容，那么，讯问人员向被讯问人所表明的态度不仅不合法，涉嫌以非法的方法对被讯问人进行讯问，讯问所取得的证据是没有法律效力的，在“应当予以排除”之列，而且，被讯问人就会认为讯问人员是一个法盲，所表明的态度违反了法律的规定，其对讯问人员所表明的态度就会嗤之以鼻，讯问人员所表明的态度对被讯问人也就毫无作用。因此，所表明的态度内容一定要合法，不得违反法律的规定。

要做到合法，讯问人员就要严格依法办事，所表明的态度内容就要符合法律的规定，做到每一句话、每一个词、每一个内容、每一段表述都不得违反法律的规定。

实际。讯问人员所表明的态度内容要符合客观实际情况，是能够办得到的、行得通的。只有这样，讯问人员所表明的态度才有意义，才能付诸实施。如果讯问人员所表明的态度不实际，办不到、行不通，被讯问人一听就知道讯问人员是虚张声势，说大话、说空话，那么，所表明的态度仅是空气震动而已，不仅不能制止被讯问人不端正态度的表现，而且有可能加剧被讯问人不端正态度的表现。因此，所表明的态度内容一定要符合实际。

要做到实际，讯问人员所表明的态度内容就要从案件、被讯问人和讯问人员的实际情况出发，斟酌所表明态度的内容，选择那些能够办得到、行得通的内容向被讯问人表明，切忌说大话、说空话、说不着边际的话。

③讯问人员表明态度的表情既要严肃，又要刚毅

讯问人员以态度刹被讯问人不端正态度的表现，在向被讯问人表明态度时的表情，要做到既严肃，又刚毅。

严肃。讯问人员在向被讯问人表明态度时的表情严肃，显示着讯问人员对被讯问人不端正的态度表现坚决地予以制止，决不姑息，对被讯问人的犯罪或违纪违法行为坚决地予以查清，不查清事实决不罢休的决心，从而体现出讯问人员作为执法者的威严。这样，被讯问人就会感觉到讯问人员是一个执法如山、刚正不阿的强势、正直之人，任何不端正

态度的表现讯问人员都不会容忍，任何犯罪或违纪违法行为讯问人员都会一查到底，从而产生动摇的心理，收敛自己的不端正态度表现。如果讯问人员的表情不严肃，被讯问人就会认为讯问人员是一个随便、轻浮、软弱可欺之人。这样，被讯问人就有可能放纵自己的不端正态度表现。因此，讯问人员表明态度时的表情一定要做到严肃。

要做到表情严肃，讯问人员就要十分注重自己的仪容、仪态、神情和举止，做到仪容端庄、仪态整肃、神情庄严、举止庄重，切忌随便、轻浮、嘻嘻哈哈。

刚毅。讯问人员在向被讯问人表明态度时的表情刚毅，显示着讯问人员性格坚强、意志坚定、毅力坚韧，表露出讯问人员不怕任何困难险阻、不屈服于任何恶势力，百折不挠，不获全胜决不收兵的内心活动。这样，被讯问人就会感觉到讯问人员的态度既出，必是“驷不及舌”①，讯问人员一定会将其付诸实施，并进行到底，绝不会中途而废，从而使被讯问人产生畏惧的心理而收敛自己不端正态度的表现。如果讯问人员的表情不刚毅，被讯问人就会认为讯问人员是一个性格软弱、意志不坚定、没有毅力之人，遇到困难就会退却、遇到黑恶势力就会屈服、遇到挫折就会一蹶不振。这样，被讯问人就有可能会以更加恶劣的态度来对付讯问，同讯问人员抗衡下去。因此，讯问人员表明态度时的表情一定要做到刚毅。

要做到表情刚毅，讯问人员就要十分注重自己的神态、精神和神采，做到神态自若、沉稳，精神饱满、振奋，神采挺拔、焕发。切忌遇事惊慌，大乱方寸；一见不能立即制止被讯问人的不端正态度表现，就萎靡不振、失去信心或暴跳如雷。

④讯问人员表明态度的言辞既要严厉，又要郑重

讯问人员以态度刹被讯问人不端正态度的表现，向被讯问人表明态度的言辞要做到既严厉，又郑重。

---

① 见《论语·颜渊》，载程林主编：《四书五经》（第一卷），北京燕山出版社2008年版，第87页。

严厉。讯问人员向被讯问人表明态度的言辞严厉，表明讯问人员所表示的态度坚决，不可动摇，所采取的措施严格，不可置疑。这样，被讯问人就会感觉到讯问人员是一个非常严厉、一言九鼎之人，说到做到，任何不端正态度的表现，讯问人员都会以铁的手腕和强劲的手段予以制服，自己以不端正的态度对付讯问是徒劳的，从而使被讯问人收敛自己的不端正态度表现。如果讯问人员的言辞不严厉，被讯问人就会认为讯问人员所表明的态度不坚决，只不过是说说而已，吓吓人罢了，完全可以不予理睬。这样，被讯问人就有可能继续其不端正态度的表现，甚至有可能加剧。因此，讯问人员表明态度的言辞一定要做到严厉。

要做到言辞严厉，讯问人员就要十分注重词意。做到词意严肃、厉害，字字千金，掷地有声，句句万钧，泰山压卵，严密规范，不信口开河；概念要明确，判断要恰当，推理要严密。并且词句要用词准确无误、精练明了，深达问题的本质，字字像炸弹、句句似利箭，从而显示出言辞的严厉。

郑重。讯问人员向被讯问人表明态度的言辞郑重，显示出讯问人员稳操胜券的坚定信心、一查到底的坚强决心、严厉认真的神态、稳重务实的深入作风。这样，被讯问人就会感觉到讯问人员是一个对待问题认真不放松、严肃不马虎之人，对任何一个问题、疑点都会予以深究，不会轻易放过，自己的犯罪或违纪违法事实一定会被讯问人员查个水落石出，任何抗拒、隐瞒、狡辩、蒙混过关的企图都是必定要失败的，也都是无济于事的，从而促使被讯问人收敛自己的不端正态度表现。如果讯问人员的言辞不郑重，被讯问人就会认为讯问人员是一个没有信心和决心，马虎、随便之人，不可能把案件查下去。这样，被讯问人就会与讯问人员对抗下去，继续以不端正的态度对付讯问。

要做到言辞郑重，讯问人员就要十分注重音调。做到语音高低、快慢的配置恰当、抑扬顿挫，有节奏而响亮，从而显示出言辞的郑重。

⑤讯问人员表明态度的语气既要强硬，又要坚定

讯问人员以态度刹被讯问人不端正态度的表现，向被讯问人表明态

度时的语气既要强硬，又要坚定。

强硬。讯问人员向被讯问人表明态度的语气强硬，显示讯问人员表明的态度坚决，非实现不可，有着毫不动摇的决心。这样，被讯问人就会感觉到讯问人员是一个“拚着一身剐，敢把皇帝拉下马”[①] 的强硬之人，所表明的态度定能付诸实施，任何不端正态度的表现，都会导致讯问人员实施其所表明的态度，并能实现其所表明的态度。自己以不端正的态度对付讯问，只能使自己陷于更为不利的境地，从而使被讯问人不敢再实施不端正态度的表现。如果讯问人员的语气不强硬，被讯问人就会认为讯问人员表明的态度只不过是说说而已，是不会付诸实施的。这样，被讯问人就有可能继续实施其不端正态度的表现，甚至更加猖狂。因此，讯问人员表明态度的语气一定要强硬。

要做到语气强硬，讯问人员就要十分注重语调。做到语调果断，铿锵有力，似急风暴雨，雷霆万钧，切不可有气无力、拖泥带水、迟疑不决。

坚定。讯问人员向被讯问人表明态度的语气坚定，显示讯问人员对表明的态度充满底气，有着必胜的信心，体现出讯问人员稳操胜券、执法如山的气势。这样，被讯问人就会感觉到讯问人员是一个胸有成竹之人，他所表明的态度不仅能付诸实施，而且定能达到其所要达到的目的，自己以不端正的态度对待讯问，必将是粉身碎骨，从而使被讯问人收敛或改正自己不端正的态度表现。如果讯问人员的语气不坚定，被讯问人就会认为讯问人员对自己表明的态度心中没有底，在怀疑自己，是不可能付诸实施的，更不可能达到讯问人员的目的。这样，被讯问人就不会收敛或改正其不端正态度的表现，甚至更加嚣张。因此，讯问人员语气在强硬的同时，还要做到坚定。

要做到语气坚定，讯问人员同样要十分注重语调，做到语调稳重有力、确定不移、斩钉截铁、咄咄逼人，切不可支支吾吾、吞吞吐吐、闪

---

① 见《红楼梦》第六十八回，林冠夫等校点：《红楼梦》（回评本），广西人民出版社 1997 年版，第 659 页。

烁其词。

3. 以行为刹

所谓以行为刹，是指讯问人员针对被讯问人不端正态度的表现，通过实施具体的行为动作对被讯问人不端正态度的表现进行制止，使被讯问人不能实施其不端正态度的表现，从而刹住其不端正态度的表现。

（1）以行为刹被讯问人不端正态度表现的方法

总结讯问实践，以行为刹被讯问人不端正态度的表现，要根据被讯问人不端正态度表现的具体情况，分别以针对性的行为进行狠刹，制止住其不端正态度的表现行为：

①采取果断的有效行为

有的被讯问人在讯问中行为粗野，捶桌子、摔板凳、砸物品或对讯问人员动手动脚，殴打讯问人员，等等，对于被讯问人这些粗野的不端正态度的表现，讯问人员首先要向被讯问人发出警告，责令其停止。在被讯问人不听的情况下，讯问人员在坚持打不还手的同时，要采取果断的有效行为，制止住这些粗野的行为，刹住被讯问人这些粗野的不端正态度表现。

②夺下被讯问人手中的凶器，带上械具

有的被讯问人在讯问中扑过来与讯问人员拼命，或乘辨认凶器之机夺过凶器，或装疯卖傻对讯问人员进行行凶，或以各种手段进行自杀、自残，对被讯问人这些凶残的不端正态度表现，讯问人员要迅速地作出反应，以行为将其制服，夺下被讯问人手中的凶器，并给其带上械具，使之不能继续实施这些凶残的行为，刹住被讯问人这些凶残的不端正态度表现。

③快速地采取有针对性的行为

有的被讯问人在讯问中吞异物自杀或将证据放入口中吞下。对被讯问人的这种不端正态度表现，讯问人员要快速地采取有针对性的行为，强行抠出其所吞的异物或证据，通过这种行为刹住被讯问人不端正态度的表现。

④推或拉着被讯问人，或强行将其弄到车上，带到指定地点

有的被讯问人拒绝行走，甚至躺在地上，拒不到达指定地点。对被讯问人的这种不端正态度表现，在讯问人员向被讯问人发出行走的命令，责令其行走不听的情况下，讯问人员要以行为逼其行走，扭住被讯问人的手推着其走或拉着其走。如果被讯问人仍拒绝行走，讯问人员要以警绳捆绑抬着他走或强行将其拉到或抬到车上去。通过这些强制行为让被讯问人到达指定地点，刹住被讯问人这种拒绝行走的不端正态度表现。

⑤变换空间，迫其纠正

有的被讯问人在讯问中表现出懒散蔑视的行为、傲慢的姿态，经劝说或警告仍然不听，我行我素。对被讯问人的这种不端正态度表现，讯问人员要采取空间变换的方法，走到被讯问人的面前，以行为迫其纠正；或由警察站在被讯问人的边上，监督他的行为或姿态，一有动弹违反，立即以行为予以纠正。通过这些行为使被讯问人无法继续实施这些懒散蔑视的行为或傲慢的姿态，刹住被讯问人这种不端正态度的表现。

⑥有理、有利、有节地使被讯问人吃下饭、喝下水

有的被讯问人在讯问中进行绝食，拒绝吃饭、喝水。对被讯问人的这种不端正态度的表现，讯问人员要以处变不惊的态度对待，做到有理、有利、有节。在开始的时候，讯问人员应先将饭、菜端到被讯问人面前，以极大的耐心向被讯问人阐明利弊，劝其吃下。被讯问人一意孤行，经反复劝说仍不吃的，将饭、菜做好登记，责令其签字。被讯问人若不签，讯问人员和在场的工作人员签上字，然后撤掉饭、菜。对几餐下来仍不吃、不喝的被讯问人，讯问人员要采取合法的相应手段。通过这些有理、有利、有节的行为使被讯问人吃下饭、喝下水，刹住被讯问人绝食的不端正态度的表现。

⑦拍拍卷宗，或抛去证据，或当场搜查、检查

有的被讯问人在讯问中气焰嚣张地向讯问人员索要证据。对被讯问人这种不端正态度的表现，讯问人员要根据案件的证据情况，或用手拍拍卷宗，以示证据已收集在案；或将证据材料向被讯问人抛去，以严厉

的态度出示确确实实的证据；或当场对被讯问人的身体或住处、办公室进行搜查或进行人身检查，获取证据，通过这些行为刹住被讯问人不端正态度的表现。

（2）以行为刹被讯问人不端正态度表现要注意的问题

以行为刹被讯问人不端正态度的表现，实质上是讯问人员通过实施行为，以行为直接作用于被讯问人，使被讯问人不能实施或不敢实施其不端正的态度表现，从而刹住被讯问人不端正的态度表现。鉴于此，讯问人员在以行为刹被讯问人不端正态度的表现时，要注意以下几点：

①讯问人员实施的行为必须是法律规定的或法律无明文禁止的

讯问人员以行为刹被讯问人不端正态度的表现，要严格体现依法办案和讯问，所实施的必须是法律规定的或法律无明文禁止的行为，不得违反法律的规定。

法律规定的行为，体现的是国家和人民的意志，是法律赋予讯问人员的职权。讯问人员实施法律赋予的职权，是依法办案的需要和体现，无疑是一种严格的执法行为，符合法律的规定。

法律无明文禁止的行为是社会一般公理认可并不危害社会的行为，有的行为还有利于社会。讯问人员实施这种法律无明文禁止的行为，不仅符合社会的一般公理，不危害社会，而且还有利于社会。同时，由于法律无明文禁止，也就不存在违反法律规定的问题。

从上述可见，讯问人员实施法律规定的行为和法律无明文禁止的行为刹被讯问人不端正态度的表现，是讯问人员严格依法办案的体现。如果讯问人员刹被讯问人不端正态度表现的行为不符合法律规定的或法律有禁止性规定的，那么，讯问人员所实施的这种行为就违法了法律的规定，侵犯了被讯问人的合法权益，所进行的讯问就是违法讯问。因此，讯问人员实施的制止被讯问人不端正态度表现的行为，必须是法律规定的或法律无明文禁止规定的行为。

②要以制服为限度

讯问人员在以行为制止被讯问人不端正态度表现时，要讲究一个度，做到以制服为限度，切不可认为这种行为法律有规定或法律没有明文禁止而不加节制地实施这种行为。当被讯问人不端正态度的表现已被制止住或被讯问人已有所收敛，就应停止或不再加剧这种行为的实施，做到有理、有利、有节。

③不得伤人、不得损害人格尊严

讯问人员在以行为制止被讯问人不端正态度表现的过程中，要爱护被讯问人的身体和健康，尊重被讯问人的人格尊严，不得伤害被讯问人的身体和健康，不得贬低损害被讯问人的人格尊严。

4. 以才能刹

所谓以才能刹，是指讯问人员对被讯问人不端正态度的表现，通过向被讯问人透露自己的知识和能力进行制止，使被讯问人敬畏于讯问人员的才能，自感不是讯问人员的对手而收敛不端正的态度表现，从而刹住被讯问人不端正的态度表现。

（1）刹被讯问人不端正态度表现的才能

以才能刹被讯问人不端正态度的表现，讯问人员首先要明确具备什么才能、怎样的才能能够使被讯问人敬畏，从而以这些才能刹住被讯问人不端正的态度表现。总结讯问实践，讯问人员的以下才能对刹被讯问人不端正态度的表现具有重大的作用。

①知识素质

第一，文化基础知识

讯问人员对语文、逻辑、语言、数学、历史、地理等这些文化基础知识不仅能够掌握、懂得，而且能较熟练地运用，特别是一些重要的内容能够熟记于心，信手拈来。能背诵重要的名言名句，并知道出处；能知道重要的典故、事件的内容和来龙去脉；能运用重要的规则、规律和方法等。

第二，社会科学知识

讯问人员对哲学、政治经济学、科学社会主义、社会学、法学、逻辑学这些共同的社会科学知识和经济、经济法学、会计、金融、审计、海关、工商、财税这些选择的社会科学知识不仅能够懂得、掌握，而且能够熟练地予以运用。

第三，自然科学知识

讯问人员对已运用到侦查或调查工作中的物理学、化学、医学和与讯问的案件性质和被讯问人作案手段有关的自然科学知识不仅能懂、能掌握，而且能够熟练地予以运用。

第四，现代科学知识

讯问人员对监控、犯罪心理测谎、通信、电脑、网络、DNA 等现代科学知识不仅能懂、能掌握，而且能够熟练地予以运用。

第五，专业知识

讯问人员对刑法学、刑事诉讼法学、证据学等法学专业基础知识和现场勘查、刑事科学技术、国家安全保卫、经济犯罪侦查、毒品犯罪侦查以及犯罪心理学、侦查心理学等侦查专业知识不仅能够精通，而且能够熟练地予以运用，有的还能够熟练地背诵原文。

第六，阅历知识

讯问人员具有丰富的阅历知识，经历过多个办案部门，组织、指挥或参与过重特大案件的侦破，具有解决实际问题的能力和讯问的丰富经验，同各种犯罪分子打过交道，并一一予以制服，送上法庭从未失手过；有学衔、有职称、有名声、有威望、有影响；有著作、论文出版、发表等。

②业务素质

第一，熟练掌握和运用与讯问有关的政策和法律业务技能

讯问人员对与讯问有关的“惩办与宽大相结合”“社会综合治理方针”“教育、感化、挽救”“少捕、慎捕、少杀、慎杀”等刑事政策；“刑法典”“单行刑事法律”“非刑事法律中的刑事责任规范”以及最高立法机关和司法机关为正确执行刑事法律所作的立法解释和司法解释等实体法；宪法中有关刑事诉讼的规定、刑事诉讼法典、全国人大及其常委会所制定的法律中有关刑事诉讼的规定、全国人大常委会及其授权的机关所作的有关刑事诉讼法的解释、国务院制定的法规和主管部、局制定的规定中有关刑事诉讼的规定等程序法和国际条约，不仅熟悉精通

这些政策、法律条文的规定，有的条文能十分流畅、一字不差地背诵引用，而且能纯熟、正确地予以运用。

第二，缜密的讯问思路和针对性讯问对策业务等技能

讯问人员的讯问思路十分缜密、清晰，在进攻的目标上先后有序，攻克一个目标为下一个目标的攻克铺平道路，进攻的步骤一步紧跟一步，一环紧扣一环，前一步为后一步打下基础，后一环与前一环紧密衔接；讯问对策具有针对性，能具体情况具体分析，具体问题具体对待，对不同的问题采取不同的方法，有的放矢，对症下药。

第三，巧妙、灵活地运用讯问策略和手段的业务技能

讯问人员能正确地分析、判断、把握讯问策略和手段的运用时机，选择在最为有利的时机运用；能巧妙地运用讯问的具体方法，以最巧、最妙的方法予以运用；能灵活地运用讯问的具体内容，以最灵活的手段予以运用。

第四，收集判断证据和建立证据体系的业务技能

讯问人员能正确、全面、科学地收集各种证据和审查、判断证据，并建立起证据体系，一环紧扣一环，形成证据锁链，证实犯罪或违纪违法。

第五，快速、精准制作笔录的业务技能

讯问人员能快速、全面、完整、准确、合法地制作各种笔录，做到抓住关键、突出重点、实事求是、语言通畅、用词准确、字迹清楚。

③心理素质

第一，凌厉的进攻力

讯问人员能选准进攻的目标，向被讯问人最薄弱的环节发起进攻；能使进攻形成大兵压境、泰山压卵之势；能做到多种讯问手段并施，从不同的角度对被讯问人实施轮番轰炸；能做到以最巧妙的方法向被讯问人进行进攻。

第二，深切的感召力

讯问人员对被讯问人能立足于教育、感化、挽救，做到教育入情入理、感化情真意切、挽救真心实意，从而感召被讯问人。

第三，敏锐的洞察力

讯问人员能够通过被讯问人眼神、鼻子、嘴、脸色、面部肌肉的表情和变化，肢体动作、行为举止的情况和语词、语气、语调的情况及时地捕捉被讯问人的心理活动和变化的有关信息。

第四，准确的分析力

讯问人员具有科学的分析态度、科学的分析方法、情理分析的能力和通过现象分析本质的能力。

第五，沉着稳妥的处置力

讯问人员能够沉着应对所发生的突变，做到镇定自若，不慌乱、不惊慌，“疾雷破柱而不惊”[①]“容止若思，言辞安定”[②]，从容应对，任凭风浪起，稳坐钓鱼台；能够稳妥、有效地处置所发生的突变，做到方法稳妥、处置有效，不留后患，变被动为主动。

第六，灵活的应变力

讯问人员能够“明者因时而变，知者随世而制”[③]，具有以变应变、以不变应万变、以万变应不变的应变能力，能够灵活地应对各种情况。

第七，坚强的意志力

讯问人员能够“志比精金，心如坚石”[④]，具有坚定的信心、持久的恒心、顽强的毅力。

第八，稳定的自控力

讯问人员具有稳定的自控能力，能管得住自己的嘴巴、管得住自己的表情、管得住自己的手脚、管得住自己的情绪。

---

① 见（宋）欧阳修：《六一居士传》，载《唐宋名家文集·欧阳修集》，中州古籍出版社 2013 年版，第 254 页。

② 见（南朝·梁）周兴嗣：《千字文》，载陈才俊主编：《千字文全集》，海潮出版社 2014 年版，第 81 页。

③ 见（汉）桓宽：《盐铁论·忧边》，载陈桐生译注：《盐铁论》，中华书局 2015 年版，第 129 页。

④ 见（明）冯梦龙：《警世通言·况太守断死孩儿》，线装书局 2007 年版，第 355 页。

（2）以才能刹被讯问人的不端正态度表现的方法

总结讯问实践，讯问人员以才能刹被讯问人不端正态度表现的方法主要有：

①在查办案件和讯问过程中表现才能，刹被讯问人不端正态度的表现

查办案件和讯问的过程，实质上也是一个讯问人员充分展现才能的过程。在这个过程中，讯问人员需要对现场进行勘查，提取各种物证、书证、痕迹；对提取的物证、书证、痕迹需要进行检验、鉴定；需要调看监控录像；需要走访群众，进行调查访问；需要通过分析，从蛛丝马迹中发现和锁定作案人；需要组织力量，采取稳妥的方法让被讯问人到案；需要分析案件，寻找讯问的突破口；需要运用讯问策略和手段对被讯问人进行讯问，以突破被讯问人的口供；等等。这个过程的进行，都涉及前述讯问人员的知识素质、业务素质和心理素质。也就是说，讯问人员要运用自己的知识素质、业务素质和心理素质，来实施这个过程。在这个过程的实施中，讯问人员的知识水平高、业务精、能力强，表现出高素质的才能，就能有效地制服被讯问人，反之亦然。因此，查办案件和讯问的过程是讯问人员向被讯问人透露才能，刹被讯问人不端正态度表现的主要方法之一。正因如此，在这个过程中，讯问人员就要充分展现自己的各种才能，使站在被讯问人面前的是一个知识渊博、业务精通、精明强干的执法高手，让被讯问人既敬佩、又畏惧，感到“狐狸再狡猾也斗不过好猎手”，自己根本就不是讯问人员的对手，从而不敢再放肆不端正态度的表现。

在查办案件和讯问过程中表现才能主要体现在以下方面：

第一，在现场勘查中，讯问人员能够在错综复杂的现场，从细微处发现在一般情况下难以发现的物证、痕迹，提取在一般情况下难以提取的证据。

第二，在检验、鉴定中，讯问人员能够利用高科技，运用自己所具有的高深知识和符合科学的独特见解，抓住能反映本质问题的特殊之处作出符合客观实际的检验、鉴定，解决在常态情况下不能解决的问题。

第三，在调看监控录像和常规性调查中，讯问人员能够熟练地利用监控技术，在不经意处发现证据或犯罪嫌疑人；以巧妙的艺术走访群众，从群众的无意言谈中捕捉信息，发现问题。

第四，在发现和锁定作案人中，讯问人员能够对纷繁的材料由此及彼、由表及里地进行制作，从蛛丝马迹中发现作案人；能够对各种证据进行正确审查、判断，去伪存真，锁定作案人。

第五，在被讯问人到案的问题上，特别是一些已经潜逃或系外地人氏的被讯问人，讯问人员利用科学技术或运用法律武器使这些难以到案的被讯问人顺利地到案。

第六，在分析案件中，讯问人员准确地分析被讯问人的心理、分析被讯问人的薄弱环节等，从而厘清讯问的思路，制订有针对性的讯问计划。

第七，在讯问中，讯问人员以高超的讯问艺术对被讯问人进行讯问。出示证据，抓准时机、方法巧妙；宣讲法律，信手拈来、倒背如流；说服教育，入情入理、肺腑之言；阐明道理，博古通今、出口成章；输入情感，情真意切、感人肺腑；揭露矛盾，逻辑严密、直达要害；批驳谬论，有依有据、义正词严；运用谋略，出神入化、炉火纯青；等等。

②出示讯问人员所具才能的实物成果，刹被讯问人不端正态度的表现

向被讯问人当面出示讯问人员所具才能的实物成果，把讯问人员才能的实物成果实实在在地摆在被讯问人面前，是刹被讯问人不端正态度表现的又一方法。

讯问人员所具才能的实物成果，例如报纸杂志发表的讯问人员的论文、讯问人员出版的著作、讯问人员科研的成果。这些都是已被学界、业界和社会所公认的，具有权威性。讯问人员能取得这些成果，表明讯问人员在这些领域具有高超的水平和能力，这无疑能令被讯问人敬畏，认为讯问人员是一个具有真才实学、才能超众、具有国家级水平和能力的人，自己根本就没有能力与讯问人员相抗衡，一意孤行下去，只能是

以卵击石，从而收敛其不端正的态度表现。

以出示讯问人员所具才能实物成果刹被讯问人不端正态度表现的具体方法是：

第一，讯问人员在向被讯问人出示所具才能的实物成果前，要做好必要的铺垫。为了使出示实物成果起到事半功倍的效果，讯问人员在出示实物成果前要进行必要的铺垫，例如，先阐述这方面公认的理论、观点，也就是把讯问人员成果的理论、观点作为学界、业界公认的理论、观点向被讯问人进行阐述，使被讯问人认识到学界、业界的普遍理论和观点。在此基础上，再向被讯问人出示讯问人员的成果。

第二，讯问人员要以恰当的由头进行出示。为了使出示实物成果显得自然、顺理成章，不让被讯问人感觉到讯问人员是有意为之，讯问人员在出示实物成果时，要以恰当的由头进行出示，把实物成果摆到被讯问人的面前。例如，以让被讯问人学习为由将论文或著作递给被讯问人，或在“以态度刹”的过程中，于表明态度时将实物成果丢给被讯问人，以示讯问人员具有才能将所表明的态度付诸实施。

第三，讯问人员出示实物成果后，要对该成果的地位、影响和作用进行宣扬，以示该成果得到了学界、业界的充分肯定，是高水平的成果。

③讯问人员直接向被讯问人宣扬自己的才能，刹被讯问人不端正态度的表现

在讯问中，讯问人员直接向被讯问人宣扬自己的才能，是以才能刹被讯问人不端正态度表现的常用方法。

讯问人员对自己所具何种才能最为清楚，对自己的阅历、经历最为了解，在宣扬的过程中，就能描述得更为生动、形象、具体，被讯问人也就能听得更为深刻，从而使被讯问人感到讯问人员阅历深、经验丰富、能力强，确是一名执法高手，如果继续不端正自己的态度抗拒讯问，不仅于事无补，而且只能是飞蛾扑火，落得个可悲的下场。这样，被讯问人就有可能慑于讯问人员的才能而收敛不端正的态度表现。

以讯问人员直接向被讯问人宣扬自己的才能刹被讯问人不端正表现

的具体方法是：

第一，通过讲自己的阅历宣扬自己的才能。讯问人员要抓准时机，讲自己毕业于什么学校、参加过哪些培训深造，在哪些单位工作过，担任什么职务，见过什么样的世面，组织、指挥或参加过对哪些案件的侦破和办理，同哪些类型的犯罪分子进行过面对面的斗争；等等。

第二，通过讲自己查办案件的经历宣扬自己的才能。讯问人员要抓住重点，讲自己组织、指挥或参加对案件侦破和办理的经历；讲自己协调有关部门共同战斗的经历；讲自己在侦破和办理案件中发现疑点、取得证据使案件得以破案的经历；讲自己制服犯罪分子，使其口服心服、乖乖认罪的经历；讲自己查清久侦不破疑难案件的经历；等等。

第三，通过讲对某重特大典型案件的查处宣扬自己的才能。讯问人员要抓住典型，讲自己对某一具体重特大案件的侦破和办理过程以及办理成功后所得到的表彰，通过讲自己对典型案件办理的成功向被讯问人宣扬自己的才能。

第四，通过讲参加学术研讨或介绍经验宣扬自己的才能。讯问人员如有参加学术研讨或介绍经验的经历，特别是全国性的学术研讨或介绍经验，要予以宣扬，讲自己参加学术研讨或经验介绍的情况、自己的表现、所发表的观点和介绍的经验、与会人员的评价等，通过讲这些内容宣扬自己的才能。

④由辅审或其他人向被讯问人宣扬讯问人员的才能，刹被讯问人不端正态度的表现

由辅审或其他人向被讯问人宣扬讯问人员的才能，是以才能刹被讯问人不端正态度表现的再一方法。

辅审或其他人向被讯问人宣扬讯问人员的才能，由于是通过他人的话对讯问人员的才能进行宣扬，因而更具客观性、真实性和可信性。被讯问人听了辅审或其他人对讯问人员才能的宣扬，就会更加敬畏讯问人员，从而使被讯问人感到讯问人员是一个受人尊敬、钦佩，有着极大威望和名声的显赫人物。连其同僚都佩服他，足见其才能非凡，自己无法与其较量，若继续以不端正的态度对待讯问，必然是不自量力，自取灭

亡。这样，被讯问人就有可能敬畏讯问人员的才能而不敢继续实施不端正态度的表现。

由辅审或其他人向被讯问人宣扬讯问人员的才能刹被讯问人不端正态度表现的方法是：

第一，在事前，讯问人员要与辅审或其他人进行沟通，做好安排，就辅审或其他人在什么时候说、说什么和如何说作出部署，以免辅审或其他人或在不恰当的时机说，或不知说什么，或不知怎样说。

第二，辅审在讯问中要对讯问人员的才能予以发挥，说出那些不便由讯问人员自己说的话。

第三，其他人可在陪护被讯问人期间或讯问休息时当着被讯问人的面宣扬讯问人员的才能，也可在被讯问人能听得见的场合背着被讯问人谈论讯问人员的才能。

（3）以才能刹被讯问人不端正态度表现要注意的问题

以才能刹被讯问人不端正态度的表现，实质上是讯问人员通过向被讯问人透露自己的知识和能力，将一个知识渊博、业务精通、精明强干的讯问人员立在被讯问人的面前，使被讯问人敬畏，而不敢以不端正的态度对付讯问，从而刹住被讯问人不端正的态度表现。鉴于此，讯问人员在以才能刹被讯问人不端正态度的表现时，要注意以下几点：

①向被讯问人透露的必须是讯问人员真才实学、技高一筹的真功夫

以才能刹被讯问人不端正态度的表现，讯问人员的这个才能必须是真才实学、技高一筹的真功夫，而不是那些徒有虚名、没有功底的所谓才能。向被讯问人透露的是讯问人员的真才实学、技高一筹的真功夫，就把讯问人员实实在在的才能摆在被讯问人面前或亲身经历讯问人员的真功夫。这样，站在被讯问人面前就是一个知识渊博、业务精通、精明强干的讯问人员，使被讯问人望而生畏，自感不如。如果向被讯问人透露的不是讯问人员的真才实学、技高一筹的真功夫，而是那些徒有虚名、没有功底的花样，被讯问人就不可能对站在他面前的这个讯问人员敬畏，而且有可能鄙视讯问人员，这样，不仅不能达到以才能刹被讯问人不端正态度表现的目的，刹住被讯问人不端正态度的表现，而且有可

能加剧被讯问人不端正态度的表现，态度更加恶劣。因此，在向被讯问人透露讯问人员的才能时，一定要透露出讯问人员的真才实学、技高一筹的真功夫。如果不是真才实学、技高一筹的真功夫就不要透露了，免得“画虎不成反类狗”①。

要向被讯问人透露讯问人员真才实学、技高一筹的真功夫，首先是讯问人员本身要真正具有实实在在的真才实学、技高一筹的真功夫；其次要注意选择，选择那些比一般讯问人员高超或一般讯问人员不具有的“特技”向被讯问人进行透露；最后要讲究透露的技巧，以最艺术的方法向被讯问人透露，达到事半功倍的效果。

②重在过程，做得扎实有效

以在查办案件和讯问过程中通过行为表现才能的方法刹被讯问人不端正态度的表现，要重在过程，把过程做得扎实有效。通过扎实有效的行为，把自己的知识水平、理论水平、业务技能和各种能力表现出来。这样，被讯问人就真正领教了讯问人员的才能，亲身体会了讯问人员的厉害，使被讯问人毛骨悚然，自知不是其对手。如果讯问人员不重视过程，敷衍了事，被讯问人就不可能对站在他面前的这个讯问人员视之如虎，而且有可能认为讯问人员是一只“病猫”。这样，以才能刹被讯问人不端正态度的表现不仅成为一句空话，而且被讯问人有可能态度越发恶劣、气焰越发嚣张。因此，以在查办案件和讯问过程中通过行为表现才能时，一定要重在过程，把过程做得扎实有效。

要重在过程，把过程做得扎实有效，讯问人员就要说好每一句话、用好每一个词、判断准每一个问题、决策好每一件事、采取好每一个措施、运用好每一个方法，把自己的才能表现在实处。

③说得恰如其分，有实质内容

以说的方式表现才能，刹被讯问人不端正态度表现的方法，不管是讯问人员自己说，还是辅审或其他人说，都要说得恰如其分，有实质性

① 见（宋）范晔：《后汉书·马援列传》，载中华经典普及文库《后汉书》，中华书局2007年版，第254页。

的内容。说得恰如其分，有实质性的内容，通过具体的事实显露讯问人员的才能。这样，就更能显示讯问人员所具才能的真实性和形象性，站在被讯问人面前的就是一个身经百战、过五关斩六将的常胜将军，使被讯问人"谈虎色变"，自知自己必是讯问人员的囊中之物。如果向被讯问人员说得不恰如其分，没有实质性内容，而是胡乱吹嘘、言之无物，被讯问人就会认为这是"吹牛皮"、说大话，站在自己面前的只不过是一头"黔之驴"，仅"蹄之"而已。这样，不仅刹不住被讯问人不端正态度的表现，而且，被讯问人有可能"因跳踉大㘎，断其喉，尽其肉"①。因此，在以说的方式表现才能刹被讯问人不端正态度的表现时，一定要说得恰如其分，有实质性的内容。

要说得恰如其分，有实质性的内容，讯问人员就要把握好说的度，不要使用华丽的词语进行夸张，而是以说讯问人员才能的事实和实战、承办的典型案件来透露讯问人员的才能。

④借题发挥

以才能刹被讯问人不端正态度的表现，在向被讯问人透露讯问人员的才能时，要借说其他问题把讯问人员的才能表露出来。以借题发挥的手法表露讯问人员的才能，使被讯问人听得自然、听得真实，这样，一个足智多谋、才高八斗，"腹内藏经史，胸中隐甲兵。运谋如范蠡，决策似陈平"② 的讯问人员就无意中站在了被讯问人的面前，使被讯问人猛然一惊，自知自己必是讯问人员的手下败将，不堪一击。如果向被讯问人透露讯问人员的才能不是借题发挥，而是就讯问人员的才能去透露讯问人员的才能，被讯问人就会认为这是有意做作，故弄玄虚。这样，被讯问人就有可能嗤之以鼻，即使讯问人员真的有才能，在被讯问人的心目中也会大打折扣，就很难起到刹被讯问人不端正态度表现的作用。因此，以才能刹被讯问人不端正态度表现，在透露讯问人员的才能时，

---

① 见（唐）柳宗元：《三戒并序·黔之驴》，载《唐宋名家文集·柳宗元集》，中州古籍出版社 2013 年版，第 153 页。

② 见（明）罗贯中：《三国演义》第三十三回，中华书局 2005 年版，第 191 页。

要做到借题发挥。

要做到借题发挥，讯问人员一是要借好题。也就是说这个题一是要自然，要符合客观实际情况。二是要发挥到位。也就是说，要通过这个题把讯问人员的才能淋漓尽致地显露出来。

通过上述对讯问人员才能的透露，刹住被讯问人不端正态度的表现。

5. *以品格刹*

所谓以品格刹，是指讯问人员对被讯问人不端正态度的表现，通过表现、宣扬讯问人员高尚的品格，使被讯问人敬畏、感动而收敛或改正不端正的态度表现，从而刹住被讯问人不端正的态度表现。

（1）刹被讯问人不端正态度表现的高尚品格

以品格刹被讯问人的不端正态度表现，讯问人员同样要首先明确哪些方面的高尚品格、怎样的高尚品格能够使被讯问人敬畏、感动，从而才能以这些能够使被讯问人敬畏、感动的高尚品格去刹被讯问人不端正的态度表现。总结讯问实践，讯问人员的以下高尚品格对刹被讯问人不端正态度表现具有重要的作用。

①依法办案的高尚品格

讯问人员具有强烈的依法办案意识，以讲政治的高度来认识依法办案，具有牢固的依法办案观念，在任何情况下都做到坚决不动摇，敢于同不依法办案的行为作坚决的斗争；在办理案件和讯问被讯问人中，始终按照法律的规定收集证据和讯问被讯问人，坚决反对、杜绝和制止刑讯逼供和以威胁、引诱、欺骗以及其他非法的方法讯问被讯问人；坚持文明办案，始终做到讲法律、讲道理，以法制人、以理服人，坚决反对、杜绝和制止侮辱、谩骂、殴打、冻饿、虐待、欺凌被讯问人等不文明行为的发生。

②实事求是的高尚品格

讯问人员具有牢固的实事求是观念，把实事求是贯穿于查办案件和讯问被讯问人的始终，在任何情况下都尊重客观事实，以事实为依据、敢于同不实事求是的行为作坚决的斗争；在查办案件和讯问被讯问人中，始终坚持实事求是的工作态度，一切从案件的事实出发，是什么就是什么，忠实于事实真相，绝不随波逐流，为坚持实事求是，不惜牺牲自己的个人利益。

③公平、公正的高尚品格

讯问人员在办理案件和讯问被讯问人中，始终坚持以事实为依据，以法律为准绳的原则，做到不偏不倚、不枉不纵，依据于法律公平正确而不偏斜；坚持法律面前人人平等的原则，做到“不别亲疏，不殊贵贱，一断于法”①，忠实于法律，公正合理而不偏袒；敢于同不公平、不公正的行为作坚决的斗争，为了维护公平、公正，宁愿牺牲自己的利益。

④刚正不阿的高尚品格

讯问人员在办理案件和讯问被讯问人中，始终做到一身正气、刚强正直、铁面无私、秉公而断、执法如山，“无虐茕独而畏高明”②。在权力面前不曲从，做到坚持原则、坚持真理、敢于直言，不怕得罪领导，决不违背事实和法律放弃原则而顺从领导的不正意愿；在权势面前不迎合，做到一身浩然正气，敢于顶住压力，“举事不私，听狱不阿”③，不怕打击报复，决不为了讨好权势而“巧言令色”④；在权贵面前不谄谀，做到“富贵不能淫，贫贱不能移，威武不能屈”⑤，对权贵的拉拢或威胁，“不诱于誉，不恐于诽”⑥，做到回击拉拢，顶住威胁，“不为利动，不为威劫”，绝不丧失节操而取悦权贵，逢迎讨好；在众口一词面前不

① 见（汉）司马迁：《史记·太史公自序》，中华书局2009年版，第759页。

② 见《尚书·洪范》，载程林主编：《四书五经》（第一卷），北京燕山出版社2008年版，第379页。

③ 见《晏子春秋·内篇问上七》，载汤化译注：《晏子春秋》，中华书局2015年版，第178页。

④ 见《论语·学而》，载程林主编：《四书五经》（第一卷），北京燕山出版社2008年版，第37页。

⑤ 见《孟子·滕文公下》，载程林主编：《四书五经》（第一卷），北京燕山出版社2008年版，第195页。

⑥ 见《荀子·非十二子篇》，载（清）王先谦撰：《荀子集解》，中华书局2012年版，第101页。

随波逐流，面对众口一词要对被讯问人从严或为被讯问人开脱，做到人格健全，不怕孤立，旗帜鲜明，勇于据理而争，力排众议，决不见风使舵，人云亦云。

⑤诚恳善良的高尚品格

讯问人员在办理案件和讯问被讯问人中，坚持出于教育、感化、挽救被讯问人的目的，做到态度诚恳、心地善良，分析入情入理、批驳有依有据，教育耐心、挽救真心；尊重被讯问人的人格、维护被讯问人的尊严，举止礼貌、言辞文明，尊重被讯问人；推己及人，能近取譬，关心被讯问人的生活、爱护被讯问人的健康、同情被讯问人的遭遇、理解被讯问人的苦衷，帮助解决被讯问人的困难，设身处地地为被讯问人着想。

（2）以品格刹被讯问人不端正态度表现的方法

总结讯问实践，以品格刹被讯问人不端正态度表现的方法主要有：

①通过查办案件和讯问的实践表现讯问人员的高尚品格，刹被讯问人不端正态度的表现

在查办案件和讯问中，讯问人员需要做大量的工作，在工作中会遇到各种各样的问题，如何去做这些大量的工作和处置所遇到的各种各样的问题，都体现着讯问人员的品格。

就讯问人员需要做大量的工作而言，在这个过程中，讯问人员需要收集和审查、判断各种证据，认定谁是作案人，抓捕被讯问人归案和采取强制措施或调查措施，对被讯问人进行讯问获取口供，认定被讯问人的犯罪或违纪违法的性质和事实，对被讯问人提出处理的意见，等等。讯问人员在查办案件和讯问中，在进行这些工作时，表现出依法办案、实事求是、公平、公正、刚正不阿、诚恳善良的高尚品格，做到依照法律的规定客观、全面地收集证据，实事求是地审查、判断各种证据和正确认定作案人；对该采取强制措施或调查措施的坚决予以采取强制措施或调查措施，对不应采取强制措施或调查措施的坚决不予采取强制措施或调查措施；讯问中坚持依法讯问，坚决不搞刑讯逼供和以暴力、威胁、引诱、欺骗以及非法限制人身自由等其他非法的方法进行讯问，实

事求是地讯清被讯问人的犯罪或违纪违法的事实；公平、公正地认定被讯问人的犯罪或违纪违法的性质和事实，提出符合事实和法律的处理意见，不因被讯问人的地位、身份或关系而受影响。

讯问人员通过查办案件和讯问实践表现出高尚的品格，使被讯问人对讯问人员既敬重又畏惧，从而促使被讯问人在敬重和畏惧的双重心理作用下，收敛或改正其不端正的态度表现，刹住被讯问人不端正态度的表现。

②通过对特事的处置表现讯问人员的高尚品格，刹被讯问人不端正的态度表现

讯问人员在查办案件和讯问的过程中，会遇到一些特别的事情：有的领导因主观片面或私心作怪对案件的查处作出违背案件事实的批示或指示，强令讯问人员一定要怎么干；有的高官或富豪因与被讯问人或与被害人是亲戚或关系密切，直接或通过查案机关的领导，对讯问人员施加影响和压力，要讯问人员如何办，甚至对讯问人员进行拉拢或威胁；有的直接或通过讯问人员的亲戚、朋友向讯问人员进行说情，许诺给讯问人员某种利益或为讯问人员解决某个问题；有的先是对讯问人员进行拉拢，拉拢不成，就利用黑社会进行威胁；有的向讯问人员请吃、请游乐、送财物，甚至送美色；有的个别参与办案的人员因急于求成而对被讯问人实施刑讯逼供，或因巴结领导、权贵，或因经不起拉拢、威胁而丧失原则，甚至营私舞弊；有的被讯问人因特殊情况的存在或发生，需要解决、关照；等等。对于在查办案件和讯问过程中发生的这些特事的处置，如果讯问人员能够做到：对领导错误的强令不屈从，敢于顶住压力，坚持原则，一切依据事实和法律；对高官或富豪不迎合，敢于回击拉拢，不怕威胁，公平、公正、刚正不阿；对说情、吃请、许诺利益、送财物、送美色予以坚决地拒绝，坚持实事求是；对刑讯逼供、营私舞弊的行为敢于坚决反对和制止，坚持依法、文明讯问，实事求是地认定事实；对被讯问人存在或发生的需要帮助和关照的特殊情况，真心实意地予以帮助或关照，也就表现出了讯问人员依法办案、实事求是、公平公正、刚正不阿、诚恳善良的高尚品格。

讯问人员通过对这些特事的处置表现出高尚的品格，使被讯问人感到讯问人员不仅是一个权力不以压其守、人情不以妨其道、财贿不以动其心、美色不以乱其性、爵禄不以移其志、威迫不以失其节，堂堂正正、铮铮铁骨之人，而且是一个心地善良、推己及人之人，从而使被讯问人对讯问人员既敬畏又感动，在敬畏和感动的双重心理作用下，改辕易辙，刹住被讯问人不端正的态度表现。

③由辅审或其他人宣扬讯问人员的高尚品格，刹被讯问人不端正态度的表现

我们在前面叙述了通过办案和讯问被讯问人的实践和对特事的处置表现讯问人员的品格，但由于在办案和讯问的实践中讯问人员所表现的高尚品格并不能被被讯问人全部知晓和在办案的过程中并不都会出现特事的情况，因而，讯问人员的高尚品格通过这两种方法也就不能完全地表现出来，达不到以品格刹被讯问人不端正态度的目的。通过由辅审或其他人对讯问人员的高尚品格进行宣扬，就可弥补前两种方法的缺陷，把讯问人员的高尚品格形象、生动、全面地表现出来，或根据讯问的需要，突出宣扬讯问人员的某一高尚品格，给被讯问人以敬畏、感动。

由辅审或其他人宣扬讯问人员的高尚品格，同我们在前面以才能刹中所叙述的由辅审或其他人向被讯问人宣扬讯问人员的才能一样，由于是通过他人的话对讯问人员的高尚品格进行宣扬，因而更具客观性、真实性和可信性。被讯问人在听了辅审或其他人对讯问人员的高尚品格的宣扬后，其就会认为讯问人员的同事和知道讯问人员的人都这样评价、赞扬讯问人员的高尚品格，足见讯问人员的确是一个品格高尚的人，受人尊敬，其在办理案件和讯问中一定会这样做，任何人、任何力量都不可能改变其高尚品格，从而使被讯问人对讯问人员更加敬重，望而生畏，不可造次。这样，被讯问人就有可能敬畏、佩服讯问人员的高尚品格而不敢或继续实施不端正的态度表现，进而刹住被讯问人不端正的态度表现。

由辅审或其他人宣扬讯问人员的高尚品格刹被讯问人不端正态度表现的具体方法是：

第一，直接向被讯问人宣扬讯问人员的高尚品格

讯问人员要与辅审或其他人做好沟通，选择好向被讯问人宣扬讯问人员高尚品格的时机、内容。在被讯问人关押或采取调查措施期间，由看守人员或陪护人员在适当的时机向被讯问人当面宣扬讯问人员的高尚品格，在讯问期间，根据讯问的进程由辅审人员向被讯问人当面宣扬讯问人员的高尚品格。

第二，间接向被讯问人宣扬讯问人员的高尚品格

讯问人员要在与辅审或其他人员做好部署的基础上，选择在被讯问人能听得见的场合，背着被讯问人由辅审或其他人等几个人评论、赞扬讯问人员的品格。

（3）以品格刹被讯问人不端正态度表现要注意的问题

以品格刹被讯问人不端正态度的表现，实质上是通过向被讯问人表现、宣扬讯问人员高尚的品格，将一个具有依法办案、实事求是、公平公正、刚正不阿、诚恳善良高尚品格的讯问人员展现在被讯问人的面前，使被讯问人敬畏、感动，而不敢以不端正的态度对待讯问，从而刹住被讯问人不端正的态度表现。正因如此，讯问人员在以品格刹被讯问人不端正态度的表现时，要注意以下几点：

①向被讯问人表现讯问人员高尚品格的，讯问人员在案件的侦查或调查和讯问的过程中，时时、处处都要做到品格高尚，以高尚的品格贯穿于案件侦查或调查和讯问的始终。只有这样，被讯问人才能认为讯问人员是一个真正的品格高尚之人，从而使被讯问人敬畏、感动，进而起到刹被讯问人不端正态度表现的作用。

②向被讯问人宣扬讯问人员高尚品格的，要注意以下方面：

第一，向被讯问人宣扬的讯问人员的高尚品格的表现必须要典型

以品格刹被讯问人不端正态度的表现，是通过讯问人员的高尚品格去影响被讯问人，达到刹住被讯问人不端正态度表现的目的，是一个间接刹的过程，因此，讯问人员用以刹被讯问人不端正态度表现的这个高尚品格的表现必须要典型，具有独特的特点、突出的表现、与众不同的做法，而不是那些平平常常、普普通通的品格表现。向被讯问人宣扬的

是讯问人员高尚品格的典型表现，就把讯问人员的高尚品格鲜明地展现在被讯问人的面前，被讯问人一听就知道讯问人员是具有怎样品格的一个人，从而立即对被讯问人产生影响，进而起到刹的作用。如果向被讯问人宣扬的不是讯问人员高尚品格的典型表现，被讯问人就不会有感觉，也就不会对被讯问人产生影响，更不可能使被讯问人产生对讯问人员敬畏、感动的心理。这样，也就无法达到以品格刹被讯问人不端正态度表现的目的。因此，向被讯问人宣扬的讯问人员高尚品格的表现必须要典型。

要向被讯问人宣扬的讯问人员高尚品格的表现具有典型性，首先是讯问人员要真正具有这种独特特点、突出表现，与众不同的高尚品格；其次要注意选择，选择所具高尚品格的典型表现向被讯问人进行宣扬；最后要以最艺术的技巧向被讯问人进行宣扬，使被讯问人感觉如同身临其境。

第二，向被讯问人宣扬的讯问人员高尚品格表现的内容必须要具体

向被讯问人宣扬的讯问人员高尚品格表现的内容要做到具体，即以具体的事实来宣扬讯问人员的高尚品格。只有这样，才能使被讯问人真正深刻地体会到讯问人员所具的高尚品格，从而才能敬畏、感动被讯问人。如果向被讯问人宣扬的讯问人员高尚品格表现没有具体的内容，不能以具体的事实来说明讯问人员的高尚品格，而是仅凭口夸夸其谈一番，空洞无物，不仅不可能敬畏、感动被讯问人，起到刹被讯问人不端正态度表现的作用，而且有可能起反作用，引起被讯问人的反感。因此，向被讯问人宣扬的讯问人员高尚品格表现的内容必须要具体。

要使向被讯问人宣扬讯问人员高尚品格表现的内容做到具体，首先，要有高尚品格表现的具体内容，为此，讯问人员就要努力地去创造、实践、收集并选择这种具体的内容；其次，在宣扬中要做到用事实说话，把具体的事实摆在被讯问人的面前，尽量不用或少用华丽的辞藻。

第三，向被讯问人宣扬讯问人员高尚品格的过程要自然、符合情理

向被讯问人宣扬讯问人员高尚品格的过程要做到自然、符合情理，

即要顺理成章。只有这样，才能使被讯问人感到讯问人员所具高尚品格的真实性，从而才能从心底里敬畏讯问人员和受到真正的感动。如果向被讯问人宣扬讯问人员高尚品格的过程不能做到自然、符合情理，而是强行造作、不符合情理，被讯问人就会认为这是吹嘘，故意假装，也就不会引起被讯问人敬畏、感动的心理，无法达到刹被讯问人不端正态度表现的目的。因此，向被讯问人宣扬讯问人员高尚品格的过程一定要做到自然、符合情理。

要使向被讯问人宣扬讯问人员高尚品格的过程做到自然、符合情理，一是要选择好时机，即在最恰当的时机向被讯问人宣扬讯问人员的高尚品格；二是所宣扬的高尚品格要符合事实，即不要离开事实去宣扬，说一些过头的话；三是要顺理成章，即要避免为宣扬而进行宣扬。

通过上述对讯问人员高尚品格的表现、宣扬，刹住被讯问人不端正态度的表现。

6. 以把柄刹

所谓以把柄刹，是指讯问人员抓住被讯问人的把柄，对其施以高压的手段，造成其心理上的重大压力，促使其在心理压力的作用下，收敛或改正其不端正的态度表现，从而刹住被讯问人不端正的态度表现。

（1）以把柄刹被讯问人不端正态度表现的方法

总结讯问实践，以把柄刹被讯问人不端正态度表现的方法是：

①抓住被讯问人的把柄

以把柄刹被讯问人不端正态度的表现，首先要抓住被讯问人的把柄。讯问人员只有抓住被讯问人的把柄，才有可能以把柄刹被讯问人不端正态度的表现，否则，以把柄刹被讯问人的不端正态度的表现便无从谈起。

抓住被讯问人的把柄要从以下方面着手：

第一，前科

有的被讯问人曾因犯罪或违纪违法被判过刑、行政处罚或处分过，有前科。前科问题虽经处理，但前科如符合一定的条件，被讯问人就会构成累犯，即使不构成累犯，也是一个从重处罚的情节。而且，有前科的存在，被讯问人就猖狂不起来。因此，讯问人员要从被讯问人的前科方面抓住把柄。

第二，其他犯罪或违纪违法问题

不少被讯问人除本次犯罪或违纪违法外，还有同本次犯罪或违纪违法相同性质的或不同性质的其他犯罪或违纪违法的问题。这些其他犯罪或违纪违法的问题无疑是一颗隐藏着的炸弹，对被讯问人来说是一个威慑。因此，讯问人员要从被讯问人的其他犯罪或违纪违法方面抓住其把柄。

第三，政治上的问题

有的被讯问人有政治上的问题，与敌对势力或邪教有联系，或有反对四项基本原则和现行政治制度的言论和行为。这些政治上的问题是大是大非的原则问题，对被讯问人无疑亦是一个威慑。因此，讯问人员要从被讯问人的政治方面抓住其把柄。

第四，经济上的问题

相当一部分被讯问人有经济上的问题，有的是其犯罪或违纪违法行为涉及经济问题，有的是家庭财产来源涉及经济问题，有的是在生产、经营中涉及经济问题，等等。这些所涉及的经济问题都有一个违法或违纪的问题。有的要追缴，有的要退赔，有的要没收，有的要并处罚款。这些经济上的问题是被讯问人的“心头肉”，对被讯问人更是一个威慑。因此，讯问人员要从被讯问人的经济方面抓住其把柄。

第五，人品上的问题

有的被讯问人不仅实施犯罪或违纪违法行为，而且其人品卑鄙、恶劣，道德沦丧，人格全无。这些人品上的问题关系到被讯问人的脸面、声誉和其家庭门风，影响到其家人和子孙后代的脸面，对被讯问人同样是一个极大的威慑。因此，讯问人员要从被讯问人的人品方面抓住其把柄。

第六，生活上的问题

有的被讯问人在生活上奢靡腐化，丑闻不堪启齿；有的“包二奶”，甚至“包三奶”，把经济全都用在“二奶”“三奶”身上，甚至与“二奶”“三奶”共同实施犯罪或违纪违法行为。这些生活上的问题，有的是被讯问人的丑闻，有的是被讯问人犯罪或违纪违法的证据，对被讯问人亦是一个极大的威慑。因此，讯问人员要从被讯问人的生活方面抓住其把柄。

第七，恶劣态度的表现行为

有的被讯问人实施的恶劣态度的表现行为触犯了其他罪名，构成了新的犯罪。这些构成新的犯罪的恶劣态度表现行为要与其已犯的罪实行数罪并罚，加重被讯问人的刑罚，对被讯问人是一个实实在在的威慑。因此，讯问人员要从被讯问人恶劣态度的表现行为方面抓住其把柄。

第八，家庭成员帮助其犯罪或违纪违法的问题

有的被讯问人实施的犯罪或违纪违法在事前、事中或事后得到过其家庭成员的帮助，而帮助犯罪或违纪违法的行为是要负法律责任的。这意味着帮助被讯问人实施犯罪或违纪违法行为的其家庭成员要受到法律的追究，这对被讯问人来说是一个灭顶之灾。因此，讯问人员要从被讯问人的家庭成员帮助其犯罪或违纪违法方面抓住其把柄。

②向被讯问人施加压力

以把柄刹被讯问人不端正态度的表现，讯问人员在抓住被讯问人的把柄后，就要向被讯问人施加压力，使其在压力的作用下收敛或改正其不端正的态度表现，刹住其不端正的态度表现。

总结讯问实践，以把柄向被讯问人施加压力的手段主要有：

第一，以开展全面彻查向被讯问人施加压力。讯问人员抓住被讯问人的把柄后，将其不论是大的还是小的，不论是过去的还是现在的，不论是政治的、经济的还是生活的，不论是犯罪或违纪违法的还是道德、伦理的把柄都罗列起来，声称其如不端正对待讯问的态度，就组织专案小组，对其开展全面、彻底的查处，把他的所有问题都查清楚，一并予以狠狠打击，决不手软。这样，被讯问人就会感到，如果自己继续以不端正的态度对待讯问，讯问人员就会对自己开展全面、彻底的查处，不仅已被讯问人员掌握的犯罪或违纪违法和这些已被抓住把柄的问题要被查清，而且一些尚未被掌握的犯罪或违纪违法和抓住把柄的问题也会随着全面、彻底查处的开展而被揭露出来，问题越查越大，处理也就越来

越重。被讯问人在这种心理的压力下，就有可能收敛或改正其不端正的态度表现。

第二，以将其作为一个反面教材向被讯问人施加压力。讯问人员在抓住被讯问人的把柄予以罗列后，声称其如果继续以不端正的态度对待讯问，不仅要查清他所有的问题，而且还要将其所有的问题，无论是犯罪或违纪违法的，还是道德、伦理、人品、人格的，都作为一个反面教材公布于众，让大家讨论，对干部、群众进行教育。这样，被讯问人就会感到，如果自己继续以不端正的态度对待讯问，讯问人员不仅会查清自己所有的问题，而且会将自己作为一个反面教材公布于众，特别是涉及自己道德、伦理、人品、人格的那些见不得人的问题一旦公布出去，不仅自己遗臭万年，今后无脸做人，而且自己的父母、妻子、子孙都将无脸做人，受人唾弃，无法在这个社会上生存。被讯问人在这种心理的压力下，就有可能收敛或改正其不端正的态度表现。

第三，以采取经济措施向被讯问人施加压力。讯问人员在抓住被讯问人经济方面的把柄予以罗列后，声称其如果继续以不端正的态度对待讯问，就从经济方面入手对其采取措施，查处他的家庭财产、经济收入，无论是涉及犯罪或违纪违法的经济问题，还是不涉及犯罪或违纪违法的经济问题，只要不是合法的收入，该追缴的予以追缴，该没收的予以没收，该退赔的予以退赔，该罚款的予以罚款。这样，被讯问人就会感到，如果自己继续以不端正的态度对待讯问，讯问人员就会从经济方面入手采取措施，不仅自己的经济会被追缴、没收、退赔或罚款，而且还要承担巨额财产来源不明的刑事责任，落得个倾家荡产，人财两空。被讯问人在这种心理的压力下，就有可能收敛或改正其不端正的态度表现。

第四，以从其家庭成员帮助其犯罪或违纪违法入手查处向被讯问人施加压力。[①] 讯问人员在抓住被讯问人的家庭成员帮助其犯罪或违纪违

---

① 对于没有帮助被讯问人犯罪或违纪违法的家庭成员，不得以对其家庭成员实施不利的行为向被讯问人施压。这关系到讯问人员的人格和道德问题。

法的把柄予以罗列后，声称其如继续以不端正的态度对待讯问，就从其家庭成员帮助其犯罪或违纪违法方面入手进行查处，取得证据。这样，被讯问人就会感到，如果自己继续以不端正的态度对待讯问，帮助过自己犯罪或违纪违法的亲人就要被叫过来接受查处，不仅自己的犯罪或违纪违法事实会被证实，而且还害了亲人，叫亲人吃苦，断送了亲人的前途。被讯问人在这种心理的压力下，就有可能产生宁可自己被判刑，也不能害了亲人的想法，进而收敛或改正其不端正的态度表现。

第五，以对其不端正态度表现构成新的犯罪的行为予以立案向被讯问人施加压力。讯问人员在抓住被讯问人不端正态度表现构成新的犯罪的把柄予以罗列后，声称其如继续以不端正的态度对待讯问，就对其不端正态度表现所构成的新的犯罪予以立案，与其已犯的罪予以数罪并罚。这样，被讯问人就会感到，如果自己继续以不端正的态度对待讯问，讯问人员就会对自己不端正态度表现所构成的新的犯罪的行为予以立案，自己就会被数罪并罚，从重处罚。被讯问人在这种心理的压力下，就有可能与讯问人员讨价还价，进而收敛或改正其不端正的态度表现。

（2）以把柄刹被讯问人不端正的态度表现要注意的问题

以把柄刹被讯问人不端正态度的表现，事实上是讯问人员以被讯问人的把柄为筹码，向被讯问人施加心理压力，促使被讯问人在心理压力的作用下而不敢实施不端正态度的表现，从而刹住被讯问人的不端正态度表现。正因如此，讯问人员在以把柄刹被讯问人不端正的态度表现时，要注意以下几点：

①把柄要抓得准

把柄抓得准，是以把柄刹被讯问人不端正态度表现的前提和基础。只有把柄抓得准，这筹码才有威力，才能使被讯问人形成心理压力。如果把柄抓得不准，不仅不能使被讯问人形成心理压力，而且被讯问人还会认为讯问人员是在虚张声势，是“黔驴技穷”。这样，不仅不能刹住被讯问人不端正态度的表现，反而会使其以更恶劣的态度对付讯问。因此，以把柄刹被讯问人不端正态度表现的这个把柄一定要抓得准。

要使这个把柄抓得准，一是要有这个把柄。也就是说，这个把柄不是道听途说的，而是实实在在存在的，有具体的事实和证据。二是这个把柄能够对被讯问人形成压力。也就是说，这个把柄对被讯问人具有巨大的威慑力，抓住了这个把柄，也就抓住了被讯问人的致命弱点，使之不敢动弹，只有乖乖听从讯问人员的份。

②施加的压力要能够操作

施加的压力能够操作，是以把柄刹被讯问人不端正态度表现的关键。只有施加的压力能够操作，才有可能付诸实施，从而才有可能使被讯问人形成心理压力。如果施加的压力不能够操作，给被讯问人施加压力就将是一句空话，仅空气震动而已。被讯问人就会认为讯问人员是在纸上谈兵，是在放空炮。这样，不仅没有丝毫的效果，反而会促使被讯问人更加有恃无恐。因此，以把柄刹被讯问人不端正的态度表现，施加的压力必须要能够操作。

要使施加的压力能够操作，讯问人员在给被讯问人施加心理压力时，一是要认真斟酌这个所施的压力能否付诸实施，不能付诸实施的千万不可信口开河；二是要有付诸实施的方案，一旦给被讯问人施加心理压力后，被讯问人仍以不端正态度对待讯问的，讯问人员便可立即启动实施方案，以具体的行为向被讯问人施加压力。

③要符合法律的规定和道德伦理的规范

符合法律的规定和道德伦理的规范，是以把柄刹被讯问人不端正态度表现的保证。只有符合法律的规定和道德伦理的规范，才能使刹被讯问人不端正态度的表现刹得合法，刹得不失讯问人员的道德，才能刹得被讯问人心服口服。如果以把柄刹被讯问人不端正态度的表现不符合法律的规定和道德伦理的规范，就使这个“刹”变成了以威胁这种非法的方法和不人道这种有悖道德伦理的方法对被讯问人进行讯问。这样，即使刹住了被讯问人不端正的态度表现，取得了被讯问人的口供，讯问也是非法的和不道德的。因此，以把柄刹被讯问人不端正的态度表现一定要符合法律的规定和道德伦理的规范。

要使以把柄刹被讯问人不端正态度表现符合法律的规定和道德伦理的规范，最基本的是要做到以下几点：

第一，所抓的把柄必须是被讯问人本人的或与被讯问人的犯罪或违纪违法有牵连的他人把柄，不能抓被讯问人以外或与被讯问人犯罪或违纪违法事实无关的他人的把柄。例如，有的讯问人员在讯问中抓住与被讯问人犯罪或违纪违法事实无关的被讯问人亲人的把柄，以此向被讯问人施加压力，这是违反法律和有失道德的，是禽兽行为。

第二，所施加的压力要有法律上的依据或不违反道德伦理。也就是说，讯问人员向被讯问人施加的压力必须是法律赋予讯问人员的职权或法律虽无明确赋予，但不违反道德伦理，符合一般公理的行为。

7. 以法律刹

所谓以法律刹，是指讯问人员针对被讯问人不端正的态度表现，通过向被讯问人宣讲法律或执行法律，使被讯问人懂得或体会到法律的厉害，而不敢实施不端正的态度表现，从而刹住其不端正的态度表现。

（1）以法律刹被讯问人不端正态度表现的方法

总结讯问实践，以法律刹被讯问人不端正态度表现的方法主要有：

①宣讲法律

宣讲法律，顾名思义，就是向被讯问人阐述、解释我国法律、法规、政策的规定及其理论，使被讯问人懂得、了解法律、法规、政策的规定和运用原则。宣讲法律，有以下三种具体的方法：

第一，直接宣讲法律。直接宣讲法律就是向被讯问人直接宣讲法律、法规、政策的规定、精神实质及其理论，让被讯问人直接懂得、了解法律、法规和政策。

第二，间接宣讲法律。间接宣讲法律就是不向被讯问人直接宣讲法律、法规、政策的规定内容，而是以通过说其他的事中隐含法律、法规、政策的规定内容，让被讯问人重温和更深刻地懂得法律、法规和政策。

第三，分析宣讲法律。分析宣讲法律就是根据法律的规定，分析被讯问人的犯罪或违纪违法行为在不同的情况下所出现的不同法律后果，阐明在哪一种情况下出现的法律后果对被讯问人有利或不利，使被讯问人懂得、了解法律的规定。

②执行法律

执行法律，顾名思义，就是针对被讯问人不端正的态度表现，根据法律的规定对被讯问人实施法律行为，使被讯问人感到法律的威严和直接体会到法律的厉害。执行法律，在实践中有以下三种具体的方法：

第一，宣布并执行对被讯问人的刑事强制措施或调查措施。在讯问的过程中，对于未被宣布和执行强制措施或调查措施的被讯问人，针对被讯问人不端正的态度表现，讯问人员向其宣布拘留、逮捕、其他强制措施或调查措施的决定，并当场予以执行。

第二，宣布并执行对被讯问人进行搜查或检查。在讯问的过程中，根据案件和被讯问人的具体情况，向被讯问人宣布对其人身或住处进行搜查、检查的决定，并当场进行搜查、检查。

第三，使用警绳、警棍、械具或武器。在讯问的过程中，针对被讯问人不端正态度的表现情况，根据使用警绳、警棍、械具、武器的规定，对被讯问人以警绳予以捆绑、以警棍予以制服、以械具给以戴上，必要的时候使用武器。

通过上述宣讲法律或执行法律，刹住被讯问人不端正态度的表现。

（2）以法律刹被讯问人不端正态度表现要注意的问题

以法律刹被讯问人不端正态度的表现，实质上是讯问人员通过运用法律，使被讯问人慑于法律的威严而不敢实施不端正的态度表现或迫于法律的强制而不能实施不端正的态度表现，从而刹住被讯问人的不端正态度表现。正因如此，讯问人员在以法律刹被讯问人不端正态度表现时，要根据刹的方法，分别注意以下问题：

①以宣讲法律的方法刹被讯问人不端正态度表现的，要做到：

第一，宣讲的法律内容要针对被讯问人不端正态度表现的原因。有的被讯问人因认为自己犯罪或违纪违法证据“一对一”，只要自己不交代，讯问人员就无法认定自己的犯罪或违纪违法事实和作出处理；有的被讯问人认为“无供不录案”，没有自己的口供，就无法定案和作出处理；有的被讯问人认为自己地位高、官职大、权势重或为国家作出过重大贡献，立过大功，讯问人员不可能对自己怎么样；有的被讯问人认为自己身份特殊，从事或被聘从事有关国家利益的工作，到时有关机关一出面，讯问人员只得服从国家利益的需要而停止查处；等等。讯问人员以宣讲法律的方法刹被讯问人不端正态度的表现，只有宣讲的法律内容针对被讯问人这些不端正态度表现的原因，被讯问人才有可能深刻地感受到法律的威严，从而慑于法律而不敢实施不端正的态度表现。如果讯问人员宣讲的法律内容不能针对被讯问人恶劣态度的原因，被讯问人就感受不到法律的威严，也就起不到刹被讯问人不端正态度表现的作用。因此，以宣讲法律的方法刹被讯问人的不端正态度表现，所宣讲的法律内容一定要针对被讯问人不端正态度表现的原因。

第二，宣讲的过程要严格。宣讲的过程要严格，是指讯问人员在宣讲法律的过程中，宣讲的态度要严肃、宣讲的内容要准确、宣讲的水平要高超。讯问人员在宣讲法律的过程中，只有做到态度严肃、内容准确、水平高超，才能彰显法律的威慑力。如果在宣讲法律的过程中，宣讲的态度不严肃，嘻嘻哈哈，宣讲的内容不准确，任意胡扯，宣讲的水平不高超，词不达意，被讯问人就无法感受到法律的威严。因此，以宣讲法律的方法刹被讯问人不端正的态度表现，宣讲的过程一定要做到严格。

②以执行法律的方法刹被讯问人不端正态度表现的，要做到：

第一，执行法律要根据被讯问人不端正态度的表现和具体情况。有的被讯问人是传唤或通知到案接受讯问的，其在讯问时往往会以讯问人员没有法律手续而实施不端正的态度表现。对于这种尚未宣布刑事强制措施或调查措施的被讯问人，在讯问中要宣布对其采取刑事强制措施或调查措施并予以执行，通过执行这个强制措施或调查措施刹被讯问人不端正的态度表现。有的被讯问人在讯问中行为粗野、凶残，捶桌子、摔板凳、砸物品，甚至对讯问人员行凶。对于这种被讯问人，讯问人员要根据法律的规定，使用警绳、警棍、械具，甚至武器，通过执行法律使被讯问人不能实施粗野、凶残的行为。有的被讯问人的人身或住处遗留或隐藏有犯罪或违纪违法的证据，对这种被讯问人在讯问时，要根据法律的规定给以当场宣布搜查或检查并予以执行，通过执行法律获取证据，刹住其不端正的态度表现。

第二，执行法律要合法。所谓执行法律要合法，是指在执行法律的过程中要符合法律的规定。例如，对被讯问人采取刑事强制措施或调查措施要出示法律文书；对被讯问人的人身和住处进行搜查要出示搜查证；使用警绳、警棍、械具，要按照法律的规定，不得借机伤害被讯问人；使用武器更应严格按照法律的规定，不得任意使用武器。

8. 以证据刹

所谓以证据刹，是指讯问人员针对被讯问人不端正态度的表现，向被讯问人出示证据，把证据摆在被讯问人的面前，使被讯问人慑于证据而不敢实施不端正的态度表现行为，从而刹住被讯问人不端正的态度表现。

（1）以证据刹被讯问人不端正态度表现的方法

以证据刹被讯问人不端正的态度表现，实质上就是向被讯问人出示证据。总结讯问实践，向被讯问人出示证据刹被讯问人不端正的态度表现主要有以下六种方法：

①明示证据

所谓明示证据，是指讯问人员公开直接向被讯问人出示证据载体，让其观看、阅读或说明证据的内容、特征让其知晓，把实实在在的证据摆在被讯问人的面前的一种出示证据的方法。

明示证据又有两种不同的方法：

第一，证据载体明示。所谓证据载体明示，是指讯问人员直截了当地向被讯问人出示证据载体，让其观看或阅读，例如将同案人、对合人的口供笔录、亲笔供词或证人证言笔录、现场照片或各种痕迹物品、物证、书证、鉴定意见、作案工具、赃物等证据载体出示给被讯问人观看或阅读。

第二，口头语言明示。所谓口头语言明示，是指讯问人员不向被讯问人出示证据载体，只向被讯问人说出证据的名称或特征，或说明某种证据已经获取，或说明某种证据的内容、情节。

②暗示证据

所谓暗示证据，是指讯问人员不直接向被讯问人出示证据，而是向被讯问人透露一点案件中的某一个情节或有意向被讯问人透露与案件有关的实物证据或证据材料，暗示被讯问人，讯问人员已经掌握了其犯罪或违纪违法的证据的一种出示证据的方法。

暗示证据又有以下四种不同的方法：

第一，语言暗示。语言暗示是指讯问人员以隐含、比喻、双关、反语等语言，向被讯问人说出与案件事实或证据有关的内容或情节，表明讯问人员已经掌握了案件的事实和证据。

第二，动作暗示。动作暗示是指讯问人员以自己的肢体语言，向被讯问人透露案件的情节或案件有关的证据，表明被讯问人犯罪或违纪违法的事实及其证据已被讯问人员掌握。

第三，实物暗示。实物暗示是指讯问人员将查获的赃物、作案工具、现场遗留的物品或与案件有关的其他物品，放置在被讯问人能看到的一定位置，让被讯问人看到，表明物证已被讯问人员获取。

第四，知情人暗示。知情人暗示是指讯问人员采取恰当的形式和技巧，让被讯问人看到能证实案件事实或者证明被讯问人犯罪或违纪违法事实的证人、同案人、对合人、被害人等知道案件情况的人，表明知情人已向查案机关提供被讯问人犯罪或违纪违法的证据，或者让被讯问人知道这些知情人已向查案机关提供了证据。

③明、暗结合出示证据

所谓明、暗结合出示证据，是指讯问人员把明示出示证据和暗示出示证据的方法结合起来，既采用明示，又采用暗示的方法向被讯问人出示证据的一种出示证据的方法。

④实示证据

所谓实示证据，是指讯问人员向被讯问人出示已经收集到的证据或已查明的案件事实、情节，把真实已经掌握的证据摆在被讯问人面前的一种出示证据的方法。

⑤虚示证据

所谓虚示证据，是指讯问人员将尚未收集到的证据或尚未查明的案件事实、情节，以抽象、笼统的内容向被讯问人出示的一种出示证据的方法。

⑥虚、实并举出示证据

所谓虚、实并举出示证据，是指讯问人员把抽象的、笼统的（虚的）证据材料或案件的事实、情节与明确的、具体的（实的）证据材料或案件的事实、情节结合起来使用，表明讯问人员已掌握了其犯罪或违纪违法的证据的一种出示证据的方法。

（2）以证据刹被讯问人不端正态度表现要注意的问题

证据是认定被讯问人犯罪或违纪违法事实和对被讯问人作出处理的依据。证据确实、充分了，被讯问人受到法律或纪律的制裁也就成为必然。只要证据确实、充分，被讯问人任何抗审行为都是毫无意义的。因而，被讯问人在讯问中最害怕的是讯问人员掌握其犯罪或违纪违法的证据。一旦证据确实、充分，被讯问人也就不能、不敢再继续进行抗审。正因如此，讯问人员在以证据刹被讯问人不端正的态度表现时，要注意以下几点：

①出示的证据一定要确实，且具有极大的威慑力。以证据刹被讯问人不端正态度的表现，只有做到出示的证据确实，且具有极大的威慑力，被讯问人在证据面前才能没有丝毫的反抗余地，从而乖乖地接受讯问。如果出示的证据不确实，或有水分，或结论不是唯一的，可以作这样解释，也可以作那样解释，那么，出示的证据也就不仅不能制服被讯问人、刹住被讯问人不端正的态度表现，而且，有可能增强被讯问人的抗审意志，使被讯问人的态度越发恶劣。这样，就无法刹住被讯问人不端正的态度表现。因此，出示的证据一定要确实，且具有极大的威慑力。

②出示的证据一定要针对被讯问人不端正态度的原因。有的被讯问人认为自己的犯罪或违纪违法行为不可能暴露，讯问人员收集不到其犯罪或违纪违法的证据；有的被讯问人认为证据“一对一”，等等。因而，在讯问时实施不端正的态度表现。讯问人员只有向被讯问人出示针对其不端正态度原因的证据，才能从根本上刹住其不端正的态度表现。如果讯问人员出示的证据不能针对其不端正态度的原因，那么，出示的证据也就矢不中的，刹住被讯问人不端正的态度表现只能沦为一句空

话。因此，出示的证据一定要针对被讯问人不端正态度的原因。只有这样，才能刹住被讯问人不端正的态度表现。

③出示证据一定要讲究方法。要使出示的证据能迅速地刹住被讯问人不端正的态度表现，出示证据一定要讲究方法。只有出示证据的方法巧妙，才能使证据产生更大的威慑力。关于出示证据方法的巧妙，就刹被讯问人不端正的态度表现来说，如有条件的，最好是以当场搜获的方法出示。这样，一方面增强讯问的威严气氛，另一方面使被讯问人处于“人赃俱获”的绝境，使出示的证据具有以执行法律刹被讯问人不端正态度表现和以证据刹被讯问人不端正态度表现的双重功能，从而更有利于刹住被讯问人不端正的态度表现。

（二）挖被讯问人不端正态度的根源

所谓挖被讯问人不端正态度的根源，是指讯问人员针对被讯问人产生不端正态度的根源，运用切实有效的方法挖除其这种产生不端正态度的根源，从而从根本上端正被讯问人对待讯问的不端正态度。

被讯问人不端正态度的产生都是有其根源的，即原因。端正被讯问人对待讯问的态度，关键是要挖除其产生不端正态度的根源。也就是说，只有彻底挖除了被讯问人产生不端正态度的根源、铲除了其不端正态度赖以生存的基础，才能从根本上端正被讯问人对待讯问的态度。如果讯问人员不从根本上挖除其不端正态度的根源，虽然通过刹的手段，在表面上刹住了被讯问人不端正态度的表现，或其不端正态度的表现有所收敛，但被讯问人口服心不服，内心仍会继续以不端正的态度对待讯问，而且一旦有了时机，其就会死灰复燃，重新实施不端正态度的表现，甚至有过之而无不及。因此，端正被讯问人对待讯问的态度，就要从根本上挖除其不端正态度产生的根源，做到釜底抽薪、斩草除根。

我们在本章的第二个问题中已经较为详细地阐述了被讯问人不端正态度的原因，即根源。由于被讯问人产生不端正态度的这些根源不同，讯问人员就要根据马克思主义不同质的矛盾只能用不同质的方法去解决的原理，针对被讯问人不端正态度的不同根源，采取不同的方法予以挖除。

1. 自认为自己地位高、权势重

对于自认为自己地位高、权势重的不端正态度根源，讯问人员可采取以下方法予以挖除：

①正告被讯问人要面对现实

讯问人员首先要向被讯问人发出正告，正告其要面对现实。对此，可从以下几方面向被讯问人发出正告：

第一，正告被讯问人地位高、权势重是你的过去，而不是现在。现在你是一个正在接受查案机关侦查或调查的犯罪或违纪违法的嫌疑人，地位已经发生了根本的变化，权势也已不复存在。正所谓“落毛的凤凰不如鸡”①，还有什么可自恃的！

第二，正告被讯问人党组织和查案机关既然已经决定对你采取措施，一方面说明你的犯罪或违纪违法证据已被掌握，另一方面表明党组织和查案机关已经下了决心，要坚决查清你的犯罪或违纪违法事实，将你绳之以法或绳之以纪。正所谓“留情不举手，举手不留情”②，还有什么可侥幸的！

第三，正告被讯问人要认清形势，今非昔比。过去你有权有势有一大批人敬着你、捧着你、拍着你、护着你，现在你是一个犯罪或违纪违法嫌疑人，别人躲你都来不及，生怕自己受牵连、受影响。现实就是这样残酷，还有什么可自我感觉良好的！

②向被讯问人宣讲刑法面前人人平等的原则

讯问人员要向被讯问人宣讲刑法面前人人平等的原则。对此，可以从以下几个方面进行宣讲：

第一，宣讲刑法面前人人平等原则的基本含义。对这个问题，要讲清以下内容：

一是刑法面前人人平等原则的基本含义是：任何人犯罪，都应当受

① 见张崇纲：《杨贵妃崂山当道姑》，载《中国俗语大辞典》（第一版），上海辞书出版社 2011 年版，第 284 页。

② 见林冠夫：导读《西游记》第二十一回，文化艺术出版社 1997 年版，第 218 页。

到法律的追究；任何人不得享有超越法律规定的特权；对于一切犯罪行为，不论犯罪人的社会地位、家庭出身、职业状况、财产状况、政治面貌、才能业绩如何，都一律平等地适用刑法。在定罪量刑时不应有所区别，应一视同仁，依法惩处。

二是刑法面前人人平等原则具体体现在定罪、量刑和行刑三个方面。

定罪上一律平等。即对于任何人，无论其身份地位的高低、权力的大小、财产的多少，都予以平等对待。实施了犯罪行为的，就应毫无例外地追究其刑事责任；没有实施犯罪行为的，就不得任意定罪。既不允许将有罪认定为无罪，重罪认定为轻罪，也不允许将无罪认定为有罪，将轻罪认定为重罪。

量刑上一律平等。即该判重刑的不得判轻刑，该判轻刑的不得免除刑罚。反之亦然。对一个人量刑的轻重，只能与其行为的社会危害性大小相适应，行为人的地位、权力、财产不能影响处刑的轻重。

行刑上一律平等。即在刑罚的执行上，对于所有的受刑人平等对待，不能因为其身份、地位而享有特殊待遇。刑罚执行过程中，适用减刑、假释等，必须符合法定条件，不能以受刑人的特殊身份地位为由而非法适用。

第二，宣讲刑法面前人人平等原则的立法体现。对这个问题要讲清以下内容：

一是在《刑法》总则中，第四条明确规定了“对任何人犯罪，在适用法律上一律平等。不允许任何人有超越法律的特权”。此外，《刑法》第六条的规定表明，只要是在中华人民共和国领域内犯罪，除法律有特别规定的以外，都应适用《刑法》，而不论犯罪人是什么人；《刑法》第十四条第二款“故意犯罪，应当负刑事责任”的规定、第十五条第二款“过失犯罪，法律有规定的才负刑事责任”的规定、第十七条对刑事责任年龄阶段的规定，都体现了刑法面前人人平等的原则。

二是我国刑法分则的规定将任何人犯罪在适用法律上一律平等具体到各类各种犯罪中，充分体现了刑法面前人人平等的原则。

第三，宣讲刑法面前人人平等原则的司法适用。对这个问题，要讲清以下内容：

一是做到刑事司法公正。刑事司法公正，既是刑法面前人人平等的必然要求，又是刑法面前人人平等的主要体现。刑事司法公正主要包括定罪公正、量刑公正和行刑公正。

二是反对特权。反对特权是刑法面前人人平等的应有之义，在司法活动中坚决反对形形色色的特权思想，做到只要是犯罪，就要平等地适用刑法，追究其刑事责任，予以惩处，不允许任何人有超越法律的特权。

③以典型案例警示被讯问人

讯问人员要列举曾权倾朝野、显赫无比的高官因犯罪而被坚决地予以查处，并被判处重刑、极刑的典型案例进行宣讲，以典型案例警示被讯问人。

通过上述方法，挖除被讯问人自认为自己地位高、权势重的不端正态度的根源。

2. 自认为自己立过大功，为党和人民作出过重大贡献

对于自认为自己立过大功，为党和人民作出过重大贡献的不端正态度根源，讯问人员可采取以下方法予以挖除：

①正告被讯问人不要混淆概念

讯问人员要向被讯问人发出正告，正告其不要混淆概念。功是功、过是过，这是两个不同的概念，属于不同的范畴。把这两个不同的概念混淆，其结果只能是自欺欺人，使自己陷入极为不利的被动局面，奉劝被讯问人不要把功与过这两个不同的概念混为一谈。

②指出功劳只能说明过去，不代表现在

讯问人员要在充分肯定被讯问人曾为党、为人民作出过重大贡献，立过大功，党和人民是不会忘记的基础上，严肃地向被讯问人指出：你的功劳只能说明你的过去，不代表现在，你现在的犯罪或违纪违法事实是客观存在的，过去的功劳掩盖不了现在的犯罪或违纪违法事实，不能证明你现在没有犯罪或违纪违法的事实，更不能作为你现在犯罪或违纪

违法的理由和资本。

③强调功过不能相抵

讯问人员要强调功过不能相抵。是功就要给予奖赏，多大的功劳给予多大的奖赏；是过就要给予处罚，多大的罪过给予多大的处罚，功过不能相抵，赏罚不能代替。这就是“天平的两端”。在强调功过不能相抵的同时，还要向被讯问人理直气壮地指出：你过去的功劳党和人民已给了你应有的荣誉和奖赏，已经还清了你这笔账。即使可抵，你也已无账可抵。

④阐述赏罚分明的理论和实践

讯问人员要向被讯问人阐述赏罚分明的理论和实践，指出历朝历代都强调重视赏罚分明，做到赏罚分明，我们共产党人更是强调重视赏罚分明。在此，可向被讯问人宣讲《毛泽东同志给雷经天的信》[①]，并以黄克功、张青山、刘子善这些典型案例警示被讯问人。

---

① 1937 年 10 月 10 日，毛泽东同志给陕甘宁边区高等法院院长雷经天同志复信。信中充分说明了对黄克功判处极刑的必要性。黄克功年少时即加入红军，参加过井冈山的斗争和长征。当时是抗日军政大学第六队队长。1937 年 10 月，他对陕北公学女学生刘茜逼婚不遂，开枪将对方打死。由于罪行严重，经陕甘宁边区高等法院审判被处以死刑。对此，毛泽东同志在给雷经天的信中严正指出：黄克功过去斗争的历史是光荣的，今天被处以极刑，我及党中央的同志都是为之惋惜的。但他犯了不容赦免的大罪，以一个共产党员、红军干部而有如此卑鄙的、残忍的、失掉党的立场的、失掉革命立场的、失掉人的立场的行为，如果赦免，便无以教育党，无以教育红军，无以教育革命者，并无以教育做一个普通的人。因此中央与军委便不得不根据他的罪恶行为，根据党与红军的纪律，处他以极刑。

信中解释说：正因为黄克功不同于一个普通人，正因为他是一个多年的共产党员，是一个多年的红军，所以不能不这样办。共产党员与红军，对于自己的党员与红军成员不能不执行比一般平民更加严格的纪律。信中要求一切共产党员，一切红军指战员，一切革命分子，都要以黄克功为前车之鉴。

复信还要求雷经天在公审大会上，当众宣布法庭判决和宣读他的这封信，并嘱咐雷经天对刘茜的家属给以安慰与抚恤。

这封信充分表现了毛泽东对党的高级干部的严格要求，对党的干部队伍建设起到了长久的警示作用。见李捷主编：《毛泽东著作辞典》，浙江人民出版社 2011 年版，第 128 页。

⑤宣讲刑法面前人人平等的原则

讯问人员要向被讯问人宣讲刑法面前人人平等的原则，以刑法面前人人平等的原则教育被讯问人。

通过上述方法使被讯问人认识到，自己立过大功只能说明自己过去为党和人民作出过重大贡献，并不代表现在，而且功过不能相抵；赏罚分明是历朝历代的做法，共产党更强调和重视赏罚分明；我国的法律不会因为自己立过大功而让自己享有特权，而是要一律平等地适用刑法。从而挖除被讯问人自认为自己立过大功，为党和人民作出过重大贡献的不端正态度根源，端正对待讯问的态度。

3. 自认为自己财大气粗

对于自认为自己财大气粗的不端正态度根源，讯问人员可以采取以下方法予以挖除：

①正告被讯问人要识时务

讯问人员要向被讯问人发出正告，正告其要识时务。对此，可以从以下几方面向被讯问人发出正告：

第一，正告被讯问人要认识金钱不是万能的。讯问人员要向被讯问人指出：金钱的作用虽然是巨大的，它能够解决那些可以用金钱来解决的问题，但金钱不是万能的，有的问题用金钱是解决不了的，刑事责任的承担这个问题金钱就无法解决。因为我国的法律不允许以钱买刑，不允许以钱代刑，金钱在刑事责任面前就是一团废纸。

第二，正告被讯问人要认识世态炎凉。讯问人员要向被讯问人指出：金钱本身不是权力，它不能直接作用于案件的查处，要使金钱作用于案件查处，必然要通过媒介才能起作用。这个媒介就是权力，而权力需要具有权力的人行使。现在你已经被查案机关列为犯罪或违纪违法嫌疑人，查案机关正在查你的问题，那些具有权力的人在这个时候生怕被人怀疑他得了你的什么好处，避你远远的都来不及，哪敢利用权力为你开脱？如果有人真的利用权力为你开脱，岂不是自投罗网？在这个时候，这些有权力的人不落井下石、踩你一脚，以表自己的清白就算是够意思了。

第三，正告被讯问人要认识形势。讯问人员要向被讯问人指出：既然组织和查案机关已经决定查你的问题，并对你采取了措施，一方面说明你的犯罪或违纪违法事实铁板钉钉，铁板钉钉的事实是任何人都开脱不了的；另一方面说明党组织和查案机关已经下了决心，非查清你的问题不可。正所谓“容情不举手，举手不容情”①，严峻的形势就摆在你的面前。

第四，正告被讯问人要认识地球离开任何人都是能转的。讯问人员要向被讯问人指出：地球不会因为离开了某个人就不转了，它离开任何人都是能照样运转的，你虽然是税收大户，财政收入占了很大的比重，但离开了你，国家不会因此就断了财政收入，财政收入照样源源不断；你虽然投资建设项目，但离开了你，项目的资金不会因此而断绝，项目资金同样滚滚而来。

②宣讲经济建设与打击犯罪或违纪违法的关系

讯问人员要向被讯问人宣讲经济建设与打击犯罪或违纪违法的辩证关系。对此，可以从以下两个方面去讲：

第一，经济建设需要打击犯罪或违纪违法。讯问人员要向被讯问人阐明：经济建设需要有一个安定团结的政治局面；需要有一个良好的治安秩序、生产秩序、工作秩序和生活秩序；需要有一个清正廉洁的环境。只有这样，经济建设才能健康地发展，这就需要狠狠地打击犯罪或违纪违法活动。如果不狠狠地打击犯罪或违纪违法活动，任其猖獗，那么，安定团结的政治局面就无从产生；良好的治安秩序、生产秩序、工作秩序和生活秩序就得不到保障；清正廉洁的环境就无法形成。这样，就将是一个你抢我夺的局面、混乱不堪的秩序、腐败横行的环境，这样怎么还能进行经济建设？因此，经济建设需要狠狠打击犯罪或违纪违法。

---

① 见《三宝太监西洋记》四八回，载《中国俗话大辞典》（新一版），上海辞书出版社 2011 年版，第 568 页。

第二，打击犯罪或违纪违法促进经济的发展。讯问人员要向被讯问人阐明：狠狠打击犯罪或违纪违法，产生了安定团结的政治局面，保障了治安秩序、生产秩序、工作秩序和生活秩序，形成了清正廉洁的环境，不仅经济建设能够健康地进行，而且更激发了人民群众一心一意进行经济建设的积极性。这样，就促进了经济的发展。如果不狠狠打击犯罪或违纪违法，没有安定团结的政治局面，良好的治安、生产、工作和生活秩序，清正廉洁的环境，不仅经济建设不能健康地进行，而且，人民群众也会失去信心。因此，打击犯罪或违纪违法会促进经济的发展。

③警告被讯问人经不起彻查

这种财大气粗的被讯问人，绝大多数在经商办企业中都不会严格地遵守法律，一般都还有其他的违法或规避法律的行为。讯问人员要在掌握被讯问人在经商办企业过程中可能涉及的违法犯罪问题的基础上，例如虚开增值税发票、偷税、非法经营等，向被讯问人发出警告，警告被讯问人如继续实施不端正的态度表现，就展开对其的彻查。

④宣讲刑法面前人人平等的原则

讯问人员要向被讯问人宣讲刑法面前人人平等的原则。以刑法面前人人平等的原则教育被讯问人，讯问人员不会因为其财大气粗而对其网开一面，在定罪上、量刑上、行刑上都会严格地依照法律的规定，平等地适用刑法。

通过上述方法，挖除被讯问人自认为财大气粗的不端正态度根源，促使其乖乖地接受讯问。

4. 自认为自己身份特殊

对于自认为自己身份特殊的不端正态度根源，讯问人员可以采取以下方法予以挖除：

①正告被讯问人不要“拉大旗作虎皮”

讯问人员要向被讯问人发出正告，正告其不要“拉大旗作虎皮”。对此，可以根据被讯问人的情况不同发出正告：

第一，对于其本身的职业就是这种特殊身份的被讯问人，讯问人员要向被讯问人指出：你所在的工作机关也是中华人民共和国的一个机关，也是在共产党领导之下的；你所从事的职业也是国家设定的一个职业，也是在国家管辖的范围内的。既然是在共产党的领导之下和在国家的管辖范围之内，你就得服从党的领导和遵守国家的法律，你就是人民的一名公仆，除了法律规定的你的权利之外，你没有任何法外特权。你所在机关的工作性质和你的身份不是你的护身符，起不了保护你犯罪或违纪违法的作用，你想凭借这个国家机关的工作性质和你的身份来保护你的犯罪或违纪违法是不可能行得通的。

第二，对于被这种特殊工作性质的国家机关聘用，从事协助该国家机关工作的被讯问人，讯问人员要在用专业术语揭露其所谓身份特殊的实质的基础上，向被讯问人指出：不用说你是这个国家机关的聘用人员，是在协助该国家机关工作，你就是这个国家机关的正式人员，你所从事的工作是你的职业，也要遵守国家的法律，你也没有任何法外特权。因此，你的这个身份对你的犯罪或违纪违法起不了任何保护作用，你所凭借的这个身份对于你的犯罪或违纪违法来说，没有任何意义。

②宣讲《刑法》的空间效力和刑法面前人人平等的原则

第一，宣讲《刑法》的空间效力。我国《刑法》明文规定：“凡在中华人民共和国领域内犯罪的，除法律有特别规定的以外，都适用本法。”《刑法》只有“享有外交特权和豁免权的外国人的刑事责任，通过外交途径解决”和民族自治地方的特别规定，像你这种情况并没有例外的特别规定。也就是说，除了享有外交特权和豁免权的外国人和民族自治地方外，其他任何人包括像你这种情况的，在中华人民共和国领域内犯罪都要一律按照《刑法》规定追究刑事责任。你的这个身份犯罪同样都一律平等地适用刑法，你想以这个身份逃避法律的追究没有法律上的规定，此路不通。

第二，宣讲《刑法》关于刑法面前人人平等的原则。讯问人员要向被讯问人宣讲刑法面前人人平等的原则，以刑法面前人人平等的原则教育被讯问人，讯问人员不会因为其身份特殊而不查处其犯罪或违纪违法，而是按照刑法面前人人平等的原则依法进行查处。

③阐明工作性质特殊的机关更应保证队伍的纯洁性

讯问人员要向被讯问人阐明：由于你工作的这个机关性质特殊，担负着党和国家的重要任务，事关国家利益，因此，对从事这一职业的人员要求更高，对党要绝对忠诚，要模范地遵守法律和纪律，否则，就无法完成党和人民交给的特殊任务。正因如此，就要保证这支队伍的纯洁性，不允许有任何违反法律的人从事这一崇高的职业，对违法犯罪的更要坚决地予以清除，绝不手软。只有这样，才能担当起艰巨而特殊的重任，完成神圣而重大的任务。

通过上述方法，挖除被讯问人自认为身份特殊的不端正态度根源。

5. 自认为自己所从事的高新领域离不开自己

对于自认为自己所从事的高新领域离不开自己的不端正态度根源，讯问人员可以采取以下方法予以挖除：

（1）正告被讯问人不要妄自尊大

讯问人员要向被讯问人发出正告，正告其不要妄自尊大，天下大得很，山外有山，天外有天，具有这方面高新知识、掌握这方面高新技术的大有人在，可以肯定地说不只你一个人，而事实上也不只你一个人，而且新人层出不穷，“青，取之于蓝而青于蓝”[①]，你放心，这个高新领域离开了你肯定没有问题，照样继续发展。这如同日月一样，不会因为某一个人的离开而停止发光。

（2）阐明这个领域不会因为离开他而不行的理由

讯问人员要向被讯问人阐明这个领域不会因为离开他而不行的理由。对此，讯问人员可从以下方面进行阐述：

①讯问人员首先要向被讯问人指出：这个领域需要你，需要你这样的知识和才能，但是，绝对不是离开了你、没有了你就不行。离开了你、没有了你，这个领域不仅照样发展，因为社会进步、历史发展、科技创新是任何人不可阻挡的历史潮流。而且离开了你、没有了你，这个

① 见《荀子·劝学篇第一》，载（清）王先谦撰：《荀子集解》，中华书局2012年版，第1页。

领域可能发展得更快、更好，因为他人可以突破你给他们带来的某些束缚，思想更加解放、思维更加活跃，更勇于、善于探索、实践。因此，离开了你、没有了你，这个领域不仅不会不行，而且可能更行。

②讯问人员要向被讯问人指出：你从事的这个领域你是带头人、是权威，这是事实，但从事这个领域的不只你一个人，有你的同事、有你的学生也是事实，而且，你的同事、学生并不是什么都不懂、什么都不会，而是在有些方面可能胜过你、高于你，你总不可能叫你的同事、学生为了你要挟组织而停止对这个领域科技的研究、贡献。事实上，你即使招呼他们停止对这个领域科技的研究、贡献，他们也是不会听你的招呼的，更不会按照你的要求去做的。因为他们自己需要进步，他们也希望、要求自己进步。所以，离开了你、没有了你，这个领域不会不行，离开你一点问题都没有。

③讯问人员要向被讯问人指出：查案机关决定对你采取措施，查你的问题，一是说明你的问题非查不可。也就是说，查你的问题，查案机关是下了决心、狠心的，非查清不可的。二是说明时机成熟。也就是说，查你的问题不会影响这个领域的科研和生产，离开了你是行的。

（3）举例予以说明

讯问人员可列举20世纪50年代我国现代化建设在离开苏联专家的帮助后，依然取得了辉煌成就的例子。以此事实说明，被讯问人所从事的高新领域离开了被讯问人不会不行。

通过上述方法，挖除被讯问人自认为其所从事的高新领域离不开他，离开他不行的不端正态度根源。

6. 自认为自己是名人

对于自认为自己是名人的不端正态度根源，讯问人员可以采取以下方法予以挖除：

（1）正告被讯问人不要自我感觉良好

讯问人员要向被讯问人发出正告，正告被讯问人不要自我感觉良好。对此，可从以下方面正告被讯问人：

①正告被讯问人名人只不过是名声和名气罢了，仅是一个人穿了一件华丽的衣服而已，除了显耀，并无其他特殊的功能。脱了这件华丽的衣服，同常人并无区别，同样要露出不堪入目的地方。因此，并没有什么可感觉良好的。

②正告被讯问人名声和名气不是犯罪或违纪违法的资本。无论什么人，无论名声多好、名气多大，都不可以进行犯罪或违纪违法。名人进行犯罪或违纪违法同样要受到法律的制裁，名声和名气不可能去抵刑事责任。这是贯彻刑法面前人人平等原则的需要。因此，名声和名气不值得感觉良好。

③正告被讯问人讯问人员是不会害怕名人的。名人如果没有权力，只有追捧、羡慕名人的人，而没有敬畏、害怕名人的人。名人的名气再大、名声再好，凭名声和名气不可能制约、影响讯问人员查处你犯罪或违纪违法的决心和信心。讯问人员是不会害怕你的名声和名气的，不仅不会因为你是名人而不敢查，而且可能更敢查、更爱查，查了名人能够丰富自己的阅历、增大自己的名声。因此，名人这块牌子，对于犯罪或违纪违法的名人来说，更不应值得感觉良好。

（2）阐述名人也具有两重性

讯问人员要向被讯问人阐明：名人同任何事物一样，也具有两重性：一方面，名人的名声好、名气大，显耀于人，受人追捧和羡慕；另一方面，名人受人关注，稍有不检点就引起他人的言论，指责声、诋毁声接踵而来。而且名人容易遭人妒忌，你的犯罪或违纪违法问题就有可能因此被检举出来。因此，“名高毁所集”①。

（3）指出群众是有觉悟，有是非观念的

讯问人员要向被讯问人指出：群众的觉悟是高的，是非观念是强的。群众一旦知道你犯罪或违纪违法的真相，就会转追捧、羡慕为痛恨，痛恨你是一个阴阳人，痛恨你欺骗了他。这样，群众不仅不会认为

---

①　见（唐）刘禹锡：《萋兮吟》，载《刘禹锡全集》，上海古籍出版社1995年版，第149页。

不该查你的问题，而且有可能会呼吁查案机关一定要查清你的犯罪或违纪违法的问题，支持、拥护、协助查案机关的工作，直到彻底查清你的问题为止。

通过上述方法，挖除被讯问人自认为自己是名人的不端正态度根源。

7. 自认为自己水平高、能力强、能言善辩

对于自认为自己水平高、能力强、能言善辩不端正态度的根源，讯问人员可采取以下方法予以挖除：

（1）正告被讯问人要尊重客观事实

讯问人员首先要向被讯问人发出正告，正告被讯问人要尊重客观事实。要严正告诉被讯问人，客观事实是物质的东西，物质是第一性的，物质决定意识。这是马克思主义哲学的基本问题。客观事实是客观存在的东西，它是不以人们的意志为转移的，你认识它，它存在，你不认识它，它也存在；你承认它，它存在，你不承认它，它也存在。因此，必须尊重客观事实。如果不尊重客观事实，盲目从事，只能是碰得头破血流，以惨败而告终。

（2）向被讯问人阐明事实胜于雄辩的道理

讯问人员要在对被讯问人发出正告的基础上，向被讯问人阐明事实胜于雄辩的道理。要向被讯问人阐明：由于事实是第一性的，是不以人们的意志为转移的，因而，最高的水平、最强的能力、最能说会道、最巧舌如簧，在事实面前都是苍白无力、不堪一击的，都无法改变事实本身。因此，一旦你的犯罪或违纪违法的事实成立，证据确实、充分，铁板钉钉，你就是有最高的水平、最强的能力、最能说会道、最巧舌如簧，也将无济于事，事实否定不了、辩不了、懒不了，依旧是岿然不动。

（3）指出水平高、能力强是相对的

讯问人员要向被讯问人指出：水平高、能力强是相对的，而不是绝对的，不可能有绝对的高。一个人在这方面的水平高、能力强，但在另一方面其水平就可能不高、能力就可能不强，因为人不可能是全人，不

可能样样精通；一个人在这种环境下水平高、能力强，但在另一种环境下水平就可能不高、能力就可能不强，因为环境在很大程度上决定着一个人水平和能力的发挥；一个人在这一对象面前水平高、能力强，但在另一对象面前就可能水平不高、能力不强，因为不同的对象有着不同的情况和特质，而有的情况和特质正是这个水平高、能力强的人的克星。因此，水平高、能力强是相对的。你的水平最高、能力最强，不可能在任何方面、任何环境下、任何对象面前都能做到水平高、能力强。

（4）强调个人的水平、能力是有限的

讯问人员要向被讯问人强调：一个人无论有多高的水平、多强的能力，由于其是个体，因而是有限的。被讯问人面对的是查案机关的整体，这个整体有高水平的各类专业人员、有精明强干的各种人才，而且发挥的是集体的水平和能力，而不是一两个讯问人员的水平和能力。被讯问人就是有最高的水平、最强的能力，也高不过、强不过集体的水平和能力，在集体的水平和能力面前，只能是“小巫见众巫师”“小鬼见四大金刚”，根本就不是这个战斗集体的对手。

通过上述方法，挖除被讯问人自认为自己水平高、能力强、能言善辩的不端正态度根源。

8. 自认为自己与领导关系密切

对于自认为自己与领导关系密切的不端正态度根源，讯问人员可采取以下方法予以挖除：

（1）要向被讯问人讲明，领导办事是有原则和底线的，违法的事他不会干

讯问人员要向被讯问人讲明领导他既然能当到这一级领导，其办事是有原则和底线的，否则他当不上这一级领导，当上了也要摔下去。这一点他是肯定能把握得住的。为你的犯罪或违纪违法开脱，这是违反法律的事，是要吃官司的。你同领导的关系再密切、感情再深厚，他也不可能为你去干违法的事，突破原则和底线，把自己赔进去。这一点是肯定的，再傻的人也不会去干，何况他还是一个领导。

（2）要向被讯问人讲清，领导要做的也只能是符合法律规定的事

讯问人员要向被讯问人讲清领导要出面也不会乱出面，他只能在法律许可的范围内活动，要做的也只能是符合法律规定的事。如果其不在法律许可的范围内活动，所做的事不符合法律的规定，其就违反了法律。而法律许可的范围，符合法律的规定，对于开脱你的犯罪或违纪违法问题则毫无作用，等于是没有出面。

（3）要向被讯问人强调案件的决定权在查案机关和讯问人员手里

讯问人员要向被讯问人强调，领导只能决定其职权范围以内的事，而不能决定其职权范围以外的事，查处案件的职权在我们查案机关和讯问人员这里，而不是在领导那里。因此，领导不能决定你的案件，只有我们查案机关和讯问人员才有权决定你的案件，你想通过领导为你开脱，我们不干，此路就不通。

通过上述方法，挖除被讯问人自认为自己与领导关系密切的不端正态度根源，促使其端正不端正的态度，以端正的态度对待讯问。

9. 自认为自己交际广，关系网牢固

对于自认为自己交际广，关系网牢固不端正态度的根源，讯问人员可采取以下方法予以挖除：

（1）要向被讯问人指出其所建立的关系网是不牢固的

讯问人员要根据被讯问人建立关系网的不同情况，以不同的道理向被讯问人指出，其所建立的关系网是不牢固的：

①对于以权势建立的关系网，要以“以势交者，势倾则绝”[①] 的道理向被讯问人指出：这种以你的权势建立的关系网，会因你现在权势的倾倒、丧失而断绝。

②对于以财物建立的关系网，要以“以财交者，财尽而交绝”[②] 的

---

① 见（隋）王通：《文中子·礼乐篇》，载郑春颖译注：《文中子说译注》，黑龙江人民出版社 2003 年版，第 118 页。

② 见《战国策·楚策一》，载缪文远等译注：《战国策》（上），中华书局 2012 年版，第 394 页。

道理向被讯问人指出：这种以你的财物建立的关系网，会因你现在没有财物了，不能再给其财物而绝交。

③对于以利益建立的关系网，要以“以利交者，利穷则散”① 的道理向被讯问人指出：这种以你的利益建立的关系网，会因你现在利益贫尽，不能再给其利益而一拍即散。

④对于以色相建立的关系网，要以“以色交者，华落而爱渝”② 的道理向被讯问人指出：这种以你的色相建立的关系网，会因你现在的色衰而改变。

⑤对于以权利互相利用建立的关系网，要以“以权利合者，权利尽而交疏”③ 的道理向被讯问人指出：这种以你们权利互相利用建立的关系网，会因你现在权利的丧失，不能互相利用而分散。

（2）要向被讯问人强调他自己的前途、名声比你重要

讯问人员要向被讯问人强调：关系网在风平浪静的情况下可能是牢固的，但一旦出现变故，同他的利益发生冲突，在影响到他的前途、名声的情况下，他就会从自己的前途、名声出发考虑问题，选择保护自己的前途、名声，抛弃关系，因为他自己的前途、名声比你重要。他不会为了你，而不要自己的前途、名声。遇到你，你也会这样考虑，也会作这样的选择。现在你出了问题，他害怕同你有牵连，影响到他的前途、名声，避你都来不及，还怎能跳出来张扬，为你解脱？

（3）要质问被讯问人他有什么理由为你出面

讯问人员要在向被讯问人说明你这些关系网出面为你解脱，他总要有一个理由、有一个由头，没有理由、没有由头就无法出面向他人做工作，话就无从说起的基础上，质问被讯问人：你的这些关系网有什么理

① 见（隋）王通：《文中子·礼乐篇》，载郑春颖译注：《文中子说译注》，黑龙江人民出版社2003年版，第118页。

② 见《战国策·楚策一》，载缪文远等译注：《战国策》（上），中华书局2012年版，第394页。

③ 见（汉）司马迁：《史记·郑世家第十二》，载中华经典普及文库《史记》，中华书局2009年版，第283页。

由或由头出面做工作，为你开脱？他说是了解你，还是说同你是什么关系，因为什么要为你开脱？总之，他没有理由或由头出面为你解脱，就是想出面也出面不了！如果硬要出面，也只能是说边上过，打个招呼，问一下情况而已。这又能起什么作用呢？

（4）要正告被讯问人就是关系网出了面，也没有用

讯问人员要正告被讯问人：实施了犯罪或违纪违法行为，就要受到法律或纪律的制裁。你的那些关系网就是出了面为你解脱，由于这与法律或纪律的规定相悖，因而也不会有任何作用。因为违反法律的事不仅行不通，而且也不会有人按照你关系网的要求去做，谁都不会以身试法。

通过上述方法，挖除被讯问人自认为自己交际广、关系网牢固的不端正态度根源。

10. 自认为自己的家人与高官关系特殊

对于自认为自己的家人与高官关系特殊的不端正态度根源，讯问人员可采取以下方法予以挖除：

（1）要向被讯问人讲明人与人的交往是有原则和分寸的

讯问人员要向被讯问人讲明：人与人的交往是有原则和分寸的，关系再特殊也不能没有原则和分寸。高官懂得这个原则和分寸，更懂得“和而不同”① 的道理，什么事该干、什么事不该干，什么事能干、什么事不能干，他清楚得很。你的家人与高官的关系再密切、再特殊，高官也不会离开原则和分寸听从你家人去干他不该干、不能干的这种违法的事，他最多应付一下了事。

（2）要向被讯问人指出你是你家人的亲人，而不是这个高官的亲人

讯问人员要向被讯问人指出：这个高官只是与你的家人有着所谓特殊的关系，你是你家人的亲人，而不是这个与你家人有着所谓特殊关系的高官的亲人，他没有必要为你家人的亲人冒险去干这件违反法律、要承担责任的事。

---

① 见《论语·子路》，载程林主编：《四书五经》（第一卷），北京燕山出版社2008年版，第94页。

(3) 要向被讯问人阐明官越大胆子越小、办事越谨慎的道理

讯问人员要向被讯问人阐明：官道是非常险恶的，稍不谨慎就会摔得粉身碎骨，因而，官越大，考虑的问题就越多、越远、越细，胆子也就越小，办事也就越谨慎，不敢越雷池半步。否则，其就有掉下悬崖摔得粉身碎骨，遗臭万年的危险。高官为了保住自己的利益，就要谨慎从事，也只能谨慎从事，往往是“临深履薄”① “诚惶诚恐”②，其绝不会不顾自己的利益去为你开脱。

(4) 要向被讯问人强调高官出面也不起任何作用

讯问人员要向被讯问人强调：高官即使出面也不起任何作用，开脱不了你的犯罪或违纪违法。这是因为：一是高官即使碍于你家人的面子真的出面，也只不过是问问你的情况而已，最多是要求查案机关在法律许可的范围内对你予以关照，不可能明目张胆地叫查案机关违反法律放纵你。问问你的情况，在法律许可范围内予以关照的要求这种大路货能起什么作用？对于高官的这种大路货，我们的对付策略是将你犯罪或违纪违法的情况原则地告诉他，他听了你的犯罪或违纪违法情况，为了表明其自己公正，就会缩回去。二是即使高官明目张胆地叫查案机关违反法律放纵你，我们也不会去违反法律放纵你而把我们自己赔进去。因此，即使高官出面也不起任何作用，开脱不了你的犯罪或违纪违法。

通过上述方法，挖除被讯问人自认为自己的家人与高官关系特殊的不端正态度根源，促使其丢掉幻想，以端正的态度对待讯问。

11. 自认为自己的亲戚是查案机关的领导或高官、握有实权的人物

对于自认为自己的亲戚是查案机关的领导或高官、握有实权的人物的不端正态度根源，讯问人员可采取以下方法予以挖除：

---

① 见（南朝·梁）周兴嗣：《千字文》，载陈才俊主编：《千字文全集》，海潮出版社 2014 年版，第 74 页。

② 见（宋）范晔：《后汉书·郭杜孔张廉王苏羊贾陆列传第二十一》，载中华经典普及文库《后汉书》，中华书局 2007 年版，第 323 页。

（1）要向被讯问人表明查案机关是党领导的、执行国家法律或党的纪律的机关

讯问人员要向被讯问人表明：查案机关是党领导的、执行国家法律或党的纪律的机关，而不是你亲戚私人的工具、维护你亲戚利益的私家护院队。因而，查案机关听从的是党的领导，国家的法律或党的纪律，并不是听从你的亲戚的。你亲戚的号令符合国家的法律或党的纪律，查案机关就会无条件地执行；你亲戚的号令违反国家的法律或党的纪律，查案机关就不会听从。即使硬顶不行，也会采取婉转、恰当的方法予以顶住，而不会盲目地服从，因为盲目地服从违反法律或纪律的号令，自己要负责任，自己要赔进去。

（2）要向被讯问人说明查案机关的领导或高官、握有实权的人物也要在法律或纪律的范围内活动

讯问人员要向被讯问人说明：查案机关的领导或高官、握有实权的人物也要在法律或纪律的范围内活动，也要依法依纪办事，违反了法律或纪律也要受到追究。因而，权力再大也不敢放纵、包庇犯罪或违纪违法。因此，你的亲戚不敢违反法律去放纵你、包庇你。如果他违反法律去放纵你、包庇你，为你开脱，那么，他自己就要吃官司，为了你，他就要丢掉官帽，砸了公务员这个饭碗，进到高墙之内，失去人身自由。你说，他敢干吗？肯定不敢干！

（3）要向被讯问人指出开脱要有开脱的理由

讯问人员要向被讯问人指出：你的亲戚为你开脱要有开脱的理由，没有理由是开脱不了的。在没有理由的情况下，他最多是出面问问情况、打打招呼、讲讲官话、说说人情，要求对你实事求是，能从宽尽量给予从宽。而要求“实事求是”，讯问人员本身就会实事求是，“能从宽尽量给予从宽”，这从宽的情节是法律规定的，而不是某个人说从宽就能从宽的。这些话不是等于没有说？说这些话开脱不了你的犯罪或违纪违法。

（4）要向被讯问人阐明讯问人员不会按照你亲戚的指意去干“让你出来，自己进去”的傻事的道理

讯问人员要在向被讯问人讲明，你的亲戚不可能直接为你开脱，要

通过具体承办案件的人员开脱的基础上，向被讯问人阐明：讯问人员如果按照你亲戚的指意为你开脱，讯问人员就要滥用职权，毁灭、隐匿罪证。而滥用职权，毁灭、隐匿罪证是触犯刑律的行为，是要判刑的。那么，其结果是你可能出来了，而讯问人员到时就成了包庇罪的罪犯要进去了。讯问人员是不可能去干这种傻事的。

（5）要向被讯问人表明决定权在办案人员手里

讯问人员要向被讯问人表明：你问题的决定权在我们办案人员手里，而不是在你亲戚手里，你亲戚权力再大，但他要开脱你，也要通过我们来开脱，我们不买账，你亲戚的权力再大也没有用，开脱不了你。

（6）要向讯问人宣讲法律关于回避的规定

对于自认为自己的亲戚是查案机关的直接领导的被讯问人，讯问人员还要向其宣讲《刑事诉讼法》第二十九条或《监察法》第五十八条关于回避的规定。指出：你的亲戚虽是查案机关的直接领导，但根据法律的这一规定是要回避的，他不可能参与你这个案件的办理。

通过上述方法，挖除被讯问人自认为自己的亲戚是查案机关的领导或高官、握有实权的人物的不端正态度根源，促使其以端正的态度对待讯问。

12. 自认为自己江湖朋友多，势力强

对于自认为江湖朋友多、势力强的不端正态度根源，讯问人员可采取以下方法予以挖除：

（1）要揭露江湖朋友的真正含义

讯问人员要揭露这些“江湖朋友”都只是“酒肉弟兄”，得势时门庭若市，失势了门可罗雀。你所谓的朋友关系绝大多数是建立在相互利用的基础之上的，并不是内心相交。因而，“朋而不心，面朋也；友而不心，面友也”[1]。现在你犯了案，面临着被刑事或纪律追究，这对于

① 见（汉）扬雄：《法言·学行》，载韩敬译注：《法言》，中华书局2012年版，第23页。

你的那些朋友来说，你已失去了对他们的作用，你们之间的“朋友”关系也就只是一个空名而已，不会有实质性的内容了。因而，“酒肉弟兄千个有，落难之中无一人”①，现实就是如此。

（2）要指出朋友关系“铁”平时说说可以，来真的就不行

讯问人员要向被讯问人指出：你与那些朋友关系“铁”，是“铁”在平时、“铁”在说说上，一旦来了真的，就不会是真“铁”了。因为他们没有胆量，也没有能力真的去“铁”了。你被查案机关查处，他们为你出力，面对的是一个政权，对手是国家机关，与政权作对、向国家机关发难，只能是“以卵击石，安得不败乎？”② 因此，你的那些朋友不敢与查案机关为敌，也没有能力与查案机关作对。他如果真的胆敢与查案机关作对，灭亡的首先是他自己，其结果就是“出师未捷身先死”③。

（3）要强调那些朋友的营救不起作用

讯问人员要向被讯问人强调：你虽江湖朋友多、势力也强，他们也许真的出来为你活动，营救你，但不会有任何作用。一是讯问人员不会拿自己的政治生命与你的朋友进行交易，谁都惧怕自己吃官司。即使有人存侥幸心理与你的朋友进行交易，但查你的案件是一个集体，有上级、有领导、有几个经办人员，你的朋友不可能打通所有关节，交易还是不起作用。二是讯问人员不惧怕你那些朋友的压力，因为讯问人员是在执行公务，有法律的保护。即使有个别人经不住压力，但你那些朋友不可能让这个查案集体的所有人都屈膝投降。三是你那些朋友营救你，要通过我们来完成。我们不同意，你那些朋友就一点办法都没有。除非组织力量将你抢出去，他们愿意为你去犯罪？他们能抢你出去？即使将你抢出去，我们还会再把你弄进来。

---

① 见（明）冯梦龙：《古今小说·吴保安弃家赎友》，载冯梦龙全集：《古今小说》（上），上海古籍出版社 1987 年版，第 32 页。

② 见（明）罗贯中：《三国演义》第四十三回，中华书局 2005 年版，第 241 页。

③ 见（唐）杜甫：《蜀相》，载顾青编撰：《唐诗三百首》（名家集评本），中华书局 2005 年版，第 322 页。

（4）要说明人的热情都是暂时的

讯问人员要向被讯问人说明：人的热情是不会持久下去的，都是暂时的，表现在某一个时段内，过了这个时段，就不会再有热情。你现在进来不久，你的那些朋友营救你的热情可能很高，经常商量，四处奔走。但过了一些时日，他们就不可能继续保持这种热情，就会冷下来。特别是当他们营救没有效果时，他们就会面对现实不会再去干这徒劳的、劳命伤财的、毫无意义的事。

通过上述方法，挖除被讯问人自认为自己江湖朋友多、势力强的不端正态度根源，促使其面对现实，端正对待讯问的态度。

13. 不承认自己的行为是犯罪或违纪违法

对于不承认自己的行为是犯罪或违纪违法的不端正态度根源，讯问人员可采取以下方法予以挖除。

（1）要向被讯问人阐明某种行为是不是犯罪或违纪违法的唯一依据是法律的道理

讯问人员要向被讯问人阐明：某种行为是不是犯罪或违纪违法是由法律规定的，而不是由某个人的主观意志去认为的。法律规定这种行为是犯罪或违纪违法，那么这种行为就是犯罪或违纪违法行为，个人不承认这种行为是犯罪或违纪违法是无济于事的。因为，法律体现的是全国人民的意志，是由国家强制力保证实施的，它是不依某个人的意志为转移的，你承认它是这样，你不承认它也是这样。因此，某种行为是不是犯罪或违纪违法的唯一依据只能是法律。据此，被讯问人实施的行为是不是犯罪或违纪违法，无疑应当以法律的规定这个唯一依据去衡量，并不是被讯问人认为是犯罪或违纪违法它才是犯罪或违纪违法，被讯问人不承认它是犯罪或违纪违法它就不是犯罪或违纪违法。因此，被讯问人的行为是不是犯罪或违纪违法，是由法律说了算，不是由被讯问人说了算。

（2）要向被讯问人指出其行为的社会危害性

讯问人员要在向被讯问人阐述行为的社会危害性，是犯罪或违纪违法最本质的特征，某种行为法律之所以规定为犯罪或违纪违法是因为这种行为具有社会危害性的基础上，根据被讯问人实施的犯罪或违纪违法行为的情况，通过入情入理地分析、有理有据地揭露、实事求是地评判，指出其这种行为的社会危害性，特别是这种行为给社会、给政权、给他人和给其自己带来的严重后果，促使被讯问人深刻地认识到其实施的行为的社会危害性，引发其内疚、悔悟的心理，从心底感到自己确实是错了，确实是触犯了刑律或纪律，理应受刑罚或纪律的制裁。

（3）要以道德伦理对被讯问人进行教育

由于这种不承认自己的行为是犯罪或违纪违法的不端正态度根源的产生，绝大多数都是被讯问人实施的这种行为或事出有因，或对方有错在先，或迫于无奈，或出于正义感。因而，被讯问人认识不到自己的行为是犯罪或违纪违法。对此，讯问人员还应以道德伦理对被讯问人进行教育，使被讯问人懂得该如何待人处事，如何做是符合道德伦理的、如何做是违反道德伦理的，人该干什么、不该干什么，这件事是能做，还是不能做，这件事应这样去做，不能那样去做。通过对被讯问人进行道德伦理教育，使被讯问人认识到自己实施的行为不仅违法，触犯了刑律和纪律，而且违反了道德伦理，从而促使被讯问人受到良心的谴责，真正感悟到自己错了。

通过上述方法，挖除被讯问人不承认自己的行为是犯罪或违纪违法的不端正态度根源，促使其端正对待讯问的态度，心服口服地接受讯问。

14. 自认为比自己的问题大得多的人多的是不查，而查自己

对于自认为比自己的问题大得多的人多的是，查案机关不查，而查自己的不端正态度根源，讯问人员可采取以下方法予以挖除：

（1）要以形式逻辑的同一律对被讯问人进行教育

讯问人员首先要以形式逻辑的四大基本规律之一的同一律对被讯问人进行教育：同一律是形式逻辑思维的基本规律之一，在思维的过程中，是任何人都必须遵守的。同一律要求，在同一个思维过程中，思想必须是确定的。也就是说，思维对象确定以后，在关于这个问题的

考虑和讨论上，必须始终以这个对象为对象，一切考虑与讨论都必须以它为中心，都必须围绕着它来进行，而不应当中途变换，即要保持思维对象的同一。进一步说，在对同一对象考虑与讨论的过程中，所运用的一切思维形式，不管是所运用的概念或所运用的判断，都必须保持含义的同一。对某一个案件该不该查处，是根据被讯问人的犯罪或违纪违法的事实，依据法律、法规的规定来确定的。在考虑和讨论这个问题时，必须始终以“被讯问人的犯罪或违纪违法的事实”和“法律、法规的规定”为对象，一切考虑和讨论都必须以这两个对象为中心，都必须围绕这两个对象来进行，而不应当中途把这两个对象变换成其他对象。如果在考虑和讨论的中途把这两个对象变换成其他对象，就违反了同一律。

（2）要向被讯问人指出其偷换了概念，违反了同一律的要求

讯问人员要在对被讯问人进行上述关于形式逻辑同一律教育的基础上，指出被讯问人在查他问题的思维上偷换了概念，违反了同一律的要求。要向被讯问人指出：查案机关查处被讯问人的问题是根据被讯问人的犯罪或违纪违法的事实和依据法律、法规的规定作出的。在这里，讨论的对象是“被讯问人的犯罪或违纪违法事实”和“法律、法规的规定”，也就是说，根据“被讯问人的犯罪或违纪违法事实”，依据“法律、法规的规定”，应不应该查被讯问人的问题。根据形式逻辑同一律的要求，在该不该查被讯问人问题的思维过程中，都要围绕“被讯问人犯罪或违纪违法的事实”和“法律、法规的规定”这两个概念来进行。而被讯问人认为比其问题大得多的人多的是不查，而查自己，因此不服，实质上是在思维的过程中，把“被讯问人的犯罪或违纪违法事实”和“法律、法规的规定”这两个概念偷换成“他人犯罪或违纪违法的事实”和“没有查他人”这两个概念。因而，违反了同一律的要求。本来，查案机关根据“被讯问人的犯罪或违纪违法的事实”和“法律、法规的规定”，查处被讯问人的问题是应当的、正确的。但经被讯问人这么一偷换概念，就变成了不该查被讯问人的问题，查被讯问人的问题是不正确的了。这正是被讯问人违反了同一律的要求所致。讯

问人员要告诫被讯问人，在思维的过程中都应坚持概念同一，不应违反同一律的要求。违反了同一律的要求，所得出的结论是错误的，也是不允许的，更是站不住脚的。

（3）要驳斥被讯问人的这种观点是没有真凭实据的

讯问人员还要对被讯问人“比自己的问题大得多的人多的是不查”的观点进行驳斥，指出其这种观点没有具体的根据和对象，只是其凭空的想象和推测。虽然在现实生活中可能确实存在比被讯问人问题大得多的人并未受到查处，但是，问题大得多的人还没有暴露出来，怎么去查？总不能凭空想象猜测出一个比其问题大得多的人而去查他。

通过上述方法，挖除被讯问人自认为比自己的问题大得多的人多的是不查，而查自己的不端正态度根源，促使其端正对待讯问的态度，接受讯问。

15. 自认为可以吓住讯问人员

对于自认为可以吓住讯问人员的不端正态度根源，讯问人员要根据被讯问人不端正态度的具体表现行为，以针对性的方法予以挖除。

（1）以自杀相威胁

对于自认为以自杀相威胁可以吓住讯问人员的不端正态度根源，讯问人员可采取以下方法予以挖除：

①要揭露被讯问人的自杀行为是假自杀，是在威胁讯问人员

讯问人员要毫不留情地对被讯问人以自杀相威胁的行为进行揭露：指出其不是真的要自杀，而是以假自杀来威胁讯问人员，以达到吓住讯问人员不再查处和讯问其犯罪或违纪违法行为的目的。在揭露的基础上，讯问人员要正告被讯问人：以自杀相威胁来对抗讯问的我们见得多了，被讯问人肯定不是第一个，这点雕虫小技瞒不了我们。

②要正告被讯问人以自杀相威胁吓不住讯问人员

讯问人员要正告被讯问人：我们不怕你以自杀相威胁，你想以假自杀吓住我们，连门都没有。因为假自杀行为杀不死你自己，而且，我们有严密的安全防范措施，你也没有条件实施这种行为。如果我们连你假

自杀都害怕，那我们还查什么案件，还谈什么打击犯罪或违纪违法？

③要向被讯问人指出以自杀相威胁的危害

讯问人员要向被讯问人指出以自杀相威胁的危害：你实施犯罪或违纪违法行为后，在接受查处和讯问的过程中假自杀，不仅表明你态度恶劣，要被从重处罚，而且还要遭人唾弃、遗臭万年，弄得你的家人、子孙都抬不起头，无脸见人。你即使不为自己的名声着想，也总要考虑家人、后代的脸面。

通过上述方法，挖除被讯问人自认为以自杀相威胁可以吓住讯问人员的不端正态度根源，促使其端正对待讯问的态度。

（2）以绝食相威胁

对于自认为以绝食相威胁可以吓住讯问人员的不端正态度根源，讯问人员可采取以下方法予以挖除：

①要向被讯问人发出正告：绝食也要接受讯问

讯问人员要向被讯问人发出正告：你想以绝食相威胁，让我们停止对你犯罪或违纪违法行为的查处、停止对你的讯问，是不可能的。你绝食也要接受讯问，也要交代犯罪或违纪违法行为，既然你绝食，那你就饿着肚子接受讯问，交代犯罪或违纪违法行为吧！我们不会因为你绝食就停止对你犯罪或违纪违法行为的查处和讯问，否则，我们还查什么案件，还能查得了什么案件？

②要向被讯问人说明我们不怕绝食的理由

讯问人员要在向被讯问人表明我们不怕绝食的态度的基础上，向被讯问人说明我们不怕绝食的理由：一是绝食是你自己要绝食，而不是我们叫你绝食，更不是我们不给你饭吃。你自己要绝食，后果只能由你自己承担，我们不需要负这个责任。二是我们已经端饭、菜给你吃，好饭、好菜招待你，这里都有记录，都有证明，我们已经仁至义尽，你赖不到我们，也赖不了我们，就是饿死了也与我们无关，大不了领导批评我们几句。三是饿几天饿不死人，不会出现饿死人的问题，只不过是你白白饿了自己的肚子，白白使自己难受。所以，我们不怕你绝食，你要饿就饿着，饿几天以后再说。

③要向被讯问人表明我们有的是办法

讯问人员要向被讯问人表明：对付绝食，我们有的是办法：待你饿上几天后，你还是不吃，要坚持绝食下去的话，我们有的是办法让你吃下饭、喝进水。这样，就饿不死你，你照样还是好好的，照样还要接受讯问，照样还要交代犯罪或违纪违法的事实，照样还要接受法律或纪律的制裁，而且还要受到从重的制裁。

通过上述方法，挖除被讯问人自认为以绝食相威胁可以吓住讯问人员的不端正态度根源，促使其端正对待讯问的态度，乖乖地吃下饭，接受讯问。

16. 自认为可以致讯问人员无计可施

对于自认为可以致讯问人员无计可施的不端正态度根源，讯问人员要根据被讯问人不端正态度的具体表现情况，以针对性的方法予以挖除：

（1）装病、装疯卖傻

对于自认为装病、装疯卖傻可以致讯问人员无计可施的不端正态度根源，讯问人员可采取以下方法予以挖除：

①要向被讯问人阐明病、疯、傻不是装能装得出来的道理

讯问人员要向被讯问人阐明：一个人有病或疯或傻，还是无病或无疯或无傻是客观存在的事实，客观存在的事实是不以人们的意志为转移的。正因如此，病或疯或傻不是装能装得出来的，没有病装病、没有疯装疯、没有傻装傻，装来装去还是装不出真病、真疯、真傻的样子来，别人一眼就能看穿没有病或没有疯、没有傻。而且，现在的医学科学技术先进、仪器精良，一检查、一检测就知道是真有病，或疯，或傻，还是在装病、装疯、装傻。所以，装病、装疯或装傻毫无意义，讯问人员该怎么审还是怎么审，该怎么办还是怎么办，不会因为你装病、装疯或装傻而不审你了和不办你的案了。

②要揭露被讯问人装病、装疯或装傻的真相

讯问人员要以铁的事实、充分的论据揭露被讯问人是在装病、装疯

或装傻，使之在事实和论据面前体无完肤、原形毕露、真相大白，再也无法装下去。

③要质问被讯问人为什么要装病、装疯或装傻

讯问人员要质问被讯问人：你装病、装疯或装傻究竟是为了什么？你如果没有犯罪或违纪违法，为什么要装病、装疯或装傻？这不是“此地无银三百两，隔壁王二未曾偷”又是什么？你这是“做贼心虚”“不打自招”！

④要正告被讯问人装病、装疯或装傻只能落得个态度恶劣、从重处理的下场

讯问人员要正告被讯问人：装病、装疯或装傻行为不仅掩盖不了你犯罪或违纪违法的事实，动摇不了讯问人员查清你犯罪或违纪违法事实的信心和决心，妨害不了查清你犯罪或违纪违法事实手段的实施，而且，只能表明你抗拒讯问，落得个态度恶劣、从重处理的下场。

通过上述方法，挖除被讯问人自认为装病、装疯或装傻便可以致讯问人员无计可施的不端正态度根源，促使其端正对待讯问的态度，不再装病、装疯或装傻，接受讯问。

（2）躺在地上和衣和裤大小便

对于自认为躺在地上和衣和裤大小便可以致讯问人员无计可施的不端正态度根源，讯问人员可采取以下方法予以挖除：

①要正告被讯问人，我们不怕耍赖行为

讯问人员要正告被讯问人：你这种躺在地上和衣和裤大小便的无赖行为，我们是不会怕的。因为你这种无赖行为是“黔驴技穷”之举。而且，你这种行为影响不了我们对你案件的查处，只不过是这个地方臭一点罢了。你愿意躺就躺着，你想躺多久就躺多久，你愿意和衣和裤大小便，你就和衣和裤大小便，你想这样拉多久就拉多久，我们有的是时间。我倒要看看你和衣和裤大小便能到什么时候，能坚持多久！

②要向被讯问人指出这种耍赖行为的结果只能是得到从重处理

讯问人员要向被讯问人指出：法律不仅不会因为你耍赖就不追究你

犯罪或违纪违法行为的责任，而且只能是从重追究。你以这种行为企图使案件的查处和讯问无法进行下去，但我们要告诉你：虽然讯问现在一时无法进行，但对你案件的查处不会因此进行不下去，我们可以通过收集除你口供以外其他种类的证据来证明你的犯罪或违纪违法的事实，根据《刑事诉讼法》第五十五条关于“对一切案件的判处都要重证据，重调查研究，不轻信口供。只有被告人供述，没有其他证据的，不能认定被告人有罪和处以刑罚；没有被告人供述，证据确实、充分的，可以认定被告人有罪和处以刑罚”的规定认定你有罪和处以刑罚，而且以拒不认罪、态度恶劣从重处罚。到时你就这样臭烘烘、湿淋淋、黏糊糊地上法庭去！

通过上述方法，挖除被讯问人自认为躺在地上和衣和裤大小便可以致讯问人员无计可施的不端正态度根源，促使其端正对待讯问的态度，不再耍赖，接受讯问。

此外，对认为自己犯罪或违纪违法行为诡秘，没有人知晓；认为自己作案手段高明，没有留下犯罪或违纪违法的证据；认为自己已对现场进行了破坏或伪造，现场已不再有自己犯罪或违纪违法证据遗留；认为自己已隐匿或毁灭了证据，已没有证据可供收集；认为订立的攻守同盟牢不可破，与之订立攻守同盟的人不会不信守承诺；认为自己与同案人、对合人或知情人关系密切，同案人、对合人或知情人不可能会出卖自己；认为被害人，或同案人，或对合人，或知情人已经死亡，讯问人员再也收集不到这些已死亡人的证言；认为同案人，或对合人，或知情人已潜逃匿藏或已出境，讯问人员无法收集到这些已潜逃匿藏或出境人的证言；认为讯问人没有能力取得证据；认为证据“一对一”，无法认定事实和作出处理的不端正态度根源和认为“无供不录案”；认为只要自己不开口，就是神仙也难下手的不端态度根源的挖除方法，笔者将在本书第七章《摧毁被讯问人抗审的心理防线》之“挖除被讯问人抗审心理防线的认识基础”中作详细的论述，在此不予赘述。

（三）讲被讯问人不端正态度的危害

所谓讲被讯问人不端正态度的危害，是指讯问人员将被讯问人不端正态度所产生的对被讯问人不利的危害后果分析给被讯问人听，使被讯问人认识到不端正态度对其是非常有害的，促使其在趋利避害的心理支配下，端正对待讯问的态度。

趋利避害是每一个人都普遍具有的心理，也是每一个人的本能反应。被讯问人当然也是如此。被讯问人的不端正态度，通过讯问人员对其不端正态度表现的狠刹和不端正态度根源的深挖，被讯问人虽收敛或停止了不端正态度的表现和失去了不端正态度赖以生存的基础，不端正态度有望得到端正。但由于对被讯问人不端正态度表现的狠刹和不端正态度根源的深挖，并不能触及被讯问人的切身利益，也就是说，在被讯问人看来，其不端正的态度是否端正与其切身利益关系不大，端正讯问态度是这样子，不端正讯问态度也是这样子，而且态度不端正有可能使讯问无法进行下去，查不清自己的犯罪或违纪违法事实。这样，就无法引起被讯问人的震动，无法使被讯问人真正地端正对待讯问的态度。只有使被讯问人认识到，不端正态度给其带来的是十分不利的后果，危害其切身利益，如果自己不端正对待讯问的态度，继续以不端正的态度对待讯问，将使自己处于十分不利的境地，后患无穷，下场更为可悲，才能促使被讯问人为了自己的利益而自觉地端正对待讯问的态度。而要做到这样，讯问人员就要向被讯问人讲不端正态度对其造成的危害，使其认识到不端正态度的危害性，从而促使其趋利避害，自觉地端正对待讯问的态度。

总结讯问实践，讲被讯问人不端正态度的危害，要从以下几个方面去阐述：

1. 不端正态度不仅于事无补，而且从另一个角度为讯问人员发现、攻克、认定被讯问人的犯罪或违纪违法事实提供了依据

讯问人员在向被讯问人讲这个危害性时，要讲清以下几点：

（1）被讯问人实施了犯罪或违纪违法行为，犯罪或违纪违法事实

是客观存在的，是不依人的意志为转移的，客观存在的事实终究是要暴露在光天化日之下的。

①被讯问人的恶劣态度掩盖不了已经实施的犯罪或违纪违法事实，它不会因为被讯问人的恶劣态度而抹去或消失，事实就是事实，事实胜于雄辩，任何对抗、掩盖、否定都是无济于事、毫无意义的。想以恶劣的态度来达到掩盖犯罪或违纪违法事实的目的，不仅是徒劳的，而且只能是欲盖弥彰。

②讯问人员不会因为被讯问人恶劣态度而停止对其犯罪或违纪违法的查处。因为讯问人员是代表国家行使职权，实质上是国家在同犯罪或违纪违法行为作斗争。国家在关系到能否维护社会秩序、清除腐败、巩固执政地位、决定自己生死存亡的大是大非问题上，态度是绝不会含糊的，决心是绝不会改变的。被讯问人的态度越恶劣，讯问人员越会以铁的手腕去惩治、去端正，否则，无法巩固自己的执政地位。所以，被讯问人态度恶劣，讯问人员不仅不会停止对其犯罪或违纪违法行为的查处，而且会加大力度，出重拳对被讯问人的犯罪或违纪违法行为进行查处，直到查清事实，将其绳之以法、绳之以纪为止。

（2）被讯问人在以不端正的态度对待讯问的过程中，往往处在不冷静的状态。正由于被讯问人处于不冷静的状态，这种不端正态度的表现就会暴露出同其犯罪或违纪违法行为有关的蛛丝马迹，从而为讯问人员提供了其犯罪或违纪违法证据的线索。讯问人员通过其不端正态度的表现所暴露出来的蛛丝马迹，顺藤摸瓜，就可寻找到被讯问人犯罪或违纪违法的证据，使证据确实、充分。因此，被讯问人的不端正态度，对于被讯问人来说，是他自己授讯问人员以柄，让讯问人员发现其犯罪或违纪违法的证据。

（3）暴露了其自己的心理活动。被讯问人不端正态度的表现是在其自己的心理支配下实施的，讯问人员根据被讯问人不端正态度的表现，对其心理进行分析，就可准确地分析出被讯问人的心理活动。一旦讯问人员掌握了被讯问人的心理活动，就可针对被讯问人的心理活动，采取有针对性的对策，做到对症下药、矢中其的，从而破除被讯问人拒供的心理障碍，促使其交代犯罪或违纪违法的事实。因此，被讯问人的不端正态度，是他自己将自己的心里秘密告诉了讯问人员，为讯问人员指示了进攻目标，为攻克其犯罪或违纪违法事实提供了依据。

（4）为讯问人员认定其犯罪或违纪违法事实提供了依据。对这个问题，讯问人员可以从以下几方面去讲：

①被讯问人如果没有犯罪或违纪违法行为，为什么要以如此不端正的态度来对付讯问？正所谓“有理不在声高”，以充足的理由进行辩解就能把问题辩解清楚，不需要这样胡来一套。如此胡来，正是说明了“此地无银三百两，隔壁王二未曾偷”的事实。

②不端正的态度默认了犯罪或违纪违法的事实。讯问人员要向被讯问人指出：“你以不端正的态度对待讯问，对一个事实不作辩解，不以理由来否认，光以恶劣的态度来否认，不仅没有作用，而且说明你理屈词穷，没有解释的理由，实质上是以恶劣态度的否认，默认了这一事实。”如果你有辩解的理由为什么不辩解，而是以恶劣的态度来否认？这就为讯问人员认定你的犯罪或违纪违法事实提供了依据。

③被讯问人不端正态度所表现出来的言语、行为、动作、表情都是在心理支配下表现出来的，这些言语、行为、动作、表情都是记录在案的。讯问人员在认定被讯问人犯罪或违纪违法事实的过程中，就可根据其他证据结合被讯问人不端正态度所表现出来的言语、行为、动作、表情来认定被讯问人的犯罪或违纪违法事实。因为认定案件事实是讯问人员心证的过程，讯问人员并不是以被讯问人怎么讲的或其他某一证据是怎样的就认定是怎样的事实，而是将其他证据与被讯问人言语、行为、动作、表情结合起来，通过审查、判断、推理，来认定案件的事实。这样，被讯问人不端正态度所表现出来的言语、行为、动作、表情就为办案人员认定案件事实提供了依据。

通过以上述内容对被讯问人进行教育，使被讯问人认识到以不端正的态度对待讯问，不仅不能掩盖犯罪或违纪违法的事实，反而为讯问人员发现、攻克、认定犯罪或违纪违法的事实提供了依据，是“搬起石头砸自己的脚”的愚蠢行为。

2. 不端正态度的表现，有的行为要构成新的犯罪，实行数罪并罚

讯问人员要针对被讯问人不端正态度所表现出来的那些要构成犯罪的行为，指出这些行为是触犯法律的行为，构成新的犯罪，要与已实施的犯罪实行数罪并罚。

（1）砸物品、毁设施的行为，要构成故意毁坏公私财物罪

对于砸物品、毁设施的不端正态度表现行为，讯问人员要向被讯问人宣讲我国《刑法》第二百七十五条关于“故意毁坏公私财物，数额较大或者有其他严重情节的，处三年以下有期徒刑，拘役或者罚金；数额巨大或者有其他特别严重情节的，处三年以上七年以下有期徒刑”的规定，在宣讲法律规定的基础上，指出这种行为要构成故意毁坏公私财物罪，与已犯的罪要实行数罪并罚。

（2）对讯问人员进行行凶或殴打的行为，要构成故意杀人罪或故意伤害罪

对于对讯问人员进行行凶或殴打讯问人员的不端正态度表现行为，讯问人员要向被讯问人宣讲我国《刑法》第二百三十二条关于“故意杀人的，处死刑、无期徒刑或者十年以上有期徒刑；情节较轻的，处三年以上十年以下有期徒刑”和第二百三十四条关于“故意伤害他人身体的，处三年以下有期徒刑、拘役或者管制。犯前款罪，致人重伤的，处三年以上十年以下有期徒刑；致人死亡或者以特别残忍手段致人重伤造成严重残疾的，处十年以上有期徒刑，无期徒刑或者死刑”的规定，在宣讲法律规定的基础上，指出这种行为如果符合故意杀人罪构成要件的，要构成故意杀人罪，如果符合故意伤害罪构成要件的，要构成故意伤害罪，与已犯的罪要实行数罪并罚。

（3）辱骂、诽谤讯问人员的，要构成侮辱罪或诽谤罪

对于辱骂、诽谤讯问人员的不端正态度表现行为，讯问人员要向被讯问人宣讲我国《刑法》第二百四十六条关于“以暴力或者其他方法公然侮辱他人或者捏造事实诽谤他人，情节严重的，处三年以下有期徒刑、拘役、管制或者剥夺政治权利”的规定，在宣讲法律规定的基础

上，指出这种行为如果符合侮辱罪构成要件的，要构成侮辱罪，如果符合诽谤罪构成要件的，要构成诽谤罪，与已犯的罪要实行数罪并罚。

（4）威胁讯问人员的，要构成妨害公务罪

对于威胁讯问人员的不端正态度表现行为，讯问人员要向被讯问人宣讲我国《刑法》第二百七十七条第一款关于“以暴力、威胁方法阻碍国家机关工作人员依法执行职务的，处三年以下有期徒刑、拘役、管制或者罚金”的规定，在宣讲法律规定的基础上，指出这种行为如果符合妨害公务罪的构成要件的，要构成妨害公务罪，与已犯的罪要实行数罪并罚。

讯问人员在向被讯问人宣讲这些内容的同时，还要向被讯问人阐述数罪并罚的刑罚制度，宣讲我国《刑法》第六十九条关于数罪并罚的规定。

通过以上述内容向被讯问人宣讲不端正态度的危害，使被讯问人认识到自己以不端正的态度对待讯问，不端正态度所表现出来的行为就可能要构成这些新的犯罪，与已犯的罪实行数罪并罚，一罪变成数罪，加重了自己的罪责。

3. 促使讯问人员下决心查清被讯问人所有的问题

被讯问人以不端正的态度对待讯问，拒不交代犯罪或违纪违法的事实，必然促使讯问人员下决心查清其所有的问题，从而使被讯问人的罪行越查越多，罪责越来越重，家庭门风越来越狼藉。

讯问人员在向被讯问人讲这个对被讯问人的危害时，要讲清以下几点：

（1）讯问人员是人，同样是有性格的，被讯问人不配合，以不端正的态度对待讯问，与讯问人员对着干，讯问人员就要想方设法彻底制服被讯问人，否则，不仅“打蛇不死要变蛇精”，使被讯问人逃脱法网，继续作恶，而且，也显得讯问人员无能，威信扫地。这样，就促使讯问人员下决心，查被讯问人所有的问题，无论是犯罪的还是道德的，无论是政治的还是经济、生活的，统统都查，“挖地三尺”查到底。

（2）被讯问人以不端正的态度对待讯问，在事实和证据面前拒不供认，讯问人员就会另辟蹊径，从其他方面入手进行查处，打开缺口，给被讯问人施加压力。否则，缺口就无法打开，处于胶着的状态，被讯问人也就不会有压力，与讯问人员抗衡下去。

（3）一旦讯问人员下决心查清被讯问人所有的问题并付诸实施，被讯问人的犯罪或违纪违法就会越查越多，罪责就会越来越严重，败坏的道德、卑下的人格就会公布于众。这样，不仅处理会越来越重，而且家庭门风、威信扫地，使被讯问人无地自容。

通过以上内容向被讯问人宣讲不端正态度的危害，使被讯问人认识到以不端正的态度对待讯问，其结果必然是自己所有的问题都将被揭露出来，最后落得个“人财两空”的悲惨下场。

4. 错失良机，失去了“坦白从宽”的条件，得到的是更严厉的惩罚

被讯问人以不端正的态度对待讯问，拒不交代犯罪事实，必然错失良机，失去“坦白从宽”的条件，得到的则是更严厉的惩罚。

讯问人员在向被讯问人讲这一对被讯问人的危害时，要讲清以下几点：

（1）“坦白从宽”是我国的一贯刑事政策。我国《刑法》的有关规定充分地体现了“坦白从宽”的政策。

①我国《刑法》第六十一条关于量刑根据规定的“情节”中就包括犯罪人人身危险性的大小的情况，而犯罪人犯罪后的态度正是反映犯罪人人身危险性的大小和改造的难易程度。因此，根据《刑法》关于量刑根据的规定，在对犯罪人进行量刑时，其犯罪后态度情况是决定对其从轻还是从重的一个依据。犯罪人在犯罪后坦白认罪、积极退赃，主动赔偿损失，说明其人身危险性小，容易改造，因而，在量刑时就给予从宽；而犯罪人在犯罪后态度恶劣，百般抵赖，拒不交代、退赃、赔偿，说明其人身危险性大，不容易改造。因而，在量刑时就要从重。

②我国《刑法》第六十七条第一款、第二款关于自首的规定中明确规定了“对于自首的犯罪分子，可以从轻或者减轻处罚。其中，犯

罪较轻的，可以免除处罚”。该条第三款关于坦白的规定中明确地规定了“犯罪嫌疑人虽不具有前两款规定的自首情节，但是如实供述自己罪行的，可以从轻处罚；因其如实供述自己罪行，避免特别严重后果发生的，可以减轻处罚”。

在《刑法》的分则条文中也体现了“坦白从宽”的政策。例如：第三百九十条第二款规定：“行贿人在被追诉前主动交代行贿行为的，可以从轻或者减轻处罚……”

此外，2010年2月8日《最高人民法院关于贯彻宽严相济刑事政策的若干意见》和2017年3月9日《最高人民法院关于常见犯罪量刑指导意见》中对坦白从宽和抗拒从重作出了明确具体的规定。

根据“坦白从宽”的政策和《刑法》以及最高人民法院的这些规定，被讯问人能够如实交代犯罪行为的，就能得到从轻的处理，而以恶劣的态度对付讯问，拒不交代的，就要得到从重的处理。

（2）被讯问人是否交代、交代时间的早晚、如实交代罪行和悔罪的程度，同被讯问人的处理轻重有着直接的关系。也就是说，交代得越早、交代得越彻底、越真诚地悔罪，从轻的幅度就越大；交代得晚，从轻的幅度就小，甚至不予考虑从轻，因为对如实交代的从轻法律规定的是“可以”从轻，而不是“应当”从轻；态度恶劣，拒不交代，就要从重处罚。因此，以不端正的态度对待讯问，拒不交代犯罪事实，就错失了良机，失去了“坦白从宽”的条件，得到的只能是更严厉的处罚。

讯问人在讲这一点时，可举案例对被讯问人进行警示。

（3）对于那些在有关机关发布的《通告》期间讯问的被讯问人，要向被讯问人宣讲交代从宽的最后期限，过了这个期限就要从重处罚，使被讯问人感到“过了这个村，就没了那个店”，时不我待，机不可失。

通过以上内容向被讯问人宣讲不端正态度的危害，使被讯问人认识到以不端正的态度对待讯问，其结果只能是错失良机，失去“坦白从宽”的条件，得到更严厉的惩罚，“赔了夫人又折兵”①。

---

① 见（明）罗贯中：《三国演义》，中华书局2005年版，第306页。

5. 引起各方的不满，民愤越来越大

被讯问人以不端正的态度对待讯问，拒不交代犯罪或违纪违法的事实，必然要引起各方对被讯问人的不满，民愤也就随之越来越大，对被讯问人也就越来越不利。

讯问人员在向被讯问人讲不端正态度给其带来的这一危害时，要从以下方面去阐述：

（1）领导的不满

无论是党政机关的领导，还是查案机关的领导，在案件发生后，对查处案件都十分重视，希望能早日查清案件，以维护社会秩序，挽回损失，教育、挽救犯罪或违纪违法者和避免一些负面问题的出现。如果被讯问人以不端正的态度对待讯问，明明是其作的案，却以恶劣的态度拒不供认犯罪或违纪违法的事实，领导就会大为恼火。为了尽快查清案件，避免负面问题的出现，领导就有可能亲自过问案件，组织协调各方面力量进行查处，采取更为严厉的措施，发出坚决、严肃、深入、全面查处的指示，作出从重打击的批示。领导一旦这样做了，对被讯问人是非常不利的，不仅被讯问人的犯罪或违纪违法的事实越查越多，而且被讯问人也就没有了从轻处理的希望。

（2）讯问人员的不满

讯问人员是直接负责案件查处的经办人员。任何一个经办人员都想案件办得利落，早日结案，办出成绩，达到既完成任务又教育、挽救犯罪或违纪违法人的目的。因而，在办理案件的过程中，历尽千辛万苦收集各种证据。出于教育人、挽救人的目的对被讯问人进行苦口婆心的教育，真诚地希望被讯问人能够接受这种诚恳、善意的教育，走上“坦白从宽”的道路，达到双赢的效果。如果被讯问人不但不理解，把讯问人员的“好心当成驴肝肺”，反而以不端正的态度对待讯问，诋毁讯问人员，抗拒交代，那么，讯问人员就会下决心非把被讯问人所有的问题都查出来，给被讯问人从重处理不可。而且，讯问人员作为经办人员，案件的汇报、结果报告的书写都是由讯问人员进行的，如果被讯问人以恶劣的态度对付讯问，讯问人员根据其恶劣的态度，必然提出从重处理的意见。

（3）被害人的不满

被害人是遭受犯罪行为侵害的人，犯罪人的侵害行为给被害人造成了严重的后果，带来了痛苦。因而，被害人及其亲属本来对犯罪人就恨之入骨，意欲置犯罪人于死地而后快。但是，如果犯罪人在讯问中能够真诚地坦白，向被害人道歉，赔偿损失，被害人及其亲属的心理就会得到安慰，不一定要坚持对侵害他的犯罪人从重处理，而且有可能会谅解犯罪的人。而且，讯问人员在不违背法律的情况下也会做被害人及其亲属的工作，劝他们谅解犯罪人；如果犯罪人在讯问中态度恶劣，拒不供认犯罪行为，就会给被害人及其亲属火上浇油，加深对犯罪人的憎恨，要求严惩犯罪人，甚至有可能采取过激的行为，对犯罪人的亲人实施报复。

在向被讯问人讲引起被害人不满的这一危害时，讯问人员还要向被讯问人宣讲《最高人民法院关于常见犯罪的量刑指导意见》中有关取得被害人谅解可以从轻处罚的规定。

（4）群众的不满

犯罪或违纪违法是发生在社会中的，因而，会在社会上造成种种影响，广大的人民群众对犯罪或违纪违法都是深恶痛绝的。但是，如果被讯问人低头认罪、认错，表示悔过自新，今后不再重犯，由于人心都是肉长的，人民群众也能谅解他、同情他，要求给予从宽处理；如果被讯问人的态度恶劣，以不端正的态度对待讯问，拒不认罪、认错，死不悔改，就会更加引起群众的不满，呼吁政府给予从重处理，坚决予以打击。而群众的呼声，党和政府是非常重视的。

通过以上内容对被讯问人进行教育，使被讯问人认识到以不端正的态度对待讯问，其结果必然是引起领导不满、讯问人员不满、被害人不满、群众不满，使自己处于四面楚歌的境地，陷入人人喊打的绝境，必然要得到从重的处罚。

6. 传播越来越广，影响越来越大，名声越来越臭

被讯问人以不端正的态度对待讯问，拒不交代犯罪或违纪违法事实，必然导致传播越来越广，影响越来越大，被讯问人的名声越来越臭。

讯问人员在向被讯问人讲不端正的态度给其带来的这一危害时，要讲清以下几点：

（1）被讯问人以不端正的态度对待讯问，拒不交代犯罪或违纪违法的事实，必然会使案件了结的时间拖长，时间一长，被讯问人的犯罪或违纪违法的问题就会广为传播，成为大家议论的中心，大家议论纷纷、指指戳戳、评头论足，甚至一些猜测，添油加醋，邪乎的内容就会加进来。一传十，十传百，传播越来越广，不良的影响越来越大，大家都知道被讯问人是一个没有人格、不道德的人。

（2）随着讯问人员对被讯问人所有的问题展开调查，被讯问人所有犯罪的、不犯罪但可耻的，政治的、经济的、生活的、作风的、人格的、道德的所有问题都将暴露出来，并公布于众，一个丑恶的被讯问人就暴露在光天化日之下，名声越来越臭，成为不齿于人类的狗屎堆，个个见之可恶、闻之可臭、谈之可恨，人人唾弃、鄙视、痛骂，使被讯问人无脸再见人。

通过以上述内容向被讯问人宣讲不端正态度的危害，使被讯问人认识到以不端正的态度对待讯问，自己必然是臭不可闻，无脸再见人，也没有人愿见自己。

7. 危害了被讯问人自己的家庭

被讯问人以不端正的态度对待讯问，拒不交代犯罪或违纪违法的事实，危害的不仅仅是其本人，而且还危害了被讯问人的家庭和亲人。

讯问人员在向被讯问人讲不端正态度的这一危害时，可从以下几方面去阐述：

（1）弄得家庭鸡犬不宁

被讯问人犯案后，亲人是非常牵挂和担心的，有的整天以泪洗面，

思念、忧愁、吃不下、睡不着；有的为使被讯问人能得到从宽的处理，找门路、托关系、求三哥、拜四嫂，常遭人白眼，甚至训斥。在被讯问人的案子没有了结前，整个家庭都处于鸡犬不宁的状态。而被讯问人以不端正的态度对待讯问，拒不交代犯罪或违纪违法事实，使案件的了结时间拖了下来，不能迅速结案。这样，被讯问人的亲人就无法静下心来，家庭就一直处于鸡犬不宁的状态。

（2）耽误了亲人的好事

有的被讯问人家庭中的亲人恰逢提干、入党、招收公务员或升学录取的时机，或有可能很快就要逢这些时机，如果被讯问人还在审查期间，案件没有结案，对被讯问人还没有结论，就有可能因被讯问人还在审查，没有结论而暂缓对被讯问人亲人的提干、入党、招收为公务员或升学录取。而被讯问人以不端正的态度对待讯问，拒不交代犯罪或违纪违法的事实，必然使案件的结案时间拖长，如果被讯问人还在审查期间，正值亲人有这些好事，就有可能失去这一次机会，耽误了其亲人的好事。

（3）败坏了家庭门风

犯罪或违纪违法是一个历史、社会的概念，历朝历代都有，任何一个有人的地方都会发生，不足为奇，而一个人的人格、道德问题就不同。被讯问人以不端正的态度对待讯问，拒不交代犯罪或违纪违法的问题，就促使讯问人员下决心查清其所有的问题，包括其人格、道德的丑事、见不得人的事，并将其作为一个反面教材公布于众。这样，其败坏的家庭门风就人人皆知，弄得其家人、子孙后代毫无脸面，不好在社会上做人。

（4）害了亲人

有的被讯问人的其他犯罪或违纪违法行为同其亲人有关，其亲人参与或帮助了被讯问人。被讯问人以不端正的态度对待讯问，拒不交代犯罪或违纪违法事实，随着讯问人员对被讯问人所有犯罪或违纪违法行为的查处，在查处被讯问人其他犯罪或违纪违法的过程中，必然要牵出参与或帮助被讯问人犯罪或违纪违法的亲人。这样，就把被讯问人的亲人也牵进去了，从而害了其亲人。

通过以上述内容向被讯问人宣讲不端正态度的危害，使被讯问人认识到以不端正的态度对待讯问，不仅害了自己，而且害了亲人。

（四）指出被讯问人的出路

讯问人员在剥被讯问人不端正态度的表现、挖被讯问人不端正态度的根源、讲被讯问人不端正态度的危害后，要向被讯问人指出出路。如果不向被讯问人指出出路，被讯问人看不到自己的出路所在，其就会认为，反正不端正态度自己没有出路，端正态度也同样是没有出路。这样，被讯问人就不会端正自己的态度，不会以端正的态度对待讯问。只有向被讯问人指出了出路，使其认识到以不端正的态度对待讯问是没有出路的，而以端正的态度对待讯问是有出路的，并使之看到实实在在的出路，被讯问人才有可能在权衡之下端正对待讯问的态度。

讯问人员在指被讯问人的出路时，可从以下方面进行指出：

1. 向被讯问人指出以不端正的态度对待讯问是没有出路的

被讯问人以不端正的态度对待讯问是没有出路的，已散见于前面的叙述之中。讯问人员为了使指被讯问人的出路起到事半功倍的效果，应以归纳的形式，集中强调以下几点：

（1）被讯问人的犯罪或违纪违法事实是客观存在的，客观存在的事实是不以人们的意志为转移的，是否定不了的。以不端正的态度对待讯问，是无法否定客观存在的事实的，它终究是要暴露在光天化日之下的。

（2）被讯问人以不端正的态度对待讯问，拒不交代犯罪或违纪违法的事实，讯问人员是不会就此罢休的，而是要采取更严厉的措施，集中时间、集中精力、集中力量查清被讯问人所有的问题，不获全胜，绝不收兵。

（3）被讯问人以不端正的态度对待讯问，表明被讯问人态度恶劣，毫无悔改之意，得到的只能是从重处罚。

通过上述几点的强调，指出以不端正的态度对待讯问是不可能有出路的，从而彻底断了被讯问人把出路寄托在以不端正态度对待讯问的希望上，使被讯问人认识到，以不端正态度对待讯问不仅没有出路，而且下场更惨、更可悲。

2. 向被讯问人指出应持的正确态度

讯问人员要向被讯问人指出，犯了罪或违反了纪律，只有认罪认错、悔罪悔错，以正确的态度对待讯问，才是唯一的出路。对此，讯问人员要强调以下几点：

（1）被讯问人以正确的态度对待讯问，如实交代自己的犯罪或违纪违法事实，讯问人员就不会展开对被讯问人所有问题的查处，被讯问人一些没有暴露的问题或只有迹象的问题就不会被揭露出来，从而不会加重被讯问人的罪责和败坏被讯问人的家庭门风。

（2）被讯问人以正确的态度对待讯问，如实交代自己的犯罪或违纪违法的事实，做到真诚地悔罪悔错，就能得到领导、讯问人员、被害人和群众的谅解，领导、讯问人员、被害人和群众就能宽容被讯问人，提出对被讯问人予以从轻、减轻、免除处罚或适用缓刑的意见，司法机关就可给被讯问人以从轻、减轻、免除处罚或适用缓刑的处理。

（3）被讯问人以正确的态度对待讯问，如实交代犯罪或违纪违法的事实，做到真诚地悔罪悔错，就能得到法律或纪律的从宽处理。在这里，讯问人员要向被讯问人宣讲“坦白从宽”的政策、《刑法》第六十七条第三款关于如实供述自己罪行可以从宽处理的规定。如实供述和悔罪对于从轻、减轻或免予处罚，适用缓刑以及取保候审、监视居住的措施和相对不起诉的重要意义。

通过以上几点的强调，向被讯问人指出对待讯问应持的正确态度和以正确态度对待讯问的出路，从而使被讯问人认识到，自己以正确的态度对待讯问，如实交代犯罪或违纪违法的事实是有出路的，也只有这样，才有出路。

3. 以打、拉结合的手法给被讯问人留出出路

讯问人员在最后应对被讯问人施以打、拉结合的手法，在打、拉结

合的过程中，给被讯问人留出出路。对此，讯问人员要从以下两个方面进行：

（1）对被讯问人实施打击。讯问人员要以坚决的态度向被讯问人表明，如果被讯问人继续以不端正的态度对待讯问，就予以或采取更严厉的措施，或对被讯问人展开全面的查处，或立即启动某一程序，或言明不查清问题决不罢休，对被讯问人实施打击、施加压力。

（2）对被讯问人予以拉拢。讯问人员要以诚恳的态度向被讯问人表示，如果被讯问人能够端正对待讯问的态度，就予以或许以某种利益，或答应其某种要求，或解除其某种措施，或表明某种态度，留出出路给被讯问人，对被讯问人予以拉拢，使被讯问人看到希望。

通过上述一打一拉，促使被讯问人趋利避害，使其作出端正态度的选择。

（五）搭转变被讯问人态度的台阶

被讯问人通过讯问人员剥被讯问人不端正态度的表现、挖被讯问人不端正态度的根源、讲被讯问人不端正态度的危害、指被讯问人的出路等一系列端正被讯问人态度手段的作用后，就有可能转变思想，以端正的态度对待讯问。但由于被讯问人在前面讯问的过程中，曾实施过恶劣态度的行为，已把话说绝、把事做尽，不好意思自动转变对待讯问的态度，或对这些曾实施过的恶劣态度行为有顾虑，怕讯问人员抓住不放，不会原谅、放过自己，而把自己困在了窘地。在这种情况下，讯问人员就要搭一个转变被讯问人态度的台阶，让被讯问人顺着讯问人员所搭的台阶顺利地走下来，端正不端正的态度，最终走上坦白从宽的道路。

搭台阶要根据被讯问人不端正态度的具体情况，具体问题具体对待，搭一个有针对性的台阶。

关于搭转变被讯问人态度的台阶，将在本书第八章《促使被讯问人作出交代》中作详细的论述。

第六章

切入好讯问的主题

切入讯问主题，是指把讯问过渡到讯问与被讯问人犯罪或违纪违法事实有关的问题上来。

切入讯问主题，是指继讯问开头或端正被讯问人对待讯问的态度后很重要的一个讯问步骤。这个步骤实施得好，讯问就能顺利进行；实施得不好，讯问就会处于胶着状态，出现僵持的局面，甚至有可能导致被讯问人与讯问人员闹翻，使讯问无法进行。因此，讯问人员要十分重视讯问的这一步，走好这一步，把讯问顺利过渡到讯问与被讯问人犯罪或违纪违法事实有关的问题上来。

长期以来，在切入讯问主题的问题上，理论界研究不够，实务界更是忽视这个问题。许多讯问人员直来直去地向被讯问人提出："老实交代你的犯罪事实吧！"或"你把你的犯罪事实如实地交代清楚。"这样做，极易使讯问陷入僵持的局面，而且容易激化被讯问人的对立情绪。因为涉及犯罪的问题，被讯问人是要极力回避的，他不会轻易作出回答。同时，"犯罪"这个词也是被讯问人最为忌讳和恼火的。因此，我们有必要就如何走好讯问的这一步进行探讨，争取以最适当的方法把讯问过渡到讯问与被讯问人犯罪或违纪违法事实有关的问题上来，从而使讯问顺利进行。

关于切入讯问主题的问题，笔者曾在《讯问艺术》（增订版）以专章就讯问切入主题的时机、讯问切入主题的时间、讯问切入主题的方法进行过论述。[①] 为了进一步深入研究切入讯问主题的问题，笔者把这个问题作为讯问的一个步骤，就切入讯问主题的意义、切入讯问主题的具体方法和选择、切入讯问主题的方式和确定、切入讯问主题的时机和把握、切入讯问主题的时间和选定、切入讯问主题的实施进行叙述，使之既与《讯问艺术》（增订版）中的论述遥相呼应，互相补充、完善，又更深一步地探讨这个问题，抛砖引玉，以引起对这个问题的讨论，有更好的方法问世。同时，也供司法实践和反腐败第一线的同仁们在讯问工作中参考。

---

① 见《讯问艺术》（增订版），中国方正出版社 2015 年版，第 391—431 页。

一、切入好讯问主题的意义

切入讯问主题切得好，对于良好讯问氛围的形成，使讯问承上启下、顺利地进行，被讯问人对讯问人员的提问作出回答，利用切入讯问主题突破被讯问人的口供都具有重要意义。

（一）有利于良好讯问氛围的形成

讯问需要有一个良好的讯问氛围，这是不容置疑的。只有讯问氛围良好，才能给被讯问人以良好的强烈感觉和引起被讯问人良好的感情，从而使讯问人员对讯问起到事半功倍的效果。良好讯问氛围的形成是多方面的，这其中就包含着切入讯问主题的因素。也就是说，切入讯问主题切得好，有利于良好的讯问氛围的形成，切得不好，就阻碍着良好的讯问氛围的形成。

切入讯问主题切得好，以恰当的方法把讯问切入主题，向被讯问人提出符合案件和被讯问人情况的问题，一方面，或使被讯问人感到讯问人员已掌握其犯罪或违纪违法的证据，或使被讯问人感到讯问人员的态度严肃，或使被讯问人感到讯问人员胸有成竹。这样，就给被讯问人以威慑感。另一方面，或使被讯问人感到讯问人员所提的问题平和、不刺激，或使被讯问人感到讯问人员的态度诚恳、真诚，或使被讯问人感到讯问人员提这些问题的目的是教育、挽救自己，并不是要整自己。这样，就给被讯问人以和谐感，从而有利于“威慑下和谐”这种良好讯问氛围的形成。如果讯问人员切入讯问主题切得不好，切入的方法不当，一方面不能给被讯问人以威慑感，另一方面会引起被讯问人的反感和愤怒，从而就形成了一种恶劣的讯问氛围。因此，切入好讯问主题，有利于良好讯问氛围的形成。

（二）有利于讯问承上启下

切入讯问主题这一步，有的在讯问开头的过程中进行，有的在讯问开头以后进行，有的在端正被讯问人不端正的态度后进行。但无论在什么时候进行，都是要把讯问过渡到讯问与被讯问人犯罪或违纪违法事实有关的问题上来。这就使切入讯问主题处在讯问开头或端正被讯问人不端正的态度与讯问被讯问人犯罪或违纪违法事实转折的位置上，起着过渡的作用，即从讯问开头或端正被讯问人不端正态度的问题上过渡到讯问被讯问人犯罪或违纪违法事实有关的问题上。而好的过渡应该做到承上启下，承接讯问开头或端正被讯问人的不端正态度，引出讯问被讯问人的犯罪或违纪违法问题。

切入讯问主题切得好，以恰当的方法把讯问切入主题，向被讯问人提出既承接讯问开头或端正被讯问人不端正态度，又引出讯问被讯问人犯罪或违纪违法的问题。这样，就使这个过渡既自然，又顺理成章，被讯问人就不会感到突然、别扭、反感、愤怒，其也就容易作出回答，从而起到承上启下的作用。如果切入讯问主题切得不好，以不恰当的方法切入讯问主题，向被讯问人提出的问题既不能承接讯问开头或端正被讯问人不端正态度，又不能起到引出讯问被讯问人犯罪或违纪违法的问题。这样，被讯问人就会感到突然、别扭、反感或愤怒，其就不会作出回答，甚至与讯问人员对立起来，从而也就无法起到承上启下的作用。因此，切入好讯问主题，有利于讯问承上启下。

（三）有利于讯问顺利地进行

切入讯问主题切得好还是切得不好，直接关系并决定着讯问能否顺利地进行。也就是说，切入讯问主题切得好，以恰当的方法把讯问过渡到讯问与被讯问人犯罪或违纪违法事实有关的问题上来，接下来的讯问就能顺利地进行。反之亦然。

讯问的主题是讯问被讯问人的犯罪或违纪违法的事实，通过对讯问主题的讯问促使被讯问人交代犯罪或违纪违法的问题。而被讯问人对涉及犯罪或违纪违法的问题，是很敏感和顾忌的，总是要极力地予以回避或逃避。在这种情况下，讯问人员只有以恰当的方法将讯问向讯问的主题过渡，提出一些被讯问人容易回答的问题，被讯问人才有可能对涉及犯罪或违纪违法的问题作出回答，才能无法回避讯问人员提出的问题，从而才有可能把讯问过渡到讯问其犯罪或违纪违法事实有关的问题上来，使讯问按照讯问人员的思路顺利地进行下去。如果讯问人员以不恰当的方法将讯问切入主题，提出一些被讯问人不容易回答或不愿回答的问题，被讯问人也就不会对讯问人员所提的问题进行回答，其也就回避讯问人员提出的问题。而且，被讯问人对这些不容易回答或不愿回答的问题，特别的反感和愤怒，因而，就极易引起被讯问人的不满情绪和对立情绪，而与讯问人员对立起来。这样，接下来的讯问就难以或无法进行，从而也就不能使讯问顺利地进行下去。因此，切入好讯问主题，有利于讯问顺利地进行。

（四）有利于被讯问人对讯问人员的提问作出回答

切入讯问主题和讯问的进行都需要被讯问人对讯问人员的提问作出回答，只有这样，讯问才能切入主题，过渡到讯问与被讯问人犯罪或违纪违法事实有关的问题上来和将讯问推向纵深发展。如果被讯问人不回答讯问人员的提问，讯问就无法切入主题和向纵深发展。而要被讯问人对讯问人员提出的问题能够作出回答，讯问人员提出的问题就要是被讯问人容易回答的问题，否则被讯问人就不会对讯问人员提出的问题作出回答。

而被讯问人容易回答的问题，在讯问切入主题阶段，依赖于讯问人员切入主题的方法。没有恰当切入主题的方法，是提不出被讯问人容易回答的问题的，这是因为讯问人员切入主题的提问是根据切入主题的方法设计的，什么样的切入讯问主题方法设计出什么样的提问。因而，只有讯问人员切入主题的方法恰当，根据这种恰当的方法设计提问，才能设计出被讯问人容易回答的问题。如果讯问人员切入主题的方法不恰当，根据切入主题方法设计的提问，也就无法设计出被讯问人容易回答的提问，设计出的势必是被讯问人不容易回答或不愿意回答的提问，这样，在切入主题中，被讯问人就不会对讯问人员的提问作出回答，从而使讯问出现僵持的状态，无法把讯问切入主题和推向纵深发展。因此，切入好讯问主题，有利于被讯问人对讯问人员的提问作出回答。

（五）有利于利用切入讯问主题突破被讯问人的口供

突破被讯问人的口供，取得被讯问人犯罪或违纪违法的供述，是讯问的目的和最终要达到的结果。可以说，讯问的全过程都是围绕这一目的和达到这一结果而展开的，切入讯问主题同样不例外。

一个好的切入讯问主题方法是根据案件和被讯问人的情况选择确定的。讯问人员根据选择确定的切入主题方法，设计了符合案件和被讯问人情况的提问，从而在切入主题的过程中，使被讯问人对讯问人员的提问作出回答，顺着讯问人员的提问，使讯问步步向纵深发展。被讯问人对讯问人员的提问作出如实的回答，在实质上也就回答了其犯罪或违纪违法事实的问题，从而也就突破了被讯问人的口供。如果讯问人员切入讯问主题的方法不恰当，根据切入主题方法设计的提问被讯问人就不会作出回答，更不可能作出如实的回答，这样，讯问就无法过渡到讯问与被讯问人犯罪或违纪违法事实有关的问题上来，讯问也就不能向纵深发展，突破被讯问人的口供也就无从谈起。因此，切入好讯问主题，有利于利用切入讯问主题突破被讯问人的口供，取得被讯问人对犯罪或违纪违法事实的供述。

二、切入讯问主题的具体方法和选择

要把讯问切入主题，而且切得好，使讯问顺利地过渡到讯问与被讯问人犯罪或违纪违法事实有关的问题上来，就要有切入讯问主题的具体方法。没有切入讯问主题的具体方法，是无法将讯问切入主题的。因此，讯问人员就要知道讯问中切入讯问主题具体方法的种类和选择好切入讯问主题的具体方法。

（一）切入讯问主题具体方法的种类

切入讯问主题的具体方法主要有六种[①]：

1. 自然平稳过渡

所谓自然平稳过渡，是指讯问人员根据案件和被讯问人的情况以及讯问活动的实际，很自然平稳地把讯问引向深入，过渡到讯问与被讯问人犯罪或违纪违法事实有关的问题上来的一种切入主题的方法。

2. 循序渐进过渡

所谓循序渐进过渡，是指讯问人员根据案件的情况，从被讯问人犯罪或违纪违法的某个事实或情节入手，然后顺着这个事实或情节一步步地向被讯问人提出问题，让其回答，最后直达核心的一种切入主题的方法。

3. 迂回围歼过渡

所谓迂回围歼过渡，是指讯问人员有意绕过核心问题，从有关联的其他问题入手，不让被讯问人察觉讯问人员的真正意图，逐步把讯问引向深入，最后追问关键问题的一种切入主题的方法。

4. 单刀直入过渡

所谓单刀直入过渡，是指讯问人员以事实或证据直截了当地击中被讯问人犯罪或违纪违法的要害，把讯问过渡到讯问与被讯问人犯罪或违纪违法事实有关的问题上来的一种切入主题的方法。

5. 主动出击过渡

所谓主动出击过渡，是指对于讯问处于僵持状态的，迅速调整进攻方向，向被讯问人发起主动出击，把讯问过渡到讯问与被讯问人犯罪或违纪违法事实有关的问题上来的一种切入主题的方法。

---

① 切入讯问主题的以下六种具体方法及其实施，笔者曾在《讯问艺术》（增订版）中作过较为详细的论述。见《讯问艺术》（增订版），中国方正出版社 2015 年版，第 415—431 页。

6. 连续进攻过渡

所谓连续进攻过渡，是指讯问人员根据案件和被讯问人的情况，一口气连续不断地对被讯问人进行进攻，中间不需要被讯问人作出回答，尔后向被讯问人提出问题，把讯问过渡到讯问与被讯问人犯罪或违纪违法事实有关的问题上来的一种切入主题的方法。

（二）选择的切入讯问主题具体方法的基本要求

选择的切入讯问主题的具体方法，要符合以下基本要求：

1. 选择的具体方法要适合被讯问人讯问和案件的情况

所谓选择的具体方法要适合被讯问人讯问和案件的情况，是指所选择的具体方法是根据被讯问人讯问和案件的情况选择确定的，这种方法针对被讯问人讯问和案件的情况，通过这种方法能够把讯问过渡到讯问与被讯问人犯罪或违纪违法事实有关的问题上来。

切入讯问主题的具体方法，只有适合被讯问人讯问和案件的情况，这种方法才有可能是恰当的，才能将讯问过渡到讯问与被讯问人犯罪或违纪违法事实有关的问题上来，从而把讯问顺利地切入主题。如果切入主题的具体方法不适合被讯问人讯问和案件的情况，根据被讯问人讯问和案件的情况，该以这种方法切入讯问主题的，却以那种方法切入讯问主题，这样，就无法将讯问切入主题。因此，讯问人员选择的切入讯问主题的具体方法，一定要适合被讯问人讯问和案件的情况，只有这样，才能顺利地将讯问切入主题，将讯问过渡到讯问与被讯问人犯罪或违纪违法事实有关的问题上来。

2. 选择的具体方法向被讯问人所提的问题，被讯问人要容易作出回答

所谓选择的具体方法向被讯问人所提的问题，被讯问人要容易作出回答，是指切入讯问主题具体方法中所提的问题是被讯问人不会回避或无法回避的问题，被讯问人能够对讯问人员所提的问题作出回答或能够使被讯问人受到震动，继而对讯问人员所提的问题作出回答。

把讯问过渡到讯问与被讯问人犯罪或违纪违法事实有关的问题上来，不仅需要向被讯问人提出问题，而且更需要被讯问人对讯问人员所提的问题作出回答，只有这样，讯问才有可能顺利地切入主题。如果被讯问人不对讯问人员所提的问题作出回答，那么，讯问就无法过渡到讯问与被讯问人犯罪或违纪违法事实有关的问题上来。

而要能够使被讯问人对讯问人员所提的问题作出回答，讯问人员所提的问题就应是被讯问人容易作出回答的。只有这样，被讯问人才能作出回答或不得不作出回答。如果讯问人员所提的问题是被讯问人不容易回答的，被讯问人对讯问人员所提出的问题就会极力地予以回避，而不回答讯问人员提出的问题。这样，讯问就无法切入主题。因此，选择的切入主题的具体方法向被讯问人所提出的问题，应该是被讯问人容易作出回答的问题。

3. 选择的具体方法要能够起到承上启下的作用

切入讯问主题处在讯问开头或端正被讯问人不端正态度与讯问被讯问人犯罪或违纪违法事实转折的位置上，这个转折转得好，讯问就能顺利地过渡到讯问与被讯问人犯罪或违纪违法事实有关的问题上来，转得不好，就无法实现这个过渡。

而要使这个转折转得好，其中很重要的一点，就是切入主题的具体方法要能够起到承上启下的作用。也就是说，这个切入主题的方法既能承接讯问开头或端正被讯问人不端正态度，又能引出讯问被讯问人犯罪或违纪违法的问题。如果这个切入主题的具体方法不能承接前面的，又不能引出后面的，那么，这个切入主题的具体方法就起不了承上启下的作用，转折也就不可能转好。因此，选择的切入主题的具体方法要能够起到承上启下的作用。

（三）切入讯问主题具体方法的选择

切入讯问主题的具体方法要根据被讯问人、讯问和案件的情况进行选择。

1. 对于态度较好的被讯问人，选择以自然平稳过渡的方法把讯问切入主题

这种态度较好的被讯问人，与讯问人员有一定的对话基础，对讯问人员提出的问题在一般情况下，其能够作出回答，不会拒绝回答，采取自然平稳过渡的方法能够把讯问过渡到讯问其犯罪或违纪违法事实有关的问题上来。因此，对这种被讯问人可选择以自然平稳过渡的方法把讯问切入主题。

2. 对于对证据最没有思想准备的被讯问人，选择以单刀直入过渡的方法把讯问切入主题

这种对证据最没有思想准备的被讯问人，他认为讯问人员不可能掌握其犯罪或违纪违法的证据，对讯问人员掌握其犯罪或违纪违法的证据毫无察觉，因而，其对讯问人员掌握的证据没有做任何的防备，更没有做辩解或否定理由的准备。对这种被讯问人以单刀直入的方法，向其出示证据，攻其无备，出其不意，打他一个措手不及，其在证据面前就束手无策，没有任何反抗能力，对讯问人员提出的问题，其就不得不作出回答。因此，对这种被讯问人应选择以单刀直入过渡的方法把讯问切入主题。

3. 对于不愿回答讯问人员提问的被讯问人，选择以连续进攻过渡的方法把讯问切入主题

这种被讯问人由于不愿回答讯问人员的提问，其对讯问人员提出的问题就不会作出回答。因而，以其他方法都可能无法把讯问切入主题。而以连续进攻过渡的方法，在进攻中涉及被讯问人犯罪或违纪违法事实有关的问题，并针对其拒供的心理障碍进行有针对性的破除。被讯问人经过讯问人员的连续进攻，就有可能挖除其拒供的心理障碍根源，破除其拒供的心理，进而其就有可能对讯问人员提出的问题作出回答，从而把讯问过渡到讯问其犯罪或违纪违法事实有关的问题上来。因此，对这种被讯问人可选择以连续进攻过渡的方法把讯问切入主题。

4. 对于处于僵持状态的讯问，应选择以主动出击过渡的方法把讯问切入主题

讯问处于僵持状态，如继续按照原定的进攻方向，以原定思路对被

讯问人进行讯问，不仅无法把讯问切入主题，使讯问向纵深发展，而且会增强被讯问人的抗审心理，使被讯问人认为讯问人员已没有了招数，从而下定决心与讯问人员对抗下去。在这种情况下，只有迅速调整进攻的方向，以新的讯问思路向被讯问人发起主动出击，才能变被动为主动，从而才有可能把讯问切入主题。因此，对于处于僵持状态的讯问，应选择以主动出击过渡的方法把讯问切入主题。

5. 对于已掌握了是证明案件事实的重要证据或者与案件主要事实存在内在联系的某一事实或情节的案件，可选择以循序渐进过渡的方法把讯问切入主题

这种案件，由于讯问人员已掌握的某一事实或情节，是证明案件事实的重要证据或者是与案件的主要事实存在内在联系，因而，只要被讯问人承认了这个事实或情节，就等于承认了其实施的犯罪或违纪违法的事实。正因如此，讯问人员从这个事实或情节入手，顺着这个事实或情节一步步地向被讯问人提出问题，随着被讯问人对讯问人员提出问题的回答，讯问也就过渡到了讯问与被讯问人犯罪或违纪违法事实有关的问题上来。因此，对于这种案件，可选择以循序渐进过渡的方法把讯问切入主题。

6. 对于只掌握某些迹象或掌握的证据不足或只掌握了间接证据的案件，应选择以迂回围歼过渡的方法把讯问切入主题

这些只掌握某些迹象或掌握的证据不足或只掌握了间接证据的案件，一是从正面提出问题讯问人员没有抓手，二是从正面提出问题会使被讯问人处于高度警觉的状态，被讯问人不会回答讯问人员提出的问题，无法暴露出与被讯问人犯罪或违纪违法有关的问题。这样，讯问就无法切入主题。而运用迂回围歼过渡的方法，由于在迂回的过程中，讯问人员绕过核心问题，从与被讯问人犯罪或违纪违法有关联的其他问题入手，侧面地向被讯问人提出问题，因而，被讯问人搞不清楚讯问人员的意图和进攻路线，其一方面容易对讯问人员的提问作出回答，另一方面使其丧失了警惕，在回答问题时就会不自觉地暴露出与案件事实有关的问题，从而被讯问人员抓住把柄或矛盾。这样，讯问人员就可提出最

尖锐的问题进行围歼，把讯问切入主题。因此，对这些案件，应选择以迂回围歼过渡的方法把讯问切入主题。

三、切入讯问主题的方式和确定

切入讯问主题的方式，是指切入讯问主题的形式，即以什么形式将切入主题的方法付诸实施。

切入讯问主题的具体方法需要通过一定的形式付诸实施，没有形式，切入讯问主题的具体方法是无法实施的，也就不能将讯问切入主题。可以说，切入讯问主题的方式决定着能否把讯问切入主题。而要使切入讯问主题切得好，把讯问顺利地过渡到讯问与被讯问人犯罪或违纪违法事实有关的问题上来，讯问人员就应以恰当的形式进行切入讯问主题的工作，只有这样，才能顺利地将讯问切入主题。如果讯问人员切入讯问主题的方式不恰当，那么，最好的切入讯问主题的具体方法也无法将讯问切入主题。因此，讯问人员要知道切入讯问主题方式的种类和确定好切入讯问主题的一种方式。

（一）切入讯问主题方式的种类

切入讯问主题的方式主要有以下三种：

1. 自由交谈

所谓自由交谈，是指讯问人员在切入主题的过程中，采取与被讯问人漫谈的形式，把提问包含在漫谈之中，以漫谈的口气向被讯问人提出问题，进行迂回发问，把讯问切入主题的一种方式。

2. 一问一答

所谓一问一答，顾名思义，是指讯问人员在切入主题的过程中，采取提出一个问题让被讯问人回答，在被讯问人作出回答后，再向被讯问人提出另一个问题让被讯问人回答的形式，把讯问切入主题的一种方式。

3. 一贯到底

所谓一贯到底，是指讯问人员在切入主题的过程中，采取将所说的内容以连续说完，而后向被讯问人提出问题的形式，把讯问切入主题的一种方式。

（二）确定切入讯问主题方式的方法

切入讯问主题的方式要根据案件、被讯问人的情况、切入讯问主题的具体方法予以确定。

（1）根据案件的情况确定切入讯问主题的方式

案件的情况不同，切入讯问主题的方式也应不同。讯问人员要善于根据案件的不同情况，确定不同的方式将讯问切入主题：

①对于被讯问人的犯罪或违纪违法事实已经比较清楚的案件，讯问人员可确定采取一问一答的方式将讯问切入主题。对这种案件以这种方式将讯问切入主题，一是讯问人员能够向被讯问人提出有针对性的问题，二是被讯问人不得不对讯问人员的提问作出回答。

②对于已经取得被讯问人的犯罪或违纪违法确实证据的案件，讯问人员可确定采取一贯到底的方式将讯问切入主题。对这种案件以这种方式将讯问切入主题，一是表现出讯问人员的气势；二是被讯问人在讯问人员一系列的进攻下，慑于证据，不得不对讯问人员的提问作出回答。

③对于被讯问人的犯罪或违纪违法事实不甚清楚，还没有取得证据的案件，讯问人员可确定采取自由交谈的方式将讯问切入主题。对这种案件以这种方式将讯问切入主题，一是能够避免讯问人员提不准问题而陷入被动；二是能够麻痹被讯问人，使之放松警惕；三是通过自由交谈，被讯问人容易对讯问人员包含在漫谈中的提问作出回答，引其暴露。

（2）根据被讯问人的情况，确定切入讯问主题的方式

被讯问人的情况不同，切入讯问主题的方式亦应不同。讯问人员要善于根据被讯问人的不同情况，确定不同的方式将讯问切入主题：

①对于态度较好的被讯问人，讯问人员可确定采取一问一答的方式

将讯问切入主题。对这种被讯问人以这种方式将讯问切入主题，一是由于被讯问人的态度较好，其不会对讯问人员提出的问题拒绝作出回答，能够回答讯问人员提出的问题；二是一问一答有利于讯问人员处于主动的地位，能够根据自己的思路逐一地向被讯问人提出问题，从而使切入主题一步步地深入，最后把讯问过渡到讯问与被讯问人犯罪或违纪违法事实有关的问题上来，切入主题。

②对于态度恶劣的被讯问人，讯问人员要在对其恶劣态度进行端正的同时，根据其态度端正的情况，分别以不同的方式将讯问切入主题：

第一，被讯问人通过讯问人员对其态度的端正，其能够回答讯问人员提问的，可确定采取一问一答的方式将讯问切入主题，因为此时的被讯问人已能够对讯问人员提问作出回答。

第二，被讯问人通过讯问人员对其态度的端正，仍不能回答讯问人员提问的，可确定采取一贯到底的方式将讯问切入主题。因为一贯到底的方式是讯问人员将所说的内容连续说完，在这过程中不需要被讯问人作出回答。

③对于戒备心理严重的被讯问人，讯问人员可确定采取自由交谈的方式将讯问切入主题。对这种被讯问人以这种方式将讯问切入主题，是因为这种被讯问人抗审能力很强，对于讯问人员的提问，凡是涉及案件的实质性问题，即其犯罪或违纪违法事实的问题，被讯问人的注意力往往处于高度集中的状态，其全部精力都用在如何设防或寻找对策进行反讯问上，其不会回答涉及犯罪的问题。采取自由交谈方式，在自由交谈中进行迂回发问，可以缓和讯问气氛，解除被讯问人思想上的戒备，分散被讯问人的注意力，使之放松警惕，消除对立情绪。这样，就给被讯问人创造了一个如实回答问题的良好基础，从而在不知不觉中对讯问人员的提问作出回答。

（3）根据切入讯问主题的具体方法，确定切入讯问主题的方式

切入讯问主题的具体方法不同，讯问人员切入讯问主题的方式自然应当不同。讯问人员要善于根据切入讯问主题的具体方法，确定切入讯问主题的方式。

①对于自然平稳过渡的方法，讯问人员可确定采取一问一答的方式将讯问切入主题。因为自然平稳过渡切入讯问主题的方法是建立在被讯问人的态度较好的基础之上，以这种方式将讯问切入主题，被讯问人能够对讯问人员的提问作出回答。

②对于循序渐进过渡的方法，讯问人员可确定采取自由交谈的方式将讯问切入主题。因为循序渐进过渡的方法是从被讯问人的犯罪或违纪违法的某一事实或情节入手，然后顺着这个事实或情节一步步地向被讯问人提出问题，让其回答，最后直达核心。如果讯问人员不以自由交谈的方式向被讯问人提出问题，在气氛严肃的情况下，就会引起被讯问人的警觉，其就不会对讯问人员提出的问题作出回答，从而使循序渐进中断，无法直达核心。

③对于迂回围歼过渡的方法，在迂回的过程中，讯问人员应确定采取自由交谈的方式进行。因为在迂回的过程中，需要从侧面向被讯问人提出问题，扫清外围，堵死退路，不让被讯问人摸到讯问人员的意图和进攻的路线，气氛要和谐。如果讯问人员不以自由交谈的方式将讯问切入主题，就有可能引起被讯问人的警觉，其也就不会对讯问人员的提问作出回答或作出如实的回答，这样，就无法实现迂回。

④对于单刀直入过渡的方法，讯问人员应确定采取一贯到底的方式将讯问切入主题。因为单刀直入的方法是以事实或证据直截了当地击中被讯问人的犯罪或违纪违法的要害，在单刀直入的过程中要做到气势凌厉，这就决定了应采取一贯到底的方式。

⑤对于主动出击过渡的方法，讯问人员可确定采取一问一答的方式将讯问切入主题。因为主动出击是讯问人员向被讯问人发起主动的进攻，而要主动地进攻，讯问人员就要先发制人和控制住讯问的局面，一问一答的方式有利于先发制人和控制住讯问的局面。

⑥对于连续进攻过渡的方法，讯问人员应确定采取一贯到底的方式将讯问切入主题。以一贯到底的方式切入讯问主题，是由这种方法所决定的。

四、切入讯问主题的时机和把握

切入讯问主题必须在有利的时机进行。只有时机有利，才能起到事半功倍的效果，从而才能顺利地把讯问过渡到讯问与被讯问人犯罪或违纪违法事实有关的问题上来。

（一）切入讯问主题的时机

总结讯问实践，在以下时机切入讯问主题最为有利：

1. 被讯问人对待讯问的态度端正或被讯问人不端正的态度得到端正的时候

被讯问人对待讯问的态度端正或被讯问人不端正的态度得到端正的时候，被讯问人就不会与讯问人员对抗，不会对讯问人员所说的话听而不闻，当成耳边风，不会对讯问人员的提问缄口不语，拒绝作出回答。因而，在这个时候将讯问切入主题，讯问人员在切入讯问主题的过程中，被讯问人就会接受讯问人员的讯问，认真地听讯问人员说话，愿意回答讯问人员的提问。这样，讯问人员也就顺利地将讯问过渡到讯问与被讯问人犯罪或违纪违法事实有关的问题上来。因此，被讯问人对待讯问的态度端正或被讯问人不端正的态度得到端正的时候，是切入讯问主题的有利时机。

2. 被讯问人与讯问人员有了一定的对话基础的时候

有的被讯问人并未完全端正对待讯问的态度，但其经讯问开头或端正其不端正的态度的进行，与讯问人员有了一定的对话基础，在这个时候，其不会以激烈的行为对抗讯问，对讯问人员所说的话其不会全然不听，对讯问人员的提问其不会拒绝回答。因而，在这个时候将讯问切入主题，其同样能够接受讯问，听讯问人员说话和回答讯问人员的提问，这样，也就顺利地将讯问切入主题，过渡到讯问与被讯问人犯罪或违纪违法事实有关的问题上来。因此，被讯问人与讯问人员有了一定对话基础的时候，是切入讯问主题的有利时机。

3. 被讯问人与讯问人员在心理上有了沟通的时候

被讯问人消除戒备心理，在其认识到讯问人员是在帮助、教育、挽救自己，并不是要置自己于死地，其与讯问人员在心理上有了沟通的时候，就会从不相信讯问人员转到相信讯问人员。在这个时候将讯问切入主题，被讯问人就能认真地听讯问人员说话，对讯问人员的提问作出如实的回答。这样，讯问人员也就能顺利地将讯问切入主题，过渡到讯问与被讯问人犯罪或违纪违法事实有关的问题上来。因此，被讯问人与讯问人员在心理上有了沟通的时候，是切入讯问主题的有利时机。

4. 被讯问人对某一事实或情节最担心的时候

被讯问人对某一事实或情节最担心的时候，其对这一担心的事实或情节就不能进行防备，讯问人员在这个时候以被讯问人担心的事实或情节向被讯问人提出问题，被讯问人由于不能防备，其就不得不对讯问人员提出的这一事实或情节作出回答。这样，讯问人员也就把讯问过渡到讯问与被讯问人犯罪或违纪违法事实有关的问题上来了。因此，被讯问人对某一事实或情节最担心的时候，是切入讯问主题的有利时机。

5. 被讯问人对某一事实或情节最放心的时候

被讯问人对某一事实或情节最放心的时候，其对这一最放心的事实或情节就不会进行防备。讯问人员在这个时候以被讯问人最放心的事实或情节向被讯问人提出问题，被讯问人由于没有防备，就会措手不及、束手无策，在此情况下，其就同样不得不对讯问人员提出的这一事实或情节作出回答。这样，讯问人员也就把讯问过渡到讯问与被讯问人犯罪或违纪违法事实有关的问题上来了。因此，被讯问人对某一事实或情节最放心的时候，是切入讯问主题的有利时机。

（二）切入讯问主题时机的把握

切入讯问主题的时机和讯问中其他时机一样，都需要讯问人员去把握。只有讯问人员善于把握切入讯问主题的时机，才能避免在没有切入讯问主题或不利的时机进行切入讯问主题和使已出现的有利时机丧失的情况发生。

总结讯问实践，要根据以下情况把握切入讯问主题的时机：

1. 根据被讯问人的行为表现去把握

被讯问人的行为表现是被讯问人的有意识的活动，受其心理的支配，被讯问人是否接受讯问、其态度是否端正、是否与讯问人员有了一定的对话基础、是否与讯问人员在心理上有了沟通，都会通过其行为表现而表现出来。例如，被讯问人在接受讯问、态度端正的情况下，其就会表现出顺从讯问人员的行为表现；而在其不接受讯问、态度不端正的情况下，其就会表现出与讯问人员相对抗的行为表现，以各种行为与讯问人员相对抗。因此，讯问人员要根据被讯问人的行为表现去判定切入讯问主题的时机是否成熟，是否出现了有利的时机，从而把握好切入讯问主题的时机。

2. 根据被讯问人的言语去把握

言为心声，言语是表达心灵的声音。被讯问人的言语是其内心思想感情的表达或反映，因而，被讯问人是否接受讯问、态度是否端正、是否与讯问人员有了一定的对话基础、是否与讯问人员在心理上有了沟通，同样会通过其言语表达而反映出来。例如，被讯问人在还没有与讯问人员对话基础的情况下，其就会表现出不开口说话，或出言不逊、骂骂咧咧、恶语中伤；而在其与讯问人员有了一定对话基础的情况下，其就会表现出愿意开口说话，或言语平和、诚恳。因此，讯问人员要根据被讯问人的言语去判定切入讯问主题的时机是否成熟，是否出现了有利的时机，从而把握好切入讯问主题的时机。

3. 根据被讯问人的表情去把握

被讯问人的表情表达着其内心的思想感情。被讯问人是否接受讯问，其态度是否端正，是否与讯问人员有了一定的对话基础，是否与讯问人员有了心理上的沟通，必然会从其表情上表露出来。例如，被讯问人在心理上还没有与讯问人员做到沟通的时候，其表现出来的是一脸怒容或惊慌失措的表情；而在其心理上与讯问人员做到沟通的时候，其就会表现出平静或淡定的表情。因此，讯问人员要根据被讯问人的表情去判定切入讯问主题的时机是否成熟，是否出现了有利的时机，从而把握好切入讯问主题的时机。

五、切入讯问主题的时间和选定

切入讯问主题不仅要在有利的时机进行，而且要在恰当的时间进行。只有时间恰当，才能顺利地把讯问过渡到讯问与被讯问人犯罪或违纪违法事实有关的问题上来。否则，就有可能无法实现过渡。

（一）切入讯问主题的时间

切入讯问主题的时间，是指在什么阶段把讯问切入主题。由于讯问切入主题的时间要服从于切入讯问主题的时机，即在切入主题的时机成熟时把讯问切入主题。因而，切入讯问主题的时间也就随着切入主题时机成熟阶段的不同而不同。

总结讯问实践，切入主题时机成熟处在讯问开头、讯问开头后和对被讯问人对待讯问的态度进行端正后这三个阶段。因而，切入讯问主题的时间也就分别处在这三个阶段。

1. 讯问开头时切入主题

所谓讯问开头时切入主题，是指讯问人员在讯问开头的过程中就把讯问切入主题，也就是利用讯问开头把讯问过渡到讯问与被讯问人犯罪或违纪违法事实有关的问题上来。

2. 讯问开头后即切入主题

所谓讯问开头后即切入主题，是指讯问人员在对讯问开头结束后，紧接着讯问开头向被讯问人提出其犯罪或违纪违法事实有关的问题，把讯问切入主题。

3. 端正被讯问人不端正的态度后切入主题

所谓端正被讯问人不端正的态度后切入主题，是指讯问人员对那些经讯问开头仍态度恶劣的被讯问人，集中精力对其不端正的态度进行端正后，在被讯问人能够回答讯问人员的提问时把讯问切入主题。

（二）切入讯问主题时间的选定

切入讯问主题时间要根据切入讯问主题时机的成熟情况、被讯问人的情况、被讯问人犯罪或违纪违法的情况、被讯问人的到案情况、被讯问人对待讯问的态度情况、被讯问人的情绪情况进行选定。

1. 根据切入讯问主题时机的成熟情况，选定切入讯问主题的时间

切入讯问主题的时间要服从于切入讯问主题的时机，即在切入讯问主题的时机成熟的阶段将讯问切入主题，而切入讯问主题的时机成熟于不同的阶段。因此，讯问人员在选定切入讯问主题的时间时，就要根据切入讯问主题时机的成熟情况，将切入讯问主题时机成熟的阶段选定为切入讯问主题的时间。也就是说，切入讯问主题的时机在哪一阶段成熟，就将哪一阶段选定为切入讯问主题的时间，在此时间将讯问切入主题。

2. 根据被讯问人的情况，选定切入讯问主题的时间

讯问人员要根据被讯问人的情况，选定切入讯问主题的时间。

（1）根据被讯问人的性格选定

①对于性格直爽的被讯问人，选定在讯问开头的过程中将讯问切入主题

这种性格直爽的被讯问人，感情外露，喜欢说话，而且说话直来直去，不知道拐弯抹角，容易对讯问人员提出的问题作出回答。对这种被讯问人在讯问开头的过程中即把讯问切入主题，其能够对讯问人员的提问作出回答。

②对于性格不直爽的被讯问人，视情选定在讯问开头后或端正其态度后切入主题

这种性格不直爽的被讯问人，感情深藏，不会轻易回答讯问人员的提问，而且可能拒绝回答讯问人员的提问。对这种被讯问人应在讯问开

头后，视其态度选定切入讯问主题的时间。如果其在讯问开头后态度较好，能够回答讯问人员的提问，就将切入主题的时间选定在讯问开头后，讯问开头结束时即将讯问切入主题；如果其在讯问开头后态度恶劣，拒绝回答讯问人员提问，就将切入主题时间选定在端正其不端正的态度后，在其能够回答讯问人员的提问时将讯问切入主题。

③对于暴躁性格的被讯问人，亦应视情选定在讯问开头后或端正其态度后切入主题

这种性格暴躁的被讯问人，一有不合其心意的事或不合其口味的话，就会怒发冲冠、歇斯底里，而且不计后果。对这种被讯问人应在讯问开头后，视情选定切入讯问主题的时间。如果其在讯问开头后情绪稳定，能够回答讯问人员的提问，就将切入讯问主题的时间选定在讯问开头后并在讯问开头结束时即将讯问切入主题；如果其在讯问开头后，怒气冲天，与讯问人员对着干，就将切入讯问主题的时间选定在端正其不端正的态度后，在平稳其情绪的情况下将讯问切入主题。

（2）根据被讯问人对付讯问的经验选定

①对于对付讯问经验不足的被讯问人，选定在讯问开头的过程中将讯问切入主题

这种对付讯问经验不足的被讯问人，没有对付讯问的经验，其不知道如何构筑抗审的心理防线，不知道如何抗拒讯问。而且，这种被讯问人由于没有对付讯问的经验，一般愿意听讯问人员说话，容易听得进讯问人员所说的话；再者，由于其没有与查案机关打过交道，一般对讯问人员不抱有成见，容易相信讯问人员，因而，只要讯问人员提问的方法得当，其就能够回答讯问人员的提问。对这种被讯问人在讯问开头的过程中即把讯问切入主题，其不会抗拒回答讯问人员的提问。

②对于对付讯问经验丰富的被讯问人，应视情选定在讯问开头后或端正其态度后切入讯问主题

这种对付讯问经验丰富的被讯问人，往往都构筑了牢固的抗审心理防线，其知道回答讯问人员提问的利害，因而，其不会轻易回答讯问人员的提问，而且其完全可能以恶劣的态度对付讯问。对这种被讯问人，

应在讯问开头后，视其态度选定切入讯问主题的时间。如果其在讯问开头后，不以恶劣的态度对付讯问，对讯问人员提出的问题能够作出回答，就将切入讯问主题的时间选定在讯问开头结束后；如果其以恶劣的态度对付讯问，与讯问人员对抗，就将切入讯问主题的时间选定在端正其不端正的态度后，在其态度得到端正的时候将讯问切入主题。

3. 根据被讯问人犯罪或违纪违法的情况，选定切入讯问主题的时间

（1）对事出有因的被讯问人，切入讯问主题时间的选定

对于犯罪或违纪违法事出有因的被讯问人，选定在讯问开头后即将讯问切入主题。

这种因客观原因而引起其犯罪或违纪违法的被讯问人，其犯罪或违纪违法的动机并不恶劣，有的甚至是良好的。其之所以实施犯罪或违纪违法行为，是因为受到客观原因的逼迫或影响，走上了犯罪或违纪违法的道路。其在实施犯罪或违纪违法行为后，内心极度痛苦，特别后悔，觉得自己特别无奈、无助。对这种被讯问人，如果讯问人员在讯问开头中能给其以同情和理解，其心里就会热乎乎的，心理上就会得到极大的安慰和满足，在讯问开头后，对讯问人员提出的问题，就会作出回答。因此，对这种被讯问人可选定在讯问开头后即向其提出问题，把讯问切入主题。

（2）对具有明显从轻或减轻情节的被讯问人，切入讯问主题时间的选定

对于具有明显从轻或减轻情节的被讯问人，选定在讯问开头后即将讯问切入主题。

这种具有明显从轻或减轻情节的被讯问人，其认为自己具有从轻或减轻处罚的情节，处罚不会很重。因而，其交代犯罪或违纪违法事实的心理负担相对较轻。而且，其认为自己已具有从轻或减轻处罚情节，如果交代态度好，就会轻上加轻；如果交代态度不好，就会白白浪费从轻或减轻的情节。因而，其不会也不敢态度恶劣。如果讯问人员在讯问开头中对其从轻或减轻处罚的情节进行分析，其在讯问开头后，对讯问人

员提出的问题就能作出回答。因此，对这种被讯问人可选定在讯问开头后即向其提出问题，把讯问切入主题。

（3）对证据最没有思想准备的被讯问人，切入讯问主题时间的选定

对于对证据最没有思想准备的被讯问人，应选定在讯问开头的过程中把讯问切入主题。

这种对证据最没有思想准备的被讯问人，在讯问开头的时候对证据毫无准备。讯问人员在讯问开头的过程中即把讯问切入主题，向其出示证据，攻其无备，出其不意，其就会处于束手无策的境地，没有任何反抗能力，在证据面前就不得不回答讯问人员提出的问题。因此，对这种对证据最没有思想准备的被讯问人，应选定在讯问开头的过程中即把讯问切入主题。

4. 根据被讯问人的到案情况，选定切入讯问主题的时间

（1）对自首的被讯问人，切入讯问主题时间的选定

对于自首的被讯问人，应选定在讯问开头后把讯问切入主题。

这种自首的被讯问人，一方面，其既然是来自首的，就不会持恶劣的态度，拒绝回答讯问人员的提问。否则，其就不构成自首。另一方面，绝大多数自首的被讯问人，并不是良心发现真心悔罪来自首的，因而不会进行彻底的自首。有的以自首轻微的犯罪行为，来掩盖严重的犯罪行为；有的在自首中避重就轻；有的甚至进行假自首。正因如此，对这种自首的被讯问人，就要在讯问开头中对其进行教育，通过教育，促使其认识到彻底自首对其有利，从而彻底如实地自首。因此，对这种自首的被讯问人，应选定在讯问开头对其进行教育后把讯问切入主题。

（2）对畏罪潜逃后被抓获的被讯问人，切入讯问主题时间的选定

对于畏罪潜逃后被抓获的被讯问人，应选定在讯问开头的过程中把讯问切入主题。

这种畏罪潜逃后被抓获的被讯问人，其之所以潜逃，是因为其犯罪或违纪违法行为的败露，讯问人员已掌握其犯罪或违纪违法确实的证

据，其本人也知道讯问人员已掌握其确实的证据。因而，在讯问开头的过程中把讯问切入主题，一是被讯问人不得不回答讯问人员提出的问题，二是讯问人员向被讯问人提出问题不会存在什么变故。因此，对这种畏罪潜逃后被抓获的被讯问人，应选定在讯问开头的过程中把讯问切入主题。

5. 根据被讯问人的态度，选定切入讯问主题的时间

（1）对态度较好的被讯问人，切入讯问主题时间的选定

对于态度较好的被讯问人，可选定在讯问开头的过程中把讯问切入主题。

这种态度较好的被讯问人，由于其对待讯问的态度较好，能够回答讯问人员的提问，有的还能如实地回答涉及犯罪或违纪违法事实的问题。因此，对这种被讯问人应选定在讯问开头的过程中把讯问切入主题。

（2）对气焰嚣张的被讯问人，切入讯问主题时间的选定

对于气焰嚣张的被讯问人，应选定在端正被讯问人不端正的态度后把讯问切入主题。

这种气焰嚣张的被讯问人，公然与讯问人员闹对立，以粗野的语言、蛮横的行为与讯问人员对着干，破坏讯问的正常秩序，导致讯问无法进行。对这种被讯问人，只有首先打掉其嚣张的气焰，使之不敢与讯问人员闹对立，端正其对待讯问的态度后，其才有可能回答讯问人员的提问。否则，其不仅不会回答讯问人员的提问，而且讯问也无法进行，讯问也就无法切入主题。因此，对这种气焰嚣张的被讯问人，应选定在端正其不端正的态度后，再把讯问切入主题。

（3）对态度恶劣的被讯问人，切入讯问主题时间的选定

对于态度恶劣的被讯问人，亦应选定在端正被讯问人不端正的态度后把讯问切入主题。

这种态度恶劣的被讯问人，或以矢口否认，或以闭口不语，或以毫无反应，或以耍无赖的手段对付讯问。对这种被讯问人，首先应打掉其

恶劣的态度，端正其对待讯问的态度。只有这样，其才有可能回答讯问人员的提问。否则，其是不会回答讯问人员的提问的，讯问也就无法切入主题。因此，对这种态度恶劣的被讯问人，亦应选定在端正被讯问人不端正的态度后，再把讯问切入主题。

6. 根据被讯问人的情绪，选定切入讯问主题的时间

（1）对持对立情绪的被讯问人，切入讯问主题时间的选定

对于持对立情绪的被讯问人，应选定在端正其不端正的态度后把讯问切入主题。

这种持对立情绪的被讯问人，对讯问人员抱着敌视的态度，与讯问人员闹对立。在情绪对立的情况下，其是不可能回答讯问人员的提问的，更不可能如实地回答讯问人员的提问，这样就无法把讯问切入主题。这种被讯问人，只有在消除其对立情绪、端正其态度后，才有可能对讯问人员的提问作出回答。因此，对这种被讯问人，应选定在端正其不端正的态度后，再把讯问切入主题。

（2）对情绪低落的被讯问人，切入讯问主题时间的选定

对于情绪低落的被讯问人，亦应选定在端正其不端正的态度后把讯问切入主题。

这种情绪低落的被讯问人，对前途丧失信心，对生活没有希望，“破罐子破摔”“躺在茅草丛中任蛇咬”。在此情况下，其不会回答讯问人员的提问。这种被讯问人，只有在树立起其奋发向上的信心，使之看到光明、希望后，其才有可能对讯问人员的提问作出回答。因而，对这种被讯问人，就要先集中时间鼓起其奋发向上的信心，端正其对待讯问的态度。因此，对这种被讯问人，亦应选定在端正其不端正的态度后，再把讯问切入主题。

六、切入讯问主题的实施

切入讯问主题的实施，是切入讯问主题的关键。切入讯问主题切得

好还是不好，能否把讯问顺利地过渡到讯问与被讯问人犯罪或违纪违法事实有关的问题上来，成败在此一举。

由于切入讯问主题的具体方法有多种，且各不相同，因而不同的切入讯问主题的具体方法，要以不同的方法去实施。[①] 只有这样，才能实施好切入讯问主题，实现顺利过渡。但是，无论何种切入讯问主题具体方法的实施，都要做到以下几点。

（一）讲究实施的步骤

切入讯问主题的实施，步骤非常重要。讯问人员只有有步骤地实施，才能把讯问过渡到讯问与被讯问人犯罪或违纪违法事实有关的问题上来，否则是无法实现这个过渡的。

就绝大多数的切入讯问主题的具体方法来说，在实施中要做到逐步深入，一步步地向被讯问人提出问题，一步步地向纵深发展。只有这样，被讯问人才能容易对讯问人员的提问作出回答，从而才有可能把讯问切入主题。同时，逐步深入，也就能做到一环紧扣一环，环环相扣。如果讯问人员在切入讯问主题过程中不是有步骤地逐步深入，而是一开始就把尖锐的问题摆在被讯问人的面前，被讯问人就有可能因此而缩回去，不回答讯问人员的提问，从而也就无法把讯问切入主题。如果不是有步骤地进行，就会出现东一榔头、西一棒槌的情况，无法做到一环紧扣一环，环环相扣，讯问同样不能切入主题，更有甚者，暴露了讯问人员的意图和进攻的路线，不仅此时无法把讯问切入主题，而且会给续审带来极大困难。

就单刀直入这种切入讯问主题的具体方法来说，虽然不是采取逐步深入的方法，而是采取中心开花的方法将讯问切入主题，即以出示的证据这把“刀”直刺被讯问人的要害，但这里仍有一个步骤的问题。在

① 关于各种切入讯问主题具体方法的实施方法，笔者曾在《讯问艺术》（增订版）中作过较为详细的阐述，在此不再赘述。见《讯问艺术》（增订版），中国方正出版社 2015 年版，第 415—431 页。

出示证据的过程中要讲步骤，在出示证据后也要讲步骤，对被讯问人辅之以教育或“拉”一把。如果在出示证据的过程中不讲步骤，该先进行铺垫的不先进行铺垫，该先堵死退路的不先堵死退路，该哪个证据先出示的却后出示，或该哪个证据后出示的却先出示。那么，单刀直入也就“入”不了。如果在出示证据后不实施对被讯问人辅之以教育或“拉”一把这一步，或对被讯问人辅之以教育或“拉”一把不讲步骤，那么，用以单刀直入的证据这把“刀”势必就不能发挥更大作用，甚至可能起反作用。

由上可见，切入讯问主题的实施，一定要讲究步骤。

（二）讲究实施的策略

策略是切入讯问主题的生命。讯问人员只有在切入讯问主题的实施中讲究策略、运用策略，才能把讯问过渡到讯问与被讯问人犯罪或违纪违法事实有关的问题上来。否则，是难以实现这个过渡的。

1. 提问要有策略

所谓提问要有策略，是指讯问人员要运用策略向被讯问人提出问题。

讯问人员在切入讯问主题的过程中，要运用策略向被讯问人提出问题。有的问题要从侧面向被讯问人提出，而不能从正面向被讯问人提出；有的问题要婉转地向被讯问人提出，而不能直挺挺地向被讯问人提出；有的问题要换一种说法向被讯问人提出，而不能以刺激的说法向被讯问人提出；有的问题要间接地向被讯问人提出，而不能直接地向被讯问人提出；有的问题要引而不发地向被讯问人提出，而不能兜底地向被讯问人提出；等等。讯问人员只有运用策略向被讯问人提出问题，才能不暴露讯问人员的意图和底细，才能有利于被讯问人作出回答。否则，所提的问题不仅不起作用，而且会起反作用。

2. 手段要有策略

所谓手段要有策略，是指讯问人员要运用策略性的方法，实施切入讯问主题。

讯问人员在切入讯问主题的过程中，要运用策略性的方法将讯问切入主题。切入讯问主题的具体方法在实施的方法上有的要运用欲擒故纵的策略，使被讯问人放纵起来，回答讯问人员的提问，然后一举予以擒获；有的要运用重点突破的策略，抓住重点问题向被讯问人提出问题，促使其不得不回答讯问人员的提问；有的要运用打、拉结合的策略，一边向被讯问人提出问题，对被讯问人进行攻打，一边在打的同时，或打了一阵后拉被讯问人一把，促使其在打、拉结合的作用后，对讯问人员的提问作出如实的回答；有的具体方法本身就是一种策略，决定了实施的方法就是运用这一策略；等等。讯问人员只有运用策略性的方法实施切入讯问主题，才能把讯问顺利地切入主题，否则，是不能把讯问切入主题的。

（三）讲究实施的态度

讯问人员实施切入讯问主题过程中所表示的态度是否得当，对于能否顺利地把讯问过渡到讯问与被讯问人犯罪或违纪违法事实有关的问题上来至关重要。讯问人员只有以得当的态度实施，才能把讯问切入主题。

由于切入讯问主题的具体方法和被讯问人的情况不同，讯问人员在实施过程中的态度也应不同。讯问人员在实施的过程中根据切入讯问主题的具体方法和被讯问人的情况，有的要表现出严肃、严厉的态度；有的要表现出诚恳的态度；有的要表现出和气的态度；有的要表现出不冷不热的态度；有的要先以和气的态度，再以严肃、严厉的态度；有的要先以严肃、严厉的态度，再以和气、诚恳的态度；等等。只有这样，才能使切入讯问主题的实施起到事半功倍的效果，从而把讯问顺利地过渡到讯问与被讯问人犯罪或违纪违法事实有关的问题上来，实现对被讯问人犯罪或违纪违法事实的讯问，最后促使被讯问人对犯罪或违纪违法的事实作出如实的交代。

第七章

摧毁被讯问人抗审的心理防线

被讯问人的抗审心理防线，是被讯问人赖以抗审的依托和屏障。被讯问人为了抗审，一般都建立了牢固的抗审心理防线，以此与讯问人员抗衡，来对付讯问人员的进攻。如果讯问人员不能有效地摧毁被讯问人的抗审心理防线，讯问将无法向纵深发展，被讯问人也就不可能对犯罪或违纪违法事实作出交代。因此，摧毁被讯问人的抗审心理防线，既是讯问工作的核心，又是关键的一步，它决定着讯问能否取得成功。

在讯问实践中，虽然有的被讯问人经讯问开头、端正被讯问人对待讯问的态度这二步的讯问后，其抗审的心理防线也能被摧毁。但是，对于绝大多数的被讯问人来说，其抗审的心理防线仍然是坚固的。而且有的被讯问人由于种种原因，其抗审的心理防线不仅没有被摧毁，反而得到了加固。因此，讯问人员在实施了将讯问切入主题这一步后，就要集中火力向被讯问人的抗审心理防线发起猛烈进攻，摧毁被讯问人所构筑的抗审心理防线，使之无法继续抗审。

被讯问人的抗审心理防线不是凭空构筑的，其是构筑在情绪基础、理论基础、意志基础、认识基础、客观基础之上的。因此，摧毁被讯问人的抗审心理防线，就是要摧毁被讯问人抗审心理防线构筑的这些基础。① 抗审心理防线构筑的这些基础摧毁了，被讯问人的抗审心理防线也就自然不复存在了。

---

① 关于摧毁被讯问人抗审的心理防线，笔者在叙述中是按情绪基础、理论基础、意志基础、认识基础、客观基础这样一个顺序来写的，这只是提供一些摧毁被讯问人抗审心理防线的方法，但这并不意味在摧毁被讯问人抗审心理防线中按照这个顺序去摧毁。在讯问实践中，讯问人员要根据案件和被讯问人的情况，按照讯问人员自己的讯问风格，灵活运用这些方法去摧毁被讯问人抗审的心理防线。

一、消除被讯问人抗审心理防线的情绪基础

（一）被讯问人抗审心理防线情绪基础概述

所谓被讯问人抗审心理防线的情绪基础，是指被讯问人将讯问人员视为冲突的对立面，对讯问人员抱着敌视的态度、对立的情绪，并在这种敌视态度、对立情绪的基础上，构筑起抗审的心理防线。

被讯问人实施了犯罪或违纪违法行为，他自知自己的犯罪或违纪违法事实一旦被查清，必然要受到法律或纪律的制裁。因而，被讯问人总是千方百计地对犯罪或违纪违法事实进行否定、掩盖、隐瞒、狡辩，拒绝对犯罪或违纪违法事实作出交代。而讯问人员就是要查清被讯问人的犯罪或违纪违法事实，将被讯问人绳之以法或绳之以纪，达到一般预防和特殊预防的目的，完成法律所赋予的神圣职责。因此，被讯问人与讯问人员完全处于矛盾和对立之中，而且双方的冲突是十分尖锐的。正是这种尖锐的冲突，使被讯问人把讯问人员视为冲突的对立面，对讯问人员抱着敌视的态度、对立的情绪。为了使讯问人员的讯问进行不下去，达到不交代犯罪或违纪违法事实的目的，被讯问人便在这种敌视态度、对立情绪的基础上，构筑起抗审的心理防线，以此对付讯问。

被讯问人抗审心理防线的情绪基础，主要表现在以下方面：

1. 不听讯问人员说话

被讯问人认为，讯问的手段是残酷、毒辣的，讯问人员是残忍、歹毒、凶狠的，其目的就是要将自己置于死地，肯定不安好心。被讯问人在这种心理的支配下，表现出拒不接受讯问的种种行为，其中最突出的就是不听讯问人员说话。在讯问中，被讯问人拒绝听讯问人员说话，有的甚至以各种方法干扰讯问人员说话，使讯问人员无法将要说的话说下去。

2. 不相信讯问人员说的话

被讯问人认为，既然讯问人员是要置自己于死地，不安好心，那

么，其所说的话就不能相信，如果相信讯问人员所说的话，就上了讯问人员的套、中了讯问人员的计。被讯问人在这种心理的支配下，其即使听了讯问人员的话，也把讯问人员所说的话视为假话、鬼话，骗人、坑人的话，根本不予相信。在讯问中，被讯问人把讯问人员的教育开导视为坑人的假话，把出示证据视为蒙人的把戏，把宣讲政策和法律视为骗人的伎俩，把阐述道理视为哄人的鬼话，根本不相信讯问人员所说的话。

3. 不回答讯问人员的提问

被讯问人认为，讯问人员是在与自己作对，成心与自己过不去。有的被讯问人甚至把自己被查处的怨恨都集中到讯问人员身上，认为如果不是讯问人员成心与自己过不去，自己就不会被采取刑事强制措施或调查措施，也就不会接受讯问，更不会受到法律或纪律的制裁。被讯问人在这种心理的支配下，其对讯问人员就会恨之入骨，对立情绪白热化，采取以不回答讯问人员提问的方法对付讯问。在讯问中，无论讯问人员问他什么问题，甚至连最简单的姓名、年龄、住址这些问题也不开口回答，守口如瓶。

（二）消除被讯问人抗审心理防线情绪基础的方法

被讯问人抗审心理防线的情绪基础不消除，其就会与讯问人员对立下去，不会听讯问人员说话，不会相信讯问人员所说的话，不会去回答讯问人员的提问。这样，被讯问人的抗审心理防线就无法摧毁，讯问也就无法进行下去。讯问人员要想让被讯问人能够认真地听讯问人员说话，相信讯问人员所说的话，如实回答讯问人员的提问，讲实话，吐真情，就必须消除被讯问人抗审心理防线的情绪基础，使之不敢、不会与讯问人员对立，进而与讯问人员建立起良好的心理接触，与讯问人员做到心理上的相容。

那么，怎样才能消除被讯问人抗审心理防线的情绪基础，使之不敢、不会与讯问人员对立，进而与讯问人员建立起良好的心理接触，与讯问人员做到心理上的相容呢？总结讯问实践，可采取以下方法。

1. 要能够镇住被讯问人

镇住被讯问人，是摧毁被讯问人抗审心理防线情绪基础的前提。讯问人员只有镇住被讯问人，使之不敢与讯问人员闹对立，进而才有可能与讯问人员建立起良好的心理接触，做到与讯问人员心理上的相容。因此，要摧毁被讯问人抗审心理防线的情绪基础，首先必须要能够镇住被讯问人。

事实上，镇住被讯问人与端正被讯问人对待讯问的态度是同时进行的。也就是说，端正被讯问人对待讯问态度的过程同时也是镇住被讯问人的过程，对此笔者在本书第五章中就如何端正被讯问人对待讯问的态度作了详细的论述，这些端正被讯问人对待讯问态度的方法同样是镇住被讯问人的方法。因此，关于如何镇住被讯问人的方法在此不再赘述。于此，只强调以下几点：

（1）要以铁的手腕镇住被讯问人

讯问人员必须以坚决的态度、铁的手腕镇住被讯问人，否则，被讯问人就会认为讯问人员没有了招数，是害怕了。这样，不仅无法摧毁被讯问人抗审心理防线的情绪基础，而且有可能使被讯问人与讯问人员越来越对立，以致使接下来吸引住被讯问人和感化被讯问人都无法进行，讯问将不欢而散。

（2）要因人出招，对症下药

讯问人员在镇被讯问人的过程中，要根据案件和被讯问人的具体情况，做到具体问题具体分析，具体问题具体对待，因人出招，对症下药。只有这样，才能镇得住被讯问人，为接下来吸引住讯问人和感化被讯问人打下良好基础。否则，是无法镇住被讯问人的，只能是空话一句，不会有任何效果。

（3）要依法、文明

依法、文明既是依法办案的需要，又是镇住被讯问人的保证。讯问只有依法、文明，讯问所取得的成果才具有法律效力，也只有依法、文明，才能镇得住被讯问人，并为接下吸引住被讯问人和感化被讯问人创造条件。否则，不仅使讯问成为非法和无法镇住被讯问人，而且接下吸引住被讯问人和感化被讯问人也无法顺利地进行。

2. 要能够吸引住被讯问人

讯问人员只有吸引住被讯问人，才能使被讯问人身到了讯问室，心也到了讯问室。如果被讯问人身到了讯问室，而心不在讯问室，“身在曹营心在汉”①，其就不会听讯问人员说话，即使表面在听，也是对牛弹琴，听而不闻。因此，讯问人员必须要能够吸引住被讯问人，使他的心随同其身一起在讯问室。

讯问人员要吸引住被讯问人，就要向被讯问人讲一些其爱听、想听、感兴趣的话。

由于案件和被讯问人的情况不同，每一个被讯问人爱听、想听、感兴趣的话也不同。有的被讯问人爱听这方面的话题，而有的被讯问人爱听那方面的话题；有的被讯问人想听这方面的情况，而有的被讯问人想听那方面的情况；有的被讯问人对这方面的内容感兴趣，而有的被讯问人对那方面的内容感兴趣。因此，讯问人员要根据案件和被讯问人的情况，选择被讯问人爱听、想听、感兴趣的问题，向被讯问人进行讲述，吸引住被讯问人。

一般来说，以下问题是被讯问人爱听、想听、感兴趣的，讯问人员要注意选择运用。

(1) 讲被讯问人的人生道路

每一个人都希望自己的人生道路辉煌、一帆风顺、光前裕后，被讯问人也是如此。不少被讯问人曾为自己设计了美好的人生道路，由于人生道路的不平坦，当被讯问人沿着自己设计的人生道路前进时，却遇到了各种各样的挫折或者打击，不能实现自己的美好愿望，感到前途无

---

① (明) 罗贯中：《三国演义》第二十五回至第二十七回载，关羽和刘备失散后，被曹操留在营中，“封侯赐爵，三日一小宴，五日一大宴，上马一提金，下马一提银”，恩礼极重。但关羽却系念刘备，后来得知刘备在袁绍处，遂挂印封金，过五关斩六将而回到刘备身边。人称关羽是“身在曹营心在汉”。

望，于是产生了不良的念想，导致被讯问人走上了犯罪或违纪违法的道路。

讯问人员要通过讲被讯问人的人生道路，引起其对曾有的美好人生道路的回忆，鼓起其对美好人生道路的向往，达到吸引住被讯问人的目的。

（2）讲被讯问人的人生闪光点

赞扬、恭维和尊重的话谁都喜欢听、高兴听，正所谓，“巽与之言，能无说乎”①，恭顺赞许的话，谁听了不高兴呢？一个人的人生闪光点是他的自豪，任何一个人都喜欢和希望他人能赞扬自己的人生闪光之处。被讯问人对这种需求比其他人更为强烈。这是因为被讯问人被采取刑事强制措施或调查措施后，听到的都是训斥、指责，甚至是谩骂等刺激性语言，或者听到的都是些命令和强制性的语言，如“老实交代”“认罪服法”“遵守监规”等，或者听到的都是些带有侮辱性的语言，如“坏蛋”“流氓”“畜生”等，他们很少听到赞扬、恭维和尊重的话语。因此，赞扬、恭维、尊重的话语，被讯问人的需求比一般人更为强烈，更能吸引被讯问人。

被讯问人虽然实施了犯罪或违纪违法行为，但并不是生来就是一个劣种，并非一无是处。被讯问人之所以走上犯罪或违纪违法的道路，是因为他在人生的道路上受到各种主观、客观因素的影响或一念之差所致，对于大多数被讯问人来说，他们在犯罪或违纪违法前表现还是比较好的。特别是一些公务人员，曾有过辉煌的人生经历，有着耀人的闪光点。讯问人员不能因为被讯问人实施了犯罪或违纪违法行为，就否认其以前的成绩，而是应当以实事求是的态度予以充分的肯定。

在讯问中，讯问人员应适时地评价、赞扬被讯问人的人生闪光点，讲一些恭维、称赞、尊重被讯问人的话语。这样，被讯问人就会认为讯问人员对他很客观、很公正，从而产生对讯问人员的信任感，进而建立

① 见《论语·子罕》，载程林主编：《四书五经》（第一卷），北京燕山出版社2008年版，第75页。

起与讯问人员良好的心理关系，产生心理上的相容，达到吸引住被讯问人的目的，使其能够听讯问人员说话，相信讯问人员所说的话，并如实回答讯问人员的提问。

（3）讲被讯问人所作出过的贡献

讲一个人为党、为国家、为人民所作出过的贡献，同样是对人的赞扬和肯定，是任何一个人都喜欢听的，听了高兴的。被讯问人更是如此。因为被讯问人在犯罪或违纪违法案发被采取强制措施或调查措施后，听到的都是对其所实施犯罪或违纪违法行为的声讨和指责，声讨他干了滔天大罪，指责他专干坏事，不干好事，没有听到赞扬和肯定其干的好事。因此，赞扬和肯定被讯问人为党、为国家、为人民所作过的贡献，被讯问人比一般人的需求更为强烈，更能吸引被讯问人。

被讯问人实施了犯罪或违纪违法行为，并不表明其在实施犯罪或违纪违法行为前就什么贡献也没为党、为国家、为人民作过。事实上，有的被讯问人在犯罪或违纪违法之前曾为党、为国家、为人民的事业作出过贡献，有的甚至作出过重大的贡献，可谓劳苦功高。讯问人员不能因为被讯问人犯了罪或违纪违法就看不到他作出的贡献，更不能贬低、否定他所作出的贡献，而应当实事求是地予以赞扬和肯定。

在讯问中，讯问人员要根据被讯问人所作出过的贡献的情况，有意识地在适当的时候赞扬、肯定被讯问人作出过的贡献，并表明党和人民是不会忘记其所作出过的贡献的。这样，被讯问人不仅听得乐滋滋的，而且认为讯问人员是一个很实事求是、公平公正的人，从而产生快乐感和对讯问人的相信感、依赖感，进而拉近被讯问人与讯问人员的距离，使其产生听讯问人员说话的兴趣，达到吸引被讯问人的目的。

（4）讲被讯问人的人品

人品是人立足于社会的根本，人对于人品最为看重。任何一个人都喜欢他人赞扬其人品的高尚，而害怕和厌恶他人称其人品卑劣。被讯问人更是如此。这是因为被讯问人实施了犯罪或违纪违法行为，而犯罪或违纪违法行为是丑恶的，这无疑有损于被讯问人的人品，因而，被讯问人对他人评价其人品更为在乎。而实际上，被讯问人犯罪或违纪违法案发后，特别是在其被采取刑事强制措施或调查措施后，其听到的是鄙视其人品，骂其道德败坏、人格丧失、人品卑劣的话，而听不到赞扬其人品高尚的话。如果在此时被讯问人能够听到对其人品高尚的评价和赞扬，无疑能满足其心理的需求。

被讯问人虽然实施了犯罪或违纪违法行为，但并不等于其人品就是卑劣的，不少被讯问人的人品仍然是高尚的。讯问人员不能因为被讯问人实施了犯罪或违纪违法行为，就否定其高尚的人品，就认为其人品是卑劣的，而是应当对其高尚的人品予以实事求是的肯定。

在讯问中，讯问人员应恰如其分地对被讯问人的人品进行评价，赞扬其高尚的人品。通过对被讯问人高尚人品的赞扬，一方面吸引住被讯问人；另一方面重新树立起被讯问人的高大形象，使其按照这种树立起来的形象去体会、去行动，以维护被树立起来的高大形象，从而摧毁被讯问人抗审心理防线的情绪基础。

（5）讲被讯问人的兴趣爱好

被讯问人的兴趣爱好，是其感兴趣的问题，向被讯问人讲其兴趣爱好的问题，能引发被讯问人的兴趣，有利于吸引住被讯问人。

不少被讯问人都有他自己的兴趣爱好，有的独钟此，有的迷恋彼，有的酷爱这，有的喜欢那；有的对其兴趣爱好的问题还有专门的研究，有一些独到的见解和精辟的话语，有的甚至还有研究成果，在报刊上发表过研究的文章或出版过著作。

这些对某一方面有兴趣爱好的被讯问人，平时在工作、生活的暇间，其心思都在其兴趣爱好的问题上，钻研兴趣爱好的方面，收集兴趣爱好的东西，与他人讲述、研讨兴趣爱好的问题。总之，迷恋在其兴趣爱好的问题上。被讯问人被采取强制措施或调查措施后，其注意力集中在了其犯罪或违纪违法的问题上，同时，其也没有机会和条件再去钻研兴趣爱好，收集兴趣爱好和与他人讲述、研讨兴趣爱好，心里总是空落落的。如果此时讯问人员向其讲述或与其讨论其兴趣爱好的问题，就能把被讯问人的注意力吸引过来，引起被讯问人的兴趣，进而转化其对抗的情绪，促使其与讯问人员对立的心理向相容的心理转化。

在讯问中，讯问人员要投被讯问人所好，在适当的时机或创造有利的时机向被讯问人讲述或与被讯问人讨论其兴趣爱好的问题，吸引被讯问人，促使其对抗情绪的转化，从而摧毁其抗审心理防线的情绪基础。

(6) 讲被讯问人的前途

每一个人都重视、关注自己的前途，都想自己有个美好的前途，被讯问人更是如此。向被讯问人讲述其所重视、关注的前途，是被讯问人最愿意听的问题之一，有利于吸引住被讯问人。

有的被讯问人曾描绘过自己人生的蓝图；有的被讯问人曾憧憬过自己美好的前景；有的被讯问人积极上进，拼死拼活，为了自己美好的前途不懈地努力；等等。被讯问人在犯罪或违纪违法的问题暴露后，面临着被判刑、开除公职的现实，其曾描绘过的人生蓝图、曾憧憬过的美好前景、曾为之拼搏的努力，都将付诸东流。此时的被讯问人更是重视、关注自己的前途，生怕一旦被判刑、开除，政治生命宣告结束，就此失去自己的前途。如果此时讯问人员向其讲述有关其前途的问题，被讯问人不仅愿意听，而且会有极大的兴趣，迫不及待地想知道自己的前途究竟会是怎样的一种结果。这样，就可以吸引住被讯问人，促使其认真地听讯问人员的阐述，进而消除其的对立情绪。

在讯问中，讯问人员要从被讯问人重视、关注自己前途的问题入手，以辩证唯物主义的观点阐述自己对前途的看法。通过讯问人员对前途的阐述，一方面，引起被讯问人的兴趣，吸引住被讯问人；另一方面，端正被讯问人对前途的正确认识，使其看到曙光、看到希望，鼓起其重新奋发向上的信心和勇气，从而摧毁被讯问人抗审心理防线的情绪基础。

(7) 讲被讯问人的事业

事业是一个人的执着和追求，任何人都想事业有成。被讯问人也不例外。向被讯问人讲述其所执着和追求的事业，也是被讯问人最愿意听的问题之一，有利于吸引住被讯问人。

有的被讯问人有着自己宏伟的事业，视事业如生命；有的被讯问人所从事的事业正在蓬勃发展；有的被讯问人正在进行的事业处于关键的时刻；等等。被讯问人犯罪或违纪违法案发后，被采取了强制措施或调查措施，中断了其所从事的事业。随着诉讼程序或案件查处程序的进行，被讯问人面临被判刑、开除的现实，无法继续从事其所执着和追求的事业，从而永远地葬送了其所热爱的事业。此时的被讯问人更是挂念着其执着和追求的事业，害怕自己的事业被葬送。如果此时讯问人员向对事业有着执着和追求的被讯问人讲述有关其事业的问题，无疑有着极大的吸引力，能吸引住被讯问人，使之认真地听讯问人员阐述有关其事业的问题，进而消除其对立的情绪。

在讯问中，讯问人员要从被讯问人所执着和追求的事业入手，对被讯问人进行有针对性的疏导，并在政策、纪律许可的范围内给予继续从事完成其事业的许诺，或创造条件让被讯问人从事其所执着、热爱的事业。通过讯问人员对被讯问人事业的阐述，一方面引起被讯问人的兴趣，吸引住被讯问人；另一方面使被讯问人感到讯问人员对他很关心，建立起与讯问人员良好的心理关系，相信、信任讯问人员，从而摧毁被讯问人抗审心理防线的情绪基础。

（8）讲被讯问人的家庭

家庭既是人幸福的殿堂，又是人的避风港、安乐窝。绝大多数的人都热爱自己的家庭、挂念自己的家庭、关心和爱护自己的家庭，被讯问人更是如此。向被讯问人讲述其所挂念和关心的家庭，是被讯问人最想听的问题之一，有利于吸引住被讯问人。

大多数犯罪或违纪违法的被讯问人都有一个温暖的家庭，上有高堂，下有幼子，侧有相濡以沫的妻子，家庭生活美满、幸福，其乐融融。这些有着温暖家庭的被讯问人，往往都十分挂念、关心家庭，特别是在家庭中处于上一辈或充当顶梁柱的被讯问人，对家庭的挂念和关心更为突出。被讯问人被采取了强制措施或调查措施后，与家庭成员分离，家庭的信息中断，这使得被讯问人越发地思念家庭，想念亲人。如果此时讯问人员向被讯问人讲述其家庭的有关情况，就可吸引住被讯问人。

在讯问中，讯问人员要适时地向被讯问人讲述其家庭情况，叙述其家庭的信息，吸引被讯问人，进而激起其对家庭的思念，从而摧毁被讯问人抗审心理防线的情绪基础。

（9）讲被讯问人最爱的人

被讯问人最爱的人，是被讯问人最为思念和关心的人。向被讯问人讲述其最爱的人，是被讯问人最想知道的，也是被讯问人最愿意听的，有利于吸引住被讯问人。

被讯问人最爱的人，有的是父母，有的是妻子，有的是儿女，有的是孙子，有的是情人。有的被讯问人为了最爱的人可以做任何事情，也可以牺牲他的一切，甚至生命；有的被讯问人为了最爱的人而生活着、奋斗着，一切为了最爱的人。平时，被讯问人对其最爱的人关心着、爱护着、体贴着、挂念着，对最爱的人百依百顺，言听计从。被讯问人在被采取强制措施或调查措施后，离开了其最爱的人，同最爱的人断绝了消息。在这种情况下，被讯问人就会更加思念其最爱的人，脑海中时常浮现其最爱的人，担心其吃不饱、睡不好，担心其受到委屈，担心其身体健康。于是，总是千方百计想知道其最爱的人的情况。如果此时讯问人员向被讯问人讲述其最爱的人的情况，被讯问人就会全神贯注地去听讯问人员的讲述。这样，就可以吸引住被讯问人。

在讯问中，讯问人员要在有利时机向被讯问人讲述其最爱的人的情况，叙述其最爱的人的信息，吸引被讯问人，促使被讯问人越发地思念其最爱的人，从而摧毁被讯问人抗审心理防线的情绪基础。

（10）讲被讯问人最想知道的事

被讯问人最想知道的事，无疑是被讯问人最想听的。向被讯问人讲述其最想知道的事，也就最有利于吸引住被讯问人。

被讯问人被采取了强制措施或调查措施后，由于与外界隔绝，消息不通、信息不灵，被讯问人有一大堆想知道而无法知道的事。这些被讯问人想知道而不知道的事，被讯问人是最想听的。如果此时讯问人员向被讯问人讲述其最想知道的事，就可一举吸引住被讯问人。

关于被讯问人最想知道的事，由于案件和被讯问人的情况不同，被讯问人最想知道的事也不同。讯问人员要根据案件和被讯问人的具体情况，通过分析和了解，掌握被讯问人最想知道的事。

在讯问中，讯问人员要根据了解掌握的被讯问人最想知道而无法知道的事的情况，选择被讯问人最想知道的事向被讯问人进行讲述，吸引被讯问人，促使被讯问人心无旁骛、全神贯注地去听讯问人员说话，从而摧毁被讯问人抗审心理防线的情绪基础。

（11）讲被讯问人最牵挂的人和事

被讯问人最牵挂的人和事，亦是被讯问人最想听的。向被讯问人讲述其最牵挂的人和事，也就最有利于吸引住被讯问人。

人都有自己牵挂的人和事，被讯问人也是如此。被讯问人在案发被采取强制措施或调查措施后，其脑海中就会浮现出其所牵挂的人和事，急于想知道其所牵挂的人和事的现状。但由于被讯问人与外界隔绝，又没有条件知道这些其所牵挂的人和事的情况。一边是想急于知道，一边又没有条件知道。因而，在这种情况下向被讯问人讲述其所最牵挂的人和事，被讯问人就会如饥似渴地听，而且听得认真。这样，就能轻易地吸引住被讯问人。

由于被讯问人的情况不同，其最牵挂的人和事也就不同。讯问人员要根据被讯问人的情况，了解掌握被讯问人最牵挂的人和事。在讯问中，有意识地向被讯问人讲述其最牵挂的人和事，吸引被讯问人，促使其全神贯注地听讯问人员说话，从而消除其抗审心理防线的情绪基础。

笔者在第四章《开好讯问的头》中，已经叙述了对某一人或某一事最牵挂的被讯问人，可采取向被讯问人说其最牵挂的人或事的方法对讯问进行开头。如以这种方法对讯问进行开头的，在讯问开头吸引住被讯问人后，讯问人员不能停留在讲被讯问人最牵挂的人或事上，而应当根据讯问的需要，从被讯问人最牵挂的人或事上提出与讯问被讯问人犯罪或违纪违法事实有关的问题，把讯问引向深入。

3. 要能够感化被讯问人

镇住被讯问人和吸引住被讯问人，还不足以彻底摧毁被讯问人抗审心理防线的情绪基础，还要感化被讯问人。被讯问人只有受到感化，才能真正地与讯问人员建立起良好的心理接触，做到心理上的相容，相信、信任、依靠讯问人员，从而摧毁其抗审心理防线的情绪基础。因此，讯问人员在镇住被讯问人，使之不敢对立和吸引住被讯问人，使之不会对立后，就要进一步地感化被讯问人，促使其抗审心理防线情绪基础的彻底崩溃。

要感化被讯问人，讯问人员就要以有效的方法和内容对被讯问人进行感化。

由于案件和被讯问人的情况不同，能感化被讯问人的方法和内容也应不同。有的被讯问人用这种方法能够使其感化，而有的被讯问人用那种方法才能使其感化；有的被讯问人以这种内容能够使其感化，而有的被讯问人要以那种内容才能使其感化。因此，讯问人员要根据案件和被讯问人的具体情况，选择不同的方法和内容，有针对性地感化被讯问人，做到因人出招、对症下药。

一般来说，以下方法和内容是能够感化被讯问人的，讯问人员要注意选择运用。

(1) 以对被讯问人进行教育，感化被讯问人

被讯问人之所以与讯问人员对立，在情绪基础上建立起抗审的心理防线，其中第一个原因，就是其思想认识有误区，认为自己同查案机关、讯问人员之间的矛盾是不可调和的，查案机关查处他的问题，就是要置他于死地，讯问人员肯定不安好心；或对查处案件的有关政策不了解或在理解上有偏差，只知道“坦白从宽，抗拒从严”这一项政策，且片面地认为这项政策是骗人的；或对有关的问题看法不正确，不能辩证地看问题；等等。讯问人员只有对被讯问人进行教育，向被讯问人灌输正确的东西，澄清被讯问人这些糊涂甚至错误的认识，使之有一个正确的认识，才能感化被讯问人。

①对被讯问人进行关于查案的目的和方针的教育

查案机关查案的目的，一是打击犯罪或违纪违法，查清犯罪或违纪违法人的犯罪或违纪违法事实，给以应有的处罚，并通过对犯罪或违纪

违法人的惩罚，警戒广大公民，防止广大公民走上违法犯罪的道路，起到特殊预防和一般预防的作用，以维护社会秩序、巩固党的执政地位；二是教育、挽救犯罪或违纪违法的人，使之回归社会，重新做人，成为对社会有用的人。

查案机关的查案方针，是“惩前毖后，治病救人”。也就是说，对犯罪或违纪违法人所犯的罪或错误绝不姑息，要坚决地予以惩处，以便使其后来不犯罪或不犯错误，做得好些。但我们惩处犯罪或违纪违法的目的，好像医生救治病人一样，完全是挽救犯罪或违纪违法的人，而不是要把犯罪或违纪违法的人一棍子打死。任何犯罪或违纪违法的人，只要他不讳疾忌医，不固执犯罪或违纪违法，以至于达到不可救药的地步，而是老老实实，真正愿意悔罪、悔错，愿意改正，就要欢迎他，把他的病治好，使他变为一个新人。

对于查案机关查案的目的和方针，绝大多数被讯问人并不了解，更不相信。他们认为查案机关的查案目的就是要整死自己，查案机关的查案方针就是一棍子打死，使自己永世不得翻身。因此，讯问人员要向被讯问人进行关于查案机关查案的目的和方针的教育。通过教育，使被讯问人认识到并相信查案机关查案的目的不仅是要查清自己的犯罪或违纪违法的事实，而且是要教育、挽救自己；查案机关的查案方针是通过查清自己的犯罪或违纪违法事实，给自己以教育和应有的惩处，使自己认识到所犯的罪或错误，从而予以改正，重新做人，把自己挽救过来。这样，被讯问人就受到了感化，感到只要自己如实交代，悔过自新，接受挽救，就可以得到从轻的处理，重新做人。

②对被讯问人进行各项刑事政策的教育

讯问人员要对被讯问人进行各项刑事政策的教育，以刑事政策感化被讯问人。

我国有多项刑事政策，这些刑事政策，绝大多数被讯问人并不了解，即使被讯问人有所了解，往往也没有一个正确的认识，认为这些政策是骗人的，从而从反面来理解和对待这些刑事政策。因此，对被讯问人进行各项刑事政策的教育，使之真正了解和正确认识这些刑事政策。

可见，对被讯问人进行刑事政策教育和以刑事政策感化被讯问人十分重要。

第一，对被讯问人进行惩办与宽大相结合的刑事政策教育。

惩办与宽大相结合刑事政策的主要内容是：宽严相济，区别对待。

宽严相济中的“严”，主要是指对于罪行十分严重、社会危害性极大，应当判处重刑或死刑的，要坚决地判处重刑或死刑；对于社会危害性大或者具有法定、酌定从重处罚情节，以及主观恶性深、人身危险性大的犯罪分子，要依法从严处理。

宽严相济中的“宽”，主要是指对于情节较轻、社会危害性较小的犯罪，或者罪行虽然严重，但具有法定、酌定从宽处罚情节，以及主观恶性相对较小、人身危险性不大的犯罪分子，可以依法从轻，减轻或者免除处罚；对于具有一定社会危害性，但情节显著轻微、危害不大的行为，不作为犯罪处理；对于可不监禁的，尽量适用缓刑或者判处管制，单处罚金等非监禁刑。

宽严相济中的“相济”，主要是指在对各类犯罪依法处罚时，要善于综合运用宽和严两种手段，对不同的犯罪和犯罪分子区别对待，做到严中有宽、宽以济严，宽中有严、严以济宽。在对严重犯罪依法从严惩处的同时，对犯罪分子具有自首、立功、从犯、悔罪等法定或酌定从宽处罚情节的，还要注意宽以济严，根据犯罪的具体情况，依法应当或可以从宽的，都应当在量刑上予以充分考虑；在对较轻犯罪依法从轻处理的同时，要注意严以济宽，充分考虑其是否具有屡教不改、态度恶劣、严重滋扰社会、群众反映强烈等酌定从严处罚的情况，对于不从严不足以有效惩戒者，也应当在量刑上有所体现，做到济之以严，使犯罪分子受到应有处罚，切实增强改造效果；对于被告人同时具有法定、酌定从严和法定、酌定从宽处罚情节的案件，要在全面考虑犯罪的事实、性质、情节和对社会危害程度的基础上，结合被告人的主观恶性、人身危险性、社会治安状况等因素，综合作出分析判断，总体从严，或者总体从宽。

通过对被讯问人进行惩办与宽大相结合刑事政策的教育，使罪行严重的被讯问人认识到，自己的罪行严重，如果没有一个好的交代态度，真诚悔罪，所受到的必然是从严的处理。但如果自己如实交代犯罪事实，做到真诚悔罪，减小自己的人身危险性，司法机关是会宽以济严的，自己是可以得到从轻处罚的；使罪行较轻的被讯问人认识到，自己的罪行虽然较轻，可以得到从轻的处理，但如果自己拒不交代犯罪事实，态度恶劣，不悔罪，司法机关就会严以济宽，自己就会得到从严的处理。只有自己如实交代罪行，真诚地悔罪，减小自己的人身危险性，才能真正地得到从宽的处理。否则，必然要得到从严的处理。这样，被讯问人就受到了感化，促使其如实交代犯罪事实，真诚地予以悔罪。

第二，对被讯问人进行“坦白从宽、抗拒从严”的刑事政策教育。

“坦白从宽、抗拒从严”的刑事政策是惩办与宽大相结合刑事政策的题中应有之义。其具体含义是指根据犯罪人的认罪态度对其主观恶性和人身危险性进行考量，从而指导刑罚的运用。即坦白交代的犯罪人的主观恶性和人身危险性小，给予从宽的处理；抗拒交代的犯罪人的主观恶性和人身危险性大，给予从严的处理。其着眼点是犯罪人在诉讼过程中的表现。

“坦白从宽、抗拒从严”的刑事政策，对于促使被讯问人为争取从宽处理，在讯问中如实交代犯罪事实有着重要的意义。不少被讯问人就是在“坦白从宽、抗拒从严”刑事政策的感化和感召下对犯罪事实作出交代的。但是，应当看到，不少被讯问人对“坦白从宽、抗拒从严”的刑事政策有着不正确的认识和理解，不相信这项政策，认为该项政策是骗人的。特别是一些与司法机关打过交道、受过刑事处罚的被讯问人，由于其有过片面的得失体会，更是错误地从反面对该项刑事政策进行认识和理解，因而，该项刑事政策难以起到感化这些被讯问人的作用。

为了使该项刑事政策能够真正起到感化被讯问人的作用，促使其在该项刑事政策的感化和感召下如实交代犯罪事实，讯问人员在以该项刑事政策对被讯问人进行教育的过程中，就不能简单从事，而是应当善于运用该项刑事政策对被讯问人进行教育。

事实上，“坦白从宽、抗拒从严”的刑事政策的运用，是建立在被讯问人的犯罪事实基础之上的。也就是说，对于被讯问人的犯罪事实，如果其作出坦白，讯问人员就可根据其交代态度好，认定其主观恶性和人身危险性小，依据《刑法》第六十七条第三款规定，对其作出从宽的处罚；如果被讯问人抗拒，拒绝作出交代，讯问人员就要按照《刑事诉讼法》第五十五条的规定认定被讯问人有罪，并根据其拒不交代，认定其主观恶性和人身危险性大，从而对其作出从严的处罚。被讯问人之所以对“坦白从宽、抗拒从严”的刑事政策在认识上有偏见，甚至从反面进行理解，不相信该项政策，是因为其对该项政策的理解建立在讯问人员没有掌握在其犯罪事实基础之上，认为自己不坦白，讯问人员不掌握自己的犯罪事实，自己就不会被处罚；而自己坦白，讯问人员掌握了自己的犯罪，尽管是被从轻处罚，但毕竟还是受到了处罚。由于被讯问人偷换了概念，因而，得出了错误的结论。

因此，讯问人员在对被讯问人，特别是对“坦白从宽、抗拒从严”刑事政策有着不正确认识和理解的被讯问人进行该项政策教育时，在理论上要深刻阐明该项政策的真正含义；在客观上要让被讯问人感到讯问人员已掌握了其犯罪的事实和证据；在实践上要列举因坦白得到从宽处理、因抗拒得到从严处理的典型案件对被讯问人进行教育。通过教育，感化被讯问人，促使被讯问人在这一政策的感召下对犯罪事实作出交代。

第三，对被讯问人进行教育、感化、挽救的刑事政策教育。

教育、感化、挽救刑事政策的主要内容是出于对犯罪人进行教育、感化、挽救的目的，通过系统的思想、文化、劳动、科学技术的教育，用党的政策感化、挽救犯罪的人，并使之最终回归社会。

不少被讯问人并不知道这项刑事政策，他们认为查案机关就是要置自己于死地，因而与讯问人员抱着敌对的态度，拒不接受讯问。通过对被讯问人进行这一刑事政策的教育，使被讯问人认识到，讯问人员对自己的讯问，让自己交代犯罪事实，目的是教育、感化、挽救自己，使自己重新回归社会获得新生，做一个对社会有用的人，并不是要置自己于死地。这样，也就感化了被讯问人，促使其端正态度，对犯罪事实作出交代。

③对被讯问人进行各种辩证关系的教育

讯问人员要对被讯问人进行各种辩证关系的教育，通过教育，感化被讯问人。

对被讯问人进行教育的各种辩证关系很多，有治国与惩办犯罪和违纪违法的关系、证据与口供的关系、讯问人员与被讯问人的关系、隐蔽与暴露的关系、内因与外因的关系、认定有罪与认定无罪的关系、处罚重与处罚轻的关系、有利与不利的关系，等等。在这些辩证关系中，对于感化被讯问人消除被讯问人抗审心理防线情绪基础来说，以下两种辩证关系最为密切。

第一，讯问人员与被讯问人的关系。

讯问人员是打击犯罪或违纪违法的具体执行者，他的职责就是代表国家依法对被讯问人进行讯问，讯清被讯问人的犯罪或违纪违法事实，收集确实、充分的证据，给被讯问人以应有的法律或纪律制裁，实现维护社会治安，保护人民生命、财产安全的任务。在讯问中，讯问人员总是千方百计，利用各种方法促使被讯问人如实交代犯罪或违纪违法的事实。被讯问人是犯罪或违纪违法的实施者，他的行为破坏了社会秩序，侵犯了人民的生命财产，危害了社会。在讯问中，被讯问人总是以各种方法对抗讯问人员的讯问，想方设法隐蔽、否认、狡辩其实施的犯罪或违纪违法事实，以达到逃脱法网、不被法律或纪律制裁的目的。从这个角度来讲，讯问人员与被讯问人是完全对立的，双方存在尖锐的冲突，而且是不可调和和妥协的。

但是，讯问人员之所以千方百计，利用各种方法促使被讯问人如实交代犯罪或违纪违法事实，是因为想让被讯问人有一个较好的交代态度，能够得到从轻处理，实现教育、挽救被讯问人的目的。而能够得到从轻的处理，又正是被讯问人所盼望和要求的。从这个角度来讲，讯问人员与被讯问人不仅不冲突，而且是完全一致的。

讯问人员要通过向被讯问人讲讯问人员与被讯问人之间的辩证关系，感化被讯问人，消除被讯问人对讯问人员的偏见和仇视，使之客观地看待讯问人员，以正确的态度对待讯问人员和讯问。

第二，内因和外因的关系。

内因是变化的根据，外因是变化的条件，内因通过外因起作用。没有内因，有最好的外因也不起作用，同样，没有外因，内因也就不会发生变化。

被讯问人实施了犯罪或违纪违法行为，理应受到法律或纪律的制裁。但得到的是从轻处理，还是从重处理，起决定作用的是被讯问人自己，即内因，而不是讯问人员，即外因。讯问人员的这个外因只是一个条件。如果被讯问人这个内因接受讯问人员的讯问，愿意交代犯罪或违纪违法事实，那么讯问人员这个外因就会起作用，帮助被讯问人得到从轻、减轻或免除处罚的处理；如果被讯问人这个内因不接受讯问人员的讯问，拒不交代犯罪或违纪违法的事实，那么，讯问人员这个外因就不会起作用，没有理由帮助被讯问人得到从轻、减轻或免除处罚的处理。

讯问人员这个外因能不能起作用，也就是说，能否帮助被讯问人得到从轻、减轻或免除处罚的处理，关键在于被讯问人自己这个内因。

讯问人员要通过向被讯问人讲内因和外因的辩证关系，感化被讯问人，促使被讯问人消除对立情绪，接受讯问人员的讯问，接受讯问人员的挽救，以端正的态度对待讯问。

（2）以对被讯问人表示理解，感化被讯问人

被讯问人之所以与讯问人员对立，在情绪基础上建立起抗审心理的防线进行抗审，其中第二个原因，就是不相信讯问人员，认为讯问人员肯定不会实事求是地看问题、处理问题，一切都会围绕着整死自己而进行。因而，讯问人员只有向被讯问人表示出适度的理解，纠正他的偏见，才能感化被讯问人。

①对被讯问人犯罪或违纪违法受客观环境的影响表示理解

被讯问人实施犯罪或违纪违法行为，并不是说其生下来就是一块犯

罪或违纪违法的料，其本性是善良的，正所谓“人之初，性本善”[①]。其之所以从本性善良演变到本性不善良而实施了犯罪或违纪违法行为，是其在成长过程中，受后天不良环境的影响而形成不良习性的缘故，正所谓“性相近也，习相远也”[②]。毋庸讳言，不良环境对被讯问人实施犯罪或违纪违法行为的影响是很大的，因而，才有“如得其情，则哀矜而勿喜”[③] 的名句。倘若能审出犯罪的实情，应该怜悯同情他，而不要沾沾自喜。因此，讯问人员要对被讯问人犯罪或违纪违法受客观环境的影响表示理解，并以此来感化被讯问人。

向被讯问人讲影响其犯罪或违纪违法的客观环境，以此说明被讯问人的犯罪或违纪违法的行为是因为受客观环境的影响，并不是因为被讯问人本来就是一个劣种。讲这个问题，并不是否定被讯问人实施犯罪或违纪违法的主观罪过，而是既体现了实是求是的精神，又有利于感化被讯问人。通过对这个问题的宣讲，表示对被讯问人的理解和同情，可以有以下效果：一是使被讯问人感到自己本身是善良的，从而使被讯问人有了自信心和高兴感；二是使被讯问人感到自己变坏而实施犯罪或违纪违法行为，是不良客观环境的影响而造成的，并不是自己本身就是一块犯罪或违纪违法的料，从而使被讯问人有一种解脱感；三是使被讯问人认为自己被从宽处理有了一定的理由和条件，从而使被讯问人有一种轻松感；四是使被讯问人认为讯问人员很实事求是，是一个可相信的人，从而使被讯问人对讯问人员有一种信任感；五是使被讯问人认为讯问人员很理解他，是一个心地善良的人，从而激发出被讯问人内心的情感。这样，被讯问人就受到了感化。

讲被讯问人犯罪或违纪违法受客观环境的影响，对被讯问人表示理

---

① 见《三字经》，载马肇基主编：《国学经典》（第三卷），线装书局 2012 年版，第 4 页。

② 见《论语·阳货》，载程林主编：《四书五经》（第一卷），北京燕山出版社 2008 年版，第 110 页。

③ 见《论语·阳货》，载程林主编：《四书五经》（第一卷），北京燕山出版社 2008 年版，第 119 页。

解，一是讲客观环境的影响要“广角”，既要讲被讯问人实施犯罪或违纪违法当时当地的环境对被讯问人的影响，又要讲大环境对被讯问人的影响，还要讲身边环境对被讯问人的影响，这样广角地讲更能感化被讯问人。二是讲客观环境对被讯问人实施犯罪或违纪违法的影响要实事求是，即客观环境对被讯问人实施犯罪或违纪违法行为有多大影响就讲多大影响，过了、不及都不是实事求是的态度，而且，过了容易引起被讯问人的反感，不及不足以感化被讯问人。三是对被讯问人表示理解要适度，即要把握好理解的度，恰到好处。过度了就是放纵被讯问人，容易使被讯问人得寸进尺；不到度则感化不了被讯问人。通过这样广角地讲、实事求是地讲、适度地理解，达到感化被讯问人的目的，从而促使其由对立心理向融洽心理转化，消除其抗审心理防线的情绪基础。

②对被讯问人犯罪或违纪违法的客观原因表示理解

被讯问人实施犯罪或违纪违法行为，绝大多数都是有其客观原因的。只不过有的客观原因是直接的，有的客观原因是间接的，即主观原因背后的原因；有的客观原因是明显的，有的客观原因是不明显的。讯问人员要善于利用被讯问人犯罪或违纪违法的客观原因来感化被讯问人。

向被讯问人讲其犯罪或违纪违法的客观原因，以此说明被讯问人实施犯罪或违纪违法行为是由一定的客观原因的刺激或影响而引发的，为被讯问人实施犯罪或违纪违法行为找到一定的“借口”或“理由”。向被讯问人讲这个问题，并不是为被讯问人开脱罪责，而是同讲被讯问人犯罪或违纪违法受客观环境的影响一样，既体现实事求是的精神，又有利于感化被讯问人。讲这个问题，可以达到以下效果：一是使被讯问人感到讯问人员很实事求是，是一个值得相信和信任的人；二是使被讯问人感到讯问人员很理解他，使被讯问人的心理进一步与讯问人员相容；三是减轻被讯问人的心理压力，感到内心轻松一些，认为自己的犯罪或违纪违法行为除了主观原因以外，还有一些客观上的原因，抓到了一根救命的“稻草”，有了从轻处理的理由，为被讯问人的坦白交代铺平了道路。这样，被讯问人就受到了感化。

在讲被讯问人犯罪或违纪违法的客观原因时，一是要坚持实事求是的态度，是什么客观原因就讲什么客观原因，是多大的客观原因就讲多大的客观原因。不要为了感化被讯问人而有意进行拔高、讲大，这样，反而会适得其反。二是要进行入情入理的分析，讯问人员不能就客观原因而讲客观原因，而是要对客观原因进行有依、有据、有血、有肉、有理、有情的阐述、解剖、分析。三是要利用客观原因对被讯问人进行教育，通过教育，使被讯问人明白，虽然自己犯罪或违纪违法有着客观原因，但自己的犯罪或违纪违法行为对国家、对社会、对他人、对家人、对自己造成了危害。通过向被讯问人讲其犯罪或违纪违法的客观原因，使被讯问人在获得一定安慰的同时，产生一种内疚感，萌发出悔罪悔错的动意，使其感到只有供认自己的罪行，获得社会和被害人、与被害人有关系人的原谅，才能求得更大程度上的心理解脱，从而消除被讯问人抗审心理防线的情绪基础，促使被讯问人由内疚悔罪悔错心理向交代的心理转化，走上坦白从宽的道路。

③对被讯问人在学习、工作、生活中受到的打击、挫折表示理解

有的被讯问人原本是一个在学习上刻苦钻研、学而不倦，在工作上勤奋敬业，“居之无倦，行之以忠”①，在生活上严谨检点、不逾规矩的人，在学习、工作、生活中奋发向上、积极努力、遵纪守法。但是，由于种种原因，受到了某些心术不正的人的种种打击，以至于在学习、工作、生活上受到了挫折，处在一个恶劣的环境之中。由于被讯问人不能正确地对待和处置所受到的打击、挫折，错误地总结了挫折教训，改变了学习、工作、生活的态度，最后走上了犯罪或违纪违法的道路。

被讯问人在学习、工作、生活中所受到的打击、挫折，其内心既愤愤不平，又十分痛苦，需要有人理解他。对于他人的这种理解，总是最容易引起被讯问人的感动。

在讯问中，讯问人员要适时、适度地对被讯问人在学习、工作、生

① 见《论语·颜渊》，载程林主编：《四书五经》（第一卷），北京燕山出版社2008年版，第88页。

活中所受到的打击、挫折表示理解。在对被讯问人表示理解的过程中，一是要充分肯定被讯问人先前学习、工作、生活的表现，赞扬被讯问人是一个刻苦学习、积极工作、严谨生活的人；二是要谴责对被讯问人在学习、工作、生活中进行打击的行为，抨击这种对被讯问人进行打击的行为是不道德的、不人道的；三是要同情被讯问人所遭受到的这种打击，有恻隐之心，对被讯问人因遭受这种打击所带来的内心痛苦予以感同身受；四是要对被讯问人因遭受打击、挫折而改变了原本对学习、工作、生活的态度表示理解，站在被讯问人的角度予以宽容；五是要对被讯问人不能正确对待和处置所受到的打击、挫折进行分析、总结，分析应如何正确对待和处置所受到的打击、挫折，总结出做人的经验、教训。通过分析、总结，开导、教育被讯问人。通过以上对被讯问人在学习、工作、生活中所遭受到的打击、挫折表示理解，使被讯问人感到讯问人员既实事求是，又很体谅他、很关心他，从而增加被讯问人对讯问人员的信任感，拉近被讯问人与讯问人员的距离，达到感化被讯问人的目的，促使被讯问人向讯问人员讲实话、讲真话。

④对被讯问人内心的苦衷表示理解

被讯问人被采取强制措施或调查措施后，面临被判刑、开除党籍、开除公职的现实，其内心是十分苦楚的。有的是因客观原因导致其走上犯罪或违纪违法的道路而痛苦；有的是因悔恨自己当初太绝情，或悔恨自己当初不冷静、太莽撞，或悔恨自己交友不慎，听信他人的甜言蜜语，或悔恨自己当初侥幸，或悔恨自己江湖义气太重，没有原则，或悔恨自己当初太爱面子，拉不下脸，或悔恨自己生活不检点，被他人牵着鼻子走，或悔恨自己当初官瘾太重，为了一官半职，或悔恨自己当初没有听组织或亲人的劝告，走上犯罪或违纪违法的道路而痛苦；有的是因想念亲人，觉得自己对不起亲人而痛苦；等等。

在讯问中，讯问人员对被讯问人内心的这些苦衷要表示理解。这样，被讯问人就会感到讯问人员是一个善解人意、能体谅人的人，是一个值得信任的人，从而感化被讯问人，促使被讯问人消除对立情绪，把自己托付给讯问人员。

但是，值得注意的是，讯问人员在对被讯问人的犯罪或违纪违法受客观环境的影响，犯罪或违纪违法的客观原因，在学习、工作、生活中受到的打击、挫折、内心苦衷表示理解时，所表示的理解要适度，既不过又不不及，恰到好处。因为不及不足以感化被讯问人，过了有可能要引起反作用。

（3）以对被讯问人表示为之惋惜，感化被讯问人

被讯问人之所以与讯问人员对立，在情绪基础上建立起抗审的心理防线，进行抗审，其中第三个原因，就是被讯问人认为讯问人员不会有恻隐之心，讯问人员都是冷酷无情、凶狠无比、手段残忍的，千方百计要置自己于死地而后快。因而，讯问人员只有向被讯问人表示为之惋惜，给予同情，来纠正他的偏见，才能感化被讯问人。

①对被讯问人要被处以刑罚或纪律处分表示为之惋惜

被讯问人实施犯罪或违纪违法行为，虽然是他自己实施的，犯罪或违纪违法行为也是可恶的，但被讯问人实施犯罪或违纪违法行为，要被处以刑罚或纪律处分，这对于被讯问人来说，又是一件非常不幸的事。如果他不实施犯罪或违纪违法，其就会与正常人一样，自由、快乐地生活，享受人间的幸福、享受天伦之乐。讯问人员要能近取譬、推己及人，对被讯问人要被处以刑罚或纪律处分表示为之惋惜。通过对被讯问人要被处以刑罚或纪律处分表示为之惋惜，被讯问人就会认为讯问人员对他很同情，是一个心地善良之人，从而就有可能感化被讯问人，促使被讯问人对立情绪的消除。

②对被讯问人因犯罪或违纪违法要失去的表示为之惋惜

被讯问人实施犯罪或违纪违法行为，意味着就要失去人身自由，乃至生命，失去政治前途，失去党籍、公职，失去其所热爱、执着的事业，失去经济收入，失去家庭的温暖，等等。被讯问人要失去的这些，都是世上最为珍贵的。讯问人员要将心比心，对被讯问人要失去的这些世上最为珍贵的东西表示为之惋惜。通过对被讯问人这些要失去的表示为之惋惜，被讯问人就会认为讯问人员对他很哀矜，是一个心地恻隐之人，从而就有可能感化被讯问人，促使被讯问人对立情绪的消除。

③对被讯问人家庭、亲人的不幸遭遇表示为之惋惜

被讯问人实施犯罪或违纪违法行为，虽然是罪责自负，但无疑要给被讯问人的家庭、亲人带来各种各样的影响。这些各种各样的影响，对于被讯问人的家庭、亲人来说，是非常不幸的事。有的被讯问人的家庭因此而鸡犬不宁；有的被讯问人的家庭因此而妻离子散；有的被讯问人的家庭因此而无经济收入，造成生活困难；有的被讯问人的家庭因此失去社会地位，遭人欺凌；等等。有的被讯问人的亲人因此要以泪洗面；有的被讯问人的亲人因此要担惊受怕；有的被讯问人的亲人因此要忧愁成疾；有的被讯问人的亲人要失去被讯问人的关爱；有的被讯问人的亲人要承受生离死别的悲痛，等等。被讯问人家庭和亲人的这些遭遇是非常不幸的。讯问人员要设身处地，对被讯问人的家庭和亲人的这些不幸遭遇表示为之惋惜。通过对被讯问人家庭和亲人的不幸遭遇表示为之惋惜，被讯问人就会认为讯问人员对他和他的家庭、亲人很痛惜，是一个心地怜恤之人，从而就有可能感化被讯问人，促使被讯问人对立情绪的消除。

但是，同样值得注意的是，讯问人员在对被讯问人要被处以刑罚或纪律处分、被讯问人要失去的和被讯问人家庭、亲人的不幸遭遇表示为之惋惜时，所表示的惋惜亦要适度，恰到好处，不能做得过头。因为过犹不及，如果做得过头，被讯问人就有可能认为讯问人员假惺惺，是猫哭耗子，从而不仅起不到感化的作用，而且要起反作用。

（4）以对被讯问人关心、爱护和提供帮助，感化被讯问人

被讯问人之所以与讯问人员对立，在情绪基础上建立起抗审的心理防线，进行抗审，其中第四个原因，就是对讯问人员有着逆反的心理，认为讯问人员不顾自己的死活，为了将自己置于死地什么事都干得出来。对此，讯问人员只有对被讯问人予以关心、爱护，提供帮助，以行为予以影响，才能感化被讯问人。

①关心被讯问人的生活

被讯问人被采取强制措施或调查措施后，人身自由受到了限制，不能再享受平日的生活。而且，有的被讯问人由于生活习惯，或宗教信

仰，或身体的原因，要吃素，或吃清真，或吃稀饭、面条；有的被讯问人因路途遥远或没有亲人，没有换洗、御寒的衣服；等等。

讯问人员要关心被讯问人的生活，做到尽量满足被讯问人生活的要求和需要。通过关心被讯问人的生活，感化被讯问人。

②爱护被讯问人的身体

被讯问人被采取强制措施或调查措施后，由于生活环境和条件的改变，无疑会影响到被讯问人的身体。有的被讯问人有慢性疾病，需要经常监测和定时服药；有的被讯问人可能突然得病，需要及时医治；有的被讯问人身体有特殊的原因，需要特别照顾；等等。

讯问人员要爱护被讯问人的身体，保证被讯问人的休息时间。特别是对患有慢性疾病的，要经常对其身体情况进行监测，让其定时服药；对突然得病的被讯问人，要第一时间给予医治；对身体有特殊原因需特别照顾的，要保证予以特别照顾。通过爱护被讯问人的身体，感化被讯问人。

③帮助被讯问人排忧解难

有的被讯问人有一大堆关系到其自己、家庭切身利益的事需要处理解决。例如：亲人生病需要医治，子女入学需要办理，等等；有的被讯问人在被采取强制措施或调查措施后，其家中出现了不幸的事件，如长辈去世，无法去尽孝，或家中、企业失火，导致家人无处安身或生产停顿，等等。在这些情况下，被讯问人必然心急如焚。

讯问人员要帮助被讯问人排忧解难，真心实意地伸出援助之手，力所能及地主动帮助被讯问人解决困难或主动为被讯问人着想，给予某种方便，或满足被讯问人的正当要求。通过帮助被讯问人排忧解难，感化被讯问人。

(5) 以对被讯问人予以尊重，感化被讯问人

人都需要他人的尊重，被讯问人更是如此。

被讯问人之所以与讯问人员对立，在情绪基础上建立起抗审的心理防线，其中第五个原因，就是认为讯问人员是傲慢、无礼、粗暴的。对此，讯问人员只有对被讯问人予以尊重，礼貌对待被讯问人，以言语、

举止予以影响，才能感化被讯问人。

被讯问人被采取强制措施或调查措施后，听到的大都是训斥，甚至是辱骂，得不到他人的尊重。因而，被讯问人对于他人对其的尊重，更是受宠若惊。

①要尊重被讯问人的人格

被讯问人虽然犯了罪或违反了法纪，处在受审查的地位，但被讯问人的人格同讯问人员是平等的，不能因为被讯问人犯了罪或违反了法纪就低人一等。

讯问人员要尊重被讯问人的人格，就要做到以尊重被讯问人的言语、举止对待被讯问人，做到言语文明、举止庄重优雅。不得对被讯问人进行侮辱、诽谤、辱骂、讽刺挖苦、人身攻击，损害、贬低被讯问人的人格尊严；不得对被讯问人进行调侃、戏弄，或以暴力的方法损害、贬低被讯问人的人格尊严。通过尊重被讯问人的人格，感化被讯问人。

②尊重被讯问人的生活习惯

讯问人员要尊重被讯问人的生活习惯，就要做到尽量满足被讯问人的生活习惯的要求。不少被讯问人都有他自己独特的生活习惯。有的被讯问人早上起来总要活动活动，有的被讯问人饭后总要刷牙，有的被讯问人在睡前总要洗脸、洗澡，有的被讯问人在饮食上有他自己的习惯，等等。对被讯问人的这些生活习惯，讯问人员要予以尊重，尽量满足被讯问人的要求。通过尊重被讯问人的生活习惯，感化被讯问人。

③尊重被讯问人的宗教信仰

讯问人员要尊重被讯问人的宗教信仰，就要尽量允许被讯问人在宗教信仰方面的行为或满足被讯问人在宗教信仰方面的要求。有的被讯问人信佛教，有的被讯问人信天主教，有的被讯问人信基督教。这些宗教信仰使有的被讯问人在古历每月的初一、十五要吃素；在每天起床后和睡前要念经或要祷告，有的甚至在饭前都要念经或祷告；等等。对被讯问人宗教信仰的这些行为，讯问人员要尽量予以允许，对被讯问人宗教信仰的要求要尽量予以满足。通过尊重被讯问人的宗教信仰，感化被讯问人。

④要尊重被讯问人的爱好

讯问人员要尊重被讯问人的爱好，就要允许被讯问人在爱好方面的行为。有的被讯问人爱好打扮自己，即使是在被采取强制措施或调查措施后，也不忘打扮，每天总要修修面、梳梳头。特别是有的女性被讯问人，总要画画眉毛、抹抹口红、擦擦胭脂花粉，等等。对被讯问人的这些爱好行为，讯问人员要予以允许，尽量满足其要求。通过尊重被讯问人的爱好，感化被讯问人。

二、矫正被讯问人抗审心理防线的理论基础

（一）被讯问人抗审心理防线理论基础概述

所谓被讯问人抗审心理防线的理论基础，是指被讯问人构筑抗审心理防线和进行抗审的指导思想。

被讯问人生活在这个错综复杂的社会里，平时受到的负面影响较多，又缺乏严格的教育和世界观的改造，因而，不少被讯问人，特别是实施了严重犯罪或违纪违法行为的被讯问人，其世界观是唯心主义的、人生观是扭曲的、价值观是腐朽的、道德观是沦丧的。其在实施犯罪或违纪违法行为后，为了抗拒讯问、逃脱法律或纪律的制裁，便以唯心主义的世界观、扭曲的人生观、腐朽的价值观、沦丧的道德观为指导，建立起抗审的心理防线，并以此进行抗审。

被讯问人抗审心理防线的理论基础，主要有以下几个方面。

1. 唯心主义的世界观

被讯问人唯心主义世界观指导抗审的理论主要有意识第一性的观点、孤立的观点、静止的观点和片面的观点。

（1）意识第一性的观点

所谓意识第一性的观点，是指认为世界在本质上是意识的，意识产生物质、决定物质。意识是世界的本原，是第一性的东西，而物质则是

意识派生的，是第二性的东西，意识决定物质。

被讯问人意识第一性的观点在抗审中的表现，就是被讯问人认为，自己的口供是起决定作用的，有无自己的口供决定着有无自己的犯罪或违纪违法事实。如果自己作出了交代，有了自己的口供，犯罪或违纪违法的事实就是铁板钉钉；如果自己不作出交代，没有自己的口供，犯罪或违纪违法事实就形不成，也就不会有自己的犯罪或违纪违法的事实。即使讯问人员有其他证据，但其他证据离开了自己的口供，就会变得毫无意义，不起作用，无法认定自己的犯罪或违纪违法事实，自己也就没有了犯罪或违纪违法的事实。持这种观点的被讯问人，其看到的是没有自己的口供，就没有自己的犯罪或违纪违法事实，否认犯罪或违纪违法事实是客观存在的，是不以人们的意志为转移的。被讯问人在这种世界观的指导下，建立起抗审的心理防线，并以此进行抗审。

（2）孤立的观点

所谓孤立的观点，是指认为世界上的万事万物都是彼此孤立的，事物与事物之间是毫无联系的。即使承认联系，也只是承认外部的偶然联系，不承认内部的必然联系。

被讯问人孤立的观点在抗审中的表现，就是被讯问人认为，自己实施的犯罪或违纪违法行为，都是处于孤立状态的，不会联系到其他的事物，因而，或诡秘，没有他人知晓；或作案手段高明，没有留下痕迹；或对现场进行了破坏，毁灭了证据，自己的行为也就不会留下主观知觉痕迹和客观物质痕迹。持这种观点的被讯问人，其看到的是自己的犯罪或违纪违法行为本身没有留下痕迹，否认自己的行为是与其他事物紧密联系在一起的，否认由于这种联系作用于其他事物而留下主观知觉痕迹和客观物质痕迹。被讯问人在这种孤立观点的指导下，建立起抗审的心理防线，并以此进行抗审。

（3）静止的观点

所谓静止的观点，是指认为世界上的一切事物都是永恒不变的，绝对静止的。

被讯问人静止的观点在抗审中的表现，就是被讯问人认为，自己为隐瞒犯罪或违纪违法事实已叫他人作伪证，他人业已答应；自己已做好了被害人的工作，被害人业已答应不再告发；自己已与同案人、对合人或知情人订立过攻守同盟，他们也都发过誓不再作出交代或陈述。这些已答应作伪证、不再告发、不再交代或陈述的人一定会信守诺言，不会再向查案机关提供自己犯罪或违纪违法的证据。持这种观点的被讯问人，其看到的是这些情况的永恒不变，否认这些情况是会起变化的。被讯问人在这种静止观点的指导下，建立起抗审的心理防线，并以此进行抗审。

（4）片面的观点

所谓片面的观点，是指对事物和矛盾不作全面的考察，思想上绝对化，不是从总体上把握矛盾各方面的特点，而是只看事物的一个方面，不看与之对立的另一个方面；不是对具体情况进行具体分析，而是抽象地肯定一切或否定一切。

被讯问人片面的观点在抗审中的表现，就是被讯问人只看到自己的行为没有留下痕迹的一面，而看不到其行为已经留下了痕迹的一面；只看到他人已经承诺，不会向查案机关提供证据的一面，而看不到他人向查案机关提供证据的一面；只看到抗审对自己有利的一面，而看不到抗审对自己不利的一面；等等。被讯问人在这种片面观点的指导下，建立起抗审的心理防线，并以此进行抗审。

2. 扭曲的人生观

被讯问人扭曲人生观指导抗审的理论主要有扭曲的幸福观、公私观和生死观。

（1）扭曲的幸福观

所谓幸福观，是指人们在为理想奋斗过程中以及实现了预定目标和理想时感到满足的状态和体验的观念。

被讯问人扭曲的幸福观突出表现在享乐上。被讯问人认为，人生的目的就是享乐，“今朝有酒今朝醉”，随心所欲地吃喝玩乐就是幸福。只要自己幸福，哪管他人是悲惨还是痛苦，把自己的幸福、快乐建立在他人的痛苦之上。被讯问人在这种扭曲的幸福观指导下，实施了犯罪或违纪违法行为，并以此进行抗审，毫无悔恨之意，拒不交代犯罪或违纪违法的事实。

(2) 扭曲的公私观

所谓公私观，是指人们对公和私的看法和处置公和私关系的观念。

被讯问人扭曲的公私观突出表现在自私自利上。被讯问人认为，“人不为己，天诛地灭”，人生的价值就是唯利是图、损公利己、损人利己，为了自己的利益，损害公众、他人的利益名正言顺，不损白不损，不得利白不得利。被讯问人在这种扭曲的公私观指导下，实施了犯罪或违纪违法行为，并以此进行抗审，毫无悔改之意，拒不交代犯罪或违纪违法的事实。

(3) 扭曲的生死观

所谓生死观，是指人们对生和死的看法以及所持的态度观念。

被讯问人扭曲的生死观突出表现在其视生命为儿戏上。有的被讯问人认为，人生的意义就是维护和取得自己的利益，为利益而奋斗。为自己的利益而死，死得其所，没有什么可遗憾的。“杀头就似风吹帽，掉头不过碗大个疤，十八年以后又是一条好汉。”被讯问人在这种扭曲生死观的指导下，视生命为儿戏，并以此进行抗审，宁愿被处以极刑也不交代犯罪事实。

3. 腐朽的价值观

被讯问人腐朽价值观指导抗审的理论主要有：追求物质利益要见财就取的观点，实现欲望要不择手段的观点，行事要无视法律的观点和言行要造假欺哄的观点。

(1) 追求物质利益要见财就取

持这种腐朽价值观的被讯问人认为，追求物质利益是人生的最大目标和乐趣。对物质利益就应当义无反顾，不惜一切代价地去追求，不择手段地去攫取，见财就应当取，多多益善，永远都不能有满足感。被讯问人在这种价值观的指导下，不论是什么钱，是合法的，还是非法的，抑或灰色的，都要拿，都敢拿；不论用什么方法，是收受或索取，还是秘密窃取或利用职务便利侵吞、窃取、骗取，或虚构事实、隐瞒事实真相骗取，抑或以暴力、胁迫或其他方法劫取，都要拿，都敢拿。于是，见财就取，贪得无厌地攫取财物。案发后，被讯问人认为，已攫取的财物无论如何不能再失去，宁可失去自由和生命，也不能失去已攫取的财物。被讯问人在这种价值观的指导下，建立起抗审的心理防线，并以此理论为指导坚持抗审。

（2）实现欲望要不择手段

持这种腐朽价值观的被讯问人认为，人有欲望是由人的本能决定的，而要实现自己的欲望就要不择手段。因而，为了实现自己的欲望，就要该实施什么手段，就应当实施什么手段，该怎么实施，就怎么实施，无需去管对社会有什么危害，造成了多大的危害结果，也无需去管对他人有什么危害，他人受到了什么样的侵害，受到怎样的痛苦，感受如何。只有这样，才能实现自己的欲望。否则，自己的欲望就无法实现。被讯问人在这种价值观的指导下，不惜以残忍的手段实施危害社会的行为。案发后，被讯问人认为，实施残忍的手段，是为了实现自己的欲望，天经地义，是应当这样做的，没有错。被讯问人在这种价值观的指导下，建立起抗审的心理防线，并以此理论为指导坚持抗审，拒不交代犯罪或违纪违法的事实。

（3）行事要无视法律

持这种腐朽价值观的被讯问人认为，要使自己有所作为，能做成事，在社会上能够出人头地，就应当无视法律，不能被法律捆住手脚。只有这样，才能做成自己要做的事，否则将一事无成。被讯问人在这种价值观的指导下，藐视法律，毫无顾忌地实施违反法律的行为，或杀人，或伤害，或抢劫，或强奸，或受贿，或贪污，等等，想实施什么行为就实施什么行为。案发后，被讯问人认为，自己已经实施了犯罪或违纪违法行为，如果自己对犯罪或违纪违法事实作出交代，就要受到法律的制裁，因而千万不能交代，既然已经错了就错到底。被讯问人在这种价值观的指导下，建立起抗审的心理防线，并以此理论为指导坚持抗审，拒不交代犯罪或违纪违法的事实。

（4）言行要造假欺哄

持这种腐朽价值观的被讯问人认为，对待讯问人员的讯问，自己在讯问中的言行就应当造假欺哄，能骗就骗，能编就编，能辩就辩，能否认就否认，不能对讯问人员实话实说。如果自己不造假哄骗，而是实话实说，那么，就被讯问人员讯清了自己的犯罪或违纪违法事实，到头来自己就要受到法律、纪律的制裁，被剥夺人身自由，被开除党籍、公职，甚至赔上自己的生命。被讯问人在这种价值观的指导下，面对讯问人员的讯问，或对讯问人员的提问不作回答，或转换话题说一些与讯问人员的提问风马牛不相及的东西进行回答，或插入一些虚假的内容回答，或坚决地予以否认，甚至连在他住处或身上搜到的证据也进行否认，或编造事实、理由进行狡辩，或不顾事实地进行硬辩。在讯问中大言不惭，谎话连篇，胡搅蛮缠，以谎话与讯问人员周旋，拒不交代犯罪或违纪违法的事实。

4. 沦丧的道德观

被讯问人沦丧道德观指导抗审的理论主要有沦丧的善恶观念、是非观念、改过观念。

（1）沦丧的善恶观念

所谓善恶观念，是指人们对做人应与人为善还是与人为恶的看法观念。

被讯问人沦丧的善恶观念突出表现在对人的凶恶上。被讯问人认为，世界本来就是弱肉强食的，做人就要凶、就要狠、就要毒、就要不择手段，只有这样，才能有人敬、有人怕、有人服。否则，“人善被人欺，马善被人骑”①，自己不仅没人敬、没人怕、没人服，而且还要被强者吃掉肉，处于一个受人凌辱、任人宰割的境地。被讯问人在这种沦丧的善恶观念的指导下，为人凶狠、毒辣、不择手段、丧尽天良地实施犯罪行为。案发后，被讯问人以此沦丧的善恶观念为指导进行抗审，拒

① 见《增广贤文》，载陈才俊主编：《增广贤文全集》，海潮出版社2011年版，第121页。

不承认自己的犯罪行为。

（2）沦丧的是非观念

所谓是非观念，是指人们对什么是对的、什么是错的、什么是正确的、什么是谬误的看法观念。

被讯问人沦丧的是非观念突出表现在是非不分和颠倒上。被讯问人认为，世界上没有什么是非可分，“胜者为王，败者为寇”。在实践中，有的被讯问人将报复他人视为是正当的行为，认为他人侵犯了自己，自己侵犯他人名正言顺，符合“人不犯我，我不犯人，人若犯我，我必犯人”的原则；有的被讯问人将利用职务便利收受或索取他人财物视为合理的行为，认为自己为他人办事，他人拿钱来回报合情合理，符合对价原则；等等。被讯问人在这种沦丧的是非观念的指导下，没有是非之心、恻隐之心，甚至颠倒是非，沦丧道德，实施犯罪或违纪违法行为。案发后，被讯问人以此沦丧的是非观念为指导进行抗审，拒不承认自己的罪行或错误。

（3）沦丧的改过观念

所谓改过观念，是指人们对自己所犯的错误予以承认和改正的看法观念。

被讯问人沦丧的改过观念突出表现在其不承认和不改过所犯的罪行或错误，极力地进行掩饰、推脱上。被讯问人认为，自己实施的犯罪或违纪违法行为是丑恶的、见不得人的，是要受到法律或纪律制裁的，只有自己不承认和不改正自己所犯的罪行或错误，才能掩盖住这丑恶的、见不得人的东西，而使自己仍然是正人君子，才能不受到法律或纪律的制裁，才能使自己继续风光地做人。如果自己承认罪行或错误，并进行悔改，罪行或错误公开地暴露出来，大家都知道是自己所为，自己不仅要受到法律或纪律的制裁，而且，自己在别人的心目中就是一个没有人格和道德的人，就会受到他人的鄙视、唾弃，今后就无脸见人，无法在社会上生活。案发后，被讯问人在这种沦丧的改过观念的指导下，千方百计对犯罪或违纪违法行为进行掩饰、隐瞒、狡辩和否认，拒不承认自己的犯罪或违纪违法行为和进行悔改。

(二) 矫正被讯问人抗审心理防线理论基础的方法

由于被讯问人抗审心理防线的理论基础有世界观、人生观、价值观和道德观方面的，而且各个方面又有不同的情况，根据马克思主义具体问题具体分析的科学方法，对被讯问人抗审心理防线理论基础的矫正，要根据各理论基础的具体情况，分别以针对性的方法予以矫正。只有这样，才能矫正被讯问人抗审心理防线的理论基础。

1. 对被讯问人唯心主义世界观的矫正

(1) 意识第一性观点的矫正

对于被讯问人意识第一性的观点，应以以下方法予以矫正。

①批驳意识第一性的观点

讯问人员要以世界的本来面目和常识对意识第一性的观点进行批驳：

第一，意识第一性的观点歪曲了世界的本来面目。

意识第一性的观点，在根本上颠倒了物质和意识的关系，歪曲了世界的本来面目。世界本来面目是外界的万事万物都是客观存在的，如果外界的事物就是人的感觉，离开了人的感觉，就没有任何的存在，那么，是否只要人闭上眼睛，世界上就没有什么悬崖，照样可以大步向前？可见，意识第一性的观念不仅歪曲了世界的本来面目，而且是非常有害的。

第二，意识第一性的观点违反了常识。

任何人都懂得“画饼不能充饥”这一常识，它清楚地告诉人们，事物是客观存在的，不能用任何意识之类的东西代替它。如果意识是第一性的，那么，在饥饿时是否可以用意识来果腹？试问：有哪一个人愿意把意识第一性原原本本地贯彻于自己的衣食住行之中？可见，意识第一性的观点是违反常识的，在实际生活中根本行不通。

②阐明物质第一性的观点

讯问人员要以唯物主义的哲学思想和自然科学阐明物质第一性的观点：

第一，世界是统一的物质世界，这个物质世界是离开人的意识而独立存在的，你想到它，它是这样存在，你不想到它，它也是这样存在，它的存在不以人的意志为转移。世界的万事万物，无论哪一种物质都是离开人的意识而独立存在的，它不会因人认识感觉到它而存在，因人认识感觉不到它而不存在。

第二，物质世界在人类之前早就存在，有人类，才有意识现象。自然科学证明：在地球上的人和任何生命出现以前，地球、太阳早就存在了。人类年龄大约为300万年，地球的年龄却超过了45亿年，太阳的年龄在60亿年上下。[①] 这充分说明物质在意识之前而成为本原。在人类出现以后，地球、太阳仍然是不依赖于人的意识而独立存在、发展的。

③结合案件实际指出犯罪或违纪违法事实是不以人们的意志为转移的

讯问人员要结合案件的实际向被讯问人指出，犯罪或违纪违法行为一经实施，就成为客观存在的事实。这个事实，无论被讯问人是承认它，还是不承认它，它都客观地存在。它不会因为被讯问人的承认而有犯罪或违纪违法事实的存在，也不会因为被讯问人的不承认，而没有犯罪或违纪违法事实的存在。客观存在的事实是不以人们的意志为转移的。

通过上述方法，矫正被讯问人意识第一性的观点，使其认识到物质是第一性的，意识是第二性的，抗拒交代，否认不了客观存在的犯罪或违纪违法的事实。

（2）孤立观点的矫正

对于被讯问人孤立的观点，应以以下方法予以矫正：

①向被讯问人阐明事物普遍联系性的辩证唯物主义观点

讯问人员要以唯物辩证法的观点向被讯问人阐明：物质世界是普遍联系的统一体，客观事物、现象之间，以及事物、现象内部各方面之间是互相联系、互相作用和互相制约的，没有什么事物是孤立存在的。这

① 见韩树英主编：《通俗哲学》（修订版），中国青年出版社2011年版，第20页。

种联系不论在自然界，还是在人类社会，都不是只为个别或局部的事物所具有，也不是只在某一段时间里存在，而是无处不有、无时不在，具有普遍的性质。

②向被讯问人阐明事物联系形式多样性的唯物辩证法观点

讯问人员要以唯物辩证法观点向被讯问人阐明：事物和现象的联系不仅是普遍的，而且这种联系的形式和性质又是多种多样的。事物联系的形式和性质的多种多样，是由物质和运动的形式及关系的多样性决定的。从不同的角度来说，联系可分为直接联系与间接联系、本质联系与非本质联系、主要联系与次要联系、必然联系与偶然联系、内部联系与外部联系，等等。事物联系最普遍的形式是直接联系与间接联系，一个事物与其他事物，不是处于直接联系就是处于间接联系，完全没有联系的事物是不存在的。事物的直接联系与间接联系，往往交织在一起，可以表现为一系列的转化过程，也可以表现为环环相扣的链条，从总体上说，形成一个复杂的联系网。

在向被讯问人阐明事物联系形式多样性的基础上，讯问人员还要着重阐明以下几种联系所起的作用：

第一，直接联系能直接、及时地影响另一事物的变化。

第二，间接联系能以间接、曲折的方式影响另一事物的变化。

第三，本质联系决定着另一事物的发展方向和道路。

第四，非本质联系能在既定的方向上对另一事物的发展过程起加速或延缓的作用。

③结合案件实际指出被讯问人实施的行为必然要影响到另一事物而留下痕迹

讯问人员要根据唯物辩证法关于联系的观点，结合案件的实际，向被讯问人指出，其犯罪或违纪违法行为无论如何诡秘，也必然会影响到另一事物，引起另一事物的变化，而被他人知晓；其实施的手段无论如何高明，必然同样会影响到另一事物，引起另一事物的变化，而留下蛛丝马迹；其对现场无论进行了何种破坏，其破坏现场的行为照样会影响到另一事物，引起另一事物的变化，而留下证据。

通过上述方法，矫正被讯问人孤立的观点，使其认识到物质世界是普遍联系的，事物与事物之间是互相影响、互相作用和互相制约的，犯罪或违纪违法行为一经实施，必然要影响、作用于另一事物而引起它的变化，从而留下主观知觉痕迹和客观物质痕迹。

（3）静止观点的矫正

对于被讯问人静止的观点，应以以下方法予以矫正：

①向被讯问人阐明运动是物质的根本属性的辩证唯物主义观点

讯问人员要以唯物辩证论的观点向被讯问人阐明：世界是永远运动着的物质世界。整个世界，从最小的东西到最大的东西、从自然界到人类社会，无时无刻不处在运动之中。运动是物质的根本属性，“运动是物质存在的形式，无论何时何地，都没有也不可能有没有运动的物质”。[①] 世界上的一切事物都处在不断地运动、变化、发展中，都有自己产生、发展、灭亡的过程。物质是运动的，运动是永恒的。“没有运动的物质和没有物质的运动是不可想象的。因此，运动和物质本身一样，是既不能创造也不能消灭的。”[②]

②向被讯问人阐明运动着的物质只有在时间和空间之内才能运动的辩证唯物论观点

讯问人员要以辩证唯物论的观点向被讯问人阐明：运动着的物质是不能脱离时间和空间而存在的，时间和空间是物质的存在形式。事物的一切运动变化过程都是在时间中进行的，离开了时间，任何物质的运动、变化、发展都是不能存在的；一切运动变化过程都离不开空间，都必然包含位置的移动、体积的增大或减少。因此，随着时间、地点、条件的变化，任何事物都是要起变化的，不可能是固定不变的。

③结合案件实际指出这些已答应不再向查案机关提供其犯罪或违纪违法证据的情况是会起变化的

讯问人员要根据辩证唯物论关于运动发展的观点，结合案件的实

① 恩格斯：《反杜林论》，人民出版社 2015 年版，第 62 页。
② 恩格斯：《反杜林论》，人民出版社 2015 年版，第 62 页。

际，向被讯问人指出，他人已答应作伪证，被害人已答应不再告发，同案人、对合人、知情人已发誓不再交代或陈述的情况，随着时间、地点、条件的变化，这些情况都是要起变化的，答应作伪证的人不会坚持作伪证，答应不再告发的被害人不会坚持不再告发，与同案人、对合人、知情人订立的攻守同盟是要破的，他们不会坚持攻守同盟。

通过上述方法，矫正被讯问人静止的观点，使其认识到任何事物都是运动变化的，不可能永恒不变，随着时间、地点、条件的变化，这些已答应不再向查案机关提供自己犯罪或违纪违法证据的人是不可能坚持信守诺言的，是会向查案机关如实作出交代或陈述的。

（4）片面观点的矫正

对于被讯问人片面的观点，应以以下方法予以矫正：

①向被讯问人阐明任何事物都具有二重性的辩证唯物主义观点

讯问人员要以辩证唯物主义观点向被讯问人阐明：世界上的任何事物都具有二重性，都有好的和不好的、有利的和不利的两个方面。好的方面、有利的方面存在不好的、不利的因素；不好的、不利的方面存在好的、有利的因素。不可能好的、有利的绝对都好、都有利；不好的、不利的绝对都不好、都不利。正所谓“祸兮，福之所倚；福兮，祸之所伏”[①]“塞翁失马，安知非福”[②]。讯问人员在阐明这一观点时，可以举一些具体的例子进行说明，使被讯问人听得更为深刻。

②向被讯问人指出要一分为二全面地看问题

讯问人员要向被讯问人指出：正因为世界上的任何事物都具有二重性，都有好的、有利的和不好的、不利的两个方面的存在，因此，看问题就要一分为二、全面地去看，既要看到好的、有利的方面，又要看到不好的、不利的方面，不能只看到事物好的、有利的一方面，而看不到与之对立的不好的、不利的另一方面。如果不能一分为二、全面地看问

① 见《老子》五十八章（治国），载饶尚宽译注：《老子》，中华书局2016年版，第145页。

② 见鲁迅：《阿Q正传》第二章，北京联合出版公司2016年版，第7页。

题，其结果只能是以失败而告终，而且会败得非常悲惨。

③根据被讯问人片面观点的情况进行有针对性的矫正

讯问人员要根据被讯问人片面观点的情况，具体情况具体对待，进行有针对性的矫正：

第一，对于被讯问人只看到自己行为没有留下痕迹的情况，要向被讯问人指出，其行为没有留下痕迹的对立面是其行为留下了痕迹。而其行为留下了痕迹，根据物质世界普遍联系性的观点，这是必然的，是不依被讯问人的意志为转移的。

第二，对于被讯问人只看到他人已经承诺，不会向查案机关提供证据的情况，要向被讯问人指出，他人已经承诺，不会向查案机关提供证据的对立面是他人不守承诺，向查案机关提供证据。而他人不守承诺，向查案机关提供证据，根据物质世界运动发展的观点，这亦是必然的，同样是不依被讯问人的意志为转移的。

第三，对于被讯问人只看到抗审对其有利的情况，要向被讯问人指出，抗审对其有利的对立面是抗审对其不利。在此，讯问人员要向被讯问人阐述抗审对其不利的各种情况。

通过上述方法，矫正被讯问人片面的观点，使其认识到世界上任何事物都存在好与不好的两重性，要一分为二、全面地看问题，不能只看到好的方面，而看不到不好的方面，从而促使其全面地看问题，看到对其不利的一面。

2. 对被讯问人扭曲的人生观的矫正

对被讯问人扭曲的人生观，应以以下方法予以矫正：

（1）以有针对性的方法矫正被讯问人扭曲的幸福观、公私观和生死观

①扭曲的幸福观的矫正

对于被讯问人扭曲的幸福观，应以以下有针对性的方法予以矫正：

第一，批驳这种扭曲的幸福观。

讯问人员要以人生的目的和伦理道德对这种扭曲的幸福观进行无情

的批驳。

这种扭曲的幸福观违背了人生的目的。人生的目的主要在于劳动、斗争和创造。通过自己的劳动、斗争和创造，获得幸福的生活。如果人生的目的就是享乐，离开了劳动、斗争和创造，与寄生虫有何区别，岂不是自己把自己视为寄生虫！

这种扭曲的幸福观违反了道德伦理。道德伦理要求人们以正当的手段，通过自己的努力创造幸福的生活。如果为了自己的所谓幸福，不顾他人的悲惨、痛苦，把自己的幸福、快乐建立在他人的痛苦之上，没有忍人之心，这还算得上是人吗？正所谓："无恻隐之心，非人也。"①

第二，阐明正确的幸福观。

讯问人员要向被讯问人阐明正确的幸福观：正确的幸福观是建立在集体主义之上的，人们的幸福生活不仅包括物质生活，也包括精神生活；个人幸福依赖于集体幸福，集体幸福高于个人幸福；幸福不仅在于享受，更不仅在于个人享受，而主要在于劳动、斗争和创造。

第三，指出真正的幸福。

讯问人员要向被讯问人指出真正的幸福：

平安、自由是真正的幸福。物质生活享受虽然是幸福的一种，但这种幸福是以人的平安、自由为前提的，离开了平安、自由，这种所谓的幸福不仅无法体现出来，并且将不复存在。只有平安、自由的生活才是真正的幸福。

心安理得是真正的幸福。心底"坦荡荡"，无忧无虑，精神愉快，才是真正的幸福。如果把自己的幸福建立在他人的痛苦、悲惨之上，无疑要受到良心的谴责，心底就会"长戚戚"，永远无法心安理得，哪里还有什么幸福可言。

通过上述方法矫正被讯问人扭曲的幸福观，使其认识到只有交代犯罪或违纪违法事实，解脱心理上的痛苦，才有真正的幸福感，否则，将

---

①　见《孟子·公孙丑上》，载程林主编：《四书五经》（第一卷），北京燕山出版社 2008 年版，第 164 页。

永远受到良心的谴责而处于痛苦之中。

②扭曲的公私观的矫正

对于被讯问人扭曲的公私观，应以以下方法予以矫正：

第一，指出唯利是图、损公利己、损人利己是违背我国传统观念的。

讯问人员要向被讯问人指出，唯利是图、损公利己、损人利己的扭曲公私观是同我国的传统观念格格不入的，是违背我国传统观念的。无论是孔子、孟子，还是庄子、老子，提倡的都是要为公、为民、为人，而不是要为私、为己；无论是奴隶社会，还是封建社会、社会主义社会，正统的观念提倡亦都是要为公、为民、为人，而不是为私、为己。资产阶级虽然从个人主义出发，导致自私自利、损公利己、损人利己，但其在口头上也是大肆宣称要为公、为民、为人，以掩盖自己丑恶的行径，标榜自己。因此，唯利是图、损公利己、损人利己是违背我国传统观念的，是见不得人的东西。

第二，揭露损公利己、损人利己损的是自己的人格和道德。

讯问人员要对损公利己、损人利己这种扭曲的公私观进行无情的揭露，揭露这种公私观有失做人的人格和道德，其结果只能是自己贬低了自己的人格、自己毁坏了自己的道德，使之成为一个没有人格、没有道德的人。而没有人格、没有道德，与禽兽无异，必遭人唾弃。

第三，强调损公利己、损人利己的危害。

讯问人员要向被讯问人强调，损公利己、损人利己具有极大的危害性：

损公利己、损人利己必然引起公愤，使之处于“老鼠过街，人人喊打”的境地。

损公利己、损人利己实施犯罪行为，触犯了刑律，要受到法律的制裁，落得个身陷囹圄的下场。

损公利己、损人利己所得到的利益要予以追缴、退赃、赔偿，落得个人财两空的结局。

第四，阐明正确的公私观。

讯问人员要向被讯问人阐明正确的公私观：正确的公私观应当是先

公后己，先人后己。虽然完全做到这样是非常困难的，但至少不能损公利己、损人利己，这是一条底线。如果冲破了这条底线，人就不成为其人。

通过上述方法矫正被讯问人扭曲的公私观，使其认识到损公利己、损人利己的行为不仅与中国传统的观念相违背，而且损害了自己的人格和道德，给自己造成了严重的后果，从而产生悔恨感，萌发出悔罪的动意。

③扭曲的生死观的矫正

对于被讯问人扭曲的生死观，应以以下方法予以矫正：

第一，指出生命的可贵。

讯问人员要向被讯问人指出生命的可贵：人的生命只有一次，人死不可能复生，人世间没有比生命更为可贵的东西。人一旦没有了生命，就没有了一切，无法再看到这个多彩的世界，无法再享受大自然的恩赐，无法再赡养父母，无法再扶养妻儿，无法再为自己的理想和事业而奋斗。只有生命存在，一切才有希望和可能，正所谓“留得青山在，不怕没柴烧”①。而且，人的生命是父母给的，倾注着父母的生身、养育之恩，怎么能随便地丧失！正所谓“盖此身发，四大五常，恭惟鞠养，岂敢毁伤”。② 因此，人的生命是最为可贵的，人必须要爱惜自己的生命而不轻易地失去。

第二，揭露因犯罪而死将遗臭万年。

讯问人员要向被讯问人指出，人虽然都是要死的，但死的意义不同，有的人死得流芳百世，而有的人却死得遗臭万年。之所以会这样，是因为死的原因和目的不同。正所谓“人固有一死，或重于泰山，或轻于鸿毛，用之所趣异也”③。在此基础上，要无情地予以揭露：其因

① 见（明）凌濛初：《初刻拍案惊奇》卷二十二，线装书局2007年版，第235页。

② 见（南朝·梁）周兴嗣：《千字文》，载陈才俊主编：《千字文全集》，海潮出版社2014年版，第44页。

③ 见（汉）司马迁：《报任安书》，载（清）吴楚才、吴调侯编：《古文观止》，浙江古籍出版社2010年版，第143页。

犯罪而死，死得不但比鸿毛还轻，而且将遗臭万年。不仅其自己如此，还极大地损害了其家庭门风，影响到其家人和下一代的脸面，使他们无法做人。

第三，阐明正确的生死观。

讯问人员要向被讯问人阐明正确的生死观：正确的生死观是“生得伟大，死得光荣”。一方面要珍惜生命，珍惜生命的目的是为国家、为人民作出贡献，为家人尽到义务，做到“生得伟大”；另一方面要“见危授命”，当国家和人民危难时，要敢于献出自己的生命，有“人生自古谁无死？留取丹心照汗青”① 的气概，做到“死得光荣”。

第四，揭露被讯问人心理上的矛盾，以亲情进行感化。

讯问人员要以揭露被讯问人心理上矛盾的方法，用亲情对被讯问人进行感化。事实告诉我们：人都是怕死的，世界上没有不怕死的人，而只有不怕死的时候。被讯问人也是如此。据此，在讯问中，要针对被讯问人心理上的矛盾进行揭露，用亲情对被讯问人进行感化：首先向被讯问人指出，其不怕死，只是在这时不怕死，但过了这个时候，就不会不怕死，即使在任何时候都不怕死，但有人怕其死，其父母、妻子、儿女怕其死，他们不想看到白发人送黑发人，老年丧子；不想自己没有丈夫，中年丧夫；不想自己没有父亲，年幼丧父。年幼丧父、中年丧夫、老年丧子是人生最为悲惨和痛楚的事，谁都不想见到。其次向被讯问人进一步指出，其想到了这些，不想死也是事实，因为其心里还有放不下的事，担心自己死后，父母可能随其而去；妻子可能就要丢下儿女改嫁他人；儿女可能就要成为孤儿、孤女，结果是家破人亡。再次继续向被讯问人指出，其想让父母能很好地活下来，让妻子不丢下儿女改嫁他人，让儿女不成为孤儿、孤女，唯一的办法，就是其不死。最后向被讯问人指出，其想免除一死，只有坦白交代自己的犯罪事实，并检举揭发他人的犯罪事实，争取立功，彻底悔罪，才是唯一的出路。

---

① （宋）文天祥：《过零丁洋》，载章培恒等主编：《文天祥诗文选译》，凤凰出版社 2011 年版，第 101 页。

通过上述方法矫正被讯问人扭曲的生死观，使其认识到光自己不怕死还不行，解决不了问题。只有如实坦白交代，彻底悔罪，才能解决问题，从而促使被讯问人从不怕死向怕死转化，在怕死心理的支配下，对犯罪事实作出交代，并进行揭发检举。

（2）对被讯问人进行正确人生观的教育

讯问人员在针对被讯问人扭曲的幸福观、公私观和生死观进行矫正后，还要对被讯问人进行正确人生观的教育。

人生观的问题，通俗地讲，就是做一个什么样的人、怎样做人的问题。正确的人生观体现在对自己负责、对家庭负责、对社会负责这三个问题上。

①对被讯问人进行对自己负责的教育

讯问人员要向被讯问人指出：对自己负责就是要做一个遵纪守法，不违反法律的人。只有遵纪守法，不违反法律，才能使自己不被法律或纪律制裁，从而才能对自己负责。如果不遵纪守法，实施违反法律或纪律的行为，其结果必然是被法律或纪律制裁，这样，就无法做到对自己负责。而扭曲的幸福观、公私观和生死观，既是对自己不负责的罪魁，又是对自己不负责的表现。在扭曲的幸福观、公私观和生死观的指导下，就必然会实施违反法律或纪律的行为，从而也就无法对自己负责。因此，要做到对自己负责，就要以正确的幸福观、公私观和生死观指导自己的言行，只有这样，才能遵纪守法，不违反法律，从而才能做到对自己负责。

②对被讯问人进行对家庭负责的教育

讯问人员要向被讯问人指出：对家庭负责就是要孝敬父母、爱护妻子和儿女，使他们幸福、平安，没有担忧。只有孝敬父母、爱护妻子和儿女，才能使他们幸福、平安，没有担忧，从而才能对家庭负责。如果不孝敬父母、爱护妻子、儿女，其结果必然是导致他们不幸福、不平安和产生担忧。这样，就无法做到对家庭负责。而扭曲的幸福观、公私观和生死观，既是对家庭不负责的罪魁，又是对家庭不负责的表现。在扭曲的幸福观、公私观和生死观的指导下，实施了犯罪或违纪违法行为，必然给家庭带来危害，不仅使父母、妻子和儿女无法过上幸福的生活，无法使他们得到保护，而且使他们产生担忧。这对于父母就是不孝，对于妻子和儿女就是不爱，不仅毁了自己，也毁了家庭，伤了父母、妻子和儿女的心。因此，要做到对家庭负责，就要以正确的幸福观、公私观和生死观指导自己的言行。只有这样，才能使父母、妻子和儿女幸福、平安，没有担忧，从而才能做到对家庭负责。

③对被讯问人进行对社会负责的教育

讯问人员要向被讯问人指出：对社会负责就是要为社会做贡献，不要危害社会和人民，使社会安定，人民安居乐业。只有为社会做贡献，不危害社会，才能使社会安定，人民安居乐业，从而才能对社会负责。如果不为社会做贡献而是实施危害社会的犯罪或违纪违法行为，其结果必然是导致社会秩序混乱，人民无法安居乐业。这样，就是对社会的不负责任。而扭曲的幸福观、公私观和生死观，既是对社会不负责的罪魁，又是对社会不负责的表现。在扭曲的幸福观、公私观和生死观的指导下，实施了犯罪或违纪违法行为，必然给社会带来危害，不仅使社会不能安定，而且使人民受到侵害，遭受损失。这就是对社会的不负责任。因此，要做到对社会负责，就要以正确的幸福观、公私观和生死观指导自己的言行。只有这样，才能使社会安定，人民安居乐业，从而才能做到对社会负责。

通过上述对被讯问人进行正确人生观的教育，使被讯问人认识到自己要对自己负责、对家庭负责、对社会负责，从而使被讯问人产生后悔感、负罪感和内疚感，进而矫正其扭曲的人生观。

3. 对被讯问人腐朽价值观的矫正

对被讯问人腐朽价值观的矫正，要根据各种腐朽价值观的具体情况，以针对性的方法予以矫正。

（1）追求物质利益要见财就取的矫正

对于被讯问人“追求物质利益要见财就取”的腐朽价值观，应以以下方法予以矫正：

①对被讯问人进行追求物质利益要符合“义”的要求的教育

讯问人员要对被讯问人进行追求物质利益要符合“义”的要求的教育，向被讯问人指出：追求物质利益要符合“义”的要求，该是你的东西和利益，你得之是合法的东西和利益，你可光明正大地追求，去取得它。但不是你的东西和利益，你得之是不合法的东西和利益，是意外之财或非法之财，你就不能取，取了它就不符合“义”的要求。见财就取，取了不符合“义”的东西和利益，是龌龊见不得人的事，是不义之举。

②对被讯问人进行追求物质利益正确价值观的教育

讯问人员要对被讯问人进行追求物质利益正确价值观的教育，向被讯问人阐明：在物质利益面前，要以“义者，利之和也”“利物足以和义”① 这一解决义与利关系的智慧为指导，“见利思义”②“见得思义”③，思考取这一利益是否符合“义”的要求，得到它是否符合“义”的要求，是不是自己该拿的东西，是不是自己该得到的东西，取得这一利益和得到这一利益是否符合道德伦理和法律的规定。经思考，如果符合“义”的要求，是自己该拿和该得到的利益，是符合道德伦理和法律规定的，就去取，得到这一利益。否则，就坚决不取，不要这一利益。要“钓而不纲，弋不射宿”,④ 不贪得无厌，不无止境地索取而留有余地。而不能“喻于利”，只知道利益，一见利就取，一见得就占，管它符合不符合“义”的要求，管它是不是自己该得到的利益，管它是不是符合道德伦理和法律的规定，贪得无厌，无止境地索取。在取了不该取、不符合“义”的利益后，要毫不犹豫地予以承认，并坚决地予以退出，

---

① 《周易·乾文言》，载中华经典普及文库《四书五经》，2009 年版，第 473 页。

② 见《论语·宪问》，载程林主编：《四书五经》（第一卷），北京燕山出版社 2008 年版，第 96 页。

③ 见《论语·季氏》，载程林主编：《四书五经》（第一卷），北京燕山出版社 2008 年版，第 109 页。

④ 见《论语·述而》，载程林主编：《四书五经》（第一卷），北京燕山出版社 2008 年版，第 66 页。“钓而不纲，弋不射宿”解释为现代汉语为：“用渔竿钓鱼，但不用大绳拉网捕鱼；射鸟不射归巢歇宿的鸟。”意喻不贪心。

而不能不承认、不退出。

③对被讯问人进行追求物质利益要见财就取腐朽价值观危害的警示教育

讯问人员要对被讯问人进行追求物质利益要见财就取腐朽价值观危害的警示教育，向被讯问人警示：追求物质利益见财就取，贪得无厌，无止境地索取，取了不义之财，就引起了广大群众的公愤和违反了法律的规定，而引起了群众的公愤就会陷入“老鼠过街，人人喊打”的境地。因为“义然后取，人不厌其取”,[1] 而不义取财就引起了群众厌恶；违反了法律的规定，就要受到法律的制裁，承担刑事责任。因为不义取财是法律所禁止的，法律明文规定对各种不义取财行为规定为犯罪，并规定了相应的刑罚。因此，贪得无厌、不义取财，就会因“贪”而引起民愤和“撑死”。在对被讯问人进行上述语言警示的同时，讯问人员可结合典型案例对被讯问人进行警示。

通过上述方法，使被讯问人认识到不义之财不能取，从而就有可能矫正被讯问人追求物质利益要见财就取的腐朽价值观。

（2）实现欲望要不择手段的矫正

对于被讯问人“实现欲望要不择手段”的腐朽价值观，应以以下方法予以矫正：

①对被讯问人进行人的欲望和实现欲望的手段要符合道德伦理准则的要求的教育

讯问人员要对被讯问人进行人的欲望和实现欲望的手段要符合道德伦理准则的要求的教育，向被讯问人指出：人有欲望虽然是人的本能，也无可厚非，但人的欲望和实现欲望的手段必须要符合道德伦理准则的要求。这是做人最基本的要求和最起码的条件。人之所以成为人，是因为人有道德伦理观念，按照道德伦理准则的要求生活，否则，其就不成为人，与禽兽无异。欲望不符合道德伦理准则的要求，就是邪欲，而邪

---

① 见《论语·宪问》，载程琳主编：《四书五经》（第一卷），北京燕山出版社2008年版，第97页。

欲则"欲败度，纵败礼"，[①] 如果再以不符合道德伦理准则的手段去实现，就是不仁义之上加不仁义。而是否有"仁义"是一个人区别于禽兽最根本的标准。人具有仁义之心，而仁义之心是禽兽所不具有的，正所谓"人之所以异于禽兽者几希"，[②] 人与禽兽的差别就那么一点点，这一点点就是仁义。[③] 因而，仁义是人与禽兽的分水岭。因此，人的欲望和实现欲望的手段只有符合道德伦理准则的要求，其才有可能是一个真正的人，否则，其就是一个披着人皮的禽兽。

②对被讯问人进行实现欲望正确价值的教育

讯问人员要对被讯问人进行实现欲望正确价值观的教育：一是要对被讯问人进行不要放纵欲望的教育。教育被讯问人要做到不要放纵自己的欲望。正所谓"敖不可长，欲不可从，志不可满，乐不可极"[④]。二是要对被讯问人进行不要有邪欲的教育。教育被讯问人要做到不要有邪欲，"目不视恶色，耳不听淫声，口不出敖言"[⑤]。三是要对被讯问人进行实现符合道德伦理准则的欲望的手段要符合道德伦理的准则和法律规定的教育。教育被讯问人在实现符合道德伦理准则的欲望时要做到以符合道德伦理的准则和法律规定的手段去实现。要向被讯问人阐明：实现自己的欲望，在确定自己的欲望符合道德伦理准则的基础

---

① 见《尚书·太甲中》，载程林主编：《四书五经》（第一卷），北京燕山出版社2008年版，第349页。

② 见《孟子·离娄下》，载程林主编：《四书五经》（第一卷），北京燕山出版社2008年版，第223页。

③ 孟子说，人与飞禽走兽的差别也就那么一点点，但孟子并未讲明是哪一点点。而孟子接下来提到了舜帝。"他说舜帝：'从一般事物的道理和人类的常情出发行仁义之道，而不是为行仁义而行仁义，把仁义当成一种形式。'换言之，人与禽兽之差别的谜题答案，应该就是舜帝所遵循的仁义。舜帝不是创造了仁义，而是顺着仁义行动。仁义是人与飞禽走兽的分水岭。"见《最美国学孟子》，中国编译出版社2014年版，第39页。

④ 见《礼记·曲礼上》，载高山译注：《尚书·礼记》，中国文联出版社2016年版，第147页。

⑤ 见（宋）曾巩：《列女传目录序》，载《唐宋名家文集·曾巩集》，中州古籍出版社2013年版，第175页。

上，用以实现欲望的手段还必须要符合道德伦理的准则和法律的规定，不得以违背道德伦理的准则和违反法律规定的行为手段去实现。以违背道德伦理的准则和违反法律的行为不择手段地去实现欲望，造成的是危害社会、危害他人的结果，给社会造成了重大的损害，给他人带来了极大的痛苦，而且也给被讯问人自己和家庭带来了危害。这样，既违背了道德伦理准则，又触犯了刑事法律，要受到道德的谴责和法律的制裁。因此，在实现欲望、实施某一实现欲望的行为手段时，要思考这一行为手段是否符合道德伦理准则的要求和法律的规定，是否会给社会和他人带来危害。经思考，如果符合道德伦理准则的要求和法律的规定，不会给社会和他人带来危害的，就去做，否则就坚决不做。总之，凡是违背道德伦理准则和违反法律规定的行为手段都坚决不能做，坚决不去做，在道德伦理准则和法律的范围内活动。在实施了违背道德伦理准则和违反法律规定的行为手段后，就要毫不犹豫地予以承认，进行悔过，坚决地赔偿损失，而不能隐瞒事实，拒不供认和不予赔偿。

③对被讯问人进行实现欲望要不择手段腐朽价值观危害的警示教育

讯问人员要对被讯问人进行实现欲望要不择手段腐朽价值观危害的警示教育，向被讯问人警示：实现欲望不择手段对被讯问人自己的危害是极大的，一是被讯问人自己“把自己摆在畜牲（禽兽——笔者注）的行列”，[①] 把自己混同于禽兽，使自己陷于万民的声讨之中。二是被讯问人所实施的不择手段行为触犯了刑律，其结果必然是“菑人者，人必反菑之”，[②] 受到法律的制裁，正所谓“刑罚之源，生于嗜欲好恶不节”。[③] 三是被讯问人所实施的不择手段行为导致失去被讯问人

---

① 见［意大利］达·芬奇：《笔记》，载《中外名句大辞典》，上海辞书出版社2012年版，第1115页。

② 见《庄子·人间世》，载马肇基主编：《国学经典》（第二卷），线装书局2012年版，第342页。

③ 见《大戴礼记·盛德第六十六》，载黄怀信主撰：《大戴礼记汇校集注》（下），三秦出版社2005年版，第891页。

本可实现的欲望，正所谓“欲而不知足，失其所以欲；有而不知止，失其所以有”。[①] 四是被讯问人所实施的不择手段行为导致被讯问人备受损失，其对社会、对他人造成的危害结果要赔偿损失，其欲望所实现的利益不仅要退出，而且要罚款，正所谓“赔了夫人又折兵”。[②] 五是被讯问人的家庭门风狼藉，害得家人、下代儿孙羞愧难当。在对被讯问人进行上述语言警示的同时，亦可结合典型案例对被讯问人进行警示。

通过上述方法，使被讯问人认识到不择手段地实现欲望，不仅不应该，而且划不来，从而就有可能矫正被讯问人实现欲望要不择手段的腐朽价值观。

（3）行事要无视法律的矫正

对于被讯问人“行事要无视法律”的腐朽价值观，应以以下方法予以矫正：

①对被讯问人进行行事必须要符合法律的要求的教育

讯问人员要对被讯问人进行行事必须要符合法律的要求的教育，向被讯问人指出：法律是国家制定或认可，并由国家强制力保证实施的行为规范。既然是国家强制力保证实施的行为规范，那人人都得遵守，否则，社会秩序将无法维持，人们的生命财产安全将无法得到保障。正因如此，“天下从事者，不可以无法仪”，[③] 行事要符合法律的要求。凡是符合法律要求的行为就去做，凡是违反法律的行为就坚决不能做，“以守法奉公引为天职”。[④] 行事无视法律不符合法律的要求，是狂妄的事，是不轨之举。

---

① 见《史记·范雎蔡泽列传第十九》，载中华经典普及文库《史记》，中华书局 2009 年版，第 485 页。

② 见《三国演义》第五十五回，中华书局 2005 年版，第 306 页。

③ 见《墨子·法仪》，载马肇基主编：《国学经典》（第一卷），线装书局 2012 年版，第 416 页。

④ 见孙中山：《和平统一宣言》，载《孙中山选集》（下），人民出版社 2011 年版，第 539 页。

②对被讯问人进行行事正确价值观的教育

讯问人要对被讯问人进行行事正确价值观的教育，向被讯问人阐明：在行事的问题上，要坚持诚惶诚恐的态度，敬畏法律，严格遵守法律。在要实施某一行为时，思考这一行为是否符合法律的要求，有无违反法律。经思考，如果这一行为符合法律的要求，没有违反法律的规定，就去做；如果不符合法律的要求，是违反法律的行为，就坚决不做。“言不中法者不听也，行不中法者不高也，事不中法者不为也。”[①]对于不符合法律的话不去听它，不符合法律的行为不去推崇它，不符合法律的事不去做它。“守法持正，嶷如秋山。”[②] 遵守法律，坚持正道，像秋山一样高峻，毫不动摇。而不能藐视法律，置法律于不顾，做不符合法律、违反法律的事。在做了不符合法律、违反法律的事后，就要大胆承认，悔过自新。

③对被讯问人进行行事要无视法律腐朽价值观危害的警示教育

讯问人员要对被讯问人进行行事要无视法律腐朽价值观危害的警示教育，向被讯问人警示：行事无视法律，必然要违反法律的规定，而违反法律必然要受到法律的制裁，正所谓“强梁者不得其死”[③]。无视法律、强横霸道的人，没有好的下场，其结果就是因藐视法律而“死”。在对被讯问人进行上述语言警示的同时，最好能结合典型案例对被讯问人进行警示。

通过上述方法，使被讯问人认识到行事无视法律的结果是“不得其死”，从而就有可能矫正被讯问人行事要无视法律的腐朽价值观。

（4）言行要造假欺哄价值观的矫正

对于被讯问人“言行要造假欺哄”的腐朽价值观，应以下方法

① 见《商君书·君臣第二十三》，载石磊译注：《商君书》，中华书局 2011 年版，第 164 页。

② 见（唐）刘禹锡：《司空奚公神道碑》，载《刘禹锡全集》，上海古籍出版社 1995 年版，第 18 页。

③ 见《老子·四十二章（论道）》，载马肇基主编：《国学经典》（第二卷），线装书局 2012 年版，第 292 页。

予以矫正：

①对被讯问人进行言行要符合诚实的要求的教育

讯问人员要对被讯问人进行言行要符合诚实的要求的教育，向被讯问人指出：人的言行要符合诚实的要求。“是故诚者，天之道也；思诚者，人之道也。”① 所以说，诚实是天所本有的道理；想要实践诚实则是做人的道理。“诚者，物之终始，不诚无物。是故君子诚之为贵。”② 诚实贯穿于万物的始终，没有诚实，就没有万物。所以言行诚实是最重要的。这是因为“唯诚实才有真正的人生和坦荡的快乐”，③ 不诚实，是不可能有真正的人生和坦荡的快乐，始终处于“长戚戚”之中；“墨写的谎说，决掩不住血写的事实”，④ 终究是要暴露的；“用谎言骗人是恶棍的本性”，⑤ 是一种极为恶劣的行径。正因如此，人的言行必须要符合诚实的要求，凡是符合诚实要求的话就去说，说老实话；凡是符合诚实要求的事就去做，做老实事。言行造假欺哄，不符合诚实的要求，是没有操守的事，是不齿之举。

②对被讯问人进行言行正确价值观的教育

讯问人员要对被讯问人进行言行正确价值观的教育，向被讯问人阐明：在言行的问题上，要坚持诚实真诚的原则，做到真诚不欺，“以恩信接人，不尚诈力”⑥。以恩遇信义对待人，不专用欺诈手段。在要说某一句话、做某件事时，思考这一句话、这件事是否符合诚实的要求，

---

① 见《孟子·离娄章句上》，载程林主编：《四书五经》（第一卷），北京燕山出版社 2008 年版，第 213 页。

② 见《中庸》，载程林主编：《四书五经》（第一卷），北京燕山出版社 2008 年版，第 28 页。

③ 见蒋子龙：《人为什么要说谎》，载《蒋子龙文集》（第十卷）·难得一笑，人民文学出版社 2013 年版，第 49 页。

④ 见鲁迅：《华盖集续编·无花的蔷薇之二》，北京联合出版公司 2014 年版，第 64 页。

⑤ 见［古罗马］西塞罗：《为米洛辩护》，载袁世全主编：《中外名句大辞典》，上海辞书出版社 2012 年版，第 983 页。

⑥ 见（宋）苏辙：《祖逖》，载《唐宋八大家散文全集·苏辙散文集》，今日中国出版社 1996 年版，第 52 页。

有无欺诈哄骗。经思考，如果要说的这句话、要做的这件事符合诚实的要求，没有欺诈哄骗的，就去说、就去做。否则，就坚决不说、坚决不做。“大丈夫以信义为重”[①]“瞒人之事弗为”[②]，所说的话、所做的事，有信用，经得起验证。而不能不顾诚实真诚，说话谎话连篇，做事虚伪不实。在说了谎话、做了虚伪之事后，就要毫不犹豫地承认，并说真话、实话，做踏踏实实的事。

③对被讯问人进行言行要造假欺哄腐朽价值观危害的警示教育

讯问人员要对被讯问人进行言行要造假欺哄腐朽价值观危害的警示教育，向被讯问人警示：“说谎将使人失去人格——毁掉人们对他的信任。”[③] 言行造假欺哄，丧失的是其人格，再也没有人对他信任。而且，越造假欺哄越暴露事实真相，其结果是“搬起石头砸自己的脚”，自己拿条绳子把自己捆起来。言而无实，不仅是一种罪过，其结果导致的是其自己“不忠不信，何以立于天地之间哉”[④]，为社会所不容，使其自己无法在这个社会上生存下去。而且，必然是因欺瞒而暴露事实真相，导致自己而“死”。在对被讯问人进行上述语言警示的同时，应结合典型案例对被讯问人进行警示。

通过上述方法，使被讯问人认识到人的言行要符合诚实的要求，做到真诚不欺，言行造假欺哄的结果是丧失了自己的人格，“搬起石头砸自己的脚”，使自己“何以立于天地之间”，从而就有可能矫正被讯问人言行要造假欺哄的腐朽价值观。

4. 对被讯问人沦丧道德观的矫正

对被讯问人沦丧道德观的矫正，要根据各种沦丧道德观的具体情

---

① 见《三国演义》第五十回，中华书局 2005 年版，第 279 页。

② 见（清）王豫：《蕉窗日记》，载袁世全主编：《中外名句大辞典》，上海辞书出版社 2012 年版，第 1117 页。

③ 见［英国］弗朗西斯·培根：《论伪装与沉默》，载袁世全主编：《中外名句大辞典》，上海辞书出版社 2012 年版，第 983 页。

④ 见（明）冯梦龙：《东周列国志》第五十回，崇文书局有限公司 2016 年版，第 335 页。

况，以以下有针对性的方法予以矫正：

（1）沦丧善恶观的矫正

对于被讯问人沦丧的善恶观念，应以以下方法予以矫正：

讯问人员要对被讯问人进行善良是人的高尚美德、与人为恶是人的道德败坏的教育。

①对被讯问人进行与人为善是人的高尚美德，与人为恶是人的道德败坏的教育

讯问人员要对被讯问人进行与人为善是人的高尚美德、与人为恶是人的道德败坏的教育，向被讯问人指出：与人为善是一种美德，表明其道德高尚，是做人的最高德行。正所谓“故君子莫大乎与人为善”①。而与人为恶则是人的道德败坏，表明其人品卑下，是社会的渣滓。而且，与人为善的人是堂堂正正的正人君子，而与人为恶的人是卑鄙无耻的小人。正所谓“行善事则为君子，行恶事则为小人”②。

②向被讯问人指出与人为恶是与做人的基本条件相违背的

讯问人员要向被讯问人指出，与人为恶，对人凶、狠、毒，不择手段，是与做人的基本条件相违背的。换句话来说，也就称不上是一个人。因为人都有恻隐之心、羞恶之心、辞让之心。正所谓“无恻隐之心，非人也；无羞恶之心，非人也；无辞让之心，非人也”③，与人为恶这种善恶观念的人，实际上是否定自己是一个人。

③阐明做人要与人为善

讯问人员要向被讯问人阐明：做人要与人为善，这不仅是做人的基本条件，而且也是维护这个社会有序运转、使人与人和谐相处所必需的。如果不与人为善，对人凶、狠、毒，不择手段，这个社会就会成为

① 见《孟子·公孙丑章句上》，载程林主编：《四书五经》（第一卷），北京燕山出版社2008年版，第166页。

② 见（唐）吴兢：《贞观政要·教戒太子》，载马肇基主编：《国学经典》（第四卷），线装书局2012年版，第338页。

③ 见《孟子·公孙丑章句上》，载程林主编：《四书五经》（第一卷），北京燕山出版社2008年版，第164页。

像猛兽互相撕咬、强兽任意吞噬弱小、毒蛇横行祸害的世界，人人自危，社会还怎么运转，人与人还怎么相处？而且强中更有强中手，自己岂不也要葬身强者之腹？因此，“善不可失，恶不可长”①。

④向被讯问人强调与人为善的好处和与人为恶的危害

讯问人员要以对比的手法强调与人为善的好处和与人为恶的危害。

第一，要向被讯问人强调，凡是做善事的人，不需要自己称赞，他人会称赞他；而做恶事的人，不需要自己诋毁，他人会诋毁他。正所谓“凡人为善，不自誉而人誉之；为恶，不自毁而人毁之”②。

第二，要向被讯问人强调，做善事的就会名声远扬，流芳百世；而做恶事的就会臭名昭著，遗臭万年。正所谓“为善则流芳百世，为恶则遗臭万年”③。

第三，要向被讯问人强调，积善的人必然福泽绵长，积不善的人必然灾祸不断。正所谓“积善之家，必有余庆；积不善之家，必有余殃”④。

第四，要向被讯问人强调，行善积德的人就会昌盛发达，而作恶积怨的人就会招致灾祸、灭亡。正所谓“善积者昌，恶积者丧”⑤。

第五，要向被讯问人强调，作恶多端就会遭受灾祸，行善就会享有福禄。正所谓“祸因恶积，福缘善庆”⑥。

⑤要向被讯问人强调做人要做到与人为善

讯问人员要向被讯问人强调做人要做到与人为善：

---

① 见《春秋左传·隐公六年》，载程林主编：《四书五经》（第三卷），北京燕山出版社2008年版，第1269页。

② 见（宋）苏轼：《拟进士对御试策》，载《苏东坡全集》（第3卷），北京燕山出版社2009年版，第1476页。

③ 见（明）程登吉：《幼学琼林·人事》，载陈才俊主编：《幼学琼林全集》，海潮出版社2012年版，第161页。

④ 见《易经·文言传·坤文言》，载程林主编：《四书五经》（第二卷），北京燕山出版社2008年版，第512页。

⑤ 见《三国志·蜀书·后主传》，（宋）裴松之注引：《诸葛亮集》，载中华经典普及文库《三国志》，中华书局2006年版，第534页。

⑥ 见（南朝·梁）周兴嗣：《千字文》，载陈才俊主编：《千字文全集》，海潮出版社2014年版，第63页。

第一，做人要以善为宝贝，用善修身，心怀仁德，心地善良。正所谓“惟善以为宝”①。

第二，做人要看见善良的行为，就要努力去做，恐怕自己赶不上，来不及做；看见恶狠的行为，就要赶紧避开，恐怕自己被沸水烫到一样。正所谓“见善如不及，见不善如探汤”②。

第三，做人要做善事就积极参与去做，做恶事就马上离开。正所谓“为善则预，为恶则去”③“善也吾行，不善吾避”④。

第四，做人要不要认为所做的恶事小而去做，也不要认为所做的善事小而不去做。也就是说，无论怎么小的恶事都不去做，无论怎么小的善事都去做。正所谓“勿以恶小而为之，勿以善小而不为”⑤。

通过上述方法矫正被讯问人沦丧的善恶观念，使其认识到做人最起码的条件是要与人为善，不可做恶，“善不积，不足以成名；恶不积，不足以灭身”，⑥ 不积聚善行，就不能成就美名，不积累恶行，也不足以断送其身，为善将给自己带来极大好处，而作恶将给自己带来极大危害，导致自己灭亡，遗臭万年，从而唤起被讯问人未泯的良知，产生悔罪的意念。

（2）沦丧是非观的矫正

对于被讯问人沦丧的是非观念，应以以下方法予以矫正：

① 见《大学》，载程林主编：《四书五经》（第一卷），北京燕山出版社 2008 年版，第 11 页。

② 见《论语·季氏》，载程林主编：《四书五经》（第一卷），北京燕山出版社 2008 年版，第 109 页。

③ 见（北齐）颜之推：《颜氏家训·省事第十二》，载晶昔译注：《颜氏家训精装典藏本》，中国画报出版社 2013 年版，第 157 页。

④ 见（唐）韩愈：《子产不毁乡校颂》，载《唐宋名家文集·韩愈集》，中州古籍出版社 2013 年版，第 290 页。

⑤ 见《三国志·蜀书·先主传》，（宋）裴松之注引：《诸葛亮集》，载中华经典普及文库《三国志》，中华书局 2006 年版，第 532 页。

⑥ 见《周易·系辞下》，载程林主编：《四书五经》（第二卷），北京燕山出版社 2008 年版，第 595 页。

①对被讯问人在是非观念上的谬论进行无情的批驳

讯问人员要对被讯问人在是非观念上的谬论进行有针对性的无情批驳，驳得其谬论体无完肤，从而澄清是非。

②指出没有是非之心不成为人

讯问人员要向被讯问人指出，作为一个人就要具有是非之心，知道什么是对的，什么是错的；什么是正确的，什么是谬误的；什么是应当做的，什么是不应当做的，这是人与畜牲的根本区别。如果人没有是非之心，那么，其就不成为人，与畜牲无异。正所谓“无是非之心，非人也”[①]。

③阐明能以是为是，以非为非的是聪明；以非为是，以是为非的是愚蠢

讯问人员要向被讯问人阐明，“是是、非非谓之知，非是、是非谓之愚”[②] 的道理。把是的认定为是，予以坚持，把非的认定为非，予以反对，是聪明的表现；把非的认定为是，予以坚持，把是的认定为非，予以反对，是愚蠢的表现。正所谓“是非之心，智之端也”[③]。

④强调判定是非的依据，是社会公认的准则和法律的规定

讯问人员要向被讯问人强调，判定是非是有依据的，那就是社会公认的准则和法律的规定，而不是“胜者为王，败者为寇”。如果社会公认的准则认定是对的、正确的，那么，其就是对的，反之就是错的、谬误的；如果法律的规定认定是对的、正确的，那么，其就是对的，反之就是错的，是犯罪或违纪违法行为。

⑤根据被讯问人是非观念的具体情况，进行入情入理的分析教育

讯问人员要根据被讯问人是非观念的具体情况，以社会公认的准

---

① 见《孟子·公孙丑上》，载程林主编：《四书五经》（第一卷），北京燕山出版社 2008 年版，第 164 页。

② 见《荀子·修身篇》，载（清）王先谦撰：《荀子集解》，中华书局 2012 年版，第 24 页。

③ 见《孟子·公孙丑上》，载程林主编：《四书五经》（第一卷），北京燕山出版社 2008 年版，第 164 页。

则、法律的规定，对被讯问人是非不分、颠倒是非的原因、社会风气的影响、所造成的危害等进行入情入理的分析教育，切忌简单从事。

通过上述方法矫正被讯问人的是非观念，使其认识到什么是“是是”、什么是“非是”，什么是“非非”、什么是“是非”，什么应当坚持、什么应当反对，从而促使其认识到自己的罪行或错误，进而对犯罪或违纪违法事实作出交代。

（3）沦丧改过观的矫正

对于被讯问人沦丧的改过观念，应以以下方法予以矫正：

①说明犯罪或违纪违法是一种社会、历史现象，不足为奇

讯问人员要从社会、历史的角度向被讯问人说明，犯罪或违纪违法是一种社会、历史现象。从社会角度来说，任何一个国家、任何一个地方、任何一条战线、任何一个部门都有犯罪或违纪违法行为的发生，没有发生犯罪或违纪违法的国家、地方、战线、部门是没有的；从历史角度来说，无论是奴隶社会、封建社会、资本主义社会，还是社会主义社会，哪一朝哪一代都有犯罪或违纪违法行为的发生，没有发生犯罪或违纪违法的朝代是没有的。犯罪或违纪违法过去有、现在有、将来也还会有，凡是有人的地方，有人的时候都会有犯罪或违纪违法行为的发生。因此，一个人实施了犯罪或违纪违法行为不足为奇。

②指出任何人都可能犯罪或犯错误，圣人也不例外，犯罪或犯错误并不可怕

讯问人员要向被讯问人指出，正因为犯罪或违纪违法是一种社会、历史现象，任何人都可能犯罪或犯错误，圣人、贤能也不例外，也会犯罪或犯错误，正所谓“自古圣人不能无过”①“贤能不能无过”②。连圣人、贤能都会犯罪或犯错误，更何况我们这些普通的人。因此，犯罪或

---

① 见（宋）苏辙：《论开孙村河札子》，载《唐宋八大家散文集·苏辙散文全集》，今日中国出版社1996年版，第551页。

② 见（唐）刘禹锡：《华佗论》，载梁守中译注：《刘禹锡诗文选译》（修订版），凤凰出版社2011年版，第209页。

犯错误并不可怕。

③强调犯了罪或犯了错，重在改正，可怕的是不承认、不改正

讯问人员要向被讯问人强调犯了罪或犯了错，重在改正，可怕的是不承认、不改正。

第一，要向被讯问人强调，有了过错不要害怕承认和改正，要勇敢地去承认和改正。正所谓“过则勿惮改”①。

第二，要向被讯问人强调，人的可贵不在于他不犯罪或不犯错误，而在于他犯了罪或犯了错误以后，认识到自己犯了罪或犯了错，能坚决地予以改正所犯的罪或错，不再犯罪或犯错。正所谓“不贵于无过，而贵于能改过”②。

第三，要向被讯问人强调，犯了罪或犯了错，而不承认和改正所犯的罪或错，这才是真正的罪过。正所谓“过而不改，是谓过矣”③。

第四，要向被讯问人强调，犯了罪或犯了错误以后，最可怕的是不承认、不改正自己所犯的罪或错。知道自己犯了罪或犯了错，而不去承认它、改正它是不勇敢的表现，是最为痛心和耻辱的行为。正所谓“人患不知其过，既知之不能改，是无勇也”④“痛莫大于不闻过，辱莫大于不知耻”⑤。

第五，要向被讯问人强调，犯了罪或犯了错而不悔过改正，导致的结果是灭亡。正所谓“过而不悛，亡之本也”⑥。

---

① 见《论语·学而》，载程林主编：《四书五经》（第一卷），北京燕山出版社2008年版，第38页。

② 见（明）王守仁：《教条示龙场诸生·改过》，载《王阳明全集》（第三册），黄山书社2014年版，第1024页。

③ 见《论语·卫灵公》，载程林主编：《四书五经》（第一卷），北京燕山出版社2008年版，第105页。

④ 见（唐）韩愈：《五箴并序》，载《唐宋名家文集·韩愈集》，中州古籍出版社2013年版，第286页。

⑤ 见（隋）王通：《文中子·关朗篇》，载郑春颖译注：《文中子中说译注》，黑龙江人民出版社2003年版，第180页。

⑥ 见《左传·襄公七年》，载程林主编：《四书五经》（第四卷），北京燕山出版社2008年版，第1577页。

④阐明犯了罪或犯了错后予以承认和改正，反而会受到他人的尊敬

讯问人员要向被讯问人阐明，由于人人都有可能犯罪或犯错误，因而，人的过错就像太阳日蚀和月亮月蚀一样，承认、改正了它，就是最大的善德行为，人人都会复仰其德，如日月生明之后，则万物亦都会仰其明一样。正所谓“人谁无过，过而能改，善莫大焉”①“君子之过也，如日月之食焉。过也，人皆见之；更也，人皆仰之”②。

通过上述方法矫正被讯问人沦丧的改过观念，使其认识到犯了罪或犯了错误并不可怕，可怕的是不承认、不改正所犯的罪或错。承认、改正自己所犯的罪或错，不仅不会贬低自己的人格和道德，而且会更受到他人的尊重。从而促使被讯问人勇敢地认罪认错、悔罪悔错。

三、消磨被讯问人抗审心理防线的意志基础

（一）被讯问人抗审心理防线意志基础概述

所谓被讯问人抗审心理防线的意志基础，是指被讯问人构筑的抗审心理防线，为达到对抗讯问、坚决不交代犯罪或违纪违法事实的目的而自觉地树立起抗审的信心、下定抗审的决心、保持抗审的恒心、坚持抗审的耐心的心理活动，并转化为抗审的行为。

被讯问人抗审心理防线的建立和抗审行为的进行，离不开意志基础。也就是说，被讯问人只有具有抗审的意志，才能在抗审意志的基础上建立起抗审的心理防线和进行抗审。如果被讯问人没有抗审的意志基础，其抗审的心理防线就无法建立，抗审的行为也不可能进行下去。被讯问人在犯罪或违纪违法行为案发后，预感到自己将受到法律或纪律的

① 见《左传·宣公二年》，载程林主编：《四书五经》（第三卷），北京燕山出版社2008年版，第1460页。

② 见《论语·子张》，载程林主编：《四书五经》（第一卷），北京燕山出版社2008年版，第119页。

制裁，为了抗住讯问，不使自己受到法律或纪律的制裁，总是在分析思考各种情况的基础上，自觉地确定对抗讯问、坚决不予交代的目的。为了达到对抗讯问、坚决不予交代的目的，在思想上树立起抗审的信心、下定抗审的决心、保持抗审的恒心、坚持抗审的耐心，以此支配调节自觉的抗审行为和克服抗审中的困难，在讯问中进行抗审。

1. 树立起抗审的信心

被讯问人的抗审信心，是被讯问人抗审意志的前提。被讯问人认为，自己要想对抗讯问，抗得住讯问人员的讯问，坚决不交代犯罪或违纪违法的事实，不让讯问人员突破自己的抗审心理防线，取得抗审的胜利，首先要有自信心，在思想上树立起抗审必胜的实足信心，只有必胜的信心实足，才能坚定抗审的意志，把抗审进行下去。于是，被讯问人在分析自己进行抗审各种有利条件的基础上，树立起抗审必胜的信心，构筑起抗审的心理防线，并以此转化为抗审行为，在讯问中以实足的信心采取抗审的行为进行抗审。

2. 下定抗审的决心

被讯问人的抗审决心，是被讯问人抗审意志的动力。被讯问人认为，要对抗讯问，抗得住讯问人员的讯问，取得抗审的胜利，光有信心是不够的，还必须要有坚强的决心。只有决心坚强，意志才能坚定不移，推动抗审的进行，从而与讯问人员背水一战，破釜沉舟。于是，被讯问人下定抗审的决心构筑起抗审的心理防线，并以此转化为抗审行为，在讯问中以坚强的决心实施各种抗审行为进行抗审。

3. 保持抗审的恒心

被讯问人抗审的恒心，是被讯问人抗审意志的核心。被讯问人认为，抗审是一个与讯问人员比恒心的过程，谁的恒心始终如一、长久不变，谁就是赢家；谁能保持恒心不改变到最后，谁就是胜者。要对抗讯问，抗得住讯问，取得抗审的胜利，就要有始终如一、长久不变的恒心，持之以恒地保持下去。只有恒心始终如一、长久不变，持之以恒地保持抗审不改变，才能把抗审进行到底，否则，就会半途而废，功亏一箦。于是，被讯问人以始终如一、长久不变的恒心构筑起抗审心理防线，并以此转化为抗审行为，在讯问中以始终如一、长久不变的恒心，保持抗审的恒心进行抗审。

4. 坚持抗审的耐心

被讯问人抗审的耐心，是被讯问人抗审意志的保证。被讯问人认为，要对抗讯问，抗得住讯问人员的讯问，取得抗审的胜利，就要有足够的耐心，只有耐心足，不急躁、不厌烦，才能有顽强的毅力，坚韧持久地将抗审进行下去。于是被讯问人在思想上坚持抗审的耐心构筑起抗审心理防线，并以此转化为抗审行为，在讯问中不急躁、不厌烦，以顽强的毅力坚持抗审行为。

（二）消磨被讯问人抗审心理防线意志基础的方法

被讯问人抗审心理防线的意志基础是支配、调节被讯问人进行抗审，实施抗审行为，坚持抗审行为的总指挥。被讯问人在抗审心理防线意志基础的支配、调节下，以实足的信心、坚强的决心、坚韧的恒心和顽强的毅力实施和坚持抗审行为。如果被讯问人抗审的意志基础不消磨，被讯问人的抗审心理防线就无法突破，其就会在意志基础的支配、调节下一抗到底，无法对犯罪或违纪违法事实作出交代。因此，讯问人员一定要千方百计，采取有效的方法消磨被讯问人抗审心理防线的意志基础，使之丧失抗审的信心、决心、恒心和耐心。只有这样，才有可能突破被讯问人的抗审心理防线，进而促使被讯问人对犯罪或违纪违法事实作出交代。

那么，应当如何消磨被讯问人的抗审意志基础，使之丧失抗审的信心、决心、恒心和耐心呢？

由于被讯问人抗审心理防线的意志基础属于被讯问人的心理活动，其表现在外部的抗审行为是由心理过程转化而来的。因此，消磨被讯问人的抗审意志基础只有从其心理入手，进行釜底抽薪，才能消磨其抗审的意志基础，使之丧失抗审的信心、决心、恒心和耐心，进而停止抗审的行为。总结讯问实践，可采取以下方法对被讯问人的抗审意志基础予以消磨。

1. 以讯问人员的威仪进行消磨

所谓以讯问人员的威仪进行消磨，是指讯问人员在讯问中显示庄重严肃的容貌和言谈举止，对被讯问人的抗审意志进行消磨。

讯问人员堂堂的仪表、端庄威武的仪容、整肃飒爽的仪态、整洁得体的着装、饱满旺盛的精神、炯炯有神的目光、郑重严肃的言谈、庄重沉稳的举止、威严刚毅的神情，既表现出讯问人员气吞山河的磅礴气势，又显示着讯问人员威风凛凛、公正正派、精力强盛、明察秋毫、态度坚决、胸有甲兵、毅力坚韧的品格，表明讯问人员是一个战无不胜、攻无不克、稳操胜券的人。这就使被讯问人从心理上败下阵来，感到自己根本就不是讯问人员的对手，无法与讯问人员较量，从而动摇了被讯问人的抗审意志，挫败了其抗审的信心、决心、恒心和耐心，使之没有勇气进行抗审。因此，在消磨被讯问人抗审意志的过程中，讯问人员要重视和善于以自己的威仪来消磨被讯问人抗审的意志。

（1）以威仪对被讯问人抗审意志基础进行消磨的方法

①以端庄威武的仪容进行消磨

讯问人员仪容端庄威武，显示着讯问人员的雄伟和正派。人的相貌是天生的，但人的仪容却是后天的，是可控制也是可以转变的。讯问人员仪容端庄威武，这给被讯问人的感觉是，讯问人员是一个精明强干、公正公平，具有锐不可当的强大威势之人，这样，就使被讯问人在第一眼看见讯问人员时，便对讯问人员肃然起敬，产生敬畏的心理，感到有一股无形的威慑力和压力正向自己袭来，认为自己根本无法与讯问人员对抗。被讯问人在这种心理的作用下，其抗审的信心、决心、恒心和耐心，在见到讯问人员的第一时间就受到了重创。因此，讯问人员要善于以端庄威武的仪容对被讯问人的抗审意志进行消磨。

以端庄威武的仪容对被讯问人的抗审意志进行消磨，就要做到以下几点：

第一，讯问人员要做到五官端正。不要求讯问人员都是浓眉大眼、一表人才的人，但至少五官要端正，不嘴歪眼斜、歪头斜颈。

第二，讯问人员要做到容颜洁白光亮，满面红光。为此，讯问人员就要洗净脸、刷白牙、修好面、刮净脸上的毛和胡须，不能满脸脏兮兮、牙齿黑乎乎，面部乱毛丛生、胡子拉碴或留着个长胡子，蓄着个八字胡。

第三，讯问人员要做到头发整洁，发型正规。为此，讯问人员就要理整齐头发，洗干净、梳平直，发型正规，不能满头长发，乱蓬蓬、脏兮兮，满是粉尘、头屑，发型怪模怪样。

②以整肃飒爽的仪态进行消磨

讯问人员仪态整肃、飒爽，显示着讯问人员的庄重和矫健。这给被讯问人的感觉是，讯问人员是一个严肃认真、豪迈雄壮，具有泰山压卵之势之人。这就使被讯问人望而生畏，产生胆怯的心理，认为自己不可能与讯问人员对抗。这样，被讯问人抗审的信心、决心、恒心和耐心，在讯问人员的仪态面前就败下阵来。因此，讯问人员要善于以整肃、飒爽的仪态对被讯问人的抗审意志进行消磨。

以整肃、飒爽的仪态对被讯问人的抗审意志进行消磨，就要做到以下几点：

第一，讯问人员要站得挺直。讯问人员在站着对被讯问人进行讯问时，要站得如山崖伫立、似青松挺身，无论在什么时候、什么情况下都做到挺胸收腹、稳健挺拔，并根据讯问的需要，做出一些不违背挺直的相应站姿。不能斜倚着身子、佝偻着背，或做出一些不严肃的站姿。

第二，讯问人员要坐得端正。讯问人员在坐着对被讯问人进行讯问时，要坐得端正，似铜钟落地，无论在什么时候、什么情况下都做到正襟危坐、昂首挺胸，并根据讯问的需要，做出一些不违背端正的相应坐姿。不能仰靠或瘫坐在座椅上，或做出一些令人作呕的坐姿。

第三，讯问人员步伐要坚定有力。讯问人员在边讯问边踱步对被讯问人进行讯问时，要行得稳健，似猛虎下山。无论在什么时候、什么情况下都要做到步伐坚定有力，步步稳健，一步一个脚印，不可步伐拖沓、蹩躠。

③以整洁得体的着装进行消磨

讯问人员着装规范、清洁、整齐，不仅能衬托出讯问人员威严的形象，而且显示出讯问人员严谨的作风。正所谓“人靠衣服马靠鞍”①，人穿上一身得体的衣服，就会显得分外精神；马备上一副讲究的鞍鞯，就会显得特别俊美，衣服对人体的形象有着极大的影响。讯问人员穿上规范、清洁、整齐的衣服，更显得威风凛凛。这给被讯问人的感觉是，讯问人员是一个强势、严谨之人，使被讯问人在第一眼看见讯问人员时便对讯问人员肃然起敬，既敬又畏，认为自己根本不能与讯问人员对抗。这样，在被讯问人第一眼看见讯问人员时，就重挫了其抗审的信心、决心、恒心和耐心。因此，讯问人员要善于以整洁的着装对被讯问人的抗审意志进行消磨。

以整洁的着装对被讯问人的抗审意志进行消磨，就要做到以下几点：

第一，讯问人员的着装本身要规范。讯问人员戴的帽子、穿的衣服、裤子、鞋子本身要规范，符合一般公认的标准。帽子不能怪模怪样，不能穿着奇装异服或穿着背心、短裤，不能穿着拖鞋或高得出奇的高跟鞋。

第二，讯问人员的着装本身要干净。讯问人员戴的帽子要没有灰尘或油垢，不能戴着个尽是灰尘或油垢的帽子；穿的衣服、裤子要洗干净、烫平直，不能脏兮兮、皱巴巴；穿的鞋子要洗干净或擦亮，不能满是泥巴、油垢、粉尘。

第三，讯问人员的着装穿着要整齐。讯问人员戴的帽子要端正，前额的头发要束进帽子，不能歪着帽子或前额头发挂在帽檐下；衣服、裤子要正规地穿在身上，扣齐所有的纽扣，衣服不能披在肩上或散着衣服，裤子不能一只裤管子高、一只裤管子低或不扣裤裆纽扣；鞋子穿着

① 见《薛仁贵征东》一〇回，载温瑞政主编：《中国俗语大辞典》，上海辞书出版社 2011 年版，第 748 页。

要拉起后跟、系紧鞋带，不能趿拉着鞋或鞋带拖在地上。

第四，讯问人员的着装要分被讯问人的不同而穿着。如果讯问惯犯、累犯、几进宫、情节恶劣严重或狡猾、凶残的被讯问人，最好是穿警服，以体现讯问人员执法的威严性；如果讯问初犯、偶犯、情节一般、未成年人或畏罪心理、惊慌心理严重的被讯问人，最好是穿便服，以减轻他们的心理压力，稳定其情绪，避免“破罐子破摔”。

④以饱满旺盛的精神进行消磨

讯问人员精神饱满、神采奕奕，显示着讯问人员气势宏大、精明强干。这给被讯问人的感觉是，讯问人员是一个精力充沛、无坚不摧的人，这就使被讯问人感到自己根本无法与讯问人员进行较量。这样，被讯问人就从精神上败下阵来，从而挫败其抗审的信心、决心、恒心和耐心。因此，讯问人员要善于以饱满的精神对被讯问人的抗审意志进行消磨。

以饱满的精神对被讯问人的抗审意志进行消磨，就要做到以下几点：

第一，讯问人员要切实做到精神饱满、神采奕奕。讯问人员在讯问中要切实做到精力充沛、精气旺盛、神采奕奕、精神焕发、情绪高涨、光彩四射、斗志昂扬、意气风发、气宇轩昂。

第二，讯问人员在任何时候都要做到精神饱满。无论在讯问开始时，还是在讯问的过程中，抑或在讯问结束时，讯问人员都要做到精神饱满、神采奕奕。不能开始时精神饱满、神采奕奕，而在讯问的过程中或讯问结束时却没有了精神，萎靡不振。

第三，讯问人员在任何情况下，都要做到精神饱满。讯问的过程是一个攻坚克难的过程，在这个过程中，难免要遇到各种各样的困难、挫折，出现被动、僵持的局面。讯问人员在任何情况下，都要做到精神饱满、神采奕奕，不能一遇困难，一受挫折就垂头丧气、毫无精神。

⑤以炯炯有神的目光进行消磨

讯问人员目光炯炯、流光四射，显示出讯问人员机警灵敏，明察秋毫。这给被讯问人的感觉是，讯问人员是一个无比精明之人，任何事情都逃不过这双机灵有神的眼睛。这就使被讯问人感觉到自己的任何企图都将被讯问人员看穿、识破，自己根本不可能在讯问人员面前隐瞒得了什么。这样，被讯问人就从信心上败下阵来，从而挫败其抗审的信心、决心、恒心和耐心。因此，讯问人员要善于以炯炯的目光对被讯问人的抗审意志进行消磨。

以炯炯的目光对被讯问人的抗审意志进行消磨，就要做到以下几点：

第一，讯问人员要始终以炯炯的目光注视被讯问人。讯问人员在讯问中要始终做到目光明亮、炯炯有神、目光如炬、闪闪发光、目若悬珠、火眼金睛，对被讯问人视之眈眈。

第二，讯问人员要根据讯问的需要运用不同的目光。讯问人员要根据被讯问人的态度和讯问谋略的需要，运用不同的目光对被讯问人施加心理影响。当被讯问人以恶劣的态度对付讯问时，讯问人员要投以轻蔑的目光，表示对其恶劣的表现不屑一顾；当被讯问人进行伪供或狡辩时，讯问人员要以严肃的目光直射被讯问人，表示对其伪供和狡辩的愤怒，使被讯问人望而生畏；当对被讯问人的犯罪或违纪违法行为进行追讯时，讯问人员要两眼凝视被讯问人的双眼，表明讯问人员不达目的决不罢休的决心；当对被讯问人进行说服教育时，讯问人员要以温和期待的目光，表示对被讯问人以信任、帮助和关心；当对被讯问人进行政策、法律教育时，讯问人员要以严肃、认真的目光，表明政策、法律的严肃性和严格执法的决心。

⑥以郑重严肃的言谈进行消磨

讯问人员言谈郑重，显示着讯问人员一言九鼎，驷不及舌。这给被讯问人的感觉是，讯问人员是一个充满着必胜的坚定信心、一查到底的坚强决心、严肃认真的坚决态度、稳重务实的深入作风的人，其说到做到，“言必信，行必果”。这就使被讯问人产生畏惧的心理，认为自己根本不可能与讯问人员抗衡下去，任何想抗拒、隐瞒、狡辩、蒙混过关的企图都是注定要失败的，都是无济于事的。这样就使被讯问人从决心上败下阵来，从而挫败其抗审的意志。因此，讯问人员要善于以郑重的言谈对被讯问人的抗审意志进行消磨。

以郑重的言谈对被讯问人的抗审意志进行消磨，就要做到以下几点：

第一，语气要坚定。

在讯问中，讯问人员的语气要做到稳重有力、确定不移、斩钉截铁、咄咄逼人，表现讯问人员对取得讯问胜利的必胜信心；对查清案件的坚强毅力；对问题的看法和认识没有丝毫怀疑的把握；对一查到底毫不动摇的决心；对犯罪或违纪违法行为决不姑息的态度，从而体现出讯问人员稳操胜券、执法如山的气势，挫败其抗审的决心。切不可在讯问中语气迟疑、有气无力、支支吾吾、吞吞吐吐、闪烁其词、言不由衷，表现出信心不足、精神不振、意志薄弱、主张犹豫、立场动摇、态度暧昧。

第二，音调要铿锵。

在讯问中，讯问人员的音调既要响亮有力，又要高低、快慢配置恰当，抑扬顿挫，有节奏，表现出讯问人员昂扬的斗志和真挚的情感。切不可音调低小、细声细气，或毫无节奏感，似和尚诵经，或高低、快慢没有根据讯问的需要配置恰当，声音该高时不高、该低时不低、该快时不快、该慢时不慢，慢条斯理，软绵绵、慢吞吞。

第三，言辞要严厉。

在讯问中，讯问人员的言语措辞要做到词意严肃、厉害，字字千金、掷地有声，句句万钧、泰山压卵；严密规范，不随便、不轻浮。并且用词准确无误、精练明了，深达问题的本质，字字像炸弹、句句似利剑，直击被讯问人的要害，切不可用词随便、信口开河，想到什么词句就用什么词句。

第四，用语要庄重、文明。

在讯问中，讯问人员的用语要做到庄重、文明，符合伦理、道德、法律的要求，揭露讲事实、批驳讲道理、施压讲政策、措施讲法律、感化讲感情，切忌破口大骂、脏话连篇、动辄训人、恶语相加、讽刺挖苦、讥笑嘲讽，或言语轻佻、低级庸俗，下流污秽的脏言秽语连篇，戏弄调笑被讯问人，贬低被讯问人的人格和尊严。

第五，内容要客观、合法。

在讯问中，讯问人员的言语内容要做到客观。讯问人员所说的内容要符合案件的实际情况和被讯问人的具体情况，是对案件情况和被讯问人情况的客观反映；是什么情况就是什么情况，不能任意扩大或缩小，不能不顾事实地上纲上线，“扣帽子”“打棍子”，危言耸听；要反映事物的本来面目，不能主观臆断、捕风捉影。

在讯问中，讯问人员的言语还要做到合法。讯问人员所说的内容要符合党的政策和国家法律的规定，做到每一句话、每一个观点、每一段表述都要有政策、法律的依据，体现政策、法律规定的精神；要严格遵守政策、法律的本质含义，决不能随意发挥，或歪曲政策、法律的精神；要严格按照法律的规定要求去讯问被讯问人，特别要注意在讯问中严禁使用威胁、引诱、欺骗以及其他非法的语言对被讯问人进行讯问。

第六，表达要清楚。

在讯问中，讯问人员的言语表达要清楚。做到条理分明、层次清楚、表述准确，概念要明确、判断要恰当、推理要准确、论点要鲜明、论据要充分、论证要严密，切不可语无伦次、颠三倒四，词不成句、语焉不详、言不达意，或概念不清、判断不当、推理错误，或观点不明，没有论据，论证不严密。

⑦以庄重沉稳的举止进行消磨

讯问人员举止庄重，显示着讯问人员沉着、稳重、镇静。这给被讯问人的感觉是，讯问人员是一个严肃认真，考虑问题细密周到，处置情况从容不迫，运筹决策胸有甲兵之人。这就使被讯问人产生又敬又畏的心理，认为自己的犯罪或违纪违法行为必然要被讯问人员揭穿，自己构筑的抗审心理防线必然要被讯问人员攻破，这样就使被讯问人从信心上败下阵来。因此，讯问人员要善于以庄重的举止对被讯问人的抗审意志进行消磨。

以庄重的举止对被讯问人抗审的意志进行消磨，就要做到以下几点：

第一，举止要稳重，不轻浮。讯问人员在讯问中的一举一动都要做到稳重，举手投足之间显示出威严。切不可高兴时手舞足蹈、满意时握握被讯问人的手、愤怒时拍桌擂案等，做出有损威严的轻浮动作。

第二，举止要慎重，不随便。讯问人员在讯问中每做出一个动作都要考虑周到，慎重地做出，使做出的每一个动作都能起到一定的积极作用，切不可随便，想怎么做就怎么做，做出一些起反作用的动作。

第三，举止要沉着，不慌乱。讯问人员在讯问中做每一个动作时，都要做到沉着，从容不迫、不慌不忙，表现出胸有成竹、稳操胜券，切不可不知所措、手忙脚乱。

第四，举止要文明，不野蛮。讯问人员在讯问中所做出的每一个动作都要做到文明，礼貌地对待被讯问人，切不可对被讯问人实施粗野的扭耳朵、抓头发、揪衫襟、戳指枪、拍头部、捶桌子、摔板凳、扇耳光、踢脚头等动作。

第五，举止要灵活，不呆板。讯问人员要根据讯问的需要，针对被讯问人的表现，配合有声语言做出相应灵活的动作。

针对被讯问人的谎话连篇、无理狡辩，讯问人员可用手指向被讯问人或向被讯问人摆摆手，果断地打断被讯问人的狡辩。

针对被讯问人的百般抵赖、拒不供述，讯问人员可用手拍拍桌上的卷宗或从卷宗中拿出材料进行翻阅，以表示证据已收集在卷案中或“我已掌握你确实、充分的证据”。

在向被讯问人阐述道理或揭露矛盾时，可借助相应的手势，以增强讯问的气势。

在向被讯问人出示证据后，讯问人员可手心向上伸出双手，表示事实已经清楚，证据已经确实、充分。

⑧以威严刚毅的神情进行消磨

讯问人员神情威严，显示着讯问人员坚决、刚毅。这给被讯问人的感觉是，讯问人员是一个严格认真、一丝不苟、刚强正直、执法不阿、意志坚定、毫不动摇、毅力坚韧、不折不挠之人，任何犯罪或违纪违法都将被讯问人员查清，任何黑恶势力都将被讯问人员排除，不获全胜是不会收兵的。这样，就使被讯问人望而生畏，从而产生动摇的心理，使被讯问人从决心上败下阵来。因此，讯问人员要善于以威严的神情对被讯问人的抗审意志进行消磨。

以威严刚毅的神情对被讯问人的抗审意志进行消磨，就要做到以下几点：

第一，面部表情要庄严。

面部表情是人对某种外部刺激和内部刺激心理感受的流露，表达出人的态度。人们脸上的眉毛、鼻子、肌肉、嘴巴等，在脸上构成一个集中而又丰富地反映人的态度的“三角区”。在这一区域中，眉毛、口、鼻、肌肉等活动变化都有丰富的表意作用。讯问人员要通过眉毛、口、鼻、肌肉等活动的变化，在面部表现出庄严、郑重的表情，显示出讯问人员的威严，表现出讯问人员的坚决、刚毅、强硬。

第二，目光表情要凛然。

目光是人最明确的神情表现，可以透过目光把人的威严神情表露出来。在讯问中，讯问人员要根据被讯问人的表现和讯问的需要，或两眼逼视被讯问人，或目不转睛，直视被讯问人，或凝视被讯问人的双眼，或用严肃认真的目光盯视被讯问人，或以轻蔑的目光投视被讯问人，表现出目光表情的威严。

第三，神态表情要沉稳。

神态最能表现人威严的神情。在讯问中，讯问人员要做到神态自若、沉稳大方，表现出讯问人员坚决的态度、坚强的决心、顽强的毅力和胸有甲兵的谋略、稳操胜券的才能。为此，讯问人员就要管住自己的神态，以沉稳的神态对被讯问人进行讯问。

在喜的场合，讯问人员无论如何高兴，都要把高兴埋在心底，不能从神态表情上表露出来。

在怒的场合，讯问人员无论如何愤怒，都要把怒火压在心底，不能从神态表情上表露出来。

在忧的场合，讯问人员无论如何忧愁，都要把忧愁堵在心底，不能从神态表情上表露出来。

在惊的场合，讯问人员无论如何惊慌，都要把惊慌掩在心底，不能从神态表情上表露出来。

（2）以威仪对被讯问人的抗审意志基础进行消磨要注意的问题

讯问人员以威仪对被讯问人的抗审意志基础进行消磨要注意以下几个问题：

①要始终坚持庄重严肃的容貌和言谈举止

讯问人员在讯问的过程中，要始终坚持以庄重严肃的容貌和言谈举止对被讯问人进行讯问，无论是在讯问的开始时，还是在讯问的进行时，抑或在讯问结束时，都要做到容貌和言谈举止的庄重严肃；在讯问的各步骤中，无论是讯问开头、端正被讯问人对待讯问的态度、讯问切入主题、摧毁被讯问人抗审心理防线，还是促使被讯问人作出交代，抑或讯问的结束，都要做到容貌和言谈举止的庄重严肃；无论是对被讯问人进行以势攻心、以证据攻心、以法律攻心，还是以理攻心，抑或以情攻心时，都要做到容貌和言谈举止的庄重严肃；无论是讯问顺利时，还是讯问出现困难时，抑或讯问无法进行下去时，都要做到容貌和言谈举止的庄重严肃。总之，在任何时候、任何场合、任何情况下，都要做到容貌和言谈举止的庄重严肃。

②要正确理解威仪的含义

讯问人员要正确理解威仪的含义。威仪，《辞海》解释为“庄严的容止”,[①] 即笔者在这个问题开头时所称的“庄重严肃的容貌和言谈举止”。因而，威仪所表现的是庄重、严肃。庄重，是端正、稳重、不随便；严肃，是郑重、严格、认真、不轻浮。因而，庄重严肃不是凶恶、蛮横、无理。可见，威仪与凶恶、蛮横、无理是格格不入的。因此，讯问人员要将威仪与凶恶、蛮横、无理严格地区别开来，决不可混为一谈。

③要正确把握威仪

正因为威仪所表现的是庄重、严肃，而不是凶恶、蛮横、无理，因此，讯问人员在讯问中，就要正确把握威仪、做到威仪。在仪容上，既要端庄，又要憨厚；在仪态上，既要整肃，又要优雅；在着装上，既要整洁，又要朴素；在精神上，既要饱满，又要秀发；在目光上，既要炯

① 见《辞海》［1999 年版缩印本（音序）］，上海辞书出版社 2002 年版，第 1742 页。

炯，又要和善；在言谈上，既要郑重，又要恳挚；在举止上，既要庄重，又要礼貌；在神情上，既要威严，又要慈善。总之，要做到亦威亦谐、威中有谐、谐中有威，在威严中显露和谐，在和谐中透出威严。

2. 以讯问人员的顽强意志进行消磨

所谓以讯问人员的顽强意志进行消磨，是指讯问人员在讯问中树立起坚定的信心、下定坚强的决心、保持坚毅的恒心、坚持坚韧的耐心，对被讯问人的抗审意志进行消磨。

以讯问人员的顽强意志对被讯问人的抗审意志进行消磨，实质上是以讯问人员的意志攻克被讯问人的意志，对被讯问人的抗审意志进行针锋相对的消磨。

讯问人员意志顽强，显示出讯问人员信心坚定实足、决心坚强不动摇、恒心坚毅始终如一、耐心坚韧不拔，从而使被讯问人感到自己根本无法与讯问人员相持下去，终究要被讯问人员击败，只不过是时间问题。这就使被讯问人从信心、决心、恒心和耐心上败下阵来，对抗审万念俱灰，进而半途而废。因此，在消磨被讯问人抗审心理防线意志基础的过程中，讯问人员要重视和善于以自己顽强的意志来消磨被讯问人抗审的意志。

（1）树立起坚定的信心

坚定的信心，是指讯问人员在讯问的过程中，坚定不移地相信自己一定能够把被讯问人讯下来，使其如实地交代犯罪或违纪违法的事实，取得讯问的胜利。

坚定的信心，既是讯问人员顽强意志的前提和基础，又是讯问人员顽强意志的源泉。讯问的过程，是一个讯问人员与被讯问人比信心的过程，谁的信心坚定，谁就能坚持下去，谁就是赢家。在讯问被讯问人的过程中，讯问人员的坚定信心，对于消磨被讯问人抗审心理防线的意志基础，起着动力的作用。因为讯问人员只有树立起确信一定能够把被讯问人审下来，使其如实地交代犯罪或违纪违法的事实，取得讯问胜利的信心，才能做到决心坚强不动摇，恒心坚毅，始终如一，耐心坚韧不拔。也就是说，决心、恒心和耐心来自信心，没有信心，也就不会有决心、恒心和耐心。同时，也只有树立起必胜的坚定信心，才能不断地强决心、保恒心、持耐心。换言之，决心、恒心和耐心，需要信心以鼓舞，没有信心，决心、恒心和耐心也就无法坚持下去。讯问人员信心坚定，这就使被讯问人感到讯问人员有着取之不尽、用之不竭的意志源泉，认为讯问人员会在信心的鼓舞下与自己的犯罪或违纪违法事实进行着不懈的斗争，自己不交代犯罪或违纪违法事实，讯问人员是绝对不会就此罢休的，其会一直坚持下去，直至自己作出交代为止，从而促使被讯问人从意志上败下阵来，丧失抗审的信心。

以坚定的信心消磨被讯问人抗审心理防线的意志基础，要做到以下几点：

①要树立起既坚定又实足的信心

讯问人员在讯问被讯问人的过程中，首先要在思想上树立起确信一定能够把被讯问人审下来，取得讯问胜利的既坚定又实足的信心，而且要把这种既坚定又实足的信心贯穿于查办案件和讯问的全过程，在任何时候、任何情况下都要信心坚定、信心百倍，切不可时而信心坚定、实足，时而信心动摇、不足，更不可丧失信心。

②要显示出既坚定又实足信心的气势

讯问人员在讯问被讯问人的过程中，要显示出既坚定又实足信心的气势，把信心坚定、实足的气势展现在被讯问人的面前，使被讯问人一见就感到讯问人员信心坚定、实足。同样，信心坚定、实足的气势要贯穿于讯问的全过程，在任何时候、任何情况下显示的都是信心坚定、实足的气势，切不可忽而信心气势实足、忽而信心气势不足，更不可信心气势全无。

③要表现出既坚定又实足信心的行为

讯问人员在讯问被讯问人的过程中，要表现出信心既坚定又实足的行为，把信心坚定、实足的行为直接作用于被讯问人，使被讯问人敬畏讯问人员既坚定又实足信心的行为而丧失其抗审的信心。而且，这种信心坚定、实足的行为要表现得庄重，使被讯问人望而生畏，绝不可随便、轻浮。

（2）下定坚强的决心

坚强的决心，是指讯问人员在讯问的过程中，以强固有力、坚定不动摇的意志把被讯问人审下来，取得讯问的胜利。

坚强的决心，既是讯问人员顽强意志的表现，又是讯问人员顽强意志的关键。讯问的过程，又是一个讯问人员与被讯问人比决心的过程，谁的决心坚强，谁就能坚持到底，谁就是赢家。在讯问被讯问人的过程中，讯问人员坚强的决心，对于消磨被讯问人抗审心理防线的意志基础，起着关键的作用。因为讯问人员只有以强固有力、坚定不移的意志去讯问被讯问人，才能把被讯问人审下来。同时，也只有坚强的决心，才能激励和促使讯问人员咬定目标不放松、攻克目标不动摇、不达目的不罢休，直至被讯问人作出如实交代为止。讯问人员决心坚强，这就使被讯问人感到讯问人员有着强固有力的意志和毫不动摇的决心，认为讯问人员会在坚强决心的支配下对自己的犯罪或违纪违法行为一查到底，自己如不如实交代犯罪或违纪违法事实，讯问人员是绝对不会罢休的。任何艰难险阻都无法阻挡讯问人员前进的步伐，任何外来因素都动摇不了讯问人员的决心，从而使被讯问人从决心上败下阵来，失去抗审的决心。

以坚强的决心消磨被讯问人抗审心理防线的意志基础，要做到以下几点：

①要立下雄心壮志

讯问人员讯问被讯问人，要立下一定要讯下被讯问人，使其如实交代犯罪或违纪违法事实的雄心壮志。在讯问的过程中，在任何时候、任何情况下都做到“志比精金，心如坚石”①，强硬难移。

②要咬住目标不放松

讯问人员在讯问被讯问人的过程中，无论被讯问人要出什么花招、

① 见（明）冯梦龙：《警世通言·况太守断死孩儿》，线装书局2007年版，第355页。

变换什么伎俩，都要紧紧地咬住目标不放松，以不变应被讯问人的万变。

③要攻克目标不动摇

讯问人员在讯问被讯问人的过程中，要坚持攻克目标稳定不动摇。讯问被讯问人，往往是一个漫长的过程，不可能一蹴而就，而且，讯问不可避免地要遇到阻力和困难，为此，讯问人员无论在什么时候、什么情况下，都要做到攻克目标稳定不动摇，坚定不移地向目标发起猛烈的进攻。

④要不达目的不罢休

讯问人员在讯问被讯问人的过程中，要坚持不达目的不罢休。讯问的目的是要使被讯问人作出如实的交代。在讯问的过程中，只要被讯问人还没有作出如实的交代，讯问人员就要把讯问进行到底，不达目的，绝不罢休、绝不放弃、绝不收兵，将一讯到底，直至被讯问人作出如实交代为止。

（3）保持坚毅的恒心

坚毅的恒心，是指讯问人员在讯问的过程中，以始终如一、长久不变的坚定毅力将讯问进行到底，讯清被讯问人的犯罪或违纪违法事实，取得讯问被讯问人的胜利。

坚毅的恒心，既是讯问人员顽强意志的题中应有之义，又是讯问人员顽强意志的核心。在讯问被讯问人的过程中，讯问人员坚毅的恒心，对于消磨被讯问人抗审心理防线的意志基础，起着核心的作用。这是因为，讯问人员只有保持始终如一、长久不变的坚定毅力，才能将讯问一步步地引向深入，向纵深发展，同时，也只有坚毅的恒心，才能使被讯问人最终熬不过讯问人员。讯问人员恒心坚毅，这就使被讯问人感到讯问人员有着坚强持久始终不变的意志，自己是无法与讯问人员抗衡到底的，从而促使被讯问人从恒心上败下阵来，丧失抗审的毅力。

以坚毅的恒心消磨被讯问人抗审心理防线的意志基础，要做到以下几点：

①要始终如一地保持下去

讯问被讯问人，消磨被讯问人抗审心理防线的意志基础，最终促使被讯问人对犯罪或违纪违法事实作出交代，往往需要一个较长的过程，有的甚至需要一个漫长的过程。在这个过程中，需要讯问人员始终如一地保持顽强的意志。也就是说，在讯问开始的时候，讯问人员要有顽强的意志；在讯问进行的过程中，讯问人员亦要有顽强的意志；在讯问进行了较长时间后，讯问人员仍要有顽强的意志；在讯问进行到最后时，讯问人员还要有顽强的意志。在这一次讯问中，讯问人员要有顽强的意志；在下一次讯问中，讯问人员也要有顽强的意志；在多次讯问中，讯问人员同样要有顽强的意志。只要被讯问人还没有作出如实的交代，讯问人员就要自始至终地保持顽强的意志。只有这样，才能消磨被讯问人抗审的意志，进而突破被讯问人的口供。正所谓“始终得其正，天下合于一”。[①] 因此，讯问人员要自始至终地将顽强的意志保持下去。

②要毫不动摇地保持下去

讯问被讯问人，消磨被讯问人抗审心理防线意志基础，最终突破被讯问人的口供，既是一个漫长的过程，同时又是一个复杂、艰巨的过程。在这个过程中，讯问人员面对的是被讯问人的顽固思想、构筑的坚固堡垒，甚至是被讯问人的种种反抗。因而，讯问的进程不可能都进展顺利，甚至可能出现令讯问人员十分被动的局面。在这种情况下，讯问人员就要毫不动摇地保持顽强的意志。也就是说，无论是讯问顺利的时候，还是讯问不顺利的时候，抑或处于被动局面的时候，讯问人员的顽强意志都要毫不动摇，长久不变地保持下去。只有这样，才能最终消磨被讯问人的抗审意志，进而突破被讯问人的口供。因此，讯问人员要毫不动摇地将顽强的意志保持下去。

③要锲而不舍地保持下去

被讯问人知道自己口供的重要性，在讯问前都构筑了抗审的心理防

---

① 见（宋）苏轼：《正统论三首·辩论三》，载《苏东坡全集》（第3卷），北京燕山出版社2009年版，第1312页。

线，在讯问中，凭借抗审的心理防线进行抗审，与讯问人员抗衡。被讯问人抗审心理防线的摧毁，需要经历接受讯问，愿意听讯问人员说话，听得进讯问人员所说的话，讯问人员所说的话在其心理上产生作用，动摇其抗审的心理防线，由拒供的心理向交代的心理转化，其间又要几经反复，最后走上“坦白从宽”的道路的过程。在这个漫长而复杂的过程中，每个环节都需要讯问人员经过大量的工作，才能向下一个环节进展。这就需要讯问人员持之以恒、坚持不懈地进行下去，锲而不舍地对被讯问人进行讯问。只有这样，才有可能摧毁被讯问人抗审的心理防线，促使被讯问人最后作出交代。因此，讯问人员要锲而不舍地保持顽强的意志。只要被讯问人还没有作出交代，讯问人员就要坚持不懈地进行下去，直至被讯问人作出如实的交代。

④要有所作为地保持下去

被讯问人抗审心理防线意志基础的消磨，并不是只要坚持一定的时间就能自动实现的。也就是说，无所作为的坐等是实现不了的。正所谓“扫帚不倒，灰尘照例不会自己跑掉”。被讯问人抗审心理防线意志基础的消磨，不仅需要时间，而且更需要讯问人员以积极的而不是消极的，有所作为的而不是无所作为的态度，并付诸行动。如果讯问人员在消磨被讯问人抗审心理防线意志基础的过程中，虽有坚毅的恒心，但无所作为，只是消极地等待，那么，这种所谓的坚毅恒心，就只有形式，而无实际内容。因而，也就起不到任何作用，其结果只能是坐失良机。因此，讯问人员要想方设法，采取各种措施、各种方法，从不同的方面、不同的角度，以积极的、有所作为的行为保持顽强的意志。只有这样，这个坚毅的恒心才有意义，才能消磨被讯问人抗审心理防线的意志基础。

（4）坚持坚韧的耐心

坚韧的耐心，是指讯问人员在讯问的过程中，有着极大的耐性，不急躁、不厌烦、不气馁，以坚韧不拔的毅力将讯问进行到底，讯清被讯问人的犯罪或违纪违法事实，取得讯问被讯问人的胜利。

坚韧的耐心，既是讯问人员顽强意志的需要，又是讯问人员顽强意志的保证。在查办案件和讯问被讯问人的过程中，讯问人员坚韧的耐心，对于消磨被讯问人抗审心理防线的意志基础，起着保证的作用。这是因为，讯问人员只有有极大的耐心，不急躁、不厌烦、不气馁，才能将讯问进行到底，不至于半途而废。同时，也只有坚持坚韧的耐心，才能处理好讯问中出现的各种各样的复杂问题，从而使讯问顺利地进行下去。讯问人员耐心坚韧，这就使被讯问人感到讯问人员有着忍耐、不急躁的性格，坚定而顽强的不拔毅力，自己是不可能与讯问人员抗衡下去的，从而促使被讯问人从耐心上败下阵来，丧失抗审的耐心。

以坚韧的耐心消磨被讯问人抗审心理防线的意志基础，要做到以下几点：

①要有坚韧的耐性

讯问人员要有坚韧的耐性，这是讯问人员坚持坚韧的耐心的前提，也是总的要求。对被讯问人讯问，突破被讯问人的口供，是一项非常艰巨而又复杂的工作，不可能一蹴而就，而是需要不折不挠、反反复复地进行。如果讯问人员没有坚固而又坚韧的耐性，在这艰巨而又复杂的情况面前就极易受挫折，无法将讯问进行到底，导致半途而废。因此，讯问人员必须要有坚韧的耐性，忍得住性子、耐得住烦恼、经得起挫折、受得了被讯问人的对抗和反反复复，做到“咬定青山不放松，立根原在破岩中。千磨万击还坚劲，任尔东西南北风”。[①] 只有这样，才能使自己立于不败之地，把讯问工作进行到底。

②要不急躁

在讯问的过程中，被讯问人总是千方百计地抗拒讯问，有的被讯问人态度恶劣，对立情绪严重，或以极端的行为抗拒讯问，或拒不回答讯问人员的提问，或故意懒散，蔑视讯问人员，或故意以语言、动作刺激讯问人员；有的被讯问人在证据面前拒不供认，或一副“死猪不怕开水烫”的模样，或不顾事实进行无理的狡辩，或推脱罪责，嫁祸他人，

① 见（清）郑燮：《竹石》，载卞孝萱等编：《郑板桥全集》（增补本），凤凰出版社2012年版，第357页。

或避重就轻软磨硬泡，或胡搅蛮缠，有的甚至连当场抓获或从其身上搜得的证据也拒不承认；有的被讯问人谎话连篇，或编造事实，或颠倒黑白，或真真假假、虚虚实实；等等。在这些情况下，讯问人员都要做到不急躁，慢慢来，不焦急。

③要不厌烦

在讯问中，被讯问人不仅不会轻易交代其犯罪或违纪违法的事实，而且其心理的转化、思想的转变需要有一个过程，甚至这个过程要出现多次反复。因此，讯问人员在讯问中就要做到不厌烦：不厌烦地对被讯问人进行各种教育，不厌烦地对被讯问人进行引导，不厌烦地对被讯问人进行感召，不厌烦地对被讯问人进行规劝，以极大的耐心对待被讯问人，促使其心理转化，思想转变。

④要不气馁

讯问的过程不可能是一帆风顺的，被讯问人也不会是你叫他交代，他就能交代的。其间，讯问人员可能要受到多种的挫折，遇到各种各样的困难，历经种种艰险。因此，讯问人员在讯问中就要做到不气馁，面对挫折，要鼓起勇气；面对各种各样的困难，要迎难而上，克服困难；面对艰险，要“明知山有虎，偏向虎山行”，以极大的勇气和智慧排除种种艰险，披荆斩棘，把讯问进行到底。

3. 以凌厉的进攻进行消磨

所谓以凌厉的进攻进行消磨，是指讯问人员在讯问中向被讯问人发起气势迅猛的攻势，对被讯问人的抗审意志进行消磨。

讯问人员进攻凌厉，以迅猛的气势向被讯问人发起主动进攻，以各种“武器”对被讯问人进行进攻、以各种策略对被讯问人进行进攻、以各种方法对被讯问人进行进攻、以各种手法对被讯问人进行进攻，显示出讯问人员作为执法者的威严和厉害，所向披靡、无坚不摧，使被讯问人感到讯问人员是一个执法高手，自己根本无法抗拒讯问人员实施的进攻行为、根本无法抵挡住讯问人员的进攻、根本无法掩盖住自己的犯罪或违纪违法事实、根本无法进行狡辩和抵赖，从而瓦解和动摇被讯问人的抗审意志，挫败其抗审的信心、决心、恒心和耐心，使之从意志上败下阵来，没有勇气和能力继续进行抗审，进而促使其由拒供的心理向交代犯罪或违纪违法事实的心理转化。因此，在消磨被讯问人抗审心理防线意志基础的过程中，讯问人员要重视和善于以凌厉的进攻来消磨被讯问人抗审的意志。

（1）发起主动进攻，消磨被讯问人的抗审意志

在讯问中，讯问人员要根据案件、被讯问人和讯问的情况，以猛烈的“炮火”向被讯问人发起迅雷不及掩耳的主动进攻，做到先发制人，置被讯问人于被动的地位。

①讯问人员要抓准进攻点

讯问人员要抓准进攻点，针对被讯问人的薄弱环节，以猛烈的“炮火”进行轮番轰炸，使被讯问人处于连续挨打的境地。在进攻的过程中，如果被讯问人进行反抗，提出狡辩，讯问人员要果断地阻止他的狡辩，让进攻不间断地进行下去。否则，讯问人员就控制不住讯问的局面，使进攻变成了顶牛，从而不仅使进攻进行不下去，而且有可能变成被讯问人审讯问人员。因此，在向被讯问人进攻的过程中，讯问人员要以强硬的态度阻止被讯问人的狡辩，[①] 使进攻连续地进行。

②要加快进攻的节奏

讯问人员在向被讯问人主动进攻的过程中，要加快进攻的节奏，无论是以形势、法律、政策、道理、证据、案例对被讯问人进行进攻，还是以提出问题让被讯问人回答进行进攻，讯问人员都要加快进攻的节奏。在以形势、法律、政策、道理、证据、案例等向讯问人进攻时，讯问人员的语速要加快，咄咄逼人。这样，一方面表现出讯问人员胸有成竹，另一方面表现出进攻的气势。在提出问题让被讯问人回答进行进攻时，讯问人员要加快提问的节奏。对一个问题，要从不同的角度、不同的侧面，连续向被讯问人提出，责令其回答，使被讯问人只有招架之

① 此时阻止被讯问人的狡辩，并不是剥夺他的辩解权利，而是在此时不让其辩解，而要在讯问人员的进攻告一段落时再让其辩解。

功，没有还击之力。这样，一方面不让被讯问人有时间来考虑如何回答、如何对付讯问人员的提问，另一方面迫使其要么作出如实的回答，要么临时编造，露出破绽。

（2）以各种“武器”向被讯问人进攻，消磨被讯问人的抗审意志

讯问人员要运用各种“武器”，对被讯问人进行进攻。

①以政治形势为“武器”进行进攻

讯问人员要以严厉打击犯罪和坚决惩治腐败的政治形势为“武器”向被讯问人进攻。在进攻中，向被讯问人大讲严厉打击犯罪和坚决惩治腐败的政治形势，对犯罪和腐败坚决予以严厉打击。无论什么人犯了罪或进行腐败活动都一视同仁，绝不手软，坚决予以狠狠打击。从中央到地方、从机关到社会、从南到北、从东到西，正在进行着一场严厉打击犯罪和坚决惩治腐败的斗争，声势浩大，措施严厉。严厉打击犯罪和坚决惩治腐败的形势似急风暴雨横扫、似滚滚洪流直冲、似决堤洪水猛撞。任何力量都无法阻挡这种潮流，都不可能与这种形势相抗衡。

②以此次查案的声势为“武器”进行进攻

讯问人员要以此次查案的声势为“武器”向被讯问人进攻。在进攻中，向被讯问人大讲此次查案的强大声势；大讲领导重视和查案人员的决心；大讲群众的真心拥护、支持、参与案件的查处，进行揭发检举，已形成人民战争的汪洋大海，犯罪或违纪违法分子已是“老鼠过街，人人喊打”；大讲各部门的通力协作、配合；大讲共同或对合犯罪或违纪违法分子纷纷要争取从宽处理，走自首、坦白从宽和立功检举、揭发的道路。通过对这些方面的宣讲，把一个全党动员、全民参与，各方通力协作、配合，齐心协力，既轰轰烈烈、声势浩大，又扎扎实实、稳扎稳打的查案形势摆在被讯问人的面前，使被讯问人感到，在这种查案形势下，如认不清形势、看不到潮流所向，继续盲目从事、一意孤行，必然被这种潮流所吞噬而葬身“鱼腹”。

③以理论为“武器”进行进攻

讯问人员要根据案件和被讯问人的情况以及被讯问人拒供的心理障碍情况，选择有针对性的各种不同的理论向被讯问人进攻。或向被讯问

人宣讲马克思辩证唯物主义的有关理论；或宣讲各门社会科学的有关理论；或宣讲各门自然科学的有关理论；或宣讲各门现代科学的有关理论；等等。

④以法律为“武器”进行进攻

讯问人员要根据案件和被讯问人的情况，针对被讯问人拒供的心理障碍，选择不同的法律规定或法律理论向被讯问人进行进攻。或向被讯问人宣讲《刑事诉讼法》关于证据的规定和刑事诉讼的证据理论；或宣讲《刑事诉讼法》第五十五条的规定；或宣讲《刑事诉讼法》关于认罪认罚和不起诉的规定；或宣讲《刑法》的罪刑相适应原则；或宣讲《刑法》关于刑法面前人人平等的原则；或宣讲量刑的原则、刑罚裁量的情节、量刑的各项制度；或根据被讯问人所犯的罪宣讲该罪的法律规定；等等。

在以法律这一“武器”消磨被讯问人抗审意志的过程中，讯问人员要特别着重宣讲以下两方面的内容：

第一，关于刑事诉讼的证据理论方面。在刑事诉讼证据理论方面，讯问人员要突出宣讲我国证据的实事求是制度、证据的概念和基本特征、我国的证明标准、刑事证据在理论上的分类等。通过刑事诉讼证据理论宣讲，使被讯问人懂得：案件事实的认定，并不因为被讯问人作出供述而转移；证据并不以被讯问人供述了就存在，也不以被讯问人不供述而不存在；被讯问人是否作出供述并不影响案件事实的认定；侦查人员通过全面地收集证据，完全可以收集到不同类别的证据，达到案件证据确实、充分的证明要求，即使这一类别的证据无法收集到，也可以收集到另一类别的证据，进而能够证实犯罪事实，从而促使被讯问人失去抗审的信心、决心、恒心和耐心。

第二，关于法律的规定方面。在法律的规定方面，讯问人员要突出宣讲我国《刑事诉讼法》规定的八种证据，《刑事诉讼法》第五十五条关于“对一切案件的判处都要重证据，重调查研究，不轻信口供。只有被告人供述，没有其他证据的，不能认定被告人有罪和处以刑罚；没有被告人供述，证据确实、充分的，可以认定被告人有罪和处以刑罚”

的规定。通过法律规定的宣讲，使被讯问人认识到：自己的供述只是八种证据中的一种，自己不交代，讯问人员照样可以收集到其他七种证据，其他七种证据同样能从不同的角度、不同的方面证实自己的犯罪事实；司法机关对案件的判处，重视的是证据，而不是口供，没有自己的口供，只要证据确实、充分，就可以认定自己有罪和处以刑罚，并不一定需要自己的口供，从而进一步促使被讯问人失去抗审的信心、决心、恒心和耐心。

⑤以侦查措施为“武器”进行进攻

讯问人员要以侦查措施为“武器”向被讯问人进攻。在进攻中，要向被讯问人宣讲侦查的各种措施，特别是要重点宣讲技术侦查措施在侦查工作中所发挥的无可估量的作用以及科学技术在侦查工作中的运用。

⑥以党的刑事政策为“武器”进行进攻

讯问人员要向被讯问人宣讲各项刑事政策，① 以刑事政策向被讯问人进攻。或向被讯问人宣讲宽严相济的刑事政策，或宣讲“坦白从宽、抗拒从严”的政策；或宣讲“对犯罪人进行教育、感化、挽救”的政策。

在以刑事政策这一“武器”消磨被讯问人抗审意志的过程中，讯问人员要特别着重宣讲“宽严相济”和“坦白从宽、抗拒从严”的政策，通过这两项政策的宣讲，使被讯问人在认识到抗拒毫无意义的基础上，更深刻地感到抗拒讯问、拒不供述犯罪或违纪违法的事实，其结果

---

① 向被讯问人宣讲各项刑事政策，笔者在前面论述的消除被讯问人抗审心理防线情绪基础中已经作过详细的论述。刑事政策既是感化、感召被讯问人的有效良药，又是向被讯问人进攻消磨被讯问人抗审意志的有力“武器”。因而，在此处又提出宣讲刑事政策的问题。事实上，摧毁被讯问人抗审心理防线各基础，是一个有机的整体，在讯问中，并非明确分开对各基础逐一摧毁。因而，在讯问实践中，并非需要为消除被讯问人抗审心理防线的情绪基础来一次宣讲刑事政策，为消磨被讯问人的抗审心理防线的意志基础又来一次宣讲刑事政策。之所以在该两处，或更多处提到宣讲刑事政策，是从理论上来说的。在其他问题上有讲到重复的问题，例如出示证据、阐述道理、情感输入等，也是这个道理。

只能是得到从重的处理，从而进一步促使被讯问人认识到抗审是没有出路的，只能是适得其反，使之失去抗审的信心、决心、恒心和耐心。

⑦以证据为“武器”进行进攻

讯问人员要根据案件和证据的实际情况，以巧妙的方法向被讯问人出示证据，以证据向被讯问人进行进攻，使被讯问人产生讯问人员已掌握了其犯罪或违纪违法确实、充分的证据，已无法隐瞒犯罪或违纪违法事实的感觉。

⑧以典型案例为“武器”进行进攻

讯问人员要选择典型案例对被讯问人进行进攻，以典型案例警示被讯问人，把“血淋淋”的事实摆在被讯问人的面前。

⑨以各种道理为“武器”进行进攻

讯问人员要根据案件和被讯问人的情况，有针对性地运用政治、哲学、法学、道德、伦理、宗教、信仰等方面的道理对被讯问人进行进攻。向被讯问人或阐述一个政权在关系到自己生死存亡的问题上不可能心慈手软、作出妥协的道理，或阐述“要想人不知，除非己莫为”的道理，或阐述辩证唯物主义认识论的道理，或阐述“夫妻本是同林鸟，大难临头各自飞”的道理，或阐述“从来就没有救世主”的道理，或阐述“只有悔罪，才是唯一的出路”的道理，或阐述逻辑学“同一律”的道理，或阐述“船翻争上岸”的道理[①]，等等。

以道理为“武器”向被讯问人进攻，消磨被讯问人的抗审意志，要特别注意做到以下几点：

第一，所说的理一定要具有针对性。有的被讯问人认为自己的犯罪或违纪违法事实不可能有人知道；有的被讯问人认为自己同他人订立的攻守同盟牢不可破；有的被讯问人认为自己后台硬、关系铁；有的被讯问人认为比他问题大的人多的是不查，查他的问题是有意陷害；有的被讯问人认为自己要无赖，讯问人员就没有招数，等等。这些不同的情

---

① 这些道理笔者曾在《讯问艺术》（增订版）中作过叙述。见《讯问艺术》（增订版），中国方正出版社 2015 年版，第 614—615 页、第 619—637 页。

况，只能用不同的理去对付，才能起作用。如果讯问人员所用的理不具有针对性，随意搬一个理去说，是无法消磨被讯问人的抗审意志的。因此，讯问人员在以理向被讯问人进攻时，所运用的理一定要具有针对性。

第二，说理要透彻，不仅要使被讯问人知道这个理，即这个理是什么，而且还要使被讯问人知道为什么是这个理。因而，讯问人员以理向被讯问人进攻，不仅要说清这个理是什么，而且还要说清为什么是这个理，使被讯问人不仅知其然，而且还要知其所以然。只有这样，被讯问人才能听得明白、听得深刻。如果讯问人员只是简单地说这个理是什么，而不去阐明为什么，那么，被讯问人就会听得不明白、不深刻，从而也就难以起到消磨被讯问人抗审意志的作用。因此，说理要透彻，不仅要使被讯问人知其然，而且还要使被讯问人知其所以然。

第三，说理要做到情理结合。也就是说，说理要入情入理、理中渗情，把理与情有机地、巧妙地结合起来，从而使理更加彰明，使被讯问人听得更加明确。如果仅理说理，就会使理干巴巴，枯燥无味，这样，也就难以起到消磨被讯问人抗审意志的作用。因此，说理要做到情理结合，入情入理。

同时，在以道理这一“武器”消磨被讯问人抗审意志的过程中，讯问人员要特别注意向被讯问人阐明，被讯问人一旦实施了犯罪或违纪违法行为，犯罪或违纪违法就成为客观存在的事实，而客观存在的事实是不以人们的意志为转移的，并不是被讯问人抗审就能抗得了的、不交代就不存在的、否认就能否认得了的、辩解就能辩解得了的，而且往往是欲盖弥彰。正因为已经实施的犯罪或违纪违法事实是客观存在的，是抗不了、否认不了、辩不了的，所以，抗审也就没有任何意义。通过这一道理的阐明，使被讯问人认识到抗审是不起任何作用的，并不能隐瞒已经实施的犯罪或违纪违法事实，而且有可能使犯罪或违纪违法事实更明显地暴露出来，从而促使被讯问人失去抗审的信心。

⑩以情感信息为“武器”进行进攻

讯问人员要根据被讯问人情感上的执着点或弱点，选择有针对性的情感信息和以有针对性的方法向被讯问人进攻。或以讯问人员的语言向被讯问人涉入情感信息，或以讯问人员的行为向被讯问人涉入情感信息，或以情景向被讯问人涉入情感信息，[①] 激发被讯问人的情感，消磨其抗审的意志。

以情感信息为“武器”消磨被讯问人的抗审心理防线的意志基础，要特别注意做到以下几点：

第一，要针对被讯问人情感上的执着点或弱点。由于被讯问人的情况不同，每个被讯问人在情感上的执着点或弱点是不同的。有的被讯问人执着于亲人，有的被讯问人执着于恋人，有的被讯问人执着于家庭，有的被讯问人执着于事业；有的被讯问人对这个问题容易动感情，有的被讯问人对那个问题容易动感情；等等。讯问人员只有抓准被讯问人情感上的执着点或弱点，并针对其执着点或弱点进行用情，才有可能通过情消磨被讯问人抗审的意志。如果讯问人员不能针对被讯问人情感上的执着点或弱点对其用情，由于被讯问人不需要这个情，那么，这个情也就无法起到消磨被讯问人抗审意志的作用。因此，讯问人员在以情感信息为“武器”向被讯问人进攻时，一定要针对被讯问人情感上的执着点或弱点。

第二，要把握以情进攻的最佳时机。被讯问人的情感只有在适当的时候于某种信息面前才能激发出来，在不适当的时候是不可能激起被讯问人的情感的，而且有可能起反作用，认为讯问人员是在巴结他、求他，从而也就起不到消磨其意志的作用。因而，以情消磨被讯问人的抗审意志，把握以情进攻的时机，即情感信息的涉入时机就显得格外重要。因此，讯问人员以情感信息为“武器”向被讯问人进攻，一定要把握情感涉入的最佳时机，在最有利的时候向被讯问人涉入情感信息，消磨被讯问人的抗审意志。只有这样，才能起到应有的效果，达到消磨

---

① 这些涉入情感信息的方法笔者曾在《讯问艺术》（增订版）中作过详细的叙述，在此不再赘述。见《讯问艺术》（增订版），中国方正出版社 2015 年版，第 600—613 页。

被讯问人抗审意志的目的。

第三，要把握以情进攻的度。情感信息是一种外因，只有适度，才能起到消磨被讯问人抗审意志的作用。如果讯问人员不把握好以情进攻的度，即情感信息涉入的度，是不能起到它的作用的：涉入的量不足，不能引发、激起被讯问人的情感反应，产生情感；涉入的量太多，超过了这个度，便会引起被讯问人的警惕、反感。因此，以情感信息为“武器”向被讯问人进攻，一定要把握情感信息涉入的度，做到适度，以能引发、激起被讯问人的情感反应、产生情感为已足，千万不可轻描或滥涉情感信息，以免激不起被讯问人的情感或画蛇添足。

（3）以各种策略向被讯问人进攻，消磨被讯问人的抗审意志

以策略向被讯问人进行进攻，讯问人员要根据案件和被讯问人的情况，分别运用有针对性的下列各种策略对被讯问人进行进攻。

①以攻心为上的策略进行进攻

讯问人员要运用声势、威势、形势、政治、科学、法律、政策、案例、伦理道德、证据、道理、前途、亲情、利益等对被讯问人进行攻心，施加心理影响，从思想上、心理上瓦解、消磨其抗审的意志。

②以重点突破的策略进行进攻

讯问人员要根据案件和被讯问人情况，把事关全案突破的某一关键性事实、情节或被讯问人赖以抗审的精神支柱作为重点进攻目标，运用各种武器、采取各种方法，集中各种优势，进行轮番轰炸，消磨其抗审的意志。

③以避实击虚的策略进行进攻

讯问人员要抓准被讯问人防御上的虚弱之处，避开被讯问人防御上的坚固之处，向其防御上的虚弱之处进行进攻，消磨其抗审的意志。

④以迂回围歼的策略进行进攻

讯问人员要先有意绕过被讯问人犯罪或违纪违法事实的核心，从与案件和犯罪或违纪违法表面上关系不大或没有关系，但实质上具有内在联系的事实入手，逐步把讯问引向深入，最后向被讯问人犯罪或违纪违法的核心问题进行进攻，消磨其抗审的意志。

⑤以制造错觉的策略进行进攻

讯问人要以语言、动作或其他的手段制造出某一在客观上是存在的，但在此时尚还不存在或事实上不是这样的现象，使被讯问人信以为真，作出错误的判断，消磨其抗审的意志。

⑥以分化瓦解的策略进行进攻

讯问人员要以各种手段促使被讯问人与共同或对合犯罪或违纪违法人的分裂、崩溃，消磨其抗审的意志。

讯问人员在运用策略向被讯问人进攻的过程中，于运用各种“武器”向被讯问人进攻时，还要以策略运用好各种“武器”，使各种“武器”发挥更大的威力。

(4) 以各种方法向被讯问人进攻，消磨被讯问人的抗审意志

讯问人员要运用各种方法使用好“武器”向被讯问人进行进攻，消磨其抗审的意志。

笔者在前面叙述了以各种“武器”向被讯问人进攻，消磨被讯问人抗审意志，但“武器”的使用是要讲究方法的。讯问人员在运用各种“武器”向被讯问人进行进攻时，要根据案件、被讯问人和“武器”的情况，斟酌选择最有效的方法、使用好各种“武器”，切不可把“武器”直来直去地摆在被讯问人的面前，而使“武器”失去效用。例如，使用证据这一“武器”向被讯问人进攻，讯问人员就要根据被讯问人的心理和证据的具体情况，对不同的心理和不同的证据情况，运用不同的方法出示证据：有的要以明示的方法出示，有的要以暗示的方法出示，有的要以明、暗结合的方法出示，有的要以实示的方法出示，有的要以虚示的方法出示，有的要以虚、实并举的方法出示，等等。而且，就同一种出示证据的方法，也应根据被讯问人不同的心理和不同的证据情况，运用不同的具体方法予以出示。例如，以暗示的方法出示证据。有的要以语言暗示，有的要以动作暗示，有的要以实物暗示，有的要以知情人暗示，等等。甚至，同一种出示证据的具体方法，也因被讯问人的心理和证据情况的不同，出示的具体方法也不同，例如，语言暗示。有的以阐述某一情况进行暗示，有的以阐述某一规律进行暗示，有的以

阐述某一道理进行暗示，有的以说讯问人员自己的能力进行暗示，有的以点出作案时的特殊天气或正在发生的某事进行暗示，有的以点出作案地点情况或周边的环境进行暗示，有的以点出情景进行暗示，有的点出作案时的某一句话或某一个动作进行暗示，等等。

通过以最恰当、最巧妙的方法，运用好“武器”，消磨被讯问人抗审的意志。

（5）以各种手法向被讯问人进攻，消磨被讯问人的抗审意志

讯问人员要运用各种手法向被讯问人进行进攻，消磨其抗审的意志。

①以戳穿的手法向被讯问人进行进攻

讯问人员要运用事实、证据、法律和情理，以戳穿的手法向被讯问人进行进攻。

一是戳穿被讯问人的犯罪或违纪违法的行为，把被讯问人犯罪或违纪违法行为暴露在光天化日之下，使之真相大白，铁板钉钉。

二是戳穿被讯问人犯罪或违纪违法的主观心理态度，把被讯问人犯罪或违纪违法的主观心理态度暴露在众目睽睽之下，使之“司马昭之心，路人皆知”。

三是戳穿被讯问人抗审中使出的各种阴谋，把被讯问人抗审的各种阴谋暴露无遗，使之原形毕露。

四是戳穿被讯问人抗审的心理，把被讯问人抗审的心理暴露在大庭广众面前，使之无法隐瞒。

通过上述戳穿，消磨被讯问人的抗审意志。

②以揭露的手法向被讯问人进行进攻

讯问人员要以揭露的手法向被讯问人进行进攻。

一是揭露被讯问人口供前后的矛盾。针对被讯问人口供前后的矛盾，利用其所讲的一个谎言去揭露其所讲的另一个谎言，“以子之矛，攻子之盾”，使之哑口无言。

二是揭露被讯问人口供与同案人或对合人口供的矛盾。针对被讯问人的口供与同案人、对合人的口供的矛盾，利用同案人、对合人的口供去揭露被讯问人的谎言，使之无言以对。

三是揭露被讯问人口供与其他客观证据的矛盾。针对被讯问人的口供与其他客观证据的矛盾，利用其他客观证据去揭露被讯问人的谎言，使之理屈词穷。

四是揭露被讯问人的口供与有关社会科学、自然科学的矛盾。针对被讯问人的口供与有关社会科学、自然科学的矛盾，利用有关社会科学、自然科学去揭露被讯问人的谎言，使之张口结舌。

五是揭露被讯问人的口供与情理的矛盾。针对被讯问人的口供与情理之间的矛盾，利用情理去揭露被讯问人的谎言，使之不能自圆其说。

通过对被讯问人在口供上暴露出的矛盾进行无情的揭露，消磨被讯问人抗审的意志。

③以批驳的手法向被讯问人进行进攻

讯问人员要运用事实、证据、法律、道理、知识和规律，以批驳的手法向被讯问人进行进攻。

一是批驳被讯问人抗审的各种谬论。在讯问实践中，不少被讯问人提出种种谬论对抗讯问人员的讯问，有的以“这种行为十分普遍，查这种问题就是以法责众”对抗讯问；有的以“比我问题大的人多的是，查我就是有意陷害”对抗讯问；有的以“我们是在伸张正义，是正义的行为，查我就是黑白颠倒”对抗讯问；有的以“我们是两相情愿，查我就是‘狗拿耗子，多管闲事’”对抗讯问；有的以“只许州官放火，不许百姓点灯”对抗讯问；等等。对于被讯问人的这些抗审谬论，讯问人员要义正词严地予以批驳。

二是批驳被讯问人抗审的各种狡辩。在讯问实践中，绝大多数被讯问人都对自己的犯罪或违纪违法行为进行狡辩，将有辩无、将重辩轻、将非法辩合法。有的从实施的行为上进行狡辩，有的从主观故意上进行狡辩，等等。对于被讯问人的这些无理狡辩，讯问人员要词严气正地予以批驳。

三是批驳被讯问人抗审的伎俩。在讯问实践中，有相当部分的被讯问人使出种种抗审伎俩，有的以自杀、绝食相威胁；有的以装病、装疯卖傻甚至极端的无赖行为相对抗；有的以粗野的言语、行为相恫吓；有的实施推脱行为，把责任推给同案人、对合人、被害人，甚至毫无相干的人；有的捏造事实，嫁祸于人；等等。对于被讯问人的这些抗审伎俩，讯问人员要义正词严地予以批驳。

四是批驳被讯问人的谎言。在讯问实践中，有的被讯问人编造事实和理由，谎话连篇；有的被讯问人进行伪供、假供，全是谎话、假话；有的被讯问人故意颠倒事实，真真假假、虚虚实实，把水搅浑；等等。对于被讯问人的谎言，讯问人员要词严义密地予以批驳。

通过批驳这种手法，消磨被讯问人抗审的意志。

④以抨击的手法向被讯问人进攻

讯问人员要以抨击的手法向被讯问人进行进攻，对被讯问人予以谴责。

一是对被讯问人抗审的恶劣态度进行抨击，谴责被讯问人的恶劣态度是与政权、法律相对抗。

二是对被讯问人实施的犯罪或违纪违法行为进行抨击，谴责被讯问人的犯罪或违纪违法行为造成的严重危害。

三是对被讯问人的人格、道德进行抨击，谴责被讯问人违背了做人的基本准则。

通过抨击这种手法，消磨被讯问人抗审的意志。

4. 以真诚的挽救进行消磨

所谓以真诚的挽救进行消磨，是指讯问人员在讯问中以挽救者的姿态对被讯问人进行真心诚恳的挽救，消磨被讯问人抗审的意志。

讯问人员只有对被讯问人的挽救做到真诚，才能感化被讯问人，从而消磨被讯问人抗审的意志。如果讯问人员对被讯问人的挽救做不到真诚，那么，也就无法感化被讯问人，被讯问人抗审的意志也就难以消除。正所谓“唯天下至诚为能化”。[①] 讯问人员以诚恳的态度对被讯问人进行教育、以真挚的感情对被讯问人进行感召、以入情入理的方法进

① 见《中庸》，载程林主编：《四书五经》（第一卷），北京燕山出版社 2008 年版，第 28 页。

行分析，显示出讯问人员作为教育者、挽救者的真心和诚意，情真意切，金石为开，使被讯问人感到讯问人员不仅是一个执法高手、威严之人，而且更是一个充满诚心、爱心的挽救者，是真心实意为自己好，自己不应把忠言视为恶语、不应把好心当成驴肝肺，不知好歹、是非不分、善恶不辨，从而从另一个角度瓦解和动摇被讯问人抗审的意志，无形中挫败了其抗审的信心、决心、恒心和耐心，使之受到感化，从情感上败下阵来，没有理由继续进行抗审。因此，在消磨被讯问人抗审心理防线意志基础的过程中，讯问人员在以凌厉的攻势对被讯问人进行进攻的同时，一定要做到以真诚的挽救来消磨被讯问人抗审的意志，使之自动地丧失抗审的意志。

（1）以相容的心理挽救被讯问人

我们说过，讯问人员的心理一方面是要想方设法促使被讯问人对犯罪或违纪违法事实作出交代，查清被讯问人的犯罪或违纪违法事实，给以应有的惩罚，以达到一般预防和特殊预防的目的。而被讯问人则是千方百计地对抗讯问，隐瞒或否认犯罪或违纪违法的事实，或进行狡辩，将有辩无、将重辩轻，以达到逃避惩罚或从轻处罚的目的。从这一方面来讲，讯问人员的心理与被讯问人的心理是相对的；讯问人员心理的另一方面，是通过讯问对被讯问人进行教育、感化、挽救，促使被讯问人对犯罪或违纪违法事实作出交代，以达到被讯问人走“坦白从宽”的道路，得到从轻处罚的目的。而得到从轻处罚，又正是被讯问人所希望的，从这个方面来讲，讯问人员与被讯问人的心理又是相容的。

事实上，讯问人员心理的这两个方面是统一的。因此，讯问人员在讯问中就应以相容的心理对待被讯问人。

以相容的心理挽救被讯问人，要做到以下几点：

①为被讯问人创造从宽处理的机会和条件

被讯问人从宽处理的机会和条件，有的是需要讯问人员给以创造的。讯问人员给被讯问人创造了从宽处理的机会和条件，被讯问人就有可能抓住这个机会和条件走上“坦白从宽”的道路。

讯问人员要根据案件和被讯问人的情况，为被讯问人创造从宽处理的机会和条件。

第一，对那些犯罪情节严重，如果没有悔罪表现，就要被判处死刑的被讯问人，讯问人员要尽量创造让其悔罪的机会，千方百计规劝其对犯罪事实作出主动如实的交代，动员其悔罪，取得被害人及其家属的原谅，揭发检举立功，走从宽的道路。

第二，对那些证据确实、充分，不需要被讯问人作出交代就能定罪处罚的被讯问人，讯问人员要给他创造交代的机会，设法促使其对犯罪事实作出交代，根据《刑法》第六十七条第三款规定，使其走上从宽的道路。

第三，对那些本身犯罪已没有从轻处理理由的被讯问人，讯问人员要动员其揭发、检举立功，为其创造从宽处理的条件，走从宽的道路。

第四，对那些还有其他犯罪行为的被讯问人，讯问人员在展开彻查前要向其宣讲《刑法》第六十七条第二款关于准自首的规定，促其主动交代尚未被司法机关掌握的其他犯罪行为，为其创造自首从宽的机会，走从宽的道路。

第五，对那些通过教育能够交代的被讯问人，不要急于向其出示证据，为其创造主动交代的机会，走从宽的道路。

第六，对那些态度较好的被讯问人，对其教育后，先让其自已将犯罪或违纪违法事实写出来，为其创造主动交代的机会，走从宽的道路。

第七，对那些不会逃跑的被讯问人，要促其自首，为其创造自首的机会；对于有自首意向的被讯问人，讯问人员不要抢在其自首之前将其抓获到案，要给其自首的机会，走从宽的道路。

第八，对那些行贿的被讯问人，先不要予以立案，促使其在立案前主动作出交代，为其创造法律规定的从宽机会，走从宽的道路。

②为被讯问人指出从宽的情形

从宽处理的情形，有的是法律明文规定的，有的是刑事政策规定的，有的是司法实践总结的。由于有的被讯问人不懂法律，有的被讯问人不是从事司法工作的，因而不知道这些从宽处理的情形，不知道怎样做才能得到从宽的处理。因此，讯问人员要向被讯问人指出从宽处理的情形，使被讯问人知道怎样去做。

有的被讯问人对从宽处理的情形不相信或有误解，认为这些从宽处理的情形是骗人的，自己这样做了，结果是不可能得到从宽处理的，甚至认为这样做了反而会加重处罚。为此，讯问人员在向被讯问人指出从宽处理情形的同时，要以针对性的内容，采取有效的方法促使被讯问人相信这些从宽处理的情形或消除被讯问人对这些从宽处理情形的误解，指引被讯问人走上从宽处理的道路。

在向被讯问人指出从宽处理情形的过程中，切不可简单从事，泛泛而论。一是要根据案件和被讯问人的情况，有针对性地指出从宽处理的情形。二是要有根据地指出，即如果是法律明文规定的，要指出是什么法律，该法第几条是如何规定的，必要时要将法律的原文递与被讯问人看阅；如果是刑事政策规定的，要指出是什么刑事政策具体是怎样规定的。由于刑事政策规定得比较原则，讯问人员还要从理论与实践的结合上来阐述刑事政策的规定；如果是司法实践总结的，讯问人员更应从理论和实践的结合上，并以具体的案例予以论述。三是要针对被讯问人不相信或误解的根源对症下药。通过这些具体的方法，使被讯问人知道这些从宽处理的情形，并相信这些从宽处理的情形，进而促使被讯问人付诸行动，做出从宽处理的行为。

③为被讯问人寻找和争取认定从宽的事实依据

被讯问人从宽的事实依据有的是明确的，而有的是不甚明确的。讯问人员不能只顾被讯问人明确的从宽事实依据，而不顾不甚明确的从宽事实依据。对于不甚明确的从宽事实依据，讯问人员要从案件的事实和被讯问人的情况中去寻找。通过寻找，发现这些不甚明确的从宽处理的事实依据。只有这样，才是实事求是的态度，对被讯问人才是公平的。

对于被讯问人从宽的事实依据，还有一个正确认定的问题。在这里，既不能把不是从宽的事实依据认定为从宽的事实依据，也不能把是从宽的事实依据不认定为从宽的事实依据。要做到正确认定从宽的事实依据，对此，要注意以下几点：

第一，要正确地认定犯罪或违纪违法的客观原因。有的犯罪或违纪违法明显是由客观原因引起的，如果没有这种客观原因，被讯问人就不会实施犯罪或违纪违法行为。有的犯罪或违纪违法的客观原因虽然不明显，但透过现象看本质，其背后是有客观原因的。由于客观原因影响到被讯问人处罚的轻重，因此，讯问人员一定要正确地认定犯罪或违纪违法的客观原因中的从宽事实依据。

第二，要正确地认定犯罪或违纪违法的动机。有的被讯问人犯罪或违纪违法的动机并不坏，甚至是良好的。由于犯罪或违纪违法的动机是处理轻重的酌定情节，其直接决定处理的轻重，因此，讯问人员一定要正确认定犯罪或违纪违法的动机中的从宽事实依据。

第三，要正确认定犯罪或违纪违法的事实情节。有的事实情节介于“两可”之间，可认定为犯罪或违纪违法的事实情节，也可不认定为犯罪或违纪违法的事实情节。对于这种介于“两可”之间的事实情节，要坚持实事求是的态度，遵循“有利于被讯问人”的原则，不要予以认定。

此外，对于其他从轻的情节，讯问人员都要以极其负责认真的态度予以认定。

如果讯问人员能够正确认定被讯问人从宽的事实情节，在讯问中视情向被讯问人予以阐明，对于瓦解被讯问人的抗审意志、促使被讯问人对犯罪或违纪违法事实作出交代同样具有重要的意义。

④为被讯问人铺平从宽的道路

犯罪或违纪违法是丑恶和不光彩的事，不仅影响到被讯问人的人格和品德，而且要负法律或纪律责任，有的犯罪，被讯问人甚至要被处以极刑，被剥夺生命。被讯问人知道自己口供的重要性。因此，绝大多数被讯问人是不会轻易交代犯罪或违纪违法事实的，他们在讯问的过程中总是要做拼命的挣扎，与讯问人员进行一场激烈的搏斗。正因如此，讯问人员必须为被讯问人铺平从宽的道路。

第一，扫除被讯问人坦白道路上的心理障碍铺平从宽的道路。被讯问人坦白从宽的道路上有着各种各样的障碍：有的是自信性侥幸心理障碍；有的是盲目性侥幸心理障碍；有的是选择性侥幸心理障碍；有的是畏罪心理障碍；有的是优势心理障碍；有的是对抗心理障碍；有的是无赖心理障碍；有的是定势心理障碍；有的是戒备心理障碍；有的是慌乱心理障碍；等等。这些心理障碍严重地阻碍着被讯问人走上坦白从宽的道路。讯问人员只有扫除被讯问人坦白道路上的这些心理障碍，才能为被讯问人铺平从宽的道路，从而促使被讯问人走上“坦白从宽”的道路。因此，讯问人员在讯问中要针对被讯问人“坦白从宽”道路上的心理障碍，以针对性的内容、有效的方法予以扫除，为被讯问人铺平从宽的道路。

第二，搭台阶铺平从宽的道路。被讯问人在抗审的过程中，由于过激的言行而使自己受窘被困，自己把自己困在受窘的境地。在此情况下，如果没有台阶，被讯问人就无法走上“坦白从宽”的道路。因此，讯问人员要主动为被讯问人搭台阶、为被讯问人铺平从宽的道路，使被讯问人沿着讯问人员所搭的台阶走上“坦白从宽”的道路。

⑤为被讯问人辩解从宽的理由

被讯问人从宽的理由最终需要讯问人员为其提出。在实践中，有的案件由于领导有批示或有指示要从重处理；有的案件由于群众呼声要从重处理；有的案件由于被害人及其家属强烈要求要从重处理；有的案件由于办案领导的认识不同或偏见要从重处理；等等。在这些情况下，对于有从宽理由的被讯问人，讯问人员要敢于为被讯问人辩解，提出从宽处理的理由，为被讯问人据理力争，维护被讯问人的权益。

（2）以真挚的感情挽救被讯问人

被讯问人虽然犯了罪或违反了法纪，实施了危害社会的行为，但被讯问人与讯问人员一样，同是父母十个月所生，同是这个社会的一员，其人格同讯问人员是平等的。而且，讯问人员对被讯问人进行讯问的目的，是教育、挽救被讯问人，把被讯问人教育、挽救过来，使之成为新人。对那些犯罪性质严重、情节恶劣，可能要被判处死刑的被讯问人，讯问人员同样要出于教育、挽救的目的，立足于教育、挽救，能教育、挽救过来的，尽量将其教育、挽救过来，以体现我党一贯的少杀政策。再者，能近取譬、推己及人的仁恕之道是中国几千年的传统文化和崇扬的美德。基于这些，讯问人员在讯问中，就应以真挚的感情对被讯问人进行教育、挽救。通过以真挚的感情对被讯问人进行教育、挽救，从而感化被讯问人，瓦解和动摇其抗审的意志，促使其对犯罪或违纪违法事实作出交代，走上“坦白从宽”的道路，把被讯问人教育、挽救过来。

以真挚的感情挽救被讯问人，要做到以下几点：

①要以真挚的感情对待被讯问人

真挚的感情莫过于父母对子女、兄长对弟妹、老师对学生、医生对病人的感情。因此，以真挚的感情对待被讯问人，讯问人员就应以父母对子女、兄长对弟妹、老师对学生、医生对病人的态度对待被讯问人所犯的罪或错误。父母对子女所犯的错误，难免是要打他几下的，但这个打不是要打伤他、打死他，而是恨铁不成钢的打，目的是使他改正，今后能健康地成长，成龙、成凤、成才；兄长对弟妹的错误，难免是要训斥他几句的，但这个训斥不是要搞臭他、搞垮他，而是充满爱意的训斥，目的是使他能引以为鉴，今后不再犯错；老师对学生所犯的错误，难免是要给以批评的，但这个批评不是要打击他、攻击他，使他一蹶不振，而是爱护的批评，目的是使他能改正错误，今后更努力地学习，成为德智体美劳全面发展的栋梁之材；医生对病人的疾病，是要给他吃苦药、打针，甚至开刀的，但这个吃苦药、打针、开刀并不是折磨他，而是医者仁心的呵护，目的是治疗他的病，使之早日康复，健康地生活。这些打、训、批评和吃苦药、打针、开刀的背后，都倾注着真挚的感情。讯问人员就应像父母对子女、兄长对弟妹、老师对学生、医生对病人一样，以真挚的感情对待被讯问人。

以真挚的感情对待被讯问人，讯问人员就要把被讯问人真正地当成自己的子女、弟妹、学生和病人，真诚恳切地对被讯问人进行教育、挽救，不要心有邪念，假惺惺，深衷厚貌，“巧言令色足恭，匿怨而友其人”[①]，表面甜言蜜语，实则阴人、坑人。

① 见《论语·公冶长》，载程林主编：《四书五经》（第一卷），北京燕山出版社2008年版，第57页。

②要设身处地地为被讯问人着想

被讯问人实施了犯罪或违纪违法行为，被采取了强制措施或调查措施，处于要被法律或纪律制裁、开除党籍、开除公职、判刑、失去人身自由乃至生命的境地，从而给其前途、事业和家庭带来了极大的危害。讯问人员要设想自己处在被讯问人的这种境地，为被讯问人着想。

第一，要为被讯问人的前途着想。任何一个人都关心自己的前途，都希望自己能有一个美好的前途。被讯问人实施了犯罪或违纪违法行为，无疑要承担法律或纪律的责任，受到法律或纪律的制裁。而受到法律或纪律的制裁，对被讯问人的前途，特别是政治前途有很大影响，有的因此要丧失前途。讯问人员要站在被讯问人的角度，像关心自己的前途一样，关心被讯问人的前途，为被讯问人的前途着想，争取使被讯问人的前途尽量少受影响，使被讯问人能有一个好的前途。

第二，要为被讯问人的事业着想。不少被讯问人都有自己的事业，有的正在为事业进行着不懈的努力和奋斗。被讯问人受到法律或纪律制裁的处境，就要中断或断送他的事业，给事业带来极大的损失。讯问人员要站在被讯问人的角度，像关心自己的事业一样，关心被讯问人的事业，为被讯问人的事业着想，争取让被讯问人能为其追求的事业继续奋斗或尽量少受损失。

第三，为被讯问人的家庭着想。被讯问人的遭遇，给其家庭带来了极大的不幸。有的被讯问人的家庭因此要失去经济来源，带来家庭生活上的困难；有的被讯问人的家庭因此要妻离子散；有的被讯问人的家庭要解决的问题因此得不到解决；有的被讯问人的家庭要医治的病人因此得不到医治；有的被讯问人的家庭要上学的子女因此无法上学或要辍学；有的被讯问人的家庭因此鸡犬不宁，哭哭啼啼；有的被讯问人的家庭因此要出人命，特别是那些犯罪性质严重、情节恶劣，可能要被判处死刑的被讯问人的父母，他们不愿看到白发人送黑发人的悲惨场景，而先于被讯问人自杀；等等。讯问人员要站在被讯问人的角度，像关心自己的家庭一样，关心被讯问人的家庭，为被讯问人的家庭着想，争取让被讯问人的家庭不出现这些不幸或少出现这些不幸。

③要重视被讯问人的事，把它放在心上

以真挚的感情挽救被讯问人，对被讯问人的以下几件事，讯问人员要高度予以重视，把它放在心上。

第一，要高度重视被讯问人的辩解。在讯问的过程中，被讯问人总是要对犯罪或违纪违法的事实作出辩解。有的是对犯罪或违纪违法事实进行辩解，有的是对犯罪或违纪违法的动机、目的进行辩解；有的将有辩无，有的将重辩轻；有的将这一性质辩为那一性质，有的将这一情况辩为那一情况；有的对事实作出说明，有的对事实进行否定；等等。被讯问人的辩解既是维护其自身利益的手段，又是法律赋予被讯问人的权利，它对于全面分析研究案情、避免冤枉无辜、正确认定案件事实、公正处理案件，具有十分重要的意义。因此，讯问人员以真挚的感情挽救被讯问人，就要高度重视被讯问人的辩解，把它放在心上。

重视被讯问人的辩解，要做到以下几点：

一是要允许被讯问人辩解。被讯问人无论是对犯罪或违纪违法的事实作出辩解，还是对犯罪或违纪违法的动机和目的作出辩解；无论是其将有辩无，还是将重辩轻；无论是其对事实作出说明，还是对事实进行否定，讯问人员都要允许被讯问人进行辩解，不能一听被讯问人进行辩解，就训斥其不老实，不让其辩解，剥夺被讯问人辩解的权利。

二是要有充分的机会和时间让被讯问人辩解。讯问人员要保证被讯问人有充分的机会和时间进行辩解。在必要的情况下，要主动地创造机会和拿出时间让被讯问人进行辩解。不能弄得被讯问人没有辩解的机会和时间。

三是要认真倾听被讯问人的辩解。讯问人员要聚精会神、静下心来，十分认真地倾听被讯问人的辩解，不能一听被讯问人辩解就心烦，心不在焉、听而不闻，或不让被讯问人把话说完。被讯问人即使是无理狡辩，即使是捏造事实、谎话连篇，讯问人员也要认真地听，也要让被讯问人把话说完。这样有利于被讯问人暴露矛盾，作茧自缚。

四是要如实记录被讯问人的辩解。讯问人员对被讯问人的辩解无论是有理的辩解，还是讯问人员认为是无理的狡辩，都要如实地进行记录，不能对被讯问人的辩解不予记录，或只记有理的辩解，不记认为是无理的狡辩。因为有的讯问人员认为是无理的狡辩，而实际上是有理的辩解。即使事实上是无理的狡辩，将其记录在案，也有利于讯问人员对矛盾的揭露。

五是对被讯问人的有理辩解要采纳。讯问人员对于被讯问人的有理辩解要无条件地予以采纳，对被讯问人辩解部分有理的部分采纳，对被讯问人辩解虽理由不充分，但有一定道理的，采纳其一定的道理。不能对被讯问人的辩解视而不见，或拒绝采纳。

六是对一时不能确定是否有理的辩解，要认真查核。被讯问人有的辩解，讯问人员一时无法确定是否有理，也就是说，被讯问人的辩解可能有理，也可能无理。对被讯问人的这种辩解，讯问人员要以极其负责的态度，认真查核，千方百计予以查清，不能不作为而放任不管，不予理睬或主观臆断其无理而不予查清。

第二，要高度重视被讯问人的从轻、减轻或免除处罚的情节。无论一个什么案件、什么样的被讯问人，都有从轻的情节，甚至有减轻、免除处罚的情节。即使是犯罪或违纪违法性质十分严重、情节十分恶劣的案件，被讯问人是一个无恶不作的人，其中也可能有从轻的情节。而从轻、减轻或免除处罚的情节，决定着对被讯问人的从轻、减轻或免除处罚。因此，讯问人员以真挚的感情挽救被讯问人，就要十分重视被讯问人的从轻、减轻或免除处罚的法定情节和酌定情节，把它放在心上。

重视被讯问人的从轻、减轻或免除处罚的法定情节和酌定情节，要做到以下几点：

一是要注意讯问被讯问人的从轻、减轻或免除处罚的情节。在讯问中，讯问人员在向被讯问人提出问题的过程中，要全面地讯问各种具体的事实情节，无论是重的情节还是轻的情节，都要做到详细地讯问，不能只问重的情节，而不问轻的情节；只问恶劣的情节，而不问一般或良好的情节。也就是说，要全面地、详细地、客观地、实事求是地讯清被讯问人重的和轻的情节。在讯问实践中，有的讯问人员对被讯问人从重的情节十分关注，而对被讯问人从轻、减轻或免除处罚的情节往往予以疏忽，不注意问清。对此，讯问人员要引起重视，注意讯问被讯问人从轻、减轻或免除处罚的情节。

二是对不清楚的从轻、减轻或免除处罚情节要查清。在讯问的过程中，被讯问人有的从轻、减轻或免除处罚的情节一时不清。对此，讯问人员要深入调查，注意查清被讯问人的从轻、减轻或免除处罚的情节，不能置之不理，不顾这些一时不清的从轻、减轻或免除处罚的情节。

三是对从轻、减轻或免除处罚的情节要认定。对于被讯问人从轻、减轻或免除处罚的情节，讯问人员要实事求是地予以认定，不能视而不见，或疏忽，或故意不予认定。

第三，要高度重视被讯问人的权利。被讯问人作为犯罪嫌疑人，根据我国法律的规定，在诉讼的过程中享有法律赋予的各种诉讼权利。对于被讯问人作为犯罪嫌疑人在诉讼过程中所享有的这些法律赋予的诉讼权利，讯问人员在第一次讯问开始时告知其享有这些权利的基础上，在讯问的过程中要重视被讯问人所享有的这些权利，把它放在心上。同时，被讯问人作为一个公民，还享有宪法所赋予的各种权利。对于被讯问人作为公民所享有的宪法赋予的各种权利，在讯问的过程中，讯问人员同样要予以重视，把它放在心上。

重视被讯问人的权利，要做到以下几点：

一是要保证被讯问人作为犯罪嫌疑人所享有的法律赋予的权利的实现。在讯问的过程中，讯问人员对被讯问人作为犯罪嫌疑人所享有的各项权利要保证它的实现，[①] 不得以任何借口予以剥夺。

保证被讯问人自我辩护权利的实现。讯问人员对被讯问人自我辩护的权利，要切实予以保障，保证它的实现，不得以任何借口或不作为的行为限制或剥夺被讯问人的自我辩护权利。关于保证被讯问人自我辩护权利的实现，已在前一个问题中叙述过，在此不再赘述。

保证被讯问人委托律师辩护的权利的实现。讯问人员在第一次讯问

① 这里所称的保证其权利实现的被讯问人仅指根据《刑事诉讼法》对其进行讯问的犯罪嫌疑人。

犯罪嫌疑人或者对犯罪嫌疑人采取强制措施的时候，就应当告知犯罪嫌疑人所享有的这项权利。没有委托辩护人的盲、聋、哑犯罪嫌疑人，或者是尚未完全丧失辨认或者控制自己行为能力的精神病人的犯罪嫌疑人，或者是可能判处无期徒刑、死刑，没有委托辩护人的犯罪嫌疑人，或者是没有委托律师的未成年的犯罪嫌疑人，讯问人员应当通知法律援助机构为其指派，不得以任何借口不予告之或不通知法律援助机构为其指派。

保证被讯问人申请变更强制措施权利的实现。讯问人员对被讯问人提出申请变更强制措施的权利要保证它的实现：讯问人员在收到被讯问人变更强制措施的申请后，应当在三日以内作出决定，同意变更强制措施的予以同意并予变更；不同意变更强制措施的，应当告知被讯问人，并说明不同意的理由。

保证被讯问人要求回避权利的实现。讯问人员对被讯问人提出的要求回避的权利要保证它的实现：讯问人员、书记员、翻译人员和鉴定人如果属于法律规定回避情形的，应当自行回避；对于被讯问人提出要求回避的，公安机关负责人应当作出决定；要求公安机关负责人回避的，同级人民检察院检查委员会应当作出决定。如果被讯问人提出要求回避的理由不成立，应当予以驳回并向被讯问人说明理由，不能置之不理。对驳回申请回避的决定，被讯问人可以申请复议一次。

保证被讯问人拒绝回答与本案无关问题权利的实现。讯问人员对被讯问人拒绝回答与本案无关的问题的权利要保证它的实现：对本案无关的问题，讯问人员不应向被讯问人提出；被讯问人拒绝回答与本案无关问题的，讯问人员不得以被讯问人“态度恶劣”“抗拒交代”为由剥夺被讯问人的这项权利。

保证被讯问人使用本民族语言文字进行诉讼的权利的实现。讯问人员对被讯问人使用本民族语言文字进行诉讼的权利要保证它的实现：讯问人员在讯问中要为被讯问人行使这项权利提供必要的便利和帮助。对于不通晓当地通用的语言文字的被讯问人，要为其翻译，通过翻译，用被讯问人本民族的语言文字进行讯问。在少数民族聚居或者多民族杂居的地方，要用当地通用的语言进行讯问，用当地通用的文字发布布告和其他文件。

保证未成年被讯问人在讯问的时候，他的法定代理人到场权利的实现。讯问人员对未成年犯罪嫌疑人的监护人或法定代理人到场的权利要保证它的实现：对未成年被讯问人的讯问，讯问人员要通知他的法定代理人到场。无法通知、法定代理人不能到场或法定代理人是共犯的，要通知未成年被讯问人的其他成年亲属，所在学校、单位、居住地基层组织或者未成年人保护组织的代表到场。此外，根据《刑事诉讼法》第二百八十一条第三款的规定，讯问人员在讯问女性未成年犯罪嫌疑人时，要有女工作人员在场。

保证被讯问人对讯问笔录进行核对，提出补充、改正，或者请求自行书写供述的权利的实现。讯问人员对被讯问人对核对讯问笔录和对讯问笔录提出补充、改正或者请求自行书写供述的权利要保证它的实现：在讯问结束时，讯问人员必须将讯问笔录交被讯问人核对，被讯问人对记载有遗漏或者差错的提出补充或者改正，讯问人员要予以补充和改正，不得以种种理由予以拒绝或进行解释说服，不予补充和改正。对请求自行书写供述的，要准许。

保证被讯问人知道用作证据的鉴定意见和申请补充鉴定或重新鉴定权利的实现。讯问人员对被讯问人知道用作证据的鉴定意见和申请补充鉴定或者重新鉴定权利要保证它的实现：讯问人员要告知被讯问人用作证据的鉴定意见。被讯问人对鉴定意见有异议，提出申请，要求补充鉴定或者重新鉴定的，讯问人员对被讯问人提出的申请要进行审查，分别作出处理，不能置之不理。对补充鉴定的申请，经审查，原鉴定意见正确的，可以驳回被讯问人的申请，并说明理由；如果原鉴定意见确有疑点、遗漏或者因果关系不明显，要求鉴定人补充鉴定，并将补充鉴定意见及时告知申请的被讯问人。对重新鉴定的申请，经审查，原鉴定意见正确，不存在被讯问人提出的需要重新鉴定情形的，可以驳回申请，并应当说明理由；如果原鉴定意见确有错误或者被讯问人要求重新鉴定的理由成立的，要重新鉴定，并将重新鉴定的鉴定意见及时告知被讯问人。对于应该回避的鉴定人员所作的鉴定进行重新鉴定的，要重新聘请或指派人员进行鉴定。

保证被讯问人控告权利的实现。讯问人员对被讯问人的控告权利要保证它的实现：对被讯问人提出的控告，讯问人员或者看守人员要及时转达，不得以任何理由予以扣押，更不得以此对被讯问人进行打击报复。对被讯问人的控告要及时查证，情况属实的，要依法作出严肃处理，不得置之不理。

在第一次讯问中，讯问人员还应告知被讯问人讯问人员是哪个单位的、叫什么名字和被讯问人的行为所涉嫌的罪名，这样，被讯问人才能知道讯问人员是否要回避，才能根据查案机关告知涉嫌的罪名进行辩解。

二是要切实保障被讯问人作为公民所享有的各种权利。

要尊重被讯问人的人格尊严。在讯问中，讯问人员要尊重被讯问人的人格尊严，不得以暴力、言语或其他方法贬低和侮辱被讯问人的人格尊严。

要保障被讯问人休息的权利。在讯问中，讯问人员要保障被讯问人的休息权利，不得对被讯问人实施车轮战，不让被讯问人休息，剥夺被讯问人休息的权利。

第四，要高度重视被讯问人的要求。被讯问人被采取强制措施或调查措施后，人身自由受到了限制，生活受到了影响，一时难以适应这种环境，而且有的被讯问人还有一大堆的问题需要解决、处理。在这种情况下，被讯问人往往会向讯问人员提出种种要求。有的被讯问人在开始交代前向讯问人员提出各种各样的要求，要讯问人员予以承诺作为其交代的交换条件。在被讯问人提出的这些要求中，有的是合理的，有的是正当的，有的有合理、正当的部分，也有不合理、不正当的部分，有的是无理的，有的是违法的。对被讯问人提出的各种要求，讯问人员要予以重视。

重视被讯问人的要求，讯问人员要做到以下几点：

一是要以负责的态度认真对待。对被讯问人提出的各种要求，无论是正当、合理的，还是部分正当、合理的，抑或无理、违法的，讯问人员都要引起足够重视，以负责的态度认真予以对待。不能听而不闻、置之不理，或不负责任地统统予以否定，或虚情假意地统统予以承诺，而应当区别情况，具体问题具体对待。

二是要对被讯问人提出的要求认真地进行分析思考。对被讯问人提出的各种要求，无论是正当、合理的，还是部分正当、合理的，抑或无理、违法的，讯问人员都要根据法律、党的政策和道德伦理认真地进行分析思考：合理、正当的，其合理、正当在哪里，有什么依据；部分合理、正当的，其部分合理、正当在何处，其部分不合理、不正当是什么，都有什么依据；无理、违法的，其无理、违法在什么地方，为什么无理、违法，有什么依据。通过分析、思考，了解掌握被讯问人所提出的各种要求。

三是要对如何答复进行斟酌。讯问人员要在对被讯问人提出的要求分析、思考的基础上，再根据法律、党的政策和道德伦理对如何作出答复进行斟酌：合理、正当的应如何答复；部分合理、正当的，对合理、正当的部分应如何答复，对不合理、不正当的部分又该如何答复；对无理、违法的应如何答复，并就答复中应注意的问题作出部署。

四是要负责地进行答复。讯问人员要负责地对被讯问人的要求进行答复。这个负责，既是对被讯问人负责，又是对讯问人员负责。讯问人员要以既负责又慎重的态度作出答复：对于正当、合理的要求，讯问人员要明确地予以答复，并予以落实，说到做到，讲信用；对于部分正当、合理，部分不正当、不合理的要求，讯问人员既要以明确的态度对正当、合理的部分作出承诺，又要以诚恳的态度对不正当、不合理的部分予以拒绝；对于无理、违法的要求，讯问人员既要坚决地予以拒绝，又要诚恳地说明理由，使被讯问人心服口服；对于讯问人员没有把握的，答复要做到灵活，留有余地，不能不负责任地把话说满。

（3）以诚恳的态度挽救被讯问人

以诚恳的态度挽救被讯问人，体现在讯问中，就是讯问人员以真诚恳切的看法和行动对被讯问人进行讯问，把被讯问人挽救过来。

以真诚恳切的看法和行动对被讯问人进行讯问，表现出讯问人员作为教育者、挽救者的诚心，使被讯问人感到，讯问人员是一个充满诚心、爱心之人，是在真心实意地教育、挽救自己，从而消磨被讯问人抗审心理防线的意志基础，促使其由抗拒的心理向交代的心理转化，走上“坦白从宽”的道路，对犯罪或违纪违法事实作出交代。

以诚恳的态度挽救被讯问人，要做到以下几点：

①措施要合法、适度

被讯问人是实施了犯罪或违纪违法行为的人，对其进行讯问，必然要采取刑事强制措施或调查措施。由于刑事强制措施或调查措施，特别是刑事强制措施在客观上会不同程度地限制甚至剥夺被讯问人的人身自由，因而，刑事强制措施或调查措施（以下简称措施）的使用是一件非常严肃的事，如果使用不当，势必造成对被讯问人合法权利的侵犯。而且，滥用、错用、过度地使用措施，失去了讯问人员诚恳的态度，其结果必然要引起被讯问人的不满，增强对抗情绪，强化抗审意志，进而与讯问人员抗衡下去。因而，以诚恳的态度挽救被讯问人，体现在措施的使用上，就是要做到合法、适度。

措施的使用合法、适度，要做到以下几点：

第一，措施的使用要符合法律的规定。措施的使用要符合法律的规定，又要做到以下几点：

一是措施本身要合法。讯问人员对被讯问人使用的措施本身，必须是法律规定的措施，不能对被讯问人使用不是法律规定的措施。

二是使用的对象要合法。讯问人员对被讯问人使用措施的对象，必须是法律规定的特定对象，不能对法律规定以外的对象使用措施。例如，刑事强制措施使用的对象只能是犯罪嫌疑人、被告人，对不是犯罪嫌疑人、被告人的被讯问人，就不能使用刑事强制措施。

三是使用的条件要合法。每一种措施法律都规定有使用的条件。讯问人员对被讯问人使用措施，必须要符合法律规定的条件，不符合法律规定条件的被讯问人，不能使用该种措施。

四是使用的程序要合法。每一种措施法律都规定有使用的程序。讯问人员对被讯问人使用措施，必须按照法律规定的程序使用，不能违反程序对被讯问人使用措施。

五是使用的期限要合法。每一种措施法律都规定有使用的期限。讯问人员要严格按照法律规定的期限使用措施，不能超期限使用。

第二，措施的使用要适度。各种措施的强度是不同的，有的措施的强度强，有的措施的强度弱。讯问人员对被讯问人使用措施，要根据案件和被讯问人的情况，该使用哪一种强度的措施就使用哪一种强度的措施，不要往强度强的措施去靠，要做到适度。

第三，要及时地撤销或变更措施。在被讯问人被采取某种措施的过程中，发现对被讯问人采取了不适当的措施或者对被讯问人不应当采取措施的，或者由于案件和被讯问人情况的变化，所采取的措施已经不适当的，讯问人员都应当及时地予以纠正，或撤销措施，不再对被讯问人采取措施，或变更为更适宜的其他措施。不能不予撤销或变更，以措施或强度强的措施作为查案工作的主要手段，侵犯被讯问人的权利。

②教育要循循善诱

对被讯问人进行教育，是讯问的主要手段之一，也是消磨被讯问人的抗审意志，促使被讯问人由抗拒心理向交代心理转化的有效方法。但并不是任何教育都能消磨被讯问人的抗审意志，促使被讯问人由抗拒的心理向交代的心理转化。而要使教育能真正地起到消磨被讯问人的抗审意志，促使被讯问人由抗拒的心理向交代的心理转化，以诚恳的态度挽救被讯问人，体现在教育上，就要以循循善诱的方法对被讯问人进行诚恳的教育。

以循循善诱的方法对被讯问人进行诚恳的教育，要做到以下几点：

第一，要针对被讯问人认识的误区进行教育。讯问人员要针对被讯问人的认识误区，以正确的思想观点、针对性的内容、有效的方法、艺术的技巧，循序渐进地对被讯问人进行引导教育，一个问题一个问题地予以解决、一个环节一个环节地予以排除、一个方面一个方面地予以澄清，最后水到渠成，矫正被讯问人的认识误区。

第二，要坚持摆事实、讲道理。讯问人员在对被讯问人进行教育的过程中，要坚持摆事实、讲道理，做到语重心长、苦口婆心，以事实制人、以理服人、以德感人、以情动人，使被讯问人心服口服。

第三，要讲明利弊关系。对被讯问人进行教育，消磨被讯问人的抗审意志，促使被讯问人的拒供心理向交代心理转化，讯问人员要向被讯问人讲明利弊关系，促使被讯问人权衡利弊。

一是要实事求是地讲明拒供的危害。讯问人员要以事实、典型案例和法律阐述拒供对被讯问人所产生的不利后果，把一个个的不利后果清清楚楚地摆在被讯问人的面前，把一条条从严处罚的法律规定明明白白地摆在被讯问人的面前，使被讯问人清楚地知道拒供给其带来的灭顶之灾。

二是要有依有据地讲明悔罪的利益。讯问人员同样要以事实、典型案件和法律阐述悔罪对被讯问人所产生的有利后果，把一个个的有利后果清清楚楚地摆在被讯问人的面前，把一件件喜庆的事例实实在在地摆在被讯问人的面前，把一条条从轻、减轻或免除处罚的法律规定明明白白地摆在被讯问人的面前，使被讯问人清楚地知道悔罪给其带来的欢天喜地。

第四，要鼓舞被讯问人。对被讯问人进行教育，消磨被讯问人的抗审意志，促使被讯问人的拒供心理向交代心理转化，讯问人员要鼓舞被讯问人，促使被讯问人在讯问人员的鼓舞下，勇敢地对犯罪或违纪违法事实作出交代。

一是要满腔热情地鼓舞被讯问人。讯问人员要满腔热情地对被讯问人进行鼓舞，鼓起他悔过自新的信心，鼓起他奋发向上的热情，鼓起他憧憬美好生活的欲望。

二是要向被讯问人指出出路。讯问人员要以典型案例为先导，实事求是地指出被讯问人的出路，使被讯问人看到希望、看到出路、看到努力的方向。

③分析要入情入理

在讯问中进行分析，以分析的方法消磨被讯问人的抗审意志，是讯问中常用的做法，而且是必不可少的。以诚恳的态度挽救被讯问人，讯问人员在以分析的方法消磨被讯问人抗审意志的过程中，就要进行入情入理的分析。

进行入情入理的分析，要做到以下几点：

第一，分析要符合当时、当地的情况。分析符合当时、当地的情况，这个分析的结果才是正确的，才是有说服力的，才能起到消磨被讯问人抗审意志的作用。而要使分析符合当时、当地的情况，讯问人员在进行分析的过程中，就要根据被讯问人实施犯罪或违纪违法行为的当时、当地情况进行分析，不能以此时此地的情况分析彼时彼地的情况。因为被讯问人的犯罪或违纪违法行为总是在一定时间、一定地点实施的，而不同的时间、不同的地点，情况是不一样的，分析的结果就可能谬以千里，无法做到符合当时、当地的情况。

第二，分析要符合常情。分析符合常情，这个分析才能使被讯问人接受，才能起到消磨抗审意志的作用。而要使分析符合常情，讯问人员在进行分析的过程中，就要根据平常人们所公认的事理进行分析，不能离开人们所公认的事理进行分析。只有这样，这个分析才能符合常情。

第三，分析要符合事理。分析符合事理，这个分析才是客观的，被讯问人才能无话可说，在事理面前其只得服从。而要使分析符合事理，讯问人员在分析的过程中，就要根据事情的具体情况进行分析，分析蕴含在事情中的道理。而不能毫无根据、想当然地进行分析，只有这样，这个分析才能符合事理。

第四，分析要一分为二。一分为二的方法是马克思辩证唯物主义根本的分析方法，只有进行一分为二的分析，这个分析才有可能做到入情入理。因此，讯问人员在进行分析的过程中，一定要进行一分为二的分析。

一是对被讯问人犯罪或违纪违法原因的分析，既要分析被讯问人的主观原因，又要分析客观原因。不能只分析主观原因，而忽视或不分析客观原因。

二是对被讯问人犯罪或违纪违法事实的分析，既要分析被讯问人的犯罪或违纪违法事实，又要分析不是犯罪或违纪违法的事实，或不是被讯问人实施的犯罪或违纪违法事实，不能不加分析地把“一箩炭”都倒在被讯问人的头上。

三是对被讯问人犯罪或违纪违法情节的分析，既要分析被讯问人恶劣、从重的情节，又要分析被讯问人轻的、从轻、减轻或免除处罚的情节。而不能只分析恶劣、从重的情节，不分析轻的、从轻、减轻或免除处罚的情节。

四是对被讯问人犯罪或违纪违法造成危害结果的分析，既要分析严重的危害结果，又要分析结果的危害程度和轻的危害结果，还要根据刑法因果关系的理论分析不是被讯问人犯罪或违纪违法行为所造成的危害结果。而不能不加分析就认为危害结果严重，或都是被讯问人行为所造成的结果。

五是对犯罪或违纪违法动机的分析，既要分析恶劣的动机，又要分析一般或良好的动机，不能不加分析地根据犯罪或违纪违法行为就认为动机恶劣。

六是对犯罪或违纪违法目的的分析，既要分析被讯问人所具有的犯罪或违纪违法的某种目的，又要根据被讯问人的认识因素和意志因素分析被讯问人不具有犯罪或违纪违法的某种目的。

④攻打要留有余地

对被讯问人的犯罪或违纪违法行为实施攻打，以攻打的方法消磨被讯问人的抗审意志，是讯问最为普遍的做法，而且是必需的。以诚恳的态度挽救被讯问人，体现在攻打的方法上，就是要进行留有余地的攻打。

进行留有余地的攻打，要做到以下几点：

第一，要适度地“打”，不要往“死”里“打”。讯问人员在对被讯问人实施攻打的过程中，要适度地“打”，给被讯问人留有余地，不要打得过狠、过死，往“死”里“打”。打得过狠、过死，往死里打，就会把被讯问人打到绝路上去，认为自己已毫无前途和希望，不管怎么做都是死路一条，于是，破罐子破摔，横下一条心死拼到底。

第二，要留给被讯问人自新的机会和条件，不要不给机会和条件。讯问人员在对被讯问人实施攻打的过程中，要留给被讯问人自新的机会和条件，不要打得太满，堵死其所有的出路，毫无自新的机会和条件，这样被讯问人就无法走上“坦白从宽”的道路。

第三，要适可而止，不要抓住不放。讯问人员在对被讯问人实施攻打的过程中，在被讯问人已经认识到错误的情况下，就应该停止攻打，适可而止、恰到好处，不要抓住被讯问人的问题不放，得理不饶人，凭自己的兴趣一味地攻打下去。这样，被讯问人就会产生逆反心理，认为讯问人员毫无挽救的诚意，从而又重新坚定了被讯问人抗审的决心。

第四，要打、拉结合，不要只打不拉。讯问人员在对被讯问人实施攻打的过程中，要运用打、拉结合的策略，对被讯问人边打、边拉，打一阵、拉一把，再打一阵、再拉一把，打打拉拉、拉拉打打，打中有拉、拉中有打、打拉相济、威恩并施。不要只知打、不知拉，只顾打、不顾拉。通过打、拉结合，使被讯问人在受攻打中体会到讯问人员的一片苦心和诚意，认识到讯问人员是真心实意在对自己进行挽救。

第五，要“攻其恶，无攻人之恶”。[①] 讯问人员在对被讯问人进行攻打的过程中，思想上要树立“攻其恶，无攻人之恶”的观念。对其犯罪或违纪违法行为进行攻打要毫不留情，但没有将其置于死地的恶念和恶意，而是通过攻打把被讯问人挽救过来。只有这样，才能在攻打中留有余地，达到挽救被讯问人的目的。

⑤批驳要有根有据

对被讯问人的谬论、狡辩和谎言进行批驳，以批驳的方法消磨被讯问人的抗审意志，是讯问常用的手法，而且是必要的。以诚恳的态度挽救被讯问人，体现在批驳的方法上，就是要进行有根有据的批驳。

进行有根有据的批驳，要做到以下几点：

第一，要坚持摆事实、讲道理，不打棍子、不扣帽子。讯问人员在对被讯问人的谬论、狡辩和谎言进行批驳的过程中，要坚持摆事实、讲道理，以事实、法律、证据、道理、科学理论进行批驳，以理服人，不打棍子，不扣帽子。

一是以事实进行批驳。事实是第一性的，是客观的，任何谬论、狡

① 见《论语·颜渊》，载程林主编：《四书五经》（第一卷），北京燕山出版社2008年版，第89页。

辩、谎言在事实面前都是站不住脚的。讯问人员要以事实对被讯问人的谬论、狡辩、谎言进行批驳，批得其原形毕露。

二是以法律进行批驳。法律是国家和人民的意志，是由国家强制力保证实施的行为规范，任何谬论、狡辩、谎言在法律面前都是渺小的。讯问人员要以法律对被讯问人的谬论、狡辩、谎言进行批驳，驳得被讯问人哑口无言。

三是以证据进行批驳。证据具有客观性、关联性、合法性的基本特征和属性。查案机关在办案中收集的，能够证明案情真相的事实或材料，是证明案件事实、辨明是非、区分真伪的根据，任何谬论、狡辩、谎言在证据面前都是毫无意义的。讯问人员要以证据对被讯问人的谬论、狡辩、谎言进行批驳，驳得被讯问人体无完肤。

四是以道理进行批驳。道理既是事物的规律，它是事物发展过程中的本质联系和必然趋势，具有普遍性、重复性等特点。它是客观的，是事物本身所固有的，人们不能创造、改变和消灭规律。道理又是人情事理，是人们公认和服从的。讯问人员要以道理对被讯问人的谬论、狡辩、谎言进行批驳，驳得被讯问人心服口服。

五是以科学理论进行批驳。科学理论是系统化的科学知识，是关于客观事物的本质及其规律性的相对正确认识，是经过逻辑论证和实践检验并由一系列概念，判断和推理表达出来的知识体系，具有系统性、逻辑性、真理性、全面性的基本特征。讯问人员要以科学理论对被讯问人的谬论、狡辩、谎言进行批驳，驳得被讯问人理屈词穷、无言以对。

第二，要维护被讯问人的自尊心，不要伤害被讯问人的自尊心。讯问人员在对被讯问人的谬论、狡辩、谎言进行批驳的过程中，要注意维护被讯问人的自尊心，不要讽刺挖苦、讥笑嘲讽、恶毒诽谤、污言秽语，更不能以打骂的方法代替批驳，侵犯被讯问人的人格，伤害被讯问人的自尊心。

⑥评价要实事求是

对被讯问人的犯罪或违纪违法行为、情节、被讯问人的态度、被讯问人的表现，人品、道德等进行评价，以评价的方法消磨被讯问人的抗审意志，是讯问不可缺少的方法，而且是应当的。以诚恳的态度挽救被讯问人，体现在评价的方法上，就是要进行实事求是的评价。

进行实事求是的评价，要做到以下几点：

第一，要坚持以事实为依据进行评价。讯问人员以评价的方法消磨被讯问人的抗审意志，无论是评价被讯问人的犯罪或违纪违法情节，还是评价被讯问人的态度，抑或评价被讯问人的表现、人品、道德，都要坚持以事实为依据进行评价。要摆出事实，列出具体的事例，以事实说话，以事实评价，特别要注意摆出能说明问题的事实，列出典型的具体事例进行评价。不能毫无事实根据地凭想当然进行评价，空洞无物。毫无事实根据的评价，既无法做到实事求是，也没有任何作用，甚至还起反作用，往往会引起被讯问人的反感，使被讯问人认为讯问人员是在有意攻击贬低自己或在讨好自己。

第二，要进行全面的评价。被讯问人虽然实施了犯罪或违纪违法行为，危害了社会，但其行为、情节也有轻、重之分，动机也有的恶劣，有的一般，有的甚至是良好的；被讯问人犯罪或违纪违法后的表现，有的不好，有的良好，也有的开始的时候不好，后来转变为良好的；虽然被讯问人实施的犯罪或违纪违法行为是丑恶的，但并不因此就表明被讯问人表现就是坏，人格、品德就是卑下。而实际上，有的被讯问人的表现是好的，甚至是优秀的，人格、品德是好的，甚至是高尚的。讯问人员在对被讯问人的这些方面进行评价的过程中，不能因为被讯问人实施了犯罪或违纪违法行为，就认为其行为、情节都是严重的，动机都是恶劣的，犯罪或违纪违法后的态度都是不好的；也不能因为其开始的时候不好，而看不到其后来转变的良好态度；更不能因为犯罪或违纪违法行为是丑恶的，就认为其一贯表现都是不好的，人品、道德都是卑下的。而应当全面地进行评价，既要评价其行为、情节重的，动机恶劣的，犯罪或违纪违法后表现不好的，平时表现坏的，人格、品德卑下的，又要评价其行为、情节轻的，动机良好的，犯罪或违纪违法后表现良好的，平时表现好的，人格、品德高尚的。

第三，要进行客观的评价。讯问人员在对被讯问人的这些方面进行评价的过程中，要按照这些方面的本来面目去考察，不带个人偏见，既不拔高、不扩大，任意评价，也不贬低、不缩小，有意中伤，做到恰如其分，符合这些方面的本来面目。

第四，要进行深入的评价。讯问人员在对被讯问人的这些方面进行评价的过程中，要深入到这些方面的内部、中心进行深刻、透彻的评价，指出好在什么地方、为什么是好的、不好在哪里、为什么是不好的，不能浮在表面，以简单的好或不好进行评价。

⑦施威要道德

对被讯问人进行讯问，首先要以威开路。只有这样，才能使被讯问人感到震慑，接受讯问，进而促使其在威的敬畏下瓦解抗审的意志，由拒供的心理向交代的心理转化，对犯罪或违纪违法事实作出交代。可以说，没有威，就没有讯问的进行；没有威，就没有被讯问人抗审意志的瓦解；没有威，就没有被讯问人心理的转化；没有威，就没有被讯问人对犯罪或违纪违法事实的交代。以诚恳的态度挽救被讯问人，体现在施威上，就是要向被讯问人施以有德之威，做到施威要道德。

施威要道德，要做到以下几点：

第一，要施以有德之威。讯问人员在讯问的过程中向被讯问人施威，应做到所施的威是有德之威，而非非德之威。这是讯问人员首先作为一个人所具备的最基本条件和应当做到的。而且，只有有德之威，才能使被讯问人敬畏，才能使被讯问人诚服，才能起到威的作用。正所谓“以德服人者，中心悦而诚服也”①。而无德之威，虽然凶猛，但被讯问人不仅不会敬畏，反而会引起被讯问人的愤怒、憎恨、反感，增强对立情绪，坚定被讯问人抗审的意志。正所谓“非德之威，虽猛而人不畏；非德之明，虽察而人不服”②。因此，无论从讯问人员做人的基本条件

① 见《孟子·公孙丑上》，载程林主编：《四书五经》（第一卷），北京燕山出版社2008年版，第162页。

② 见（宋）苏轼：《德威堂铭并叙》，载《苏东坡全集》（第4卷），北京燕山出版社2009年版，第1745页。

来讲，还是从威的作用来讲，讯问人员向被讯问人所施的威都必须是有德之威，而不能是非德之威。

第二，施威不能侵犯被讯问人的权利。被讯问人作为公民，享有宪法所赋予的各项权利，其作为犯罪嫌疑人、被告人，享有《刑事诉讼法》所赋予的各项权利。被讯问人的这些权利都受法律的保护，非法律规定不得侵犯。讯问人员在讯问的过程中向被讯问人施威，所施的威和施威的行为不能侵犯宪法和《刑事诉讼法》赋予被讯问人的这些权利，要保障被讯问人这些权利的享受，否则就是违法。

第三，施威不能侵犯被讯问人亲人的权利，连累被讯问人的亲人。被讯问人实施的犯罪行为，根据我国《刑法》的罪责自负原则，只能由实施犯罪行为人自己负责和承担。而且，被讯问人实施犯罪行为，被讯问人的亲人既是无辜的，又是不幸的，讯问人员应有忍人之心。因此，讯问人员在讯问的过程中向被讯问人施威，无论从我国法律的规定来讲，还是从人应有忍人之心来讲，所施的威和施威的行为都不能侵犯被讯问人亲人的权利、连累被讯问人无辜的亲人，更不能以被讯问人的亲人向被讯问人相要挟。如果讯问人员所施的威和施威的行为连累被讯问人无辜的亲人，特别是以被讯问人的亲人向被讯问人相要挟，那么，就无异于禽兽。讯问人员千万不能干这种道德沦丧的行为。

⑧用计要遵循伦理

对被讯问人进行讯问，免不了要运用计谋。计谋在讯问中对于促使被讯问人对犯罪或违纪违法事实作出交代有着不可估量的作用。但由于计谋的运用是通过讯问人员向被讯问人施计，使被讯问人迷惑，产生错觉，作出错误判断来实现讯问目的的。因而，计谋的运用就有了一个遵循伦理的问题，否则，就成为不择手段。因此，讯问人员以诚恳的态度对被讯问人进行挽救，在对被讯问人用计的过程中，要做到遵循伦理。

用计遵循伦理，要做到以下几点：

第一，要按照人际关系中应遵守的伦理准则运用计谋。中华民族几千年的文明史形成了一系列处理人们相互关系所应遵守的伦理准则。例如，不能害人、不能骗人、不能坑人、不能捏造事实陷害人、不能

“匿怨而友其人”、不能佛口蛇心待人、不能心狠手辣对人，等等。讯问人员在对被讯问人用计的过程中，要按照人际关系中应遵守的伦理准则运用计谋，不能违背处理人们相互关系所应遵循的伦理准则运用计谋，做到符合伦理的规范，“伦言人伦”。如果不是这样，就有失讯问人员的良心和责任。

第二，要出于良好的动机和选择符合伦理准则的内容运用计谋。讯问人员运用计谋的动机是否良好，运用的内容是否符合伦理准则，决定着所运用的计谋是否符合伦理准则。① 因此，讯问人员使用计谋要遵循伦理，符合伦理准则，在用计的过程中，就要出于良好的动机和选择符合伦理准则的内容对计谋进行运用，而不能为达到目的，出于恶劣的动机和运用那些违背伦理准则的内容，丧失讯问人员的人格和道德。

第三，要坚决摒除有悖伦理的卑劣动机和内容。以有悖伦理的卑劣动机和内容运用计谋，导致所运用的计谋违背了处理人们相互关系所应遵循的伦理准则，这对于被讯问人来说，讯问人员就毫无诚恳所言，而对于讯问人员来说，就丧失了自己的人格和道德，而成为一个阴险毒辣的小人。因此，讯问人员在运用计谋对被讯问人讯问的过程中，一定要健全自己的人格，以高尚的道德，坚决摒除有悖伦理的卑劣动机和内容对计谋进行运用，至少不能冲破道德、伦理的底线，真正地以诚恳的态度挽救被讯问人。

⑨言行要文明

以诚恳的态度挽救被讯问人，体现在言行上要文明，以合乎礼仪、不粗野的言行对被讯问人进行讯问，挽救被讯问人。

第一，言语要文明。讯问人员在对被讯问人进行挽救的过程中，要以文明的言语对被讯问人进行讯问。

讯问人员的言语文明，要做到以下几点：

---

① 笔者认为，计谋名称本身不存在是否符合伦理准则的问题，因为它仅仅是个工具和手段，而只有运用的动机和内容是否符合伦理准则的问题。毒计的“毒”不在于计谋名称本身，而在于运用的动机和内容。

一是言语要平和。讯问人员的言语要做到平和，使被讯问人感到融洽。即使是在挽救的过程中对被讯问人实施攻打、批驳、施威这些比较激烈的手段以配合挽救的进行而言语激烈，讯问人员也应从这些激烈的言语中折射出平和的成分。同时，这些激烈的言语不能一用到底，而应时时以平和、亲切的言语对被讯问人进行教育、启发、引导，切忌大吼大叫，声嘶力竭。正所谓“声色之于以化民，末也”。[①] 用疾言厉色去教化人，这是下策。

二是言语要动听。讯问人员的言语要做到声情并茂，优美、动人，似高山流水热情奔放，似泉水叮咚圆润动听，似二胡演奏《二泉映月》悦耳醉人，“舞幽壑之潜蛟，泣孤舟之嫠妇”，使被讯问人感动，产生极大的情感和兴趣，从而深深地吸引住被讯问人，切忌干巴巴，枯燥无味。

三是言语要礼貌。讯问人员的言语要做到谦虚恭敬，讲究礼节，符合伦理、道德、法律的要求，对被讯问人以礼貌的称呼相称、以礼貌的语词相待，切忌言语轻浮、粗俗，下流污秽，脏言臭语连篇，骂骂咧咧，恶语中伤。

第二，行为要文明。讯问人员在对被讯问人进行挽救的过程中，要做到行为文明。

讯问人员的行为文明，要做到以下几点：

一是行为要文雅。讯问人员的行为要做到温和高雅，无论是自己的习惯行为，还是针对被讯问人的行为，都要温和高雅，切忌粗俗、下流。

二是行为要雍容。讯问人员的行为要做到大方从容，无论是自己的习惯行为，还是配合有声语言所做出的动作行为，都要做到大方从容，切忌放肆或呆板。

三是行为要礼貌。讯问人员的行为要做到恭敬有礼，礼遇被讯问人，尊敬而有礼貌地对待被讯问人，切忌粗暴、凶狠，对被讯问人实施

① 见《中庸》，载程林主编：《四书五经》（第一卷），北京燕山出版社2008年版，第34页。

粗野的行为，侵犯被讯问人的人格尊严和伤害被讯问人的身体。

⑩心地要善良

以诚恳的态度挽救被讯问人，体现在心地上要善良，对被讯问人友善。

心地善良，要做到以下几点：

第一，无非分的要求。讯问人员在对被讯问人进行挽救的过程中，对被讯问人的要求，都要根据法律的规定而提出，所提的要求符合法律的规定，而没有超越法律或违反法律的非分，提出过于严厉、刻薄的条件和要求。

第二，无非分的行为。讯问人员在对被讯问人进行挽救的过程中，对被讯问人所做出的行为，都要符合法律的规定或道德、伦理的规范，而没有超越法律、违反法律或违背道德、伦理规范的非分，做出过分的行为，而侵犯被讯问人的权利。

第三，亲近和睦。讯问人员在对被讯问人员进行挽救的过程中，对被讯问人要没有恶意，关心被讯问人，爱护被讯问人，同情被讯问人，理解被讯问人，帮助被讯问人，和被讯问人亲近、友好、和谐、融洽地相处，而不是对被讯问人冷酷无情，进行残酷斗争，无情打击。

⑪心态要宽容

以诚恳的态度挽救被讯问人，体现在心态上要宽容，以宽容的心态对待被讯问人。

心态宽容，要做到以下几点：

第一，要宽容被讯问人顽固的态度。人的思想转变是有一个过程的，它需要时间，被讯问人更是这样。其顽固的抗审思想向交代的思想转变不是一件容易的事，其间，要经历接受讯问人员正确的思想，发生作用，进行激励的思想斗争，反复地权衡利弊这样一个过程，更是需要时间。因此，讯问人员要宽容被讯问人顽固的态度，给被讯问人思想转变以时间，在不断地给被讯问人灌输正确思想的同时，要等待被讯问人的思想转变，不能急于求成。

第二，要宽容被讯问人思想的反复。人的思想出现反复，这是很正常的事。被讯问人的思想更能出现反复。有的被讯问人经讯问人员的讯问，通过激烈的思想斗争和反复的权衡利弊，已由顽固的抗审思想转变为坦白交代的思想，要对犯罪或违纪违法事实作出交代，但此时由于受到某种刺激或捕捉到某种信息，思想出现反复，又回归到拒不交代的状态；有的被讯问人已开始交代，但在交代的过程中，由于某种因素的干扰，思想出现反复，突然拒绝交代犯罪或违纪违法事实；有的被讯问人在交代了犯罪或违纪违法事实后，由于某种原因的作用，思想出现反复，对已作的交代进行翻供。对于被讯问人的这些思想反复，讯问人员不必大惊小怪、怒从心头起，而是要对其思想反复予以宽容，允许其思想反复。当然，这种允许不是听之任之、任其下去，而是指以耐心的态度，不厌其烦地做好被讯问人的思想工作，促其思想重新转变到交代问题上来。

第三，要宽容被讯问人的冒犯。有的被讯问人在讯问开始的时候或在讯问的过程中，冒犯过讯问人员，或辱骂过讯问人员，或对讯问人员动过手，或对讯问人员发过火，等等。对于被讯问人的这些冒犯，讯问人员要以宽宏的大度、宽大的襟怀予以宽容，做到“犯而不校”①，更不记恨报复，要宽容被讯问人。

四、挖除被讯问人抗审心理防线的认识基础

（一）被讯问人抗审心理防线认识基础概述

所谓被讯问人抗审心理防线的认识基础，是指被讯问人构筑抗审心理防线，驱使和支撑被讯问人进行抗审的精神支柱。

被讯问人的抗审，主要取决于抗审的精神支柱。这种抗审的精神支柱既是驱使被讯问人进行抗审的原动力，又是支撑被讯问人进行抗审的精神力量。在讯问中，被讯问人面对讯问人员的讯问，在这种精神支柱

① 见《论语·泰伯》，见程林主编：《四书五经》（第一卷），北京燕山出版社2008年版，第69页。

的驱使和支撑下，与讯问人员进行着激烈的搏斗，抗拒讯问，拒不交代犯罪或违纪违法的事实。

被讯问人的抗审精神支柱，主要来自以下几个方面：

1. 来自对讯问人员掌握证据的认识。来自这种认识的抗审精神支柱，是被讯问人认为讯问人员不可能发现和掌握其犯罪或违纪违法的证据。具体又有以下几种情况：

（1）认为自己犯罪或违纪违法行为诡秘，没有人知晓

这种被讯问人认为，自己的犯罪或违纪违法行为是在极其秘密的情况下实施的，神不知鬼不觉，只有“天知、地知、我知”，没有其他任何人知晓，只要自己不说，就再无他人能够知道该犯罪或违纪违法行为是自己实施的，查案机关也就什么证据也发现不了、收集不到。被讯问人在这种精神支柱的驱使和支撑下，拒不交代犯罪或违纪违法的事实。

（2）认为自己作案手段高明，没有留下犯罪或违纪违法的证据

这种被讯问人认为，自己有着丰富的作案经验，作案手段高明，在实施犯罪或违纪违法的过程中又是小心翼翼，倍加注意，没有留下自己犯罪或违纪违法的任何痕迹、物证。自己没有留下痕迹、物证，讯问人员也就不可能有自己犯罪或违纪违法证据的发现。只要自己不交代，就没有证据可供讯问人员收集。被讯问人在这种精神支柱的驱使和支撑下，拒绝对犯罪或违纪违法事实作出交代。

（3）认为自己已对现场进行了破坏或伪造，现场已不再有自己犯罪或违纪违法的证据遗留

这种被讯问人，有的认为，自己在实施犯罪或违纪违法后，已经对现场进行了破坏或清理，讯问人员再也发现不了自己犯罪或违纪违法的证据；有的认为，自己已对现场进行了伪造，讯问人员发现的不是自己犯罪或违纪违法的证据。只要自己不交代，讯问人员就不可能发现自己犯罪或违纪违法的证据。被讯问人在这种精神支柱的驱使和支撑下，与讯问人员一抗到底。

（4）认为自己已隐匿或毁灭了证据，已没有证据可供收集

这种被讯问人认为，自己已对赃物进行了藏匿，或对尸体进行了分

尸，沉入大海或江底，或对作案工具进行了清理或藏匿，或对书证进行了烧毁，所有的物证、书证都已匿藏或毁灭，讯问人员再也找不到自己犯罪或违纪违法的证据，只要自己不交代，讯问人员就什么证据也没有。被讯问人在这种精神支柱的驱使和支撑下，拒不交代犯罪或违纪违法的事实。

（5）认为订立的攻守同盟牢不可破

这种被讯问人认为，自己已经与对合人、同案人或知情人订立过攻守同盟，喝过血、起过誓，这些与自己订立过攻守同盟的人一定会信守诺言，绝不会向讯问人员作出交代或进行作证，所订立的攻守同盟牢不可破。只要自己不交代，讯问人员就发现不了证据。被讯问人在这种精神支柱的驱使和支撑下，进行着坚决的抗审，拒绝对犯罪或违纪违法事实作出交代。

（6）认为自己与同案人、对合人或知情人关系密切，同案人、对合人或知情人不可能会出卖自己

这种被讯问人认为，自己与同案人、对合人或知情人关系密切，是铁杆，他们不可能会作出交代而出卖自己。而且，同案人作出交代，其自己也要承担法律责任；对合人已在自己处谋取了利益，其作出交代，不仅其自己也要承担法律责任，而且已经得到的利益就会丧失；知情人进行作证，就要与自己结下私怨、反目成仇。因而，同案人、对合人或知情人不会，也不敢作出交代或进行作证。只要自己不交代，讯问人员就收集不到证据。被讯问人在这种抗审精神支柱的支撑下，拒不交代犯罪或违纪违法的事实。

（7）认为被害人或同案人、对合人、知情人已经死亡，讯问人员再也收集不到这些已死亡人的证言

有的案件的被害人或同案人、对合人、知情人已经死亡，被讯问人认为，这些知道自己犯罪或违纪违法行为的人已经死亡，人死不能复生，不可能再陈述被害的事实经过和指证自己的犯罪或违纪违法，已死无对证，讯问人员再也收集不到这些已经死亡人的证言，只要自己不交代，讯问人员就没有自己犯罪或违纪违法的证据。被讯问人在这种抗审

精神支柱的驱使和支撑下，拒绝对犯罪或违纪违法事实作出交代。

（8）认为同案人或对合人、知情人已潜逃藏匿或已出境，讯问人员无法收集到这些已潜逃或出境人的证言

有的案件的同案人或对合人已经潜逃藏匿，这些案件的被讯问人认为，知道自己犯罪或违纪违法行为的人已经潜逃藏匿，讯问人员不可能再找到这些知道自己犯罪或违纪违法行为的人进行取证，已无法收集到他们的证言；有的案件的同案人、对合人、知情人已经出境，这些案件的被讯问人认为，知道自己犯罪或违纪违法事实的人已经出境，讯问人员不可能到境外向他们取证，即使到境外向他们取证，在境外，讯问人员不可能限制他们的人身自由，他们是不会轻易向讯问人员提供证据的，无法取到自己犯罪或违纪违法的证据。这些被讯问人在这种精神支柱的驱使和支撑下，不会对犯罪或违纪违法事实作出交代。

（9）认为讯问人员没有能力取得证据

这种被讯问人不相信查案机关的查案能力，总认为讯问人员是人，而不是神，没有什么特别的能力，不可能有能力发现自己的犯罪或违纪违法，更不可能有能力收集到自己犯罪或违纪违法的证据，只要自己不交代，讯问人员就收集不到自己犯罪或违纪违法的证据。被讯问人在这种抗审精神支柱的驱使和支撑下，拒不交代犯罪或违纪违法的事实。

（10）认为证据“一对一”，无法认定事实和作出处理

这种被讯问人认为，自己在实施犯罪或违纪违法行为时，只有自己与被害人、同案人、对合人或知情人两人在场，即使被害人、同案人、对合人或知情人作出交代或作证，只要自己不交代，坚决予以否认，证据“一对一”，无法达到证据确实、充分的证明要求，查案机关就无法认定自己的犯罪或违纪违法事实和对自己作出处理。被讯问人在这种抗审精神支柱的驱使和支撑下，便对犯罪或违纪违法事实作坚决的否认。

2. 来自对法律的认识。来自这种认识的抗审精神支柱，是被讯问人认为没有自己的口供就无法定案。具体又有以下两种情况：

（1）认为无供不录案

这种被讯问人对我国刑事诉讼的证据理论不知道，对我国《刑事

诉讼法》第五十五条关于“对一切案件的判处都要重证据，重调查研究，不轻信口供。只有被告人供述，没有其他证据的，不能认定被告人有罪和处以刑罚；没有被告人供述，证据确实，充分的，可以认定被告人有罪和处以刑罚”的证据运用原则规定不了解，认为只要自己撑得住，不开口交代，没有自己的口供，即使其他证据再确实、充分，也不能认定自己的犯罪事实和对自己作出处理。被讯问人在这种抗审精神支柱的驱使和支撑下，拒绝对犯罪事实作出交代。

（2）认为“只要自己不开口，就是神仙也难下手”

这种被讯问人虽然知道我国的证据理论和运用原则，但是，由于受历史上“无供不录案”的影响，对我国的证据理论和运用原则不相信。认为这些证据理论和运用原则只是纸上写写而已，是没有科学依据的，在实践中是不可能真正按照证据理论和《刑事诉讼法》第五十五条的规定去认定案件事实和作出处理的，即使查案机关其他证据确实、充分，但只要自己不承认，没有自己的口供，最后还是不能认定自己的犯罪事实和对自己作出处理。有的被讯问人甚至认为，只要自己不交代，没有自己的口供，即使查案机关根据《刑事诉讼法》第五十五条关于“没有被告人供述，证据确实、充分的，可以认定被告人有罪和处以刑罚”的规定作出处理，检察院、法院或上级机关也要翻过来。如果自己作出了交代，就没有翻案的机会。被讯问人在这种抗审精神支柱的驱使和支撑下，同样拒绝对犯罪事实作出交代。

3. 来自对自身条件的认识。来自这种认识的抗审精神支柱是被讯问人认为自身硬，动不了自己。具体又有多种情况。对于来自自身条件认识的抗审精神支柱的具体情况，笔者曾在本书第五章《端正被讯问人对待讯问的态度》中作过详细的论述。在此不予赘述。

4. 来自对外援力量的认识。来自这种认识的抗审精神支柱是被讯问人认为自己有外援，靠外援定能脱案。具体又有多种情况。对于来自外援力量认识的抗审精神支柱的具体情况，笔者亦曾在本书第五章《端正被讯问人对待讯问的态度》中作过详细的论述。在此不予赘述。

（二）挖除被讯问人抗审心理防线认识基础的方法

被讯问人抗审心理防线的认识基础，即被讯问人抗审的精神支柱，既是多种多样的，又是具体的。根据马克思主义具体问题具体分析、具体问题具体对待的科学方法，对被讯问人抗审的精神支柱的挖除，就要根据各抗审精神支柱的具体情况，以具体的、针对性的方法进行挖除，只有这样，才能挖除被讯问人抗审的精神支柱。

1. 对认为自己犯罪或违纪违法行为诡秘、没有人知晓抗审精神支柱的挖除

被讯问人认为自己犯罪或违纪违法行为诡秘，没有人知晓的抗审精神支柱的本质在于其相信自己实施的行为没有被他人知晓，因而讯问人员不可能知道自己实施的犯罪或违纪违法行为，也就不可能取得自己犯罪或违纪违法的证据。对此，讯问人员应以以下方法予以挖除：

（1）要向被讯问人阐述“要想人不知，除非己莫为”的道理，从理论上进行挖除

①以一分为二的唯物辩证法观点阐述“要想人不知，除非己莫为”的道理

讯问人员要运用唯物辩证法一分为二的观点，向被讯问人阐明：任何事物都具有二重性，即好的和不好的两个方面。犯罪或违纪违法行为的诡秘性同样具有二重性。一方面，诡秘不容易被人发现，这对作案人来说是好的；另一方面，诡秘一是不可能在任何时候、任何情况下都是诡秘的，在有的时候、有的情况下就不是诡秘，而是公开。二是行为越是诡秘，越明显地反映出行为的特殊性，而这种特殊性往往只有被讯问人才能达到。因而，这种诡秘性所反映出来的特殊性就暴露了被讯问人。这样，被讯问人实施的犯罪或违纪违法行为尽管诡秘，但由于二重性的缘故，也就被人知晓是被讯问人实施了这种犯罪或违纪违法的行为。

②以唯物辩证法时间和空间的观点阐述“要想人不知，除非己莫为”的道理

讯问人员要运用唯物辩证法时间和空间的观点向被讯问人阐明：时

间和空间是物质存在的基本形式，和运动着的物质不可分割。也就是说，任何事物都处于时间和空间之中。犯罪或违纪违法行为的实施同样处于一定的时间和空间之中，不可能离开时间和空间实施。正因为犯罪或违纪违法行为是在一定的时间和空间中实施，无论如何诡秘的行为，其必然要占有一定的时间，必然要占据一定的空间，而这个占有一定的时间、占据一定的空间，又必然要接触一定的人和事而留下犯罪或违纪违法的痕迹、物证，不可能一点蛛丝马迹都不留。这样，被讯问人实施的犯罪或违纪违法行为尽管诡秘，但由于犯罪或违纪违法行为要占有一定时间、占据一定空间的缘故，也就留下了被讯问人犯罪或违纪违法的蛛丝马迹，而被人知道是被讯问人实施了犯罪或违纪违法行为。

③以辩证唯物主义认识论的观点阐述“要想人不知，除非己莫为”的道理

讯问人员要运用辩证唯物主义认识论的观点向被讯问人阐述：辩证唯物主义认识论承认世界的可知性，认为认识是主体（人）在改造客体（对象）的实践过程中对客体的能动的反映。讯问人员作为认识主体能够在认识被讯问人犯罪或违纪违法行为的过程中，对被讯问人暴露出来的犯罪或违纪违法的蛛丝马迹，即种种的迹象、线索、信息、情况等表面现象，借助理论思维进行本质和内部联系的抽象，通过概念、判断、推理等认识的基本形式，进行去伪存真、去粗存精，由此及彼、由表及里的改造制作过程，由感性认识上升到理性认识，从而知晓了被讯问人实施的犯罪或违纪违法行为。这样，被讯问人实施犯罪或违纪违法行为尽管诡秘，但由于讯问人员具有能动的认识能力，也就知晓了犯罪或违纪违法行为是被讯问人实施的。

④引用儒家观点阐述“要想人不知，除非己莫为”的道理

讯问人员在向被讯问人阐述“要想人不知，除非己莫为”的道理过程中，可引用《四书五经》之《大学》中的“小人闲居，为不善无所不至，见君子而后厌然，揜其不善而著为善，人之视己，如见其肺肝然，则无益矣？此谓诚于中，形于乐，故君子必慎其独也。曾子曰：

‘十目所视，十手所指，其严乎’”① 的内容，以儒家观点来论证“要想人不知，除非已莫为”的道理。

⑤联系案件的实际情况阐述“要想人不知，除非已莫为”的道理

讯问人员在向被讯问人阐述“要想人不知，除非已莫为”道理的过程中，还要联系案件的实际情况进行阐述，把讯问人员知道是被讯问人实施犯罪或违纪违法行为的事实摆在被讯问人的面前，使被讯问人感觉到其实施的犯罪或违纪违法行为已真的被讯问人员知道了。

（2）要向被讯问人宣讲法律规定的证据种类和在理论上的分类，从法律上进行挖除

①要向被讯问人宣讲我国《刑事诉讼法》八种证据的规定

讯问人员要向被讯问人宣讲我国《刑事诉讼法》规定的证据有：物证；书证；证人证言；被害人陈述；犯罪嫌疑人、被告人供述和辩解；鉴定意见；勘验、检查、辨认、侦查实验等笔录；视听资料、电子数据等八种法定证据。而他人的知晓表现为证据的种类是证人证言，只是这八种证据中的一种，讯问人员完全可以通过收集其他种类的证据而知道和证实被讯问人的犯罪或违纪违法事实。这样，就使被讯问人感到自己行为诡秘、没有人知晓，并不等于讯问人员不能收集到自己的犯罪或违纪违法证据。

②要向被讯问人宣讲我国刑事诉讼证据分类的理论

讯问人员要向被讯问人宣讲我国刑事诉讼的证据在理论上分为：原始证据与传来证据；有罪证据与无罪证据；言词证据与实物证据；直接证据与间接证据。而他人的知晓作为证人证言，表现为证据的分类是原始证据、言词证据和直接证据，讯问人员完全可以通过收集传来证据、实物证据、间接证据而知道和证实被讯问人的犯罪或违纪违法事实。这样，就使被讯问人感到自己行为诡秘、没有人知晓，并不等于讯问人员就无法收集到传来证据、实物证据和间接证据，自己的犯罪或违纪违法

① 见《大学》，载程林主编：《四书五经》（第一卷），北京燕山出版社2008年版，第6页。

事实照样是要被知道的。

（3）要向被讯问人宣讲典型案件，从实践上进行挖除

讯问人员要向被讯问人宣讲办理过的作案人行为诡秘、没有人知晓而被讯问人员查明案件事实的典型案例，通过典型案例的宣讲，使被讯问人活生生地见到无论行为怎么诡秘、没有人知晓，最终还是要被讯问人员知晓和收集到证据，并被绳之以法的事实。这样，就使被讯问人感到自己行为诡秘、没有人知晓是没有任何作用的，自己的犯罪或违纪违法事实被揭露是必然的。

通过上述方法，挖除被讯问人自认为自己行为诡秘、没有人知晓的抗审精神支柱。

2. 对认为自己作案手段高明，没有留下证据抗审精神支柱的挖除

被讯问人认为自己作案手段高明，没有留下证据的抗审的精神支柱的本质在于，其自信地认为在实施犯罪或违纪违法行为的过程中，没有留下证据，因而，讯问人员不可能收集到自己犯罪或违纪违法的证据。对被讯问人的这种抗审精神支柱，讯问人员应以以下方法进行挖除：

（1）要向被讯问人阐述辩证唯物主义的有关原理，从理论上进行挖除

①以辩证唯物主义关于时间和空间的原理阐述被讯问人实施犯罪或违纪违法行为必然要留下痕迹

讯问人员要运用辩证唯物主义关于时间和空间的原理向被讯问人阐明：一切存在的基本形式是时间和空间，时间以外的存在和空间以外的存在是没有的。也就是说，运动着的物质不能脱离时间和空间而存在。正因如此，被讯问人实施犯罪或违纪违法行为的手段无论怎么高明，但总要被讯问人在一定的时间到一定的空间去实施，不可能在真空中实施犯罪或违纪违法行为。而人在一定的时间到达一定的空间去实施犯罪或违纪违法行为，在到达的过程、实施的过程和离开的过程中总要接触到一些人或事，不接触到人或事是不可能的，除非是从真空过来、在真空里实施、从真空出去。正是这个接触，留下了接触的主观知觉痕迹和客

观物质痕迹。即使留下的主观知觉痕迹和客观物质痕迹不是犯罪或违纪违法的直接证据，但必然同实施的犯罪或违纪违法有关。这样，沿着这个同犯罪或违纪违法有关的主观知觉痕迹和客观物质痕迹，也就可找到被讯问人犯罪或违纪违法的证据。因此，被讯问人实施的犯罪或违纪违法手段无论如何高明，留下证据是必然的。

②以辩证唯物主义关于一分为二的原理阐述被讯问人实施的犯罪或违纪违法行为必然要留下痕迹

讯问人员要运用辩证唯物主义关于一分为二的原理向被讯问人阐明：任何事物都是一分为二的，其内部包含着两个对立面。正因如此，作案手段高明是相对的，而不是绝对的，高明之中存在不高明的一面。也就是说，这个高明不可能时时高明、处处高明、绝对高明。同时，既然是高明，其就有着同一般不同的特殊性，而这种高明所反映出来的特殊性往往只有被讯问人才能具有。这样，被讯问人作案手段高明时的不高明、高明处的不高明和高明的背后就留下了被讯问人犯罪或违纪违法的痕迹和证据。因此，被讯问人实施的犯罪或违纪违法手段无论如何高明，留下证据是必然的。

③以辩证唯物主义关于物质世界普遍联系的原理阐述被讯问人实施的犯罪或违纪违法行为必然要留下痕迹

讯问人员要运用辩证唯物主义关于物质世界普遍联系的原理向被讯问人阐明：物质世界是普遍联系的，事物之间和事物内部诸要素之间是互相影响、互相作用、互相制约的。联系是事物的内在本性，它是不以人们的主观意志为转移的。当某一事物发生变化的时候，它必然要引起对他事物的影响，使之也产生变化。正因如此，被讯问人实施的犯罪或违纪违法行为手段无论怎么高明，即使实施的这个手段没有留下被讯问人犯罪或违纪违法的直接证据，但由于联系的普遍性，被讯问人所实施的这个行为必然要影响、作用、制约着他事物，使他事物产生变化。这样，这个影响、作用、制约他事物而使他事物产生变化，也就留下了被讯问人犯罪或违纪违法的痕迹和证据。因此，被讯问人实施的犯罪或违纪违法手段无论如何高明，留下证据是必然的。

（2）要联系案件的作案手段阐述必然要留下证据，从事实上进行挖除

讯问人员在向被讯问人阐述其实施的犯罪或违纪违法行为必然要留下证据的过程中，还要联系案件的作案手段进行阐述，使被讯问人真切地见到自己所实施的行为，已经留下了自己犯罪或违纪违法的证据。

（3）要向被讯问人宣讲法律规定的侦查手段和措施，从法律上进行挖除

①要向被讯问人宣讲我国《刑事诉讼法》规定的侦查手段

讯问人员要向被讯问人宣讲我国《刑事诉讼法》规定的侦查手段。我国《刑事诉讼法》规定的侦查手段有：讯问犯罪嫌疑人；询问证人；勘验、检查；搜查；查封、扣押物证、书证；鉴定；技术侦查措施；通缉等侦查手段和措施。而讯问犯罪嫌疑人只是这八种侦查手段和措施中的一种，讯问人员完全可以通过其他七种侦查手段和措施获取被讯问人犯罪或违纪违法的证据。通过侦查手段和措施的宣讲，使被讯问人感到自己的作案手段虽然高明，在这些侦查手段和措施面前却是不堪一击的，讯问人员收集到自己犯罪或违纪违法的证据是必然的。

②要向被讯问人着重宣讲《刑事诉讼法》规定的技术侦查措施

讯问人员在向被讯问人宣讲我国《刑事诉讼法》规定的侦查手段的过程中，要着重宣讲技术侦查措施。[①] 技术侦查措施是侦破案件、获取被讯问人犯罪证据的重要侦查手段，特别是在工业化、信息化、现代化社会发展过程中，技术侦查措施对获取证据、惩罚犯罪、维护社会公共利益具有越来越重要的作用。通过对技术侦查措施的宣讲，使被讯问人感到自己实施的犯罪手段，在技术侦查措施面前，只不过是雕虫小技，更是不堪一击。

通过上述方法，挖除被讯问人自认为作案手段高明，没有留下证据的抗审精神支柱。

① 宣讲技术侦查措施不得宣讲技术侦查措施的专门技术手段。

3. 对认为自己已对现场进行了破坏或伪造，现场已不再有自己犯罪或违纪违法证据遗留抗审精神支柱的挖除

被讯问人认为自己已对现场进行了破坏或伪造，现场已不再有自己犯罪或违纪违法证据遗留的抗审精神支柱的本质在于，其自信地认为自己对现场破坏或伪造的行为可以掩盖住自己实施的犯罪或违纪违法行为，讯问人员无法收集到自己犯罪或违纪违法的证据。对被讯问人的这种抗审精神支柱，讯问人员要以以下方法进行挖除：

（1）要针对被讯问人的这种抗审精神支柱，向被讯问人阐明有针对性的道理，从理论上进行挖除

①要以辩证的观点向被讯问人阐明欲盖弥彰的道理

讯问人员要以辩证的观点向被讯问人阐明：世界上的任何事物都具有二重性，往往是越想掩盖事实真相，结果却使事实真相暴露得更加明显。破坏或伪造现场同样具有二重性。被讯问人想通过破坏或伪造现场达到掩盖自己犯罪或违纪违法的目的，实施了破坏或伪造现场的行为。但由于实施的破坏或伪造现场行为是故意造作，这就把破坏或伪造的地方突出地表现出来而更加明显地暴露在那里，正好给侦查人员指出了重点勘查的目标。“此地无银三百两，隔壁王二不曾偷”就是这种破坏和伪造现场行为的写照。

②要以辩证的观点向被讯问人阐明任何事物都是相对的道理

讯问人员要以辩证的观点向被讯问人阐明：世界上的任何事物都是相对的，没有绝对的，就是真理也是相对真理。破坏或伪造现场同样是相对的。破坏现场不可能把被讯问人实施犯罪或违纪违法行为的所有痕迹都破坏干净，在破坏现场的过程中，总有不经意的时候，总有一些细微处仍留有痕迹或破坏得不彻底而留下隐约的痕迹；伪造现场不可能伪造得天衣无缝，往往要出现不符合情理或反常的情况，假的就是假的。这样，讯问人员就可从没有被破坏干净的痕迹或不符合情理、反常中发现和提取被讯问人犯罪或违纪违法的证据。

③要以辩证唯物论向被讯问人阐明因果关系的客观性和普遍性理论

讯问人员要以辩证唯物论向被讯问人阐明：因果关系是客观的，任

何现象都有其产生的原因，任何原因都必然引起一定的结果；因果关系是普遍的，一切事物现象都具有必然的因果关系，无原因的结果和无结果的原因是不存在的。被讯问人破坏和伪造现场的行为，必然要留下被讯问人实施破坏、伪造的痕迹，这是不依人的意志为转移的，破坏、伪造现场行为的原因不可能不留下破坏、伪造现场痕迹的结果。这样，讯问人员就可从破坏、伪造现场行为所遗留下的破坏、伪造痕迹中发现和提取被讯问人破坏、伪造现场的痕迹，从而也就发现了被讯问人犯罪或违纪违法的证据。

（2）要以法律规定的证据概念和种类向被讯问人阐明证据的来源是多渠道的，从法律上进行挖除

讯问人员要在向被讯问人宣讲《刑事诉讼法》第五十条关于“可以用于证明案件的事实材料，都是证据”和证据的法定种类有八种的基础上，向被讯问人阐明：由于法律规定“可以用于证明案件的事实材料，都是证据”和证据的种类有八种，因而，证据的来源是多渠道的，并不是只来源于现场，现场来源的证据在证据的种类中只表现为勘验笔录。一个案件除了现场来源的证据，还有大量的证据不来源于现场。通过这样的宣讲，就使被讯问人感到即使现场被破坏、伪造，没有自己犯罪或违纪违法的证据遗留在现场，讯问人员也完全可以通过其他渠道收集到自己犯罪或违纪违法的证据证实自己的犯罪或违纪违法事实。

通过上述方法，挖除被讯问人自认为已对现场进行破坏或伪造，现场不再有自己犯罪或违纪违法证据遗留的抗审精神支柱。

4. 对认为已隐匿、毁灭了证据，已没有证据可供收集抗审精神支柱的挖除

被讯问人自认为已隐匿、毁灭了证据，已没有证据可供讯问人员收集的抗审精神支柱的本质在于，其自信地认为已没有了自己犯罪或违纪违法的证据。因而，讯问人员不可能再收集到自己犯罪或违纪违法的证据。对被讯问人的这种抗审精神支柱，讯问人员要以以下方法进行挖除：

（1）要向被讯问人阐明“绝迹易，无行地难”[①] 的道理，从理论上进行挖除

讯问人员要向被讯问人阐明：灭掉痕迹是容易的，但做不到不在地上行走。被讯问人对实施的犯罪或违纪违法行为的证据进行隐匿、毁灭，不留下痕迹、物证是件容易的事。但是，被讯问人无论是实施犯罪或违纪违法行为，还是隐匿、毁灭痕迹、物证的行为，毕竟要靠地来走路，不靠地走路而能实施犯罪或违纪违法行为，或隐匿、毁灭痕迹、物证，这是做不到的，悬在空中实施犯罪或违纪违法行为，或隐匿、毁灭痕迹、物证是不可能的。既然要靠地走路来实施犯罪或违纪违法行为或隐匿、毁灭痕迹、物证，那么，无疑要在地上留下被讯问人行地的有形足迹或无形足迹。有形足迹直接可以提取，无形足迹用化学方法喷溅检测可以再现。这样，讯问人员就收集到了被讯问人在实施犯罪或违纪违法行为过程中或隐匿、毁灭证据过程中所遗留的证据——足迹。而足迹可以确定人的性别、年龄、身高、腿的样子、走路的姿势等。据此，通过足迹也就能确定这个实施犯罪或违纪违法行为或隐匿、毁灭痕迹、物证的是怎样的一个人，进而确定这个人是谁。

（2）要向被讯问人阐明实施隐匿、毁灭证据的行为，会留下主观知觉痕迹和客观物质痕迹的道理，进一步从理论上进行挖除

被讯问人实施隐匿、毁灭证据的行为，是在一定的时间和空间进行的，必然要留下主观知觉痕迹和客观物质痕迹，这是规律。

①实施隐匿、毁灭证据的行为，必然要留下主观知觉痕迹

讯问人员要向被讯问人指出：被讯问人实施隐匿、毁灭证据的行为，需要一定的时间，在这段时间内，就有可能被他人发现其隐匿、毁灭证据的行为，目睹或耳闻其隐匿、毁灭证据的事实而留下能直接证明这一事实的主观知觉痕迹。即使被讯问人在这段时间实施隐匿、毁灭证据的行为十分诡秘，没有被他人直接发现，但由于被讯问人是生活在人

① 见《庄子·内篇·人间世》，载马肇基主编：《国学经典》（第二卷），线装书局2012年版，第345页。

群中的，其隐匿、毁灭证据的前或后不可避免地要暴露出一些疑点而被他人发觉，完全不暴露疑点是不可能的。这也就留下了间接证明这一事实的主观知觉痕迹。

②实施隐匿、毁灭证据的行为，必然要留下客观物质痕迹

讯问人员要向被讯问人指出：被讯问人实施隐匿、毁灭证据的行为需要在一定的空间内进行。在这一空间内，其隐匿、毁灭证据的行为必然要接触到其他的事物，引起其他事物的变化而留下客观物质痕迹，也就是留下隐匿、毁灭证据的证据。讯问人员通过对隐匿、毁灭证据的证据的收集，再顺着这个隐匿、毁灭证据的证据，也就找到了这个隐匿、毁灭证据的人，从而收集到其犯罪或违纪违法的证据。

（3）要向被讯问人阐明被隐匿的证据是可以找到的，被毁灭的证据是可以复原的事实，从事实上进行挖除

①讯问人员要向被讯问人阐明被隐匿的证据是可以找到的

讯问人员要向被讯问人指出：由于隐匿的证据并未从地球上消失，它客观地存在一定的空间之中，这就为讯问人员找到被隐匿的证据提供了前提和基础。现代科学技术的发达、监控录像的记录、技术侦查手段的运用、警犬的嗅觉，等等，这就为讯问人员找到被隐匿的证据提供了手段和保证，讯问人员完全可以运用这些手段找到被隐匿的证据。

②讯问人员要向被讯问人阐明被毁灭的证据有的是可以复原的

讯问人员要向被讯问人指出：不少证据并不能被彻底毁灭，从而在地球上完全消失。对于这些不能被彻底毁灭的证据，利用现代科学技术，完全能够予以复原，再现证据的原貌。

（4）要向被讯问人阐明证据是多种类的法律规定，从法律上进行挖除

讯问人员要向被讯问人阐明法律规定的证据是多种类的，而且每一个案件的每一种类证据又是多起的。因而，在一个案件的证据中，被讯问人不可能把所有种类的证据和每一种类的多起证据统统予以隐匿和毁灭，而被讯问人隐匿或毁灭的证据只是众多种类证据中的一种或多起证

据中的一起。因为有的证据在客观上被讯问人是无法隐匿的，有的证据在主观上被讯问人是无法左右而将其毁灭的。

通过上述方法，挖除被讯问人自认为已隐匿、毁灭了证据，已没有证据可供讯问人员收集的抗审精神支柱。

5. 对自认为攻守同盟牢不可破，与之订立攻守同盟的人不会不信守承诺抗审精神支柱的挖除

被讯问人自认为已订立的攻守同盟牢不可破，与之订立攻守同盟的人不会不信守承诺的抗审精神支柱的本质在于，其自信地认为攻守同盟不可能被打破，讯问人员收集不到证据。对被讯问人的这种抗审精神支柱，讯问人员要通过以下方法进行挖除：

（1）要向被讯问人阐明“人心隔肚皮”的道理，从理论上进行挖除

讯问人员要向被讯问人阐明：人心隔肚皮，他人真正的心思是什么难以猜测，人家是怎么想的别人不可能真正了解。正所谓“其心难知，喜怒难中”①。订立攻守同盟，表面的誓言和承诺并不等于是其内心的意思。他的内心是怎么回事，只有“天知、地知，自己知”，别人是不可能知晓的。正如古人所说，“凡人心险于山川，难于知天”②。正因为人家是怎么想的不可能真正了解，那么，人家终究会怎么做也就无法知道。而且，每个人有每个人的思想，每个人有每个人的具体情况。思想不同、具体情况不同，行为趋向也就不同。因此，每个人只能把握自己，不可能左右他人，而且，在有些情况下，连自己都把握不住，更何况去左右他人。可见，把希望寄托在他人的不开口交代上，那是十分愚蠢和最不保险的。如果是这样，那就非吃大亏不可。以此警示被讯问人。

---

① 见《韩非子·用人》，载高华平等译注：《韩非子》，中华书局 2015 年版，第 303 页。

② 见《庄子·杂篇·列御寇》，载孙通海译注：《庄子》，中华书局 2016 年版，第 373 页。

(2) 要向被讯问人阐明“彼一时，此一时”的道理，再从理论上进行挖除

“彼一时，此一时”语出《孟子·公孙丑下》。孟子曰：“彼一时，此一时也。”① 意为从前是一种情形，现在又是一种情形，现在的情势跟从前的不一样了，已经发生了变化。讯问人员要向被讯问人阐明：事物是发展的，彼时的时势同此时的时势是不同的；情况是会起变化的，彼时的情况同此时的情况是有区别的。时势不同、情况有别，不能相混或相提并论。订立攻守同盟，那是一个时候，那时风平浪静或刚起风浪，订立攻守同盟的双方人身自由，都未受到实质性的追查；现在接受讯问，这又是另一个时候，这时案件查处已经深入开展，风卷残云，泰山压卵之势异常迅猛，订立攻守同盟双方的人身自由都受到了限制，正在受到实质性的追查。在现在的时势和情况下，与之订立攻守同盟的一方的心态肯定要起变化，同订立攻守同盟时肯定不是同一个心态，其不可能再坚持订立攻守同盟时的态度。正所谓“彼一时也，此一时也，岂可同哉？”②

(3) 要向被讯问人阐明保护自己是人的本能的道理，又从理论上进行挖除

讯问人员要向被讯问人阐明：保护自己是人的本能，任何一个人，当自己面临危险、利益受到侵害时，其就会本能地做出排除或躲避面临的危险，保护自己利益的行为。正因为保护自己是人的本能，订立的攻守同盟、统一的口径在一般情况下可能不可破，与之订立攻守同盟的人可能会按照所订立的攻守同盟从事。但在特殊的情况下，当涉及那个与之订立攻守同盟的人的切身利益时，即其自己面临危险，利益受到侵害时，攻守同盟就非破不可。因为那个与之订立攻守同盟的人不可能死守攻守同盟而自己去坐牢，不可能宁愿自己家破人亡而去保住与之订立攻

① 见《孟子·公孙丑下》，载程林主编：《四书五经》（第一卷），北京燕山出版社 2008 年版，第 179 页。

② 见（汉）班固撰：《汉书》，中华书局 2007 年版，第 656 页。

守同盟的人。“两害相权取其轻”是由人的本能所决定的。他人是不可能“将别人家的棺材抬到自己家去哭的”。这是一条规律。

(4)要向被讯问人阐明订立攻守同盟的行为是要留下痕迹的道理，继续从理论上进行挖除

讯问人员要向被讯问人阐明：订立攻守同盟总是在一定的时间和空间进行的，不可能在真空里进行，这就不可避免地要接触到一些人或事。而接触到人或事，就必然要留下订立攻守同盟的痕迹。这样，讯问人员就可顺着这个痕迹发现攻守同盟。即使订立攻守同盟做得人不知、鬼不觉，但订立过攻守同盟与没有订立过攻守同盟的人在讯问中的表现是不同的，这个不同就留下了订立攻守同盟的痕迹。讯问人员只要根据这个不同，就可发现订立过攻守同盟。讯问人员发现了这个攻守同盟，就可针对这个攻守同盟进行破除。

(5)要向被讯问人指出任何攻守同盟都有漏洞的道理，进一步从理论上进行挖除

讯问人员要向被讯问人指出：所订立的攻守同盟和统一的口径只能是某一方面或某几个方面，不可能把案件的所有方面都无一遗漏地订得面面俱到。而且，所订立的某一方面或某几个方面也只能是条条框框的问题，而不可能在细节上都十全十美、天衣无缝。因此，任何的攻守同盟都是有漏洞的，任何的统一口径都是不可能在所有的细节上都统一过的。只要讯问人员向被讯问人问一些具体的细节问题，他不是回答不上来，就是漏洞百出，矛盾重重。而且，由于订立攻守同盟、统一口径是对客观事实的违背，其结果必然与客观事实谬以千里。这样，讯问人员就可抓住矛盾，揭露矛盾，使真相大白。

通过上述方法，挖除被讯问人自认为攻守同盟牢不可破，与之订立攻守同盟的人不会不信守承诺的抗审精神支柱。

6. 对自认为自己与同案人、对合人或知情人关系密切，同案人、对合人或知情人不可能会出卖自己抗审精神支柱的挖除

被讯问人自认为自己与同案人、对合人或知情人关系密切，同案人、对合人或知情人不可能会出卖自己抗审精神支柱的本质在于，其自

信地认为这些人因与自己关系密切不会作出交代或进行作证；因同案人其自己也要承担法律责任，对合人自己不仅要承担法律责任，而且要丧失已得的利益，知情人要与自己结下私怨，他们不敢作出交代或进行作证，讯问人员收集不到证据。对被讯问人的这种抗审精神支柱，讯问人员要通过以下方法进行挖除：

（1）要向被讯问人阐明“趋利避害”是人本性的道理，从理论上进行挖除

讯问人员要向被讯问人阐明：趋利避害是人的本性，任何人在利和害面前，都会趋向有利的一面，去谋求利益，避开有害的一面，去躲避祸害。而不可能不去谋求有利的，固执有害的。同时向被讯问人指出：同案人、对合人或知情人与被讯问人关系再密切，当如实作出交代或进行作证对其有利，而拒绝交代或进行作证对其不利，这二者摆在其面前时，他们无疑会趋向对自己有利的一面，即作出交代或进行作证，而不会趋向对自己不利的一面，即拒绝作出交代或进行作证。他们不会因为与你关系密切，为了你而宁愿自己承受祸害。

（2）要向被讯问人阐明人在利和害面前都会以“两害相权取其轻，两利相权取其重”的原则进行取舍的道理，继续从理论上进行挖除

讯问人员要向被讯问人阐明：任何人在两者都是害面前，都会对这两者害进行比较，选择害处最小的，而不会选择害处最大的；在两者都是利面前，也都会对这两者利进行比较，选择利益最大的，而不会选择利益最小的。同时向被讯问人指出：同案人在面临交代问题要受到从轻的处罚，不交代问题要受到从重的处罚，这两者都是害的情况下，其无疑会选择害处小的，即作出交代得到从轻的处罚，而不可能选择害处大的，即不交代得到从重的处罚；对合人在面临交代问题要得到从轻的处罚，丧失已得的利益，不交代问题要受到从重的处罚，也要丧失已得到的利益这两者都是害的情况下，其无疑同样会选择害处小的，即作出交代得到从轻处罚，丧失已得的利益，而不可能选择害处大的，即不作出交代得到从重处罚，丧失已得的利益；知情人在面临如实作证要与你结下私怨，不如实作证就要给自己带来一系列麻烦，惹祸上身，自己的利

益遭受损害，这两者都是害的情况下，其同样会选择害处小的，即如实作证与你结怨，并不会选择害处大的，即不作证给自己带来一系列的麻烦，惹祸上身，自己的利益遭受损害。

(3) 要对被讯问人进行证据种类和证据分类理论的教育，从法律上进行挖除

讯问人员要对被讯问人进行证据种类和证据分类理论的教育，宣讲我国《刑事诉讼法》第五十条规定的八种法定证据，宣讲证据在理论上的分类。同时，向被讯问人指出：同案人、对合人或知情人的交代或证言，在一个案件中，只是这八种证据中的其中一种，离开了他们的交代或证言，还有其他七种证据。同案人、对合人或知情人交代或证言，在证据的分类上只表现为原始证据、言词证据、直接证据，在证据分类上，一个案件还有传来证据、实物证据、间接证据，因而，即使同案人、对合人或知情人不作出交代或进行作证，讯问人员完全可以收集到其他种类的证据和传来证据、实物证据、间接证据，使案件的证据达到确实、充分的证明标准。

通过上述方法，挖除被讯问人自认为自己与同案人、对合人或知情人关系密切，同案人、对合人或知情人不可能出卖自己的抗审精神支柱。

7. 对自认为证人已经死亡，已死无对证抗审精神支柱的挖除

被讯问人自认为证人已经死亡，已死无对证的抗审精神支柱的本质在于，其自信地认为自己的犯罪或违纪违法已没有证人作证，讯问人员已无法收集到证人证言，① 因而，只要自己不交代，讯问人员就没有证据或可任凭自己怎么说。对被讯问人的这种抗审精神支柱，讯问人员要通过以下方法进行挖除：

(1) 要向被讯问人阐述证人已经死亡，灭失的只是这个证人的言词证据

讯问人员要向被讯问人阐述：证人已经死亡，灭失的只是这个证人

① 证人包括涉案证人和知情证人。同案人、对合人、知情人、被害人等凡是知道案件情况的人，都属于证人范畴。这里的证人证言是广义的。

的言词证据，并不能灭失同这个证人有关的物证、书证、鉴定意见、勘验、检查笔录等证据。一是证人完全有可能遗留有同被讯问人犯罪或违纪违法有关的日记、通信记录和各种物证、书证；二是被害人作为证人其是遭受犯罪行为侵害的对象，其在被侵害过程中所遗留的痕迹具有客观实在性，从被害人尸体上提取的痕迹无疑可以作为证据来证实作案人实施犯罪行为的情况和作案人的犯罪事实；三是对被害人尸体上所遗留的痕迹和证人所遗留的物证、书证完全可以通过鉴定，形成鉴定意见，在诉讼中作为证据使用，证实作案人的犯罪事实。

（2）要向被讯问人指出证人完全可能留有传来证据

讯问人员要向被讯问人阐述关于传来证据的理论，在此基础上，向被讯问人指出：证人完全有可能在生前同亲人、朋友叙述过其所听到、看到被讯问人实施犯罪或违纪违法的事实情况或其遭受被讯问人侵害的事实情况。讯问人员通过对证人的这些亲人、朋友的调查，就取得了证人作证的传来证据，从而证实被讯问人的犯罪或违纪违法事实。

（3）要向被讯问人阐述证据的种类和在理论上的分类

①向被讯问人阐述法律关于证据种类的规定

讯问人员要向被讯问人阐述我国《刑事诉讼法》规定的八种法定证据，讯问人员完全可以收集到除这些证人证言之外的其他几种证据，从而证实被讯问人的犯罪或违纪违法事实。而且，一个案件往往有多个证人，不可能全部都死光，讯问人员完全可以通过对除死者以外的其他证人的取证，取得证人证言。

②向被讯问人阐述关于证据分类的理论

讯问人员要向被讯问人阐述证据在理论上的分类，指出证人直接所作的证言在理论上属于原始证据、言词证据和直接证据。但是一个案件除这个死亡的证人直接所作的证言外，还有大量的传来证据、实物证据、间接证据和其他的原始证据、言词证据、直接证据。讯问人员完全可以收集到除这个死亡证人直接所作的证言外的原始证据、传来证据、言词证据、实物证据、直接证据、间接证据，从而使一个案件证据确实、充分，证明被讯问人的犯罪或违纪违法事实。

通过上述方法，挖除被讯问人自认为证人已经死亡，已死无对证的抗审精神支柱。

8. 对自认为证人已潜逃或出境，已无法取得其证言抗审精神支柱的挖除

被讯问人自认为证人[1]已潜逃或出境，已无法取得其证言的抗审精神支柱的本质在于，其自信地认为这些潜逃或出境的证人已不可能向讯问人员提供证据，讯问人员已不可能收集到其证言。对被讯问人的这种抗审精神支柱，讯问人员要通过以下方法进行挖除：

（1）要向被讯问人阐述证人已潜逃或出境，灭失的只是证人的言词证据，而且这个灭失是暂时的

讯问人员要向被讯问人阐述：证人已潜逃或出境，虽然讯问人员不能取到这个证人直接所作的言词证据，但这并不等于讯问人员就不可能收集到同这个证人有关的其他种类的证据和永远收集不到这个证人的言词证据。一是这个潜逃或出境的证人，不可能把其他种类的证据都随身带走，完全有可能遗留下物证、书证；二是这个证人完全有可能在潜逃或出境前将其所参与或听到、看到的有关被讯问人犯罪或违纪违法的事实情况同其亲人、朋友叙述过而留下传来证据；三是这个潜逃或出境的证人并未从地球上消失，正因如此，其就有开口说话的时候，只不过是个时间问题，并不能永远灭失这个证人的言词证据，这个灭失只是暂时的。

（2）要向被讯问人指出已潜逃的证人被抓获或找到是必然的

讯问人员要向被讯问人指出：潜逃只是暂时的，其必然要被讯问人员抓获或找到而提供证据。

①要向被讯问人阐述“天网恢恢，疏而不漏”的道理

讯问人员要向被讯问人阐明：天道像个宽广的大网，看起来很稀疏，但绝没有遗漏之处，潜逃之人无法逃脱这张天网。正所谓“天之道，不争而善胜，不言而善应，不召而自来，繟然而善谋。天网恢恢，

---

① 此处所称的证人，包括同案人、对合人和知情人。

疏而不失”。[①] 因此，无论潜逃之人逃到何处，是天的尽头，还是海的角落，都必然要被抓获或找到。

②要向被讯问人阐述讯问人员具有抓获或找到潜逃之人的能力和经验

讯问人员要向被讯问人阐述讯问人员在长期同犯罪或违纪违法作斗争的过程中，锻炼和积累了抓获或找到潜逃之人强有力的能力和丰富的经验，有着一套抓获或找到潜逃之人的办法。在此，讯问人员可结合实例进行阐述，使阐述更加形象、深刻。

③要向被讯问人阐述全国各地、各级、各部门密切配合、协同作战的事实

讯问人员要向被讯问人阐述全国各地、各级的司法机关，各条战线的各个部门在打击犯罪、抓捕逃犯中上下、左右都做到密切配合、协同作战，潜逃之人无论逃到哪里，一经发现，即被抓获。

④要向被讯问人阐述现代科学技术在抓获逃犯中发挥的重要作用

讯问人员要向被讯问人阐述现代科学技术在发现逃犯、抓获逃犯中所具有的重要作用。用现代科学技术发现和抓获逃犯是一件轻而易举的事，任何潜逃之人在科学技术面前都是不值一提、不堪一击的。

（3）要向被讯问人指出已潜逃的人回来自首是完全有可能的

讯问人员要向被讯问人指出：已潜逃的人由于种种原因，其自动回来自首是完全有可能的。一是潜逃处境的恶劣，潜逃之人受不了这个生不如死的苦；二是亲人的劝说，潜逃之人在亲人的劝说下，其为了亲人，完全有可能回来自首；三是政策和法律的感召，潜逃之人在政策和法律的感召下，进行权衡利弊，回来自首是现实的。

（4）要向被讯问人阐述已经出境的证人，是不可能长期待在境外的

讯问人员要向被讯问人阐述已经出境的证人，如果其是知情证人，其是出境定居而不是逃犯，因而，其不可能长期待在境外，境内有亲

---

① 见《老子》七十三章（治国），载马肇基主编：《国学经典》（第二卷），线装书局2012年版，第311页。

人、有朋友、有事需要处理，是经常要回来的。如果是涉案证人潜逃出境的，由于其在境外没有合法的居住权，一旦抓获就要被遣返回来。

（5）要向被讯问人阐述反腐败国际合作和国际刑事司法协助的规定

我国《监察法》对反腐败国际合作作出了规定，而且，我国已参加多项国际司法条约，这些国际司法条约都有国际刑事司法协助的明确规定。讯问人员要向被讯问人阐述我国《监察法》关于反腐败国际合作的规定和国际刑事司法协助的规定，讯问人员完全可以根据《监察法》和国际司法条约的规定，通过刑事司法协助方式、境外追诉方式，向外国提出刑事司法请求，将潜逃出境人员引渡、遣返回国。

通过上述方法，挖除被讯问人自认为证人已潜逃或出境，已无法取得其证言的抗审精神支柱。

9. 对自认为查案机关和侦查人员没有特别的能力，不能取得证据的抗审精神支柱的挖除

被讯问人自认为查案机关和侦查人员没有特别的能力，不能取得证据的抗审精神支柱的本质在于，被讯问人不相信查案机关和侦查人员的能力。对被讯问人的这种抗审精神支柱，讯问人员要通过以下方法进行挖除：

（1）要向被讯问人宣讲现代科学技术突飞猛进，并在查案工作中得到了广泛的应用

①要向被讯问人宣讲现代科学技术迅猛发展，技术高尖

讯问人员要向被讯问人宣讲：现代科学技术突飞猛进、迅猛发展，互联网技术、通信技术、定位技术、监控技术、空间技术、光学技术、医学技术、化学技术、DNA技术等都取得了前所未有的成就，各种技术高尖，不少技术处在世界领先地位，社会进入了一个新的历史时代。

②要向被讯问人宣讲这些科学技术在侦查中得到了广泛的应用，起到了巨大的作用

讯问人员要向被讯问人宣讲：这些现代科学技术已被广泛地运用到侦查工作中，在发现犯罪嫌疑人、确认犯罪嫌疑人、发现证据、取得证据、检验证据中都起到了巨大的作用，发挥着常人难以想象的威力，成

为打击犯罪的神器。

（2）要向被讯问人宣讲侦查机关拥有各类技术人员和技术设施、手段

①要向被讯问人宣讲侦查机关拥有各类技术人员

讯问人员要向被讯问人宣讲：侦查机关是一个技术精英聚集，拥有各类技术人员的机关，各种现代科学技术人员都掌握着各自的高尖科学技术，能够按照侦查工作的需要发挥出科学技术的强大威力和巨大作用。

②要向被讯问人宣讲侦查机关拥有先进的侦查技术设备

讯问人员要向被讯问人宣讲：现在的侦查机关已不再是20世纪的侦查机关，靠一支笔、一张纸、一口嘴来解决问题，而是拥有各种先进的侦查技术设备，设备先进、仪器精良，靠设备、靠仪器、靠科学技术来解决问题。

③要向被讯问人宣讲侦查机关拥有技术侦查措施

讯问人员要向被讯问人宣讲：《刑事诉讼法》规定了技术侦查措施，根据侦查犯罪的需要，可以采取技术侦查措施。技术侦查措施在侦查犯罪中，既合法，又神秘，更有效，发挥着巨大的威力，起到了其他措施所无法起到的作用。

（3）要向被讯问人宣讲侦查人员是具有特殊能力的人

①要向被讯问人宣讲侦查人员都是经过专门学习、培训、深造的人

讯问人员要向被讯问人宣讲：侦查人员都是经过正规的大学或专门机构学习、培训、深造的，有的毕业于人民公安大学、政法院校，受过系统的、正规的学习；有的经专门机构进行过系统的、严格的培训；有的对某一技术进行过专门的深造，都掌握着各种侦查技术，有的甚至身怀绝技。

②要向被讯问人宣讲侦查人员有着丰富的侦查阅历和经验

讯问人员要向被讯问人宣讲：侦查人员从事侦查工作，长期战斗在侦查第一线，同各种各样的案件，各式各样的被讯问人打交道，侦破过无数的重大、疑难案件，讯问过各种形态的被讯问人，有着丰富的侦查

阅历和积累了丰富的侦查经验，任何一个案件在侦查人员手中都似“一块面团团”运于掌上；任何一个难题在侦查人员面前都能迎刃而解，似庖丁解牛，“目无全牛”。

③要向被讯问人宣讲侦查人员所具有的各种素质

讯问人员要向被讯问人宣讲，侦查人员所具有的政治素质、品德素质、知识素质、业务素质和各种心理素质。[①] 以侦查人员这些所具有的素质去侦查案件，没有破不了、查不清的案。

（4）要向被讯问人宣讲打击犯罪和惩治腐败是党委领导下的全局一盘棋

讯问人员要向被讯问人宣讲：打击犯罪、惩治腐败是党委的中心工作之一，是在党委领导下进行的，是全党的大事，而不仅仅是一个查案机关的事。正因为是全党的大事，在党委的领导下，动员全党的力量，组织和协调其他各部门参与，打的是一场人民战争。查案机关在工作中遇到难以解决的难题，在党委的领导下，完全可以交由有解决难题能力的部门去解决。而且，查案机关是一个整体，全国一家、上下一心、左右一意，互相配合、互相支持、互相协作，发挥的是整体优势，没有解决不了的难题。

通过上述方法，挖除被讯问人自认为查案机关和侦查人员没有特别的能力，不能取得证据的抗审精神支柱。

10. 对认为证据“一对一”，不能认定和作出处理的抗审精神支柱的挖除

被讯问人自认为证据“一对一”，不能认定和作出处理的抗审精神支柱的本质在于，被讯问人自信地认为自己犯罪或违纪违法只有对方一人见证，凭这一个人的见证是无法认定自己的犯罪或违纪违法事实和作出处理的。对被讯问人的这种抗审精神支柱，讯问人员可以通过以下方

---

① 讯问人员的政治素质、品德素质、知识素质、业务素质和各种心理素质，笔者已在《讯问的知彼知己》一书中作过详细的论述。见《讯问的知彼知己》，中国方正出版社 2017 年版，第 435—543 页。

法予以挖除：

（1）要向被讯问人明确地指出证据“一对一”的案件是没有的

①讯问人员要向被讯问人明确地指出：在实践中绝对没有“一对一”证据的案件，而只有“一对一”人的案件。被讯问人在犯罪或违纪违法的过程中，虽然只有被讯问人与被害人，或同案人，或对合人，或知情人两人在场，在人数上被讯问人与见证人是“一对一”，但这绝不是证据“一对一”。因为一个案件的证据在种类上是多种的，我国法律规定：“可以用于证明案件事实的材料，都是证据。”证据包括：物证；书证；证人证言；被害人陈述；犯罪嫌疑人、被告人供述和辩解；鉴定意见；勘验、检查、辨认、侦查实验等笔录；视听资料、电子数据等种类。而“一对一”中被讯问人对方的这个“一”仅是这八种证据中其中的一种证据，一个案件，除了这个“一”和被讯问人的这个“一”以外，还有其他的六种证据。而且，一个案件中的“证人证言”也不会只有一个与被讯问人“一对一”的那个直接证明案件事实的“证人证言”，还有其他间接证明案件事实的“证人证言”。对此，讯问人员可举例予以说明。因此，“一对一”证据的案件在理论上是不成立的，在实践中是不可能有的，有的只是“一对一”人的案件。

②讯问人员要向被讯问人指出：案件证据“一对一”的认识实质上是混淆了证据与直接证人的概念。证据的概念和直接证人的概念无论在内涵上还是在外延上都是不同的。混淆证据与直接证人的概念，导致把直接证人所作的证言当成了案件证据的全部，犯了逻辑上的错误。

（2）要向被讯问人指出，讯问人员完全可以收集到除直接证人证言这个“一”之外的其他证据

由于案件的证据不可能是“一对一”，除了直接证人的证人证言这个“一”外还有其他的证据，因而，讯问人员完全可以通过各种途径收集到除直接证人证言这个“一”以外的其他证据。

讯问人员要向被讯问人指出，讯问人员完全可以通过以下途径收集到除直接证人证言这个“一”以外的其他证据：

①通过现场勘查收集到其他证据。讯问人员通过对现场的勘查，发现和提取现场遗留的痕迹和物品，从而收集到其他证据。

②通过对被害人情况的了解和被侵害部位的检验收集到其他证据。讯问人员通过对被害人情况的了解和被侵害部位的检验，获取证明犯罪的动机、目的、经过、手段的证据，从而收集到其他证据。

③通过搜查收集到其他证据。讯问人员通过对犯罪嫌疑人以及可能隐藏犯罪嫌疑人或者犯罪证据的人的身体、物品、住处、工作地点和其他有关地方进行搜查，发现和提取证据，从而收集到其他证据。

④通过查封、扣押物证、书证、电子数据收集到其他证据。讯问人员通过对与案件有关的可用以证明被讯问人涉嫌违法犯罪以及情节轻重的财物、文件、电子数据等证据材料的查封、扣押，从而收集到其他证据。

⑤通过鉴定收集到其他证据。讯问人员通过对案件中某些专门性问题，指派、聘请有专门知识的人进行鉴定，写出鉴定意见，从而收集到其他证据。

⑥通过走访群众和与被讯问人有关的人调查收集到其他证据。讯问人员通过走访群众，或通过对与被讯问人有关人的调查，发现和收集有关被讯问人犯罪的间接证据，从而收集到其他证据。

（3）要向被讯问人阐明，认定案件的事实和作出处罚的依据是证据的确实、充分，而不是作证人的数量

讯问人员要向被讯问人阐明：我国的证据制度是实事求是的证据制度，因而，认定案件的事实和作出处罚的依据是证据的确实、充分，只要证据确实、充分，就足以认定和作出处罚。证据的确实、充分不是由作证人的数量来决定的，而是由证据的质和量的统一来决定的。

（4）要向被讯问人阐明，认定证据确实、充分，是通过对证据的审查、判断，查证属实来认定的

讯问人员要向被讯问人阐明：一个案件的证据确实、充分，是通过对各个证据的审查、判断来确认的，各证据之间没有矛盾，互相印证，是一个和谐的整体，就可认定证据确实、充分。在只有一个证人证言的情况下，该证人证言经过查证，其所陈述的事实都有证据予以证明，也

就是说，该证人证言经查证属实，就可认定证据确实、充分，而不需要再有其他相同的证人证言，才认定证据确实、充分。

通过上述方法，挖除被讯问人自认为证据“一对一”，不能认定和作出处理的抗审精神支柱。

11. 对认为“无供不录案”抗审精神支柱的挖除

被讯问人自认为“无供不录案”抗审精神支柱的本质在于，其受封建司法制度的影响，不知道我国的法律有“没有被告人供述，证据确实、充分的，可以认定被告人有罪和处以刑罚”的规定。对被讯问人的这种抗审精神支柱，讯问人员可以通过以下方法予以挖除：

①要向被讯问人指出“无供不录案”是封建社会的东西

讯问人员首先要向被讯问人严正地指出“无供不录案”是封建社会的东西，是“旧黄历”。我们现在是社会主义社会，实行的是社会主义的司法制度，封建社会的司法制度早已被废除，“无供不录案”与我们社会主义的司法制度是格格不入的，早已被抛入历史的垃圾堆，如果被讯问人继续死抱“无供不录案”的“旧黄历”不放，那只能“择”得个凶多吉少或灭顶之灾的大凶日子，落得个大祸加身的下场。

②要向被讯问人宣讲《刑事诉讼法》第五十五条第一款的规定

讯问人员要向被讯问人宣讲我国《刑事诉讼法》第五十五条第一款的规定，使被讯问人了解我国刑事诉讼证据的收集、审查和运用原则。在宣讲中，应着重讲清以下几点：

第一，《刑事诉讼法》第五十五条第一款“对一切案件的判处都要重证据，重调查研究，不轻信口供。只有被告人供述，没有其他证据的，不能认定被告人有罪和处以刑罚；没有被告人供述，证据确实、充分的，可以认定被告人有罪和处以刑罚”的这一规定是关于我国刑事诉讼证据的收集、审查和运用原则的规定，一切案件证据的收集、审查和运用都要毫无例外地遵循这一规定，被讯问人的案件当然也是如此，不可能例外。

第二，重证据、重调查研究，不轻信口供，是我国刑事诉讼活动的一项重要原则。根据这一原则，在认定事实和处理案件的问题上，根据的是确实、充分的证据，而不是被告人的口供。也就是说，有无被告人的口供，不影响案件的认定和处理；在证据的收集和判断问题上，依靠的是办案人员自己艰苦细致的调查研究，注重的是对被告人口供以外的其他证据的调查，取得证据，而依靠的不是被告人作出供述而去追求被告人的口供。也就是说，被告人是否作出供述不影响证据的收集和判断；在对待证据的态度问题上，重视的是被告人口供以外的各种证据，而不是轻信被告人的口供。也就是说，被告人口供的有无，并不影响办案人员对证据的态度。总之，被告人是否作出供述，并不影响我国刑事诉讼活动的正常进行，是无关大局的。

第三，办案人员重视的是对口供以外的其他证据的运用。为了防止错案，只有被告人供述而没有其他证据的，不能认定被告人有罪和处以刑罚。也就是说，只有被告人的口供不能定案和对被告人判处刑罚；为了防止放纵罪犯，没有被告人供述，而其他证据确实、充分，足以从整体上形成一个严密的证明体系的，就可以对被告人定罪和判处刑罚。也就是说，没有被告人的口供同样能够定案和对被告人判处刑罚。

通过上述方法，挖除被讯问人不了解我国刑事诉讼证据的收集、审查和运用原则而认为“无供不录案”的抗审精神支柱。

12. 对认为“只要自己不开口，就是神仙也难下手”抗审精神支柱的挖除

被讯问人自认为“只要自己不开口，就是神仙也难下手”的抗审精神支柱的本质在于，被讯问人不相信我国刑事诉讼证据的收集、审查和运用原则的规定（即《刑事诉讼法》第五十五条第一款的规定）。对被讯问人的这种抗审精神支柱，讯问人员可以通过以下方法予以挖除：

（1）要向被讯问人强调我国刑事诉讼证据的收集、审查和运用原则是法律的明文规定

讯问人员要在向被讯问人指出“无供不录案”是封建社会的东西和宣讲《刑事诉讼法》第五十五条第一款规定的基础上，强调我国刑事诉讼证据的收集、审查和运用原则是我国《刑事诉讼法》明文规定

的，是由国家强制力保证实施的，并不是一纸空文。法律的规定不是儿戏，而是实实在在的一柄利剑。被讯问人相信它是这样，不相信它也是这样。

（2）要向被讯问人阐述《刑事诉讼法》第五十五条第一款的规定是以辩证唯物主义认识论为依据的

讯问人员要向被讯问人阐明：我国《刑事诉讼法》第五十五条第一款作出这样规定的依据是辩证唯物主义的认识论。辩证唯物主义认识论承认世界的可知性，认为认识是主体在改造客观的实践过程中对客体的能动的反映，这种能动性表现为主体认识的主动性、目的性、选择性和创造性。主体是指有思维能力、从事社会实践活动的人；客体是指相对于主体而言，进入主体的实践和认识活动范围的客观对象；主体对客体的能动反映，是指主体具有认识客观世界的能力，并可以使主观认识符合客观实际。这种认识客观世界的能力表现在人能够主动认识客观世界，有目的地认识客观世界，有选择地认识客观世界和能够改造客观世界。依据辩证唯物主义的认识论，办案的人具有认识案件事实的能力，能够主动地认识案件的事实，能够有目的地认识案件的事实，能够有选择地认识案件的事实，能够有创造地认识案件事实，从而证实犯罪。也就是说，办案人员能够通过主动地、有目的地、有选择地（选择真实的，排除虚假的）、有创造地（创造收集证据的条件）发现证据、收集证据、运用证据，从而达到证实犯罪的目的，而不必犯罪人自己作出交代。这就是我国法律作出“没有被告人供述，证据确实、充分的，可以认定被告人有罪和处以刑罚”的依据所在。我国的证据制度也正是建立在“人具有认识客观世界的能力”这一基础之上的。

（3）要向被讯问人阐述证明案件的事实是以证据的确实、充分证明的

讯问人员要向被讯问人阐明：证明案件事实的标准是证据的确实、充分，只要证据达到了确实、充分的证明标准，就足以证明案件的事实和对被告人作出处罚，而不是以证据属于口供来作为证明标准，证明案件事实的。证据是多种类的，而口供只是证据的一种。而且，各种类的

证据在诉讼上是平等的，没有优劣之分。证据只因同事实联系程度不同决定有无证明力和证明力的大小，而不因种类的不同决定有无证明力和证明力的大小。所以，认为口供是证据之王，只有口供才能证明案件事实或只有口供案件的事实才能成立的理论是荒谬的，是没有依据的。因而，没有口供，完全可以依据其他证据来认定。

（4）要向被讯问人阐述各司法部门、各级司法机关认定案件事实和作出处罚的依据、标准是统一的

讯问人员要向被讯问人阐明：无论是公安机关、检察机关、审判机关，还是基层司法机关、市级司法机关、省级司法机关、最高司法机关，认定案件事实和作出处罚的依据、标准是统一的，只有一个依据、标准，那就是《刑事诉讼法》和《刑法》所规定的依据、标准。各司法部门、各级司法机关都要按照《刑事诉讼法》和《刑法》的规定办理案件，违反了法律的规定，办错了案件，无论是放纵，还是冤枉，办案人员都要承担责任，受到追究。

（5）要重申《刑事诉讼法》第五十五条第一款是司法实践认定案件事实和作出处罚的唯一法律依据

讯问人员要向被讯问人重申：在司法实践中，对一切案件都是依据《刑事诉讼法》第五十五条第一款的规定认定案件事实和作出处罚的，而不是依据有无被告人的口供认定案件事实和作出处罚的。在重申这一问题的过程中，讯问人员可选择宣讲没有被告人口供而照样被判重刑、极刑的典型案件，对被讯问人进行警示，以血淋淋的事实促使其相信我国刑事诉讼证据的收集、审查和运用原则。

通过上述方法，挖除被讯问人认为“只要自己不开口，就是神仙也难下手”的抗审精神支柱。

此外，对来自对自身条件认识的“自认为自己地位高、权势重；自认为自己立过大功，为党和人民作出过重大贡献；自认为自己财大气粗；自认为自己身份特殊；自认为某高新领域离不开自己；自认为自己是名人；自认为自己水平高、能力强”的抗审精神支柱和对来自对外援力量认识的“自认为自己与领导关系密切；自认为自己交际广、关

系网密；自认为自己的家人与高官关系密切；自认为自己的亲属、亲戚是查案机关的领导或是高官、握有实权的人物；自认为自己江湖朋友多、势力强”的抗审精神支柱挖除的方法，笔者已在本书第六章《端正被讯问人对待讯问的态度》之“挖被讯问人不端正态度的根源”中作过详细的论述，在此不再赘述。

五、冲垮被讯问人抗审心理防线的客观基础

（一）被讯问人抗审心理防线客观基础概述

所谓被讯问人抗审心理防线的客观基础，是指被讯问人构筑抗审心理防线进行抗审，心理上所凭借的客观条件。

在实施的犯罪或违纪违法行为案发后，被讯问人必然会对自己所实施的犯罪或违纪违法过程情况，补救措施、堵塞漏洞情况，有利于自己脱案的各种情况和讯问人员掌握证据的情况进行思考分析。在此基础上，寻找有利于其抗审的各种客观条件，建立起抗审的心理防线。在讯问中，凭借这些有利于其抗审的各种客观条件进行抗审。

事实上，被讯问人抗审心理防线的客观基础与认识基础是紧密相连的，客观基础来源于认识基础。

被讯问人心理上所凭借的抗审的各种客观条件，主要包括以下几种情况：

1. 凭借其认为在客观上讯问人员手中没有其犯罪或违纪违法的证据进行抗审

被讯问人这种抗审心理防线客观基础的形成，从实践来看，有以下几种原因：

（1）在实施犯罪或违纪违法的过程中，没有留下其他的主观知觉痕迹

有的被讯问人的作案手段诡秘，其在极其秘密的情况下实施了犯罪或违纪违法行为，只有“天知、地知、我知”，再无他人知晓。因而，

被讯问人实施的犯罪或违纪违法行为，除被讯问人自己以外，没有留下其他的主观知觉痕迹。

这种客观条件使被讯问人认为，讯问人员在客观上无法收集到能证明是自己实施犯罪或违纪违法行为的直接主观知觉痕迹，即直接的证人证言。因而，讯问人员手中没有自己犯罪或违纪违法的证据，从而使被讯问人凭借这一客观条件进行抗审。

（2）在实施犯罪或违纪违法的过程中，没有留下客观物质痕迹

有的被讯问人的作案手段高明，在作案的过程中，或实施的行为熟练，或小心翼翼，或巧于隐蔽、伪装，或现场没有遗留下被讯问人的物品，因而，被讯问人实施的犯罪或违纪违法行为，没有留下客观物质痕迹。

这种客观条件使讯问人认为，讯问人员在客观上无法收集到能证明是自己实施犯罪或违纪违法的客观物质痕迹，即物证。因而，讯问人员手中没有自己犯罪或违纪违法的证据，从而使被讯问人凭借这一客观条件进行抗审。

（3）在实施犯罪或违纪违法行为后，主观知觉痕迹因故而灭失、暂时灭失或一时难以取到

被讯问人在实施犯罪或违纪违法行为后，有的被害人，或同案人，或对合人，或知情人已经死亡，由于人死不能复生，这些已死亡的人不可能再出来作证，证明被讯问人的犯罪或违纪违法事实，而使主观知觉痕迹因此而灭失；有的同案人、对合人、知情人已经出境，由于难以到境外取证，而使主观知觉痕迹因此而暂时灭失；有的同案人、对合人逃脱匿藏，由于一时难以找到使其到案，而使主观知觉痕迹因此而暂时灭失；有的被害人、同案人、对合人、知情人因被害或病重处于昏迷状态，由于人在昏迷状态无法开口说话，而致主观知觉痕迹因此而暂时灭失；有的被讯问人已与同案人或对合人、知情人，甚至是被害人订立过攻守同盟或统一过口径，由于攻守同盟的订立或口径的统一而使主观知觉痕迹因此而暂时灭失；有的同案人、对合人或知情人与被讯问人有着特殊的密切关系或其他原因，拒不对犯罪或违纪违法作出交代或进行作

证，由于这些人不能进行作证或拒不作出交代，而使主观知觉痕迹不能取得或一时难以取得。

这些主观知觉痕迹因故灭失、暂时灭失而使不能取到或一时难以取到的客观条件，使被讯问人认为，讯问人员无法或难以收集到这些已经灭失、暂时灭失的证据。因而，讯问人员手中没有自己犯罪或违纪违法的证据，从而使被讯问人凭借这些客观条件进行抗审。

（4）在实施犯罪或违纪违法行为后，客观物质痕迹因故而灭失或暂时灭失

有的被讯问人在实施犯罪或违纪违法行为后，对实施的犯罪或违纪违法行为的现场进行了破坏或伪造。由于现场的破坏或伪造，客观物质痕迹因此而灭失或遗留的就不是被讯问人实施犯罪或违纪违法的痕迹；有的被讯问人对作案的工具进行清理，或予以匿藏，或予以毁灭。由于作案工具的清理或匿藏、毁灭，客观物质痕迹因此而灭失或暂时灭失；有的被讯问人对犯罪或违纪违法的对象进行毁灭，或予以处置或匿藏，例如：对尸体进行分尸、抛尸，沉入江底、海底，对赃物进行处置或匿藏。由于犯罪或违纪违法对象的毁灭或匿藏，而使这些客观物质痕迹因此而灭失或暂时灭失；有的被讯问人对与犯罪或违纪违法有关的书证进行匿藏或毁灭，由于书证的匿藏或毁灭，而使书证这一客观的物质痕迹因此而灭失或暂时灭失；等等。

这些客观物质痕迹因故灭失或暂时灭失的客观条件，使被讯问人认为，讯问人员已不可能再收集到或难以收集到能证明自己犯罪或违纪违法的证据。因而，讯问人员手中没有自己犯罪或违纪违法的证据，从而使被讯问人凭借这些客观条件进行抗审。

2. 凭借其认为在客观上讯问人员手中只有“一对一”的证据，无法认定事实进行抗审

被讯问人这种抗审心理防线客观基础的形成，是因为被讯问人在实施犯罪或者违纪违法行为时，只有被讯问人与被害人，或同案人，或对合人，或知情人两人在场，在客观上，直接言词证据“一对一”，再没有其他的直接言词证据来证明被讯问人的犯罪或违纪违法事实，或证明

证人所述的事实。这种直接言词证据“一对一”在实践中出现了两种情况：一是被害人，或同案人、对合人、知情人作证指认被讯问人实施的犯罪或违纪违法行为，而被讯问人不承认或否定自己实施了犯罪或违纪违法行为，案件的直接言词证据只有被害人，或同案人、对合人、知情人一方的陈述；二是被害人，或同案人、对合人、知情人作证指认被讯问人实施的犯罪或违纪违法行为，实施的行为是怎样的一种犯罪或违纪违法事实，而被讯问人进行辩解，实施的不是作证指认的这种事实，而是不是犯罪或违纪违法的一种事实，双方各执一词。

这种被讯问人实施犯罪或违纪违法行为的客观情况，使被讯问人认为，讯问人员手中只有“一对一”的证据，“一对一”的证据是无法认定案件事实和作出处理的，从而使被讯问人凭借这种客观条件进行抗审。

3. 凭借其认为没有自己的口供，在客观上不可能出现认定自己犯罪或违纪违法事实和对自己作出处罚这种结果进行抗审

被讯问人这种抗审心理防线客观基础的形成，是因为被讯问人不是从事法律和司法工作，其平时不知道或没有见过在没有被告人口供的情况下而出现能够认定案件事实和对被讯问人作出处罚这种结果的事实。

这种被讯问人不知道或没有见过这种结果出现的事实，因而，被讯问人认为，讯问人员在没有自己口供的情况下，是不可能认定自己的犯罪或违纪违法事实和对自己作出处罚的，从而使被讯问人凭借这种不知道或没有见过的客观事实条件进行抗审。

4. 凭借其认为在客观上自己具有自身硬的条件进行抗审

被讯问人这种抗审心理防线客观基础的形成，是因为有的被讯问人长期担任领导职务，位高权重，在社会上有地位、有影响；有的被讯问人曾为党和国家作出过重大贡献，立过功、受过奖，名扬四海；有的被讯问人身份特殊，从事或被聘从事有关国家利益的工作；有的被讯问人是富豪，财大气粗，为经济建设作出了贡献或正在为经济建设作贡献；有的被讯问人阅历深，经验丰富，能言善辩，等等。

被讯问人所具有的这些自身硬的客观条件，无疑是被讯问人抗审的资本。被讯问人认为，自己具有这些自身条件，讯问人员奈何不了自己、斗不过自己，从而使被讯问人凭借这种自身所具有的客观条件进行抗审。

5. 凭借其认为在客观上有外援的出手相救进行抗审

被讯问人这种抗审心理防线客观基础的形成，是因为有的被讯问人同领导的关系十分密切，称兄道弟，有的甚至同中央一些领导的关系都十分密切，靠山硬；有的被讯问人交际广，利用金钱或美色结交了一批有权有势的人物，甚至各级、各条战线、各个部门都有他的关系人，关系网密、牢固；有的被讯问人的家人与高官的关系历史悠久、特殊，联系密切，互相利用；有的被讯问人的亲人或亲戚是查案机关的领导或高官、手握实权的人物，对被讯问人尽是关心和爱护；有的被讯问人江湖朋友多，三教九流、各色各样的人都有，且关系密切、势力强，等等。

这些被讯问人所具有的这些有外援的客观条件，无疑是被讯问人抗审的依靠，使被讯问人认为，自己具有的这些外援条件，一方面对讯问人员是一种威慑，讯问人员一定会顾忌自己的这些外援；另一方面，自己的这些外援一定会出手相救，外援一出手，讯问人员就只得服从或不得不了了之，定能使自己脱案，从而使被讯问人凭借这种客观上的外援力量进行抗审。

（二）冲垮被讯问人抗审心理防线客观基础的方法

由于被讯问人抗审心理防线客观基础具体情况不同，冲垮的方法也应不同。讯问人员要根据被讯问人抗审心理防线客观基础的具体情况，分别采取有针对性的方法予以冲垮。

1. 凭借其认为在客观上讯问人员手中没有其犯罪或违纪违法证据客观基础的冲垮

被讯问人抗审心理防线这一客观基础的核心，是被讯问人认为，讯问人员手中没有其犯罪或违纪违法的证据，因而其凭借这一客观基础进行抗审。而如果被讯问人知道或感到讯问人员手中有其犯罪或违纪违法的证据，已掌握了其犯罪或违纪违法的事实，那么被讯问人抗审心理防线的这一客观基础也就随之被冲垮。因此，冲垮被讯问人抗审心理防线的这一客观基础，最有效的方法是向被讯问人出示证据，把实实在在的证据摆在被讯问人的面前或使其感到讯问人员已确实掌握了其犯罪或违纪违法的事实和证据，证据在手，铁板钉钉。

（1）要善于发现证据

以出示证据的方法冲垮被讯问人抗审心理防线的这一客观基础，向被讯问人出示证据，把实实在在的证据摆在被讯问人的面前或使被讯问人感到讯问人员已掌握了其犯罪或违纪违法确实的事实和铁板钉钉的证据，前提是要有可供出示的证据。如果讯问人员手中没有可供出示的证据，那么，以出示证据这一方法冲垮被讯问人抗审心理防线这一客观基础也就无从谈起。

由于被讯问人抗审心理防线这一客观基础的形成，是因为被讯问人的作案手段诡秘，没有留下其他的主观知觉痕迹，或被讯问人的作案手段高明，没有留下客观物质痕迹，或主观知觉痕迹因故灭失或暂时灭失，或客观物质痕迹因故灭失或暂时灭失等原因所致。而在被讯问人作案手段诡秘，或作案手段高明，或主观知觉痕迹灭失或暂时灭失，或客观物质痕迹灭失或暂时灭失的情况下，讯问人员收集到被讯问人犯罪或违纪违法的证据就不是一件容易的事。因此，讯问人员要善于发现在这些情况下的证据。

那么，在这些情况下，讯问人员应如何去发现证据呢？

笔者曾在《讯问的知彼知己》一书中叙述过，作为讯问中向被讯问人出示的证据，与刑事诉讼意义上的证据并不是同一个概念。讯问中所称的证据，是指案件事实的证明材料和其他与案件有关的一切事实、情节、线索、现象、情况或信息，它与刑事诉讼意义上证据的概念在内涵与外延上都不尽相同。其中，有的可以作为刑事诉讼上的证据使用，而有的只是一条线索，或一种现象，或一种情况，或一条信息，或一个事实，或一个情节，或一个疑点；有的已经收集在案，而有的则是根据案件的情况，客观上存在这一证据，实际上这一证据并未收集在案；[①] 因此，这些并未收集在案，而还只是一条线索、一种现象、一种情况、一条信息、一个事实、一个情节，或一个疑点的证据，就需要讯问人员去发现。

犯罪或违纪违法行为，都是发生在一定时间、一定空间的。正因如此，被讯问人既然实施了犯罪或违纪违法行为，那么，无论其作案手段如何诡秘，没有留下其他主观知觉痕迹，也无论其作案手段如何高明，没有留下客观物质痕迹，抑或无论因何种原因而使主观知觉痕迹或客观物质痕迹灭失或暂时灭失，总是要留下蛛丝马迹的。讯问人员要善于从蛛丝马迹中发现被讯问人犯罪或违纪违法的证据。

①对没有留下其他直接主观知觉痕迹案件证据的发现

被讯问人在犯罪或违纪违法的过程中，作案手段诡秘，没有留下其他直接的主观知觉痕迹，并不等于他没有留下所有的主观知觉痕迹和客观物质痕迹。被讯问人作案前、作案后形迹可疑的情况，言语、行为反常的情况，都可能使人知晓而留下间接的主观知觉痕迹。被讯问人实施的犯罪或违纪违法行为作用于犯罪或违纪违法对象而引起该对象的变化以及犯罪或违纪违法行为引起相关事物的变化，都会留下客观物质痕迹；等等。讯问人员要善于从这些方面入手，发现被讯问人犯罪或违纪违法的证据

②对没有留下客观物质痕迹案件证据的发现

被讯问人实施的犯罪或违纪违法行为所留下的客观物质痕迹，只是证明被讯问人犯罪或违纪违法事实一个方面的证据，虽然被讯问人在实施犯罪或违纪违法行为时没有留下客观物质痕迹，但同样不等于被讯问人没有留下犯罪或违纪违法所有的主观知觉痕迹和客观物质痕迹。被讯问人在实施犯罪前为准备犯罪、在犯罪时实施犯罪行为或在实施犯罪后为隐匿犯罪证据，都可能被人知晓而留下主观知觉痕迹；被讯问人在犯

---

① 见《讯问的知彼知己》，中国方正出版社 2017 年版，第 105 页。

罪前为准备犯罪和犯罪后为隐匿犯罪证据也都可能留下客观物质痕迹，等等。讯问人员要善于从这些方面入手，发现被讯问人犯罪或违纪违法的证据。

③对主观知觉痕迹因故而灭失、暂时灭失或一时难以取到案件证据的发现

对主观知觉痕迹因故而灭失、暂时灭失或一时难以取到案件的证据，可以从以下方面去发现：

第一，在客观物质痕迹上下功夫，发现实物证据。

一个案件的证据，既有主观知觉痕迹，又有客观物质痕迹，主观知觉痕迹灭失或暂时灭失，并不等于客观物质痕迹也一同灭失或暂时灭失，客观物质痕迹依然是存在的。因此，对于主观知觉痕迹已经灭失或暂时灭失的案件，讯问人员要在客观物质痕迹上下功夫，发现实物证据。

被讯问人实施了犯罪或违纪违法行为，就绝大多数的案件来说，总是要留下与犯罪或违纪违法行为有关的物品，或引起相关客观事物的变化而留下客观物质痕迹的。讯问人员要善于发现被讯问人留下的物品，或从变化的相关客观事物上发现客观物质痕迹。

第二，在其他知情人或间接知情人身上下功夫，发现言词证据。

一个案件的主观知觉痕迹是多方面的，也就是说，被讯问人实施的犯罪或违纪违法行为，并不都是只有一人知道，有的案件同时有几个人知道，某一主观知觉痕迹灭失或暂时灭失，但其他的主观知觉痕迹不可能同时都灭失或都暂时灭失，那些没有灭失或暂时灭失的主观知觉痕迹仍然客观地存在于那里。有的案件虽只有一个直接知情人知道，但完全有可能还有其他间接知情人知道。直接知情人知道的主观知觉痕迹灭失或暂时灭失，但间接知情人知道的主观知觉痕迹不可能也同时灭失或暂时灭失，那些没有灭失或暂时灭失的间接知情人知道的主观知觉痕迹是仍然存在于那里的。因此，对于某一主观知觉痕迹已经灭失或暂时灭失的案件，讯问人员要在其他知情人或间接知情人身上下功夫，发现言词证据。

讯问人员要通过分析案件情况、走访群众，千方百计寻找其他知情

人，发现其他主观知觉痕迹。

第三，在主观知觉痕迹灭失、暂时灭失或一时难以取得的情况上下功夫，发现言词证据或实物证据。

已经死亡的被害人、知情人、同案人或对合人，其在生前都可能曾同其亲人或他人陈述过被讯问人犯罪或违纪违法的事实，或留下被讯问人犯罪或违纪违法的物证、书证，或留有日记或遗言。讯问人员应向其亲人或他人调查，取得传来证据，或提取物证、书证、日记，取得实物证据。

处于昏迷状态的被害人、知情人、同案人或对合人，讯问人员要设法使其苏醒，及时取得其陈述或供述，亦可以“无中生有”的手段进行设计，使被讯问人认为这些处于昏迷的人已经苏醒，并已向讯问人员作出了如实的陈述或供述。

已经出境定居的知情人、同案人或对合人，讯问人员要设法出境或通过境外关系取得这些人的证言，或乘这些人入境之机及时取得证言，亦可以“无中生有”的手段进行设计，使被讯问人认为讯问人员已到境外取得证言或证人已从境外回来，讯问人员已取得其证言。

已经逃跑匿藏的同案人或对合人，讯问人员要组织追捕力量及时将其抓捕归案，取得其供述，亦可以“无中生有”的手段进行设计，使被讯问人认为这些逃跑匿藏的人已被抓捕，并已取得了其供述。

已与被讯问人订立攻守同盟的同案人、对合人或知情人，讯问人员要及时地突破这些人的口供，破除攻守同盟，亦可以“无中生有”的手段进行设计，使被讯问人认为攻守同盟已破，这些与被讯问人订立攻守同盟的人已向讯问人员作出了如实的交代。

与被讯问人有着特殊密切关系或因其他原因拒不交代或拒不作证的同案人、对合人或知情人，讯问人员要想方设法突破这些人的口供，促使这些人作出交代或进行作证，取得证据，亦可以“无中生有”的手段进行设计，使被讯问人认为这些人已如实作出了交代或进行了作证。

④对客观物质痕迹因故而灭失或暂时灭失案件证据的发现

对客观物质痕迹因故而灭失或暂时灭失案件的证据，可从以下方面去发现：

第一，在主观知觉痕迹上下功夫，发现言词证据。

笔者说过，一个案件的证据，既有主观知觉痕迹，又有客观物质痕迹。同样，客观物质痕迹的灭失或暂时灭失，并不等于主观知觉痕迹会一同灭失或暂时灭失，主观知觉痕迹仍客观地存在于那里。因此，对于客观物质痕迹已经灭失或者暂时灭失的案件，讯问人员要从主观知觉痕迹上下功夫，发现言词证据。

被讯问人在进行犯罪或违纪违法活动时，总是为人们所目睹、感受，案件事实为当事人所经历、为知情人所了解，形成反映形象并用言词表现出来的陈述和证言，同样是对案件事实的反映，而不依赖于人们的意识而客观存在的。讯问人员要通过分析案件、走访群众，善于发现被害人、同案人、对合人或知情人，取得这些知道案件事实情况人的陈述、供述或证言。

第二，在其他客观物质痕迹上下功夫，发现实物证据。

一个案件的客观物质痕迹同样是多方面的，有的案件既有现场遗留的物品和痕迹，也有被讯问人的作案所侵害的对象，还有被讯问人犯罪或违纪违法的工具和赃物，等等。现场被破坏，还有相关现场、监控录像、被讯问人所侵害的对象和犯罪或违纪违法的工具和赃物。任何某一客观物质痕迹灭失或暂时灭失的案件，都是这样的。因而，虽然某一客观物质痕迹因故灭失或暂时灭失，但其他的客观物质痕迹不会同时都灭失或暂时灭失。因此，对于某一客观物质痕迹灭失或暂时灭失的案件，讯问人员要在其他客观物质痕迹上下功夫，发现实物证据。

讯问人员要通过对现场或相关现场的勘验，或调看监控录像，或对被讯问人所侵害对象的勘验，或寻得被讯问人的作案工具、赃物、书证，发现尚未灭失或暂时灭失的其他客观物质痕迹。

第三，在客观物质痕迹灭失或暂时灭失的情况上下功夫，发现实物证据。

现场已经被破坏的案件，讯问人员要对已被破坏的现场进行详细的勘验，从被破坏的现场中寻找尚未被破坏或破坏不彻底的客观物质痕迹，发现实物证据；或寻找被讯问人实施破坏现场行为所留下的痕迹，发现实物证据。

作案工具已经清理的，讯问人员要对作案工具进行详细的勘验，发现尚未清理或清理不干净的痕迹；作案工具已经匿藏的，讯问人员要千方百计、想方设法去寻找，发现已匿藏的作案工具；作案工具已经毁灭的，讯问人员要善于发现尚未毁灭彻底的作案工具，通过复原发现已被毁灭的作案工具。

犯罪或违纪违法对象被毁灭的，讯问人员要寻找被讯问人实施毁灭犯罪或违纪违法对象行为所留下的痕迹，发现实物证据；犯罪或违纪违法对象被匿藏的，讯问人员要动用各种力量进行寻找，发现犯罪或违纪违法对象。

赃物已被处置或隐匿的，讯问人员要利用各种手段寻找赃物的去向或匿藏地点，发现赃物。

（2）要善于使用证据

向被讯问人出示证据，冲垮被讯问人抗审心理防线的这一客观基础，讯问人员要做到善于使用证据，即具有特长地出示证据。只有这样，才能使出示的证据具有事半功倍的效果，从而迅速地冲垮被讯问人的抗审心理防线这一客观基础。这是因为，这种抗审心理防线客观基础的被讯问人，其凭借这一客观基础抗审的能力都很强，有的是不见棺材不落泪，甚至是见了棺材也不落泪。如果讯问人员不善于使用证据，不仅没有那么多的证据让讯问人员使用，而且，即使使用了也无法冲垮这种客观基础。因此，讯问人员必须做到善于使用证据。

那么，怎样才能做到善于使用证据呢？

关于怎样才能做到善于使用证据的问题，笔者在此只是从原则上强调以下几点：①

① 使用证据，即出示证据，是讯问的主要手段之一。对于这一讯问手段，要有较大的篇幅才能论述清楚，笔者拟在另外的拙作中作专题论述。由于本书是论述讯问步骤的，故在此只强调几点。

①要在最有利的时机出示证据

以出示证据的方法冲垮被讯问人抗审心理防线这一客观基础，讯问人员一定要做到在最有利的时机出示证据。只有在最有利的时机向被讯问人出示证据，才能起到事半功倍的效果，从而达到冲垮被讯问人抗审心理防线这一客观基础的目的。如果讯问人员不是在最有利的时机向被讯问人出示证据，或不顾时机地出示证据，不仅达不到冲垮被讯问人抗审心理防线这一客观基础的目的，反而会增强被讯问人抗审的心理，加固被讯问人抗审的这一客观基础。在讯问实践中，有的讯问人员不讲究出示证据的时机，一遇到被讯问人不开口，或否认，或辩解，就抛证据，再不开口，或否认，或辩解，再抛证据，结果证据抛完了，被讯问人还是没有开口交代，这一抗审的客观基础依然牢固，而讯问人员手中却已没有了可出示的证据，就再也没有办法冲垮被讯问人抗审心理防线这一客观基础了。实践证明，在最有利的时机出示证据，即使出示小量的证据或证据材料，也能达到冲垮被讯问人抗审心理防线这一客观基础的目的，促使被讯问人对犯罪或违纪违法事实作出交代；在不利的时机出示证据，即使出示了大量的证据，也无法冲垮被讯问人抗审心理防线这一客观基础，被讯问人不是不开口交代，就是对讯问人员所出示的证据进行种种狡辩或抵赖。因此，讯问人员在以证据冲垮被讯问人抗审心理防线的这一客观基础时，必须在最有利的时机出示证据，切不可不顾时机地乱抛证据。

出示证据的有利时机，一般表现为：被讯问人对证据最没有防备的时候；被讯问人的心理与讯问人员有了相容的时候；被讯问人在思想上产生动摇的时候；被讯问人的抗审精神支柱被挖除的时候；被讯问人在心理上出现选择性侥幸心理的时候；案情已经取得了一定进展的时候；被讯问人对讯问人员掌握证据没有底的时候；认为讯问人员可能已掌握证据的时候，等等。讯问人员要根据案件、被讯问人的心理、证据和讯问进程的情况，选择在最有利的时机向被讯问人出示证据。

②要在最恰当的时间出示证据

以出示证据的方法冲垮被讯问人抗审心理防线这一客观基础，讯问人员一定要做到在最恰当的时间出示证据。只有在最恰当的时间出示证据，才能起到证据应有的作用，从而达到冲垮被讯问人抗审心理防线这一客观基础的目的。如果讯问人员不顾出示证据的时间，不是在最恰当的时间出示证据，不仅达不到冲垮被讯问人抗审心理防线这一客观基础的目的，反而会增强被讯问人抗审的心理，加固被讯问人抗审的这一客观基础。这是因为，有的被讯问人在讯问开始的时候，抗审的心理很强，这一抗审的客观基础非常牢固，在这种情况下，如果不向其出示证据，以证据开路，在开始的时候不给其当头一棒，其就不会老实，就不会听讯问人员说话；有的被讯问人在讯问开始的时候，对证据最没有思想准备，如果不在此时向其出示证据，随着讯问的进行，其就会感到讯问人员可能已掌握了其某一证据，于是，其就会针对讯问人员可能掌握的证据思考对策，做好对付讯问人员所掌握的某一证据的准备，或准备了否认的理由，或准备了辩解的理由。在被讯问人对这一证据有了准备后再出示这一证据，就失去或减弱了这一证据的作用；有的被讯问人有着很强的抗审精神支柱，对证据根本无所谓，如果不在挖除其抗审的精神支柱、扫除其抗审的心理障碍后再向其出示证据，其就会对出示的证据不屑一顾，从而失去出示证据的作用；有的证据只是一条线索，或一种现象，或一个信息，有的证据只是客观上有，但讯问人员并未收集到，对这些证据，如果不先设下铺垫，铺平道路后再向其出示，出示的证据就起不到作用；有的被讯问人的思想转化需要一个过程，讯问人员并不能一举突破其口供，需要先结束讯问，对这种被讯问人，如果不在讯问结束时向其补充出示证据，其在讯问结束后就不会对讯问人员掌握其犯罪或违纪违法证据进行联想，从而失去已出示的证据的作用。因此，出示证据，有的要在讯问开始时出示，有的要在讯问进行一段时间后出示，有的要在讯问结束时出示。

要使出示证据的时间最恰当，讯问人员要根据被讯问人的心理状态、在讯问中的态度、讯问的情况、证据的状况，确定在最恰当的时间出示。

③要以最有威力的证据出示

以出示证据的方法冲垮被讯问人抗审心理防线这一客观基础，讯问人员一定要做到以最有威力的证据向被讯问人出示。只有以最有威力的证据向被讯问人出示，才能一举冲垮被讯问人抗审心理防线这一客观基础。否则，被讯问人抗审的这一客观基础是难以冲垮的，甚至有可能无法突破被讯问人的口供而成为疑难案件。

就冲垮被讯问人抗审心理防线这一客观基础而言，最有威力的证据表现为证明力大的证据和被讯问人认为讯问人员收集不到的证据。

证明力大的证据，一是其证明的是被讯问人犯罪或违纪违法的主要事实。一旦被讯问人主要的犯罪或违纪违法事实被证明，被讯问人也就没有了反抗的余地，其抗审的这一客观基础也就随之被冲垮，不能再凭借这一客观基础进行抗审。二是具有不可辩性。一旦证据不可辩，被讯问人就无法对讯问人员出示的证据进行辩解，证据也就铁板钉钉，其抗审的客观基础也就灰飞烟灭，留给被讯问人的就只有“坦白从宽”这一条路可走，从而促使被讯问人作出交代。

被讯问人认为讯问人员收集不到的证据，一是被讯问人认为讯问人员收集不到的这些证据，是被讯问人最为放心的，也是被讯问人最没有防备的。讯问人员向被讯问人出示这种证据，就能攻其无备，出其不意，打被讯问人一个措手不及。二是被讯问人认为讯问人员收集不到的这些证据，发现难、收集的困难大。而讯问人员能够发现和收集到这些证据，表明讯问人员有着极强的发现和收集证据的能力。这就使被讯问人感到，讯问人员连这些证据都能发现和收集，其他的证据就更不在话下，讯问人员已掌握了自己犯罪或违纪违法的全部事实和证据。三是被讯问人认为讯问人员收集不到的这些证据，往往都是能证明被讯问人犯罪或违纪违法主要事实的证据，具有极大的杀伤力，是被讯问人抗审防线客观基础的克星，被讯问人在这些证据面前没有任何反抗能力。

由上可见，向被讯问人出示最有威力的证据，是冲垮被讯问人抗审心理防线这一客观基础所必需的。

要使出示的证据最具有威力，讯问人员就要对已收集到的证据进行分析，选择那些能证明被讯问人犯罪或违纪违法主要事实、具有不可辩性的证据和被讯问人认为讯问人员收集不到的证据向被讯问人出示。在讯问人员还没有收集到这些最具有威力的证据的情况下，讯问人员要通过“无中生有”的计谋进行设计，“生”出最具威力的证据，在讯问中向被讯问人出示，打被讯问人一个措手不及或无力反抗，从而一举冲垮被讯问人抗审心理防线这一客观基础。

值得注意的是，以这个“无中生有”的计谋进行设计，“生”出最具威力的证据，并不是捕风捉影、毫无根据和不顾情理地进行臆造，而是要根据案件的客观事实情况和情理，选准目标，通过精心的筹划和设计，“生”出既有根据，又符合情理的证据，从而使被讯问人信以为真。①

④要以最灵活的方式出示证据

以出示证据的方法冲垮被讯问人抗审心理防线这一客观基础，讯问人员要做到以最灵活的方式向被讯问人出示证据。

出示证据的方式一般有：以口头语言出示、以行为动作出示、以实物载体出示、以播放音像出示。这些出示证据的方式都有它的优点和缺点。讯问人员在以这些方式向被讯问人出示证据时，只有充分发挥这些出示证据方式的优点，制约和杜绝这些出示方式的缺点，才能最大限度地起到所出示证据的作用。而要充分发挥这些出示证据方式的优点和制约或杜绝这些出示证据方式的缺点，就要在运用这些方式时做到灵活，以灵活的方式向被讯问人出示。

以灵活的方式向被讯问人出示证据，既出示了真实的证据，又通过出示的证据使被讯问人产生联想和悬念；既表现出证据的威慑力，又不暴露出证据所存在的缺陷；既使被讯问人见到了证据或感到讯问人员已掌握了其犯罪或违纪违法的证据，又使被讯问人摸不到讯问人员掌握证据的底细；既使被讯问人知道了讯问人员已有这个方面的证据或这一个证据，又使被讯问人不知道这方面或这个证据的具体内容。这样，就使出示的证据起到了比证据本身更大的作用。如果讯问人员在运用这些出示证据的方式向被讯问人出示证据的过程中，不灵活地运用这些出示证

---

① 关于“无中生有”“生”出证据的要求和方法见拙作《讯问艺术》（增订版），中国方正出版社 2015 年版，第 687—690 页。

据的方式，把证据毫无遮掩、直挺挺地摆在被讯问人面前，那么，被讯问人也就没有了联想和悬念，也就知道了证据存在的缺陷、也就摸到了讯问人员掌握证据的底细、也就知道了证据的具体内容，从而也就不仅失去了所出示的证据的作用，而且增强了被讯问人抗审的心理防线，继续依托这一抗审心理防线客观基础进行抗审。因此，讯问人员向被讯问人出示证据，一定要采用最灵活的方式。

要以最灵活的方式出示证据，讯问人员就要根据案件、被讯问人和证据的具体情况，做到具体问题具体对待，在出示的时间上灵活掌握、在出示的空间上灵活选择、在出示的量上灵活控制、在出示的度上灵活把握、在出示的内容上灵活取舍、在出示的方法上灵活运用，等等。总之，灵活地运用好各种出示证据的方式，通过对出示证据方式的灵活运用，冲垮被讯问人抗审心理防线这一客观基础。

⑤要以最巧妙的方法出示

以出示证据的方法冲垮被讯问人抗审心理防线这一客观基础，讯问人员要做到以最巧妙的方法向被讯问人出示证据。

出示证据的方法一般有：明示证据、暗示证据、明暗结合出示证据、实示证据、虚示证据、虚实并举出示证据。这些出示证据的方法只有运用得巧妙，做到既把证据或明示，或暗示，或明暗结合，或实示，或虚示，或虚实并举地出示出来，又不让被讯问人摸到讯问人员掌握证据的底细，才能发挥证据的威慑力，起到所出示的证据的作用。如果讯问人员在运用这些方法出示证据的过程中，不讲实施这些方法的技巧，不以最巧妙的方法出示证据，那么所出示的证据不仅起不到它的作用，无法冲垮被讯问人抗审心理防线的这一客观基础，而且使被讯问人清楚地知道讯问人员就这么点证据，从而加固被讯问人抗审心理防线这一客观基础。这样，讯问人员如果没有新的证据，就永远无法冲垮被讯问人抗审心理防线这一客观基础。因此，讯问人员向被讯问人出示证据，不仅要做到出示证据方式的灵活，而且要做到出示证据方法的巧妙。

要做到出示证据方法的巧妙，讯问人员同样要根据案件、被讯问人和证据的情况，做到具体问题具体对待。有的要以明示的方法出示，在明示的方式上或以口头语言明示，或以动作行为明示，或以实物、载体明示，或以音像明示，在明示的内容上或明示时间，或明示地点，或明示人名，或明示手段，或明示情节，等等；有的要以暗示的方法出示，在暗示的方式上或以口头语言暗示，或以实物暗示，或以动作暗示，或以人物暗示，在暗示的具体方法上，于以某一方式进行暗示时，根据证据的具体情况，采用最适合该证据的暗示的方法进行暗示；有的要以明暗结合的方法出示，在明示的方式上、内容上以某种方式明示，明示某一内容，在暗示的方式上，具体方法上以某种方式暗示，以某一具体方法暗示，并做好明暗两者的巧妙结合；等等。总之，以最巧妙的方法出示证据。通过对出示证据方法的巧妙运用，冲垮被讯问人抗审心理防线这一客观基础。

⑥要以最高超的策略出示证据

以出示证据的方法冲垮被讯问人抗审心理防线这一客观基础，讯问人员要做到以最高超的策略向被讯问人出示证据。

任何目的的实现都要讲策略、运用策略，没有策略要实现某一目的是不可想象的。正所谓："政策和策略是党的生命。"实现以证据冲垮被讯问人抗审心理防线这一客观基础的目的，同样要讲策略、运用策略，而且要运用高超的策略。因为冲垮被讯问人抗审心理防线的客观基础，要有实实在在的证据摆在被讯问人的面前，或使被讯问人真正感到讯问人员已掌握了其犯罪或违纪违法的证据。由于被讯问人抗审心理防线这一客观基础形成有其前述的诸种原因，讯问人员在被讯问人作出交代前收集到的证据非常有限或根本就没有收集到实实在在的证据，而只是发现一个事实、一个情节、一条线索、一个现象、一种情况、一则信息、一个疑点，甚至只是根据讯问人员的分析，客观上有这么一个证据。在这种情况下，如果讯问人员在出示证据上不讲策略、不运用策略，那等于是告诉被讯问人，讯问人员没有收集到其犯罪或违纪违法实实在在的证据，手中没有能证明其犯罪或违纪违法的证据，而只是一种怀疑。这样，冲垮被讯问人抗审心理防线这一客观基础就只能是空话一句。因此，讯问人员向被讯问人出示证据，必须要做到出示证据策略的高超。

要做到出示证据策略的高超，一是要树立起策略的意识，讯问人员只有树立起出示证据的策略意识，才有可能运用高超策略出示证据。否则，是不可能运用策略出示证据的，更谈不上以高超的策略出示证据。二是要根据这一抗审客观基础的具体情况、被讯问人的具体情况、证据的具体情况，确定有针对性的策略，在讯问中以针对性的策略向被讯问人出示证据：有的以点滴使用证据的策略出示证据；有的以连续使用证据的策略出示证据；有的以分解使用证据的策略出示证据；有的以“无中生有”的策略出示证据；有的以正话反说的策略出示证据，等等。三是在出示证据的过程中，切实运用好策略，走好运用策略的每一步，说好运用策略的每一句话，做好运用策略的每一个动作，把策略运用得既扎扎实实，又炉火纯青。通过对出示证据策略的高超运用，冲垮被讯问人抗审心理防线这一客观基础。

2. 凭借其认为在客观上讯问人员手中只有“一对一”的证据，无法认定事实抗审客观基础的冲垮

被讯问人抗审心理防线这一客观基础的核心，是被讯问人认为，讯问人员手中只有“一对一”的证据，而没有其犯罪或违纪违法确实、充分的证据，也无法取得确实、充分的证据。因而，其凭借这一客观基础进行抗审。而如果被讯问人见到或感到讯问人员手中除了“一对一”的证据，还有其他的证据，且确实、充分，那么被讯问人抗审心理防线这一客观基础也就随之被冲垮，这一抗审的客观基础也就不复存在了。因此，冲垮被讯问人抗审心理防线这一客观基础，最有效的方法就是向被讯问人出示确实、充分的证据，把确实、充分的证据摆在被讯问人的面前或使被讯问人感到讯问人员手中已有其犯罪或违纪违法确实、充分的证据，证据已不再是“一对一”，拒供已没有任何意义。

（1）要善于收集和掌握“一对一”以外的证据

以出示确实、充分证据的方法冲垮被讯问人抗审心理防线这一客观基础，向被讯问人出示确实、充分的证据，把确实、充分的证据摆在被讯问人的面前或使其感到讯问人员手中已有其犯罪或违纪违法确实、充

分的证据，前提是要有可供其出示的确实、充分证据。如果讯问人员手中没有可供出示的确实、充分证据，那么，以出示确实、充分证据这一方法冲垮被讯问人抗审心理防线这一客观基础将是一句空话。

由于被讯问人抗审心理防线这一客观基础的形成，是因为被讯问人在实施犯罪或违纪违法行为时，只有其同被害人，或同案人，或对合人，或知情人两人在场，再没有他人见证犯罪或违纪违法过程。这种案件，在被讯问人不供述的情况下，收集到证明被讯问人犯罪或违纪违法事实确实、充分的证据就较为困难。但是，笔者在前面曾说过，在实践中，绝对没有“一对一”证据的案件，而只有“一对一”人的案件。正因为没有“一对一”证据的案件和这种案件收集证据较为困难，讯问人员就要善于收集和掌握“一对一”以外的证据。只有这样，才能收集到和掌握被讯问人犯罪或违纪违法确实、充分的证据，从而打破“一对一”的僵局。

那么，讯问人员应如何去收集和掌握“一对一”以外的证据呢？

①开阔视野，广泛收集证据

被讯问人犯罪或违纪违法时虽然只有其同被害人，或同案人，或对合人，或知情人（以下简称“相对人”）两人在场，但被讯问人的犯罪或违纪违法并不是发生在真空里，而是发生在一定的时间和空间里。被讯问人在这个一定的时间和空间里实施犯罪或违纪违法行为，就必然要留下除“相对人”提供的证言以外的其他证据。这就为讯问人员收集“一对一”以外的证据，提供了可能和条件，而且，证据并非一定要能直接证明犯罪或违纪违法的事实，而是“可以用于证明案件真实情况的材料，都是证据”。在证明案件真实情况的过程中，既可以是直接证明，也可以是间接证明，这就为讯问人员收集“一对一”以外的证据提供了法律上的依据。因此，讯问人员要开阔视野，广泛地收集各种证据。

第一，收集客观物质痕迹和间接主观知觉痕迹。

被讯问人实施的犯罪或违纪违法行为作用于客观物质和犯罪或违纪违法对象，其必然要在客观物质或犯罪或违纪违法对象上留下各种痕迹。这些所留下的各种痕迹具有客观实在性，真实地反映着被讯问人所实施的犯罪或违纪违法行为。讯问人员通过对这些痕迹的收集，也就收集到了“一对一”以外的其他证据，证明了被讯问人所实施的犯罪或违纪违法行为，从而使证据不再是“一对一”。

有的案件被讯问人实施犯罪或违纪违法行为需要使用作案工具，作案工具及其作案工具上所遗留的痕迹同样具有客观实在性，真实地反映着被讯问人所实施的犯罪或违纪违法行为。讯问人员通过对作案工具查获和所遗留在作案工具上的痕迹的检验，也就收集到了“一对一”以外的其他证据，证明了被讯问人实施的犯罪或违纪违法行为，从而使证据不再是“一对一”。

有的案件被讯问人实施的犯罪或违纪违法行为取得了赃物。被讯问人在取得赃物以后，要对赃物进行销售、匿藏、处置或使用。被讯问人在销售、匿藏、处置或使用赃物的过程中，不可避免地要被他人知晓，讯问人员通过对赃物的查获或取得知晓人的证言，也就收集到了“一对一”以外的其他证据，证明了被讯问人所实施的犯罪或违纪违法行为，从而使证据不再是“一对一”。

被讯问人在实施犯罪或违纪违法实行行为时虽只有二人在场，但被讯问人在实施实行行为前要达到作案地点，在实施实行行为后要离开作案地点，或者被讯问人的“相对人”要到达被讯问人实施实行行为的地点，而后要离开这个地点。在被讯问人或“相对人”到达和离开这个地点的过程中，就有可能要被他人知晓；有的对合人在与被讯问人进行对合犯罪或违纪违法前，实施的对合行为是经集体商量或有几个人知晓的；有的“对合人”是同他人一起到被讯问人处的，只是同去的人没有进入被讯问人实施实行行为的地点，而是站在外面等候。讯问人员通过对知晓被讯问人或“相对人”到达和离开这个地点的知情人或对合人与之商量的知情人，或与“对合人”同去的知情人的调查取证，取得证言，也就收集到了“一对一”以外的其他证据，证明被讯问人所实施的犯罪或违纪违法行为的一个环节，从而使证据不再是“一对一”，等等。

总之，讯问人员要根据案件情况，善于收集各种客观物质痕迹和间接主观知觉痕迹。

第二，收集各种书证。

被讯问人实施犯罪或违纪违法行为，有的要留下其亲笔书证，有的要与“相对人”进行联系，而留下通信记录，有的要将赃款存入银行，而在银行留下记录，等等。讯问人员通过对这些书证、记录的收集，也就收集到了“一对一”以外的其他证据，证明了被讯问人犯罪或违纪违法的事实或证明了被讯问人犯罪或违纪违法的某一环节，从而使证据不再是“一对一”。

讯问人员要根据案件和被讯问人的情况，善于收集各种书证。

第三，收集监控录像资料。

现在监控录像的安装非常普遍。被讯问人在实施犯罪或违纪违法行为时，或其到达和离开犯罪或违纪违法地点的过程中，或在处理赃款、赃物、作案工具的过程中，都有可能被监控所录像，真实地记录其犯罪或违纪违法行为或与犯罪或违纪违法有关的行为。讯问人员通过对监控录像的调取，也就收集到了“一对一”以外的其他证据，证明了被讯问人犯罪或违纪违法或证明了其中的一个情节，从而使证据不再是“一对一”。

讯问人员要根据案件的情况，善于调取监控录像，从中收集“一对一”以外的被讯问人犯罪或违纪违法的证据。

第四，收集补强证据。

所谓补强证据，是指用以确认或证明另一主要证据事实的真实性，以补充增强其证明力的证据，也就是证据的证据。

“相对人”对被讯问人的犯罪或违纪违法事实提供了证言，讯问人员要根据“相对人”证言所述的事实情况，收集补强证据，对“相对人”证言的各个事实、情节进行逐一查证属实，确认或证明“相对人”证言所述事实的真实性。讯问人员通过对补强证据的收集，佐证或旁证了“相对人”提供的证据事实的真实性，也就收集到了“一对一”以外的其他证据，证明了被讯问人犯罪或违纪违法的事实，从而使证据不再是“一对一”。

讯问人员要根据案件和“相对人”提供的证言，善于收集补强证据。

第五，收集证明被讯问人的狡辩是虚假的证据。

在被讯问人与“相对人”“一对一”的情况下，被讯问人总是编造事实和理由对自己实施的犯罪或违纪违法行为进行狡辩。既然其狡辩的事实和理由是编造的，那么，肯定会与客观事实、情理不符。讯问人员要针对被讯问人借以狡辩的事实和理由，收集证明其狡辩的事实和理由是虚假的、站不住脚的证据。讯问人员通过对证明被讯问人狡辩是虚假的证据的收集，也就不仅否定了被讯问人的狡辩，而且收集到了“一对一”以外的其他证据，证明了被讯问人犯罪或违纪违法的事实，从而使证据不再是“一对一”。

讯问人员要根据客观事实和情理，善于收集证明被讯问人狡辩是虚假的证据。

②深入分析，掌握客观上有但尚未收集到的证据

讯问人员通过开阔视野，广泛收集证据，虽然能收集到“一对一”以外的其他证据，但有的案件，由于种种原因，仍无法或难以收集到“一对一”以外的其他证据，特别是难以收集到证明力强的其他证据。在这种情况下，讯问人员就要在客观上有但尚未收集到的证据上下功夫，想方设法掌握这种证据，以便于在讯问中以虚示的方法或虚实并举的方法向被讯问人出示这种证据，冲垮被讯问人抗审心理防线这一客观基础。否则，讯问人员在被讯问人这一抗审客观基础面前就将束手无策，无能为力。

而要掌握客观上有但尚未收集到的证据，讯问人员就要根据案件情况，通过深入分析，客观地、合情地、实事求是地予以掌握。

第一，根据作案时间进行分析。讯问人员要根据作案时间，分析在该时间里被讯问人的犯罪或违纪违法行为必然会留下什么种类、何种内容的证据，进而予以掌握。

第二，根据作案地点进行分析。讯问人员要根据作案地点及其该地

点的环境、周边情况，分析被讯问人在该地点实施犯罪或违纪违法行为必然要留下什么种类、何种内容的证据，进而予以掌握。

第三，根据作案工具进行分析。讯问人员要根据作案工具，分析被讯问人利用该工具进行作案必然会留下什么种类、什么内容的证据，进而予以掌握。

第四，根据作案经过进行分析。讯问人员要根据作案经过，分析被讯问人在作案过程中的每一步、每一个环节必然会留下什么种类、什么内容的证据，进而予以掌握。

第五，根据作案的手段进行分析。讯问人员要根据作案的手段，分析被讯问人在以此种手段进行作案时必然会留下什么种类、什么内容的证据，进而予以掌握。

第六，根据案件状态进行分析。讯问人员要根据案件状态，即既遂、未遂、预备，分析案件在该种状态下，被讯问人的犯罪或违纪违法行为必然会留下什么种类、什么内容的证据，进而予以掌握。

第七，根据案件的赃物进行分析。讯问人员要根据案件的赃物，分析被讯问人在取得赃物和处置赃物的过程中必然要留下什么种类、什么内容的证据，进而予以掌握。

第八，根据犯罪或违纪违法对象进行分析。讯问人员要根据犯罪或违纪违法的对象情况，分析被讯问人在对该犯罪对象实施侵害时必然要留下什么种类、什么内容的证据，进而予以掌握。

(2) 要善于出示充分的证据

向被讯问人出示充分的证据，冲垮被讯问人抗审心理防线这一客观基础，讯问人员同样要做到善于出示证据。只有善于出示证据，才能有效地冲垮被讯问人抗审心理防线这一客观基础。

那么，怎样才能做到善于出示充分的证据呢？

不同状态的证据，只有用不同的方法进行出示，才能发挥证据的威力，起到其应有的作用。因此，向被讯问人出示充分的证据，要根据收集到和掌握的“一对一”以外的其他证据的情况，以不同的方法予以出示。

①对于已收集到的确实证据的出示

对于已收集到的确实证据，可以运用以下方法予以出示：

第一，以迅雷不及掩耳之势出示证据。凭借这种客观基础进行抗审的被讯问人，总认为自己在犯罪或违纪违法时只有自己同“相对人”两人在场，讯问人员无法再收集到其他能证明自己犯罪或违纪违法的证据，证据“一对一”。其对讯问人员已收集到其犯罪或违纪违法“一对一”以外的其他证据，在思想上毫无准备。这显然是这种被讯问人的一个弱点。因此，讯问人员要以迅雷不及掩耳之势向被讯问人出示充分的证据，把实实在在充分的证据摆在被讯问人的面前，攻其无备，出其不意，打他一个措手不及，使之在充分的证据面前束手无策，毫无反抗的能力。

第二，对被讯问人进行思想教育。讯问人员在向被讯问人以迅雷不及掩耳之势出示证据后，在其思想上尚未形成对策之时，紧接着要根据出示的证据的情况，对被讯问人进行有针对性的教育，通过教育，挖除其证据“一对一”的抗审认识基础，使出示的证据牢牢地扎在被讯问人的心中，从而迅速地冲垮被讯问人抗审心理防线这一客观基础。

②对于客观上有但尚未收集到的证据的出示

对于客观上有但尚未收集到的证据，可以运用以下方法予以出示：

第一，在出示证据前，先对被讯问人进行教育。对于客观上有但尚未收集到的证据，在出示前，讯问人员要先对被讯问人进行思想教育，挖除其证据“一对一”的抗审认识基础，使之认识到没有证据“一对一”的案件和讯问人员完全可以取得“一对一”以外的其他证据，为出示客观上有但尚未收集到的证据做好铺垫、打下基础，以增强所出示的证据的确实性，使被讯问人感到讯问人员已确实收集到了这一证据。

第二，以多管齐下之法出示证据。由于这种客观上有但尚未收集到的证据，讯问人员不可能把这种证据实实在在地摆在被讯问人的面前，因而，在出示这种证据时，要以其他证据相配合，采用明暗结合，虚实并举等多管齐下出示证据的方法。通过多管齐下的方法出示证据，明明暗暗、虚虚实实，促使被讯问人产生悬念、联想，从而感到讯问人员已确实取得了其犯罪或违纪违法充分的证据，证据已不再是“一对一”，而是确实、充分了，进而彻底地冲垮其抗审心理防线这一客观基础。

3. 凭借其认为没有自己的口供，在客观上不可能出现认定自己犯罪或违纪违法事实和对自己作出处罚的结果客观基础的冲垮

被讯问人抗审心理防线这一客观基础的核心，是被讯问人认为，只要自己不开口交代，在客观上就不可能出现认定自己有罪和作出处罚的结果。因而，其凭借这一客观基础进行抗审，拒不交代犯罪或违纪违法的事实。而如果被讯问人见到或体会到尽管自己不交代犯罪或违纪违法的事实，没有自己的口供，但在客观上还是会出现认定自己有罪和作出处罚的结果。那么，被讯问人抗审心理防线这一客观基础也就随之被冲垮。因此，冲垮被讯问人抗审心理防线这一客观基础最有效的方法，就是把没有被讯问人口供，照样能认定被讯问人有罪和处以刑罚的结果的事实摆在被讯问人的面前，使其见到或体会到，没有自己的口供，同样要出现认定自己有罪和处以刑罚的结果，而且是更重的结果。

那么，应当如何把没有被讯问人口供，照样能认定被讯问人有罪和处以刑罚的这种客观结果的事实摆在被讯问人的面前呢？

（1）建立证据体系，以证据体系把这种客观结果的事实摆在被讯问人的面前

所谓建立证据体系，是指以现场，或被害人、同案人、对合人、知情人的陈述或供述，或案件中的情节为中心收集证据，根据收集到的证据，形成一个完整无缺的、没有脱节的证明被讯问人犯罪或违纪违法事实的证据体系，即证据锁链。

那么，应当如何建立证据体系呢？

总结办案实践，建立证据体系的方法，在被讯问人不供述的情况下，主要有以下几种方法：①

①以现场为中心收集证据并建立证据体系

以现场为中心收集证据并建立证据体系，就是以现场的每一个痕

① 关于建立证据体系的方法，是一个非常复杂和需要具有较高业务水平才能建立的问题。由于本书是阐述讯问的步骤，因而，在此不作详细的论述。

迹、物证为中心收集证据，形成一组证据证明它与案件或犯罪或违纪违法的联系，若干组证据联结起来，形成一条锁链。而且这条锁链做到环环相扣，它们都与案件或者被讯问人的犯罪或违纪违法事实相连，构成了认定被讯问人犯罪或违纪违法事实的证据体系。

②以被害人或同案人，或对合人，或知情人陈述或供述为中心收集证据并建立证据体系

以被害人或同案人，或对合人，或知情人陈述或供述为中心收集证据并建立证据体系，就是围绕陈述或供述的具体情节和细节收集证据，根据收集到的证据，证明陈述或供述的情节和细节的真实，使之形成锁链形的证据结构，证明被讯问人的犯罪或违纪违法事实。

③以案件中的情节为中心收集证据并建立证据体系

以案件中的情节为中心收集证据并建立证据体系，就是围绕被讯问人的作案手段、或实施犯罪或违纪违法过程中的重要情节、或被害人被害的情节收集证据，根据收集到的证据，证明案件的各个情节都与被讯问人的犯罪或违纪违法行为相联系，从而建立起证据体系，证明被讯问人的犯罪或违纪违法事实。

讯问人员通过对证据体系的建立，形成了一条完整的、无懈可击的证据锁链，就使犯罪或违纪违法事实紧紧地与被讯问人相联系，并捆绑在被讯问人的身上，从而这个证据体系也就证明了被讯问人的犯罪或违纪违法事实。被讯问人的犯罪或违纪违法事实一旦被证据证明，就为认定被讯问人的犯罪或违纪违法事实和对被讯问人作出处罚提供了事实的依据。在讯问中，讯问人员把建立起来的证据体系摆在被讯问人的面前，也就等于把没有被讯问人口供而能认定被讯问人的犯罪或违纪违法事实和作出处罚的客观结果这一事实摆在了被讯问人的面前，从而冲垮被讯问人抗审心理防线这一客观基础。

（2）阐明证明标准，以证明标准把这种客观结果的事实摆在被讯问人的面前

讯问人员要向被讯问人阐明刑事诉讼的证明标准是证据确实、充分，只要证据达到了确实、充分的证明标准，也就证明了被讯问人犯罪

事实的成立，便可认定被讯问人有罪和作出处罚，而无需被讯问人的口供。在向被讯问人阐明证明标准的过程中，讯问人员要根据收集到的证据，从理论和实践的结合上论述被讯问人犯罪事实的证据已达到了确实、充分的证明标准，足以认定其有罪和作出处罚，被讯问人不作出交代已毫无意义。通过阐明证明标准和论述被讯问人犯罪事实的证据已达到确实、充分的证明标准，也就把没有被讯问人口供而能够认定被讯问人犯罪事实和作出处罚的结果这一事实摆在了被讯问人的面前，从而冲垮被讯问人抗审心理防线这一客观基础。

值得注意的是，讯问人员在阐明证明标准的“确实、充分”时，一定要讲清“确实、充分”的含义，对“确实、充分”进行准确的表述。只有这样，才能使摆在被讯问人面前的没有被讯问人口供，能够认定被讯问人有罪和处以刑罚的这种客观结果的事实更有威慑力。否则，被讯问人会认为“确实、充分”仍离不开他的口供。这样，就无法冲垮被讯问人抗审心理防线这一客观基础。

（3）宣讲典型案例，以典型案例把这种客观结果的事实摆在被讯问人的面前

讯问人员要向被讯问人宣讲没有被告人供述，证据确实、充分的，认定被告人有罪和处以刑罚的典型案例，把一个拒不供述犯罪事实而被从重处罚的典型摆在被讯问人的面前，警示被讯问人。向被讯问人宣讲典型案例，最好是选择发生在被讯问人身边或被讯问人知道的案件，使被讯问人听得更深刻，更能震动被讯问人。在宣讲的过程中，不仅要宣讲案例本身，而且要分析论述司法机关是如何根据证据，在没有该被告人口供的情况下认定其有罪和作出处罚的。做到既有典型案例警示，又有理论教育。通过案例警示和理论教育，把没有被讯问人口供同样能认定被讯问人有罪和处以刑罚的客观结果事实摆在被讯问人的面前，从而冲垮被讯问人抗审心理防线这一客观基础。

4. 凭借其认为在客观上自己具有自身硬的条件客观基础的冲垮

被讯问人抗审心理防线这一客观基础的核心，是被讯问人认为，自

己具有自身硬的条件，讯问人员在客观上拿自己没有办法，无法动得了自己。因而，其凭借这一客观基础进行抗审，拒不交代犯罪或违纪违法的事实。对于被讯问人抗审心理防线这一客观基础，如果讯问人员把能够动得了他的办法摆在被讯问人的面前，并施加于被讯问人，让其实实在在地感受到讯问人员动得了他的办法，那么，被讯问人也就会面对现实，其抗审心理防线的这一客观基础也就随之被冲垮。因此，冲垮被讯问人抗审心理防线这一客观基础最有效的方法，就是把讯问人员能够动得了他的办法摆在被讯问人的面前，并施加于被讯问人，使之真正尝到动得了他的滋味，从而感受到讯问人员能够动得了他并不是嘴上说说，而是动真格的。

那么，应当如何把能够动得了被讯问人的办法摆在被讯问人面前，并施加于被讯问人呢？

（1）拿出动得了被讯问人的依据

动得了被讯问人的依据是被讯问人犯罪或违纪违法的事实和证据。犯罪或违纪违法事实一旦清楚，证据一旦确实、充分，任何人都逃脱不了法网，都要受到法律的追究，自身再硬，也要动了他，而且，必然要动了他。如果不动了犯罪或违纪违法事实清楚，证据确实、充分的被讯问人，就是徇私舞弊，包庇放纵，违反了法律的规定，不动他，讯问人员和领导自己就要受到法律的追究。谁敢徇私舞弊不动事实清楚，证据确实、充分的被讯问人！因此，在冲垮被讯问人抗审心理防线这一客观基础的过程中，讯问人员要拿出被讯问人犯罪或违纪违法清楚的事实，确实、充分的证据，把清楚的事实，确实、充分的证据这一动得了被讯问人的依据摆在被讯问人的面前，使被讯问人感到讯问人员和领导不动自己已根本不可能，必然要动了自己。

把清楚的事实，确实、充分的证据这一动得了被讯问人的依据摆在被讯问人面前，就是向被讯问人出示证据。讯问人员要巧妙运用明示、暗示、明暗结合、实示、虚示、虚实并举的方法向被讯问人出示证据，使被讯问人感到讯问人员已收集到了其犯罪或违纪违法确实、充分的证据，案件的事实已经清楚，从而认识到自己自身再硬，也无法硬过法律，正所谓“人心似铁，官法如炉”①，再硬的铁在炉中也要被熔化，自身再硬的人也要被法律追究。

（2）采取动得了被讯问人的坚决措施

对被讯问人采取坚决的措施，把刑事强制措施或调查措施毫不留情地施加于被讯问人，使之尝到这些措施的滋味，从而使被讯问人感到讯问人员不仅敢于动自己，而且有办法动得了自己。这样，被讯问人抗审心理防线这一客观基础就会发生动摇，随着这些措施的落实，便随之被冲垮。因此，在冲垮被讯问人抗审心理防线这一客观基础的过程中，讯问人员要对被讯问人坚决地采取各种措施，并使采取的措施落实到位，不放空炮，更不放哑炮，把实实在在的措施施加于被讯问人，使被讯问人抗审心理防线这一客观基础在措施面前灰飞烟灭。

对被讯问人采取坚决的措施，就是向被讯问人宣布所采取的刑事强制措施或调查措施，并执行这些措施。在宣布和执行时做到态度严肃，在执行过程中做到管理严格，使被讯问人感到讯问人员动了真格，不是闹着玩的，从而认识到自身再硬，在严肃的法律面前，都是不堪一击的。

（3）实施动得了被讯问人的行为

以铁的手腕对被讯问人实施动得了他的行为，把一系列的侦查或调查行为坚决地施加于被讯问人，使之看到这些行为的实施将给其带去的不利后果，使被讯问人感到讯问人员根本就不顾其自身硬，有的是动得了自己的胆量、办法和能力。这样，被讯问人抗审心理防线这一客观基础就无法为被讯问人的抗审提供屏障，随着这些动得了他的行为的实施，这一抗审的客观基础便随之被冲垮。因此，在冲垮被讯问人抗审心理防线这一客观基础的过程中，讯问人员要坚决地实施各种侦查或调查行为，做到既轰轰烈烈，又稳扎稳打、步步为营，把扎扎实实的侦查或调查行为施加于被讯问人，使被讯问人抗审心理防线这一客观基础折戟沉沙。

---

① 见《增广贤文》，载陈才俊主编：《增广贤文全集》，海潮出版社 2011 年版，第 57 页。

对被讯问人实施侦查或调查行为，就是运用《刑事诉讼法》《监察法》规定的侦查或调查措施，加大对被讯问人的侦查或调查力度，实施讯问；询问证人；勘验、检查；搜查；查封、扣押物证、书证；鉴定；技术侦查措施等各种侦查或调查行为。对于还有其他犯罪或违纪违法嫌疑的被讯问人，实施彻查行为，使被讯问人感到讯问人员不获全胜是不会罢休的，从而认识到自身再硬，在讯问人员面前也是注定要被法律或纪律追究的。

5. 凭借其认为在客观上有外援出手相救客观基础的冲垮

被讯问人抗审心理防线这一客观基础的核心，是被讯问人认为，自己在客观上有外援，外援定能出手相救，也定能救得了自己，因而，其凭借这一客观基础进行抗审，拒不交代犯罪或违纪违法的事实。对于被讯问人抗审心理防线这一客观基础，如果讯问人员把外援不出手相救或即使出手相救，也救不了被讯问人的事实摆在被讯问人的面前，那么，被讯问人也就死了有外援相救这条心，其抗审心理防线这一客观基础也就随之被冲垮。因此，冲垮被讯问人抗审心理防线这一客观基础最有效的方法，就是把外援不出手相救，外援出手相救也救不了被讯问人的事实摆在被讯问人的面前，使其真切地看到外援不可能救得了他，从而感到寄希望于外援相救是泡影一个。

那么，应当如何把外援不出手相救，外援出手相救也救不了被讯问人的事实摆在被讯问人的面前呢？

（1）摆出外援不会出手相救的事实

讯问人员要根据案件侦查或调查的情况，向被讯问人摆出其所寄托相救的外援不会出手对其进行相救的事实。有的案件，在被讯问人归案后讯问人员一直是态度坚决地对案件进行查处，对被讯问人进行讯问；有的案件，被讯问人在得知查处他的问题时，就向外援求援，但还是被采取了强制措施或调查措施；有的案件，被讯问人在躲避的过程中求助于外援，但讯问人员仍千方百计地找到躲避的被讯问人，将其缉捕归案，等等。这些情况足以证明被讯问人所寄希望相救的外援没有出手相救或相救不起作用。在讯问中，如果案件在侦查或调查过程中有这些事实情况的，讯问人员要将这些事实情况摆在被讯问人面前，并指出，如果其所寄托的外援已出手相救，或出手相救起作用，讯问人员就不会一直是这个态度，或其也就不会被采取强制措施或调查措施，或其在躲避后，也就不会千方百计将其缉捕归案。通过这些事实的摆出，使被讯问人感到其所寄希望的外援真的不会出手相救，或即使已出手相救也没有任何作用，从而冲垮被讯问人抗审心理防线这一客观基础。

（2）摆出外援已出手相救，但救不了被讯问人的事实

有的案件在侦查或调查的过程中，被讯问人的外援或通过领导，或通过讯问人员的亲人、朋友，或直接向讯问人员打招呼、写条子等出手相救。对于这些情况，讯问人员一方面要将其外援已出手相救的情况和讯问人员回击外援的态度告诉被讯问人或让被讯问人知道，另一方面继续加大对被讯问人的讯问力度和侦查或调查的力度，把外援出手相救但救不了被讯问人的事实摆在被讯问人的面前。通过这些事实的摆出，使被讯问人感到其所寄希望的外援出手相救不仅不起作用，反而增强了讯问人员坚决把案件查到底的决心，从而冲垮被讯问人抗审心理防线这一客观基础。

（3）公开摆出讯问人员不买外援账的事实

有的案件，讯问人员对外援的救援行为，要当着被讯问人的面回击外援者，以示讯问人员根本就不顾忌外援，把讯问人员不买外援账的事实公开地摆在被讯问人面前。通过公开摆出讯问人员不买外援账的事实，使被讯问人感到其所寄希望的外援已成泡影，从而冲垮被讯问人抗审心理防线这一客观基础。

[illegible]作用。在讯问中，[illegible]过程中有这些[illegible]安排[illegible]，讯问人员[illegible]被讯问人[illegible]。并指出，如果其[illegible]，或[illegible]作用，讯问人员就不会一直[illegible]。[illegible]

[illegible]

[illegible]

[illegible]

（3）[illegible]

[illegible]

第八章

促使被讯问人作出交代

讯问最终要达到的目的，就是要促使被讯问人对犯罪或违纪违法事实作出交代。如果讯问不能促使被讯问人对犯罪或违纪违法事实作出交代。那么，讯问所做的一切努力将功亏一篑，等于是一个零。因此，促使被讯问人对犯罪或违纪违法事实作出交代，是整个讯问工作中最为重要的一步，它标志着讯问工作是否取得了成功。

被讯问人经过讯问开头、端正被讯问人对待讯问的态度、切入讯问主题、摧毁被讯问人抗审的心理防线这几步的讯问后，虽然有的被讯问人能够对犯罪或违纪违法的事实作出交代，但绝大多数被讯问人仍处于观望等待、犹豫不决的状态，幻想着奇迹发生或下不了交代犯罪或违纪违法事实的决心。特别是那些畏罪心理严重，或罪行严重，可能被判处极刑，或有前科，与查案机关打过交道的被讯问人，总是还想顽抗，进行抵挡，与讯问人员僵持着，拒绝对犯罪或违纪违法事实作出交代。在这种情况下，讯问人员就要再加一把劲，采取压、拉、劝、帮的手段，把被讯问人压到、拉到、劝到、帮到“坦白从宽”的道路上来，促使被讯问人对犯罪或违纪违法事实作出交代。

一、以压的手段，把被讯问人压到“坦白从宽”的道路上来

所谓以压的手段把被讯问人压到“坦白从宽”的道路上来，是指讯问人员对被讯问人继续采取攻势，形成高压之势，使被讯问人因为这种压力而对犯罪或违纪违法事实作出交代，走上“坦白从宽”的道路。

有的被讯问人的抗审心理很强，虽然其抗审的心理防线已被摧毁，但还要做垂死挣扎，与讯问人员继续抗衡。如果不继续采取攻势，对其形成高压之势，其就不会交代犯罪或违纪违法的事实。因此，讯问人员要发扬“宜将剩勇追穷寇，不可沽名学霸王”的精神，继续对被讯问人采取强大的攻势，向被讯问人施加心理压力，形成泰山压顶、兵临城下、风卷残云、四面楚歌之势，促使被讯问人在高压之下交代犯罪或违纪违法的事实。

（一）形成强大的阵势，给被讯问人施加压力

强大的阵势所表现出来的是“舳舻千里、旌旗蔽空”的气势，对被讯问人的压力是巨大的，使被讯问人感到自己在强大的阵势面前只能是螳臂当车、蚍蜉撼树。如果继续顽抗，必将被辗得粉碎，进而从气势上压倒被讯问人，动摇被讯问人观望等待、犹豫不决的心理，促使其放下武器，偃武息戈，乖乖受擒。

强大阵势的形成，可从以下几个方面进行：

1. 领导出场，显示出强大阵势

领导出场，亲自指挥或直接对被讯问人进行讯问，表明领导对该案的重视和决心，这无疑对被讯问人是一种巨大的压力。而且，领导所讲的话具有权威性。此时，领导突然亲临讯问现场、坐镇指挥或直接对被讯问人进行讯问，更显得阵势宏伟，气势盛大。因此，根据需要，领导要上场，如果必要，科长、处长甚至局长都予以上场，形成多层级的讯问阵势，使被讯问人感到有那么多的领导都亲临一线了，自己根本就不

是这些胸有甲兵、运筹帷幄、决胜千里的将帅的对手，再等待也不会有奇迹发生，再犹豫只能是坐失良机，从而产生巨大的心理压力，从气势上彻底败下阵来。

2. 增加讯问人员，显示出强大的阵势

增加讯问人员的人数，把汹涌而来的阵势摆在被讯问人的面前，表明加强了讯问的力量和加大了讯问的力度。此时增加讯问人员的人数，无疑对被讯问人亦是一种巨大的压力。被讯问人面对讯问力量的加强和讯问力度的加大，其心理压力也就随之增大。

以增加讯问人员显示强大的阵势给被讯问人施压，此时要视情况增加讯问人员的人数，由原来的二人增加至三、四人，乃至更多。在增加的人员中，要注意选择那些仪表既威武又憨厚，态度既严肃又诚恳的讯问人员参加；选择那些法律专家、讯问能手、专业技术人员参加；选择那些精神饱满、斗志旺盛的讯问人员参加，显示出战无不胜、攻无不克的决心和信心，使被讯问人感到自己的对手在不断地增大、增强，继续拒不供述，隐瞒、否认犯罪或违纪违法事实已不可能，不仅毫无意义，而且只能得到从重的处理，从而使被讯问人产生巨大的心理压力，从毅力上彻底败下阵来。

3. 警察在场站岗，显示出强大的阵势

警察在场站岗，把严肃的气氛和威武的阵势摆在被讯问人的面前，表明讯问人员对被讯问人拒不交代的行为绝不心慈手软。被讯问人面对站岗的警察，其心理的压力也就突然增大。

以警察在场站岗显示强大的阵势给被讯问人施压，此时要根据需要由警察在场站岗，既可以站在讯问室的门口，也可以站在被讯问人的两边，监督被讯问人的不规范行为，一旦有违反，立即予以制止或纠正，使被讯问人感到自己只有老老实实地作出交代，才是唯一的出路，其他任何痴心妄想都是徒劳的，从而使被讯问人产生巨大的心理压力，从意志上彻底败下阵来。

4. 实施技术手段，显示出强大的阵势

实施技术手段，把科学技术在查案中作用的阵势摆在被讯问人的面前，表明讯问人员依靠技术手段同样能获得被讯问人犯罪或违纪违法的证据，而并不需要被讯问人一定要开口交代。被讯问人面对技术手段，其心理压力必然增大。

以实施技术手段显示强大的阵势给被讯问人施压，此时，视情况可以公开安装录音、录像设备，表明对讯问的重视和加强。同时，示意被讯问人的一言一行都有录音、录像记录在案；对那些犯罪而在身体上留下痕迹的被讯问人，如果先前尚未检查的，当场由专业技术人员进行检查；在必要的情况下，可以搬来测谎仪，由专家对被讯问人进行测谎，使被讯问人感到已经到了非交代犯罪或违纪违法事实不可的地步，从而使被讯问人产生巨大的心理压力，从精神上彻底败下阵来。

5. 场外配合进行，显示出强大的阵势

场外配合进行，把全线出击的阵势摆在被讯问人的面前，表明讯问人员不只是孤立地对被讯问人进行讯问，而是全线出击。在讯问的同时展开外查，把内审与外查结合起来，收集被讯问人犯罪或违纪违法的证据。被讯问人面对讯问场外的外查，其心理压力肯定增大。

以场外配合进行显示强大的阵势给被讯问人施压，此时讯问场外的侦查或调查人员要进行巧妙的设计，在被讯问人能听得到或看得到的地方部署外调的工作，下达外调的指令，前往进行外调，以配合讯问工作的进行，使被讯问人感到自己已陷入四面楚歌的境地，再不交代就没有从宽处理的条件了，从而使被讯问人产生巨大的心理压力，从信心上彻底败下阵来。

（二）揭露问题，给被讯问人施加压力

揭露问题，是给被讯问人施加心理压力的一种非常有效的手段。讯问人员通过对被讯问人各种问题的揭露，揭露案件的事实真相已经暴露、揭露被讯问人心理上的矛盾、揭露被讯问人行为上的破绽、揭露被讯问人的谎言，把被讯问人赤裸裸地暴露在光天化日之下，使之无法隐身，从而增加被讯问人的心理压力，促使其在这种心理压力的作用下，

对犯罪或违纪违法事实作出交代。

以揭露问题给被讯问人施加心理压力，可以从以下方面进行：

1. 揭露被讯问人的犯罪或违纪违法事实真相已经暴露，给被讯问人施加压力

犯罪或违纪违法事实真相的暴露，对被讯问人的心理压力是巨大的。因为案件查处最终打的是事实战，一切都由事实来说话。我国《刑法》规定的量刑原则之一就是“以犯罪事实为依据”。被讯问人的犯罪或违纪违法事实真相一旦暴露，犯罪一旦成立，被讯问人就再也无法逃脱法网，只有受法律制裁的份。因此，犯罪或违纪违法事实真相的暴露，就意味着被讯问人要承担法律或纪律的责任。这对被讯问人来说，是一个无法回避的现实。在这种情况下，被讯问人要么继续抗拒，受到法律的从严惩处；要么如实坦白交代，得到从轻的处理。这中间没有第三条道路可走。被讯问人在这两难的选择面前，在抗拒交代已无任何意义的情况下，其必然要选择“坦白从宽”的道路。

以揭露被讯问人犯罪或违纪违法事实真相已经暴露的方法给被讯问人施加压力，要从以下方面进行：

（1）以法律的规定揭露被讯问人的犯罪或违纪违法事实真相已经暴露

讯问人员要运用法律的规定，揭露被讯问人的犯罪或违纪违法事实真相已经暴露。

讯问被讯问人，是一件非常严肃的事情。根据我国法律的有关规定，如果被讯问人没有犯罪或违纪违法的事实，不得对被讯问人进行讯问。否则，就违反了法律的规定，侵犯了被讯问人的合法权益。就《刑事诉讼法》规定的讯问来说，讯问的被讯问人，都是经过立案程序进行立案和采取刑事强制措施后进行。我国《刑事诉讼法》第一百零九条规定：“公安机关或者人民检察院发现犯罪事实或者犯罪嫌疑人，应当按照管辖范围，立案侦查。”根据这一规定，被讯问人被立案侦查就表明公安机关或人民检察院已经发现了被讯问人的犯罪事实。如果没有发现被讯问人的犯罪事实真相，是不可能对被讯问人予以立案侦查

的。我国《刑事诉讼法》第六十六条规定的拘传、取保候审、监视居住的强制措施的对象是犯罪嫌疑人、被告人，根据这一规定，如果被讯问人的犯罪事实真相没有暴露，没有被讯问人员掌握证据，被讯问人也就不会被作为犯罪嫌疑人、被告人而被采取拘传、取保候审、监视居住的强制措施。我国《刑事诉讼法》第八十一条规定："对有证据证明有犯罪事实，可能判处徒刑以上刑罚的犯罪嫌疑人、被告人，……应当予以逮捕：……"根据这一规定，如果被讯问人的犯罪事实真相没有暴露，没有证据证明其有犯罪事实，被讯问人也就不可能被逮捕。我国《刑事诉讼法》第八十二条规定："公安机关对于现行犯或者重大嫌疑分子，如果有下列情形之一的，可以先行拘留：……"根据这一规定，如果被讯问人的犯罪事实真相没有暴露，不具有这些犯罪情形的，被讯问人也就不可能被拘留。同样，被采取调查措施的被讯问人，我国的《监察法》或有关法律、条例也都规定了被讯问人要有犯罪或违纪违法的事实。如果被讯问人的犯罪或违纪违法事实真相没有暴露，讯问人员没有掌握被讯问人犯罪或违纪违法的事实和证据，被讯问人也就不可能被采取调查措施而被讯问。

讯问人员要善于运用这些法律的规定对被讯问人进行教育，以表明其犯罪或违纪违法事实真相已经暴露，其已被讯问人员掌握了犯罪或违纪违法的事实和证据。如果其犯罪或违纪违法的事实真相没有暴露，讯问人员没有掌握其犯罪或违纪违法的证据，根据法律的规定，讯问人员是不可能对其进行立案、采取强制措施或调查措施和对其进行讯问的，从而以法律的规定揭露被讯问人犯罪或违纪违法事实真相已经暴露，给被讯问人施加压力。

（2）以道理揭露被讯问人的犯罪或违纪违法事实真相已经暴露

揭露被讯问人的犯罪或违纪违法事实真相已经暴露，讯问人员还要善于运用道理。通过运用道理，使被讯问人明白其犯罪或违纪违法事实真相为什么会暴露，从而使其认识到犯罪或违纪违法事实真相已经暴露是必然的。

以道理揭露被讯问人的犯罪或违纪违法事实真相已经暴露，要针对案件和被讯问人的具体情况，以有针对性的道理进行揭露。

对于自认为行为诡秘，只有“天知、地知、我知”的被讯问人，讯问人员要以“要想人不知，除非己莫为”的道理进行揭露，使被讯问人认识到凡是实施了犯罪或违纪违法行为，是不可能不被他人知晓的，除非自己没有实施犯罪或违纪违法行为。

对于自认为作案手段高明，没有留下痕迹物证的被讯问人，讯问人员要以辩证唯物主义关于物质世界是普遍联系的道理进行揭露，使被讯问人认识到任何犯罪或违纪违法行为都发生在一定的时间和空间，都会引起与之相联系的事物的变化而留下痕迹物证。

对于怀疑查案机关侦查能力的被讯问人，讯问人员要以现代科学技术高速发展及其在查案工作中运用的道理进行揭露，使被讯问人认识到现代科学技术在查案中的作用，讯问人员利用现代技术手段发现其犯罪或违纪违法的事实是一件轻而易举的事。

对于相信攻守同盟牢不可破的被讯问人，讯问人员要以“人心隔肚皮”“彼一时，此一时”“保护自己是人的本能”等道理进行揭露，使被讯问人认识到与其订立攻守同盟的人是不会也不可能为自己死扛到底的，攻守同盟是不牢靠的。

被讯问人明白了这些道理，也就明白了其犯罪或违纪违法事实真相为什么会暴露，从而起到了以道理揭露被讯问人犯罪或违纪违法事实真相已经暴露的作用。

这些道理尽管在前面的讯问中可能已经作过阐述，但在讯问的这一步中仍应坚持继续进行阐述，这对于揭露被讯问人的犯罪或违纪违法事实真相已经暴露具有重要的意义。但是，值得注意的是，讯问人员在此时以这些道理揭露被讯问人犯罪或违纪违法事实真相已经暴露的过程中，要注意翻新花样，从新的角度、用新的方法来阐述这些道理，例如，运用俗语、举案例来阐明这些道理，千万不可死板地把原来已说过的话重复一遍，毫无新意。否则，被讯问人就会认为讯问人员就只有这么点招数，从而认为其犯罪或违纪违法的事实真相并未真正暴露。而且，死板地重复原来已说过的话，极易引起被讯问人的反感和厌恶。这样，不仅起不了以道理揭露被讯问人犯罪或违纪违法事实真相已经暴露的作用，而且起了反作用，导致事与愿违。

（3）以证据揭露被讯问人的犯罪或违纪违法事实真相已经暴露

证据是认定被讯问人犯罪或违纪违法事实和对被讯问人作出处理的依据，一旦证据被讯问人员掌握，也就表明被讯问人的犯罪或违纪违法事实已暴露无遗，被讯问人也就因此会产生巨大的心理压力。因此，讯问人员要善于运用证据对被讯问人的犯罪或违纪违法事实真相进行揭露。通过运用证据，使被讯问人感到其犯罪或违纪违法的事实真相已完全暴露，已经被讯问人员掌握了证据，再拒绝交代不仅已经没有任何意义，而且只能是得到从重的处理，从而促使其在心理的压力下对犯罪或违纪违法的事实作出交代。

以证据揭露被讯问人的犯罪或违纪违法事实真相，实质上就是向被讯问人出示证据，把证据摆在被讯问人的面前，表明被讯问人的犯罪或违纪违法事实已完全暴露在光天化日之下，真相已经大白。

关于出示证据的方法，笔者曾在《讯问艺术》（增订版）① 一书中作过详细的介绍，主要有：明示证据、暗示证据、明暗结合、实示证据、虚示证据、虚实并举等方法。

向被讯问人出示证据，在前面几个阶段的讯问中，特别是在摧毁被讯问人抗审心理防线这一阶段中，已向被讯问人出示过证据。鉴于此，在该阶段向被讯问人出示证据，要变换出示证据的方法，不能以前面讯问中出示证据的方法向被讯问人重复出示一次。否则，被讯问人就会认为讯问人员仅掌握这么点证据，并未掌握确实、充分的证据，自己的犯罪或违纪违法事实真相并未完全暴露。这样，不仅不能增加被讯问人的心理压力，而且有可能减轻被讯问人的心理压力，从而起不到“压”的作用。

要变换出示证据的方法，讯问人员就要根据证据和前面出示证据的方法情况，对出示证据的方法做到巧妙的变换：如果在前面的讯问中，

① 见《讯问艺术》（增订版），中国方正出版社 2015 年版，第 462—477 页。

对证据是以明示的方法出示的，在此可变换为以暗示或明暗结合的方法出示；如果在前面是以暗示方法出示的，在此可变换为明示或明暗结合的方法出示；如果在前面是以实示或虚示或明暗结合方法出示的，在此可变换为虚实并举的方法出示；等等。总之，要做到变幻莫测，使被讯问人确信自己的犯罪或违纪违法事实真相已经完全暴露，已被讯问人员掌握了证据。

在变换出示证据的方法出示证据的过程中，值得注意的是：其一，变换的方法要符合证据的情况，不能不顾证据的情况，为了变换而任意变换为另一种出示证据的方法对证据进行出示。因为有的证据是不能以明示的方法出示的，而只能以暗示的方法出示；有的证据是不能以实示的方法出示的，而只能以虚示的方法出示。其二，在出示证据的具体方法上要做得十分谨慎，不能与前面出示证据的方法所出示的证据相矛盾。如果讯问人员变换出示的具体方法做得不谨慎，就有可能导致此时出示的证据与前面出示的证据相矛盾。其三，变换方法出示证据要做到顺理成章，不得画蛇添足，否则，就会使出示证据变成“画虎不成反类狗”。这些都要引起讯问人员的高度注意，使出示证据达到最佳的效果，给被讯问人以极大的心理压力。

2. 揭露被讯问人心理上的矛盾，给被讯问人施加压力

被讯问人在讯问人员实施的一系列讯问对策的具体作用下，随着其抗审心理防线的摧毁，其拒供的心理向动摇的心理转化，但不会立即彻底地作出如实的交代。被讯问人之所以还不肯交代犯罪或违纪违法的事实，或者不彻底交代犯罪或违纪违法的事实，是因为其心理上还存在某种矛盾，是这种心理矛盾阻碍着被讯问人对犯罪或违纪违法事实作出交代。此时，如果不解决被讯问人心理上的矛盾，造成其心理上的压力，其心理上矛盾的双方就不会转化，其想交代的矛盾方面就无法占据绝对的优势，击败其不想交代的矛盾方面而对犯罪或违纪违法事实作出交代。而且，“逆水行舟，不进则退”，矛盾双方中想交代的方面极有可能向不想交代的方面转化，而被不想交代的方面击败，导

致被讯问人拒绝作出交代。因此，在此阶段的讯问中，讯问人员要揭露被讯问人心理上的矛盾，针对其心理矛盾进行攻心，给被讯问人施加压力，促使其矛盾的心理向交代的心理转化，进而交代犯罪或违纪违法的事实。

以揭露被讯问人心理上矛盾的方法给被讯问人施加压力，要从以下几个方面进行：

（1）要摸准被讯问人矛盾心理矛盾着的两个方面

任何矛盾都有矛盾着的双方，被讯问人的心理矛盾也不例外，同样存在矛盾的双方。讯问人员只有摸准被讯问人矛盾心理矛盾着的两个方面，才有可能进行有针对性的揭露和施以有针对性的对策，从而破除被讯问人心理上的矛盾，促使其对犯罪或违纪违法的事实作出交代。因此，以揭露被讯问人心理上矛盾的方法给被讯问人施加心理压力，首先要摸准被讯问人矛盾心理所矛盾着的两个方面。

总结讯问实践，被讯问人此时的心理矛盾主要有以下几对：

①怕同案人或对合人先交代了，自己迟交代会处于被动的地位；又怕自己作出交代，同案人或对合人不会作出交代，觉得自己太亏了。

②怕交代了不够义气，对不起他人；又怕自己不交代，别人作出交代要得到从重的处理。

③怕交代了，若讯问人员没有掌握证据不值得；又怕自己不交代，讯问人员已经掌握了证据。

④怕交代了得不到从轻的处理；又怕不交代要得到从重的处理。

对于被讯问人的这些心理矛盾，讯问人员要根据案件、被讯问人和被讯问人在讯问中的表现情况，进行认真、深入、科学的分析，摸准被讯问人矛盾的心理及其矛盾着的两个方面，以便于采取有针对性的对策。

（2）要对被讯问人心理上的矛盾进行无情的揭露

讯问人员在摸准了被讯问人心理上矛盾的两个方面后，要对其心理上的矛盾进行无情的揭露。只有进行无情的揭露，把矛盾的本身暴露在光天化日之下、把矛盾的实质揭穿得淋漓尽致、把矛盾的危害摆在被讯问人的面前，才能增加被讯问人的心理压力，从而促使矛盾双方的转化。

①揭露被讯问人心理上矛盾的本身

讯问人员要一针见血、直言不讳地指出被讯问人心理上的矛盾，把被讯问人心理上的矛盾暴露在光天化日之下。这样，一方面使被讯问人感到讯问人员已掌握了其不交代的症结所在，另一方面使被讯问人对讯问人员的水平和能力更加敬佩，连自己脑子里的东西讯问人员都能正确地说出来，从而增加其心理上的压力。

②揭露被讯问人心理上矛盾的实质

讯问人员在揭露被讯问人心理上矛盾本身的同时，要毫不留情地指出这种心理上矛盾的实质，或是没有认清形势，或是不相信党的政策和法律，或是江湖义气作怪，或是心存侥幸，或是畏惧法律制裁。这样，讯问人员就抓住了被讯问人心理上的要害，从而增加了被讯问人的心理压力。

③揭露被讯问人心理上矛盾的危害

被讯问人心理上矛盾的危害关系到被讯问人的切身利益。被讯问人只有明白其心理上的矛盾对其有着十分不利的危害后果，其才会从根本上受到震动。因此，讯问人员还要人情入理地揭露被讯问人心理上的矛盾给其所带来的危害。通过对被讯问人心理上矛盾危害的揭露，把心理上矛盾的危害实实在在地摆在被讯问人面前，增加被讯问人的心理压力。

（3）针对被讯问人心理上矛盾的具体情况，以有针对性的谋略加大攻心的力度

讯问人员要针对被讯问人心理上矛盾的具体情况，以有针对性的谋略加大攻心的力度。

①对怕同案人或对合人先交代了，自己迟交代会处于被动地位；又怕自己作出交代，同案人或对合人不会作出交代，觉得自己太亏和怕交代了不够义气，对不起他人；又怕自己不交代，别人作出交代，自己要被从重处罚的被讯问人，要运用阐明道理的方法，以“船翻争上岸”

的道理对被讯问人的矛盾心理进行攻心，使被讯问人认识到，案件被查处就如同翻了船一样，大家就像船上的落水之人都争着要上岸活命一样在争着从宽处理，从而使被讯问人感到时不我待，机不可失，“过了这个村，就没了这个店”，再犹豫不决就要失去从宽处理的机会，抓紧走“坦白从宽”的道路。

②对怕交代了，若讯问人员没有掌握证据不值得；又怕不交代，讯问人员已经掌握了证据的被讯问人，要运用出示证据和宣讲法律的方法以证据和法律对被讯问人进行攻心，使被讯问人感到讯问人员已经掌握了其犯罪或违纪违法的确实、充分的证据，证据已是板上钉钉，再不抓紧交代就来不及了，如果自己不交代，讯问人员就会根据《刑事诉讼法》第五十五条的规定认定自己有罪和处以刑罚，而且必然是从重处罚，没有时间也没有必要考虑得那么多、那么细了，要抓紧走“坦白从宽”的道路。

③对怕交代了得不到从轻处理；又怕不交代要得到从重处理的被讯问人，要运用宣讲法律和许之利益的方法，以法律和利益对被讯问人进行攻心。讯问人员要向被讯问人讲清“坦白从宽，抗拒从严”“宽严相济”的政策和《刑法》第六十七条第三款和《刑事诉讼法》第十五条的规定，在此基础上，以诚恳的态度向被讯问人许以利益。当然，许利要符合法律的规定。使被讯问人感到如实坦白可以从轻处理，政策和法律的规定是明确的，不容置疑的，讯问人员的态度是诚恳的，而且，如实坦白就可得到利益。

3. 揭露被讯问人行为上的破绽，给被讯问人施加压力

被讯问人在犯罪或违纪违法后和被采取强制措施或调查措施期间，为了掩盖犯罪或违纪违法事实，往往会做出一些举动而露出破绽。讯问人员要善于发现被讯问人这些行为上的破绽，在讯问中予以揭露，给被讯问人施加心理压力，促使其对犯罪或违纪违法作出交代。

以揭露被讯问人行为上的破绽的方法给被讯问人施加心理压力，要从以下方面进行：

(1) 要善于发现被讯问人行为上的破绽

讯问人员对被讯问人行为上的破绽进行揭露，首先要有被讯问人行为上破绽的发现。如果没有被讯问人行为上破绽的发现，那么揭露被讯问人行为上的破绽就成为一句空话。因此，讯问人员要善于发现被讯问人行为上的破绽。

被讯问人行为上的破绽主要有以下几个方面：

①订立攻守同盟

在共同或对合犯罪或违纪违法的情况下，被讯问人总是要与同案人或对合人订立攻守同盟，或起誓在任何情况下都不作出交代，或统一口供。有的被讯问人在犯罪或违纪违法的过程中或犯罪或违纪违法后，即与同案人或对合人订立攻守同盟；有的被讯问人在得知查案机关要查处其案件的消息后，与同案人或对合人订立攻守同盟；有的被讯问人在关押或被采取调查措施期间，通过看守或陪护人员，或向外带信递条子，与同案人或对合人订立攻守同盟。而这些攻守同盟的进行，总是要留下蛛丝马迹。对此，讯问人员要善于发现。

②转移赃物，隐匿销毁罪证

转移赃物，隐匿、销毁罪证，是被讯问人掩盖犯罪或违纪违法事实的又一行为。被讯问人在犯罪或违纪违法后，特别是其得知查案机关要对案件进行侦查或对其进行调查的消息后，总是要转移赃物，隐匿物证、书证，销毁一切可以销毁的证据。被讯问人在被采取强制措施或调查措施期间，往往通过向外传递消息，要亲人或朋友为其转移赃物，隐匿物证、书证，销毁证据。被讯问人在转移赃物，隐匿物证、书证，销毁证据和向外传递消息的过程中，同样要留下蛛丝马迹。对此，讯问人员要善于发现。

③商量对策

与他人商量对策，是被讯问人为对付侦查或调查而实施的一种行为。被讯问人在得知查案机关要对案件进行侦查或调查的消息后，总是要寻找亲朋好友中的高人、法律专家或能力强、经验丰富的人商量对策，以对付侦查或调查工作的进行。被讯问人在被采取强制措施或调查措施期间，往往会与同监人商量或侧面同陪护人员商量。被讯问人在与他人商量对策的过程中，亦会留下蛛丝马迹。对此，讯问人员要善于发现。

④请人出来说情、做工作

被讯问人为了使自己能够脱案，总是要请那些与领导、有地位的人或查案机关领导、侦查或调查人员关系密切的人出来为其说情、做工作。对此，讯问人员要予以掌握。

⑤探听消息、咨询对策

被讯问人在关押或被采取调查措施期间，由于同外界隔绝，消息不灵，其总是要向看守或陪护人员、同监人探听消息。在经讯问人员讯问后，由于有些问题没有把握，拿不准主意，其总是要向同监人或陪护人员咨询，进行对策。被讯问人探听消息、咨询对策同样是公开的秘密。对此，讯问人员要予以掌握。

（2）要讲究揭露被讯问人行为上破绽的方法

揭露被讯问人行为上的破绽，给被讯问人施加压力，要十分讲究揭露的方法，做到巧妙。只有这样，才能起到事半功倍的效果，使被讯问人感到其行为上的破绽已被讯问人员完全掌握，从而增加被讯问人心理上的压力。

讯问人员掌握被讯问人行为上破绽情况的程度是不同的。被讯问人行为上的破绽有的已被讯问人员完全掌握，并已取得了证据；有的只掌握部分情况，只取得部分证据；有的虽掌握情况，但并未取得证据；有的只知道被讯问人的这个行为有问题，但究竟是一个什么样的问题尚不清楚；有的只是一种迹象或一条信息，但这种迹象或这条信息是否同其犯罪或违纪违法行为有联系，有什么样的联系不清楚，等等。在这些掌握的不同程度情况中，有的能直接证明被讯问人的犯罪或违纪违法事实；有的只能说明同犯罪或违纪违法事实有联系，但不能证明被讯问人的犯罪或违纪违法事实；有的连同犯罪或违纪违法事实有联系都说明不了。对于这些掌握的被讯问人行为上的破绽情况，如果在揭露的过程中不讲究方法，不予以具体对待，不以最巧妙的方法进行揭露，不仅会使这些掌握的被讯问人行为上的破绽付诸东流，无法增加被讯问人心理上的压力，而且极有可能因此而增强被讯问人的抗审心理。因此，讯问人员在揭露被讯问人行为上破绽的过程中，一定要根据掌握的被讯问人行为上破绽的具体情况，做到具体情况具体对待，以最巧妙的方法进行揭露。

①对于已被讯问人员完全掌握，并已取得了证据的被讯问人行为上的破绽，讯问人员可采取公开的方法进行无情的揭露，把被讯问人行为上破绽的证据摆在被讯问人的面前，使被讯问人真切地感受到自己行为上的破绽已被讯问人员完全掌握，铁证如山，从而使其增加心理压力。

②对于只掌握部分情况、只取得部分证据的被讯问人行为上的破绽，讯问人员可采取明暗结合的方法进行既无情又留有余地的揭露，既把被讯问人行为上破绽的证据摆在被讯问人的面前，又表示给被讯问人留一个坦白从宽的条件，使被讯问人感到自己行为上的破绽已经暴露，已经被讯问人员掌握了证据，讯问人员之所以不全部将自己行为上的破绽彻底揭露出来，是因为要给自己留一条出路，从而增加其心理压力。

③对于虽掌握情况，但并未取得证据，或只知道被讯问人的这个行为有问题，但究竟是一个什么样的问题尚不清楚的被讯问人行为上的破绽，讯问人员可采取以虚实并举的方法进行迷惑的揭露，促使被讯问人联想，使之越想越感到自己的行为已暴露出破绽，已被讯问人员掌握，从而增加其心理压力。

④对于只是一种迹象或一条信息，但这种迹象或这条信息是否同其犯罪或违纪违法行为有联系的被讯问人行为上的破绽，讯问人员可采取以暗示的方法进行婉转的揭露，促使被讯问人产生悬念，在悬念中不断扩大心理事实，使之感到讯问人员已掌握了自己行为上的破绽，从而增加其心理压力。

4. 揭露被讯问人的谎言，给被讯问人施加压力

被讯问人谎言被揭露的另一面，是被讯问人犯罪或违纪违法事实的暴露。

被讯问人面对讯问人员的讯问，为了掩盖和否认自己犯罪或违纪违法的事实，总是编造谎言进行狡辩，以对付讯问。讯问人员要善于发现被讯问人所编造的谎言，在讯问中予以揭露。通过揭露被讯问人的谎言，给被讯问人施加心理压力，促使其对犯罪或违纪违法事实作出交代。

以揭露被讯问人谎言的方法给被讯问人施加心理压力，要做到以下几点：

（1）要善于发现被讯问人的谎言

讯问人员对被讯问人谎言的揭露，同对被讯问人行为上破绽的揭露一样，首先要有被讯问人谎言的发现。如果没有被讯问人谎言的发现，揭露被讯问人的谎言就无从谈起。因此，讯问人员要善于发现被讯问人的谎言。

被讯问人以谎言对付讯问，既然是谎言，其就要进行编造，而编造谎言不仅要背离客观事实、客观规律，而且往往顾此失彼。这样，被讯问人编造的谎言也就必然要暴露出与客观事实相矛盾、与客观规律相矛盾、与社会科学和自然科学相矛盾、与其他证据材料相矛盾、与情理相矛盾、与当地的社会风俗习惯相矛盾和出现自相矛盾的问题。正因如此，讯问人员就要通过对被讯问人的口供和辩解与客观事实、客观规律、社会、自然科学、其他证据材料、情理、当地的社会风俗习惯和被讯问人先前的口供、辩解进行对照，从中找出矛盾，发现被讯问人的谎言。

（2）要讲究揭露被讯问人谎言的方法

揭露被讯问人的谎言，给被讯问人施加心理压力，同样要十分讲究方法，做到有理有据。只有这样，才能使被讯问人的谎言被揭露得体无完肤，使被讯问人感到无地自容，从而增加被讯问人的心理压力。

由于被讯问人的谎言与之相矛盾的对象不同，揭露的具体方法也应不同。但无论用何种具体方法进行揭露，都要做到坚持摆事实、讲道理，以事实和道理进行揭露。

①坚持摆事实

事实是客观的，是第一性的，它不以人的意志为转移。任何谎言在事实面前都是不堪一击的，都要现出它的原形。因此，讯问人员要坚持摆事实，以事实来揭露被讯问人的谎言。

②坚持讲道理

道理是公认的，是每一个人都要服从的。任何谎言在道理面前都是苍白的，都是不值一驳的。因此，讯问人员在揭露被讯问人谎言的过程中要坚持讲道理，以道理来揭露被讯问人的谎言。

（三）表明各方态度，给被讯问人施加压力

向被讯问人表明各方的态度，对被讯问人带来的心理压力是巨大的。讯问人员通过向被讯问人表明领导的态度、群众的态度、被害人及其家属的态度和讯问人员的态度，把被讯问人置于人民战争的汪洋大海之中，使其成为"老鼠过街，人人喊打"，从而增加被讯问人的心理压力，促使其在这种心理压力的作用下，对犯罪或违纪违法事实作出交代。

以表明各方态度的方法给被讯问人施加心理压力，可以从以下方面进行：

1. 向被讯问人表明领导的态度，给被讯问人施加压力

不少案件，特别是重大案件，领导都有批示或指示。有的是中央领导作出批示或指示，有的是地方各级领导作出批示或指示，有的是查案机关的领导作出批示或指示；有的是在案件开始查处前就作出批示或指示，有的是在案件开始查处时作出批示或指示，有的是在案件查处的某一个阶段作出批示或指示。对于领导的批示或指示，在这一个讯问阶段，讯问人员要大张旗鼓地向被讯问人进行宣传，表明领导的态度。虽然在前面的讯问阶段已经宣传过，但由于在这一阶段被讯问人的抗审心理防线已经被摧毁，宣传领导的态度的效果与前面的宣讲会大不一样。因而，在这个阶段仍应进行宣传，再一次向被讯问人敲响警钟。

领导的批示或指示具有权力性、威慑性、指挥性、照办性和定局

性，是不可违背和变更的，查办案件的全过程都要始终坚决贯彻和执行领导的批示或指示。通过向被讯问人宣传领导的批示或指示，表明领导的态度，使被讯问人感到领导的态度是坚决的、明确的，如果自己不交代犯罪或违纪违法的事实，领导肯定不会罢休，案件一定会按照领导的批示或指示一查到底，自己定会被作为态度恶劣的典型而被从重处罚。这样，被讯问人的心理压力就会不断地加大，经权衡利弊，在趋利避害心理的支配下，其就有可能慑于领导的批示或指示对犯罪或违纪违法的事实作出交代。

宣传领导的批示或指示，表明领导的态度。一是要坚持原则性，要原原本本或按照领导批示或指示的精神实质进行宣传，表明领导的态度，不可任意歪曲领导的批示或指示精神；二是要表现气势性，要通过对领导批示或指示的宣传，把磅礴的气势表现出来；三是要显示严肃性，要通过对领导批示或指示的宣传，把严肃的气氛显示出来。

2. 向被讯问人表明群众的态度，给被讯问人施加压力

群众的态度，既是案件查处的有力支持，又是对被讯问人作出轻重处罚的因素之一。群众发动起来了，支持案件查处的态度坚决、明确，案件的线索就会源源不断地被提供，被讯问人犯罪或违纪违法的证据就会陆陆续续地被发现。被讯问人隐藏得再深也无法逃脱群众雪亮的眼睛；同时，群众对犯罪或违纪违法行为都是同仇敌忾，要求狠狠打击，如果被讯问人拒绝作出交代，不痛改前非，群众就会更加痛恨，引起极大的民愤。如果被讯问人能够认罪认错、悔过自新，就不会引起民愤或民愤较小。而民愤的有无和大小，是对被讯问人作出从重处罚或从轻处罚一个很重要的因素。因此，群众的态度，对造成被讯问人心理压力的作用是巨大的。

讯问人员要善于利用群众的态度给被讯问人施加心理压力。在讯问中，讯问人员要向被讯问人宣传群众已经充分发动起来了，热情高涨，纷纷表示积极为查案机关寻疑点、提线索、供证据。有的写举报信举报，有的打电话提供，有的亲自到查案机关反映，查案机关已掌握了一

大批有价值的线索和证据。通过这样向被讯问人表明群众所采取的行动，使被讯问人感到自己已陷入人民战争的汪洋大海之中，已是四面楚歌，成为“老鼠过街，人人喊打”，如果再不交代犯罪或违纪违法事实，群众就会继续向查案机关提供疑点、线索、证据，其不仅隐瞒不了该犯罪或违纪违法事实，而且自己所有的问题都将暴露出来，问题越查越大，从而增加被讯问人的心理压力。同时，讯问人员还要向被讯问人表明，现在群众对其所实施的犯罪或违纪违法行为是群情愤怒、反应强烈、呼声高涨，其不交代、不悔过的行为更是引起了极大的民愤，纷纷要求政府对这种死不悔改的人绝不能手软，要除恶务尽。通过这样向被讯问人表明群众的态度，使被讯问人感到群众对自己实施的犯罪或违纪违法行为本来民愤就很大，如果继续抗拒交代，民愤将越来越大。这样，政府为了平民愤就有可能对自己作出最严厉的处罚，从而增加被讯问人的心理压力。

向被讯问人表明群众的态度，一是要体现广泛性，要向被讯问人表明群众已广泛地发动起来，这并不是一两个人的态度，而是广大群众的态度；二是要坚持具体性，要向被讯问人表明群众的态度要有具体的内容，不要夸夸其谈，言之无物；三是要显示实效性，要向被讯问人表明群众的态度已收到了实效，已引起了领导的重视，不要“只见开花，不见结果”。

3. 向被讯问人表明被害人及其家属的态度，给被讯问人施加压力

被害人及其家属的态度，既对被讯问人及其家人的利益有着威慑，又对被讯问人的量刑起着重要作用。

被害人在遭受被讯问人的犯罪行为侵害后，其和家属对被讯问人有着刻骨的仇恨。特别是那些被害致死的被害人，其家属与被讯问人更是不共戴天。这种仇恨不仅集中在实施犯罪行为的被讯问人身上，而且也针对被讯问人的亲人。在被讯问人拒不交代犯罪行为，不向被害人及其家属赔礼道歉、赔偿损失的情况下，被害人及其家属更是义愤填膺、忍无可忍，往往实施对被讯问人及其亲人的报复行为，侵害被讯问人及其

亲人的利益。这对于被讯问人来说，无疑是一种压力。

被害人及其家属的态度，对被讯问人的量刑轻重起着重要的作用。被讯问人能否取得被害人或其家属的谅解，也决定着被讯问人刑罚的轻重。2017 年 3 月 9 日《最高人民法院关于常见犯罪的量刑指导意见》规定："对于积极赔偿被害人经济损失并取得谅解的，综合考虑犯罪性质、赔偿数额、赔偿能力以及认罪、悔罪程度等情况，可以减少基准刑的 40% 以下；积极赔偿但没有取得谅解的，可以减少基准刑的 30% 以下；尽管没有赔偿，但取得谅解的，可以减少基准刑的 20% 以下。"根据最高人民法院的这一规定，如果被害人及其家属不能谅解被讯问人，这对于被讯问人来说，亦无疑是一种压力。

讯问人员要善于利用被害人或其家属的态度给被讯问人施加心理压力。在讯问中，对被害人或其家属要对被讯问人家人进行报复的，讯问人员要向被讯问人表明被害人或其家属的态度，因被讯问人不交代，被害人及其家属已经要实施对其家人的报复行为。如果被讯问人继续执迷不悟，拒不交代犯罪的事实，不认罪悔罪，就会进一步激怒被害人及其家属，其亲人就要遭到被害人及其家属的报复，讯问人员不可能长期守住被讯问人的亲人。通过这样向被讯问人表明被害人及其家属的态度，使被讯问人感到，如果自己继续坚持拒不交代犯罪的事实，不认罪悔罪，不对被害人及其家属有一个诚恳的态度，赔礼道歉、赔偿损失，被害人及其家属就会对自己的亲人进行报复，从而增加被讯问人的心理压力。同时，讯问人员要向被讯问人宣讲《最高人民法院关于常见犯罪的量刑指导意见》中的有关规定，使被讯问人感到，如果自己不认罪悔罪，没有一个诚恳的态度，就得不到被害人或其家属的谅解，这样，对自己是非常不利的，从而增加被讯问人的心理压力。

向被讯问人表明被害人及其家属的态度，一是要反映出强烈性，要向被讯问人表明被害人或其家属的态度十分强烈；二是要反映出激动性，要向被讯问人表明被害人或其家属的情绪非常激动；三是要反映出义愤性，要向被讯问人表明被害人及其家属无比义愤；四是要反映出群体性，要向被讯问人表明被害人及其家属，还有被害人的朋友、亲戚、房族都是这个态度，是一大批人；五是要反映出严重性，要向被讯问人表明，其如果继续执迷不悟，拒不交代犯罪的事实，必将产生严重的后果。

4. 向被讯问人表明讯问人员的态度，给被讯问人施加压力

讯问人员是案件查处的执行者和操作者，其态度直接决定着案件查处的结果和被讯问人的命运。讯问人员的坚决态度，表明讯问人员下定了决心，排除一切困难、冲破一切阻力，以坚韧不拔的意志、百折不挠的精神想方设法把案件查处到底，直到查清被讯问人的犯罪或违纪违法事实，把被讯问人送上法庭或受到纪律的惩处为止。否则，绝不会罢休。讯问人员这种坚决的态度对被讯问人无疑是一种极大的威慑，对被讯问人产生的压力是巨大的。

讯问人员要善于向被讯问人表明自己的态度，给被讯问人施加心理压力。在讯问中，讯问人员要向被讯问人表明：什么都不怕的态度，舍得一身剐，敢把皇帝拉下马，使被讯问人感到讯问人员是一个天不怕、地不怕的铮铮硬汉；有的是力量，有的是办法的态度，能上深山擒虎，可下五洋捉鳖，使被讯问人感到自己根本就不是查案机关和讯问人员的对手，无法与之抗衡；绝不姑息的态度，立场坚定，绝不心慈手软，使被讯问人感到讯问人员必将“宜将剩勇追穷寇，不可沽名学霸王”；绝不罢休的态度，心如磐石，意志如钢，使被讯问人感到讯问人员定能把案件查处到底，不获全胜，其是绝不会收兵的；全面彻查的态度，掘地三尺，翻箱倒柜，使被讯问人感到如果不交代犯罪或违纪违法的事实，自己的问题将会被越查越多，越查越大。通过这些态度的表明，增加被讯问人的心理压力。

关于讯问人员的这些态度，笔者在本书第五章《端正被讯问人对待讯问的态度》中已经作过较为详细的阐述。这些态度在前面的讯问中可能已向被讯问人表示过，但这些态度在这一阶段的讯问中同样有必要向被讯问人进行表明。向被讯问人再次表明讯问人员的这些态度，既增加了分量，又表明了讯问人员态度的一贯性，只要被讯问人不交代犯

罪或违纪违法的事实，讯问人员所持的就是这种态度，直到被讯问人对犯罪或违纪违法事实作出如实、彻底的交代为止。这样，有利于被讯问人心理压力的形成，并逐步加大，促使其对犯罪或违纪违法事实作出交代。

（四）利用有利的形势和时机，给被讯问人施加压力

有利的形势和时机能对施压工作推波助澜，使施压起到事半功倍的作用。因此，讯问人员要善于利用有利的形势和时机，给被讯问人施加压力，促使被讯问人认清形势，识察事务，不要盲目孤行；把握时机，适时取舍，不要坐失良机，从而促使被讯问人对犯罪或违纪违法事实作出交代，走“坦白从宽”的道路。

1. 利用有利形势给被讯问人施加压力

利用有利的形势给被讯问人施加压力，可以从以下方面进行：

（1）利用打击犯罪常态的严厉形势向被讯问人施压

为了维护社会秩序和保护人民群众的利益，我国对犯罪的打击在常态下一直保持着高压的态势，采取严厉的手段。特别是近年来，对腐败犯罪的惩治更是严厉。笔者在本书第七章《摧毁被讯问人抗审心理防线》中讲到以政治形势为“武器”进行进攻的问题，其实所讲的就是以这种打击犯罪的常态严厉形势向被讯问人进攻。在以这种形势给被讯问人施压，促使被讯问人作出交代时，就不能只讲这种严厉的形势，而应在讲这种严厉形势中重点讲这种形势的特点：在对犯罪进行严厉打击的形势下，一个很重要的特点就是特别强调：一方面，对那些主观恶性大、人身危险性大、认罪态度恶劣的犯罪进行严厉的打击，绝不手软，以体现“抗拒从严”的刑事政策；另一方面，对那些主观恶性小、人身危险性不大、认罪态度好，具有从轻情节的犯罪分子予以从轻发落，以体现“坦白从宽”的刑事政策。通过对这种特点的宣讲，一方面使被讯问人慑于这种形势压力不断增大，另一方面使被讯问人在压力增大的过程中明白自己应如何做才有出路和希望，如何做才是正确的。

讯问人员要善于利用打击犯罪常态的严厉形势向被讯问人施压。在向被讯问人施压的过程中，要向被讯问人宣传打击犯罪的严厉形势，宣讲在这种严厉形势下打击犯罪的特点，给被讯问人造成极大的心理压力，从而促使被讯问人在这种严厉形势的压力下为了自己的出路和希望，不敢不交代其犯罪或违纪违法的事实。

（2）利用此次查案的形势向被讯问人施压

查案的形势直接关系到案件的查处，决定着被讯问人的命运。以查案的形势向被讯问人施压，给被讯问人造成的压力无疑是重大的。笔者在本书第七章《摧毁被讯问人抗审的心理防线》中曾讲到以此次查案的形势为“武器”向被讯问人进攻的问题。在以这种形势给被讯问人施压，促使被讯问人作出交代时，就不能仅讲这种形势，而应当利用这种形势着重讲在这种形势下，必然要出现哪些不利于被讯问人的情形和结果，使被讯问人感觉到如不抓紧交代自己犯罪或违纪违法的事实，这些不利于自己的情形和结果就要发生了，从而使被讯问人产生巨大的心理压力，促使其在这种压力的作用下对犯罪或违纪违法事实作出交代。

讯问人员要善于利用此次查案的形势向被讯问人施压，在向被讯问人施压的过程中，在宣传此次查案形势的基础上，大讲在这种形势下要给被讯问人带来哪些不利的情形和后果，从而给被讯问人造成压力，促使其在这种压力的作用下趋利避害，进而对犯罪或违纪违法事实作出交代。

（3）利用查案过程中涉案分子纷纷争取从宽的形势向被讯问人施压

在查处共同犯罪或违纪违法案件中，特别是在查处一些集团案件、窝案、串案中，不少涉案分子面对查案的形势，认为已是大势所趋、潮流所至，没有办法可以阻挡了。于是在讯问中纷纷作出主动交代或自动到查案机关自首，以争取主动，形成了一种争先恐后要争取从宽处理的形势。

讯问人员要善于利用这种在查案过程中出现的有利形势，向被讯问人施加压力。在以这种形势向被讯问人施加压力的过程中，讯问人员要渲染这种涉案分子纷纷主动交代、投案自首的场景，形成一种整个局势已经崩溃，无法挽回，人人都在走主动“坦白从宽”道路的形势。从而给被讯问人造成心理压力，使被讯问人感觉到抗拒大势已去，坦白交代势所必至，自己再不交代就要被作为从重处理的典型了，时不我待，机不可失，进而促使被讯问人对犯罪或违纪违法事实作出交代。

2. 利用有利时机给被讯问人施加压力

利用有利的时机给被讯问人施加压力，可以从以下方面进行：

（1）利用有关通告最后期限的时机向被讯问人施压

在严厉打击犯罪和各种专项斗争时，全国人大或司法部门都会发布一些通告，有的是严厉惩治犯罪的通告，有的是敦促犯罪分子投案自首的通告。在这些通告中，都会规定一个期限，在这个期限内如实交代或自首的，可以从轻、减轻或者免除处罚，如果过了这个期限，就要从重处罚。这个最后的期限对被讯问人无疑是一种极大的压力。

讯问人员要善于利用这些通告所规定的最后期限向被讯问人施加压力。在讯问中，讯问人员在向被讯问人宣传通告精神的同时，要着重向被讯问人明确指出交代从轻的最后期限，告诫被讯问人不要错过这个可以从轻、减轻或免除处罚的时机。通过向被讯问人宣传通告或通告规定的最后期限，使被讯问人感到这是一个极其宝贵的良机，如果错失了这个良机，就失去了从轻、减轻或者免除处罚的条件，将后悔莫及、遗恨终生，从而增加被讯问人的心理压力，促使其在这种心理压力的作用下，对犯罪事实作出交代。

（2）利用诉讼程序上的最后期限的时机向被讯问人施压

我国《刑事诉讼法》对刑事诉讼的各个阶段和强制措施都有时间期限的明确规定。例如，拘留的期限是三日，在特殊情况下可以延长一日至四日，对于流窜作案、多次作案、结伙作案的重大嫌疑分子，可以延长至三十日，在这些个最后期限就要提请人民检察院批准逮捕。被讯问人在这些规定的期限内如果能如实交代犯罪事实，可以将拘留的强制措施变更为取保候审或监视居住，否则，就要提请检察院批准逮捕；又如，逮捕后的侦查期限不得超过二个月，案情复杂的案件，可以经批准延长一个月，在这个最后期限就要移送人民检察院。被讯问人在这个规定的期限内如果能如实交代的，可以将逮捕的强制措施变更为取保候审或监视居住，然后移送检察院，否则，就要继续采取逮捕的强制措施移送检察院。如果被讯问人的强制措施因如实交代而变更为取保候审或监视居住，被讯问人被判缓刑就有了希望。这个最后期限同样对被讯问人无疑是一种极大的压力。

讯问人员要善于利用诉讼程序规定的最后期限向被讯问人施加压力。在讯问中，讯问人员要根据案件的情况，向被讯问人宣讲法律规定的诉讼程序上的最后期限，并指出如果其能如实交代犯罪事实，可以将其拘留、逮捕的强制措施变更为取保候审或监视居住，否则就要提请检察院批准逮捕或继续采取逮捕的措施移送检察院。通过向被讯问人宣讲这些法律规定的最后期限，使被讯问人感到，现在已经是法律规定的最后期限，如果自己不交代犯罪事实，就要被提请检察院批准逮捕或继续被采取逮捕措施移送检察院；如果自己如实交代犯罪事实，就可解除拘留或逮捕的强制措施，变更为取保候审或监视居住，从而增加被讯问人的心理压力，促使其在这种心理压力的作用下，对犯罪事实作出交代。

（3）利用能够造成被讯问人心理压力的时间向被讯问人施加压力

有的时间特别能造成被讯问人的心理压力，例如被讯问人或被讯问人最爱的人的生日、父母的忌日、节假日等。在这些特别能造成被讯问人心理压力的时间向被讯问人施压，能取得事半功倍的效果。

讯问人员要善于利用这些特别能造成被讯问人心理压力的时间对被讯问人进行施压，使被讯问人心理压力加大，为摆脱这种压力，促使其对犯罪事实作出交代。

（五）抓被讯问人的把柄，给被讯问人施加压力

在促使被讯问人作出交代的讯问中，以抓住被讯问人的把柄给被讯

问人施加压力，这种压力的作用是巨大的。一旦抓把柄付诸实施，被讯问人就无法摆脱不利的境地，只能是对其产生越来越不利的局面和后果。被讯问人知道抓把柄的厉害，讯问人员一旦给被讯问人施加这种压力，被讯问人的心理压力就会突然增大，为避免这种压力给其带来的不利后果，其在趋利避害心理的作用下，就有可能对犯罪或违纪违法事实作出交代。

关于抓被讯问人把柄的问题，笔者在本书第五章《端正被讯问人对待讯问的态度》之“以把柄刹”被讯问人不端正态度中就“以把柄刹被讯问人不端正态度表现的方法”和“以把柄刹被讯问人不端正态度表现要注意的问题”作过较为详细的论述。这些方法和要注意的问题，其实就是抓被讯问人的把柄给被讯问人施加压力的方法和要注意的问题。在这里，讯问人员要根据讯问和被讯问人的情况，运用这些有针对性的方法向被讯问人施加压力，并在给被讯问人施加压力中要注意这些问题。如果在前面的讯问中没有给被讯问人施加过这种压力的，讯问人员应对被讯问人施加这种压力；如果在前面的讯问中已经对被讯问人施加过这种压力的，讯问人员应根据被讯问人的情况突出重点地给被讯问人施加这种压力。

二、以拉的手段，把被讯问人拉到“坦白从宽”的道路上来

所谓以拉的手段，把被讯问人拉到“坦白从宽”的道路上来，是指讯问人员向被讯问人伸出援助之手，拉被讯问人一把，促使被讯问人对犯罪或违纪违法事实作出交代，走上“坦白从宽”的道路。

有的被讯问人光靠压的手段，是无法使其对犯罪或违纪违法的事实作出交代的，而且有可能把被讯问人压到绝路上去，产生破罐子破摔的想法，从而与讯问人员抗衡到底。因此，讯问人员在促使被讯问人作出交代的过程中，不能压得太狠，不留任何余地，而应当在施压的同时，伸出援助之手，拉被讯问人一把，使打和拉有机地结合起来，促使被讯问人在拉的手段的作用下，对犯罪或违纪违法事实作出交代。

（一）拉被讯问人的方法

讯问人员要根据案件和被讯问人及其讯问的情况，选择以下有针对性的方法对被讯问人进行拉：

1. 利用影响被讯问人实施犯罪或违纪违法的客观环境[①]拉

被讯问人实施犯罪或违纪违法行为，或多或少都受到客观环境的影响。有的被讯问人实施犯罪或违纪违法受客观环境的影响是直接的，有的被讯问人实施犯罪或违纪违法受客观环境的影响是间接的；有的被讯问人实施犯罪或违纪违法受客观环境的影响相对是大的，有的被讯问人实施犯罪或违纪违法受客观环境的影响相对是小的。但无论如何，每个被讯问人实施犯罪或违纪违法都不同程度地受到客观环境的影响。讯问人员应当看到这一点。因此，讯问人员要善于利用影响被讯问人实施犯罪或违纪违法的客观环境对被讯问人进行拉。

（1）利用实施犯罪或违纪违法的当时当地环境对被讯问人进行拉

有的被讯问人实施犯罪或违纪违法，如果没有当时当地的环境影响作用，其是不会实施犯罪或违纪违法的，也是实施不了犯罪或违纪违法的。对于这种被讯问人，讯问人员要利用当时当地的环境，在叙述当时当地环境的基础上，向被讯问人指出，在这样的环境情况下，换了谁都有可能干出这种犯罪或违纪违法行为，就连讯问人员自己也都难以摆脱。因而，在这样的环境下，干出这种事情不足为奇，是很自然的事。通过说明在当时当地的环境下，谁都可能干出这种事，来拉被讯问人。

（2）利用实施犯罪或违纪违法的大环境对被讯问人进行拉

有的被讯问人实施的犯罪或违纪违法，是因为受社会大环境的影响

---

① 关于影响被讯问人实施犯罪或违纪违法的客观环境，笔者在本书第七章《摧毁被讯问人抗审的心理防线》中已经叙述过这个问题。那里讲的是通过向被讯问人讲对其犯罪或违纪违法受客观环境的影响表示理解，感化被讯问人，达到消除其抗审心理防线情绪基础的目的，是从宏观上讲的。而这里讲的是通过利用影响被讯问人实施犯罪或违纪违法的客观环境，如何“拉”被讯问人的问题，是从微观上讲的。

而实施的。如果没有这种社会大环境的影响，其也就可能不会实施犯罪或违纪违法行为。这种社会大环境突出地表现为社会风气不正，这种犯罪或违纪违法比较普遍，不过只是程度不同而已，因而，被讯问人也就见怪不怪了，很自然地实施了这种犯罪或违纪违法行为。对于这种被讯问人，讯问人员要利用社会风气不正的大环境，在叙述社会风气大环境的基础上，向被讯问人指出，在这种社会风气不正，导致这种现象比较普遍的情况下，其实施这种犯罪或违纪违法行为也就在所难免。因而，在这样的大环境下，随波逐流干了这件事情是不正常中的正常，没有什么可大惊小怪的。通过说明在如此的大环境下，干出这件事是在所难免的，来拉被讯问人。

（3）利用实施犯罪或违纪违法的身边环境对被讯问人进行拉

有的被讯问人实施犯罪或违纪违法，是因为受其身边环境的影响而实施的。如果其身边不是这种环境或没有这种环境，其也就有可能不会实施这种犯罪或违纪违法行为。对于这种被讯问人，讯问人员要利用其身边的环境，在叙述其身边环境和身边环境对一个人的影响是不可估量的基础上，以"一傅众咻"① 的道理向被讯问人指出，其在身边这种恶劣环境的干扰下，无法与这种环境抗衡，抵不过这种干扰，因而，在这样的身边环境下，其实施这种犯罪或违纪违法也就成为必然，是情理之中的事。通过说明在受到其身边这样的环境的影响下，实施这种犯罪或违纪违法是在情理之中的，来拉被讯问人。

---

① "一傅众咻"，语见《孟子·滕文公章句下》："有楚大夫于此，欲其子之齐语也，……（孟子）曰'一齐人傅之，众楚人咻之，虽日挞而求其齐也，不可得矣；引而置之庄、岳之间数年，虽日挞而求其楚，亦不可得矣。'"（载程林主编：《四书五经》（第一卷），北京燕山出版社 2008 年版，第 200 页），这段话的意思是说："假如有个楚国的大夫在这里，想使他的儿子学会讲齐国话……孟子说：'有一个齐国的老师教他说齐国的语言，却有许多个楚国人在旁边用楚语吵吵嚷嚷干扰他，就算是每天鞭打他，要求他学齐语，也是不可能的事情。要是把这个孩子送到齐国的庄、岳这样的闹市去住几年，那么，你就是每天鞭打他，要他恢复说楚国的语言，他也不可能说楚语。'"

2. 利用导致被讯问人实施犯罪或违纪违法的客观原因[①]拉

不少被讯问人实施的犯罪或违纪违法行为，是因为客观原因的作用而导致的。如果没有这种客观原因的作用，被讯问人也就不会走上犯罪或违纪违法的道路、实施犯罪或违纪违法行为。被讯问人犯罪或违纪违法的客观原因，在被讯问人看来，就是其实施犯罪或违纪违法行为的主因，是罪魁祸首。事实上，在司法实践中，被讯问人犯罪或违纪违法的客观原因是影响被讯问人要负的责任的，有的还是很主要的因素之一。因此，讯问人员要善于利用导致被讯问人实施犯罪或违纪违法的客观原因，对被讯问人进行拉。

有的被讯问人实施的犯罪或违纪违法行为是因为受到他人的打击或不公正的待遇而导致的；有的被讯问人实施的犯罪或违纪违法行为是因为被他人胁迫，无奈而导致的；有的被讯问人实施的犯罪或违纪违法行为是因为他人的诱骗而导致的；有的被讯问人实施的犯罪或违纪违法行为是因为受他人的教唆而导致的；有的被讯问人实施的犯罪或违纪违法行为是因为受他人的拉拢而导致的；有的被讯问人实施的犯罪或违纪违法行为是因为受领导的指使而导致的；有的被讯问人实施的犯罪或违纪违法行为是因为受生活所迫而导致的；有的被讯问人实施的犯罪或违纪违法行为是因为解燃眉之急而导致的；有的被讯问人实施的犯罪或违纪违法行为是因为被害人的过错而导致的；有的被讯问人实施的犯罪或违纪违法行为是因为对合人的纠缠，被讯问人拗不过顺其自然而导致的，等等。对于这些因客观原因而导致其实施犯罪或违纪违法行为的被讯问人，讯问人员要根据其犯罪或违纪违法的客观原因，在指出导致其犯罪或违纪违法客观原因的基础上，向被讯问人说明其实施的犯罪或违纪违法行为是因为这种客观原因而导致的，并不是被讯问人自己主动要实施

---

① 关于被讯问人实施犯罪或违纪违法的客观原因，笔者在本书第七章《摧毁被讯问人抗审的心理防线》中已经叙述过这个问题。那里讲的是通过向被讯问人讲其犯罪或违纪违法的客观原因对被讯问人表示理解，感化被讯问人，达到消除其抗审心理防线情绪基础的目的，是从宏观上讲的。而这里讲的是通过利用导致被讯问人实施犯罪或违纪违法的客观原因，如何拉被讯问人的问题，是从微观上讲的。

犯罪或违纪违法行为。在这种客观原因的作用下，谁都有可能会实施这种犯罪或违纪违法行为，是难以避免的。通过指出被讯问人犯罪或违纪违法的客观原因和说明在这种情况下，实施犯罪或违纪违法是难以避免的，来拉被讯问人。

3. 利用被害人或对合人的过错行为拉

有的被讯问人实施的犯罪或违纪违法行为是因为被害人作恶多端，或寻衅滋事，或欺凌被讯问人，或过错在先而导致的；有的被讯问人的犯罪或违纪违法行为是因为对合人的纠缠，被讯问人拗不过顺其自然而导致的。这些被讯问人之所以实施犯罪或违纪违法行为，是因为被害人或对合人的过错。如果没有被害人或对合人的过错，被讯问人是不会实施犯罪或违纪违法行为的。对于这种因被害人或对合人的过错而导致实施犯罪或违纪违法行为的被讯问人，讯问人员要利用被害人或对合人的过错行为，有针对性地对被害人或对合人的过错行为进行指责、抨击，说明被讯问人是在这种过错行为的逼迫或纠缠之下，不得已或无法摆脱而实施了犯罪或违纪违法行为，这种犯罪或违纪违法行为也是被讯问人不想实施的，是无奈之举或不可摆脱。因而，在被害人或对合人有过错的情况下，实施犯罪或违纪违法行为就成为不可避免。通过对被害人或对合人过错行为的指责、抨击、说明被讯问人是不想实施这种犯罪或违纪违法行为的，来拉被讯问人。

4. 利用控告人、检举人或被害人言过其实和夸张被讯问人犯罪或违纪违法的严重程度拉

有的被讯问人的犯罪或违纪违法行为是因控告人的控告或检举人的检举而案发的，控告人或检举人在控告或检举中言过其实，在作证的过程中夸张被讯问人犯罪或违纪违法的严重程度，甚至是捏造一些事实和情节；有的被讯问人的犯罪或违纪违法是对被害人实施侵害行为，被害人在控告和作证中言过其实，夸张被讯问人犯罪或违纪违法的严重程度，甚至也捏造了一些事实和情节。对控告人、检举人或被害人的言过其实和夸张被讯问人犯罪或违纪违法严重程度的不实之词，在被讯问人

知道的情况下，其定然是愤愤不平，甚至是义愤填膺、恨之入骨的。有的被讯问人便因此认为讯问人员偏听偏信，认为自己即使作出了交代，讯问人员也不会相信自己的交代是事实，因而拒不对犯罪或违纪违法事实作出交代。对于这种因此而不对犯罪或违纪违法事实作出交代的被讯问人，讯问人员要利用控告人、检举人或被害人言过其实和夸张被讯问人犯罪或违纪违法严重程度，在指出控告人、检举人或被害人言过其实和夸张被讯问人犯罪或违纪违法严重程度的基础上，对控告人、检举人或被害人的这种行为进行指责，并表明讯问人员一定会实事求是。这样，被讯问人就会认为讯问人员很实事求是，很公平、公正。通过这样指出并指责控告人、检举人或被害人的不实事求是和表明讯问人员的态度，来拉被讯问人。

5. 利用被讯问人所具有的从轻情节拉

有的被讯问人具有法定的从轻情节，有的被讯问人具有酌定的从轻情节，有的被讯问人既具有法定的也具有酌定的从轻情节。这些法定的或酌定的从轻情节无疑是对被讯问人作出从轻处理的依据。如果被讯问人悔罪，认罪认罚，如实交代犯罪或违纪违法的事实，减小自己的人身危险性，那么，被讯问人就会得到轻上加轻的处理。而如果被讯问人不悔罪，不认罪认罚，拒不交代犯罪或违纪违法的事实，根据“宽严相济”的刑事政策，被讯问人虽然具有法定的或酌定的从轻情节，也会因为其拒不交代犯罪或违纪违法的事实而被济之从严，从而也就白白地浪费了这些所具有的从轻情节。对于这种具有从轻情节的被讯问人，讯问人员要利用被讯问人这些所具有的从轻情节，在指出被讯问人具有的从轻情节的基础上，向被讯问人阐述“宽严相济”的刑事政策以及实践中“宽严相济”刑事政策的运用，指出被讯问人如果抓紧如实交代犯罪或违纪违法事实，认罪认罚，就会得到轻上加轻的处理。如果拒绝交代，不认罪认罚，其所具有的从轻处罚情节就会白白地浪费掉。通过指出被讯问人所具有的从轻情节和对“宽严相济”刑事政策的阐述，来拉被讯问人。

6. 利用被讯问人的悔罪、悔错表现和良好的态度、表现拉

有的被讯问人在犯罪或违纪违法后对被害人进行医治，向被害人道歉、赔偿损失；有的被讯问人主动地挽回损失；有的被讯问人在关押期间遵守监规，制止或揭发检举同监人的违反监规行为；有的被讯问人揭发、检举监狱内外的犯罪活动或提供破案线索；有的被讯问人协助查案机关抓获其他犯罪或违纪违法嫌疑人；有的被讯问人制止或排除事故的发生，等等。对于这些有悔罪、悔错表现或有良好态度、表现的被讯问人，讯问人员要利用被讯问人的这些悔罪、悔错表现和良好的态度、表现，在指出被讯问人悔罪、悔错表现和良好的态度、表现的基础上，充分肯定和赞扬被讯问人的这些表现和态度，并表明讯问人员会充分地重视和考虑其这些表现和态度。通过这样肯定和赞扬被讯问人的这些良好表现和态度，来拉被讯问人。

7. 利用被讯问人对道德、人格的重视拉

有的被讯问人对自己的道德、人格非常重视，认为自己如果对犯罪或违纪违法事实作出交代，认定了自己的犯罪或违纪违法事实，他人就会认为自己是一个没有道德、人格的人，导致自己今后无脸见人，不能在这个社会上生活；如果不对犯罪或违纪违法事实作出交代，无法认定自己的犯罪或违纪违法事实，自己的道德、人格就不会在社会上受到影响、损害。这种被讯问人在这种心理的支配下，其就很难对犯罪或违纪违法事实作出交代。对这种被讯问人，讯问人员要利用被讯问人对道德、人格的重视，向被讯问人指出犯罪或犯错误并不可耻，其并不会因为犯了罪或犯了错误道德就是败坏的、人格就是卑下的，一个人的道德是否高尚、人格是否健全，是由这个人的一贯表现决定的，并不是由他的某一言行决定的。一个人在犯了罪或犯了错以后，承认了所犯的罪或错，改正了，不仅不会影响、损害他的道德和人格，而且会使他的道德更加高尚、人格更加健全，人们更会敬仰他。在此基础上，肯定、赞扬被讯问人所具有的高尚的道德和人格，并指出他所犯的罪或错不能玷污其高尚的道德和人格。通过这样的阐述来拉被讯问人。

8. 利用领导对被讯问人的关心、希望拉

有的被讯问人在犯罪或违纪违法后，领导给予了极大的关心，希望被讯问人能如实交代犯罪或违纪违法事实，得到从宽的处理。对于这种被讯问人，讯问人员要利用领导对其的关心和希望，在转达领导对其的关心和希望的基础上，要求被讯问人不要对不起领导的关心、不要辜负领导的希望，使领导的一片苦心白费。通过这样转达领导的关心和希望来拉被讯问人。

9. 利用亲情拉

所谓利用亲情拉，是指讯问人员向被讯问人输入其亲人对他的关心、亲人对他的爱护、亲人对他的挂念、亲人对他的忧虑、亲人对他的原谅的信息，刺激被讯问人的感情，使之“情发于中，言无所择”①，促使其对犯罪或违纪违法事实作出交代。

（1）以亲人对被讯问人的关心拉

被讯问人案发被采取强制措施或调查措施后，其亲人对被讯问人的关心是极其强烈的。有的被讯问人的亲人四处打听消息，被讯问人究竟犯了什么罪违了什么纪，案情如何，其结果又会怎样；有的被讯问人的亲人到处托人，“求三哥、拜四嫂”，疏通关节；有的被讯问人的亲人请律师，拜托律师提供法律帮助；有的被讯问人的亲人找人商量对策，自己怎样做才能对亲人有利，怎样才能使亲人得到从宽的处理，等等。被讯问人的亲人在对被讯问人关心的过程中，往往起早贪黑、四处奔波，端着他人的下巴皮说话，还不时地要遭到他人的白眼、冷遇、训斥、嘲笑、奚落。

讯问人员要善于利用被讯问人亲人对被讯问人的关心情况拉被讯问人。在讯问中，讯问人员要向被讯问人输入其亲人是如何关心他的，在关心他的过程中又是怎样遭人白眼、冷遇、训斥、嘲笑或奚落的信息，刺激被讯问人的情感，使被讯问人感到自己对不起亲人而产生内疚，为

---

① 见（宋）苏轼：《代滕甫辨谤乞郡状》，载《苏东坡全集》（第4卷），北京燕山出版社2009年版，第2193页。

了亲人，促使其对犯罪或违纪违法的事实作出交代。

（2）以亲人对被讯问人的爱护拉

被讯问人的亲人与被讯问人有着深厚的感情，本来就对被讯问人爱护有加。被讯问人案发被采取强制措施或调查措施后，对被讯问人的爱护之情更是倍增。有的被讯问人的亲人打听被讯问人是否穿得暖、吃得饱，要给被讯问人送衣、送吃的；有的被讯问人的亲人打听被讯问人是否适应关押或被采取调查措施后的生活，托人要求办案人员、看守或陪护人员予以照顾；有的被讯问人的亲人打听被讯问人是否睡得着、睡得够，托人要求办案人员、看守或陪护人员给予充分的休息时间；有的被讯问人的亲人打听被讯问人的身体情况，有无得病，要求办案人员、看守或陪护人员要关心被讯问人的身体，有病要给医治，或自己给被讯问人送药，等等。被讯问人的亲人在爱护被讯问人的过程中，往往也是困难重重、阻力大大，常不遂心愿。

讯问人员要善于利用被讯问人亲人对被讯问人爱护的情况，拉被讯问人。在讯问中，讯问人员要向被讯问人输入其亲人是如何爱护他的，在爱护的过程中遇到了哪些困难和阻力，其亲人又是如何坚持和克服的信息。通过这些信息的输入，激起被讯问人的情感，使被讯问人感到自己让亲人犯难了，促使其为了亲人，对犯罪或违纪违法事实作出交代。

（3）以亲人对被讯问人的挂念拉

被讯问人案发被采取强制措施或调查措施后，与朝夕相处的亲人分离，亲人见不到被讯问人的面，又不知现在的情况怎样。因而，被讯问人的亲人对被讯问人是十分挂念的。有的被讯问人的亲人日夜思念，吃不下饭、睡不着觉，即使睡着一会，梦见的都是被讯问人；有的被讯问人的亲人未语泪先流，哭哭啼啼，整天以泪洗面；有的被讯问人的父母抱着被讯问人的儿子或女儿到被讯问人办案的地点外面等消息；有的被讯问人的亲人向讯问人员要求见一见被讯问人；有的被讯问人的儿子或孙子向其母亲哭着要见父亲或爷爷；有的被讯问人的亲人因思念被讯问人而得病，等等。

讯问人员要善于利用被讯问人的亲人对被讯问人的挂念情况来拉被

讯问人。在讯问中，讯问人员要向被讯问人输入其亲人是如何挂念他的信息。在输入信息的过程中，尽可能把情景描述得详细、真切，把被讯问人的亲人挂念被讯问人的情景活生生地展现在被讯问人的面前，刺激被讯问人的情感，进而使之亦陷入对亲人思念的痛苦之中，促使其为了摆脱这种痛苦而交代犯罪或违纪违法的事实。

（4）以亲人对被讯问人的忧虑拉

被讯问人案发被采取强制措施或调查措施后，既处境恶劣，又面临着刑事或纪律的制裁，被讯问人的亲人无时无刻不在忧虑被讯问人。有的被讯问人的亲人忧虑被讯问人适应不了被采取强制措施或调查措施后的环境和生活；有的被讯问人的亲人忧虑被讯问人吃不饱、睡不好，会影响身体；有的被讯问人的亲人忧虑被讯问人会因此得病；有的被讯问人的亲人忧虑有病在身的被讯问人得不到医治或不能按时吃药；有的被讯问人的亲人忧虑被讯问人被打；有的被讯问人的亲人忧虑被讯问人被同监人欺侮；有的被讯问人的亲人忧虑被讯问人要被判刑，甚至要被判重刑或杀头；有的被讯问人的亲人忧虑被讯问人要被开除党籍、开除公职，断送政治前途，失去饭碗，等等。

讯问人员要善于利用被讯问人的亲人对被讯问人的忧虑情况来拉被讯问人。在讯问中，讯问人员要向被讯问人输入其亲人是如何忧虑被讯问人的信息，在输入信息的过程中，讯问人员要借题发挥，向被讯问人叙述其亲人的忧虑可能会给其亲人带来的不利后果，例如，影响其亲人的身体，忧思成疾。通过向被讯问人输入其亲人对其忧虑的信息和叙述忧虑可能给其亲人带来的不利后果，从而刺激被讯问人的情感和使其认识到不能再让亲人忧虑下去，促使其对犯罪或违纪违法事实作出交代。

（5）以亲人对被讯问人的原谅拉

被讯问人犯罪或违纪违法，有些被讯问人的亲人不仅痛心，而且愤怒，认为家门出败子，败坏了家庭门风。特别是那些“包二奶”、养情人，把犯罪或违纪违法所得供“二奶”或情人挥霍的被讯问人的亲人，对被讯问人更是怒不可遏。有的要离婚，有的要脱离父子关系。被讯问人也知道自己的犯罪或违纪违法败坏了家庭门风，亲人肯定愤怒，自己

“包二奶”、养情人，并把犯罪或违纪违法所得供“二奶”或情人挥霍，老婆肯定不容。如果自己交代了犯罪或违纪违法的问题，事实铁板钉钉，无法向亲人交代，其结果必然是妻离子散。因而，不敢交代犯罪或违纪违法的事实。

被讯问人的亲人虽然对被讯问人的犯罪或违纪违法愤怒，但毕竟被讯问人与亲人共同生活了多年，有着深厚的感情。在被讯问人犯罪或违纪违法既成事实的情况下，绝大多数被讯问人的亲人也会面对现实，转为原谅被讯问人，盼望被讯问人能够改邪归正，得到从宽的处理。

讯问人员要善于利用被讯问人亲人对被讯问人的原谅来拉被讯问人，在讯问中，讯问人员要向被讯问人输入其亲人对其原谅和盼望其能够改邪归正的信息。通过这些信息的输入，促使被讯问人对犯罪或违纪违法事实作出交代。

10. 利用合法利益拉

所谓利用合法利益拉，是指讯问人员向被讯问人许诺某种合法利益，引起被讯问人的权衡利弊，促使其在权衡利弊之下，为了利益而对犯罪或违纪违法事实作出交代。

利用合法利益拉实质上是一种审供交易。被讯问人将犯罪或违纪违法事实向讯问人员作出供述，讯问人员许诺给其某种利益，或保留其已有的某种利益；如果被讯问人对犯罪或违纪违法事实不作出供述，讯问人员就不给被讯问人某种利益或剥夺其已有的某种利益。

被讯问人在犯罪或违纪违法案发被采取强制措施或调查措施后，人身失去了自由或相对不自由，正在进行的事业无法继续进行，自己的一些利益要被剥夺，家庭的一些利益无法实现，自己又面临着要被判刑、开除的现实。被讯问人的一些切身利益处在是能够得到还是不能够得到，或能够保留还是被剥夺的十字路口。如果讯问人员给被讯问人某种利益或不剥夺被讯问人已有的某种利益，对被讯问人及其家庭的结局就会比较有利；如果讯问人员不给被讯问人某种利益或剥夺被讯问人已有的某种利益，被讯问人及其家庭就有可能要遭灭顶之灾。而讯问人员给被讯问人某种利益或不剥夺被讯问人已有的某种利益是有条件的，那就是被讯问人要对犯罪或违纪违法事实作出如实的供述，否则，讯问人员就不会给被讯问人某种利益或剥夺被讯问人已有的某种利益。被讯问人在这两难的选择面前不得不作出选择，这样，被讯问人就会进行权衡利弊，按照“两利相权取其大，两害相权取其小”的原则进行取舍。如果讯问人员许诺给予的利益或不剥夺已有的利益大，而不供述的利益小，其就会选择走“坦白从宽”的道路，得到利益或保住已有的利益，反之亦然。因而，讯问人员许诺的利益正是将被讯问人拉到“坦白从宽”道路上来的一个砝码。

讯问人员要善于利用利益来拉被讯问人。在讯问中，讯问人员要把握好向被讯问人许诺利益的时机，在最有利的时机向被讯问人许诺符合案件实际的，被讯问人所企盼的、渴望的和合法的、能够兑现的利益，促使被讯问人权衡利弊，吊起被讯问人的胃口，引起被讯问人的欲望，使被讯问人选择走得到利益或保住已有利益、“坦白从宽”的道路，对犯罪或违纪违法事实作出供述。

利用合法利益拉，向被讯问人许诺利益，是一项政策性、法律性很强，十分严肃的工作，讯问人员切不可随意许诺，要坚决杜绝在讯问中出现随意许诺的情况。

关于杜绝随意许诺的问题，笔者曾在《讯问艺术》（增订版）一书中做过叙述①，在此不再赘述。

（二）拉被讯问人要注意的问题

以拉的手段，把被讯问人拉到“坦白从宽”的道路上来的这个“拉”，是一柄“双刃剑”。也就是说，这个“拉”，如果拉得好，就能把被讯问人顺利地拉到“坦白从宽”的道路上来，从而对犯罪或违纪违法事实作出如实的交代；如果拉得不好，不仅不能把被讯问人拉到“坦白从宽”的道路上来，而且有可能使被讯问人已经被摧毁的抗审心

---

① 见《讯问艺术》（增订版），中国方正出版社 2015 年版，第 339—340 页。

理防线死灰复燃，重新回到抗审心理防线强大的时代，还有可能给被讯问人留下翻供的把柄。正因为如此，特别强调以下几点要注意的问题：

1. 要注意拉得针对

讯问人员在运用“拉”这种手段，促使被讯问人对犯罪或违纪违法作出交代的过程中，一定要注意并做到针对案件和被讯问人的情况以针对性的方法进行拉。只有以针对案件和被讯问人情况的方法对被讯问人进行拉，被讯问人才会接受拉，从而才有可能把被讯问人拉到“坦白从宽”的道路上来。否则，被讯问人就不会接受拉，甚至反抗、抵制讯问人员的“拉”。而且，被讯问人会认为讯问人员并未真正掌握其犯罪或违纪违法的事实情况，从而重新加固抗审的心理防线。因此，拉被讯问人，一定要注意拉得针对并做到拉得针对。

2. 要注意拉得巧妙

巧妙，是讯问全过程永恒的一个命题。在任何一个环节中、任何一种方法上，都要做到巧妙。没有巧妙，就没有讯问的顺利进行，更不可能有讯问胜利的取得。而以拉的手段，把被讯问人拉到“坦白从宽”的道路上来的这个“拉”，更应做到巧妙。说难听一点，拉被讯问人的这个“拉”，事实上是一种“讨好”的手法，讯问人员通过“讨好”被讯问人，让被讯问人对犯罪或违纪违法事实作出交代。因而，这个“讨好”只有讨得巧妙，不让被讯问人感觉到讯问人员是在“讨好”，其才有可能对犯罪或违纪违法事实作出交代。如果这个“拉”的手段拉得不巧妙，就使被讯问人感觉到讯问人员是在向他“讨好”，已没有了招数，这样，被讯问人不仅不会对犯罪或违纪违法事实作出交代，而且，就有可能重新继续他的抗审心理防线。因此，拉被讯问人一定要注意并做到拉得巧妙。

3. 要注意拉得到位

讯问人员在运用“拉”这种手段，促使被讯问人对犯罪或违纪违法事实作出交代的过程中，一定要注意并做到拉得到位。只有拉得到位，使出足以拉得动被讯问人的“力气”，才能拉得动被讯问人，从而才有可能把被讯问人拉到“坦白从宽”的道路上来。如果拉得不到位，使出的“力气”不足以拉得动被讯问人，也就不仅拉不动被讯问人，而且被讯问人会认为讯问人员不真诚，不是要帮助他，而是不怀好意、另有图谋。这样，被讯问人就有可能回到原来的抗审心理防线位置上，下定与讯问人员继续对抗的决心，继续与讯问人员对抗。因此，拉被讯问人，一定要注意并做到拉得到位。

4. 要注意拉得不过头

讯问人员在运用“拉”的手段，促使被讯问人对犯罪或违纪违法事实作出交代的过程中，一定要注意并做到拉得不过头。只有拉得不过头，使出的“力气”正好，才能不离轨道地把被讯问人拉到“坦白从宽”的道路上来。如果拉得过头，不仅过犹不及，引起被讯问人的反感，导致偏离轨道，不能把被讯问人“拉”到“坦白从宽”的正确轨道上，而且拉得过头的行为往往会成为被讯问人翻供的理由，从而给被讯问人留下翻供的把柄。因此，拉被讯问人，一定要注意并做到不要拉得过头。

5. 要注意拉中有打

讯问人员在运用“拉”的手段，促使被讯问人对犯罪或违纪违法事实作出交代的过程中，一定要注意并做到拉中有打。只有拉中有打，拉的手段中体现出打的成分，才能更显示出拉的效力，起到拉的作用。如果讯问人员只是一味地拉，拉中没有打，被讯问人就会认为讯问人员软弱无能，是在求他，便自以为得意而更加放肆，致使不仅不能把被讯问人“拉”到“坦白从宽”的道路上来，而且有可能返回到与讯问人员抗衡的状态。因此，拉被讯问人，一定要注意并做到拉中有打。

三、以劝的手段，把被讯问人劝到“坦白从宽”的道路上来

所谓以劝的手段，把被讯问人劝到“坦白从宽”的道路上来，是指由各方的力量采取有效的方法对被讯问人进行开导、劝说，促使被讯问人对犯罪或违纪违法事实作出交代，走上“坦白从宽”的道路。

有的被讯问人抗审的决心大、毅力强，以“压”和“拉”的手段还不足以将他“压”到和“拉”到“坦白从宽”的道路上来，还要采取“劝”的手段，由各方力量对被讯问人进行开导、劝说，才能促使其走上“坦白从宽”的道路，对犯罪或违纪违法事实作出交代。

（一）领导劝

领导劝，就是由党政领导、查案机关领导、被讯问人所在单位领导同志对被讯问人进行开导，做思想工作，促使其对犯罪或违纪违法事实作出交代。

1. 由党政领导出面劝

党政领导掌握着其所领导地区各项工作的领导权力，其说话有着极大的权威性。而且党政领导把握着全局，站得高、看得远，所说的话更有水平，所阐述的道理更为深刻。党政领导出面对被讯问人进行开导，做思想工作，可以使被讯问人更为相信和更能使被讯问人听得明白，更能劝得动被讯问人。

在讯问中，讯问人员要根据讯问的需要和案件的实际，在必要的时候，请党政领导出面对被讯问人进行开导和做思想工作。特别是那些犯罪或违纪违法有一定级别的公务人员，请党政领导出面进行劝说意义更为重大。通过党政领导对被讯问人进行劝说，分析利弊、阐明道理、表示态度、提出要求，把被讯问人劝到“坦白从宽”的道路上来。

2. 由查案机关领导出面劝

查案机关领导直接决定着案件查处的走向，掌握着被讯问人的命运，其所说的话不仅具有权威性，而且具有威慑性。查案机关领导出面对被讯问人进行开导、劝说，做被讯问人的思想工作，更能引起被讯问人的重视和震动。

在讯问中，讯问人员同样要根据讯问的情况和案件的实际，在需要的时候，请查案机关领导出面对被讯问人进行开导和做思想工作。特别是那些案件重大、后果严重的被讯问人，由查案机关领导出面进行劝说效果更为显著。通过查案机关领导对被讯问人进行劝说，宣讲政策、法律，分析利弊、阐明道理、指出危害，把被讯问人劝到“坦白从宽”的道路上来。

3. 由被讯问人所在单位领导出面劝

被讯问人与其所在单位领导曾一起工作、共事过，彼此之间互相了解，并有一定的感情和信任程度。被讯问人所在单位领导出面对被讯问人进行开导、劝说，做思想工作，一是针对性更强，领导能够根据对被讯问人的了解，进行有针对性的开导和思想工作；二是表明单位领导是在关心他、爱护他、挽救他；三是被讯问人更有信任感、亲切感，更能听得进劝说。

在讯问中，讯问人员亦要根据讯问的情况和案件的实际，在需要的时候，请被讯问人单位领导出面对被讯问人进行开导和做思想工作。特别是那些与领导关系密切、对领导较为信任的被讯问人，由单位领导出面进行劝说，往往能取得意想不到的良好效果。通过被讯问人单位领导对被讯问人进行劝说，特别是向被讯问人表明自己的态度，尽量满足被讯问人所提出的要求，感化被讯问人，把被讯问人劝到“坦白从宽”的道路上来。

（二）讯问人员劝

讯问人员劝，就是讯问人员在讯问中直接对被讯问人进行形势、政策、法律、证据及其运用、利弊、道理、典型案例、前途、出路的教育，开导、规劝被讯问人，做被讯问人的思想工作，促使其对犯罪或违纪违法事实作出交代。

1. 进行形势教育，规劝被讯问人要认清形势，不要执迷不悟，错失良机

被讯问人之所以不交代犯罪或违纪违法的事实，有的被讯问人就是因为其认不清形势，认为只要顶一顶就风平浪静、万事大吉，自己就可以顺利地过关。因此，要对被讯问人进行形势教育，劝说被讯问人要认

清形势，不要执迷不悟，错失良机。

在促使被讯问人对犯罪或者违纪违法事实作出交代中，讯问人员要善于利用查案形势对被讯问人进行教育，把严厉的查案形势摆在被讯问人的面前。在教育中，规劝被讯问人要认清形势，赶快回头，不要继续执迷不悟，错失良机，否则，必然被滚滚而来的洪流所吞没，被大势辗得粉身碎骨。通过这样对被讯问人进行教育和规劝，使被讯问人感到查案声势浩大、形势严峻、形势紧张、形势逼人、形势不等人、时不我待，再不交代就来不及了，自己顶不住这种滚滚而来的洪流，而且，越顶风浪越大、越猛，不可能风平浪静，万事大吉。一味地顶下去，只能是错失良机，认为讯问人员的规劝有道理，如果自己认不清这种形势，继续执迷不悟，不抓住时机，不赶快回头，下场必然是可悲的，从而促使被讯问人听从讯问人员的规劝，对犯罪或违纪违法事实作出交代。

2. 进行政策、法律教育，规劝被讯问人要丢掉“怕”字，不要“怕”字当头

被讯问人之所以不交代犯罪或违纪违法事实，有的被讯问人就是因为其“怕”字当头，认为交代了犯罪或违纪违法事实，证据铁板钉钉，进而产生惧怕的心理，怕政策得不到兑现，要被从重处理；怕被杀头；怕判刑后受不了劳役之苦；怕被开除公职、开除党籍，等等。因而，不敢交代犯罪或违纪违法事实。因此，要对被讯问人进行政策和法律的教育，规劝被讯问人要丢掉“怕”字，不要“怕”字当头。

在促使被讯问人对犯罪或者违纪违法事实作出交代中，讯问人员要善于利用政策和法律对被讯问人进行教育，向被讯问人宣讲“坦白从宽，抗拒从严”“宽严相济”的刑事政策；宣讲《刑法》第六十七条第三款关于“犯罪嫌疑人虽不具有前两款规定的自首情节，但是如实供述自己罪行的，可以从轻处罚；因其如实供述自己罪行，避免特别严重后果发生的，可以减轻处罚”的规定；宣讲《刑事诉讼法》第十五条关于“犯罪嫌疑人、被告人自愿如实供述自己的罪行，承认指控的犯罪事实，愿意接受处罚的，可以依法从宽处理”的规定等。在教育中，规劝被讯问人要丢掉“怕”字，司法机关一定会严格依照法律的规定

办事，不要“怕”字当头，被“怕”字吓破了胆。如果不丢掉“怕”字，不敢交代犯罪或违纪违法事实，那必然是“怕鬼有鬼”，其所“怕”的问题反而要降临其身。通过这样对被讯问人进行教育和规劝，使被讯问人感到政策和法律的规定是明确的，讯问人员的态度是诚恳的，只要自己如实交代犯罪或违纪违法的事实，是完全可以得到从轻处理的，从而认为讯问人员的规劝有道理而听从，促使其丢掉“怕”字，对犯罪或违纪违法的事实作出交代。

3. 进行证据及其运用原则教育，规劝被讯问人要正视现实，不要抱有任何的侥幸

被讯问人之所以不交代犯罪或违纪违法事实，有的就是因为其心理上还存在侥幸。认为讯问人员不可能真的掌握了自己犯罪或违纪违法的证据，即使掌握证据，也只不过是一些表面的或非主要犯罪或违纪违法的证据，不可能掌握确实、充分的证据，或即使掌握了确实、充分的证据，只要自己不交代，就无法给自己定罪和处以刑罚。因此，要对被讯问人进行证据及其运用原则的教育，规劝被讯问人要正视现实，不要抱有任何侥幸。

在促使被讯问人对犯罪或者违纪违法事实作出交代中，讯问人员要善于利用证据及其运用原则对被讯问人进行教育。在教育中，规劝被讯问人要正视现实，即讯问人员已经掌握并收集到其犯罪或违纪违法的证据和根据《刑事诉讼法》第五十五条规定可以认定其有罪和处以刑罚，不要抱有任何侥幸。否则，必然因侥幸而断送其一切，遗恨终生。通过这样对被讯问人进行教育和规劝，使被讯问人感到自己的犯罪或违纪违法证据已被掌握，根据《刑事诉讼法》第五十五条的规定，司法机关不需要自己的口供就可认定自己有罪和处以刑罚。如果自己不正视现实，继续抱有侥幸心理，那必然遗恨终生、后悔莫及，从而促使被讯问人听从讯问人员的规劝，对犯罪或违纪违法事实作出交代。

4. 进行利弊关系教育，规劝被讯问人要趋利避害，不要一条道走到黑

被讯问人之所以不交代犯罪或违纪违法事实，有的被讯问人就是因

为不知道利弊，不能进行趋利避害，认为抗拒讯问就没有证据，就不可能对自己作出处理，对自己有利，而看不到抗拒交代对自己不利的方面，因而，一条道走到黑，坚持抗审。因此，要对被讯问人进行利弊关系教育，规劝被讯问人要趋利避害，不要一条道走到黑。

在促使被讯问人对犯罪或违纪违法事实作出交代中，讯问人员要善于利用利弊关系对被讯问人进行教育。在教育中，讯问人员要入情入理地分析利弊关系，指出被讯问人的抗审将给其带来严重的危害结果，把抗审的危害结果摆在被讯问人的面前，规劝被讯问人要看到危害，进行趋利避害，作出正确选择，不要看不到危害而一条道走到黑。通过这样对被讯问人进行教育和规劝，使被讯问人感到抗拒交代对自己的危害极大，如果继续抗审下去，不仅断送自己的一生，而且连累家庭、亲人，从而促使被讯问人听从讯问人员的规劝，趋利避害，进而改弦易辙，对犯罪或违纪违法事实作出交代。

5. 进行道理教育，规劝被讯问人自己起来救自己，不要有任何的幻想

被讯问人之所以不交代犯罪或违纪违法事实，有的被讯问人就是因为对外援出手相救心中还有幻想，寄希望于他人帮助其脱案。这种被讯问人在先前认为自己或关系网密，后台硬；或朋友多，交往广；或亲戚身居高位，权势重；或自己身份特殊，负有重要使命，自己的这些关系不可能不顾自己，他们一旦出手相救，向查案机关打招呼、下指示、施压力，自己就可脱案，把脱案的希望寄托在这些关系身上。在讯问中，被讯问人经讯问人员对其抗审心理防线认识基础之来自外援的抗审精神支柱和客观基础之凭借其认为在客观上有外援出手相救的摧毁，虽然认识到了外援不会出手和外援出手不起作用或看到了外援没有出手和出手没有作用的事实，但被讯问人并未因此死心，心中仍有幻想，总想着外援也许有出手的可能和外援出手会有作用的可能，等等看再说，或许能等到外援出手和起作用，因而，下不了交代的决心，继续等着他人来救，拖着不交代犯罪或违纪违法事实。因此，要对被讯问人进行有关道理的教育，向被讯问人阐明“世上从来就没有救世主，全靠自己”和

“求人不如求己”的道理，规劝被讯问人要自己起来救自己，不要有任何幻想。

在促使被讯问人对犯罪或违纪违法事实作出交代中，讯问人员要善于利用这些道理对被讯问人进行教育，规劝被讯问人。在教育中，讯问人员要在继续向被讯问人阐述这些关系靠不住，依靠这些关系不起作用、脱不了案的理由的基础上，以“君子求诸己，小人求诸人”[①]向被讯问人指出求之于他人是小人干的，而不是君子所干的，君子不干求他人的事；指出只有依靠自己才能把自己救起来的正确途径，全靠自己救自己，别人是救不了他的；指出央求别人帮忙不如自己努力去做，正所谓“怨人不如自怨，勉求诸人，不如求诸己”[②]；指出依靠别人是十分危险的，正所谓“依人者危”[③]；规劝被讯问人自己起来救自己，“自恃无恃人”[④]，要依靠自己而不能依靠别人，不要有任何幻想。通过这样对被讯问人进行教育和规劝，使被讯问人感到依靠外援为自己脱案已是黄粱美梦，是不可能的，央求他人不如自己去努力。只有自己说清问题，得到从宽处理，自己把自己救起来才是正道、才有可能，从而促使被讯问人听从讯问人员的规劝，丢掉幻想，对犯罪或违纪违法事实作出交代。

6. 进行正反典型案例警示教育，规劝被讯问人要引以为戒，不要重蹈他人拒不交代的旧辙和以他人坦白交代为榜样，不要拒走他人坦白交代的光明道路

被讯问人之所以不交代犯罪或违纪违法事实，有的被讯问人就是因为没有看到抗拒交代而落得个可悲下场的血淋淋的事实和坦白交代而宽到想不到的地步的可喜事实，体会不深，感受不形象，没有震动或震动

① 见《论语·卫灵公》，载程林主编：《四书五经》（第一卷），北京燕山出版社2008年版，第104页。

② 见《文子·上德》，载李定生等校释：《文子校释》，上海古籍出版社2016年版，第258页。

③ 见（明）冯梦龙：《东周列国志》第十九回，崇文书局2016年版，第114页。

④ 见《韩非子·外储说右下》，载高华平等译注：《韩非子》，中华书局2015年版，第509页。

不大。其认为，抗拒交代不一定就会导致悲惨的下场，只不过是讯问人员在危言耸听罢了，吓唬人，即使自己被从重处理，也重不到哪里去，不可能悲惨得目不忍视；坦白交代不一定就会得到从轻处理，只不过是讯问人员在哄骗罢了，即使真被从轻处理，也轻不到哪里去，不可能把自己放出去或不追究。因而，对抗拒交代从重处理和坦白交代从轻处理听而不闻、听之任之，当成耳边风。因此，要对被讯问人进行典型案例警示教育，规劝被讯问人要引以为戒，不要复蹈他人抗拒交代的旧辙和引以他人坦白交代而从轻为榜样，不要拒走他人坦白交代的光明之路。

在促使被讯问人对犯罪或者违纪违法事实作出交代中，讯问人员要利用正反典型案例对被讯问人进行警示教育，规劝被讯问人。在教育中，讯问人员要选择与被讯问人的犯罪或违纪违法相类似或相同的，或被讯问人知道的那些犯罪或违纪违法性质相同、情节相当，由于被讯问人交代的态度不一样，处理的结果大不一样的正反典型案例，或那些犯罪或违纪违法性质相同、情节轻重不同的典型案例。情节重的，被讯问人由于能够如实交代，悔罪态度好，被从轻处罚。而情节轻的，被讯问人由于拒不交代，悔罪态度恶劣，反而比情节重的被讯问人处罚还要重，以此对被讯问人进行警示，把抗拒交代而被从重处罚和如实交代而被从轻处罚的事实鲜明对照地摆在被讯问人面前，规劝被讯问人对拒不交代的要引以为戒，不要复蹈他人的旧辙，对如实交代的要引以为榜样，不要拒走他人的光明道路。通过这样对被讯问人进行警示教育和规劝，使被讯问人感到抗拒是一条死胡同，走不通、走不得，坦白是一条阳光之道，走得通，要抓紧走，从而促使被讯问人听从讯问人员的规劝，走上“坦白从宽”的光明大道，对犯罪或违纪违法事实作出交代。

7. 进行前途、出路的教育，规劝被讯问人要振作、行动起来，不要自甘堕落

被讯问人之所以不交代犯罪或违纪违法事实，有的被讯问人就是因为看不到前途、看不到出路，自甘堕落，破罐子破摔。认为自己实施了犯罪或违纪违法行为，反正要被判刑，要被开除。不交代是这个样子，没有前途，没有出路；如实交代也是这个样子，还是没有前途，没有出

路。于是，便破罐子破摔，“躺在草丛中任蛇咬”。因此，要对被讯问人进行前途、出路的教育，规劝被讯问人要振作、行动起来，不要自甘堕落、自暴自弃。

在促使被讯问人对犯罪或者违纪违法事实作出交代中，讯问人员要善于利用前途、出路对被讯问人进行教育、规劝。在教育中，讯问人员要从被讯问人所关心的前途入手，以辩证唯物主义的理论和方法对被讯问人进行前途教育，端正其对前途的认识，使之看到希望，憧憬美好的前途，并指出前途是需要自己去奋斗的、努力的；要从被讯问人所盼望的出路入手，以诚恳的态度指出被讯问人的出路，使之看到曙光、看到出路，并指出出路是需要自己走出来的、争取来的，鼓起被讯问人奋发向上、重新做人的信心和勇气，规劝被讯问人振作起来、行动起来，不要自己甘愿堕落、落后下去，自己糟蹋自己，自己鄙视自己。通过这样对被讯问人进行教育和规劝，使被讯问人感到只要自己如实交代犯罪或违纪违法事实，前途是美好的、锦绣的，出路是光明的、康庄的，从而促使被讯问人为了自己的前途、出路，听从讯问人员的规劝，走上“坦白从宽”的道路，对犯罪或违纪违法事实作出交代。

8. 进行亲情教育，规劝被讯问人要为亲人着想

被讯问人之所以不交代犯罪或违纪违法的事实，有的被讯问人就是因为没有站在亲人的角度想问题，而只是站在自己的角度想问题。这种被讯问人没有想到自己的犯罪或违纪违法给亲人带来的痛苦，没有想到亲人为自己担惊受怕，没有想到亲人害怕白发人送黑发人，没有想到亲人害怕中年丧夫，没想到亲人害怕幼年丧父，没有想到亲人盼望自己能得到从轻的处理。因而，拒不交代犯罪或违纪违法的事实。因此，要对被讯问人进行亲情教育，规劝被讯问人要为亲人着想，站在亲人的角度想问题，促使其在亲情的作用下走上“坦白从宽”的道路。

在促使被讯问人对犯罪或违纪违法事实作出交代中，讯问人员要善于对被讯问人进行亲情教育。讯问人员要在向被讯问人阐述其犯罪或违纪违法行为给亲人带来的痛苦，其亲人想什么、担心什么、害怕什么、

希望什么的基础上，以“仁者，人也，亲亲为大”① “事孰为大？事亲为大”② 教育被讯问人，爱自己的亲人最为重要，侍奉自己的亲人最为重要。而要爱自己的亲人、侍奉自己的亲人，首先要使自己的亲人不要无端地替自己担惊受怕，“父母唯其疾之忧”③，要让父母只为自己的疾病担忧。在对被讯问人进行亲情教育的同时，规劝被讯问人要为自己的亲人着想，对是作出交代还是不交代的问题，要站在亲人的角度来思考，不要让亲人痛苦、悲伤、害怕。通过这样对被讯问人进行教育和规劝，使被讯问人感到抗拒交代的结果，只能是自己得到从重的处罚，从而给亲人带来更大的痛苦、悲伤、害怕，进而促使被讯问人听从讯问人员的规劝，为了亲人对犯罪或违纪违法事实作出交代。

9. 进行思想境界教育，规劝被讯问人高境界地思考和处理问题

被讯问人之所以不交代犯罪或违纪违法的事实，有的被讯问人就是因为其是出于良好的动机而实施了犯罪或违纪违法行为，所做的事得不到应有的效果，作出交代心有不甘。这种被讯问人由于是为了正义，或为了工作，或为了维护社会秩序，或为了保护他人的利益等而实施的行为却触犯了刑律，其经讯问人员对其抗审心理防线的摧毁，已认识到自己行为的社会危害性，触犯了刑律，但被讯问人仍难以接受，承认自己犯了罪或违反了法纪，对犯罪或违纪违法事实作出交代心不甘、情不愿，因而，拒不交代犯罪或违纪违法事实，僵持在那里。因此，要对被讯问人进行思想境界教育，规劝被讯问人高境界地思考和处理问题，站在高境界上想问题和处理问题，促使其在高境界的作用下对犯罪或违纪违法事实作出交代。

在促使被讯问人对犯罪或违纪违法事实作出交代中，讯问人员要善于对这种被讯问人进行思想境界的教育。讯问人员要在再次指出其行为

---

① 见《中庸》，载程林主编：《四书五经》（第一卷），北京燕山出版社 2008 年版，第 23 页。

② 见《孟子·离娄章句上》，载程林主编：《四书五经》（第一卷），北京燕山出版社 2008 年版，第 216 页。

③ 见《论语·为政》，载程林主编：《四书五经》（第一卷），北京燕山出版社 2008 年版，第 41 页。

的社会危害性和其行为触犯了刑律的基础上，以“行有不得者，皆反求诸己”① 教育被讯问人，凡是自己所做的事得不到应有的效果的，都要反过来从自身寻找原因，从自身的行为是否符合法律的规定、是否违反了法律所禁止的规定来思考和处理问题，不要总站在自己对的那个点上来思考和处理问题。在对被讯问人进行这样教育的同时，规劝被讯问人高境界地思考和处理问题，从自身上看问题、在自身上找问题。通过对被讯问人进行思想境界的教育和规劝被讯问人以高境界去思考和处理问题，一方面使被讯问人能够根据讯问人员对其的教育来思考其实施的犯罪或违纪违法行为，另一方面使被讯问人感觉到，如果自己能从自身去看问题、找问题，对犯罪或违纪违法事实作出交代，那就是自己高境界的表现，何乐而不为。这样，被讯问人就有可能听从讯问人员的规劝，对犯罪或违纪违法事实作出交代。

10. 进行处事的行为规范教育，规劝被讯问人要识时务

被讯问人之所以不交代犯罪或违纪违法的事实，有的被讯问人就是因为不懂处事的行为规范，不按处事的行为规范从事。这种被讯问人在处事的行为方式上只按自己的意志行事，固执己见，看不到形势的变化、潮流的方向、事物发展的趋势，不识时务，不知变通。因而，拒不交代犯罪或违纪违法事实。因此，要对被讯问人进行处事行为规范教育，规劝被讯问人要识时务，矫正和规范其处事的行为方式，促使其在正确的处事行为方式的作用下走上“坦白从宽”的道路。

在促使被讯问人对犯罪或违纪违法事实作出交代的讯问中，讯问人员要善于对被讯问人进行处事的行为规范的教育。讯问人员要在指出其处事行为方式的错误和之所以错误的基础上，以“识时务者为俊杰，昧先几者非明哲”② 教育被讯问人处事的行为规范之一是要知变通，认

① 见《孟子·离娄章句上》，载程林主编：《四书五经》（第一卷），北京燕山出版社 2008 年版，第 209 页。

② 见（明）程登吉：《幼学琼林·人事》，载陈才俊主编：《幼学琼林全集》，海潮出版社 2012 年版，第 162 页。

清当前的形势、潮流的方向、事物发展的趋势，根据这些进行变通，采取符合当前形势、潮流方向、事物发展趋势的行为。如果认不清当前的形势、潮流的方向、事物发展的趋势，死抱自己的观念不变，这样就称不上是一个豪杰，算不上是一个聪明贤哲的人，到头来只能给自己带来祸害，造成损失。通过对被讯问人进行处事的行为规范教育和规劝被讯问人要识时务，被讯问人就有可能认识到自己处事的行为方式真的是错了，认不清当前的形势、潮流的方向、事物发展的趋势，固执己见，给自己带来的危害将是重大的，从而就有可能改变其处事的行为方式，根据讯问人员的教育和规劝认清当前的形势，看清潮流的方向，明察事物发展的趋势而改变自己的行为，进而对犯罪或违纪违法事实作出交代。

11. 进行正确的改过观教育，规劝被讯问人要勇于承认、交代、改正所犯的罪或错

被讯问人之所以不交代犯罪或违纪违法事实，有的被讯问人就是因为在错误改过观的指导下，认为自己的犯罪或违纪违法行为是丑恶的、见不得人的，是道德沦丧、人格卑下的表现，承认了，自己今后在社会上就会受到他人的唾弃，无脸见人，因而没有胆量承认，不敢交代犯罪或违纪违法事实。因此，要对被讯问人进行正确的改过观的教育，规劝被讯问人要勇于承认交代、改正所犯的罪或错。

在促使被讯问人对犯罪或违纪违法事实作出交代的讯问中，讯问人员要善于对被讯问人进行正确改过观的教育。讯问人员要在向被讯问人阐明犯罪或违纪违法是一种社会、历史现象，并不只有被讯问人犯罪；任何人都可能犯罪或犯错，圣人也不例外，犯罪或犯错不可怕，犯了罪或错重在改正，可怕的是不承认、不改正；犯了罪或错后予以承认和改正反而受到他人的尊敬①的基础上，以“知耻近乎勇”② 教育被讯问

① 这些方面的具体内容已在本书第七章《摧毁被讯问人抗审的心理防线》中作过详细的论述，在此不予赘述。

② 见《中庸》，载程林主编：《四书五经》（第一卷），北京燕山出版社 2008 年版，第 23 页。

人，承认自己所犯的罪或错、交代自己所犯的罪或错、改正自己所犯的罪或错是一种勇敢的行为，而知道了自己所犯的罪或错，却不承认、不交代、不改正是一种不勇敢、耻辱的行为，规劝被讯问人要勇于承认、交代、改正自己所犯的罪或错。通过这样对被讯问人进行教育和规劝，使被讯问人认识到承认、交代、改正自己所犯的罪或错是自己勇敢的表现，从而促使被讯问人听从讯问人员的规劝，勇敢地交代犯罪或违纪违法的事实。

（三）被讯问人的密切关系人劝

被讯问人的密切关系人劝，就是由被讯问人的家人、亲友等这些与被讯问人关系密切的人出面对被讯问人进行开导、规劝，促使其在这些密切关系人的开导、规劝下对犯罪或违纪违法事实作出交代。

被讯问人之所以不交代犯罪或违纪违法事实，有的被讯问人是因为对讯问人员的信任度不够，不相信讯问人员所说的话；有的被讯问人是因为在交代或不交代的问题上把握不准；有的被讯问人是因为对一些问题无法作出判断，究竟是真的还是假的；有的被讯问人是因为觉得交代了对不起亲人；有的被讯问人是因为其认为作出交代被判刑亲人会无法接受，年迈的父母会寻死或气病，妻子会离婚，子女会不认；有的被讯问人是因为对亲人存在种种顾虑和担心，例如：顾虑担心妻子不会善待父母，等等。而让这些与被讯问人关系密切的人对被讯问人进行开导、规劝，被讯问人就会相信他们所说的话，就会听从他们所说的话，就会解开心结，进而对犯罪或违纪违法事实作出交代。

讯问人员要善于选择动员被讯问人的家人、亲友等这些与被讯问人关系密切的人，采取恰当的方法对被讯问人进行开导、规劝。

1. 选择动员被讯问人关系密切的人对被讯问人进行规劝

（1）被讯问人的家人

有的被讯问人对家中的某一人最孝敬；有的被讯问人对家中的某一人最信任；有的被讯问人对家中的某一人最心爱；有的被讯问人对家中的某一人最关切；有的被讯问人的家人是消除被讯问人种种顾虑和担心

的关键人。这些被讯问人最孝敬、最信任、最心爱、最关切的家人，被讯问人无疑最听他的话，往往唯命是从；这些能消除被讯问人种种顾虑和担心的关键家人所说的话被讯问人最放心。因此，讯问人员在以被讯问人的家人对被讯问人进行规劝时，要选择、动员被讯问人最孝敬、最信任、最心爱、最关切或说话最能使被讯问人消除种种顾虑和担心的家人对被讯问人进行规劝。

（2）被讯问人的亲友

有的被讯问人的亲友担任领导职务或是公务人员；有的被讯问人的亲友经济实力雄厚；有的被讯问人的亲友学识渊博；有的被讯问人的亲友足智多谋；有的被讯问人的亲友见多识广；有的被讯问人的亲友是被讯问人的生死之交；有的被讯问人的亲友是被讯问人的恩人；有的被讯问人的亲友是被讯问人最崇拜的人，等等。被讯问人的这些亲友一般来说在被讯问人的心目中都享有极高的威望，被讯问人最信任、最听他的话。因此，讯问人员在以被讯问人的亲友对被讯问人进行规劝时，要选择、动员在被讯问人心目中享有最高威望，被讯问人最信任、最听他的话的这些担任领导职务或是公务人员、经济实力雄厚、学识渊博、足智多谋、见多识广、与被讯问人是生死之交、被讯问人的恩人、最崇拜的亲友对被讯问人进行规劝。

2. 采取恰当的方法对被讯问人进行规劝

被讯问人的家人、亲友对被讯问人进行规劝，主要有以下方法：

（1）以参与讯问的方法对被讯问人进行规劝

以参与讯问的方法对被讯问人进行规劝，就是在讯问的过程中，让被讯问人的家人、亲友参与，直接对被讯问人进行规劝。

在讯问的过程中，当需要被讯问人的家人、亲友对被讯问人进行规劝时，让被讯问人的家人、亲友参与，通过与被讯问人面对面的对话规劝被讯问人。

以这种方法对被讯问人进行规劝，需要注意的是，不能让被讯问人的家人、亲友参与讯问的全过程，只是在对被讯问人进行规劝时，让其家人、亲友参与讯问，规劝完毕后就让其家人、亲友离开。

（2）以写信的方法对被讯问人进行规劝

以写信的方法对被讯问人进行规劝，就是由被讯问人的家人、亲友书写好对被讯问人进行规劝的信，交与讯问人员，由讯问人员转交给被讯问人，对被讯问人进行规劝。

讯问人员要根据讯问的需要，在最有利的时机、最恰当的场合，或在讯问中，或在被讯问人休息场所将被讯问人家人、亲友所写的信交给被讯问人，让被讯问人看阅。

以这种方法对被讯问人进行规劝，需要注意的是，被讯问人家人、亲友所写的信，讯问人员要严格地予以审查，注意信中有无暗语、在不经意的地方有无记号，以防止利用规劝传递消息、通风报信。

（3）以通电话的方法对被讯问人进行规劝

以通电话的方法对被讯问人进行规劝，就是由被讯问人的家人、亲友向被讯问人打电话或被讯问人给其家人、亲友打电话，在通话中，其家人、亲友对被讯问人进行规劝。

在讯问的过程中，讯问人员要根据需要和条件，在最有利的时机，由讯问人员接通被讯问人家人、亲友的电话，让被讯问人接听，进行通话。

以这种方法对被讯问人进行规劝，需要注意的是，同样要严防利用通话传递信息、通风报信。为此，通话要免提，讯问人员要能听得到声音，有条件的，要进行录音。

（4）以讯问人员转达的方法对被讯问人进行规劝

以讯问人员转达的方法对被讯问人进行规劝，就是讯问人员转达被讯问人家人、亲友对被讯问人规劝的话。

以这种方法对被讯问人进行规劝，需要注意的是，讯问人员向被讯问人转达的话要符合对被讯问人进行规劝的这个家人、亲友的规劝情况，不要任意进行添加，更不得进行伪造。否则，就有可能适得其反。

此外，被讯问人家人、亲友对被讯问人进行规劝的方法还有安排会见、探望和利用送衣、送物的机会对被讯问人进行规劝。

四、以帮的手段，把被讯问人帮到“坦白从宽”的道路上来

所谓以帮的手段，把被讯问人帮到“坦白从宽”的道路上来，是指在讯问中，讯问人员针对阻碍被讯问人交代的障碍，采取有针对性的方法对被讯问人进行帮助，促使其在讯问人员的帮助下对犯罪或违纪违法事实作出交代，走上“坦白从宽”的道路。

有的被讯问人把自己困在了一个高高的窘地，单靠其自己的力量下不去；有的被讯问人的思想上有太多、太重的顾虑，单靠自己的能力无法消除；有的被讯问人惊慌失措，脑中一片空白，单靠自己的思维无法回忆，等等。对这些被讯问人，讯问人员还要采取帮助的手段，把被讯问人帮到“坦白从宽”的道路上来，促使其对犯罪或违纪违法的事实作出交代。

（一）搭台阶

搭台阶，就是讯问人员针对被讯问人受窘被困的原因，给他搭一个台阶，帮助其顺着台阶走下来，促使其对犯罪或违纪违法事实作出交代。

不少被讯问人经过讯问开头、端正不端正的态度、讯问切入主题、摧毁抗审的心理防线这几步的讯问，认为自己应当作出交代，再继续隐瞒、拒不供述不仅已无济于事，而且只能得到从重的处理。于是，想对犯罪或违纪违法事实作出交代。但由于种种原因的作怪，被讯问人被困在一个受窘的台上，自己下不了台，不好意思对犯罪或违纪违法事实作出交代。对这种被讯问人，讯问人员就应针对其受窘的原因，给他搭一个台阶，帮助被讯问人从受窘的台上“走下来”，对犯罪或违纪违法事实作出交代。

1. 针对被讯问人喜听好话而受窘被困的原因，搭一个“你是有觉悟的，已经认识到了你自己的问题”的台阶

被讯问人之所以不交代犯罪或违纪违法的事实，有的被讯问人就是因为喜听好话、喜戴高帽，由于没有好话听、高帽戴，其就把自己困在

了受窘的境地，拒不交代犯罪或违纪违法的事实。这种被讯问人最忌讳说他觉悟不高、态度恶劣，越说他觉悟不高、态度恶劣，他就越不交代。因此，对这种被讯问人，在其抗审的心理防线被摧毁的时候，给他搭一个“你是有觉悟的，已经认识到了你自己的问题”的台阶，一方面使被讯问人感到讯问人员实事求是，另一方面使被讯问人有一种满足感，飘飘然起来。于是，其就有可能沿着讯问人员给其搭的台阶，对犯罪或违纪违法事实作出交代。

2. 针对被讯问人爱面子而受窘被困的原因，搭一个“换一个说法”的台阶

被讯问人之所以不交代犯罪或违纪违法事实，有的被讯问人就是因为爱面子，其忌讳犯罪、违纪违法、抢劫、强奸、受贿等这些刺激的词，不肯当面承认这是犯罪、违纪违法、抢劫、强奸、受贿等，认为这样承认有失面子，说不出口，因而，把自己困在了受窘的境地，拒不交代犯罪或违纪违法的事实。因此，对这种被讯问人，要给他搭一个“换一个说法”的台阶，如把强奸换为“两性关系”或“睡一觉”或“嬉一下”的说法；把受贿换为“人家来感谢，你就顺其自然了”的说法，等等。这样，被讯问人就不会因为面子放不下而拒绝交代犯罪或违纪违法的事实，就有可能沿着讯问人员给其搭的台阶而对犯罪或违纪违法事实作出交代。

3. 针对被讯问人自尊心强，不肯承认全是因自己主观因素进行犯罪或违纪违法而受窘被困的原因，搭一个“犯罪或违纪违法是由多方面原因引起”的台阶

被讯问人之所以不交代犯罪或违纪违法事实，有的被讯问人就是因为自尊心强，不肯承认全是因自己主观因素引起犯罪或违纪违法。其认为承认全是因自己主观因素而进行犯罪或违纪违法，自己很难堪，没脸见人。因而，把自己困在了受窘的境地，不肯交代犯罪或违纪违法的事实。因此，对这种被讯问人，要给他搭一个“犯罪或违纪违法是由多方面原因引起”的台阶。

在讯问中，讯问人员要针对被讯问人这一受窘被困的原因，首先向

被讯问人说明犯罪或违纪违法的原因是复杂的，是由多方面原因引起的，有它的社会原因、历史原因、客观原因和人为原因，并不是犯罪或违纪违法行为人一个人的原因引起的。其次，根据案件和被讯问人的具体情况，对引起被讯问人犯罪或违纪违法的这些社会原因、历史原因、客观原因和人为原因进行入情入理的分析，并指出这些原因在被讯问人犯罪或违纪违法中的责任。通过这一台阶的搭立，一方面使被讯问人感到讯问人员很实事求是，看问题很全面、很客观；另一方面使被讯问人感到自己的犯罪或违纪违法是由各种原因引起的，并不是自己一个人的原因引起的，承认它并不难堪、丢人。这样被讯问人就不会因为自尊心强而不肯交代犯罪或违纪违法事实，就有可能沿着讯问人员给其搭的这个台阶，对犯罪或违纪违法事实作出交代。

4. 针对被讯问人对讯问人员动过手、辱骂过而受窘被困的原因，搭一个“你当时针对的不是我个人，我不会计较”的台阶

被讯问人之所以不交代犯罪或违纪违法事实，有的被讯问人就是因为在前面的讯问中对讯问人员动过手、辱骂过而不敢交代犯罪或违纪违法事实。其认为自己曾对讯问人员动过手、辱骂过，如果自己交代了犯罪或违纪违法事实，证据确实、充分，讯问人员一定不肯放过自己，定会因此对自己进行报复。于是，不敢交代犯罪或违纪违法的事实，把自己困在了受窘的境地。因此，对这种被讯问人，要给他搭一个“你当时针对的不是我个人，我不会计较”的台阶。

在讯问中，讯问人员要针对被讯问人这一受窘被困的原因，首先指出被讯问人不交代犯罪或违纪违法不是因为怀疑讯问人员没有掌握其证据，也不是因为不相信法律的规定，而是因为其认为在前面的讯问中对讯问人员动过手、辱骂过，担心讯问人员会记仇报复。其次，讯问人员要向被讯问人直言不讳地指出，“你刚才在讯问中的言行确实伤害了我”，进而要急转话锋：“虽然你伤害了我，但我知道，你不是有意识地针对我个人，无论换作是谁同你谈你可能都会这样。而且，思想的转变需要一个过程，在思想还没有转变的情况下，有一些过激的言行是很自然的，是完全可以理解的。因此，我是不会计较的，你大可不要把它

放在心上。”通过这一台阶的搭立，一方面使被讯问人感到讯问人员宽宏大度，是一个正人君子；另一方面使被讯问人感到既然讯问人员不计较了，何不就坡下驴，趁此机会与讯问人员搞好关系。这样，被讯问人就有可能不会因为曾对讯问人员动过手、辱骂过而不敢交代犯罪或违纪违法事实，而是沿着讯问人员给其搭的这个台阶，对犯罪或违纪违法事实作出交代。

5. 针对被讯问人经多次讯问，在证据面前拒不交代犯罪或违纪违法事实而受窘被困的原因，搭一个“思想转变、认识提高要有一个过程，现在交代不算晚”的台阶

被讯问人之所以不交代犯罪或违纪违法事实，有的被讯问人就是因为其经多次讯问，在证据面前拒不交代犯罪或违纪违法事实，不愿再交代犯罪或违纪违法事实。其认为自己经多次讯问，在证据面前仍极力否认，没有交代犯罪或违纪违法事实，讯问人员一定认为自己是一个顽固不化态度恶劣的人，现在交代已经晚了，会被认为是态度不好而得不到从轻的处理。因而，不愿再交代犯罪或违纪违法事实，把自己困在了受窘的境地。因此，对这种被讯问人，要给他搭一个“思想转变、认识提高要有一个过程，现在交代不算晚”的台阶。

在讯问中，讯问人员要针对被讯问人这一受窘被困的原因，首先要向被讯问人阐明，思想的转变、认识的提高需要通过艰苦的思想斗争和不断的深化认识，并不能立竿见影、一蹴而就，它需要一个过程。其次要向被讯问人表明，交代犯罪或违纪违法事实思想上有顾虑、认识上有误区，在证据面前没有立即交代犯罪或违纪违法事实这很正常，是可以理解的，允许思想斗争有一个过程。现在把问题讲清楚不算晚，还来得及，仍算是你自己坦白的，可以从宽处理。通过这一台阶的搭立，一方面使被讯问人感到讯问人员很能体谅人、理解人；另一方面使被讯问人感到既然现在交代不算晚，仍算是自己坦白的，可以从宽处理，何不抓住这个机会。这样，被讯问人就有可能不会因为经多次讯问，在证据面前拒不交代犯罪或违纪违法事实而不愿再作交代，而是沿着讯问人员给其搭的这个台阶，对犯罪或违纪违法事实作出交代。

6. 针对被讯问人咒自己和家人，或骂爹娘起誓否认有犯罪或违纪违法事实而受窘被困的原因，搭一个“咒自己和家人，或骂爹娘起誓不是你的真话，不算话”的台阶

被讯问人之所以不交代犯罪或违纪违法事实，有的被讯问人就是因为在前面的讯问中，为了表明自己没有犯罪或违纪违法，以咒自己和家人，或骂爹骂娘起过誓。其认为自己在前面以起过誓否认自己有犯罪或违纪违法事实，已经把话说绝，如果现在交代犯罪或违纪违法事实，岂不对不起家人、对不起爹娘，非常难堪。有的迷信思想严重的被讯问人，甚至害怕咒语应验，更是不敢交代犯罪或违纪违法的事实，把自己困在了受窘的境地。因此，对这种被讯问人，要给他搭一个“咒自己和家人，或骂爹骂娘起誓不是你的真话，不算话”的台阶。

在讯问中，讯问人员要针对被讯问人这一受窘被困的原因，首先向被讯问人指出，起誓所说的那些话是虚无缥缈的，不过是空气震动而已，唯物主义者从来就不相信起誓。其次要向被讯问人强调，刚才那些咒你自己和家人、骂爹骂娘起誓所说的话，我知道你是一时性急说出来的，性急时说出的话就像酒后所说的话一样，都不是你真实的意思表示，都不能算话。现在你冷静下来了，接下来说的话我们再把它算话。通过这一台阶的搭立，一方面使被讯问人感到讯问人员很讲实际、很善解人意；另一方面使被讯问人感到既然讯问人员说那起誓所说的话像酒后所说的话一样，都不是自己真实的意思表示，都不能算话，何不应讯问人员的话，刚才的起誓就都不算话了。这样，被讯问人就有可能不会因为咒自己和家人、骂爹骂娘起誓而使其处于难堪的境地，而是沿着讯问人员给其搭的这个台阶，对犯罪或违纪违法事实作出交代。

7. 针对被讯问人在讯问中谎话连篇、编造谎话进行狡辩而受窘被困的原因，搭一个“交代错误，谁都会害怕，编造点谎话进行辩解这很正常，可以理解”的台阶

被讯问人之所以不交代犯罪或违纪违法事实，有的被讯问人就是因

为在前面的讯问中谎话连篇、编造谎话进行狡辩。其认为，如果自己现在又对事实作出交代，就是打自己的嘴巴。因而，把自己困在了受窘的境地，拒绝对犯罪或违纪违法事实作出交代。因此，对这种被讯问人，要给他搭一个“交代错误，谁都会害怕，编造点谎话进行辩解这很正常，可以理解”的台阶。

在讯问中，讯问人员要针对被讯问人这一受窘被困的原因，首先要对被讯问人编造的谎言进行揭露，使被讯问人不能自圆其说。其次急转话锋指出：“交代犯罪或违纪违法事实，谁都会有顾虑，都会害怕，因而，谁都会想办法进行辩解，千方百计将有辩无。要将有辩无，就要隐瞒事实真相，编造谎言来辩解。所以，对于犯罪或违纪违法的人来说，编造谎言进行辩解，完全可以理解。前面所说的我们不算，现在你如实地把问题讲清，仍然算是你主动交代的。”通过这一台阶的搭立，一方面使被讯问人感到讯问人员宽大为怀，另一方面使被讯问人感到既然现在如实交代仍算是自己主动交代的，何不现在就如实地把问题讲清。这样，被讯问人就有可能不会因为在前面的交代中谎言连篇、编造谎话进行辩解而受窘，而是沿着讯问人员给其搭的台阶，对犯罪或违纪违法事实作出如实的交代。

8. 针对被讯问人在讯问中以“记不起，全忘了”来拒绝对犯罪或违纪违法事实作出交代而受窘被困的原因，搭一个“时间过去有一段了，可能一时想不起来也属正常，但认真想，肯定能想起来”的台阶

被讯问人之所以不交代犯罪或违纪违法的事实，有的被讯问人就是因为在前面的讯问中以“记不起，全忘了”进行搪塞，拒绝对犯罪或违纪违法事实作出交代而受窘。其认为，自己在前面的讯问中已经以“想不起，全忘了”为由拒绝对犯罪或违纪违法事实作出交代，如果现在对犯罪或违纪违法事实作出交代，岂不自相矛盾。因而，把自己困在了受窘的境地，不好意思对犯罪或违纪违法事实作出交代。因此，对这种被讯问人，要给他搭一个“时间过去有一段了，可能一时想不起来也属正常，但认真想，肯定能想起来”的台阶。

在讯问中，讯问人员要针对被讯问人这一受窘的原因，首先退一步对被讯问人所称的“记不起，全忘了”表示理解：“你那件事已经过去有一段时间了，而且，你在干那事时和现在面对查案机关都可能惊慌，所以，一时想不起来也属正常。但是，你自己干过的事情，只要你仔细地认真想，肯定能想得起来。我们给你时间，你仔仔细细地进行回忆。回忆清楚了，再把那件事讲清。”通过这一台阶的搭立，一方面使被讯问人感到讯问人员没有驳斥自己“记不起，全忘了”的谎言，而是以“一时想不起来也属正常”表示理解，已经是给自己很大面子了；另一方面使被讯问人感到讯问人员以“我们给你时间，你仔仔细细地进行回忆”让自己回忆，正是自己回忆起犯罪或违纪违法经过的理由，就不存在自相矛盾的问题了。这样，被讯问人就有可能不会因为在前面以“记不起，全忘了”来拒绝对犯罪或违纪违法事实作出交代而受窘，而是顺着讯问人员给其搭的台阶，对犯罪或违纪违法事实作出交代。

9. 针对被讯问人与讯问人员顶嘴、对着干而受窘被困的原因，搭一个“我们也有不当之处”的台阶

被讯问人之所以不交代犯罪或违纪违法的事实，有的被讯问人就是因为在前面的讯问中与讯问人员顶嘴、对着干，讯问人员说一句，他顶一句，讯问人员叫他这样，他偏那样。他认为自己顶撞过讯问人员，与讯问人员有过严重的对立情绪，如果现在交代犯罪或违纪违法事实，一是认为讯问人员不会饶恕自己，二是觉得自己颜面失尽，要向讯问人员检讨自己前面的态度。于是，便拒绝交代犯罪或违纪违法的事实。因此，对这种被讯问人，要给他搭一个“我们也有不当之处”的台阶。

在讯问中，讯问人员针对被讯问人这一受窘被困的原因，首先要向被讯问人指出，在前面的讯问中其态度是不端正的，以这种态度对待讯问是不应该的。其次要向被讯问人分析其态度不端正是由各种原因造成的，并入情入理地分析这些原因。在分析这些原因时，讯问人员应高姿态地表示：“其实，我们也有不当之处。”例如在态度上没有做到平心静气，而是过激；在方法上摆事实、讲道理、讲法律做得不够，有些事实没有摆出来，有些道理没有说清楚，有的法律讲得不到位，等等。最

后要向被讯问人提出要求，表明现在已摆出了事实、讲清了道理、阐明了法律，再以不端正的态度对待讯问、再不对问题作出交代就没有道理了。通过这一台阶的搭立，一方面使被讯问人感到讯问人员姿态高，诚心诚意；另一方面使被讯问人感到讯问人员已经给自己设了台阶，机不可失。这样，被讯问人就有可能不会因为曾与讯问人员顶嘴、对着干再受窘被困，而是沿着讯问人员给其搭的这个台阶，按照讯问人员的要求，对犯罪或违纪违法事实作出交代。

10. 针对被讯问人在讯问中耍无赖而受窘被困的原因，搭一个“与其无赖行为相应”的台阶

被讯问人之所以不交代犯罪或违纪违法事实，有的被讯问人就是因为在前面的讯问中耍尽无赖，或以自杀相威胁，或以绝食相威胁，或装病、装傻，或躺在地上和衣和裤大小便。其认为自己无赖的手段已经使出来了，如果现在自己主动停止无赖行为，对犯罪或违纪违法事实作出交代，太失面子了；如果现在继续耍无赖行为，不仅继续不下去，而且没有任何作用。在这种情况下，被讯问人处在两难的选择之中，困在了受窘的境地。因此，对这种被讯问人，要给他搭一个“与其无赖行为相应”的台阶。

在讯问中，讯问人员要根据被讯问人无赖行为的具体情况搭台阶。对于以自杀相威胁的被讯问人，讯问人员要向被讯问人指出其思想上并不是真的要自杀致死，而是想通过自杀手段吓住讯问人员不对其犯罪或违纪违法进行查处和讯问，并表示对其这种想法，从站在被讯问人的立场上可以理解。同时，要求被讯问人面对现实停止自杀行为。对于以绝食相威胁的被讯问人，讯问人员要在指出被讯问人绝食的真实想法和表示站在被讯问人的立场上可以理解的同时，端来饭、菜让被讯问人食用。对于装病装傻的被讯问人，讯问人员要向被讯问人明确言明其没有病或不傻的同时，表示其可能由于惊慌，心理压力重而致身体不适或一时糊涂，过一会肯定会恢复正常。对于躺在地上和衣和裤大小便的被讯问人，讯问人员要在对其进行有关道理教育的同时，备好热水，拿来干净的换洗衣服。通过这些相应台阶的搭立，一方面使被讯问人感到讯问

人员是在真心实意地帮助、教育、挽救自己；另一方面使被讯问人感到如果不赶快沿着讯问人员给的台阶下来，自己将无法收场。这样，被讯问人就有可能不会因无赖行为再受窘被困，而是沿着讯问人员给其搭的台阶，停止无赖行为，接受讯问，进而对犯罪或违纪违法事实作出交代。

11. 针对被讯问人没有全部自首或彻底交代，但声称已全部自首或彻底交代而受窘被困的原因，搭一个“谁都想要瞒一点”的台阶

有的被讯问人迫于查案的严厉形势或其他一些原因，在犯罪或违纪违法后前来向查案机关自首，但只自首认为已被查案机关掌握的或情节轻的，而隐瞒了认为查案机关尚未掌握的或情节重的，且在自首后声称自己已全部如实自首；有的被讯问人在讯问中，迫于讯问人员的严厉进攻，认为不交代一点过不了这一关，于是，便对犯罪或违纪违法事实进行交代，但只交代自认为已被查案机关掌握的或情节轻的，而隐瞒了自认为查案机关尚未掌握的或情节重的，且在交代后声称自己已全部如实交代。随着讯问的进行，被讯问人感觉到自己隐瞒下来的犯罪或违纪违法事实可能已被查案机关掌握。此时的被讯问人会认为，如果自己把隐瞒下来的犯罪或违纪违法行为继续作出交代，自己又声称过已全部自首或彻底交代了，这样就打了自己的嘴巴；如果自己不作出交代，又怕自首前功尽弃或已经无法隐瞒。在这种情况下，被讯问人困在了受窘的境地，继续交代不好，不继续交代也不好。因此，对这种被讯问人，要给他搭一个“谁都想要瞒一点”的台阶。

在讯问中，讯问人员要针对被讯问人这一受窘被困的原因，首先要以暗示的方法指出，被讯问人尚未彻底自首或明确指出其没有彻底交代，隐瞒了犯罪或违纪违法事实，并阐述不彻底自首或交代的危害。其次要向被讯问人表示，自首或交代犯罪或违纪违法事实，是任何一个人都有顾虑的，因而，谁都想要隐瞒一点，能瞒则瞒、能少自首就少自首、能少交代就少交代，这是人的本能，可以理解。最后向被讯问人提出要彻底自首或彻底交代的要求。通过这一台阶的搭立，一方面使被讯问人感到讯问人员很能体谅人，另一方面使被讯问人感到讯问人员是在

给自己机会。这样，被讯问人就有可能不再因没有全部自首或彻底交代，但又声称已全部自首或彻底交代而受窘被困，而是沿着讯问人员给其搭的台阶，按照讯问人员的要求，对犯罪或违纪违法事实作出交代。

12. 针对被讯问人交代后又翻供而受窘被困的原因，搭一个“允许思想有反复”的台阶

有的被讯问人在讯问中已如实交代了犯罪或违纪违法的事实，但在交代后，由于种种原因，又对已作的交代予以翻供，推翻已作的供述。但随着讯问的继续或再次进行，被讯问人经讯问人员讯问后，又觉得翻不了供，将对自己带来严重的不利后果，于是，又想把话说回来，不再翻供，交代犯罪或违纪违法的事实。但又觉得自己已经进行了翻供，自己再把话说回来是一件很难堪的事，而且，担心得不到从轻的处理。于是，便把自己困在了受窘的境地。因此，对这种被讯问人，要给他搭一个“允许思想有反复”的台阶。

在讯问中，讯问人员要针对被讯问人这一受窘被困的原因，首先要向被讯问人指出，人的思想并不是真空的，它是要受到外界各种因素影响的，外界的影响会引起人的思想的变化，好的因素会影响人的思想向好的方面转化，坏的因素会影响人的思想向坏的方面转化。正因为如此，人的思想发生变化是很正常的事，它符合客观规律。其次要向被讯问人表示“思想反复很正常，允许思想有反复”的态度，同时，向被讯问人表明，只要其现在如实交代犯罪或违纪违法的事实，并不影响对其的从轻处理。通过这一台阶的搭立，一方面使被讯问人感到讯问人员宽以待人，另一方面使被讯问人感到现在顺着讯问人员说的把话说回来，既不难堪，又不影响从轻处理，何乐而不为。这样，被讯问人就有可能从受窘被困的境地解脱出来，沿着讯问人员给其搭的台阶，把翻供说回来，再次对犯罪或违纪违法事实作出供述。

（二）消顾虑

消顾虑，就是讯问人员针对被讯问人思想上的种种顾虑和担心，以有效的方法消除被讯问人的思想顾虑，促使其放下包袱，对犯罪或违纪

违法事实作出交代。

被讯问人经讯问人员的讯问，认为讯问人员已经掌握了其犯罪或违纪违法的证据，不交代不仅毫无意义，而且要被从重处理。于是思想上产生了动摇，也想交代犯罪或违纪违法事实。但由于种种原因，被讯问人的思想上又产生了各种各样的顾虑和担心。这些顾虑和担心严重地阻碍着被讯问人对犯罪或违纪违法事实作出交代。如果被讯问人思想上的这些顾虑和担心不消除，其是很难对犯罪或违纪违法事实作出交代的。因此，在促使被讯问人对犯罪或违纪违法事实作出交代中，对有思想顾虑的被讯问人，讯问人员就要及时有效地对被讯问人的顾虑进行消除，帮助被讯问人走上“坦白从宽”的道路。

消除被讯问人思想上的顾虑和担心，应以以下方法和步骤进行：

1. 掌握被讯问人思想上的顾虑和担心

要消除被讯问人思想上的顾虑和担心，首先要掌握被讯问人思想上的顾虑和担心是什么，又是什么原因导致其产生这些顾虑和担心的。只有这样，消除被讯问人思想上的顾虑和担心才能目标明确，才能做到对症下药，才能有效果。因此，消除被讯问人思想上的顾虑和担心，首先要掌握被讯问人思想上的顾虑和担心及其原因情况。

总结讯问实践，被讯问人思想上的顾虑和担心及其原因主要有以下几种情况：

（1）顾虑担心自己或家人受到打击报复

被讯问人的犯罪或违纪违法行为，有的是与他人共同实施的，有的是与他人对合实施的，有的是其单个人对被害人实施的。就共同或对合犯罪或违纪违法的被讯问人来说，有的在共同或对合实施犯罪或违纪违法行为以前、过程中，或行为以后，同案人或对合人对被讯问人进行过威胁，声称如果其交代犯罪或违纪违法事实，就对其本人或家人进行打击报复，以伤害、杀害或迫害相威胁；有的同案人或对合人的家人、亲戚、朋友是高官、握有实权的人，或凶残，曾对被讯问人做过工作或进行过威胁；有的共同或对合犯罪或违纪违法人本身就凶残，是穷凶极恶分子。这种被讯问人就会因此顾虑自己一旦交代了犯罪或违纪违法事实，供出同案人或对合人，自己或家人就会受到同案人或对合人，或同案人、对合人的家人、亲戚、朋友的打击报复。因而，不敢交代犯罪或违纪违法事实。就单个被讯问人对被害人实施犯罪或违纪违法行为的被讯问人来说，由于其犯罪或违纪违法行为对被害人造成了危害，顾虑自己交代了犯罪或违纪违法行为，真相大白，是自己所为，被害人及其家人、朋友不会放过自己，要对自己或家人实施打击报复。有这些顾虑的被讯问人，其就不敢对犯罪或违纪违法事实作出交代。

（2）顾虑担心自己被人唾骂、贬视、孤立

被讯问人是在社会上生活、工作的人，其生活和工作需要他人的信任、支持和关照。有的被讯问人由于职业的原因，其生活和工作有求于他人的地方很多，需要他人不断地支持和关照，否则，其生活和工作中的一些问题就无法得到解决，从而断了生计和不能解决要解决的问题。这种被讯问人往往顾虑和担心自己一旦交代了犯罪或违纪违法行为，别人就会认为自己是一个软骨头，是不可相信、不可信任的人，自己就会因此被人唾骂、贬视、孤立，从而得不到别人的支持和关照而断了生计或不能解决要解决的问题。有这种顾虑和担心的被讯问人，其就不会对犯罪或违纪违法事实作出交代。

（3）顾虑担心坦白交代了仍得不到从轻处罚

被讯问人知道自己口供的重要性，认为自己交代犯罪或违纪违法等于是将自己交给法律或纪律制裁。而被讯问人交代犯罪或违纪违法事实，绝大多数都是想表明自己有一个好的交代态度，能够得到从轻的处理。但是，不少被讯问人由于种种原因，又顾虑、担心坦白交代了仍得不到从轻的处理，照样要被判重刑或被从重执行纪律。有的被讯问人顾虑自己犯罪或违纪违法性质恶劣，情节严重，担心得不到从轻处理；有的被讯问人顾虑政策不能兑现，担心得不到从轻处理；有的被讯问人顾虑自己先前态度恶劣，担心得不到从轻处理；有的被讯问人顾虑被害人不会原谅，担心得不到从轻处理；有的被讯问人顾虑自己民愤大，担心得不到从轻处理；有的被讯问人顾虑自己的案件领导都批过字，有过指示，担心得不到从轻处理，等等。被讯问人在这些顾虑、担心的作用下，认为交代了要被从重处罚，不交代也不过是个从重处罚，如果不交代，或许证据不确实、充分，自己还有不被处罚的可能。有这种顾虑和担心的被讯问人，其就不会对犯罪或违纪违法事实作出交代。

（4）顾虑担心自己没脸见人

犯罪或违纪违法行为是件丑陋的事，犯罪或违纪违法行为被揭露，被公布于众，被讯问人心理上的压力是很大的，特别是那些自尊心强，注重自己声誉、人格、道德的被讯问人，其心理压力更是巨大，往往会从道德、人格等方面来衡量自己。其认为自己交代了犯罪或违纪违法事实，真相大白，他人就会认为自己道德败坏、人格丧失。因此，产生了自己没脸见人，今后无法在这个社会上生活的顾虑和担心。有这种顾虑的被讯问人，其就不敢对犯罪或违纪违法事实作出交代。

（5）顾虑担心得不到家人的谅解，要妻离子散

被讯问人的犯罪或违纪违法无疑会给家人特别是妻子带来严重的危害，其被判刑投入劳改，妻子要守活寡。特别是有的被讯问人，在外“包二奶”，甚至“包三奶”、养情人，将犯罪或违纪违法所得全部用在“二奶”、“三奶”、情人身上，弄得妻子人财两空。有的被讯问人的妻子在男女关系的问题上特别计较，平时“妻管严”。这些被讯问人认为，自己一旦交代了犯罪或违纪违法行为，“二奶”、“三奶”、情人暴露了出来，妻子知道了事实真相，肯定不会原谅自己，必然要与自己离婚，其会落得个妻离子散的结局。有这种顾虑和担心的被讯问人，其就不会交代犯罪或违纪违法的事实。

（6）顾虑担心自己的前途

每个人都想自己有一个美好的前途，被讯问人也是如此。有的描绘了自己人生的蓝图；有的憧憬着美好的前景；有的积极上进，为了自己美好的前途进行着不懈的努力。由于交代犯罪或违纪违法事实同被讯问人的前途紧密联系在一起，犯罪或违纪违法事实一旦成立，被讯问人就要被判刑或被执行纪律，留下政治污点。如果被讯问人是共产党员、公

务人员的，还要被开除党籍、开除公职，从而失去政治前途。因此，被讯问人认为，交代了犯罪或违纪违法事实，就意味着要被判刑或被纪律处分，政治生命宣告结束，一切全都完蛋，哪还有什么前途可言。于是，被讯问人顾虑、担心交代了犯罪或违纪违法事实，自己被判刑或被处分，留下了政治污点，没有了政治前途，特别是有一个好的职业、公务人员等更是害怕失去现有的美好前途。被讯问人在这种顾虑和担心的支配下，其就不敢交代犯罪或违纪违法事实。

（7）顾虑担心断送自己的家庭

大多数犯罪或违纪违法的被讯问人都有一个温暖的家庭，上有高堂、下有幼子、侧有娇妻，家庭生活美满。有的被讯问人家庭社会地位较高，家人受人尊敬；有的被讯问人的家庭和睦，其乐融融；有的被讯问人的家庭经济充裕，生活无忧。这些有一个幸福、温暖家庭的被讯问人，往往都十分热爱、关心家庭。特别是在家庭中处于顶梁柱的被讯问人，其对家庭的热爱、关心更是突出。被讯问人认为，自己一旦交代了犯罪或违纪违法事实，必被判刑、被开除。这样，没有了经济收入，家庭生活无法维持、老人无法赡养、子女无法抚养；影响家人的名誉、地位，使家人在社会上抬不起头；家中的一些问题无法得到解决，等等，给家庭带来的是灭顶之灾，毁了这个家庭。有这种顾虑的被讯问人，其就不敢对犯罪或违纪违法事实作出交代。

（8）顾虑担心影响子女的前途

望子成龙、望女成凤是每一个父母的心愿，子女的前途比自己重要是每一个父母的共识。被讯问人当然也是这样。有的被讯问人的子女很出色，正在不断地进步；有的被讯问人的子女要服役或入学；有的被讯问人的子女要提干、入党；有的被讯问人的子女要录取为公务员；有的被讯问人的子女要出国深造，等等。被讯问人认为，自己交代了犯罪或违纪违法事实，必然是被刑事处罚或被纪律处分，这就在自己的政历上留下政治污点而影响了子女前途，正在进步的进步不了、要服役的入不了伍、要入学的入不了学、要提干的提不了干、要入党的入不了党、要录取为公务员的录取不了、要出国深造的出不了国，从而断送了子女的前途。被讯问人在这种顾虑和担心的支配下，其就不敢对犯罪或违纪违法事实作出交代。

(9) 顾虑担心害了他人

被讯问人实施的犯罪或违纪违法行为，有的是与他人共同实施或对合实施的；有的在实施前或实施后得到过他人的帮助；有的将犯罪或违纪违法所得的赃物送给他人或匿藏于他人处。被讯问人认为，自己交代犯罪或违纪违法事实，必然要交代与其共同或对合实施的人和共同或对合实施的事实，或帮助过自己犯罪或违纪违法的人和帮助的事实，或接受其赃物的人，或为其匿藏赃物的人。这样，就把与其共同或对合实施犯罪或违纪违法的人，或为其提供帮助的人，或接受其赃物的人，或为其匿藏赃物的人牵扯了进来，因而，就害了他人。特别是那些亲人或朋友参与或提供帮助，或接受赃物，或匿藏赃物的，被讯问人的这一顾虑和担心会更为严重。有的宁愿自己被从重处罚，也不愿害了他人，更不愿害了亲人、朋友。被讯问人在这种顾虑和担心的支配下，其就不会对犯罪或违纪违法事实作出交代。

2. 一针见血地指出被讯问人思想上的顾虑和担心

讯问人员在准确地掌握被讯问人思想上的顾虑和担心后，就要一针见血地向被讯问人指出其思想上在顾虑担心什么问题。如果讯问人员能掌握被讯问人产生这一顾虑和担心的原因及其具体情况，亦应同时向被讯问人指出。这样，被讯问人就会认为讯问人员是一个明察秋毫的人，对他的情况了如指掌，什么东西都瞒不过讯问人员。在这种情况下，被讯问人就会既敬畏讯问人员，又想听听讯问人员对其所顾虑和担心的问题是如何见解的，有什么高见，从而促使被讯问人认真地听讯问人员对其顾虑和担心的消除。

3. 阐明观点，指出被讯问人这种顾虑和担心的错误与不必要

讯问人员在一针见血地指出被讯问人思想上顾虑和担心的问题后，就要阐明讯问人员的观点，指出被讯问人这种顾虑和担心的错误与不必要。讯问人员在阐明自己的观点中，要有根有据地指出被讯问人这种顾

虑和担心的错误所在，入情入理地阐明这种顾虑和担心之所以错误的理由，实事求是地指出被讯问人这种顾虑和担心给其带来的危害，诚心恳切地向被讯问人指出其顾虑和担心这一问题的不必要。这样，就为消除被讯问人的顾虑打下了扎实的基础。

4. 针对被讯问人的顾虑和担心，施以有效的方法和内容进行消除

讯问人员在阐明自己的观点，指出被讯问人这种顾虑和担心的错误和不必要后，就要针对被讯问人的顾虑和担心，以有针对性有效的方法和内容对被讯问人的顾虑和担心进行消除。关于消除被讯问人各种顾虑和担心的具体方法和内容，笔者曾在拙作《讯问艺术》（增订版）中作过详细的阐述，在此不再赘述。①

讯问人员在消除被讯问人的顾虑和担心时，要十分讲究所采用的方法和所运用的内容，选择符合被讯问人顾虑具体情况的方法和内容对被讯问人的顾虑进行消除，做到所采用的方法和所运用的内容切实有效。

（1）在采用的方法上，要根据被讯问人顾虑的具体情况选择确定最起作用的方法作为消除被讯问人顾虑的方法。消除被讯问人顾虑的方法主要有：

①教育。教育是指讯问人员针对被讯问人顾虑的根源及其具体情况，通过对被讯问人进行政治的、法律的、政策的、道德的、形势的、前途的、理想的等内容的教育，澄清其在顾虑问题上的糊涂认识，从而转变其思想而消除其顾虑的一种方法。

②分析。分析是指讯问人员针对被讯问人顾虑的具体问题，对顾虑问题发生的现实可能性、所顾虑问题好与坏的互相转化、因顾虑愈发引起的不利后果和顾虑的利害关系向被讯问人进行入情入理的分析，从而使被讯问人对顾虑的问题有一个正确的认识而消除其顾虑的一种方法。

---

① 见《讯问艺术》（增订版），中国方正出版社2015年版，第655—677页。

③许诺。许诺是指讯问人员针对被讯问人所顾虑的问题，作出承诺，答应不会发生其所担心的后果出现而消除其顾虑的一种方法。

④帮助解决。帮助解决是指讯问人员针对被讯问人所顾虑的具体问题，对其所顾虑的具体问题在政策、法律许可的范围内给予帮助解决而消除其顾虑的一种方法。

⑤排除。排除是指讯问人员对造成被讯问人顾虑的外来因素采取有效的措施予以排除，使这种造成被讯问人顾虑的外来因素不复存在而消除其顾虑的一种方法。

不同的顾虑要用不同的方法去消除，有的顾虑要用教育的方法，有的顾虑要用分析的方法，有的顾虑要用许诺的方法，有的顾虑要用帮助解决的方法，有的顾虑要用排除的方法；有的顾虑用一种方法就可起作用，而有的顾虑需要用多种方法才能起作用。因此，讯问人员在选择确定采用消除被讯问人顾虑的方法时，要做到具体问题具体对待，选择确定对被讯问人的顾虑最能起作用的一种或几种方法对被讯问人的顾虑进行消除。只有这样，才能使消除被讯问人顾虑的方法有效。

（2）在运用内容上，要根据被讯问人顾虑的具体情况和用以消除内容所具有的效用情况，选择确定最能对被讯问人顾虑起作用的内容作为消除被讯问人顾虑的内容。

不同的顾虑要用不同的内容去消除，有的顾虑要用这种内容去消除，而有的顾虑要用那种内容去消除；不同效用的内容去消除顾虑的效果是不同的，效用强的内容消除顾虑就能起到大的效果，而效用小的内容，诸如一些“大路货”“万金油”，其在消除被讯问人的顾虑中就不起什么作用。因此，讯问人员在消除被讯问人顾虑的过程中，要根据被讯问人顾虑的具体情况和用以消除内容所具有的效用情况，选择确定那些对被讯问人的顾虑能够起到立竿见影、药到病除作用的内容，对被讯问人的顾虑进行消除。只有这样，才能使消除被讯问人顾虑的内容有效。

5. 要做到态度诚恳

讯问人员在消除被讯问人顾虑和担心的过程中，一定要做到态度诚恳。

诚恳的态度，表明讯问人员是真心实意地为被讯问人着想，为被讯问人排忧解难，在帮助、挽救被讯问人。这样，被讯问人对讯问人员的教育、解说就能听得进去，对讯问人员的许诺就会充分相信，对讯问人员提供的帮助就会感恩戴德，对讯问人员实施的排除其顾虑障碍的行为就会心悦诚服，从而起到事半功倍的效果。否则，就有可能不仅消除不了被讯问人的顾虑，而且会增强被讯问人的顾虑。因此，讯问人员在消除被讯问人顾虑的过程中，一定要做到态度诚恳。

要做到态度诚恳，讯问人员在对被讯问人的教育中就要循循善诱、谆谆教诲；在分析中就要入情入理；在许诺中就要实事求是；在提供帮助中就要诚心诚意；在排除顾虑障碍中就要千方百计，通过神态、语言、行为表现出诚恳的态度。

（三）帮回忆

帮回忆，就是讯问人员针对被讯问人对犯罪或违纪违法事实回忆不起来或回忆不清楚的情况，帮助被讯问人进行回忆，促使其回忆起犯罪或违纪违法事实，对犯罪或违纪违法事实作出交代。

被讯问人不交代犯罪或违纪违法事实，并不都是态度恶劣，拒绝作出交代，有些被讯问人是因为对犯罪或违纪违法事实一时回忆不起来或回忆不确切所致。有的被讯问人是因作案时间离案发时已经长久，其对犯罪或违纪违法的时间、地点、经过、情节等一时回忆不起来，或只有一点模糊的印象；有的被讯问人是因为作案时惊慌，或在讯问中处于害怕、惊慌的状态，精神高度紧张而难以回忆起犯罪或违纪违法的具体事实、情节，或只有一些笼统的印象；有的被讯问人是因为法律知识缺乏，在犯罪或违纪违法时就没有把自己的行为当作犯罪或违纪违法的行为，早已丢在脑后；有的被讯问人是因为记忆力不好或记忆有障碍，无法回忆起自己所实施的犯罪或违纪违法事实、情节，等等。对于这些一时回忆不起，或回忆不清犯罪或违纪违法事实、情节的被讯问人，讯问人员要帮助其回忆，通过讯问人员的帮助，促使其回忆起或回忆清犯罪或违纪违法的事实、情节，进而对犯罪或违纪违法事实作出交代。

1. 帮助被讯问人回忆的方法

帮助被讯问人回忆的方法主要有：

（1）安慰被讯问人不要焦虑、慢慢回忆

对这种一时回忆不起或回忆不清犯罪或违纪违法事实、情节的被讯问人，讯问人员首先要以诚恳的态度、平和的语言对被讯问人进行安慰，安慰被讯问人不要焦急，不要心烦意乱，要静下心来，慢慢进行回忆，缓解被讯问人害怕、紧张、烦躁的心理和情绪，促使其静下心来进行回忆。只有这样，才能有利于被讯问人对犯罪或违纪违法事实、情节的回忆。

我们知道，被讯问人一时回忆不起、回忆不清犯罪或违纪违法的事实、情节是客观的，也是符合情理的。我们应当推己及人地看这个问题。当我们回忆前几天的事情，也常常会出现回忆不起来、回忆不清的情况，何况被讯问人是对过了许久时间的犯罪或违纪违法事实的回忆，是在惊慌状态下的回忆，是对早已丢在脑后问题的回忆，是在记忆力不好或有记忆障碍情况下的回忆。而回忆犯罪或违纪违法事实同回忆任何问题一样，都需要有一个和谐、清静的环境，都需要静下心来。有的讯问人员不懂得这个道理，被讯问人待在那里不交代，就认为被讯问人不老实、态度恶劣，于是大发雷霆，训斥、辱骂不停，甚至动手动脚，这样做，不仅伤害了被讯问人的自尊心，而且，越训斥、辱骂，越动手动脚，被讯问人越回忆不起、回忆不清犯罪或违纪违法的事实、情节。甚至使有的被讯问人认为，反正讯问人员是这么认为的，即使回忆起犯罪或违纪违法事实、情节作出交代，讯问人员也不会认为自己的态度好。于是，其索性就不对犯罪或违纪违法的事实、情节进行回忆，任凭讯问人员折腾。因此，讯问人员在遇到被讯问人对犯罪或违纪违法事实、情节一时回忆不起来或回忆不清的情况时，要安慰被讯问人不要焦急，慢慢回忆，给被讯问人创造一个良好的回忆环境。

（2）启发被讯问人进行回忆

启发被讯问人进行回忆，讯问人员可以从以下方面对被讯问人进行启发：

①从顺序上进行启发

从顺序上进行启发，就是启发被讯问人按照犯罪或违纪违法经过的先后顺序进行回忆。

在讯问中，讯问人员要启发被讯问人沿着犯罪或违纪违法经过的先后顺序进行回忆。回忆先干了什么，再干了什么，最后干了什么。通过按照先后顺序的回忆，被讯问人就有可能回忆起或回忆清犯罪或违纪违法的事实和情节。

②从原因上进行启发

从原因上进行启发，就是启发被讯问人先对其犯罪或违纪违法的原因进行回忆。

对于犯罪或违纪违法的原因，被讯问人一般都是容易记起来的，特别是那些导致被讯问人犯罪或违纪违法的客观原因，被讯问人更是记忆犹新。在讯问中，讯问人员要启发被讯问人回忆犯罪或违纪违法的原因是什么，然后顺着原因一个阶段一个阶段地往下回忆。通过从犯罪或违纪违法原因上进行回忆，被讯问人就有可能沿着原因回忆起或回忆清犯罪或违纪违法的全过程。

③从结果上进行启发

从结果上进行启发，就是启发被讯问人先回忆犯罪或违纪违法的结果，再逆着结果向前回忆犯罪或违纪违法的过程。

对于犯罪或违纪违法的结果，被讯问人一般都是记得比较清楚的。在讯问中，讯问人员要启发被讯问人先对犯罪或违纪违法的结果进行回忆，然后再逆着结果一步步地回忆犯罪或违纪违法的过程。通过先从结果上进行回忆，被讯问人就有可能回忆起或回忆清整个犯罪或违纪违法的事实和情节。

④从作案手段上进行启发

从作案手段上进行启发，就是启发被讯问人先对其实施的犯罪或违纪违法手段进行回忆，再围绕手段回忆犯罪或违纪违法的全过程。

对于被讯问人犯罪或违纪违法的手段，被讯问人是不会忘记的。在讯问中，讯问人员要启发被讯问人对其实施犯罪或违纪违法的手段进行回忆，在回忆起犯罪或违纪违法的手段后，让其围绕作案手段逐步回忆犯罪或违纪违法的全过程。通过先从对作案手段上进行回忆，被讯问人就不难回忆起犯罪或违纪违法的全过程。

⑤从所说的话上进行启发

从所说的话上进行启发，就是启发被讯问人回忆在犯罪或违纪违法前后和过程中所说过的话，或同案人、对合人、帮助人、被害人所说过的话，或其与同案人、对合人、帮助人、被害人的对话，再围绕所说的话回忆犯罪或违纪违法的经过。

对于在犯罪或违纪违法前后和过程中所说过的话，被讯问人一般比较容易回忆。只要被讯问人能够回忆起这些所说过的话，其犯罪或违纪违法的经过也就不难回忆了。在讯问中，讯问人员要启发被讯问人回忆在犯罪或违纪违法前后或过程中其都说过一些什么话，或同案人、对合人、帮助人、被害人都说过哪些话，或其与同案人、对合人、帮助人、被害人都进行了怎样的对话，并让其围绕这些所说的话对犯罪或违纪违法的经过进行回忆。通过从所说的话进行回忆，被讯问人就不难回忆起犯罪或违纪违法的经过。

⑥从作案前、过程中、作案后出现的重大活动或事件上进行启发

从作案前、过程中、作案后出现的重大活动或事件上进行启发，就是启发被讯问人回忆其在作案前、过程中、作案后所出现的重大活动或事件，再沿着这些重大活动或事件回忆犯罪或违纪违法的过程。

对于在被讯问人作案前、过程中、作案后出现的重大活动或事件，被讯问人是难以忘记的。只要被讯问人回忆起这些重大活动或事件，其在此前、后或过程中实施的犯罪或违纪违法行为也就容易回忆起来。在讯问中，讯问人员要启发被讯问人回忆在犯罪或违纪违法前、后或过程

中有无出现重大的活动或事件，是什么重大活动或事件，并让其沿着这些重大活动或事件进行回忆。通过从作案前、过程中或作案后出现的重大活动或事件上进行启发，就有可能使被讯问人回忆起作案的时间、地点，进而回忆起犯罪或违纪违法的过程。

⑦从天气、气候、环境上进行启发

从天气、气候、环境上进行启发，就是启发被讯问人回忆其作案时的天气、气候、环境情况，再根据天气、气候、环境情况对犯罪或违纪违法的事实、情节进行回忆。

有的被讯问人在实施犯罪或违纪违法行为时天气特别晴朗，或风雨交加，或雪花飘飘；有的被讯问人在实施犯罪或违纪违法行为时气候炎热，或滴水成冰，寒冷异常；有的被讯问人的犯罪或违纪违法行为是在一种特殊的环境中实施的。这些天气、气候、环境都能给被讯问人留下深刻的印象。讯问人员要善于利用这些天气、气候、环境启发被讯问人回忆是在什么天气、什么气候、什么环境下实施犯罪或违纪违法行为的，这些天气、气候、环境有无特别，有什么特别，再让其根据当时的天气、气候、环境对犯罪或违纪违法的事实进行回忆。通过从天气、气候、环境上进行启发，被讯问人就有可能回忆起或回忆清犯罪或违纪违法的事实。

（3）点与被讯问人犯罪或违纪违法事实、情节有关的对象

所谓点与被讯问人犯罪或违纪违法事实、情节有关的对象，是指讯问人员向被讯问人点出与其犯罪或违纪违法事实、情节有关的东西，促使被讯问人顺着讯问人员所点的东西进行回忆，从而回忆起犯罪或违纪违法的事实、情节。

点与被讯问人犯罪或违纪违法事实、情节有关的对象，既有利于被讯问人回忆犯罪或违纪违法的事实，同时，又进一步使被讯问人感到讯问人员已掌握了其犯罪或违纪违法的事实和证据。

讯问人员可以从以下方面去点：

①点与犯罪或违纪违法时间有关的对象。

②点与犯罪或违纪违法地点有关的对象。

③点与犯罪或违纪违法人物有关的对象。

④点与犯罪或违纪违法物证有关的对象。

⑤点与犯罪或违纪违法手段有关的对象。

2. 帮助被讯问人回忆要注意的问题

帮被讯问人回忆这一帮助被讯问人的手段是一柄“双刃剑”，帮得好，就能使被讯问人顺利地回忆起或回忆清犯罪或违纪违法的事实和情节，从而促使被讯问人对犯罪或违纪违法事实作出交代，将被讯问人帮到“坦白从宽”的道路上来；帮得不好，不仅违反了法律的规定，变成了指供，从而使讯问不合法和为被讯问人的日后翻供提供了理由和把柄，而且有可能使被讯问人顺着讯问人员的竿子爬，从而出现冤假错案或不能查清案件的事实。因此，讯问人员在运用帮被讯问人回忆这一方法时，要特别注意以下两点：

①帮助被讯问人回忆不能涉及案件的具体事实

讯问人员在帮被讯问人回忆的过程中，无论是启发被讯问人进行回忆，还是点与被讯问人犯罪或违纪违法事实、情节有关的对象，都不能涉及案件的具体事实。如果讯问人员在这一过程中涉及案件的具体事实，就不是帮助被讯问人回忆，而是变成了指供。对此，讯问人员一定要引起高度重视，千万不能涉及案件的具体事实。

②帮助被讯问人回忆要帮得有把握

讯问人员在帮被讯问人回忆的过程中，要做到帮得有把握。特别是在点与被讯问人犯罪或违纪违法事实、情节有关对象的问题上，更应帮得有把握，即点得准。如果讯问人员点得不准，不仅不能帮助被讯问人回忆犯罪或违纪违法事实，对犯罪或违纪违法事实作出如实的交代，而且有可能引起被讯问人乱供，或让被讯问人摸到了讯问人员并未掌握其犯罪或违纪违法事实的底细，反而增强了被讯问人的抗审心理。对此，讯问人员也一定要高度重视，帮助被讯问人回忆千万不能没有把握地帮。

第九章

做好讯问结束工作

讯问结束是讯问工作的最后一步。任何一次讯问都有一个结束的问题。

讯问结束同讯问开头一样，同样是既难度很大，又非常重要的一步。说它难度很大，是说讯问结束并不能在事先做好完整的计划，需要根据讯问的情况决定讯问如何结束。也就是说，讯问人员要在讯问即将结束时，边讯问边对讯问的结束作出安排。而且讯问的情况又是千差万别、错综复杂的。讯问人员在讯问的过程中，面对千差万别、错综复杂的情况，迅速地对讯问结束理出思路，作出恰当的安排不是一件容易的事。正所谓“起之易而收之难”①。说它非常重要，是说如果讯问结束结得好，就能起到巩固讯问已取得的成果，为下一次讯问打下良好的基础和防止讯问结束后意外事件的发生的作用。如果讯问结束结得不好，对于已作出如实交代的被讯问人来说，不能巩固讯问已取得的成果；对于已经开始交代的被讯问人来说，其在讯问结束后重新开始的讯问中就有可能不会再继续作出交代；对于态度恶劣的被讯问人来说，在续审中就会同样以恶劣的态度对待讯问；对于态度已有所转变的被讯问人来说，在续审中就会返回到原有的恶劣态度，等等。正所谓“慎始而敬终，终以不困”②。因此，讯问人员要十分重视讯问结束这一步，以极其认真的态度做好讯问结束的工作，以高超的技巧结束好讯问。

关于讯问结束，笔者曾在《讯问艺术》（增订版）一书中就讯问结束的基本要求和讯问结束的具体方法作过专章的论述③。鉴于讯问结束是讯问工作中既难度很大，又非常重要的一步，为提高讯问人员对讯问结束重要性的认识和便于讯问人员对讯问结束的操作，切实重视讯问的结束工作和结束好讯问，本章就讯问结束的意义、讯问结束工作的一般方法、讯问结束方法的选择及其实施等问题进行详细的论述，使之与

① 见（宋）苏洵：《上韩枢密文》，载《唐宋名家文集·苏洵集》，中州古籍出版社2013年版，第29页。

② 见《春秋左传·襄公二十五年》，载程林主编：《四书五经》（第四卷），北京燕山出版社2008年版，第1651页。

③ 见《讯问艺术》（增订版），中国方正出版社2015年版，第723—779页。

《讯问艺术》（增订版）中的讯问结束这一章遥相呼应、互相弥补、相得益彰，从而使讯问结束这一讯问工作中的重要一步更具理论性、实践性和可操作性，真正做到“慎终如始，则无败事”。[①]

① 见《老子》六十四章（治国），载马肇基主编：《国学经典》（第二卷），线装书局2012年版，第306页。

一、做好讯问结束工作的意义

做好讯问结束工作，意义重大。它对于加固被讯问人已作的供述、巩固讯问取得的成果；防止在讯问结束后意外事故的发生；促使被讯问人在续审中主动交代尚未交代的问题；挖掘新的犯罪或违纪违法线索；防止被讯问人在续审中转变态度，不再交代本要交代的问题；为下一次讯问打下扎实的基础；增加被讯问人的心理压力，促使其在续审中端正态度，接受讯问，作出交代；为被讯问人交代铺平道路，促使其在续审中沿着讯问人员所铺的道路作出交代和配合侦查或调查工作的进行等，都具有重要的意义。

（一）有利于加固被讯问人已作的供述，巩固讯问取得的成果

讯问的目的，就是要获取被讯问人真实的口供，作为认定案件事实的证据。

有的被讯问人通过讯问，已经如实供述了其犯罪或违纪违法的事实。这种已经作了如实供述的被讯问人，其在供述以后，心理活动并不会因此而平静下来去等待法律的制裁，而是同样是激烈的、复杂的。其在讯问结束回监或回休息场所或回去乃至以后，由于种种原因，有可能要对已作的供述进行翻供。有的被讯问人在作供述时注意力集中在供述的问题上，没有或顾不上想得那么多、那么复杂，但其在讯问结束以后，特别是在回监，或回休息场所，或回去冷静下来以后，他会对自己的犯罪或违纪违法事实和交代情况进行回忆，对法律后果、今后的人生、家庭等进行思考，在回顾思考中不免会产生害怕和后悔。害怕交代了犯罪或违纪违法事实就是铁板钉钉，必然要被判刑或被处分；后悔自己作了交代，如果自己不交代，查案机关收集不到证据，就定不了案。于是，便想到了翻供，认为推翻已作的供述，查案机关没有了自己的口供，又没有其他证据，自己就不会被判刑或被处分，进而寻找借口设法进行翻供。有的被讯问人本来是寄希望于自己的如实交代能够因此解

脱，不会被判刑或受处分，但随着案件程序的进行，面临仍要被判刑或受处分的现实，在此情况下，认为自己反正要被判刑或受处分，不如推翻已作的供述，没有了口供，或许就判不了刑或受不了处分。于是，便想到了翻供，进而，亦寻找借口设法予以翻供。有的被讯问人作了如实交代后，由于受到他人的教唆，认为翻供对自己有利，于是，便也想到了翻供，进而，也寻找借口进行翻供。

对于这些已经作了如实供述，有翻供可能的被讯问人，在讯问结束时以恰当的方法结束好讯问，或以出示证据的方法结束讯问，表明讯问人员已掌握了其犯罪或违纪违法的确实、充分证据；或以法律、案例警示被讯问人的方法结束讯问，给被讯问人打预防针；或以说明讯问过程的合法性的方法结束讯问，说明讯问的过程符合法律的有关规定。这样，被讯问人即使想到了翻供，也会因其认识到案件的证据已经确实、充分，翻供不起任何作用，翻不了供，而且只能落得个态度恶劣、从重处罚的下场而断了翻供的念头，不想翻供；即使要进行翻供，也会因其慑于法律的规定和翻供被从重处罚的血淋淋事实而不敢进行翻供；即使进行了翻供，也会因讯问过程的合法性而翻不了供，不影响该次讯问记录作为认定案件事实的证据。从而加固被讯问人已作的供述，巩固讯问取得的成果。如果讯问结束结得不好，没有对被讯问人已作的供述进行加固，被讯问人就有可能进行翻供，进而推翻已作的供述，使讯问成果付诸东流，造成案件的被动。因此，做好讯问结束工作有利于加固被讯问人已作的供述，巩固讯问取得的成果。

（二）有利于防止意外事故的发生

被讯问人，特别是那些初犯或重大案件的被讯问人，其在讯问以后，心理活动是激烈的、复杂的，思想斗争是尖锐的，精神压力是沉重的。对于那些已经作出供述的被讯问人来说，有的担心得不到从轻处理，要被判处重刑，甚至要被处以极刑，没有了出路；有的担心连累家人，特别担心子女受到影响；有的担心得不到家人的谅解，要妻离子散；有的担心自己今后无脸见人；有的担心自己和家人被同伙报复，等等。对于那些尚未作出交代的被讯问人来说，有的从讯问人员的讯问中已觉察到自己的犯罪或违纪违法证据已被讯问人员掌握，不交代过不了这一关；有的感到自己的罪行严重，交代是个死，不交代也是个死，等等。这些被讯问人就会越想越害怕，越想越觉得没有出路，越想越认为无脸见人。于是便会产生与其在此等死，不如冲出牢笼一试，与其在此活受罪，不如一死了之的想法，进行逃跑或自杀。

对于这些可能出现逃跑、自杀念头，进行逃跑、自杀的被讯问人，在讯问结束时，以恰当的方法对被讯问人进行教育、安慰，使其看到光明和希望；认识到实施了犯罪或违纪违法行为理应承担法律责任；懂得犯罪或违纪违法是一种社会、历史现象，实施犯罪或违纪违法行为不足为奇，重要的是承认、改正；感到讯问人员很诚恳、亲切；明白悔罪才是唯一的出路，从而打消被讯问人逃跑、自杀的念头，防止逃跑、自杀等意外事故的发生。如果对这些可能会产生逃跑、自杀念头，进行逃跑、自杀的被讯问人，讯问结束结得不好，在讯问结束时不对其进行教育、安慰，就有可能发生逃跑、自杀的意外事故。因此，做好讯问结束工作有利于防止意外事故的发生。

（三）有利于促使被讯问人在续审中主动交代尚未交代的问题

有的被讯问人并不只实施一种性质的犯罪或违纪违法行为，而是实施了两种或两种以上性质的犯罪或违纪违法行为，而查案机关只掌握其某一种性质的犯罪或违纪违法行为，而对其他性质的犯罪或违纪违法行为并未掌握，或只是一种怀疑。被讯问人在讯问中只交代了查案机关已经掌握的那种犯罪或违纪违法的事实，而对不同性质的犯罪或违纪违法行为没有作出交代。有的被讯问人连续多次实施同一性质的犯罪或违纪违法行为，而查案机关只掌握其一起或两起犯罪或违纪违法行为，对其他多起犯罪或违纪违法行为并未掌握，或只是一种怀疑。被讯问人在讯问中只交代了查案机关已经掌握的犯罪或违纪违法事实，而对其他多起的犯罪或违纪违法行为没有作出交代。有的被讯问人是前来自首的，但在自首的过程中并未彻底自首，而是自首一部分、隐瞒一部分，或自首小的、隐瞒大的。

对于这些只交代了某一性质犯罪或违纪违法行为，还有其他性质的犯罪或违纪违法行为尚未交代，或只交代了一起或两起犯罪或违纪违法行为，还有相同性质的犯罪或违纪违法行为尚未交代，或只自首一部分犯罪行为，还有其他犯罪行为尚未自首的被讯问人，在讯问结束时，以有针对性的方法结束讯问，通过讯问结束使其知道主动如实交代尚未被司法机关掌握的其他犯罪行为属于《刑法》规定的自首，可以从轻、减轻或免除处罚；明白主动如实交代尚未交代的同性质的犯罪或违纪违法行为与被查案机关查获在处理上的不同；懂得不彻底自首将前功尽弃，并给以施加一定的压力，就有可能促使被讯问人在续审中自首尚未自首的犯罪事实。如果对这些被讯问人在讯问结束时不以有针对性的方法结束讯问，其不知道、不明白、不懂得这些法律、道理和不给被讯问人施以一定的压力，其在续审中是不会主动交代尚未交代的犯罪或违纪违法事实的。因此，做好讯问结束工作有利于促使被讯问人主动交代尚未交代的问题。

（四）有利于挖掘新的犯罪或违纪违法线索

被讯问人如实交代犯罪或违纪违法事实，绝大多数都是想通过如实交代自己的犯罪或违纪违法事实，表明自己有一个好的交代态度，能得到从轻或减轻甚至免除处罚。因而，被讯问人在交代了犯罪或违纪违法事实后，往往求轻心理迫切。

有的被讯问人不仅自己实施了犯罪或违纪违法行为，而且也知道他人实施的犯罪或违纪违法行为；有的被讯问人知道某一尚未侦破的案件是何人所为；有的被讯问人知道某一潜逃犯匿藏的地点，等等。

对于这些已经交代了自己的犯罪或违纪违法事实，想得到从轻、减轻或免除处罚，又知道他人犯罪或违纪违法问题的被讯问人，在讯问结束时，针对其求轻迫切的心理，向其宣讲《刑法》第六十八条关于“犯罪分子有揭发他人犯罪行为，查证属实的，或者提供重要线索，从而得以侦破其他案件等立功表现的，可以从轻或者减轻处罚；有重大立功表现的，可以减轻或者免除处罚”的规定，鼓励其揭发、检举他人的犯罪或违纪违法问题，争取立功，得到法定的从轻、减轻或免除处罚，就有可能促使被讯问人在讯问结束后思考检举、揭发的问题，检举、揭发他人的犯罪或违纪违法问题，从而带出案中案、案外案，扩大战果。因此，做好讯问结束工作有利于挖掘新的犯罪或违纪违法线索。

（五）有利于防止被讯问人在续审中转变态度，不再交代本要交代的问题

有的被讯问人实施多起犯罪或违纪违法行为，通过讯问，愿意把所有的犯罪或违纪违法行为都交代清楚。但是，由于在交代犯罪或违纪违法事实的过程中，因时间的关系，不可能一次性交代完犯罪或违纪违法的问题；有的被讯问人在交代的过程中，因讯问人员方出现紧急情况或其他各种原因，需要先暂停讯问。在这些情况下，需要先结束该次讯问。这样，就中断了被讯问人的交代。而被讯问人回去以后，由于各种原因，思想就有可能起变化，在续审中转变态度，把准备要交代的问题缩回去，不再交代本要交代的犯罪或违纪违法问题，甚至连已作的供述也予以推翻。

对于这些已经开始交代而尚未交代完犯罪或违纪违法事实，需要中途结束讯问的被讯问人，在讯问结束时，以恰当的方法结束讯问，让被讯问人把来不及交代的犯罪或违纪违法的主要事实先作出简单扼要的交代，通过讯问结束固定其犯罪或违纪违法的基本事实。这样，被讯问人在续审的过程中一般就不会转变态度，不再交代本要交代的问题。即使其在讯问结束回去以后思想发生了变化，在续审中转变态度，想缩回去不再交代尚未交代的问题，但由于其已交代了主要的犯罪或违纪违法事实，基本的事实已固定在那里，被讯问人就无法再否认这些已作交代的主要犯罪或违纪违法的事实。如果对这些被讯问人的讯问结束方法不当，不对其尚未交代的犯罪或违纪违法的主要事实予以固定，没有做好讯问结束工作，在续审中，被讯问人就有可能转变态度，不再交代本要

交代的犯罪或违纪违法事实。因此，做好讯问结束工作，有利于防止被讯问人在续审中转变态度，不再交代本要交代的问题。

（六）有利于为下一次讯问打下扎实的基础

对被讯问人的讯问，就绝大多数案件的被讯问人来说，并不是经过一次讯问就能解决所有的问题，达到讯问的目的的，而是需要经过多次、反复讯问。这是因为，有的被讯问人并不能经一次或两次讯问就能交代完犯罪或违纪违法的事实，需要通过多次讯问才能完成；有的被讯问人并不能经一次或两次讯问就会彻底交代犯罪或违纪违法的事实，需要通过多次讯问挤牙膏似的将其挤出来；有的被讯问人在讯问中，虽然交代了犯罪或违纪违法事实，但有的情节尚未交代清楚或尚未作出交代，需要通过多次讯问让其交代清楚尚未交代清楚或尚未作出交代的情节；有的被讯问人虽然在讯问中进行了交代，但在交代中避重就轻或在一些情节上作虚假的交代，需要通过多次讯问让其如实交代犯罪或违纪违法的事实，等等。

对于这些需要进行多次讯问的被讯问人，在该次讯问结束时，以恰当的方法结束讯问，向被讯问人指出下一次讯问的指向性问题，就为下一次的讯问打下了基础、做好了铺垫、埋下了伏笔，起到了承上启下的作用，从而使下一次的讯问顺利地进行。如果对这些被讯问人在该次讯问结束时采取的讯问结束方法不恰当，不向其提出下一次讯问指向性的问题，不仅不能为下一次讯问打下基础、做好铺垫、埋下伏笔，起到承上启下的作用，而且被讯问人在讯问结束以后，其精力就会集中在总结讯问中的得失，琢磨对付下一次讯问伎俩的问题上。这样，下一次讯问就难以顺利地进行。因此，做好讯问结束工作，有利于为下一次讯问打下扎实的基础，使下一次讯问顺利地进行。

（七）有利于促使被讯问人在续审中端正态度，接受讯问，作出交代

被讯问人经讯问，并不是都能端正对待讯问的态度，作出交代的。

有的被讯问人虽经讯问人员对其进行了端正态度的讯问，但由于种种原因作怪，仍心存幻想，继续以不端正的态度对待讯问，更是拒绝交代犯罪或违纪违法的事实；有的被讯问人经过讯问人员的讯问，虽然思想上有所震动，但心里矛盾重重，在交代还是不交代的十字路口徘徊，觉得与讯问人员硬顶不是办法，于是改变策略，采取避重就轻，或胡搅蛮缠，或软磨硬泡的办法与讯问人员周旋，就是不交代犯罪或违纪违法的事实，等等。

对于这些在该次讯问中不能端正其对待讯问的态度，无法促使其作出交代的被讯问人，在讯问结束的时候，或给他一点法律的厉害，或破灭其心中的幻想，或给其施加心理压力，或阐明某种道理，或宣讲法律的有关规定，或向其输入情感信息，被讯问人在讯问结束以后，待其冷静下来，就会对讯问人员所说的话、所持的态度和自己接下来该如何办的问题进行思考。通过思考，其在续审中就有可能端正对待讯问的态度，接受讯问，进而作出交代。如果对这些被讯问人在该次讯问结束时的方法不恰当，该给他一点法律的厉害而没有给他；该破灭其心中的幻想而没有对其进行破灭；该给其施加心理压力而对其没有施加；该向其阐明道理而没有对其阐明；该向其宣讲法律的规定而没有向其宣讲；该向其输入情感信息而没有向其输入。被讯问人在讯问结束回去以后，就会或认为讯问人员已经没有了招数，或认为其心中的幻想定能实现，或认为坚持下去就是胜利，进而坚定抗审的决心和信心，继续构筑抗审的心理防线，下定决心与讯问人员抗衡到底。这样，被讯问人在续审中不仅会继续以上一次讯问的恶劣态度、抗审办法来对付讯问，而且极有可能有过之而无不及，从而导致续审的失败。因此，做好讯问结束工作，有利于促使被讯问人在续审中端正态度、接受讯问，进而交代犯罪或违纪违法的事实。

（八）有利于为被讯问人的交代铺平道路，促使其在续审中沿着讯问人员所铺的道路作出交代

一些被讯问人经过讯问，在事实和证据面前仍拒绝作出交代，僵持

在那里。这是因为，有的被讯问人自感罪行严重，认为交代是个死，不交代也是个死，索性不交代，死个硬气；有的被讯问人的犯罪或违纪违法是客观原因导致的，其认为自己没有错；有的被讯问人不懂法律的规定，认为“无供不录案”，只要自己不交代，没有自己的口供，就无法认定事实和作出处理；有的被讯问人在讯问中由于态度恶劣，起过誓、骂过娘、说过过头的话，认为作出交代下不了台，等等。

对于因这些原因而在本次讯问中不能突破其口供的被讯问人，在讯问结束时，要为被讯问人在续审中的交代铺平道路。或向其阐述其所具有的从轻情节；或对其表示理解和同情；或向其阐明我国刑事诉讼证据的收集、审查和运用原则；或给其搭一个台阶。被讯问人在讯问结束回去以后，其就会对讯问人员为其所铺的道路进行思考。通过思考，其在续审中就有可能沿着讯问人员为其所铺的道路作出交代。如果对这些被讯问人在该次讯问结束时使用的方法不恰当，该有从轻情节的，不向其阐述从轻的情节；该对其表示理解和同情的，不对其表示理解和同情；该向其阐明证据的收集、审查和运用原则的，不向其阐明；该给其搭一个台阶的，不给其搭台阶。被讯问人在讯问结束回去以后，就会死抱原有的观念不放，其“坦白从宽”的道路就会被堵死。这样，被讯问人在续审中就没有了坦白交代的平坦道路，其也就不会对犯罪或违纪违法事实作出交代。因此，做好讯问结束工作，有利于为被讯问人的交代铺平道路，促使其在续审中沿着讯问人员为其所铺的道路作出交代。

（九）有利于配合侦查或调查工作的进行

对有的被讯问人，讯问人员并未掌握其犯罪或违纪违法的真凭实据，对其只是一种怀疑或掌握其某些表面的情况，在讯问中，讯问人员又无法突破其口供，一时难以收集到其犯罪或违纪违法的证据，而被讯问人又确实是该案的作案者，实施了犯罪或违纪违法行为。如果继续讯问下去，不仅毫无效果，而且羁押或采取调查措施的期限届满，再行关押或继续采取调查措施就违反了法律的规定；如果就此终止案件，一放了之，不再侦查或调查，又放纵了犯罪或违纪违法。在这种两难的情况下，讯问人员只能对其先行予以释放，继续加大侦查或调查的力度，收集到证据，然后再予以抓捕到案进行讯问。

对这种要先行予以释放，继续对其加大侦查或调查力度的被讯问人，在讯问结束时，讯问人员以诚恳的态度、朴实的言行向其表明对他是搞错了，并表现出自责感和歉意感，被讯问人就会认为讯问人员把自己作为犯罪或违纪违法的嫌疑人是认识到搞错了，是讯错了自己，不会再对自己查处了，案件也就因此了结了。这样，其在释放以后就会放松警惕、疏于防备或放纵起来，从而暴露出其犯罪或违纪违法的证据。在这种情况下，讯问人员便可抓住被讯问人因放松警惕、疏于防备或放纵起来而暴露出来的犯罪或违纪违法的证据，使继续侦查或调查工作顺利地进行，对被讯问人重新予以抓捕到案，再行对其进行讯问，通过讯问，突破其口供。对这种被讯问人，如果讯问结束的方法不恰当，不向被讯问人表明确实是对他搞错了的意思，没有自责和歉意的表示，而是仍以没有讯错他，对他的案件以绝不就此罢休的态度结束讯问，被讯问人在释放以后就会始终保持高度的警惕性，加强防备、密切注意讯问人员的动向并施以对策，或乘机把证据都予以销毁，或远走他乡，或蛰伏不动，更不可能放纵起来而暴露出犯罪或违纪违法的证据。这样，继续侦查或调查不是一无所获，就是无法深入，案件也就因此而陷入困境，甚至因此而“黄”，成为悬案；被讯问人也就因此而逃脱法网。因此，做好讯问结束工作，有利于配合侦查或调查工作的进行，使案件起死回生。

二、做好讯问结束工作的一般方法

总结讯问实践，做好讯问结束工作的一般方法是：

（一）选择好讯问结束的具体方法

讯问结束需要有具体的方法。讯问人员只有选择好讯问结束的具体方法，才能在讯问结束的过程中，按照选择好的这一具体方法，做到胸有成竹地对讯问进行结束，从而才有可能做好讯问结束。如果讯问人员没有选择好讯问结束的具体方法，不知道以什么具体的方法对讯问进行结束，心中无数，那么，在讯问结束时，势必是潦潦草草地予以结束。这样，不仅不能结束好讯问，起到讯问结束的作用，而且有可能起反作用。因此，要做好讯问结束，首先要选择好讯问结束的具体方法。

讯问结束的具体方法，要根据被讯问人的交代情况，围绕讯问结束的目的，针对被讯问人的自身情况、讯问过程中的情况和被讯问人经讯问后的情况或配合侦查或调查工作的需要进行选择。

1. 根据被讯问人的交代情况进行选择

被讯问人在讯问中的交代情况是不同的。有的被讯问人在讯问中如实地交代了犯罪或违纪违法事实；有的被讯问人已经开始交代，但由于时间关系来不及交代完犯罪或违纪违法的事实；有的被讯问人已经交代了一些犯罪或违纪违法的事实，但尚未全部作出交代或某些情节尚未交代清楚；有的被讯问人已经交代了讯问人员已掌握的犯罪或违纪违法事实，但还有其他的犯罪或违纪违法事实需要深挖；有的被讯问人在讯问中避重就轻；有的被讯问人拒不作出交代，等等。被讯问人在讯问中的交代情况不同，讯问结束的方法也应不同。讯问人员要善于根据被讯问人的交代情况，对讯问结束的具体方法进行选择。只有这样，才有可能选择好讯问结束的具体方法。

2. 围绕讯问结束的目的进行选择

被讯问人的交代情况不同，讯问结束的目的也就应不同。关于讯问结束的目的，笔者曾在《讯问艺术》（增订版）中就讯问结束的各种目的作过详细的论述，[①] 在此不再赘述。讯问人员在根据被讯问人的交代情况对讯问结束的具体方法进行选择的过程中，还要明确此次讯问结束的目的，围绕讯问结束的目的对讯问结束的具体方法进行选择。只有这

① 见《讯问艺术》（增订版），中国方正出版社 2015 年版，第 729—731 页。

样，才能选择好讯问结束的方法，从而起到讯问结束的作用。

3. 针对被讯问人的自身情况、讯问过程中的情况和被讯问人经讯问后的情况或配合侦查或调查工作的需要进行选择

（1）针对被讯问人的自身情况进行选择

被讯问人的自身情况是不同的。有的被讯问人胆小怕事，有的被讯问人胆大妄为；有的被讯问人有这种弱点，有的被讯问人有那种弱点，等等。被讯问人这些自身情况的不同，讯问结束的具体方法也应不同。讯问人员在根据被讯问人的交代情况，围绕讯问结束的目的对讯问结束的具体方法进行选择的过程中，要针对被讯问人的自身情况进行选择。只有这样，才能选择好讯问结束的具体方法。

（2）针对讯问过程中的情况进行选择

对不同被讯问人的讯问，讯问过程中的情况是不同的。有的被讯问人在讯问的过程中能配合讯问人员，态度较好；有的被讯问人在讯问的过程中态度恶劣，等等。被讯问人在讯问过程中的情况不同，讯问结束的方法亦应不同。讯问人员在根据被讯问人的交代情况，围绕讯问结束的目的对讯问结束的方法进行选择的过程中，亦应针对被讯问人在讯问过程中的情况进行选择。只有这样，才能选择好讯问结束的具体方法。

（3）针对被讯问人经讯问后的情况进行选择

不同被讯问人经讯问后的情况同样是不同的。有的被讯问人经讯问在交代了犯罪或违纪违法事实后，出现自杀或逃跑的念头；有的被讯问人经讯问后，仍持原来的拒供心理；有的被讯问人经讯问后，心理起了变化，由原来的拒供心理转化为新的拒供心理，等等。被讯问人经讯问后情况不同，讯问结束的方法同样应当不同。讯问人员在根据被讯问人的交代情况，围绕讯问结束的目的对讯问结束的方法进行选择的过程中，同样应针对被讯问人经讯问后的情况进行选择。只有这样，才能选择好讯问结束的具体方法。

（4）根据配合侦查或调查工作的需要进行选择

有的被讯问人在讯问中拒不交代犯罪或违纪违法的事实，一时又难以取得其犯罪或违纪违法的证据。在讯问结束以后，需要对其采取侦查

或调查的措施。对这种被讯问人，讯问结束的具体方法就要从配合侦查或调查工作的需要出发选择讯问结束的具体方法。只有这样，所选择的讯问结束的具体方法才能起到配合侦查或调查工作的作用。

（二）组织好讯问结束的内容

讯问结束的方法需要有具体的内容。讯问人员只有组织好讯问结束的内容，才能在讯问结束的过程中，信手拈来地运用这些组织好的讯问结束内容，使讯问结束结得好。如果讯问人员光有讯问结束的具体方法，而没有组织好讯问结束的具体内容，不知道运用什么法律、使用哪些证据、阐明何种道理，说一些什么话、提一些什么问题、做一些什么动作对讯问进行结束，那么，在讯问结束时，实施讯问结束的方法势必是没有具体的内容，或运用一些文不对题的内容。这样，所选择的讯问结束方法就只是一个空壳而已，不仅讯问结束结得不好，而且要起到不良的作用。因此，要做好讯问结束，就要组织好讯问结束的内容。

那么，应当如何组织好讯问结束的内容呢？

由于讯问结束的具体方法是根据被讯问人的交代情况，围绕讯问结束的目的，针对被讯问人的自身情况、讯问过程中的情况和被讯问人经讯问后的情况或配合侦查或调查工作的需要选择的。因此，讯问结束的内容，就要根据被讯问人的交代情况、讯问结束的目的、被讯问人的自身情况、讯问过程中的情况、被讯问人经讯问后的情况或配合侦查或调查工作的需要去组织。只有这样，组织起的内容才能符合讯问结束的具体方法，从而才能具有针对性和有效性。

（三）确定好讯问结束的方式

讯问结束的方法及其内容需要通过一定的方式将其表达出来。讯问人员只有确定好讯问结束方式，才能在讯问结束的过程中，顺理成章地运用这种讯问结束方式对讯问进行结束，从而起到事半功倍的效果。如果讯问人员不能确定好讯问结束方式，在讯问结束时，就不知道以什么方式结束讯问，更不能以得当的方式结束讯问。这样就无法结束好讯问，不仅起不到讯问结束的作用、实现讯问结束的目的，而且有可能暴露讯问人员的意图或引发被讯问人的反感而起到了反作用。因此，要使讯问结束结得好，就要确定讯问的结束方式，以最得当的方式对讯问进行结束。

那么，应当如何确定好讯问结束的方式呢？

1. 根据被讯问人的情况确定讯问结束的方式

被讯问人的情况不同，讯问结束的方式也应不同。有的被讯问人要由讯问人员说的方式将讯问结束的方法及其内容表达出来；有的被讯问人则也可由被讯问人自己看的方式将讯问结束的方法及其内容表达出来。例如，以让被讯问人懂得有关法律规定的讯问结束方法，对不具有阅读能力的被讯问人，就应确定以由讯问人员说的宣讲方式进行；对具有阅读能力的被讯问人，也可确定以让被讯问人自己看的方式进行。这样，被讯问人对法律的懂得就会更直接、更深刻。

有的同一种讯问结束方式，也应根据被讯问人的情况，以不同的具体方式将讯问结束的方法及其内容表达出来。例如，由讯问人员说这种方式，对态度恶劣的被讯问人，就应确定以强硬口气的方式进行；对态度较好的被讯问人，就应确定以缓和口气的方式进行。

由上述可见，讯问人员要根据被讯问人的情况确定讯问结束的方式。

2. 根据讯问结束的目的确定讯问结束的方式

讯问结束的目的不同，讯问结束的方式亦应不同。有的讯问结束目的要以由讯问人员说的方式将讯问结束的方法及其内容表达出来，有的讯问结束目的要以讯问人员提出问题，让被讯问人回答，由被讯问人自己说的方式将讯问结束的方法和内容表达出来，有的讯问结束目的则要以实施行为的方式将讯问结束的方法和内容表达出来。例如，出于防止意外事故发生的目的，就要以由讯问人员说的方式进行，对被讯问人进行安慰、教育；出于说明讯问过程合法、巩固讯问成果的目的，就要以由讯问人员提出问题，被讯问人回答，让其自己说讯问过程是以合法的方式进行的；出于端正被讯问人恶劣态度的目的，在必要的情况下，就要以实施行为的方式进行。由上述可见，讯问人员要根据讯问结束的目的确定讯问结束的方式。

3. 根据讯问结束的内容情况确定讯问结束的方式

讯问结束的内容情况不同，讯问结束的方式也应不同。有的讯问结束内容要由讯问人员说的方式表达，有的讯问结束内容要由被讯问人看的方式表达。例如，以出示证据结束讯问的方法，对于证据的内容不能证明被讯问人犯罪或违纪违法的主要事实，有瑕疵的，可以由讯问人员说的方式出示证据；对于证据内容能证明被讯问人犯罪或违纪违法的主要事实，没有瑕疵的，可以由被讯问人看的方式出示证据。由上述可见，讯问人员要根据讯问结束的内容情况确定讯问结束的方式。

（四）把握或创造好讯问结束的时机

讯问结束工作同其他任何工作一样，都要讲时机。讯问人员只有把握或创造好讯问结束的时机，在最有利的时机结束讯问，才能做好讯问结束工作，起到事半功倍的作用。如果讯问人员不能把握或创造好讯问结束的有利时机，在不恰当或不利的时机结束讯问，那么，讯问结束不仅起不到它应有的积极作用，而且有可能起到消极作用。因此，要做好讯问结束工作，就要把握或创造好讯问结束的有利时机，在最有利的时机对讯问进行结束。

我们知道，讯问结束的有利时机主要有：在被讯问人交代完犯罪或违纪违法事实或交代了主要的犯罪或违纪违法事实的时候；被讯问人感觉到讯问人员还掌握其其他犯罪或违纪违法事实的时候；给被讯问人施加了心理压力的时候；被讯问人的抗审精神支柱受到重创的时候；被讯问人的抗审意志受到摧毁的时候。据此，讯问人员就应在这些有利时机对讯问进行结束。

那么，应当如何去把握或创造好这些有利的讯问结束时机呢？

1. 根据被讯问人的交代情况把握讯问结束的有利时机

讯问人员要根据被讯问人的交代情况，把握在有利时机结束讯问：

（1）对于已经开始交代犯罪或违纪违法事实的被讯问人，要把握在其交代完犯罪或违纪违法事实的时候结束讯问，而不能在其尚未交代完犯罪或违纪违法事实的时候结束讯问，或在其交代完犯罪或违纪违法事实后不结束讯问。

（2）对于已经开始交代，但由于犯罪或违纪违法事实较多，因时间的关系或讯问人员方出现紧急情况，需要暂停对其讯问的被讯问人，要把握在其对尚未交代的主要犯罪或违纪违法事实作出交代的时候结束讯问，而不能在其对尚未交代的主要犯罪或违纪违法事实未作出交代的时候就结束讯问。

（3）对于已经交代了此次犯罪或违纪违法事实，但还有其他犯罪或违纪违法事实尚未交代，需要深挖的被讯问人，要把握在被讯问人感觉到讯问人员还掌握其其他犯罪或违纪违法事实的时候结束讯问，而不能在其对讯问人员还掌握其其他犯罪或违纪违法毫无感觉的时候就结束讯问。

（4）对于在讯问中避重就轻、胡搅蛮缠的被讯问人，要把握在给被讯问人施加了心理压力的时候结束讯问，而不能在其毫无心理压力的时候就结束讯问。

（5）对于态度恶劣、气焰嚣张，拒不交代犯罪或违纪违法事实的被讯问人，要把握在其抗审的精神支柱受到重创的时候结束讯问，而不能在其抗审的精神支柱依然牢固的时候结束讯问。

（6）对于抗审意志坚强的被讯问人，要把握在其抗审的意志受到摧毁，出现动摇的时候结束讯问，而不能在其抗审意志毫无动摇的时候就结束讯问。

2. 根据时间情况创造讯问结束的有利时机

讯问结束受时间的制约，到了一定的时间要吃饭、休息、睡觉，就要结束讯问。在讯问实践中，绝大多数讯问的有利时机不会凭空出现，它需要讯问人员去创造。因而，对于没有讯问结束有利时机的，讯问人员要根据时间情况，去创造讯问结束的有利时机。

（1）对于已经开始交代，由于时间关系尚未交代完犯罪或违纪违法事实的被讯问人，讯问人员要以让被讯问人对尚未交代的犯罪或违纪违法的主要事实作出简单、扼要交代的方法，创造出其对尚未交代的犯罪或违纪违法的主要事实作出交代的时机。

（2）对于已经交代了此次犯罪或违纪违法事实，但还有其他犯罪或违纪违法尚未交代，需要深挖的被讯问人，讯问人员要以出示证据或阐明道理的方法创造出使被讯问人感觉到讯问人员还掌握其其他犯罪或违纪违法事实的时机。

（3）对于在讯问中避重就轻、胡搅蛮缠的被讯问人，讯问人员要以批驳或表明态度的方法创造出被讯问人的心理有了压力的时机。

（4）对于态度恶劣、气焰嚣张，拒不交代犯罪或违纪违法事实的被讯问人，讯问人员要以行为或态度狠刹被讯问人恶劣态度和深挖其根源的方法，创造出其抗审的精神支柱受到重创的时机。

（5）对于抗审意志坚强的被讯问人，讯问人员要以精湛的业务技能、威严的仪表、顽强的意志、严肃而诚恳的态度对被讯问人的抗审意志进行狠摧的方法，创造出其抗审意志受到摧毁，出现动摇的时机。

创造讯问结束的有利时机，是一项既艰巨又复杂的工程，它需要讯问人员根据案件和被讯问人的情况，以有效、巧妙的方法去创造。

（五）实施好讯问结束的过程

讯问结束结得好还是不好，取决于讯问结束的过程实施得好还是不好。讯问人员只有实施好讯问结束的过程，这个讯问结束才有可能是好的，才能起到它应有的作用。如果讯问结束的过程实施得不好，那么，即使讯问结束的方法最好、内容最针对有效、方式最恰当、时机最有利，讯问的结束还是结得不好。因此，讯问人员要十分重视讯问结束的实施，以最艺术的方法实施好讯问结束的过程。

那么，应当如何实施好讯问结束的过程呢？

1. 要隐蔽好讯问结束的意图

讯问人员在实施讯问结束的过程中，自始至终都要隐蔽好讯问结束的意图，即通过讯问结束要达到的目的。讯问人员只有隐蔽好讯问结束的意图，不被被讯问人察觉，被讯问人才有可能按照讯问结束所指引的去思考问题、去做，讯问结束才能起作用。否则，如果讯问结束的意图被被讯问人所察觉，被讯问人就不会按照讯问结束所指引的去思考问题、去做，而是有可能反其道而行之。这样，讯问结束不仅实现不了其目的，反而要起到反作用。因此，讯问人员在实施讯问结束的过程中，一定要隐蔽好讯问结束的意图。

2. 要做好铺垫

讯问结束的铺垫非常重要。有的讯问结束必须要有铺垫，只有做好了铺垫，讯问结束所运用的内容才能顺理成章、显得自然，既隐蔽了讯问结束的意图，又铺平了被讯问人按照讯问结束所指引的去思考、去做的道路。如果讯问人员对必须要有铺垫的讯问结束不去铺垫，而是不经铺垫就强硬地运用讯问结束的内容对讯问进行结束，那么，就会因此而暴露讯问结束的意图，被讯问人也就不会按照讯问结束所指引的去思考、去做，从而使讯问结束归于失败。因此，讯问人员在实施讯问结束的过程中，对必须要有铺垫的讯问结束，一定要做好铺垫，使之平坦。

3. 要有顺序地运用内容，并做好前后衔接

讯问人员在实施讯问结束的过程中，要有顺序地运用讯问结束的内容，一步步地深入，并做好前后内容的衔接，前一内容为后一内容开辟道路、打好基础，后一内容为前一内容推波助澜、发扬光大，一环紧扣一环，环环都围绕讯问结束的目的进行。

4. 要说好每一句话，做好每一个动作

说好每一句话，做好每一个动作，是实施好讯问结束过程的关键和核心。讯问人员在实施讯问结束的过程中，有的要借题说话，有的要借题发挥，有的要语言与神态相配合，有的要动作与语言相配合。总之，要以最巧的方法、最妙的技巧说好每一句话，做好每一个动作。

三、讯问结束具体方法的选择及其实施

（一）已如实交代完自己犯罪或违纪违法事实的被讯问人的讯问结束

1. 有翻供可能的被讯问人讯问结束方法的选择及其实施

对有翻供可能的被讯问人讯问结束方法及其实施要围绕巩固讯问成果的目的，根据被讯问人的自身情况进行。

（1）明事理的被讯问人讯问结束方法的选择及其实施

已经交代完自己犯罪或违纪违法事实且明事理的被讯问人，可选择以出示证据的方法结束讯问，使被讯问人不想翻供，巩固讯问已取得的成果。

所谓以出示证据的方法结束讯问，是指在讯问结束时，向被讯问人出示案件事实的有关证据，表明讯问人员已经收集到了其犯罪或违纪违法的其他确实、充分的证据，使被讯问人不想翻供，结束讯问。

这种已如实供述犯罪或违纪违法事实且明事理的被讯问人，在讯问结束时向其出示其犯罪或违纪违法事实的其他确实、充分的证据，以此结束讯问，被讯问人就会感觉到讯问人员已经收集到自己犯罪或违纪违法的证据，案件事实已经达到了证据确实、充分的证明要求，离开了自己的供述，讯问人员同样可以根据已有的其他证据认定自己有罪和处以刑罚。这样，被讯问人在讯问结束回监或回去乃至以后，其就不会想翻供。即使其想到翻供或有人指点其翻供，其就会立即想到案件的事实已经证据确实、充分，自己翻供不仅不起任何作用，翻不了案，而且只能落得个态度恶劣、从重处罚的下场。这样被讯问人就会断了翻供的念头，不会再去想翻供的问题和进行翻供，从而巩固了讯问已取得的成果。对这种被讯问人在讯问结束时，如果不以出示证据的方法结束讯问，不向其出示其犯罪或违纪违法的其他证据，被讯问人就会认为讯问人员并未收集到自己犯罪或违纪违法确实、充分的证据，离开了自己的

供述，就无法认定自己的犯罪或违纪违法的事实和对自己作出处理。这样，被讯问人在讯问结束以后，就有可能动起翻供的念头，认为推翻自己已作的供述，讯问人员就没有了自己犯罪或违纪违法的证据，就无法认定自己的犯罪或违纪违法事实和对自己作出处理。于是，便会进行翻供。因此，对这种已如实交代完自己犯罪或违纪违法事实且明事理的被讯问人，可选择以出示证据的方法结束讯问，使之不想翻供。

以出示证据的方法结束讯问，在实施中要做到以下几点：

①要组织确实的证据向被讯问人出示。讯问人员在选择确定以出示证据的方法结束讯问后，就要着手选择那些确实的证据向被讯问人出示。因为只有向被讯问人出示的证据确实，被讯问人才能感觉到讯问人员已实实在在地收集到了其犯罪或违纪违法的确实证据，翻供已不起任何作用，从而不想翻供。如果出示的证据不确实，被讯问人就会认为讯问人员并未收集到其犯罪或违纪违法的证据。这样，不仅达不到出示证据为使其不想翻供的目的，反而会引发被讯问人翻供的念想和促使被讯问人进行翻供。因此，讯问人员一定要组织确实的证据向被讯问人出示。

②要组织能证明主要犯罪或违纪违法事实的证据向被讯问人出示。所谓主要犯罪或违纪违法事实，是指实施的行为是不是犯罪或违纪违法和犯罪或违纪违法人是谁这样两个问题。讯问人员在选择确实的证据时，要选择那些能证明被讯问人主要犯罪或违纪违法的证据向被讯问人出示。因为只有向被讯问人出示能证明其主要犯罪或违纪违法的证据，被讯问人才能感觉到翻供已没有任何意义，从而不想翻供。如果向被讯问人出示不能证明其犯罪或违纪违法主要事实的证据，被讯问人就会认为讯问人员收集到的证据并不能证明自己犯罪或违纪违法的事实，并未真正掌握铁证。这样，不仅达不到出示证据为使其不想翻供的目的，反而会引发被讯问人翻供的念想和促使被讯问人进行翻供。因此，讯问人员一定要组织能证明被讯问人主要犯罪或违纪违法事实的证据向被讯问人出示。

③要组织充分的证据向被讯问人出示。讯问人员在向被讯问人出示证据结束讯问时，要组织充分的证据向被讯问人出示。因为只有向被讯

问人出示了充分的证据，被讯问人才能感觉到自己的犯罪或违纪违法事实已经达到了证据充分的证明要求，无论如何也翻不了案，从而使其不想翻供。如果向被讯问人出示的证据不充分，被讯问人就会认为自己的犯罪或违纪违法事实并未达到证据充分的要求，还是有变数余地的。这样，亦不仅达不到出示证据为使被讯问人不想翻供的目的，反而会引发被讯问人翻供的念想和促使被讯问人进行翻供。因此，讯问人员一定要组织充分的证据向被讯问人出示。

④要十分讲究出示证据的方法。讲究出示证据的方法，是指出示证据的方法要做到十分艺术。只有艺术地出示证据，才能使被讯问人产生联想，通过联想，感觉到讯问人员已经收集到了其确实、充分的证据，从而使其不想翻供。如果讯问人员出示证据的方法不艺术，而是直来直去地把几个证据摆出来，这样，不仅断了被讯问人的联想，而且被讯问人会针对讯问人员出示的证据进行分析、思考，从中寻找漏洞，万一讯问人员出示的证据有瑕疵或有矛盾，就会助长被讯问人翻供的念头，继而进行翻供。因此，讯问人员一定要讲究出示证据的方法，做到巧妙、艺术地出示证据。

⑤要顺理成章地出示证据。讯问人员在出示证据结束讯问时，出示证据要做到顺理成章。只有顺理成章地出示证据，才能不暴露讯问人员出示证据是为了防止被讯问人翻供的意图，把自己的意图隐蔽起来。如果讯问人员出示证据不能做到顺理成章，就有可能引起被讯问人的警觉，暴露讯问人员出示证据是为了防止被讯问人翻供的意图。这样，就有可能使被讯问人感到讯问人员是害怕自己翻供，从而就有可能引起被讯问人翻供的念想，进而进行翻供。因此，讯问人员一定要顺理成章地出示证据，把自己出示证据的意图隐蔽起来。

⑥要对被讯问人进行教育。讯问人员在向被讯问人出示证据后，要在肯定被讯问人交代态度的基础上，对被讯问人进行我国证据运用原则和如实交代可以从宽处理的法律规定的教育，给被讯问人以警示和吃一颗“定心丸”。

对这种已交代完犯罪或违纪违法事实且明事理的被讯问人，通过上述以出示证据的方法结束讯问，以十分艺术的方法，顺理成章地向其出示确实的、充分的、能证明其犯罪或违纪违法主要事实的证据，并对其进行我国证据运用原则和如实交代可以从宽处理的法律规定的教育，被讯问人在讯问结束回监、回休息场所或回去乃至以后，一般不会想去翻供，即使想到了翻供或他人教唆其翻供，被讯问人也会很快断了翻供的念头和不受他人的教唆，不想翻供，从而巩固讯问所取得的成果。例如，我们在《讯问艺术》（增订版）一书中所阐述的盛某抢劫案，[①] 讯问人员在以出示证据的方法结束对盛某的讯问中，组织了确实、充分、能证明盛某抢劫主要犯罪事实的盛某潜入作案现场遗留在现场的盛某的一枚掌纹、四枚指纹、一枚鞋印和盛某在作案时遗留在作案工具上的二枚掌纹和鉴定意见向盛某进行出示。在出示的过程中，讯问人员以讯问人员之所以能肯定盛某交代态度好，是因为自己取得了其犯罪确实的证据，盛某的交代与取得的证据相吻合评价盛某的交代态度好向盛某出示证据，使出示证据做到了巧妙、顺理成章。在出示证据后，讯问人员以夸盛某聪明，在夸盛某聪明的过程中，向盛某宣讲了《刑事诉讼法》关于“没有被告人口供，证据确实、充分的，可以认定被告人有罪和处以刑罚”的规定。由于出示证据结束讯问的方法实施得好，盛某在作出交代后，思想一直稳定，在各次的讯问中均如实交代犯罪事实。其在接到起诉书后，有人曾怂恿他翻供，但盛某以“我自己的问题我自己清楚”作了回绝，在庭审中仍作出如实供述。

当然，对这种被讯问人以出示证据的方法结束讯问，还应具备讯问人员已收集到其犯罪或违纪违法其他证据的条件，如果讯问人员没有收集到其犯罪或违纪违法的其他证据，就不能以这种方法结束讯问。切不可为了以这种方法结束讯问，而以虚假的证据向被讯问人出示。

（2）胆子小的被讯问人讯问结束方法的选择及其实施

已经交代完自己犯罪或违纪违法事实且胆子小的被讯问人，可选择以警示被讯问人的方法结束讯问，使被讯问人不敢翻供，巩固讯问已取

---

① 见《讯问艺术》（增订版），中国方正出版社 2015 年版，第 736—738 页。

得的成果。

所谓以警示被讯问人的方法结束讯问，是指在讯问结束时向被讯问人明示法律的规定，宣讲典型案例，以法律和案例警示被讯问人，给被讯问人打预防针，使被讯问人慑于法律的规定和前车之鉴而不敢翻供。

这种已如实供述犯罪或违纪违法事实且胆子小的被讯问人，在讯问结束时，向其明示法律的规定，宣讲因翻供不仅翻不了供，而且被从重处罚的典型案例，其就会在胆子小的作用下，产生害怕的心理，感觉到已作的供述一旦查证属实是无法推翻得了的，翻供不仅无法推翻已作的供述，不影响案件事实的认定和对自己作出处理，而且要被从重处罚，对自己非常不利。这样，被讯问人一旦要进行翻供，其就会立即想到法律的规定和因翻不了供而被从重处罚的血淋淋的事例，从而吓回被讯问人翻供的念头，使其不敢翻供。对这种被讯问人在讯问结束时，如果不以警示被讯问人的方法结束讯问，不向其进行法律和案例的警示，被讯问人就看不到翻供会对其带来的危害结果，进而就会毫无顾忌地去进行翻供。因此，对这种已如实交代完自己犯罪或违纪违法事实且胆子小的被讯问人，可选择以警示被讯问人的方法结束讯问，使之不敢翻供。

以警示被讯问人的方法结束讯问，在实施中要做到以下几点：

①要以法律对被讯问人进行警示。要向被讯问人宣讲《刑事诉讼法》第五十五条关于“没有被告人供述，证据确实、充分的，可以认定被告人有罪和处以刑罚”的规定。通过法律规定的警示，使被讯问人认识到即使自己进行翻供，讯问人员仍然可以根据《刑事诉讼法》的规定和收集到的其他证据，照样认定自己的犯罪或违纪违法事实和作出处理，推翻口供不起作用。

②要以刑事诉讼的证据理论对被讯问人进行警示。要向被讯问人宣讲证据的审查、判断和运用的理论。通过证据理论的警示，使被讯问人认识到已经交代的口供，一经查证属实，是无法推翻得了的，照样作为证据使用，认定其犯罪或违纪违法的事实，翻供翻不了已作的供述。

③要以案例对被讯问人进行警示。要向被讯问人宣讲因翻供不仅翻不了供，而且得到从重处罚的典型案例。通过案例警示，把血淋淋的事

实摆在被讯问人的面前，使之看到一个翻供不成，反而被从重处罚的典型，从而使被讯问人认识到翻供不仅毫无意义，而且只能得到从重处理。

④要讲究警示的技巧。讯问人员在向被讯问人进行警示时，要十分讲究警示的技巧，切不可将讯问人员的意图暴露出来，否则，不仅起不到警示的作用，而且有可能因此导致被讯问人进行翻供。因此，讯问人员在向被讯问人警示时，要把警示被讯问人不要翻供的意思隐含在上述警示的内容之中，以说其他的问题阐述警示的内容，把讯问人员的意图隐蔽起来，例如，我们在《讯问艺术》（增订版）一书中所阐述的贾某受贿案，讯问人员在以警示被讯问人的方法结束对贾某的讯问时，就是根据贾某如实交代受贿事实，以夸贾某的法律水平高向其宣讲法律的规定和刑事诉讼证据的审查、判断、运用理论，以讲懂法律不吃亏向贾某进行案例警示的[①]，从而隐蔽了讯问人员的意图。

对这种已交代完犯罪或违纪违法事实且胆子小的被讯问人，通过上述以向被讯问人进行警示的方法结束讯问，以十分艺术的警示技巧，用法律的规定、刑事诉讼的证据理论、典型的案例对其进行警示，被讯问人在讯问结束以后，乃至在整个诉讼过程中，当被讯问人一旦想要进行翻供或他人教唆、指点其进行翻供时，其就会想到这些法律的规定、证据的理论和翻供不成，反而被从重处罚的前车之鉴，从而使被讯问人不敢翻供，巩固讯问已取得的成果。

（3）胆子大的被讯问人讯问结束方法的选择及其实施

已经交代完自己犯罪或违纪违法事实且胆子大的被讯问人，可选择以说明讯问过程的合法性的方法结束讯问，使被讯问人不能翻供，巩固讯问已取得的成果。

所谓以说明讯问过程的合法性的方法结束讯问，是指根据《刑事诉讼法》关于讯问的规定向被讯问人提出讯问的过程是否符合法律的有关规定的问题，让被讯问人回答，以此说明讯问的过程符合法律的有

① 见《讯问艺术》（增订版），中国方正出版社 2015 年版，第 739—740 页。

关规定，使被讯问人即使进行翻供，也翻不了供结束讯问。

从讯问实践看，绝大多数被讯问人的翻供都是找借口进行翻供的。有的以讯问人员对其进行刑讯逼供的理由予以翻供；有的以讯问人员对其进行冻饿、不给睡觉的理由予以翻供；有的以讯问人员对其进行威胁的理由予以翻供；有的以讯问人员对其进行引诱的理由予以翻供；有的以讯问人员对其进行欺骗的理由予以翻供；等等。而刑讯逼供、冻饿、不给睡觉、威胁、引诱、欺骗等方法都是违反法律关于讯问的规定的，通过这些非法手段所取得的被讯问人供述，根据《刑事诉讼法》第五十六条的规定“应当予以排除”。如果被讯问人以这些理由提出翻供，而讯问人员又不能对被讯问人供述收集的合法性加以证明，或者证明之后仍然不能排除有采取这些非法手段收集被讯问人供述情形的，被讯问人的翻供也就得逞了。

这种已经如实供述犯罪或违纪违法事实且胆子大的被讯问人，以“出示证据”或“警示被讯问人”的方法结束讯问，并不能使其不想翻供或不敢翻供。其会在胆子大的作用下，产生狂妄的心理，进而进行翻供。因而，对这种被讯问人要使其不能翻供，即被讯问人即使进行翻供也翻不了供。而要使被讯问人即使进行翻供也翻不了供，就要证明被讯问人供述这一证据收集的合法性，即证明讯问过程是符合法律规定的，并未使用非法的手段对被讯问人进行讯问，或排除了有采取非法方法收集被讯问人供述的情形。这样，被讯问人也就翻不了供。因此，对这种已如实交代完犯罪或违纪违法事实且胆子大的被讯问人，可选择以说明讯问过程的合法性的方法结束讯问，以被讯问人自己的话来证明讯问人员收集其供述这一证据的合法性，从而也就彻底排除了有采取非法方法收集被讯问人供述的情形，被讯问人的翻供理由也就不攻自破。

以说明讯问过程合法性的方法结束讯问，在实施中要做到以下几点：

①首先要对被讯问人的如实交代作出评价。讯问人员在实施这一方法结束讯问时，首先要对被讯问人在讯问中能如实交代问题作出实事求

是的评价，肯定其交代态度是好的，并说明可以得到从轻的处理。这样，被讯问人就会有一种满足感，心里乐滋滋的，有利于为接下来说明讯问过程的合法性，促使被讯问人如实回答讯问人员提出的关于讯问过程合法性的问题打下扎实的基础。

②要根据法律对讯问的要求规定来说明讯问过程的合法性。《刑事诉讼法》对讯问和讯问的程序、方法、禁止性规定都作出了明确的规定，这些规定在讯问中都不得违反。讯问只有没有违反这些规定，做到符合这些规定，讯问的过程才是合法的。如果违反了这些规定，那么，讯问的过程也就成为不合法，所获取的证据也就是无效证据或非法证据。而无效证据或非法证据即使确实、充分，也是属于排除之列，不能作为证据使用。因此，要说明讯问过程的合法性，就要根据这些法律对讯问的规定要求来说明，例如：在讯问的过程中不得刑讯逼供、威胁、引诱、欺骗等。只有讯问的程序和方法符合法律的规定，不存在这些非法的行为，所取的证据才是合法的、有效的。

③以被讯问人自己的话说明讯问过程的合法性。说明讯问过程的合法性要以被讯问人自己说的话来说明，而不能讯问人员自卖自夸。因而，讯问人员要提出讯问是否违反法律规定的问题让被讯问人回答，以被讯问人自己的回答来说明讯问过程是符合法律规定的，讯问人员在讯问过程中没有违反法律的规定进行讯问。

④提问的方法要策略。在向被讯问人提出说明讯问过程合法性的问题时，提问的方法要讲究策略、技巧，以免有强迫被讯问人回答之嫌，失去真实性。例如：为了说明没有威胁、引诱、欺骗，可以这样向被讯问人提出问题：“你是在什么情况下作出上述交代的?”为了说明没有刑讯逼供，可以这样向被讯问人提出问题：“你对这次讯问有什么意见”或“这次讯问有哪些不文明的地方”或“有什么不符合法律规定的地方?”被讯问人在回答这些问题时，可能会比较简单，讯问人员应向被讯问人解释不文明指的是什么，法律是怎样规定的，这样，被讯问人就会围绕讯问人员的解释把问题回答全面。

对这种已交代完犯罪或违纪违法事实且胆子大的被讯问人，通过上述以说明讯问过程合法性的方法结束讯问，以被讯问人自己的话说明讯问的过程符合法律的规定，那么，也就证明了讯问人员收集的这一被讯问人的供述是合法的、有效的。以说明讯问过程的合法性的方法结束讯问，特别是以被讯问人自己说的话来说明讯问过程没有违反法律的规定，讯问的过程是合法的，一是被讯问人没有翻供的借口可找。因为讯问过程没有违反法律的规定，是合法的，是被讯问人自己说的。即使被讯问人日后要翻供，其也不能再以讯问过程不合法的理由进行翻供，如果其强行以此理由进行翻供，也就成了其打自己的嘴巴。二是巩固了被讯问人已作的供述的成果。通过被讯问人自己的口说明讯问过程是合法的，表明查案机关收集的被讯问人供述这一证据是通过合法的程序收集的，证明这一证据具有合法性，符合证据合法性的特征。如果客观性和关联性没有问题，讯问人员收集的这一证据也就具有了法律效力。也就是说，如果被讯问人没有真凭实据，提出新的事实，仅凭其口翻供是推翻不了的。这样，被讯问人就没有了任何翻供的余地，即使被讯问人硬要进行翻供，这次的讯问笔录也完全可以作为认定案件事实的证据，从而使被讯问人翻不了已作的供述，致使被讯问人不能翻供。例如，我们在《讯问艺术》（增订版）一书中所述的卓某受贿案，讯问人员在以说明讯问过程合法性的方法结束对卓某的讯问中，在对卓某的如实交代作出评价后，根据法律对讯问要求的规定，先后策略地向卓某提出了“你能一次性连续交代了这么多起收受他人财物的问题，是怎么下的决心”“你收受包工头这一起是在什么情况下决定要交代的”“那包工头的名字你是怎么知道的”“你对这次讯问有什么意见，可以尽管提出来”“为什么没有意见”“那你知道法律对讯问都有些什么规定”“那你谈谈看，这次讯问在哪些方面有违反法律的这些规定”等问题让卓某回答，通过卓某对逐个问题的一问一答说明了讯问过程的合法性。后来，卓某在庭审中以讯问人员在讯问中不给睡觉，对其指供、诱供、刑讯逼供为由进行翻供，公诉人以说明讯问过程合法性的一问一答回击了卓某的翻供。法庭对公诉人的意见予以采纳，驳回了卓某的翻供，当庭对卓某作出了从重处罚的判决。①

2. 有自杀可能的被讯问人讯问结束方法的选择及其实施

已经交代完犯罪或违纪违法事实但有自杀可能的被讯问人，可选择以安慰和思想教育相结合的方法结束讯问，防止被讯问人自杀行为的发生。

所谓以安慰和思想教育相结合的方法结束讯问，是指在讯问结束时，把安慰和思想教育这两种方法结合起来，一边对被讯问人进行安慰，一边对被讯问人进行思想教育，在安慰中教育被讯问人，在教育中安慰被讯问人，使被讯问人放弃自杀的念头，不再实施自杀的行为结束讯问。

这种已如实供述犯罪或违纪违法事实但有自杀可能的被讯问人，是因为其在交代了犯罪或违纪违法事实后，思想斗争极其尖锐、复杂，顾虑很重、压力很大而产生自杀念头的。特别是那些初犯或重大案件的被讯问人，更是惶惶不可终日。有的担心得不到从轻处理，要被判处重刑，承受漫长的监禁生活之苦；有的担心要被判处极刑，要面临断头的可怕现实；有的担心连累家人，特别是担心子女受到影响；有的担心老婆离婚；有的担心自己和家人受到歧视，今后在社会上不好做人；有的担心自己和家人被同伙报复，等等。因而，其越想越可怕，于是，便产生了自杀的念头。对这种被讯问人，在讯问结束时进行安慰和教育，给其吃一颗“定心丸”和予以正确的引导，其在讯问结束以后，思考的精力就会集中在讯问人员对其所进行的安慰、教育上。通过思考，其就有可能认为讯问人员所说的话在理，是在真心地帮助自己，从而看到光明的前途和认识到怎样做才是正确的，打消自杀的念头，起到防止被讯问人自杀的作用。如果不给以安慰和教育，不给他吃一颗“定心丸”和予以正确的引导，其在讯问结束以后就会胡思乱想，越想越害怕、越想越失望，从而产生抑郁或认为与其长期承受劳役之苦或在此等死，不如自己来个痛快了结的想法，极有可能发生自杀的意外事故。因此，对这种被讯问人，在讯问结束时，应选择以安慰和教育相结合的方法结束

① 见《讯问艺术》（增订版），中国方正出版社2015年版，第742—744页。

讯问，以防止被讯问人自杀事故的发生。

以安慰和教育相结合的方法结束讯问，在实施中要做到以下几点：

（1）要从多方面对被讯问人进行安慰

①要以肯定被讯问人的交代态度对被讯问人进行安慰

讯问人员在以这种方法结束讯问时，首先要以肯定被讯问人的交代态度对被讯问人进行安慰。要实事求是地评价被讯问人的交代态度，肯定被讯问人的交代态度是好的，在评价中不要打折扣。这样，被讯问人就会有一种满足感、愉悦感，并认为讯问人员非常实事求是，是一个可以信赖的人。

②以被讯问人所具有的从宽情节对被讯问人进行安慰

讯问人员要在肯定被讯问人交代态度好的基础上，指出这种交代态度肯定能够得到从轻的处理。同时，讯问人员还要根据案件和被讯问人的情况，指出其可以从宽处理的各种情节，以其所具有的从宽情节对被讯问人进行安慰。这样，被讯问人就会看到自己从宽的情节，认为自己从宽处理是有条件的。

③以讯问人员诚恳的态度对被讯问人进行安慰

讯问人员要以诚恳的态度向被讯问人表明，自己一定会对其负责到底，根据其交代态度好，所具有的各种从轻处理情节，实事求是地提出对其从轻处理的意见；一定会对其家人负责，并向被讯问人阐明一个人实施了犯罪或违纪违法行为，就由这个实施犯罪或违纪违法行为本人负责，绝不会搞株连，不会影响其家人、子女。在这里，可以简要地阐述一下罪责自负原则的内容。同时，向被讯问人表明如果其本人或家人有需要讯问人员帮助的，让其向讯问人员提出，讯问人员会想办法予以帮助，从而使被讯问人感到讯问人员很亲切，解除其后顾之忧，放下不必要的担心和害怕。

（2）要根据被讯问人可能出现自杀念头的具体情况，做好思想教育工作

①要对被讯问人进行查案目的和方针的教育

要向被讯问人阐明查案机关查案的目的不仅是要惩处犯罪或违纪违

法行为，而且更重要的是要教育、挽救犯罪或违纪违法的人；阐明查案机关的查案方针是“惩前毖后，治病救人”，而不是一棍子打死。通过对其犯罪或违纪违法行为的查处，把他教育、挽救过来，使之成为新人，使其认识到讯问人员对其犯罪或违纪违法行为的查处，是在教育、帮助、挽救自己，而不是要整倒自己。

②要对被讯问人进行犯罪或违纪违法行为的危害性的教育

要向被讯问人阐明犯罪或违纪违法行为的社会危害性。在阐述中结合被讯问人实施的行为，指出其行为给党、国家、社会和人民造成了危害和损失，理应受到法律的追究，从而使被讯问人明白实施了犯罪或违纪违法行为就应承担法律的责任，使其感到自己被查处是应当的，承担法律责任是天经地义的。

③要对被讯问人进行犯罪或违纪违法是一个历史、社会问题的教育

要向被讯问人阐明历朝历代都有人犯罪或违纪违法，社会的任何一个地方都有人犯罪或违纪违法。犯罪或违纪违法并不可怕，可怕的是不承认和改正，使被讯问人感到实施了犯罪或违纪违法行为不足为奇，重要的是承认了，改正了就是好的。

④要对被讯问人进行政策、法律的教育

要对被讯问人进行党的“坦白从宽，抗拒从严”的政策和《刑法》第六十七条第三款关于“犯罪嫌疑人……如实供述自己罪行的，可以从轻处罚；因其如实供述自己罪行，避免特别严重后果发生的，可以减轻处罚”规定的教育，给被讯问人吃一颗“定心丸”，使被讯问人感到党的政策、法律的规定是明确的，讯问人员是实事求是的，自己的如实交代一定能得到从轻的处理，从而使被讯问人看到光明，得到心理上的安慰。

⑤要对被讯问人进行悔罪是从轻处罚的关键条件教育

要对被讯问人进行悔罪是从轻处罚的关键条件教育，向被讯问人阐明在犯罪或违纪违法行为已经实施的情况下，悔罪是从轻处罚的关键条件。在这里，可以向被讯问人简述彻底坦白、积极退赃、挽回损失、揭发检举等悔罪表现及其对从轻处理的意义，从而使被讯问人感到自己走

“坦白从宽”道路是走对了。

⑥要对被讯问人进行人生观教育

要对被讯问人进行人生观教育，阐明正确的幸福观、公私观、生死观，从而使被讯问人认识到自己的行为要对自己负责、对家庭负责、对社会负责。

⑦要对被讯问人进行道理教育

要对被讯问人进行“不贵于无过，而贵于能改过”① “君子之过也，如日月之食焉。过也，人皆见之；更也，人皆仰之”② 道理的教育，使被讯问人认识到不犯罪，不违纪违法并不可贵，可贵的是知错能改，承认和改正了反而要受到他人的尊敬。

⑧要对被讯问人进行前途教育

要对被讯问人进行前途教育，指出其只要承认错误，改过自新，前途是光明的，从而使被讯问人看到前途、受到鼓舞，树立起生活的信心。

⑨要对被讯问人进行亲情教育

要对被讯问人进行亲情教育，要从亲人的角度着想，从而使被讯问人为了亲人而打消自杀的念头。

对这种已交代完犯罪或违纪违法事实但有自杀可能的被讯问人，通过上述以安慰和思想教育相结合的方法结束讯问，其在讯问结束回监或回休息场所以后，思考的注意力就会集中在讯问人员对其所安慰、教育的内容上，而不会集中在要承担法律责任而产生的严重后果上，经对讯问人员对其安慰、教育的思考，一般不会产生自杀的念头。即使其思考的注意力集中在要承担法律责任而产生的严重后果上，出现了自杀的念头，但其立即就会想到讯问人员在讯问结束时对其所说的内容，经思

---

① 见（明）王守仁：《教条示龙场诸生》，载《王阳明全集》（第三册），黄山书社 2014 年版，第 1024 页。

② 见《论语·子张》，载程林主编：《四书五经》（第一卷），北京燕山出版社 2008 年版，第 119 页。

考，就有可能使被讯问人稳定情绪，消除承担法律责任而产生严重后果的顾虑，减轻压力，看到光明，从而打消所出现的自杀念头，起到防止自杀意外事故发生的作用。

3. 有逃跑可能的被讯问人讯问结束方法的选择及其实施

已经交代完犯罪或违纪违法事实但有逃跑可能的被讯问人，可选择以安慰和警示教育相结合的方法结束讯问，防止被讯问人逃跑行为的发生。

所谓以安慰和警示教育相结合的方法结束讯问，是指在讯问结束时，把安慰和警示教育这两种方法结合起来，一边对被讯问人进行安慰，一边对被讯问人进行警示教育，在安慰中警示被讯问人、在警示中安慰被讯问人，使被讯问人放弃逃跑的念头，不再实施逃跑行为结束讯问。

这种已如实供述犯罪或违纪违法事实但有逃跑可能的被讯问人，是因为其在交代犯罪或违纪违法事实后，有的认为自己犯罪或违纪违法事实的证据已铁板钉钉，必然要被判处重刑，与其长期承受劳役之苦或在此等死，不如冲出牢笼一试，或许能够得逞，免受劳役之苦和杀头的可怕；有的为了翻供，要与在外的同案人、对合人或知情人，甚至是被害人串通口供；有的因紧急的事情需要处理，逃跑出去处理紧急的事情。因而，这些被讯问人极有可能进行逃跑。对这种被讯问人，在讯问结束时对其进行安慰和警示教育，被讯问人在讯问结束以后，思考的精力就会集中在讯问人员对其所进行的安慰和警示上，通过思考，其就有可能认为自己的逃跑划不来，或认为逃跑很难成功，即使成功，也只是暂时的，或认为逃跑过的是一种非人的生活。这样，被讯问人就有可能打消逃跑的念头，从而起到防止被讯问人逃跑的作用。如果对这种被讯问人在讯问结束时不给以安慰和警示教育，在讯问结束以后，其思考的注意力就会集中在前面所述的那些引起逃跑可能的问题上，进而产生逃跑的念头和进行逃跑。因此，对这种有逃跑可能的被讯问人，应选择以安慰和警示教育相结合的方法结束讯问。

以安慰和警示教育相结合的方法结束讯问，要做到以下几点：

（1）在安慰方面，讯问人员应以前述对有自杀可能被讯问人的安慰的内容对被讯问人进行安慰，即以肯定被讯问人的交代态度、被讯问人所具有的从轻情节和讯问人员诚恳的态度对被讯问人进行安慰。同时，对那些有紧急事情需要处理而可能逃跑的被讯问人，讯问人员要以对被讯问人予以帮助的诚恳态度对被讯问人予以安慰。

（2）在警示教育方面，讯问人员要以以下内容对被讯问人予以警示：

①以法律向被讯问人警示。讯问人员要以我国《刑法》第八十八条关于不受追诉期限限制的情形和第三百一十六条关于脱逃罪、第六十九条关于数罪并罚的规定对被讯问人进行警示。通过警示，使被讯问人认识到逃跑不受追诉期限的限制，到任何时候都要受法律的追究和逃跑又构成了脱逃罪，要实行数罪并罚。

②以形势向被讯问人警示。讯问人员要以全国司法机关一盘棋，通力协作，网上追逃的形势对被讯问人进行警示。通过警示，使被讯问人认识到逃跑很难成功，即使成功也是暂时的，必然要被抓获归案。

③以逃跑要面临的处境向被讯问人警示。讯问人员要以逃跑以后很难藏身，不能乘车、住店和生活下去的艰难对被讯问人进行警示。通过警示，使被讯问人认识到，即使逃跑成功也寸步难行，过的是非人的、生不如死的生活。

④以典型案例向被讯问人警示。讯问人员要列举逃跑被抓获得到从重处理的典型案例对被讯问人进行警示。通过警示，使被讯问人看到一个逃跑不成，反而要得到从重处理的血淋淋的事实。

对这种已交代完犯罪或违纪违法事实但有逃跑可能的被讯问人，通过上述以安慰和警示教育相结合的方法结束讯问，其在讯问结束回监或回休息场所后，就会围绕讯问人员对其所进行的安慰和警示教育思考问题。通过思考，认为讯问人员已肯定自己的交代态度是好的和自己所具有的从轻情节，自己的从轻处理是有希望的或认为讯问人员会帮助自己解决处理紧急的事情，没有必要进行逃跑；认为逃跑不仅要数罪并罚，加重罪责，而且逃跑不是一件容易的事，很难成功，即使成功，过的也是非人的生活，永无出头之日。这样，被讯问人就不会产生逃跑的念头，即使产生了逃跑的念头，其也会很快打消。这样，就起到了防止被讯问人逃跑的作用。

4. 有可能知道他人犯罪或违纪违法情况的被讯问人讯问结束方法的选择及其实施

对于已经交代了自己的犯罪或违纪违法事实，有可能知道他人犯罪或违纪违法情况的被讯问人，可选择以促使被讯问人检举、揭发的方法结束讯问。

所谓以促使被讯问人检举、揭发的方法结束讯问，是指在讯问结束的时候，向被讯问人宣讲我国《刑法》关于立功的规定，促使被讯问人检举、揭发他人的犯罪或违纪违法行为，走立功的道路结束讯问。

从轻、减轻或免除处罚的处理，是每一个被讯问人都想得到的。被讯问人之所以能够如实交代犯罪或违纪违法的事实，是因为对于绝大多数被讯问人来说，都是想通过如实交代自己的犯罪或违纪违法事实，表明自己有一个好的交代态度，能得到从轻、减轻或免除处罚，而且，往往求轻心理迫切。但是，如实交代犯罪或违纪违法事实，根据法律的规定，除《刑法》第六十七条第三款中规定的这一情形外，只能得到从轻处罚，而不能得到减轻或免除处罚。要得到减轻或免除处罚，还必须具备法定的减轻或免除处罚的情节，要么是《刑法》总则中规定的，要么是《刑法》分则规定的该种犯罪所规定的。否则，无论交代态度如何好，都不能得到减轻或免除的处罚。正因为如此，对这种已交代了犯罪或违纪违法事实，有可能知道他人犯罪或违纪违法情况的被讯问人，讯问人员应抓住其求轻迫切的心理，选择以促使被讯问人检举、揭发的方法结束讯问，向其宣讲《刑法》第六十八条关于立功的规定。对这种被讯问人以促使其检举、揭发的方法结束讯问，一是这种被讯问人知道他人的犯罪或违纪违法的行为，有检举、揭发的内容。二是被讯问人在讯问结束以后，思考的精力就会集中在如何能使自己减轻或免除处罚的问题上，从而其就会按照讯问人员的指引，检举、揭发他人的犯罪或违纪违法行为，走立功的道路。

以促使被讯问人检举、揭发的方法结束讯问，要做到以下几点：

（1）要对被讯问人的交代态度进行评价。讯问人员要实事求是地评价被讯问人的交代态度，充分肯定被讯问人的交代态度是好的，根据其交代态度，依据《刑法》第六十七条第三款的规定完全可以得到从轻的处理。

（2）要指出其交代态度好只能得到从轻处理，而不能得到减轻或免除处罚的处理。讯问人员在肯定被讯问人的交代是好的，完全可以得到从轻处理的同时，要直言不讳地向被讯问人指出，根据法律的规定，其交代态度好除“因其如实供述自己罪行，避免特别严重后果发生的”情形外，只能得到从轻的处理，而不能得到减轻处罚的处理。同时，交代态度好，无论是何种情形，即使是“因其如实供述自己罪行，避免特别严重后果发生的”也不能得到免除处罚的处理。要想得到减轻或免除处罚的处理，还必须具有法定的减轻或免除处罚的情节。

（3）要指出其减轻或免除处罚的法定情节只有立功这一情节还可以争取。讯问人员要根据案件和被讯问人的情况，指出其现在还不具备法定的减轻或免除处罚的情节，只有立功这一法定的减轻或免除处罚情节其还可以争取。

（4）向被讯问人宣讲《刑法》关于立功的规定。讯问人员要根据《刑法》第六十八条关于立功的规定，向被讯问人宣讲立功的概念、种类、表现形式和立功犯的刑事责任，使被讯问人认识到“有揭发他人犯罪行为，查证属实的，或者提供重要线索，从而得以侦破其他案件等立功表现的，可以从轻或者减轻处罚；有重大立功的，可以减轻或者免除处罚”。

（5）向被讯问人提出要求。讯问人员要向被讯问人提出，其在讯问结束以后，要认真地思考回忆，检举、揭发他人的犯罪行为或提供他人犯罪的重要线索，争取到立功这一可以减轻或免除处罚的法定情节。

（6）向被讯问人表明态度。讯问人员要向被讯问人表明，其检举、揭发他人的犯罪行为或提供他人犯罪的重要线索，一定为其保密，以解除其后顾之忧，从而促使其检举、揭发或提供重要线索。

对这种已交代完犯罪或违纪违法事实，又有可能知道他人犯罪或违纪违法情况的被讯问人，通过上述以促使被讯问人检举、揭发的方法结束讯问，其在讯问结束回监或回休息场所后，思考的精力就会围绕讯问人员向其指出的问题、宣讲的立功规定和提出的要求进行思考。通过思考，其为了自己能减轻或免除处罚，就有可能对知道的他人犯罪或违纪违法的问题作出检举、揭发，走立功的道路。

（二）已经进行交代，但尚未作出全部交代的被讯问人的讯问结束

1. 已经开始交代，但来不及交代完犯罪或违纪违法事实的被讯问人讯问结束方法的选择及其实施

有的被讯问人通过讯问人员的讯问，愿意把犯罪或违纪违法事实交代清楚，并已开始了交代。但由于有的被讯问人实施犯罪或违纪违法的时间长、过程复杂，要用较长的时间才能将犯罪或违纪违法事实交代清楚，需要在被讯问人的交代中结束讯问；有的是因被讯问人实施了多起犯罪或违纪违法行为，在该次讯问中无法全部交代清楚，亦需要在被讯问人的交代中结束讯问；有的是因被讯问人开始交代的时间较晚，不能在该次讯问中将犯罪或违纪违法行为交代完毕，也需要在被讯问人的交代中结束讯问；有的是因被讯问人在交代中讯问人员方出现了紧急情况，要先暂停讯问，不得不在被讯问人的交代中结束讯问，等等。这样，就中断了被讯问人对本要交代的犯罪或违纪违法事实的交代，被讯问人本要交代而尚未交代的犯罪或违纪违法事实需要在续审中进行交代。而被讯问人在讯问结束回监或回休息场所后，由于种种原因，其思想就有可能起变化，把本要交代而尚未交代的问题缩回去。在续审中，其就不会再交代本要交代而尚未交代的犯罪或违纪违法事实，有的甚至把已作的交代予以推翻，重新回到态度恶劣的状态，拒不供述犯罪或违纪违法事实。为了防止这种被讯问人在讯问结束回监或回休息场所后思想起变化而不再交代本要交代而尚未交代的犯罪或违纪违法事实，保证被讯问人在续审中能继续如实交代犯罪或违纪违法的事实，或即使其思

想起变化，在续审中不再交代犯罪或违纪违法事实，也不会影响对其犯罪或违纪违法事实的认定，对这种被讯问人的讯问结束，应选择以让被讯问人简单、扼要地供述基本的犯罪或违纪违法事实的方法结束讯问，先把被讯问人在该次讯问中来不及交代的犯罪或违纪违法事实的基本事实固定下来。

所谓以让被讯问人简单、扼要地供述基本犯罪或违纪违法事实的方法结束讯问，是指讯问人员在讯问结束的过程中，让被讯问人先对尚未交代的犯罪或违纪违法的基本事实作出简单、扼要的交代结束讯问。

以让被讯问人简单、扼要地供述基本犯罪或违纪违法事实的方法结束讯问，让被讯问人先把来不及交代的犯罪或违纪违法的基本事实作出交代有以下作用：一是被讯问人已对基本犯罪或违纪违法事实作出交代，其在续审中一般不会再否认这些已作简单、扼要交代的犯罪或违纪违法的事实，有利于保证被讯问人在续审中继续如实交代这些犯罪或违纪违法的事实，使续审顺利地进行；二是被讯问人的基本犯罪或违纪违法事实已经暴露出来，并已得到了固定，即使被讯问人在讯问结束以后思想起了变化，缩回去不再交代尚未交代的犯罪或违纪违法事实，但由于其基本的犯罪或违纪违法事实已经得到了固定，案件的事实也就变不到哪里去，讯问人员完全可以根据其对基本犯罪或违纪违法事实的交代，对其犯罪或违纪违法的事实予以查证属实，不会影响对其犯罪或违纪违法事实的认定。

以让被讯问人简单、扼要地供述基本犯罪或违纪违法事实的方法结束讯问，在实施中要做到以下几点：

（1）要被讯问人讲清基本的犯罪或违纪违法事实。基本的犯罪或违纪违法事实包括时间、地点、事、人、手段、因、果等，讯问人员要被讯问人将这些基本事实简单、扼要地讲清。只要讲清了这几点，案件事实的框架就固定下来了，即使出现变故，被讯问人在续审中不再交代，案件的事实也变不到什么地方去。

（2）要被讯问人回去后详细地回忆事实的经过情况。被讯问人在简单、扼要地讲清基本事实后，讯问人员要向被讯问人提出要求，要被讯问人在回去后对这些事实的经过情况进行详细的回忆，下次讯问把详细的情况说清楚。这样，被讯问人在讯问结束回去后就会把精力集中在对详细情况的回忆上，有利于续审顺利地进行。

通过上述以让被讯问人简单、扼要地供述基本犯罪或违纪违法事实的方法结束讯问，这种被讯问人在续审中就能对这些基本犯罪或违纪违法事实作出详细的交代。即使其思想起变化，不再交代，也已毫无意义。

2. 已经交代了主要的犯罪或违纪违法事实，但一些情节未交代清楚的被讯问人讯问结束方法的选择及其实施

有的被讯问人在讯问中已对主要犯罪或违纪违法作出交代，但在一些情节上并未交代清楚。这种在一些情节上并未交代清楚的被讯问人，有的是其有意回避这些情节，有的是一时记不清楚。这种被讯问人，只有针对其没有讲清的情节向其提出问题，其才会去思考讲清这些没有讲清的情节的问题，从而讲清这些没有讲清的情节。如果不针对其没有讲清的情节提出问题，被讯问人就会认为这样的交代已经过关了，其也就不会再去思考这些没有讲清的情节。因此，对这种被讯问人，可选择以提出问题让其思考的方法结束讯问。

所谓以提出问题让被讯问人思考的方法结束讯问，是指在讯问结束的过程中，针对被讯问人没有讲清的情节提出问题，让被讯问人自己去思考结束讯问。

对这种被讯问人以提出问题让其自己思考的方法结束讯问，被讯问人在讯问结束以后，其思考的精力就会集中在讯问人员提出的问题上，围绕其没有讲清的情节进行思考，通过思考，其就有可能在续审中讲清这些没有讲清的情节。

以向被讯问人提出问题让其思考的方法结束讯问，在实施中要做到以下几点：

（1）所提的问题要针对被讯问人没有讲清的情节。讯问人员要针对被讯问人没有讲清的情节提出问题。只有这样，被讯问人才能知道自己在什么情节上没有讲清，才能围绕这些没有讲清的情节进行思考。进

而，思考清这些没有讲清的情节，在续审中予以讲清。

（2）问题要提得准。讯问人员向被讯问人提的问题要提得准。只有提得准，对于有意回避这些情节的被讯问人来说，其会认为讯问人员已掌握了这些情节的具体情况，自己已无法回避这些情节；对于一时记不清楚这些情节的被讯问人来说，有利于围绕讯问人员所提的问题进行回忆，从而回忆起这些情节的具体情况。

（3）所提的问题不能涉及这些情节的具体事实。讯问人员在向被讯问人提问题的过程中，所提的问题不能涉及这些情节的具体事实。只有这样，才能保证被讯问人思考回忆这些情节事实的真实性和取得被讯问人口供的合法性。否则，被讯问人就有可能顺着讯问人员所指的事实进行交代，影响被讯问人供述的真实性。而且，这是指供的行为，从而影响到取得口供的合法性，同时还给被讯问人留下了翻供的借口。

（4）要根据被讯问人没有讲清的原因，以不同的态度提出问题

①对于有意回避这些情节的被讯问人，讯问人员提问题的态度要严肃、口气要坚决、语调要严厉。

②对于一时记不清楚这些情节的被讯问人，讯问人员提问题的态度要诚恳、口气要缓和、语调要平稳。

对这种一些情节未交代清楚的被讯问人，通过上述以提出问题让被讯问人思考的方法结束讯问，向被讯问人提出针对其没有讲清的情节问题，其在讯问结束以后就会围绕讯问人员所提出的问题进行思考。通过思考，其就有可能在续审中根据讯问人员所提出的问题作出如实的交代，从而讲清在此次讯问中没有讲清的情节。

3. 已经交代了一些犯罪或违纪违法事实，但还有讯问人员掌握的犯罪或违纪违法问题尚未交代的被讯问人讯问结束方法的选择及其实施

有的被讯问人在讯问中交代了某一犯罪或违纪违法事实，但还有其他已被讯问人员掌握的犯罪或违纪违法事实尚未作出交代，由于时间或其他原因的问题，需要结束讯问。对这种被讯问人，在该次讯问结束以

后，接着就要对其进行下一次的讯问，以讯清其尚未交代的犯罪或违纪违法事实。

被讯问人在讯问结束回监或回休息场所后，其心情是不可能平静的，思想斗争是十分激烈的，考虑问题是非常复杂的。特别是这种已经交代了某一犯罪或违纪违法事实，但尚未全部交代清楚犯罪或违纪违法问题的被讯问人，更是如此。其在讯问结束以后会揣测讯问人员是否已掌握其尚未交代的犯罪或违纪违法事实；自己在接下来的讯问中是交代这些尚未交代的问题，还是拒绝交代这些尚未交代的问题；交代这些尚未交代的问题应如何讲，讲到一个什么程度，拒绝交代这些问题应以什么理由予以拒绝、辩解，等等。总之，被讯问人是不会不考虑这些问题的。为了把这种被讯问人的思考引导到讯问人员在下一次讯问的思路上来，为接着进行的下一次讯问打下基础、做好铺垫、埋下伏笔，起到承上启下，促使被讯问人在下一次讯问中能如实交代尚未交代的犯罪或违纪违法事实的作用，对这种被讯问人的讯问结束，应选择以提出下一次讯问的指向性问题的方法结束讯问。

所谓以提出下一次讯问的指向性问题的方法结束讯问，是指讯问人员在讯问结束的过程中，根据下一次要讯问的问题，向被讯问人提出下一次讯问的方向性问题结束讯问。

以提出下一次讯问的指向性问题的方法结束讯问，向被讯问人提出下一次要讯问的方向性问题有以下作用：一是表明讯问人员胸有成竹、稳操胜券，使被讯问人感觉到讯问人员确实已掌握了其尚未交代的犯罪或违纪违法的事实和证据，否则，讯问人员是提不出如此准确的指向性问题的，从而给被讯问人造成一定的思想压力，使其在下一次讯问中不敢耍花招；二是把被讯问人在讯问结束以后的思考精力集中在对讯问人员提出的指向性问题上，不至于在其已作供述的问题上思来想去、总结得失和使其没有精力去琢磨对付下一次讯问的伎俩；三是促使被讯问人对讯问人员所提出的指向性问题进行思考，使被讯问人在下一次讯问中能够按照讯问人员讯问的思路和要求作出如实的交代。

以向被讯问人提出下一次讯问的指向性问题的方法结束讯问，在实施中要做到以下几点：

（1）指向性问题要根据被讯问人在讯问中的态度、讯问人员掌握案件的事实证据情况和下一次讯问的重点予以提出

要根据被讯问人在讯问中的态度、讯问人员掌握的案件事实证据情况和下一次讯问的重点提出指向性问题，切不可不加区别地乱提一通。具体是：

①根据被讯问人在讯问中的态度提出下一次讯问的指向性问题

第一，对在讯问中能认真回答讯问人员的提问，交代态度较好的被讯问人，在提出指向性的问题时，口气可以缓和一些，指向可以明确、具体一点。例如："讯问结束回去后，你仔细想想，同哪几个房开老板有关系，都有些什么关系，下次讯问把这个问题讲清楚。"

第二，对在讯问中交代态度不好的被讯问人，在提出指向性问题时，态度要严肃坚决、语气要严厉肯定。例如："你就这么点问题，那我们还要如此兴师动众干什么？告诉你，你不要在××的问题上避而不谈，想蒙混过关。让你自己交代，是给你一个从轻处理的机会，别不知好歹，你自己看着办！讯问结束后给我好好考虑！"这样严肃地提出指向性问题，有利于增加被讯问人的心理压力，促使其端正态度、考虑问题。

②根据讯问人员掌握的案件事实、证据情况提出下一次讯问的指向性问题

第一，对已掌握了案件的具体事实和证据的被讯问人，指向可以明确、具体一些。例如："讯问结束后，你把×月×日前后情况好好地回忆一下，下午把这个问题讲清楚。"这样明确、具体地提出指向性问题，有利于震慑被讯问人和帮助被讯问人回忆案件中的有关事实和情节。

第二，对还没有掌握案件的具体事实和证据的被讯问人，指向可以原则、笼统一些。例如："你把经济方面的问题好好地回忆一下，同他人都有一些什么不正当的经济来往，明天上午我们具体谈你经济方面的事。"这样原则、笼统地提出指向性的问题，有利于给被讯问人造成悬

念，使其越想越觉得自己的经济问题已经暴露，越想越害怕。

③根据下一次讯问的重点提出下一次讯问的指向性问题

讯问人员要在明确下一次讯问重点的基础上，根据下一次讯问的重点向被讯问人提出下一次讯问的指向性问题，切不可离开下一次讯问的重点而提一些与下一次讯问重点无关的问题。

（2）指向性问题一定要提得准

指向性问题只有提得准，才能使被讯问人感觉到讯问人员确已掌握了其犯罪或违纪违法的事实和证据，从而，才能使被讯问人对讯问人员提出的问题进行思考。如果指向性的问题提得不准，这等于告诉被讯问人，讯问人员并没有掌握其犯罪或违纪违法的证据，从而就有可能使被讯问人进一步加强抗审的心理。

（3）指向性问题一定不能涉及案件的具体事实和情节

在提出指向性问题时，指向性问题的内容一定不能涉及案件的具体事实和情节。如果指向性问题的内容涉及案件的具体事实和情节，被讯问人就有可能顺杆爬，从而影响到供述的真实性。同时，给被讯问人留下指供的把柄，为其以后的翻供提供借口。

（4）指向性问题一定不能暴露讯问人员的底细和讯问意图

讯问人员的底细和讯问意图在任何时候、任何情况下都不能暴露给被讯问人。在提出指向性问题时，如果暴露了讯问人员的底细和讯问意图，被讯问人就会针对讯问人员的底细和讯问意图考虑对付讯问的对策，增强其抗拒的心理。

对这种还有讯问人员掌握的犯罪或违纪违法问题尚未交代的被讯问人，通过上述以提出下一次讯问的指向性问题的方法结束讯问，其在讯问结束以后，就会对讯问人员提出的指向性问题进行思考，在续审中就有可能对讯问人员提出的指向性问题作出交代，从而交代尚未交代的讯问人员已掌握的犯罪或违纪违法的事实。

4. 已经交代讯问人员已掌握的犯罪事实，但可能还有其他的犯罪问题，需要深挖的被讯问人讯问结束方法的选择及其实施

有的被讯问人在讯问中已经交代了讯问人员已掌握的犯罪事实，但

根据案件和被讯问人的情况，被讯问人可能还有其他不同性质或相同性质的犯罪问题，需要在续审中进行深挖。对这种被讯问人，讯问结束的方法就要把被讯问人在讯问结束后的思考精力集中到对其他犯罪问题交代的权衡利弊上，通过权衡利弊，促使被讯问人在续审中对其他的犯罪事实作出交代，达到深挖的目的。

由于被讯问人的其他犯罪问题的性质，同已交代的犯罪问题的性质有不相同和相同之分，因而，把被讯问人在讯问结束后的思考精力集中到对其他犯罪问题交代的权衡利弊上的讯问结束方法也应不同。也就是说，要根据被讯问人的其他犯罪问题同已交代的问题的性质不相同或相同的情况，选择不同的讯问结束方法结束讯问。

（1）对不相同性质的其他犯罪问题的被讯问人讯问结束方法的选择及其实施

对于司法机关尚未掌握的被讯问人不相同性质的其他犯罪问题，如果被讯问人能够主动交代，根据我国《刑法》第六十七条第二款关于“被采取强制措施的犯罪嫌疑人、被告人和正在服刑的罪犯，如实供述司法机关还未掌握的本人其他罪行的，以自首论”的规定，属于准自首行为，应按照自首的处罚规定，予以从轻或者减轻处罚，其中犯罪较轻的，可以免除处罚；而如果被讯问人不主动作出交代，被查案机关查获的，或在讯问人员已掌握了其罪行的情况下再作出交代的，就不能按照自首的处罚规定作出处罚。因此，对于这种被讯问人的讯问结束，应选择以向被讯问人阐述准自首规定和表明一查到底的态度相结合的方法结束讯问。

所谓以向被讯问人阐述准自首规定和表明一查到底的态度相结合的方法结束讯问，是指讯问人员在讯问结束的过程中，向被讯问人宣讲我国《刑法》关于准自首的规定，阐明主动交代尚未被司法机关掌握的其他犯罪事实的属于刑法规定的准自首，并向被讯问人表明对他的案件坚决一查到底的态度结束讯问。

对这种被讯问人以这种向其宣讲准自首规定和表明一查到底的态度相结合的方法结束讯问，被讯问人在讯问结束以后，其思考的精力就会集中在对其他犯罪问题是否作出交代的问题上，通过思考，其就会认为自己的问题讯问人员是要一查到底的，终究是要被查清的，与其被讯问人员查到，得到从重的处理，不如自己主动作出交代，进行自首，得到从轻、减轻或免除的处罚。这样，被讯问人经过思想斗争和权衡利弊，就有可能主动交代不同性质的其他犯罪事实，从而挤清被讯问人的油水，扩大战果。

以向被讯问人阐述准自首规定和表明一查到底的态度相结合的方法结束讯问，在实施中要做到以下几点：

①向被讯问人宣讲《刑法》第六十七条第二款关于准自首的规定

讯问人员要根据《刑法》第六十七条第二款关于准自首的规定，向被讯问人阐明如实供述还未被司法机关掌握的本人其他犯罪行为的，以自首论。在阐述中，要特别强调这种行为是自首，其与一般自首的待遇完全相同。也就是说，准自首的处罚与一般自首的处罚是等同的，从而使被讯问人认识到主动交代尚未被查案机关掌握的其他犯罪行为属于自首行为，可以从轻或者减轻处罚，甚至可以免除处罚。

②表明讯问人员的态度

讯问人员在向被讯问人宣讲了准自首的规定后，要向被讯问人表明态度：对于他的案件，要组织力量，采取各种措施，坚决地把他的问题一查到底，直到全部查清为止，绝不会就此结案，停止不查。并指出，继续查下去，他的问题就要逐步地暴露出来，如果暴露出问题后再交代，那就不是自首，就不能享受自首的待遇，使被讯问人感到讯问人员是坚决要把自己的问题查到底的，如果不主动交代，待讯问人员查到了自己的问题，那就被动了。

③说明利弊关系

讯问人员要向被讯问人说明利弊关系，如果现在把尚未被查案机关掌握的其他犯罪行为主动交代出来，属于自首行为，毫无疑问地根据自首的规定从轻、减轻或免除处罚；如果现在不主动交代，而查案机关又一定会彻查深挖，等查出以后，就不能以自首对待，得不到从轻的处理，更不要说减轻或免除处罚。把利弊关系摆在被讯问人面前，让被讯问人选择，使被讯问人回去以后，不得不考虑这个问题，作出选择。

对这种还有不同性质的其他犯罪问题，需要深挖的被讯问人，通过上述方法结束讯问，向其宣讲准自首的规定，表明讯问人员一查到底的态度和向其说明利弊关系，被讯问人在讯问结束以后，就会认真思考讯问人员所说的话，并进行权衡利弊。通过思考和权衡利弊，其就有可能作出自首的决定，在续审中交代讯问人员还未掌握的其他犯罪行为的事实。

（2）对还有相同性质的其他犯罪问题的被讯问人讯问结束方法的选择及其实施

这种已经交代了讯问人员已掌握的犯罪事实，但还有讯问人员并未掌握的相同性质犯罪问题没有交代的被讯问人，如果其主动交代讯问人员并未掌握的这些相同性质的犯罪，根据我国法律的规定，不构成自首。事实上，这种基于数个同一的犯罪故意，连续多次实施数个性质相同的犯罪行为，在刑法理论上称为连续犯。对连续犯的处断原则是按照一罪从重处罚。正因为如此，对这种被讯问人，不能以“交代尚未交代的问题构成自首，可以从轻、减轻或免除处罚”来欺骗被讯问人，促使其对尚未交代的相同性质的犯罪行为作出交代，而应指出其还有犯罪行为没有交代，并给其施加一定的压力。只有这样，才能像挤牙膏一样将其没有交代的犯罪事实挤出来。否则，被讯问人是不会主动交代尚未交代的犯罪事实的。因此，对这种被讯问人，应选择以指出其还有问题没有交代和表明讯问人员的态度相结合的方法结束讯问。

所谓以指出被讯问人还有问题没有交代和表明讯问人员的态度相结合的方法结束讯问，是指在讯问结束的过程中，在向被讯问人指出其还有问题没有交代的基础上，向被讯问人表明讯问人员的态度，给被讯问人施加压力结束讯问。

对这种被讯问人以向其指出还有问题没有交代和表明讯问人员的态度相结合的方法结束讯问，其在讯问结束以后，思考的精力就会集中在讯问人员向其指出的问题和表明的态度上。通过思考，其就会加重压力，认为不交代这些尚未交代的问题过不了这一关，进而就有可能在续审中交代这些尚未交代的问题。

以指出被讯问人还有问题没有交代和表明讯问人员的态度相结合的方法结束讯问，在实施中要做到以下几点：

①要以坚定的口气指出被讯问人还有问题没有交代

讯问人员在以这种方法结束讯问的过程中，要以坚定的口气指出被讯问人还有问题没有交代，给被讯问人造成讯问人员已掌握其尚未交代的问题的感觉。

②要既笼统又指向性地指出被讯问人没有交代的问题

讯问人员要根据分析，以既笼统又指向性的方法向被讯问人指出其没有交代的问题。对于有把握的问题要以虚实并举的方法向被讯问人出示证据，使被讯问人感觉到讯问人员已收集到证据。

③要向被讯问人表明讯问人员坚决的态度

讯问人员要向被讯问人表明，对他的问题坚决一查到底，不查清其问题绝不罢休的态度，造成被讯问人心理上的压力。

对这种还有相同性质的其他犯罪问题，需要深挖的被讯问人，通过上述方法结束讯问，以坚定的口气，既笼统又指向性地向其指出其还有其他问题没有交代，并表明讯问人员坚决一查到底的态度。被讯问人在讯问结束以后，就会对讯问人员向其指出的问题和表明的态度进行认真思考。通过思考、权衡，其就有可能作出交代的决定，在续审中对讯问人员尚未掌握的相同性质的犯罪事实作出交代。

（三）自首交代的被讯问人的讯问结束

有的被讯问人自动到查案机关投案，在讯问中交代了犯罪的事实；有的被讯问人虽不是自动到查案机关投案，但其在讯问中主动交代了司法机关还未掌握的其他犯罪的事实。被讯问人的这些行为，根据我国《刑法》第六十七条第一款、第二款的规定，属于自首，可以从轻或者减轻处罚。其中，犯罪较轻的，可以免除处罚。

但是，对于自首的被讯问人，应当看到，他们往往不会对自己的犯罪的事实作彻底的交代，把所有的犯罪事实都自首出来。在实践中，有的自首讯问人员已经掌握的问题，而隐瞒讯问人员没有掌握的问题；有的自首小的犯罪问题，而隐瞒大的犯罪问题；有的自首轻的情节，而隐瞒重的情节；有的甚至想通过自首掩盖自己更严重的犯罪事实，以达到“丢车保帅”的目的，等等。这种自首的被讯问人，虽然在讯问开始的时候，讯问人员可能已以肯定和宣讲法律相结合的方法对讯问进行过开头，但由于讯问开头与被讯问人交代的时间距离较近，被讯问人有可能来不及详细思考，或由于其他的原因，仍坚持来自首时的思维定式，没有进行彻底的自首。为了促使被讯问人彻底地交代犯罪事实，将其犯罪的事实都毫无保留、如实地自首交代出来，对这种自首的被讯问人，可选择以鼓励被讯问人的方法结束讯问，使其在讯问结束以后，集中精力思考是否彻底自首的问题，从而促使其继续自首尚未自首的犯罪事实。

所谓以鼓励被讯问人的方法结束讯问，是指在讯问结束的过程中，对被讯问人的自首行为予以赞扬，并勉励其彻底自首交代犯罪事实结束讯问。

对自首的被讯问人，以鼓励被讯问人的方法结束讯问，一方面使被讯问人对讯问人员的赞扬有一种满足感、兴奋感，感觉自己走对了路，能够因此得到从轻、减轻或免除处罚的处理；另一方面使被讯问人对讯问人员的勉励又有一种危机感、压力感，感觉到如不彻底如实自首自己的犯罪的问题，将前功尽弃。这样，被讯问人在思考是否彻底自首的问题时，就会受到满足感、兴奋感和危机感、压力感的双重作用。在这双重作用下，被讯问人就有可能继续自首尚未自首的犯罪事实，从而对犯罪事实作出彻底、如实地自首。

以鼓励被讯问人的方法结束讯问，在实施中要做到以下几点：

①要赞扬、肯定被讯问人的自首行为

讯问人员对被讯问人的自首行为，无论是出于何种动机，也无论自首的程度如何，讯问人员首先都要予以赞扬、肯定，使被讯问人有一种满足感和兴奋感，心里乐滋滋的，感到自己走自首的道路是走对了。

②要说明自首行为与从轻、减轻或免除处罚的关系

讯问人员要向被讯问人指出：自首要做到真心、彻底地自首。只有

真心、彻底地自首才能得到从轻、减轻或免除的处罚。如果不是真心、彻底地自首，自首一部分、隐瞒一部分，自首讯问人员已掌握的、隐瞒讯问人员未掌握的；自首小的，隐瞒大的；自首情节轻的，隐瞒情节重的，都将前功尽弃。因为《刑法》规定自首的从轻、减轻或免除处罚规定的是“可以”，而不是“应当”从轻、减轻或免除处罚。“可以”意味着并不一定都要“从轻、减轻或免除处罚”，它可以“从轻、减轻或免除处罚”，也可以不“从轻、减轻或免除处罚”。是否真诚、彻底地自首是决定适用“从轻、减轻或免除处罚”，还是不适用“从轻、减轻或免除处罚”的重要因素之一。通过这样的说明，使被讯问人感到如不真诚彻底地自首，不把全部的犯罪事实都自首出来，不彻底地交代问题，将前功尽弃。

③要给被讯问人施加压力

讯问人员要向被讯问人施加压力，表明对他的问题是要进行彻查的，并不会因为其自首就就此了结，也不会其自首什么就是什么、自首多少就是多少，而是要深入地查下去，直至查清其所有的犯罪事实为止。通过对被讯问人施加这样的压力，使被讯问人感到案件继续深入地查下去，自己尚未自首交代的犯罪事实就会被查清楚，从而促使其在心理压力下继续自首。

④要对被讯问人进行勉励

在上述赞扬、肯定被讯问人的自首行为，说明自首行为与从轻、减轻或免除处罚的关系，给被讯问人施加压力的基础上，讯问人员要勉励被讯问人真诚、彻底地自首，继续自首尚未自首的犯罪事实。通过对被讯问人予以勉励，使被讯问人感到只有继续彻底地自首交代所有的犯罪事实，才能得到从轻、减轻或免除处罚的处理，才能不前功尽弃，从而促使被讯问人下决心作出彻底如实的自首。

对这种自首的被讯问人，通过上述以鼓励被讯问人的方法结束讯问，赞扬、肯定其自首行为，说明自首行为与从轻、减轻或免除处罚的关系，给其施加压力和对其进行勉励。被讯问人在讯问结束以后，就会认真地思考讯问人员对其所说的这些话，进而权衡是彻底自首，还是就此打住。通过思考和权衡，危机感和压力感就有可能很快占据上风，经过激烈的思想斗争，其就有可能顺应讯问人员对其的勉励，主动再来自首，走彻底自首的道路。

（四）没有诚意交代犯罪或违纪违法事实的被讯问人的讯问结束

有的被讯问人经讯问人员的讯问，觉得与讯问人员对抗下去，不交代点问题不仅过不了这一关，而且有可能对自己产生极为不利的后果，但其又不愿如实交代犯罪或违纪违法的事实。于是，表面上装出配合讯问人员的姿态，表示愿意交代犯罪或违纪违法的事实，想以此取得讯问人员的好感，而实质上却没有诚意交代犯罪或违纪违法事实，极力使出对付讯问的种种伎俩，以图达到抗拒交代、蒙混过关的目的。

这种没有诚意交代犯罪或违纪违法事实的被讯问人，有的笼统地承认自己有某种性质的犯罪或违纪违法的问题，但在具体的事实、情节上，或避而不谈；或绕来绕去；或避重就轻；或胡搅蛮缠；或软磨硬泡，不肯作出如实的交代；有的只交代某些表面的现象，而涉及犯罪或违纪违法的主要事实和构成要件等实质性问题就绕开，或称自己忘记了，真的想不起来；有的只交代情节轻的犯罪或违纪违法问题，而对情节重的犯罪或违纪违法问题极力予以隐瞒或否认；有的承认自己肯定有某种犯罪或违纪违法的问题，但涉及具体情况，不是说自己记不清了，就是说真的忘掉了，要讯问人员“你指给我，我都承认”；有的承认某一犯罪或违纪违法是他干的，而对于具体的事实称自己真的回忆不起来，要讯问人员“你只管根据掌握的情况写上去，你写好后我给你签字画押就是了”；有的以交代犯罪或违纪违法事实之名，行推脱责任之实，把罪责推给客观情况，推给同案人、对合人、被害人，等等。这种被讯问人，一方面不敢与讯问人员硬抗，因而或笼统地，或表面地，或部分地，或原则地承认自己的犯罪或违纪违法的问题，表示愿意配合讯问人员，以取得讯问人员的好感；另一方面又没有诚意作出交代，拒不交代犯罪或违纪违法的事实，幻想这样也许能过关，或企图通过这些伎俩试探讯问人员的底细，以便在接下来的讯问中思考对策，闯过讯问这一关。为了使这种被讯问人在续审中端正对待讯问的态度，不再耍滑，能真心实意地交代犯罪或违纪违法的问题，对这种被讯问人，可以选择以忠告被讯问人的方法结束讯问，促使其在讯问结束后认清这种态度的危害，从而在续审中如实地交代犯罪或违纪违法的问题。

所谓以忠告被讯问人的方法结束讯问，是指讯问人员以既严肃，又诚恳的态度劝告被讯问人不要“搬起石头砸自己的脚”的方法结束讯问。

对这种没有诚意交代犯罪或违纪违法事实的被讯问人，以忠告被讯问人的方法结束讯问，一方面表明讯问人员决不容忍被讯问人以这种态度对待讯问，使被讯问人感到以这种态度对待讯问不仅得不到讯问人员的好感，反而要激怒讯问人员；另一方面向被讯问人指出以这种态度对待讯问产生的危害结果，使被讯问人感到以这种态度对待讯问不仅过不了讯问这一关，而且只能落得个认罪态度恶劣，得到从重处罚的下场；再一方面通过向被讯问人表明讯问人员已掌握其犯罪或违纪违法的证据，使被讯问人感到讯问人员确实已掌握了其犯罪或违纪违法的证据，是在给自己留一个从宽处理的机会，如果继续以这种态度对待讯问，其结果只能是错失良机，后悔晚矣。这样，被讯问人在续审中就有可能不再以这种态度对待讯问，从而以端正的态度对待讯问，如实交代犯罪或违纪违法的问题。

以忠告被讯问人的方法结束讯问，在实施中要做到以下几点：

（1）要指出这种没有诚意交代行为的危害

讯问人员在以这种方法结束讯问时，首先要在对被讯问人这种没有诚意交代犯罪或违纪违法事实的行为进行严厉的批判、驳斥的基础上，指出这种行为给其带来的只能是欲盖弥彰、激怒讯问人员、引起各方不满、错失良机、得到从重处罚的危害结果。如果继续这种行为，讯问人员将采取严厉的措施和手段予以制裁，并另辟蹊径对其展开全面、彻底的查处。

（2）要以既严肃，又诚恳的态度对被讯问人进行忠告

讯问人员在以这种方法结束讯问时，在态度上要做到既严肃，又诚

恳。态度严肃，表明讯问人员决不容忍被讯问人的这种态度，显示出讯问人员作为执法者的威严；态度诚恳，表明讯问人员是在真心地帮助、教育、挽救被讯问人，体现出讯问人员又作为教育、挽救者的真诚。

（3）要从多方面对被讯问人进行忠告

①忠告被讯问人要认清形势

讯问人员要在以严肃的态度宣传打击犯罪和查案形势的基础上，以诚恳的态度忠告被讯问人要认清形势、顺应潮流，不要逆潮流而动，否则，必被滚滚潮流淹没，葬身鱼腹。

②忠告被讯问人不要自欺欺人

讯问人员要在以严肃的态度揭露被讯问人这些表现的实质不是在交代犯罪或违纪违法问题，而是想以此蒙混过关的基础上，以诚恳的态度忠告被讯问人不要自欺欺人，自欺欺人的结果只能是“搬起石头砸自己的脚”。

③忠告被讯问人不要耍讯问人员

讯问人员要在揪住被讯问人讨好心理的基础上，以严肃的态度指出被讯问人的这些行为不是在配合讯问人员，而是在耍讯问人员，不仅得不到讯问人员的好感，而且还会激起讯问人员的愤怒。同时，以诚恳的态度忠告被讯问人不要耍讯问人员，讯问人员是耍不了的，而且讯问人员的忍耐、等待是有限度的。

④忠告被讯问人正视自己的问题

讯问人员要在以严肃的态度表明讯问人员已掌握其犯罪或违纪违法事实和证据的基础上，以诚恳的态度忠告被讯问人正视自己的问题，面对现实。

⑤忠告被讯问人要识时务

讯问人员要在以严肃的态度宣讲《刑事诉讼法》第五十五条的基础上，以诚恳的态度忠告被讯问人要识时务，讯问人员让其交代，是给其一个能从轻处理的机会，并不是讯问人员非要其口供不可。因为《刑事诉讼法》规定：“没有被告人供述，证据确实、充分的，可以认定被告人有罪和处以刑罚。”如果不识时务，错失良机，那就是“过了这个村，就没了这个店”。奉劝被讯问人好自为之，不要错过讯问人员给他的这个机会。

对这种没有诚意交代犯罪或违纪违法事实的被讯问人，通过上述以忠告被讯问人的方法结束讯问，指出其这种没有诚意交代行为的危害，以既严肃又诚恳的态度从多方面对其发出忠告。其在讯问结束以后，就会围绕讯问人员所指出的危害和对其的忠告进行认真的思考。通过思考，其就有可能端正对待讯问的态度，在续审中就有可能表现出诚意，如实地对犯罪或违纪违法事实作出交代。

（五）拒不交代犯罪或违纪违法事实的被讯问人的讯问结束

1. 针对被讯问人恶劣的态度选择讯问结束的方法和讯问结束的实施

有的被讯问人经讯问人员的讯问，其对待讯问的态度一时得不到端正，仍公然以恶劣的态度对待讯问。

这种公然以恶劣的态度对待讯问的被讯问人，有的向讯问人员发难，质问讯问人员；有的威胁讯问人员；有的破口辱骂讯问人员；有的扑向讯问人员，要与讯问人员拼命，甚至对讯问人员进行行凶；有的与讯问人员对着干；有的大呼小叫、哭哭啼啼；有的以自杀、自残、绝食相威胁；有的以装病、装傻，或躺在地上和衣和裤大小便相对抗，等等。在这种一时难以端正被讯问人对待讯问态度的情况下，讯问无法继续进行下去，即使勉强继续进行，不仅不会有任何效果，而且有可能会出现更激烈的对立。因而，只能是先结束讯问，让被讯问人有一个冷静的时间，待其冷静下来后再进行讯问。为了有利于被讯问人在讯问结束后冷静思考，促使其在思考中转变对待讯问的态度，对这种被讯问人应选择以端正被讯问人对待讯问态度的方法结束讯问，以促使其在续审中端正对待讯问的态度。

所谓以端正被讯问人对待讯问态度的方法结束讯问，是指讯问人员在讯问结束时，针对被讯问人的公然恶劣态度，以有针对性的方法对其不端正的态度进行端正结束讯问。

对这种公然以恶劣态度对待讯问的被讯问人，以端正被讯问人对待讯问的态度的方法结束讯问，被讯问人在讯问结束以后，待其冷静下来，其就会思考讯问人员在讯问结束时的态度和所说的话。通过思考，其就有可能认为讯问人员有的是办法，所说的话有道理，如果自己再坚持这种不端正的态度，不仅不起任何作用，而且会给自己带来极为不利的后果。这样，被讯问人在续审中就有可能端正对待讯问的态度。如果讯问人员在讯问结束时不以端正被讯问人对待讯问的态度的方法结束讯问，被讯问人在讯问结束以后，就会认为讯问人员对自己的恶劣态度是害怕了，没有招数了，自己的恶劣态度起作用了。这样，被讯问人在续审中就会继续公然以恶劣的态度对待讯问，而且有可能有过之而无不及，从而使讯问再次无法进行。

关于端正被讯问人对待讯问态度的方法，我们在本书第五章《端正被讯问人对待讯问的态度》中已经作了详细的论述。对于这种恶劣态度的被讯问人，我们在讯问中肯定已对其恶劣的态度进行过端正，只不过尚不能端正其恶劣的态度罢了。因而，就讯问结束而言，我们不可能对被讯问人这种仍持的恶劣态度重复前面的讯问再来一次端正其不端正的态度。如果是这样，就不是讯问结束，而是重新讯问。因此，以端正被讯问人对待讯问态度结束讯问的方法要在总结前面讯问中端正被讯问人对待讯问态度方法的基础上，根据讯问的情况、案件的情况和被讯问人的情况，选择最有针对性的具体方法对被讯问人的态度进行端正，结束讯问。

总结讯问实践，这种端正被讯问人对待讯问态度结束讯问的具体方法主要有：

(1) 以实施法律强制行为的方法结束讯问

所谓以实施法律强制行为的方法结束讯问，是指讯问人员在讯问结束时，根据法律的规定，给被讯问人戴上手铐、脚镣等械具结束讯问。

对那些行凶、实施武力、自杀、自残行为的被讯问人，在讯问结束时，要根据法律的规定，果断地给被讯问人戴上手铐、脚镣等械具结束讯问，以示讯问人员对被讯问人的这种不端正的态度表现绝不心慈手软，绝不姑息纵容、任其横行。这样，被讯问人在讯问结束回监后，就会深切地感受到法律的威严和厉害，从而不敢再以这种粗野的行为来对付讯问，达到端正被讯问人恶劣态度的目的。如果对这种被讯问人不实施法律强制行为结束讯问，被讯问人就无法感受到法律的威严和厉害，其在续审中就有可能以同样的手段来对付讯问，使讯问再次无法进行。因此，对这种以粗暴行为对付讯问的被讯问人，要选择以实施法律强制行为的方法结束讯问。

以实施法律强制行为的方法结束讯问，在实施中要注意做到以下几点：

①以实施法律强制行为方法结束讯问的对象，必须是那些实施行凶、武力、自杀、自残等激烈粗野行为的被讯问人，而对那些只是口头上说说，没有实际行动或对抗行为不激烈的被讯问人，不能采取这种方法结束讯问。

②以实施法律强制行为的方法结束讯问，讯问人员所实施的行为必须要有法律上的依据，不得任意采用那些没有法律依据的行为，如果采用法律上没有依据的行为，那就违反了法律的规定，是绝对不允许的。

③以这种方法结束讯问，在实施法律行为的同时，要对被讯问人进行教育，指出被讯问人这种粗野行为的危害和表明讯问人员的态度，使被讯问人在讯问结束回监后，在感受法律的威严和厉害的同时，冷静地思考讯问人员对其所进行的教育，从而促使其在法律和讯问人员教育的双重作用下端正对待讯问的态度，在续审中以端正的态度对待讯问。

（2）以对被讯问人恶劣态度的精神支柱予以狠摧的方法结束讯问

所谓以对被讯问人恶劣态度的精神支柱予以狠摧的方法结束讯问，是指讯问人员在讯问结束时，以猛烈的“炮火”对被讯问人恶劣态度的精神支柱进行狠狠的摧毁结束讯问。

这种经讯问人员讯问仍持恶劣态度的被讯问人，其之所以会继续以恶劣的态度对待讯问，都是因为其有精神支柱支撑。讯问人员在讯问结束时，只有对被讯问人恶劣态度的精神支柱以猛烈的“炮火”进行狠狠的摧毁，使之受到重创，被讯问人在讯问结束回监或回到休息场所后，才会对自己的恶劣态度进行反思，进而对恶劣态度的精神支柱产生怀疑。这样，被讯问人恶劣态度的精神支柱才有可能倒塌，才有可能在续审中端正对待讯问的态度。如果讯问人员在讯问结束时，对被讯问人仍持的恶劣态度视而不见、听而不闻，不去寻找发现被讯问人恶劣态度的精神支柱并予以狠摧，被讯问人在讯问结束回监或回休息场所后，就会得意扬扬，认为讯问人员斗不过自己，进而，其就会在这种精神支柱的支撑下继续进行对抗，在续审中就有可能以更恶劣的态度对付讯问人员的讯问。因此，对这种在精神支柱支撑下仍持恶劣态度的被讯问人，要选择以对被讯问人恶劣态度的精神支柱予以狠摧的方法结束讯问。

以对被讯问人恶劣态度的精神支柱予以狠摧的方法结束讯问，在实施中要做到以下几点：

①要摸准被讯问人恶劣态度的精神支柱。讯问人员要根据案件、被讯问人和讯问中的情况，通过分析，摸准被讯问人恶劣态度的精神支柱是什么。只有摸得准，才能做到对症下药，从而才能摧得狠，摧得有效果。

②要选择有针对性的“炮弹”进行摧毁。讯问人员在摸准了被讯问人恶劣态度的精神支柱后，要选择针对性强的“炮弹”对被讯问人恶劣态度的精神支柱进行摧毁。只有针对性强，才能摧得狠，摧得有效果，从而才能药到病除。

③要讲究摧的技巧。讯问人员在以这种方法结束讯问的过程中，要十分讲究摧的技巧：有的直接摧，有的间接摧；有的明中摧，有的暗里摧；有的由讯问人员摧，有的由被讯问人精神支柱的对象摧，等等。只有摧的方法巧，才能顺理成章，从而才能摧得狠、摧得有成效。

（3）以表明态度和决心的方法结束讯问

所谓以表明态度和决心的方法结束讯问，是指讯问人员在讯问结束时，向被讯问人表明领导和讯问人员的态度和决心，以领导和讯问人员的态度和决心狠刹被讯问人的恶劣态度结束讯问。

这种经讯问人员讯问仍持恶劣态度的被讯问人，其之所以会继续以恶劣的态度对付讯问，是因为相当一部分被讯问人认为讯问人员没有招数或认为讯问人员在自己自身硬、外援强面前肯定会知难而退，不可能把案件查下去，只要自己坚持下去，讯问人员就会偃武息戈，停止对案件的查处和对自己的讯问。因而，其仍持恶劣的态度对付讯问。对这种被讯问人，在讯问结束时，只有向其表明领导和讯问人员的态度和决心，以领导和讯问人员的态度和决心对其恶劣的态度进行狠刹，其在讯问结束回监或回到休息场所后，才能对自己的恶劣态度是否有效进行思考。通过细细品味，从而对自己的认识产生怀疑，这样，才有可能在续审中端正态度。如果讯问人员在讯问结束时，不向被讯问人表明领导和讯问人员的态度和决心，被讯问人在讯问结束回监或回休息场所以后就会认为自己的恶劣态度奏效了，讯问人员已没有招数了，已经顾忌自己了，已经害怕了。这样，被讯问人在续审中就会继续以恶劣的态度对付讯问，而且有过之而无不及。因此，对这种恶劣态度的被讯问人，要选择以表明态度和决心的方法结束讯问，在讯问结束时向其表明领导和讯问人员的态度和决心，使其在讯问结束以后细细地品味领导和讯问人员的态度和决心，进而认识到自己的认识是荒谬的，自己这样做是毫无意义、没有任何作用的。

以表明态度和决心的方法结束讯问，在实施中要做到以下几点：

①既要表明领导的态度和决心，又要表明讯问人员的态度和决心

讯问人员以这种方法结束讯问，既要表明领导的态度和决心，又要表明讯问人员的态度和决心，把领导的态度和决心与讯问人员的态度和决心结合起来。只有这样，才能更显态度和决心的威慑力。因为领导的态度和决心是需要通过讯问人员贯彻实施的，因而，没有讯问人员的态度和决心，领导的态度和决心只是一纸空文或空气震动；讯问人员的态度和决心是受领导制约的，因而，没有领导的态度和决心，讯问人员的态度和决心有可能就是一门空炮。因此，在向被讯问人表明态度和决心时，要同时表明领导和讯问人员的态度和决心。

②要表明符合案件和被讯问人实际情况的态度和决心

讯问人员向被讯问人表明的领导的态度和决心与讯问人员的态度和决心的内容，要根据案件和被讯问人的情况，表明有针对性的态度和决心。只有这样，所表明的态度和决心才能对症下药、矢中其的，从而才能起到作用。如果表明的态度和决心没有针对性，就不能在被讯问人的心理上产生作用。因此，向被讯问人表明的态度和决心要符合案件和被讯问人的情况，要针对案件和被讯问人的情况。

③要表明可操作的态度和决心

讯问人员向被讯问人员表明的领导和讯问人员的态度和决心，要具有可操作性。表明的态度和决心，只有具有可操作性，才能产生威慑力。如果表明的态度和决心不具有可操作性，被讯问人就会认为这是纸上谈兵，是不可能贯彻落实的，那么，所表明的态度和决心也就不会有任何作用。因此，向被讯问人表明的态度和决心，是能够操作的态度和决心。

④表明时的态度要严肃，语气要强硬

讯问人员向被讯问人表明态度和决心，表明时的态度要严肃，做到严格认真，语气要强硬，表现没有任何商量余地。只有这样，才能更显示出所表明的态度的坚决、决心的强大，才能显示它的威力。否则，被讯问人就会认为讯问人员的底气不足，随便说说而已。因此，向被讯问人表明态度和决心时的态度要严肃，语气要强硬。

⑤表明时要配合肢体语言

讯问人员在向被讯问人表明态度和决心时，要根据态度和决心的内容，配合以肢体语言。只有这样，才能把所表态度和决心的威力全部发挥出来，形成更强的威慑力。否则，所表的态度和决心就显得孤孤立立，形不成强大的威慑力。因此，向被讯问人表明态度和决心要配合肢体语言。

对这种经讯问仍以恶劣态度对待讯问的被讯问人，根据讯问的情况、案件的情况和被讯问人的情况选择上述端正被讯问人不端正态度的方法，通过或以实施法律强制行为的方法结束讯问，根据法律的规定果断地给其戴上械具；或以对被讯问人恶劣态度的精神支柱予以狠摧的方法结束讯问，以针对性的“炮弹”、巧妙的技巧狠摧其态度恶劣的精神支柱；或以表明态度和决心的方法结束讯问，以严肃的态度、强硬的语气、肢体语言的配合向其表明既符合案件和被讯问人的情况，又可操作的领导和讯问人员的态度和决心。被讯问人在讯问结束以后，对其实施的法律行为，其就会倍感法律的严肃和厉害，痛定思痛；对其恶劣态度精神支柱的狠摧，其就会感觉到自己的无知和认识的幼稚；对领导和讯问人员的态度和决心，其就会感到这不是儿戏。通过思考，其就有可能认为不能再以这种恶劣的态度对待讯问，否则，必然是自掘坟墓。这样，其在续审中就有可能以端正的态度对待讯问。

2. 针对被讯问人的心理情况选择讯问结束的方法和讯问结束的实施

被讯问人经讯问人员的讯问，有的由于讯问人员讯问的方法不当，增强了被讯问人的抗审心理，更加坚定了被讯问人拒不供述的决心和信心；有的由于讯问人员讯问的水平不高、方法不巧，被讯问人仍持讯问开始时的拒供心理，无法突破其口供；有的被讯问人经过讯问，心理发生了变化，产生了新的阻碍其交代或危害案件查处的心理。对于这些被讯问人，在讯问结束的时候，讯问人员要在分析准被讯问人的心理的基础上，针对被讯问人的心理情况，选择针对其心理的方法对讯问进行结束。

根据被讯问人的心理选择讯问结束的方法对讯问进行结束，由于在前面的讯问中都可能已经针对被讯问人的这些心理进行过讯问，因而，讯问结束针对被讯问人的心理选择讯问结束方法，就要根据被讯问人拒供心理的症结进行选择，在实施的过程中就要注意抓住重点，以精要的内容对讯问进行结束，切忌不讲重点、精要而旧调重弹。正因为在讯问结束过程中施以的是针对其拒供心理症结的方法和前面讯问中的重点和精要，因而，就更能引起被讯问人在讯问结束后的重视和思考。因此，讯问人员要善于根据被讯问人的心理选择讯问结束的方法和实施好讯问结束的方法。

(1) 侥幸心理被讯问人的讯问结束方法的选择及其实施

侥幸心理从理论上说，包括自信性侥幸心理、盲目性侥幸心理和选择性侥幸心理。自信性侥幸心理是指被讯问人自信地认为别人不可能知道自己的犯罪或违纪违法事实，查案机关收集不到自己的犯罪或违纪违法的证据，只要自己不交代，查案机关就奈何不了自己的一种心理状态。盲目性侥幸心理是指被讯问人盲目地认为只要自己不开口交代，没有自己的口供，即使查案机关收集到的其他证据确实、充分，也不能认定自己的犯罪或违纪违法事实和作出处罚的一种心理状态。选择性侥幸心理是指被讯问人不是在所有的问题上都心存侥幸，而是有选择地在某些事实和情节上心存侥幸的一种心理状态。被讯问人经讯问人员讯问后，有的自信性侥幸心理或盲目性侥幸心理不仅没有被消除，反而增强了；有的自信性侥幸心理或盲目性侥幸心理虽没有增强，但仍持讯问开始时的自信性侥幸心理或盲目性侥幸心理；有的自信性侥幸心理产生变化，转化为选择性侥幸心理。这些通过讯问，或侥幸心理增强，或仍持原侥幸心理，或侥幸心理转化的被讯问人，之所以会这样，是因为其从讯问人员的讯问中判断出讯问人员根本就不可能掌握其犯罪或违纪违法的证据，或讯问人员并未真正掌握其犯罪或违纪违法的证据，或讯问人员掌握的证据不能认定其犯罪或违纪违法事实，或讯问人员只掌握其某一犯罪或违纪违法事实，并未全部掌握其犯罪或违纪违法的事实，说到底是被讯问人对证据的感觉和认识问题。因此，对这种经讯问仍持侥幸心理的被讯问人，在讯问结束时，应选择以出示证据和教育相结合的方法结束讯问。

所谓以出示证据和教育相结合的方法，是指讯问人员在讯问结束时，在向被讯问人出示证据的同时，针对其侥幸心理的根源对其进行教育结束讯问。

对这种持侥幸心理的被讯问人，以出示证据和教育相结合的方法结束讯问，被讯问人在讯问结束以后，思考的精力就会集中在讯问人员向其出示的证据和对其进行的教育上，通过联想，其就有可能或感觉到讯问人员确实已掌握自己犯罪或违纪违法的证据；或认识到讯问人员掌握的证据能够认定自己有罪和处以刑罚而不需要自己的口供；或认识到自己选择认为未被讯问人员掌握证据的事实和情节已被讯问人员掌握证据。这样，就有可能消除其侥幸心理，促使其在续审中对犯罪或违纪违法事实作出交代。

以出示证据和教育相结合的方法结束讯问，在实施中要做到以下几点：

①在出示证据上，要针对被讯问人所持侥幸心理的种类向被讯问人出示证据

讯问人员要针对侥幸心理的种类，在出示真实可靠证据的基础上，对各种侥幸心理，要分别突出以下问题：

第一，对自信性侥幸心理，出示证据要突出一个“实”字。这个“实”字是从讯问人员掌握证据的情况来讲的，即讯问人员已确实收集到被讯问人犯罪或违纪违法的证据。因为这种自信性侥幸心理的被讯问人，认为讯问人员不可能收集到其犯罪或违纪违法的证据。

第二，对盲目性侥幸心理，出示证据要突出一个“多”字。这个“多”字是从数量上来讲的，即向被讯问人出示充分的证据。因为这种盲目性侥幸心理的被讯问人，认为没有自己的口供就不能认定其犯罪或违纪违法的事实和对其作出处理。

第三，对选择性侥幸心理，出示证据要突出一个“准”字。这个“准”字是从针对被讯问人所选择的侥幸问题来讲的，即向被讯问人出示的证据，是被讯问人认为不会出问题的证据。因为这种选择性侥幸心理的被讯问人，认为在某一事实或某一情节上不会出问题，讯问人员不可能掌握证据。

②在教育上，要针对被讯问人所持侥幸心理的种类和根源对被讯问人进行教育

第一，对自信性侥幸心理的被讯问人，在出示证据的同时，要针对被讯问人自信性侥幸心理的根源，或向被讯问人阐明“要想人不知，除非己莫为”的道理，因为这些被讯问人自认为自己的行为诡秘，不可能被人知晓，自认为自己的作案手段高明，不可能留下证据；或向被

讯问人表明查案机关破案和取证的能力，以及高科技在查案工作中的作用，因为这些被讯问人不相信查案机关的查案能力，总认为查案机关没有能力收集到他犯罪或违纪违法的证据；或向被讯问人阐述“攻守同盟”不可靠的道理，因为这些被讯问人总认为“攻守同盟”牢不可破，只相信他们之间的歃血为盟，不相信他人会趋利避害。通过这些道理的教育，促使被讯问人在讯问结束后对讯问人员出示的证据产生联想，越想越感到自己的犯罪或违纪违法事实已经暴露，越想越感到讯问人员出示的证据确实、充分，从而破除其自信性侥幸心理。

第二，对盲目性侥幸心理的被讯问人，在出示证据的同时，要针对被讯问人盲目性侥幸心理的根源，或向被讯问人阐明查案机关重证据，不轻信口供的原则，讲解《刑事诉讼法》第五十五条关于“没有被告人供述，证据确实、充分的，可以认定被告人有罪和处以刑罚”的规定，因为这些被讯问人自认为“无供不录案”，对运用证据的原则不了解；或向被讯问人阐述辩证唯物主义关于认识论的道理，因为这些被讯问人自认为“只要自己不开口，哪怕是神仙也难下手”，对证据运用的原则不相信。通过这些法律和道理的教育，促使被讯问人在讯问结束后对讯问人员出示的证据产生联想，越想越感觉讯问人员掌握的证据能够认定自己有罪和处以刑罚，从而破除其盲目性侥幸心理。

第三，对选择性侥幸心理的被讯问人，在出示证据的同时，要针对其认为不会出问题、非常牢靠的根源，对其进行有关道理的教育。通过教育，促使被讯问人在讯问结束后对讯问人员出示的证据产生联想，越想越觉得自己认为不会出问题、非常牢靠的问题已经出问题、已经不牢靠，已确实被讯问人员掌握了证据，从而破除其选择性侥幸心理。

对这些经讯问仍持侥幸心理的被讯问人，针对其侥幸心理的情况，通过上述方法结束讯问，对自信性侥幸心理的，向其出示讯问人员确实已收集到的证据和以“要想人不知，除非己莫为”的道理对其进行教育；对盲目性侥幸心理的，向其出示充分的证据和对其进行《刑事诉讼法》第五十五条或辩证唯物主义认识论的教育；对选择性侥幸心理的，向其出示针对其选择不会出问题的问题的证据和对其进行针对其选择侥幸根源有关道理的教育。被讯问人在讯问结束以后，就会详细地思考讯问人员对其出示的证据和进行的教育，并根据出示的证据和进行的教育联想自己的犯罪或违纪违法的事实经过。通过联想，就有可能挖除其侥幸心理的根源，在续审时就有可能作出交代。

（2）优势心理被讯问人的讯问结束方法的选择及其实施

所谓优势心理，是指被讯问人因自己的地位高，或身份特殊，或财富多，或关系网密、靠山硬，或亲戚权势重，而产生自认为有这些优势，讯问人员不会、不敢、不能对自己怎么样，凭这些优势定能脱案的一种心理状态。

持优势心理的被讯问人，经讯问人员的讯问，有的在心理上虽有震动，但对凭优势脱案仍抱有希望；有的把讯问人员的讯问当作耳边风，总认为自己所具的优势定能使自己脱案，对自己所寄予的优势充满着极大的希望；有的把讯问人员的讯问当作吹牛，总认为自己的这些优势条件讯问人员在实质上是害怕的，最终对自己不会、不敢怎么样；有的把讯问人员的讯问当成是胡扯，总认为自己的后台、靠山、亲戚定能出手相救，定能救得了自己，对自己所寄予的优势有着深信不疑的希望。因而，这些被讯问人在讯问中尽管讯问人员已对其优势的心理进行过破除，但仍等待着心中希望的出现，拒不交代犯罪或违纪违法的事实，同讯问人员相持下去。如果继续讯问下去，不仅毫无效果，而且有可能使这些被讯问人认为讯问人员已黔驴技穷。在这种情况下，只能是先结束讯问。

这些被讯问人之所以与讯问人员相持着，拒不交代犯罪或违纪违法的事实，是因为其心中寄予着希望。如果其心中的希望不破灭，其就会在这种希望的支撑下与讯问人员抗衡到底，无法促使其对犯罪或违纪违法事实作出交代。因此，对这种优势心理的被讯问人，应选择以破灭被讯问人希望的方法结束讯问。

所谓以破灭被讯问人希望的方法结束讯问，是指在讯问结束的过程中，针对被讯问人拒不供述所寄予的某种希望，指出这种希望是不可能实现的，从而使被讯问人所寄予的希望破灭结束讯问。

对这种持优势心理的被讯问人，以破灭被讯问人的希望结束讯问，被讯问人在讯问结束以后，思考的精力就会集中在讯问人员对其希望破灭的问题上，面对现实地思考问题。通过权衡利弊、反复斟酌，其就有可能认为自己所寄予的希望是不可能实现的，凭优势脱案此路不通。这样，被讯问人就有可能破灭心中所寄予的希望，由拒供的心理向交代的心理转化，促使其在续审中交代犯罪或违纪违法的事实。

以破灭被讯问人希望的方法结束讯问，在实施中要做到以下几点：

①要找出被讯问人仍等候心中希望出现的原因和理由

被讯问人在讯问中经讯问人员对其进行优势心理破除的讯问，其仍等待心中希望的出现，定然是有原因和理由的。被讯问人之所以坚持等待心中希望的出现，就是因为受这种原因和理由的支撑。如果不以针对性的方法对这种原因和理由进行消除，也就无法破除支撑被讯问人等待心中希望出现的原因和理由，那么，被讯问人心中的希望也就无法破灭。而要以针对性的方法对这种原因和理由进行消除，就要找出被讯问人等待心中希望出现的原因和理由是什么，只有这样，才有可能以针对性的方法对这种原因和理由进行消除。因此，讯问人员要找出被讯问人仍等待心中希望出现的原因和理由。

②要找准被讯问人所寄予的希望

由于被讯问人优势心理的根源不同，各个被讯问人心中所寄予的希望也就不同。有的寄希望于组织或领导出面；有的寄希望于关系网发挥作用；有的寄希望于高官亲戚发话，等等。只有找准了被讯问人心中所寄予的希望，才能有针对性地对其心中所寄予的希望进行破灭。因此，讯问人员一定要根据被讯问人优势心理的根源，找准被讯问人心中所寄予的希望。

③要针对被讯问人仍等待心中希望出现的原因、理由和其心中所寄予的希望进行破灭

被讯问人仍等待心中希望出现的原因、理由和其心中所寄予的希望

不同，破灭的具体方法也应不同，这是由马克思主义的基本原理所决定的。因此，讯问人员在破灭被讯问人心中所寄予的希望时，一定要根据所寻找出来的被讯问人仍等待心中希望出现的原因、理由和其心中所寄予的希望，做到具体问题具体分析、具体问题具体对待，进行有针对性的破灭。只有这样，才能破得有效，才能破灭被讯问人心中所寄予的希望。

④要以事实、法律或道理这些实实在在的内容对被讯问人所寄予的希望进行破灭

被讯问人心中所寄予希望的产生，都是有其一定的依据的，并不会凭空或想当然地产生。因而，对这些有一定依据的希望，光靠表面的说教，或“大路货”，或“万金油”之类是破灭不了的，只有以事实、法律或道理这些实实在在的东西进行破灭，才能有效。因此，讯问人员在破灭被讯问人心中所寄予的希望时，一定要以事实、法律或道理进行破灭。

⑤要指出被讯问人的出路

被讯问人心中所寄予希望的破灭，还有一个很重要的因素，是被讯问人看到出路的所在。被讯问人只有看到了自己的出路，才能加速其心中所寄予希望的破灭。因此，讯问人员在破灭被讯问人心中所寄予的希望时，还应指出被讯问人的出路。

⑥要以既严肃又诚恳的态度进行破灭

态度严肃，表明没有任何商量余地；态度诚恳，表明讯问人员真心实意。因此，讯问人员在破灭被讯问人心中所寄予的希望时，对其希望的破灭，态度要严肃，做到口气强硬、坚决，言辞郑重、严厉；对其出路的指出，态度要诚恳，做到口气平和、朴质，言辞深切、恳挚。

对这种经讯问以后仍持优势心理的被讯问人，通过上述方法结束讯问，针对其心中所寄予的希望，以既严肃又诚恳的态度用事实、法律、道理这些实实在在的内容对其心中所寄予的希望进行破灭，同时指出其出路所在。其在讯问结束以后，就会反复思考讯问人员对其摆出的事实、宣讲的法律和阐述的道理，通过联系现状进行分析，其就有可能认

为自己所寄予的希望是“水中月”“镜中花”，只是一个泡影，是不可能实现的，从而挖除其优势心理的根源。在讯问人员给其指出的出路的作用下，看到了自己的真正希望在哪里，从而彻底地破灭了其所寄予优势的希望。这样，被讯问人在续审中就有可能对犯罪或违纪违法事实作出交代。

（3）畏罪心理被讯问人的讯问结束方法的选择及其实施

所谓畏罪心理，是指犯罪行为人犯了罪害怕受到法律制裁的一种心理状态。

畏罪心理是每一个犯罪的被讯问人普遍具有的一种心理。它既是被讯问人抗拒交代的主要因素之一，严重地阻碍着讯问活动的顺利进行，又是一种非常顽固的心理，消除起来十分艰难，往往反反复复，一时难以彻底消除。因而，一些持畏罪心理的被讯问人，讯问人员在讯问中虽对其畏罪心理进行过破除，但仍未能破除其畏罪心理。有的自知罪行重大，后果严重，认为一旦供认，就可能被判处重刑或者死刑；有的认为自己一旦作出交代，证据就达到了确实、充分的要求，自己必被判刑，失去人身自由，丧失政治前途，影响家庭、子女，等等。这种仍持畏罪心理的被讯问人很难对犯罪事实作出交代，往往使讯问处于胶着、僵持的状态。

这种持畏罪心理的被讯问人之所以难以对犯罪事实作出交代，是因为其害怕被法律制裁，更害怕被从重制裁。正因如此，这种心理的背后隐含着一种求生、求轻、求免的心理，而且，畏罪心理越严重，求生、求轻、求免的欲望就越强烈。因而，这种求生、求轻、求免的欲望又能成为被讯问人由畏罪心理向交罪心理转化的一种内在动力。被讯问人一旦看到了自己的出路，有了生、轻、免的希望，其就有可能由畏罪心理向交罪心理转化，进而交代犯罪的事实。因此，对这种畏罪心理的被讯问人，应选择以向被讯问人阐明出路的方法结束讯问。

所谓以向被讯问人阐明出路的方法结束讯问，是指在讯问结束的过程中，针对被讯问人的畏罪心理，指出其出路，使被讯问人看到生、轻、免的希望结束讯问。

对这种持畏罪心理的被讯问人，以向被讯问人阐明出路的方法结束讯问，被讯问人在讯问结束以后，思考的精力就会集中在讯问人员向其阐明出路的问题上。通过对这个问题的思考，使之明白求生、求轻、求免的正确道路，从而看到自己生、轻、免的希望。这样，就有可能消除被讯问人的畏罪心理，促使其由畏罪心理向交罪心理转化，进而在续审中交代犯罪事实。

以向被讯问人阐明出路的方法结束讯问，在实施中要做到以下几点：

①要在堵死被讯问人抗拒出路的基础上，向被讯问人阐明出路所在

讯问人员在以这种方法结束讯问时，首先要堵死被讯问人抗拒的出路。只有堵死了被讯问人抗拒的出路，使被讯问人感到抗拒下去是一条死胡同，其结果只能是从重处理，正是自己所害怕的东西，被讯问人才能对讯问人员向其指明的出路倍加珍惜，感觉到讯问人员向其指明的是唯一的出路。否则，被讯问人就不会思考讯问人员向其指明的出路，而是继续在抗拒上寻找出路。

②要根据法律的规定向被讯问人阐明坦白、悔罪是求生、求轻、求免的唯一出路

讯问人员在向被讯问人阐明坦白、悔罪是求生、求轻、求免的唯一出路时，要以我国《刑法》罪刑相适应这一基本原则、量刑原则和《刑法》第六十七条第三款“犯罪嫌疑人虽不具有前两款规定的自首情节，但是如实供述自己罪行的，可以从轻处罚；因其如实供述自己罪行，避免特别严重后果发生的，可以减轻处罚”之规定来阐明在其他从轻情节不具备的情况下，要想从轻、减轻或免除处罚，只有坦白交代、悔罪这一条路可走，别无他途，依据法律留出这一条唯一可走的出路让被讯问人走。通过这一出路的指出，使被讯问人看到走这条出路的曙光和希望。

③要实事求是地指出被讯问人从轻的情节

对于那些具有从轻情节的被讯问人，讯问人员要实事求是地指出被讯问人所具有的从轻情节，使被讯问人既感到讯问人员实事求是，又看

到自己从轻处罚的条件，有利于被讯问人畏罪心理的消除。

这种经讯问后仍持畏罪心理或由其他心理转化为畏罪心理的被讯问人，通过上述讯问结束方法结束讯问，堵死其抗拒的出路，以法律的规定阐明悔罪是其求生、求轻、求免的唯一出路，并实事求是地向其指出其所具有的从轻情节。其在讯问结束以后，就会反复地思考讯问结束时的整个过程，经过思考，认为自己抗拒的出路已是一条死胡同。于是，其就会认真思考讯问人员给其阐明的出路，经思考，认为在抗拒已无其他出路的情况下，也只有讯问人员阐明的这条出路可走。如果不走这条出路，就要憋死在此。同时，其也看到了讯问人员给其指出的其所具有的从轻情节，认为自己本身已具有从轻情节，加上走讯问人员给自己阐明的这条出路又可从宽，自己就能够得到从宽的处理。这样，被讯问人在续审中就有可能对犯罪事实作出交代。

（4）顾虑心理被讯问人的讯问结束方法的选择及其实施

所谓顾虑心理，是指被讯问人因担心交代了犯罪或违纪违法事实会发生对自己、对家人、对别人或对事情不利的后果而不敢交代犯罪或违纪违法事实的一种心理状态。

被讯问人经讯问人员的讯问，不少被讯问人认为自己的犯罪或违纪违法的事实和证据已被讯问人员掌握，继续抗拒下去已不是办法，拒供的心理发生了变化，想交代问题但又心存顾虑，[①] 不敢交代犯罪或违纪违法的事实。对被讯问人的顾虑，讯问人员在前面的讯问中一定是已进行过消除。但由于种种原因未能消除被讯问人的顾虑，有的是因为对讯问人员对其所进行的消除顾虑其尚未进行详细的思考利弊；有的是因为对顾虑进行消除与顾虑的消除之间需要一定的时间才能起作用；有的是因为讯问人员用以消除顾虑的方法不对路；有的是因为用以消除顾虑的内容没有效用，是一种“大路货”或“万金油”；有的是因为用以消除的内容不针对，等等。因而，被讯问人的思想上仍存在顾虑，在顾虑心

---

① 被讯问人顾虑问题的各种具体情况，笔者已在本书第八章《促使被讯问人作出交代》中作过叙述。

理的支配下，无法对犯罪或违纪违法的事实作出交代，只能僵持着，使讯问长时间地胶着在那里。

这种被讯问人之所以在讯问人员对其顾虑进行消除后，仍拒不交代犯罪或违纪违法事实，是因为上述这些原因作怪，其顾虑的心理没有得到消除，思想上仍存在顾虑的问题，其害怕一旦交代了犯罪或违纪违法事实，要发生其所顾虑的不利后果而不敢作出交代。因此，对这种顾虑心理的被讯问人，应选择以消除被讯问人顾虑的方法结束讯问。

所谓以消除被讯问人顾虑的方法结束讯问，是指讯问人员在讯问结束时，根据被讯问人顾虑的具体问题，即被讯问人顾虑的根源，以针对性的方法对其顾虑进行消除结束讯问。

对这种持顾虑心理的被讯问人，以消除被讯问人顾虑的方法结束讯问，被讯问人在讯问结束以后，思考的精力就会集中在讯问人员对其所消除顾虑的问题上，通过思考讯问人员对其的教育、分析、许诺、帮助解决或排除，其就有可能认为讯问人员说得有理、分析得正确、许诺得实际、帮助解决得有效或排除得彻底，从而消除其顾虑心理，放下包袱，促使其在续审中对犯罪或违纪违法事实作出交代。

由于这种被讯问人心理上仍存顾虑是因为上述原因所致的，因而，对这种被讯问人以消除被讯问人顾虑的方法结束讯问，讯问结束的实施就要根据被讯问人顾虑未能消除的原因和被讯问人顾虑的具体情况，以针对性的方法进行：

①对是因为对讯问人员对其所进行的消除顾虑尚未进行详细的思考利弊的被讯问人，应扼要地重申讯问过程中对其顾虑进行消除的方法实施讯问结束，并强调其在讯问结束以后认真、详细地思考这个问题，进行利弊权衡。这样，被讯问人在讯问结束以后，就会对讯问人员对其所进行的消除顾虑进行详细的思考利弊。

②对是因为对顾虑进行消除与顾虑的消除之间需要一定时间才能起作用的被讯问人，亦应扼要地重申讯问过程中对其顾虑进行消除的方法实施讯问结束，在实施中突出重申用以消除的内容。这样，被讯问人在讯问结束以后，其思考就会加码，从而加速其顾虑的消除。

③对是因为讯问人员用以消除顾虑的方法不对路的被讯问人，讯问人员应调整消除顾虑的方法，选择以最有效、最对路的方法运用消除的内容实施讯问结束，通过对路的方法把消除顾虑的内容运用得出神入化。这样，被讯问人在讯问结束以后，经思考，消除的内容就会起到事半功倍的作用。

④对是因为用以消除顾虑的内容没有效用的被讯问人，应摒弃“大路货”“万金油”这些内容，重新选择有强效的消除内容对被讯问人的顾虑进行消除。这样，被讯问人在讯问结束以后，其就会围绕有强效的消除内容进行思考。

⑤对是因为消除的内容不针对被讯问人的顾虑，应重新选择针对被讯问人顾虑的消除内容对被讯问人的顾虑进行消除。这样，被讯问人在讯问结束以后，就会集中精力进行思考。

对经讯问仍持顾虑心理或由其他心理转化为顾虑心理的被讯问人，通过上述针对在讯问中顾虑未被消除的原因和顾虑的具体情况以针对性的消除方法对讯问进行结束，讯问结束以后，被讯问人就会围绕讯问人员对其消除顾虑情况进行认真的思考，通过思考，就有可能消除被讯问人的顾虑，在续审中，其就有可能放下包袱，轻装上阵，对犯罪或违纪违法事实作出交代。

（5）矛盾心理被讯问人的讯问结束方法的选择及其实施

所谓矛盾心理，是指被讯问人在交代与不交代的问题上处于左右为难的一种心理状态。

被讯问人在讯问中面临查案机关查案的浩大声势和讯问人员凌厉的进攻，许多被讯问人由拒供的心理向矛盾的心理转化，心理上产生了各种各样的矛盾，在交代与不交代的问题上处于左右为难的境地，思想斗争激烈，犹豫不决：交代吧，下不了决心，认为不交代也许可以闯过这一关；不交代吧，又怕被动，落得个态度不好，被从严处理的下场。想交代又不愿交代、想不交代又不敢不交代，处于是交代好还是不交代好的十字路口，就是下不了决心，使讯问僵持在那里，一时无法突破被讯问人的口供。继续讯问下去，不仅时间不允许，而且也不会有效果，因而，要先结束讯问。

持这种心理的被讯问人之所以在交代与不交代的问题上犹豫不决，下不了交代的决心，是因为其心理上的矛盾在作怪，矛盾的双方均衡力势、互相对抗、僵持着，促其交代的矛盾方面不具有绝对的优势，无法使其迈向交代的道路。这种矛盾心理一方面，阻碍着被讯问人下定交代的决心；但另一方面，正因为是矛盾的双方在博弈，如果能促使被讯问人交代的矛盾方面占据绝对的优势，压倒阻碍被讯问人交代的矛盾方面，那么，被讯问人也就迈向了交代的道路。而要促使被讯问人交代的矛盾方面占据绝对的优势，就要向被讯问人施加压力。因此，对这种矛盾心理的被讯问人，应选择以给被讯问人施加心理压力的方法结束讯问。

所谓以给被讯问人施加心理压力的方法结束讯问，是指讯问人员在讯问结束时，对被讯问人采取一定的攻势，使被讯问人在心理上形成压力结束讯问。

对这种持矛盾心理的被讯问人，以给被讯问人施加心理压力的方法结束讯问，被讯问人在讯问结束以后，其思考的精力就会集中在讯问人员对其施加的压力上。通过思考，在讯问人员对其所施加压力的作用下，其心理压力就会逐渐增大，促使其交代的矛盾方面就会占据优势，击败阻碍其交代的矛盾方面，从而使矛盾心理向交罪心理转化，促使其在续审中对犯罪或违纪违法事实作出交代。

以给被讯问人施加心理压力的方法结束讯问，由于对这种矛盾心理的被讯问人，我们在“促使被讯问人作出交代”中叙述了给这种被讯问人施压和如何施压的问题，在前面的讯问中，讯问人员也一定已给被讯问人施过压，在讯问结束的过程中，以这种方法结束讯问，在实施中要特别强调给被讯问人施以以下有针对性的压力：

①以气势给被讯问人施加压力。讯问人员要向被讯问人表明查案机关查清此案的决心、信心和有利条件；营造查案的强大声势；明示或暗示将要采取的措施等，使被讯问人感到自己面临的是泰山压顶、风卷残云之势，已是大势所趋，任何抵抗都是毫无意义的，只能是螳臂当车，

自取灭亡。

②以证据给被讯问人施加压力。讯问人员要向被讯问人出示证据，表明查案机关已掌握其犯罪或违纪违法确实、充分的证据，使被讯问人感到自己的犯罪或违纪违法行为已完全暴露出来，自己犯罪或违纪违法的证据已掌握在讯问人员的手中，任何隐瞒、不承认都已无济于事，只能是欲盖弥彰。

③以法律给被讯问人施加压力。讯问人员要向被讯问人宣讲法律的规定，特别是宣讲《刑事诉讼法》第五十五条关于“没有被告人供述，证据确实、充分的，可以认定被告人有罪和处以刑罚”的规定，使被讯问人感到自己不交代，查案机关完全可以根据法律的规定认定自己的犯罪或违纪违法事实和作出处理。

④以道理给被讯问人施加压力。讯问人员要根据被讯问人心理上矛盾的具体情况，向其阐述有针对性的道理，促使其心理压力的加大，认识到时不我待，再不交代就来不及了。

⑤以领导或亲人的希望给被讯问人施加压力。对于领导或被讯问人的亲人有向被讯问人提出希望的，讯问人员要向被讯问人转达领导或被讯问人亲人对其的希望，使被讯问人感到领导关怀的温暖和亲人呼求的急切而造成的压力。

对这种经讯问仍持矛盾心理或由其他心理转化为矛盾心理的被讯问人，通过上述以给被讯问人施加心理压力的方法结束讯问，以查案气势、证据、法律、道理、领导或亲人的希望给其施加压力，其在讯问结束以后，就会对讯问人员给其所施加的这些压力进行认真的思考，越思考其思想压力越大，从而促使矛盾双方的转化，作出交代的一方就会压倒阻碍交代的一方而成为矛盾的主要方面，使被讯问人下定作出交代的决心。在续审中，其就有可能对犯罪或违纪违法事实作出交代。

（6）受窘心理被讯问人的讯问结束方法的选择及其实施

所谓受窘心理，是指被讯问人的心理因受窘而不愿或不好意思对犯罪或违纪违法事实作出交代的一种心理状态。

被讯问人经讯问人员的讯问，由于种种原因，不少被讯问人由拒供的心理转化为受窘的心理。被讯问人在受窘心理的支配下，把自己困在了不作交代的绝境，下不了交代的台，于是，便僵持在台上，就是不开口交代犯罪或违纪违法的事实。

这种被讯问人之所以僵持在不交代的台上，就是不开口交代犯罪或违纪违法的事实，是因为没有下台的台阶，下不了台。其只有有了讯问人员给其搭的台阶，才有可能从受窘的台上走下来。因此，讯问人员就应给这种被讯问人搭一个台阶。

关于“搭台阶”的问题，我们已在本书第八章《促使被讯问人作出交代》中就被讯问人受窘的原因和铺设针对性的台阶作过较为详细的论述。在促使被讯问人作出交代的讯问过程中，有的可能是讯问人员已根据被讯问人受窘的原因给其搭过台阶，但被讯问人可能是因为种种原因，使所搭的台阶未能起到应有的作用，而使被讯问人未能沿着讯问人员给其所设的台阶走下来；有的可能是讯问人员没有给被讯问人搭过台阶，而使被讯问人没有台阶可走。因而，这两种被讯问人都僵持在台上。因此，无论是在前面的讯问中讯问人员已给其搭过台阶，因种种原因台阶未起作用而继续受窘的被讯问人，还是在前面的讯问中讯问人员未给其搭过台阶而因没有台阶受窘的被讯问人，只要是因受窘原因未能使其作出交代的，讯问人员在讯问结束都应选择以给被讯问人“搭台阶”的方法结束讯问。

所谓以给被讯问人“搭台阶”的方法结束讯问，是指在讯问结束的过程中，给被讯问人设好避免因受窘的途径或机会，即台阶，使被讯问人顺着讯问人员为其设好的途径或机会摆脱困难窘迫的处境结束讯问。

对这些持受窘心理的被讯问人，以给被讯问人“搭台阶”的方法结束讯问，被讯问人在讯问结束以后，思考的精力就会集中在讯问人员为其铺设的台阶上。对于在前面的讯问中已经给其搭过台阶的被讯问人来说，其在讯问结束以后，就会根据讯问人员在讯问结束时给其重搭的台阶思考问题，通过思考，认为讯问人员重新给其搭的台阶正适合他或认为讯问人员是在再次给自己机会，得抓紧沿着台阶走下来；对于在前面的讯问中未给其搭过台阶的被讯问人来说，其就会根据讯问人员所搭的台阶思考问题，通过思考，被讯问人就有可能认为讯问人员为其所铺设的台阶正中其意，如果不从这个台阶下去，就失去了机会，将困死在这个台上。这样，这些被讯问人在续审中就有可能沿着讯问人员给其重新铺设的台阶或给其铺设的台阶走下来，对犯罪或违纪违法事实作出交代。

以给被讯问人“搭台阶”的方法结束讯问，在实施中要做到以下几点：

①铺设台阶要有针对性

讯问人员给被讯问人铺设台阶，要有针对性。只有铺设的台阶具有针对性，被讯问人才能顺着这个台阶走下来。如果所铺设的台阶没有针对性，这个台阶是起不了作用的，被讯问人就不会顺着这个台阶走下来，而且有可能坚定不下来的决心。因此，在给被讯问人铺设台阶时，一定要给被讯问人设一个有针对性的台阶，千万不可乱铺设一通。

铺设有针对性的台阶，对于在前面的讯问中已经给其铺设过台阶的被讯问人，讯问人员要找出前面讯问中所设的台阶未能起作用的原因，然后针对前面所设台阶未能起作用的原因和被讯问人受窘的原因，重新给其“搭”一个有针对性的台阶；对于在前面的讯问中未给其搭过台阶的被讯问人、讯问人员要在认真分析被讯问人受窘原因、找准被讯问人受窘原因的基础上，针对被讯问人受窘的原因给其“搭”一个有针对性的台阶。

②铺设台阶要打好基础

所谓铺设台阶要打好基础，是指铺设台阶要先做好铺垫。讯问人员在给被讯问人铺设台阶前，要先做好铺垫、打好基础，不能孤立地给被讯问人铺设一个台阶。如果在没有打好基础的情况下就给被讯问人铺设台阶，被讯问人就会认为讯问人员是在讨好他、求他，这样，所铺设的台阶不仅起不到任何作用，相反还会增强被讯问人拒供的心理。因此，在铺设台阶前要给被讯问人施加压力、做好铺垫、打好基础，使被讯问人感觉到讯问人员已掌握了其犯罪或违纪违法的事实、证据，不交代不仅毫无意义，而且只能是从重处罚。只有这样，台阶才能铺设得牢固，才能起作用，被讯问人才有可能沿着台阶走下来。

③铺设台阶要诚恳

讯问人员铺设台阶的态度要诚恳。以诚恳的态度“搭台阶”，表现出的是讯问人员的真心实意。这样被讯问人就会认为，讯问人员是在诚心诚意地为自己着想，是在真心地教育、帮助、挽救自己，从而才愿意沿着讯问人员给其搭的台阶“走下来”。否则，被讯问人就会认为讯问人员不怀好意，是在引诱自己、暗算自己，这台阶就是一个陷阱，前面充满着危险。这样，被讯问人就不会沿着台阶“走下来”。因此，讯问人员在“搭台阶”的过程中，一定要做到态度诚恳。

对这些受窘心理的被讯问人，通过上述以给被讯问人“搭台阶”的方法结束讯问，被讯问人在讯问结束以后，就会围绕讯问人员给其所搭的台阶进行思考，对台阶进行评价。通过思考、评价，其就有可能认为这个台阶实在，正中自己下怀，要抓住这个时机沿着台阶“走下来”，否则，自己就下不来了。这样，被讯问人在续审中就有可能交代犯罪或违纪违法的事实。

3. 针对被讯问人的弱点情况选择讯问结束的方法和讯问结束的实施

由于被讯问人的弱点情况不同，选择讯问结束的方法和实施也应不同。讯问人员要根据被讯问人的弱点情况，选择有针对性的方法对讯问进行结束。

（1）性格上有弱点的被讯问人的讯问结束方法的选择及其实施

①“吃硬”性格的被讯问人的讯问结束

这种“吃硬”性格的被讯问人的弱点是害怕讯问人员“硬”的手段，其一见到讯问人员对其来硬的，就会出现胆怯的心理，有的甚至魂不附体，变成缩头乌龟，其拒供的心理防线也随之产生动摇。但是，并不是所有“吃硬”性格的被讯问人一见到讯问人员对其来硬的就不堪一击，像“竹筒倒豆子”一样交代犯罪或违纪违法的事实。有的试图抵挡一阵，挡不住了再说；有的试探讯问人员的虚实，摸摸讯问人员来的是真硬还是假硬；有的对讯问人员硬的手段从接受到起作用需要一个过程；有的实施了多起犯罪或违纪违法行为，在讯问人员硬的手段面前不可能一次性作出全部交代，等等。对这种性格“吃硬”而在讯问中拒不交代或没有作出全部交代的被讯问人，尽管在讯问开头、讯问的过程中已对其使用过“硬”的手段，但在讯问结束的时候，仍可选择以向被讯问人施威的方法结束讯问。

所谓以向被讯问人施威的方法结束讯问，是指向被讯问人施展敬畏的声势、态度或行为，从而使被讯问人震慑的方法结束讯问。

对这种被讯问人以施威的方法结束讯问，被讯问人在讯问结束以后，就会细细思考和品味讯问人员对其所施的威。通过思考和品味，其对讯问人员所施的威就会有一种深切的体会和感受，从而产生敬畏的心理，增加其心理压力。这样，被讯问人在续审中就有可能不敢不供述犯罪或违纪违法事实，或尚未彻底交代的犯罪或违纪违法事实。

以施威的方法结束讯问，在实施中要做到以下几点：

第一，要施以有针对性的威。由于被讯问人的个体和拒不供述或不彻底供述的原因不同，所施的威也应当不同。就被讯问人的个体来说，有的被讯问人敬畏讯问人员的仪表，有的被讯问人敬畏讯问人员的人格，有的被讯问人敬畏讯问人员的品德，有的被讯问人敬畏讯问人员的才能，有的被讯问人敬畏讯问人员的素质，有的被讯问人敬畏法和理，有的被讯问人敬畏气势，有的被讯问人敬畏神情，有的被讯问人敬畏态度，有的被讯问人敬畏举止，等等。就被讯问人拒不供述或不彻底供述的原因来说，有的是认为自身硬，有的是认为有外援，有的是认为讯问人员并未掌握其犯罪或违纪违法的证据，有的是认为讯问人员掌握的证据就这么多，等等。对于这些不同的个体和拒不供述或不彻底供述的原因，讯问人员要根据其个体和拒不供述或不彻底供述原因的情况，施以有针对性的威。只有这样，讯问结束时所施的威才能起作用，才能使被讯问人敬畏。

第二，要威严。讯问人员在以施威的方法结束讯问的过程中，揭露要做到稳、准、狠；态度要做到严厉；决心要做到坚强；气势要做到磅礴；言辞要做到郑重；语气要做到坚定；行为要做到合法；仪表要做到威仪；举止要做到庄重；表情要做到刚毅。只有这样，才能使被讯问人望而生畏，使之在讯问结束后，眼前时常浮现讯问人员威严的形象，越思考、越体会就越敬畏。

第三，要施以有德之威。讯问人员以施威的方法结束讯问，所施的威必须是有德之威，而不得是非德之威。因为施以有德之威是讯问人员作为一个人所具备的基本条件，而且，只有有德之威才能使被讯问人敬畏；而施以非德之威，不仅使讯问人员失去了做人的基本条件，而且“非德之威，虽猛而人不畏”①，不会起到积极的作用，只能是起到反作用。

对这种性格怕硬的被讯问人，通过上述以向被讯问人施威的方法结束讯问，给被讯问人施以有针对性的威、威严的威、有德的威，这种被讯问人在讯问结束以后，通过体会和感受讯问人员所施之威，就会产生敬畏的心理，在“吃硬”性格的作用下，被讯问人的心理防线就有可能全线崩溃，在续审中就有可能对犯罪或违纪违法的事实作出交代。

②“吃软”性格的被讯问人的讯问结束

这种“吃软”性格的被讯问人的弱点是经不起“软”的手段的感化。对其来“软”的行为、说“软”的话语，其心理就会受到感化，心就会软下来，抗审的心理就会减弱、抗审的意志就会瓦解、抗审的防线就会发生动摇，最后，归顺讯问人员。但是，这种怕“软”性格的被讯问人同怕“硬”性格的被讯问人一样，并不是其一见到“软”的行为、一听到“软”的话语就会立即减弱抗审心理、立即瓦解抗审的意志、立即动摇抗审的防线、立即对犯罪或违纪违法的事实作出交代，

---

① 见（宋）苏轼：《德威堂铭并叙》，载《苏东坡全集》（第4卷），北京燕山出版社2009年版，第1745页。

因为他需要一个逐渐予以感化的过程。因此，对这种性格“吃软”而在讯问中拒不交代或不作出全部交代的被讯问人，尽管在讯问开头、讯问的过程中已对其使用过“软”的手段，但讯问结束的时候，仍可选择以向被讯问人来“软”的方法结束讯问。

所谓以向被讯问人来“软”的方法结束讯问，是指在讯问结束时，以慈善的神情、诚恳的态度、恻隐的心地、友善的行为，对被讯问人予以真诚而恳切的劝导，或予以同情和理解，或设身处地地为被讯问人着想，予以关心、爱护和帮助结束讯问。

对这种“吃软”性格的被讯问人，以向其来“软”的方法结束讯问，其在讯问结束以后，就会细细品味讯问人员的劝导，进而认为讯问人员是在真心地挽救自己；就会深切地体会讯问人员对其的同情和理解，进而认为讯问人员是在为自己着想；就会由衷地感受到讯问人员对其的关心、爱护和帮助，进而认为讯问人员是在为自己操心。这样，就感化了被讯问人，在续审中被讯问人就有可能因受到感化而交代犯罪或违纪违法的事实。

以向被讯问人来“软”的方法结束讯问，在实施中要做到以下几点：

第一，“软”的内容要有针对性。讯问人员以这种方法结束讯问，“软”的内容要针对被讯问人心理上最需要的东西。也就是说，被讯问人心理上最需要什么东西就给被讯问人什么东西。只有这样，这种“软”的方法才能起作用。

第二，要把握好一个度。讯问人员无论是向被讯问人实施“软”的行为，还是说“软”的话，都要把握好一个度，即不能不足，也不能过头。不足就不能感化被讯问人，过头就会起反作用，被讯问人会认为讯问人员是在讨好他、巴结他、求他。因此，把握好这个度非常重要，要做得恰到好处。

第三，要“软”中有硬。讯问人员在以“软”的方法结束讯问的过程中，要做到“软”中有硬，不能一味地“软”下去，在“软”到一定的时候要给被讯问人来点硬的，使被讯问人在“软”中体会到硬。

对这种性格“吃软”的被讯问人，通过上述以向被讯问人来“软”的方法结束讯问，给被讯问人以针对性的“软”话、行为，适度的“软”话、行为，“软”中有“硬”的“软”话、行为，这种被讯问人在讯问结束以后，通过体会和感受讯问人员给其的“软”话、行为，其心理就有可能受到感化，从而在续审中就有可能在“吃软”性格的作用下作出交代。

（2）情感上有弱点的被讯问人的讯问结束方法的选择及其实施

所谓情感上的弱点，是指被讯问人对某人或某事特别执着，或被讯问人情感在某一方面特别脆弱，受刺激就会产生强烈的心理反应，无法控制住其激动的感情。

这种情感上有弱点的被讯问人，或因为被某人或某事所吸引，追逐不舍，不能超脱，以至于为了某人或某事愿意做任何的事情，甚至献出生命都在所不惜；或因为其情感的某一方面特别脆弱，触到这一脆弱之处就会心情激动，无法控制住感情，以至于“言无所择”。因此，对这种情感上有弱点的被讯问人，应选择以向被讯问人输入情感信息的方法结束讯问。

所谓以向被讯问人输入情感信息的方法结束讯问，是指在讯问结束时，针对被讯问人情感上的弱点，向其输入有针对性的情感信息结束讯问。

对这种情感上有弱点的被讯问人以向其输入情感信息的方法结束讯问，被讯问人在讯问结束以后，思考的精力就会集中在讯问人员对其输入的情感信息上。通过思考，再现讯问人员向其输入的情感信息，调动起其藏在内心深处的情感，使之感动不已或陷入情感煎熬的痛苦之中。这样，被讯问人在续审中就有可能或为了其所执着的人或事，或为摆脱这种情感煎熬的痛苦而交代犯罪或违纪违法的事实。

向被讯问人输入情感信息，我们在本书第七章《摧毁被讯问人抗审的心理防线》中叙述了以情感信息为“武器”进攻的问题，而以向被讯问人输入情感信息的方法结束讯问，在实施中要做到以下几点：

①要找准被讯问人情感上的执着点或弱点

由于各个被讯问人的情况不同，其在情感上的执着点或弱点是不同的。讯问人员只有抓准了被讯问人情感上的执着点或弱点，才能有针对性地向其输入情感信息，从而调动激发其情感。

②要针对被讯问人情感上的执着点或弱点，向被讯问人输入有针对性的情感信息，做到矢中其的

讯问人员在向被讯问人输入情感信息时，要针对寻找出来的被讯问人情感上的执着点或弱点输入有针对性的情感信息，切不可乱输一通。只有这样，输入的情感信息才能激起被讯问人的情感。

③输入的情感信息要适度

向被讯问人输入的情感信息要适度，既不过，也不不及。过了，会引起被讯问人的警觉，会使被讯问人认为这是讯问人员另有企图或假惺惺；不及，不足以激起被讯问人的情感。

④输入情感信息的言语要动听

在向被讯问人输入情感信息的过程中，言语要做到动听。只有动听的言语，才能使被讯问人感动或感兴趣，从而才能激发被讯问人的情感。

⑤输入情感信息的行为要真诚

在向被讯问人输入情感信息的过程中，如果是以讯问人员的行为输入的，行为要做到真诚。只有真诚的行为，才能使被讯问人感到讯问人员真实诚恳，没有一点儿虚假，从而才能激发被讯问人的情感。

对这种情感上有弱点的被讯问人，通过上述以向被讯问人输入情感信息的方法结束讯问，以动听的言语、真诚的行为向被讯问人输入适度的有针对性的情感信息，被讯问人在讯问结束以后，通过体会和感受讯问人员输入的情感信息，就有可能激起被讯问人的情感，从而促使其在续审中有可能“情发于中，言无所择”地对犯罪或违纪违法事实作出交代。

（3）有把柄弱点的被讯问人的讯问结束方法的选择及其实施

所谓有把柄弱点，是指被讯问人有政治、经济、生活、人格、道德等方面的丑闻，或存在问题的把柄，这种把柄是被讯问人害怕和顾

忌的。

有的被讯问人有政治、经济、生活、人格或道德方面的丑闻，这种丑闻一旦揭露出来，公布于众，被讯问人就会无地自容；有的被讯问人还有其他犯罪或违纪违法的问题，经不起彻查，一旦对其进行彻查，其他犯罪或违纪违法问题就会暴露出来，问题就会越查越大。这种有把柄弱点的被讯问人，特别害怕自己的把柄被讯问人员抓住，被揭露出来公布于众和讯问人员对其实施彻查的措施。一旦讯问人员抓住了其把柄，声称要将其揭露出来或要对其实施彻查的措施，被讯问人就会产生害怕的心理。因此，对这种有把柄弱点的被讯问人，应选择以抓把柄的方法结束讯问。

所谓以抓把柄的方法结束讯问，是指讯问人员在讯问结束时，抓住被讯问人的把柄，声称若不如实交代犯罪或违纪违法事实，就对被讯问人实施彻查，将被讯问人的这些丑闻揭露出来公布于众和查清其所有的犯罪或违纪违法问题结束讯问。

对这种有把柄弱点的被讯问人以抓把柄的方法结束讯问，被讯问人在讯问结束以后，思考的精力就会集中在被讯问人员抓住的把柄和讯问人员的态度上。经过思考，其就有可能因慑于把柄被抓而转变态度，在续审中交代犯罪或违纪违法的事实。

关于抓把柄，我们在本书第五章《端正被讯问人对待讯问的态度》中在叙述“剎被讯问人不端正态度的表现”时，叙述了以把柄剎的问题，而以抓把柄的方法结束讯问，在实施中要做到以下几点：

①要抓准被讯问人的把柄

讯问人员在以抓把柄的方法结束讯问时，一定要抓准被讯问人的把柄，即抓住被讯问人最害怕、最顾忌的把柄。只有这样，才能震动被讯问人，才能产生威慑力。如果把柄抓得不准，抓的是那些无关紧要的把柄，讯问结束以后，被讯问人也就不会思考这些问题，从而以抓把柄结束讯问的方法就毫无作用。因此，讯问人员一定要抓准被讯问人的把柄。

②要进行无情的揭露

讯问人员在抓准被讯问人的把柄后，在讯问结束的过程中，要对抓住的把柄进行狠狠的、无情的揭露，揭得被讯问人体无完肤，揭得被讯问人无地自容，揭得被讯问人心感畏惧。只有这样，被讯问人才能越想越害怕，越想越不能让讯问人员彻查。而如果对把柄的揭露不狠、不无情，讯问结束以后，被讯问人就感觉不到其中的利害，也就不会进行思考斗争，从而以抓把柄的方法结束讯问只是空气震动而已。因此，讯问人员一定要对抓住的把柄进行无情的揭露。

③要表明讯问人员坚决的态度

在狠狠地、无情地揭露被讯问人的把柄以后，讯问人员要向被讯问人表明自己的坚决态度，并表明所要采取的措施，以示讯问人员要坚决予以彻查的决心。只有这样，被讯问人才能感到讯问人员是要动真格的。如果表明的态度不坚决，没有实施的措施，被讯问人在讯问结束以后，就会认为讯问人员只是说说而已，吓唬吓唬罢了，从而以抓把柄的方法结束讯问就会是雷声大、雨点小，或根本就没有雨点。因此，讯问人员一定要表明坚决的态度。

对这种有把柄弱点的被讯问人，通过上述以抓把柄的方法结束讯问，这种被讯问人在讯问结束以后，就会围绕讯问人员对其把柄的无情揭露和讯问人员的坚决态度展开激烈的思想斗争。经思想斗争，其就会认为一旦讯问人员对自己实施彻查，揭露出自己的丑闻并公布于众，自己将声名狼藉，家庭门风扫地，子女儿孙无法做人；自己的问题被越查越大，得到的将是更严厉的惩罚。这样，被讯问人为了保全自己的名声，捍卫家庭门风，使子女儿孙体面做人，或使自己的问题不被查大，其在续审中就有可能对犯罪或违纪违法事实作出交代。

4. 针对侦查或调查工作的需要选择讯问结束的方法和讯问结束的实施

讯问人员对案件的查处，往往都是侦审或调审结合，在侦查或调查的基础上进行讯问，在讯问的基础上进行侦查或调查，如此循环，把案件的查处推向纵深，查清被讯问人犯罪的事实。正因如此，讯问工作就要配合侦查或调查工作进行，不能全然就讯问而讯问。

在讯问实践中，有的案件由于讯问人员工作不深入，在未取得被讯问人犯罪的证据的情况下，仅凭怀疑就对被讯问人采取措施进行讯问，结果无法突破被讯问人的口供；有的案件由于案件的特殊性，不可能直接从外围取得证据，需要先突破被讯问人的口供，然后根据被讯问人的口供收集证据，组成证据体系，而在对被讯问人的讯问中，无法促使被讯问人开口交代；有的案件虽收集到一些证据，但收集到的证据不是被讯问人犯罪的主要事实证据，通过对被讯问人的讯问，又不能突破被讯问人的口供；有的案件在开始收集到的证据被认为是被讯问人犯罪的主要证据，但经过对被讯问人的讯问，发现该收集到的证据不是被讯问人犯罪的主要证据或与被讯问人犯罪的事实究竟是怎样的一种关联不清，而被讯问人又拒不供述其犯罪的主要事实或交代该事实与其犯罪的关联；有的案件虽然有证据，但被讯问人就是不交代犯罪的事实，等等。对于这些被讯问人，只有继续侦查或调查，收集到被讯问人犯罪的确实证据或抓住被讯问人的把柄，才有可能突破被讯问人的口供，使案件起死回生。为此，对有的被讯问人要先予释放或解除留置措施，并落实侦查或调查措施，使之在释放或解除留置措施以后放纵起来暴露证据；对有的被讯问人要在关押中实施侦查手段，通过侦查手段获取其犯罪的证据。而要通过这些侦查或调查手段获取证据，很重要的一条就是要使被讯问人能放纵起来，顺应讯问人员的意图。而要使被讯问人放纵起来，顺应讯问人员的意图，讯问结束的方法就要针对侦查或调查工作的需要进行选择，通过讯问结束，配合侦查或调查工作的开展。

（1）需要先予释放或解除留置措施的被讯问人的讯问结束

这种需要先予释放或解除留置措施的被讯问人，是因为讯问人员没有掌握其犯罪的充分证据，光靠外围侦查或调查一时又无法收集到证据，继续讯问下去不仅毫无效果，无法突破其口供，而且羁押期限或留置时间届满，再行继续关押或留置违反法律的规定。所以，只得对其先予以释放或解除留置措施，继续进行侦查或调查。而要使被讯问人在释放或解除留置措施以后的侦查或调查工作进行得顺利和有效，就要使被讯问人在释放或解除留置措施以后放纵起来或疏于防范，从而暴露出其犯罪的证据。而要使被讯问人在释放或解除留置措施以后放纵起来或疏于防范，就要使被讯问人放松警惕，解除思想武装，认为自己已万事大吉。如果被讯问人仍处在高度的警惕之中，其就不会放纵起来或疏于防范，其犯罪的证据也就难以暴露出来，继续侦查或调查工作将一无所获。因此，对这种需要先予释放或解除留置措施的被讯问人，应选择以松懈被讯问人警惕性的方法结束讯问。

所谓以松懈被讯问人警惕性的方法结束讯问，是指在讯问结束时，向被讯问人输入其犯罪没有证据，讯错了被讯问人，对该案不再查处的信息，使被讯问人放松警惕结束讯问。

对这种被讯问人以松懈被讯问人警惕性的方法结束讯问，被讯问人在讯问结束被释放或解除留置措施以后，就会认为讯问人员没有掌握其犯罪的证据，是错讯了自己，不会再对自己进行查处了，自己的案件已到此为止。于是，其便放松警惕，解除思想武装，疏于防范或放纵起来，从而暴露出其犯罪的证据。在这种情况下，讯问人员的侦查或调查手段便可起作用，通过侦查或调查手段收集到被讯问人犯罪的证据，再行抓获讯问，一举予以突破。

以松懈被讯问人警惕性的方法结束讯问，在实施中要注意以下几点：

①要隐蔽好意图

以这种方法结束讯问，要隐蔽好意图。因而，讯问人员松懈被讯问人警惕性的言行不能让被讯问人有丝毫地觉察到讯问人员对其的释放或解除留置措施是假释放或解除留置措施、真侦查或调查的意图。只有这样，被讯问人在释放或解除留置措施以后，才有可能放松警惕，从而放纵起来。否则，被讯问人就不会放松警惕，更不可能放纵起来，而且有可能进一步加强防备或乘机把证据都予以销毁。

②要使被讯问人相信

以这种方法结束讯问，要使被讯问人相信对其释放或解除留置措施是因为搞错了。因而，讯问人员要围绕使被讯问人相信讯问人员对其释放或解除留置措施是因为搞错了这一目标实施讯问结束。为此，要做到以下三点：

第一，讯问人员的言行要朴实，态度要表现出诚恳。只有言行朴实，态度诚恳，被讯问人才能信以为真。

第二，讯问人员要有自责感，而且自责感既要表现出真实，又要表现出含蓄。只有自责感既真实，又含蓄，被讯问人才能信以为真。

第三，讯问人员要向被讯问人表示歉意，按照法律的规定给予赔偿或道歉。只有这样，被讯问人才能信以为真。

③要加强对被讯问人的侦查或调查力度

以这种方法结束讯问，在讯问结束让被讯问人回去后，要落实对被讯问人的侦查或调查措施，加大侦查或调查的力度，密切注意被讯问人的动向。只有这样，才能及时地获取被讯问人犯罪的证据。

对这种需要先予以释放或解除留置措施进行侦查或调查的被讯问人，通过上述以松懈被讯问人警惕性的方法结束讯问，被讯问人在讯问结束被释放或解除留置措施后，就会对讯问人员朴实的言行、诚恳的态度、既真实又含蓄的自责、歉意及歉意行为的表示进行思考，经思考，被讯问人就会认为讯问人员确实是搞错了而释放他或解除留置措施的，从而放松警惕而放纵起来，暴露出犯罪的证据，被讯问人员的侦查或调查措施逮个正着。

（2）需要在关押中实施侦查手段的被讯问人的讯问结束

这种需要在关押中实施侦查手段的被讯问人，是因为抗审的心理特别强，光靠面对面的讯问很难突破案件。因而，需要在关押中实施侦查手段对其进行侦查，通过在关押中实施侦查手段获取重要线索或证据后，促使被讯问人交代犯罪的事实。而在关押中实施侦查手段达到获取线索或证据的目的，最好的途径是被讯问人在关押中能主动与同监人商量，向同监人咨询、讨教，在商量、咨询、讨教中暴露出其犯罪的线索和证据。如果被讯问人不与同监人接触，不向同监人暴露其犯罪的线索和证据，在关押中实施侦查手段就难以实现。为了使被讯问人在讯问结束回监后能与同监人商量，向同监人咨询、讨教，从而使侦查顺利地进行，对这种需要在关押中实施侦查手段的被讯问人，应选择以“逼”被讯问人与同监人商量的方法结束讯问。

所谓以“逼”被讯问人与同监人商量的方法结束讯问，是指讯问人员在讯问结束时，根据被讯问人的特点和案件的具体情况，给被讯问人施加一定的影响，逼使被讯问人在回监后与同监人商量对策结束讯问。

这种以“逼”被讯问人与同监人商量的方法结束讯问，被讯问人在讯问结束回关押场所以后，思考的精力就会集中在讯问人员对其施加的影响上，在思考中对一些不懂、不知道、疑惑、没有把握、没有对策的问题，其就有可能与同监人商量，向同监人咨询、打探、探讨、讨教。此时，讯问人员的侦查手段就可发挥作用，从中了解掌握被讯问人的犯罪情况和证据，从而使这一侦查工作顺利地进行并取得成果。

以“逼”被讯问人与同监人商量的方法结束讯问，在实施中要做到以下几点：

①要根据被讯问人的不同特点和案件的不同情况，对被讯问人施以不同的影响

由于被讯问人特点和案件情况不同，对被讯问人施加的影响也应不同。只有这样，所施加的影响才能起作用，才能“逼”被讯问人与同监人商量。对有的被讯问人，尽管其抗拒交代心理很强，但讯问人员在讯问结束时仍要予以紧逼，必要时可继续使用明暗结合、虚实并举的方法出示一些证据，给被讯问人造成一种错觉，认为讯问人员可能已真的掌握其犯罪的证据，使其“丈二和尚摸不着头脑”，心中无底，促使其回监后向同监人“咨询”，让同监人帮助分析；对有的被讯问人要向其宣扬高科技在侦查工作中的作用和侦查工作的神秘性，使其既恐慌，又怀疑，不知是否确实如此厉害，促使其回监后向同监人了解；对有的被讯问人要向其宣讲法律的规定，特别是《刑事诉讼法》第五十五条关于“没有被告人供述，证据确实、充分的，可以认定被告人有罪和处以刑罚”的规定，使其左右为难，不知自己的问题是否会根据这一法律规定被认定有罪和处以刑罚，促使其回监后与同监人探讨；对有的被讯问人要讲其犯罪行为性质的严重性、犯罪行为的危害性，指出其行为给国家、给他人造成的严重危害结果，必然要受到严处，使被讯问人既惧怕，又不知是否真的是这个情况，促使其回监后向同监人吐露与案件

有关的事实或打探情况，要同监人为其出主意、想办法，等等。通过对被讯问人施以这些不同的影响，使侦查手段顺利地进行。

②“逼”的方法要巧妙

讯问人员在运用这种方法结束讯问时，“逼”的方法要做得十分巧妙。也就是说，讯问人员要把“逼”隐含在向被讯问人施加的影响之中，不能赤裸裸地暴露出来，从而使被讯问人感觉到讯问人员是为其着想。只有这样，被讯问人才会与同监人商量。如果被讯问人觉察到是讯问人员逼其与同监人商量，被讯问人也就不会去与同监人商量，从而使这一侦查工作归为失败。因此，“逼”的方法要做得十分巧妙，不留任何痕迹。

对这种需要在关押中实施侦查手段的被讯问人，通过上述以“逼”被讯问人与同监人商量的方法结束讯问，被讯问人在讯问结束后，就有可能按照讯问人员针对性、巧妙性的“逼”，或向同监人咨询，或向同监人打探，或与同监人探讨，或向同监人讨教，从而使侦查手段发挥作用，获取被讯问人犯罪的事实情况和证据。

第十章

做好讯问结束后的工作

做好讯问结束后的工作这一步，事实上它不是讯问的一个步骤，但是这项工作不仅与讯问密切相关，而且又十分重要。不少案件，就是因为没有做好讯问结束后的工作，而导致严重后果或不利查案工作问题的发生。有的证据流失，无法再取得证据；有的被讯问人翻供得逞，没有充分的证据认定被讯问人的犯罪或违纪违法事实和对其作出处理；有的同案犯或对合犯逃跑，无法查结案件；有的发生被讯问人逃跑或自杀事故，造成了不可弥补的损失；有的在续审时没有针对性的对策，无法突破被讯问人的口供；有的侦查或调查措施不能落实到位，无法使侦查和调查深入；有的没有保护好相关人，以致造成严重的后果，等等，给侦查或调查工作带来了极大的危害。因此，在这里有必要将做好讯问结束后的工作作为讯问的一个延伸步骤予以叙述。

总结查案实践，做好讯问结束后的工作主要有以下几个方面。

一、查证属实被讯问人的供述

有的被讯问人在讯问中供述了犯罪或违纪违法的事实，对于这种已经作出供述的，在讯问结束以后，讯问人员要及时地对被讯问人的供述进行查证属实，根据被讯问人的供述建立起证据体系。

（一）查证属实被讯问人供述的意义

查证属实被讯问人的供述，对于及时地收集证据，防止证据流失，建立起证据体系，使证据确实、充分，防止被讯问人翻供，使被讯问人翻不了供，发现被讯问人虚假的供述，及时排除被讯问人埋下的伏笔，都有着重要的意义。

1. 有利于及时地收集证据，防止证据流失

查证属实被讯问人供述的过程，实质上就是一个收集被讯问人犯罪或违纪违法证据的过程。被讯问人作出交代后，讯问人员根据被讯问人交代的作案时间、地点、起因、经过、手段、后果以及赃物、作案工具、账本等物证、书证藏匿的地点或去向，通过询问证人，核实客观情况、勘验、检查、搜查、查封、扣押物证、书证、鉴定等手段查证被讯问人的交代，也就收集到了被讯问人犯罪或违纪违法确实、充分的证据。

而根据被讯问人的交代，在查证被讯问人的交代中，通过这些手段收集证据，其中很重要的一条就是要做到及时。只有做到及时，才有可能收集到这些证据。否则，不及时地收集证据，随着时间的推移，证据就有可能流失。某证据一旦流失，讯问人员就难以或再也无法收集到该证据。这是因为就证人证言来说，证人证言取得的前提是有证人在，没有证人在，取得证人证言就无从谈起。而如果讯问人员在被讯问人作出交代后不及时地询问证人，证人就有可能因死亡而丧失、因出境而暂时丧失，从而使讯问人员永远或一时无法取得证人证言。特别是一些涉案

证人，在被讯问人作出交代后，其一旦知道被讯问人已作出交代，就有可能逃跑躲匿。这样，讯问人员也就无法取得其证言。而且，即使证人没有丧失，但由于时间过长，证人对其看到的或听到的就会记忆模糊，记不清具体详细和确切的情况，甚至可能记错或忘记。这样，证人所作的证言就难以反映当时的真实情况或无法提供证言。就物证、书证来说，物证、书证取得的前提是需要有物证、书证的存在，没有物证、书证的存在，取得物证、书证同样是无从谈起。而如果讯问人员在被讯问人作出交代后不及时地对物证、书证予以提取，就有可能因时间因素而质变、因气候因素而灭失、因人为因素而毁灭或转移，等等。而且，有的物证、书证时间一长就无法进行检验和鉴定。这样，讯问人员就无法取得物证、书证，等等。因此，在被讯问人作出交代后，讯问人员就应及时地对被讯问人的供述进行查证属实。这样做有利于及时地收集到证据，防止证据流失。

2. 有利于建立证据体系，使案件的证据确实、充分

被讯问人犯罪或违纪违法事实的认定和对被讯问人作出处罚，依据的是确实、充分的证据。也就是说，要有一个完整的、无懈可击的证据体系。只有这样，才能把被讯问人紧紧地捆住，使之无法逃脱法网。讯问人员在被讯问人作出供述以后，即对被讯问人的供述进行查证，在查证被讯问人供述的过程中收集到被讯问人犯罪或违纪违法的各种证据，并对收集到的各种证据进行审查判断，排除虚假、非法证据，采信确实、合法证据，在对证据进行审查判断的基础上，对尚未收集的证据进行补充收集，对疑问、矛盾的证据予以核实，解决疑问、矛盾，从而也就建立起了完整的、无懈可击的证据体系，达到了确实、充分的证明标准。

而完整的、无懈可击的证据体系的建立，其前提是要有确实、充分证据的存在和证据之间没有矛盾。没有确实、充分证据的存在和证据之间存在矛盾，完整的、无懈可击的证据体系是建立不起来的。因而，讯问人员要建立完整的、无懈可击的证据体系，要具备手中有确实、充分

的证据和这些证据之间没有矛盾的条件。而要具备这两个条件，讯问人员就要收集到各种证据，使之无遗漏和排除这些收集到的证据之间的矛盾。而要收集到各种证据和排除这些收集到的证据之间的矛盾，讯问人员就要做到及时。如果讯问人员不及时地对各种证据进行收集，就有可能造成证据的流失而使讯问人员无法收集到证据。没有收集到证据，就不可能建立证据体系。对此，我们在前一个问题中已经作过论述。如果讯问人员不及时地排除这些收集到的证据之间的矛盾，时间一长，情况发生了变化，就难以甚至无法排除它们之间的矛盾，以致讯问人员弄不清孰是孰非，哪个证据是真实的，哪个证据是虚假的。不能排除证据之间的矛盾，同样建立不起来证据体系。证据体系建立不起来，证据也就达不到确实、充分的证明要求。因此，在被讯问人作出交代后，讯问人员就应及时地对被讯问人的交代进行查证，通过查证，收集到各种证据，并对收集到的证据进行审查、判断，根据审查、判断，及时地查清和排除有矛盾的证据。这样做有利于建立起完整的、无懈可击的证据体系，使案件的证据确实、充分。

3. 有利于防止被讯问人翻供，使被讯问人翻不了供

被讯问人在交代了犯罪或违纪违法事实后，其思想并不能稳定下来，总是要在交代的得失上思来想去，进行分析总结。在这过程中其就有可能认为翻供对自己有利，进而要对已作的供述进行翻供。有的被讯问人在交代以后受同监人或他人的教唆，于是，便要对已作的供述进行翻供。防止被讯问人翻供，使被讯问人翻不了供最有效的方法就是对被讯问人的供述予以查证属实。在查证属实的过程中，讯问人员根据被讯问人的供述，收集证据，使证据达到确实、充分的证明标准。这样，就不仅证明了被讯问人的犯罪或违纪违法事实，而且，也证明了被讯问人所作的供述属实。被讯问人的供述一旦被查证属实，被讯问人无论以什么手段进行翻供都将毫无意义、无济于事，是翻不了供的。

如果讯问人员不对被讯问人的供述及时进行查证属实，在没有查证属实被讯问人供述的情况下，被讯问人进行翻供，就有可能使被讯问人

翻供得逞，被翻了供。说到这里，也许有的读者会说，你不是在《讯问艺术》（增订版）的“讯问结束”中说过以说明讯问过程的合法性这种方法结束讯问，被讯问人就翻不了供吗？如果在讯问结束时以说明讯问过程的合法性结束讯问，这里怎么又冒出一个“被翻了供”呢？岂不自相矛盾？其实这种说法是一个误会。笔者在《讯问艺术》（增订版）中所述的那种翻不了供的情况是建立在被讯问人以讯问人员采取非法的讯问手段对其进行讯问为理由进行翻供的基础之上的，而被讯问人翻供的理由是多种多样的。在这里，如果被讯问人不是以讯问人员采取非法的讯问方法对其进行讯问为理由进行翻供，而是以其他的理由或根本就不提理由进行翻供，那么，那种使被讯问人不能翻供的讯问结束方法对以其他理由或不提理由进行翻供就不起任何作用。在被讯问人以其他理由或不提理由进行翻供的情况下，由于讯问人员尚未对被讯问人的供述查证属实，又因没有及时对被讯问人的供述进行查证、收集证据，有可能造成证据的流失。证据一旦流失，就没有证据或没有充分的证据证明被讯问人的供述是真实的。这样，就只能任被讯问人去说，他说是这样你没有证据证明或否定，他说是那样你也没有证据证明或否定，其结果不就是变成了被讯问人说什么就是什么了？要是这样，被讯问人的翻供就得了逞，就被翻了供。因此，在被讯问人作出交代后，讯问人员就应及时地对被讯问人的交代进行查证、收集证据，查证被讯问人的供述属实。这样做，有利于防止被讯问人翻供，使被讯问人翻不了供。

4. 有利于发现被讯问人的虚假供述，及时排除被讯问人埋下的翻供伏笔

有的被讯问人非常狡猾，由于在讯问中其顶不住讯问人员的进攻，认为不作出交代就过不了这一关，但又不甘心就此失败。于是想出了金蝉脱壳之计，先进行交代，在交代中对一些重要的情节，例如在作案的时间上、作案的工具上等，作出虚假的交代、埋下翻供的伏笔，等待时机，在翻供的时机成熟时进行翻供，最终逃脱法网。对于这种情况，如果讯问人员在被讯问人作出供述后，及时地对被讯问人的供述进行查证属实，在查证属实的过程中通过收集证据，审查、判断证据，就有可能

发现被讯问人虚假供述的疑点，进而对疑点进行查证，也就发现了被讯问人的虚假供述部分。再针对被讯问人的虚假供述部分对被讯问人进行讯问，被讯问人在事实面前，只能对虚假的供述部分重新作出如实的供述。讯问人员再根据被讯问人供述收集证据，查证属实，从而也就及时地排除了被讯问人为翻供埋下的伏笔。

如果讯问人员在被讯问人作出供述后，不及时对被讯问人所作的供述进行查证属实，也就发现不了被讯问人供述的虚假部分，被讯问人所埋下的翻供伏笔也就不可能排除，从而给被讯问人留下了翻供的理由。被讯问人在时机成熟的时候，其就会搬出证据证明其供述的虚假部分确是虚假的事实，以此虚假的事实再证明其所作的全部供述都是虚假的，推翻所作的全部供述。此时，时过境迁，讯问人员已回天乏术，只能眼睁睁地看着有罪的被讯问人逃脱法网。因此，在被讯问人作出交代后，讯问人员就应及时地对被讯问人的供述进行查证，在查证中发现被讯问人供述虚假的疑点，解决疑点。这样做，有利于发现被讯问人的虚假供述，及时排除被讯问人埋下的翻供伏笔。

（二）查证属实被讯问人供述的方法

查证属实被讯问人的供述，就是根据被讯问人的供述，围绕被讯问人所交代的问题收集证据，根据收集到的证据，以证据证明被讯问人所作的供述属实。

查证属实被讯问人供述的方法，总结办案实践，主要以以下方法进行：

1. 围绕被讯问人交代的犯罪或违纪违法事实进行查证

犯罪或违纪违法的事实，包括犯罪或违纪违法的时间、地点、起因、行为人、对象、行为、工具、经过、手段、结果等方面。被讯问人对犯罪或违纪违法作出供述，必须要交代清楚上述这些方面的具体事实情况。被讯问人没有交代清楚的，讯问人员要问清楚。

被讯问人在对这些事实作出交代以后，讯问人员要围绕被讯问人交代的这些事实进行查证。

(1) 围绕被讯问人交代的犯罪或违纪违法的时间进行查证

讯问人员要根据被讯问人交代的犯罪或违纪违法的时间，围绕被讯问人是否具有其所交代的作案时间，在其交代的作案时间里被讯问人是否在案件发生地，对于一些需要较长时间作案的案件或连续作案的案件，被讯问人是否具有较长时间或连续作案时间的条件来收集证据，查证属实被讯问人作案的时间，证明被讯问人具有作案的时间和被讯问人的交代属实。

(2) 围绕被讯问人交代的犯罪或违纪违法的地点进行查证

讯问人员要根据被讯问人交代的犯罪或违纪违法的地点，围绕是否有被讯问人所交代的犯罪或违纪违法的地点，在案件发生的过程中被讯问人是否有能力和条件到达这一地点或是否在这一地点或到过这一地点收集证据。对于被讯问人交代有相关犯罪或违纪违法地点的，同样要围绕是否有被讯问人所交代这一相关地点，被讯问人是否有能力和条件到达这一相关地点和被讯问人是否到过这一相关地点来收集证据。查证属实被讯问人所交代的作案地点和相关地点，证明确有被讯问人所交代的犯罪或违纪违法的地点和相关地点，被讯问人有能力和条件到达该地点、相关地点和被讯问人到过该地点、相关地点的事实和被讯问人的交代属实。

(3) 围绕被讯问人交代的犯罪或违纪违法的起因进行查证

讯问人员要根据被讯问人交代的犯罪或违纪违法的起因，围绕是否有此起因、是否确因此原因而引起犯罪或违纪违法、此原因是突发的还是历史的、其间经历了怎样的一个发展变化过程、具体情况怎样来收集证据，查证属实引起犯罪或违纪违法的起因，证明有此起因、是此起因引起犯罪或违纪违法的和被讯问人的交代属实。

(4) 围绕被讯问人交代的实施犯罪或违纪违法的行为人进行查证

有的案件实施犯罪或违纪违法的人除了被讯问人以外，还有同案人、对合人或帮助人。

讯问人员要根据被讯问人交代的实施犯罪或违纪违法的同案人、对合人或帮助人，围绕是否确有其交代的同案人、对合人或帮助人，这些人具体情况如何，这些人是否具有实施该犯罪或违纪违法行为的时间，在案件发生时这些人是否在案件发生的地点或是否有能力和条件到达案发地点，在案件中实施了什么行为来收集证据，查证属实被讯问人所交代的情况，证明确有这些人及所实施的犯罪或违纪违法的行为和被讯问人的交代属实。

（5）围绕被讯问人交代的犯罪或违纪违法的对象进行查证

犯罪或违纪违法的对象是指犯罪或违纪违法行为所直接作用的具体人或者具体物。

讯问人员要根据被讯问人交代的犯罪或违纪违法的对象，围绕是否确实存在被讯问人所供述的被犯罪或违纪违法行为所直接作用的具体人或具体物、被犯罪或违纪违法行为直接作用的具体人或具体物的具体情况如何以及被直接作用时所处的位置、犯罪或违纪违法对象被犯罪或违纪违法行为作用后的具体情况怎样、下落在何处来收集证据，查证属实被犯罪或违纪违法行为直接作用的该具体人和具体物的这些情况，证明被讯问人的交代属实。

（6）围绕被讯问人交代的所实施的犯罪或违纪违法行为进行查证

讯问人员要根据被讯问人交代的所实施的犯罪或违纪违法行为，围绕被讯问人实施了什么样的犯罪或违纪违法行为、是作为还是不作为、作为是怎样作为的、不作为是怎样不作为的具体情况来收集证据，查证属实被讯问人所实施的犯罪或违纪违法的行为，证明被讯问人的交代属实。

（7）围绕被讯问人交代的作案工具进行查证

作案工具，是指犯罪或违纪违法行为人为实施或预备实施犯罪或违纪违法行为而持有或使用的器械。包括对犯罪对象作用的器械，如撬压工具、凶器等，以及服务于实施犯罪或违纪违法的器械，如运输工具等。

讯问人员要根据被讯问人交代的犯罪或违纪违法的工具，围绕作案工具的来源、作案工具的种类、式样和特征、作案工具对犯罪对象作用在犯罪对象上所留下的痕迹、作案工具本身所留有的痕迹、作案工具在作案过程中的受损情况、作案工具在作案后的去向和下落来收集证据，查证被讯问人实施犯罪或违纪违法用的确是该工具，证明被讯问人所交代的犯罪或违纪违法的工具属实。

对被讯问人交代的作案工具的查证，还有一个查获作案工具的问题，讯问人员要根据被讯问人的交代，及时地查获被讯问人的作案工具这一重要证据。

(8) 围绕被讯问人交代的犯罪或违纪违法的经过进行查证

讯问人员要根据被讯问人交代的犯罪或违纪违法经过，围绕被讯问人是何时开始预备犯罪或违纪违法的、是如何进行预备的、是何时开始着手实施的、中间经历了哪几个阶段、具体经过情况怎样、是何时如何结束犯罪或违纪违法的来收集证据，查证属实被讯问人实施犯罪或违纪违法的经过，证明被讯问人所交代的犯罪或违纪违法经过属实。

(9) 围绕被讯问人交代的犯罪或违纪违法手段进行查证

讯问人员要根据被讯问人交代的实施犯罪或违纪违法的手段，围绕被讯问人采用了何种手段作案、是如何实施这一犯罪或违纪违法手段的、是以何种具体的方法实施的、作案手段在实施的过程中留下了哪些痕迹、这些所留下的痕迹的具体情况怎样、作案手段有什么特点、规律或特殊性以及具体情况、作案手段有无伪装以及有什么伪装、作案手段是否恶劣、残忍以及恶劣、残忍的具体情况来收集证据，查证属实被讯问人实施犯罪或违纪违法的手段，证明被讯问人所交代的实施犯罪或违纪违法采用的手段属实。

对被讯问人所交代的实施犯罪或违纪违法手段的查证，特别需要强调的是，不仅要重视对言词证据的收集，更重要的是要重视对痕迹等实物证据的收集，收集到作案手段所留下的实物证据，并对实物证据进行检验、鉴定，认定确系这种手段所留下的。这样，就使收集到的证据互相印证，证据更加确实、充分，铁板钉钉。

(10) 围绕被讯问人交代的犯罪或违纪违法的结果进行查证

这里所称的犯罪或违纪违法的结果，是指狭义的危害结果，即犯罪或违纪违法行为对犯罪或违纪违法对象所造成的损害情况。

讯问人员要根据被讯问人交代的其所实施的犯罪或违纪违法行为对犯罪或违纪违法对象造成的损害情况，围绕被讯问人的犯罪或违纪违法行为对什么对象造成了损害、造成了何种损害、损害程度情况如何、有多少的量、是什么样的质，以及这种损害与被讯问人的犯罪或违纪违法行为是否具有刑法上的因果关系来收集证据，查证属实被讯问人实施的犯罪或违纪违法行为所造成的危害结果，证明被讯问人所交代的犯罪或违纪违法的结果属实。

在这里，查证被讯问人交代的犯罪或违纪违法的结果之所以称查证狭义的危害结果，而不是称查证广义的危害结果，是因为被讯问人不可能对广义的危害结果中的间接结果作出交代。事实上，广义危害结果中的间接结果也不属于被讯问人交代犯罪或违纪违法事实的范畴。但是，讯问人员在查证犯罪或违纪违法危害结果的过程中，不能忽视对间接结果的调查，对间接结果同样要进行调查，取得证据，因为间接结果对量刑具有重要的意义。

2. 围绕被讯问人交代的与犯罪或违纪违法事实有着联系的情节进行查证

犯罪或违纪违法总是要发生在一定的时间和空间，而且在这个时间和空间发生的犯罪或违纪违法也不是孤立地存在于这个时间和空间的。因而，就存在与这个时间和空间有关的一些事实情况，即情节。这些情节从表面上看与被讯问人的犯罪或违纪违法事实没有什么联系，但是，它能证明被讯问人供述的真实性，从而起到证明被讯问人犯罪或违纪违法事实的作用。在办案实践中，讯问人员对被讯问人供述的与犯罪或违纪违法事实有着直接联系的有关情节往往能注意收集证据，进行查证，但对被讯问人供述的与犯罪或违纪违法本身没有什么直接联系的有关情节，往往不够重视，有的甚至认为没有必要对这些情节进行查证，因而，也就不去对被讯问人供述的这些情节进行查证。这样，就造成了证据不充分，难以建立起完整的、无懈可击的证据体系，被讯问人就有可能利用这些情节进行翻供，导致翻供得逞。因此，讯问人员查证属实被讯问人的供述，还应围绕被讯问人交代的看似与犯罪或违纪违法本身没有什么直接联系、无关的情节进行。

总结办案实践，这些情节包括被讯问人在实施犯罪或违纪违法行为前、后所做的事；到达作案地点的情况；行为前、行为过程中、行为后听到、遇到的人和事；环境和天气情况；特殊的情节或细节；犯罪或违纪违法对象的特殊情节或细节等。

被讯问人在供述犯罪或违纪违法事实的过程中，涉及这些情节，讯问人员要围绕被讯问人供述的这些情节进行查证。

(1) 围绕被讯问人在实施犯罪或违纪违法前和后所做的事进行查证

有的被讯问人在实施犯罪或违纪违法行为前在做某事，在做了某事后或在做某事的过程中放下某事实施了犯罪或违纪违法行为。对此，讯问人员要根据被讯问人的交代，围绕被讯问人在实施犯罪或违纪违法行为前在做什么事、做了什么事、此事的具体情况收集证据，查证属实被讯问人在作案前所做的事，证明被讯问人交代属实。例如，有的被讯问人交代作案前在看某电视台某内容的电视，讯问人员就要向知情人查证在这个时间被讯问人是否在看电视，向电视台查证在此时间是否在播放被讯问人所供述的电视内容。

有的被讯问人在实施犯罪或违纪违法行为后，即到某处做某事。对此，讯问人员要根据被讯问人的交代，围绕被讯问人在实施犯罪或违纪违法后是否到过该处、该处是否有做某事的环境和条件、被讯问人是否有做某事收集证据，查证属实被讯问人在作案后所做的事，证明被讯问人的交代属实。例如，有的被讯问人交代在作案后即到位于某处的水塘或某小溪里洗了手。讯问人员就要根据被讯问人的交代查证某处是否有水塘或小溪，该水塘或小溪是否有可以洗手的条件。又如，有的被讯问人交代在作案后即回家换了衣服、鞋子，并对衣服和鞋子进行了清洗，讯问人员就要根据被讯问人的交代查证被讯问人是否换过衣服和鞋子、是否对衣服和鞋子进行过清洗的事实情况，等等。

(2) 围绕被讯问人到达作案地点的情况进行查证

被讯问人只有在作案地点，其才有可能进行作案。而被讯问人在作案地点，绝大多数案件都需要被讯问人从另一地点到达作案的地点。对此，讯问人员要根据被讯问人的交代，围绕被讯问人在什么时间、以什么方法到达作案地点、到达作案地点后怎样收集证据，查证属实被讯问人到达作案地点的情况，证明被讯问人交代属实。例如，有的被讯问人交代是在某个时间坐公共汽车或某航班或某趟火车到达作案地点的，到达作案地点后先住在某某饭店。对此，讯问人员就要向公共汽车站或机场或铁路部门查证某个时间是否有发往某地的班车、是否有飞往某地的航班、是否有开往某地的火车班次，最好能收集到被讯问人乘坐该交通工具的汽车票、飞机票、火车票，或这些公共交通部门的登记；查证该地是否有某个饭店和该饭店在此时间是否住过被讯问人，等等。

（3）围绕被讯问人在实施犯罪或违纪违法行为前、行为实施过程中、行为后其听到的情况和遇到的人和事进行查证

由于被讯问人的犯罪或违纪违法都是发生在一定的时间和空间里，不会发生在真空里，因而，其在行为前（包括到达作案地的过程）、行为实施过程中、行为后（包括离开作案地点的过程），不可避免地会听到一些声响或声音、遇到一些人和事。对此，讯问人员要根据被讯问人的交代，围绕被讯问人在行为前、行为实施过程中、行为后听到了什么声响或声音以及声响或声音的具体情况、遇到了什么人和什么事以及遇到的具体情况来收集证据，查证属实被讯问人在行为前、行为实施过程中、行为后听到的声响或声音、遇到的人和事，证明被讯问人的交代属实。例如，有的被讯问人在起身前往作案地点时同村的某人娶媳妇，正在放鞭炮；在出门不久的某处碰到某某人；在某某处的路上发生一起交通肇事案件，民警正在勘查现场；在作案过程中听到有某夫妻俩正在吵架的声音；在作案后回家路过某某家外的路上，其家中正有人在打麻将，他家的狗见有人来，跑出来叫了一阵，等等。讯问人员就要根据被讯问人对这些听到的声响、遇到的人和事的交代，查证某人娶媳妇放鞭炮、某处碰见某某人、某处路上发生的交通肇事案、夫妻俩的吵架、某人家打麻将、狗跑出来叫的事实情况。

（4）围绕被讯问人交代的在作案前、作案后和作案过程中的天气及环境情况进行查证

同样是由于被讯问人实施的犯罪或违纪违法行为发生在一定的时间

和空间里，因而，在被讯问人作案前、作案后和作案过程中的这个时间和空间里必然有天气及环境的情况。对此，讯问人员要根据被讯问人对这个时间和空间里的天气及环境情况的交代，围绕这个时间的天气是晴还是下雨抑或下雪、是炎热还是寒冷抑或适中，这个空间是寂静还是吵闹、是舒适还是难受来收集证据，查证属实被讯问人在作案前、作案后和作案过程中的天气及环境情况，证明被讯问人的交代属实。例如，有的被讯问人在作案前、作案后和作案过程中，在作案前天气是阴天，在作案过程中下起了雨夹雪，在作案后飘起了雪花，外面的天气非常寒冷；作案过程中环境非常寂静，整个茶室除了服务员，只有被讯问人和对合人，室内开有空调，非常舒适，等等。讯问人员就要根据被讯问人这些对天气及环境的交代，查证天气先是阴天，接着雨夹雪，再是下雪花和气温的情况，查证当时茶室的人员情况和室内的开空调情况。

（5）围绕被讯问人交代的特殊情节或细节查证

这里所称的特殊情节或细节不是指犯罪或违纪违法行为本身的特殊情节或细节，而是指在犯罪或违纪违法的前、中、后过程中出现的一些与犯罪或违纪违法本身无关的情节或细节。

被讯问人在实施犯罪或违纪违法的前、中、后过程中，往往会出现一些与犯罪或违纪违法本身无关的情节或细节。对于出现的这些情节或细节，讯问人员要根据被讯问人的交代，围绕被讯问人在实施犯罪或违纪违法前、中、后过程中出现了什么特殊的情节或细节、所出现的特殊的情节或细节的具体情况怎样来收集证据，查证属实这些出现的特殊情节或细节，证明被讯问人的交代属实。例如，在这个过程中，被讯问人、被害人、同案人或者对合人向他人拨过电话或接过他人打来的电话；或被讯问人与被害人、同案人或者对合人进行过一些对话，包括说笑什么的；或被讯问人、被害人、同案人或者对合人在某处拉过大便，等等。讯问人员就要根据被讯问人这些对特殊情节或细节的交代，查证属实拨电话或接电话、说过的一些话、在某处拉过大便的情况，证明确有被讯问人所交代的这些情节或细节。

（6）围绕被讯问人交代的犯罪或违纪违法对象的特殊情节或细节进行查证

有的犯罪或违纪违法的对象存在或在被讯问人对其作用时这阶段有着某些特殊的情节或细节。这些特殊的情节或细节，如果没有与犯罪或违纪违法对象的直接接触，他人是不可能知道有这些特殊的情节或细节的。对于犯罪或违纪违法对象的特殊情节或细节，讯问人员要根据被讯问人的交代，围绕犯罪或违纪违法对象是否存在或在受到作用时这阶段存在这些特殊的情节或细节或在其被作用时反抗的特殊情节或细节收集证据，查证属实犯罪或违纪违法对象确有这些特殊的情节或细节，证明被讯问人的交代属实。例如，有的表现为犯罪或违纪违法对象在某部位有胎记、身上有腋臭、阴部来月经，在其受到被讯问人的犯罪或违纪违法行为作用时，其曾用手狠抓被讯问人的某部位并抓出血痕；有的表现为物的犯罪或违纪违法对象在某处有特殊的特征，或有瑕疵，或有特殊的包装，等等。讯问人员就要根据被讯问人这些对犯罪或违纪违法对象的特殊情节或细节的交代，查证犯罪或违纪违法对象的胎记、腋臭、月经、反抗的细节、特殊的特征、瑕疵、特殊的包装的情况，证明犯罪或违纪违法对象确有被讯问人所交代的这些情节或细节，查证被讯问人的交代属实。

3. 围绕被讯问人交代的事实方向进行查证

被讯问人供述的犯罪或违纪违法的事实，有的只交代这一事实的方向，它需要讯问人员根据被讯问人交代的方向进行查证，查获被讯问人犯罪或违纪违法的证据，从而查证属实被讯问人的交代。

被讯问人交代的犯罪或违纪违法的事实方向，包括确定的事实方向和模糊的事实方向。

被讯问人在供述犯罪或违纪违法事实的过程中，涉及这些确定的事实方向和模糊的事实方向，讯问人员要围绕被讯问人交代的事实方向进行查证。

（1）围绕被讯问人交代的确定的事实方向进行查证

所谓确定的事实方向，是指被讯问人交代的犯罪或违纪违法事实，这一事实的证据在何处，被讯问人是确定的。

被讯问人在交代犯罪或违纪违法事实的过程中，明确地交代了某一事实的证据在何处。对此，讯问人员要根据被讯问人的交代，在其所交代的明确地方进行查证，查获这一事实的证据，证明被讯问人的交代属实。例如，被讯问人交代在犯罪或违纪违法过程中，某某人目睹了其犯罪或违纪违法，或其将犯罪所得的赃物匿藏在某某地方或销赃给某某人，或其将尸体匿藏或抛尸在某某处，或其将作案工具匿藏或抛在某某处，或其在某某处销毁了某某证据，等等。讯问人员在对被讯问人的交代进行查证的过程中，就要根据被讯问人对这些问题所作出的交代，找到目睹犯罪或违纪违法的某某人向其取证，或在某某地方查获赃物，或找到销赃的某某人进行取证并提取赃物，或在某某地方查获尸体或作案工具，或在某某处取得销毁证据的证据。

（2）围绕被讯问人交代的模糊的事实方向进行查证

所谓模糊的事实方向，是指被讯问人交代的犯罪或违纪违法事实，对这一事实的供述是模糊的，不具体的。

被讯问人在交代犯罪或违纪违法事实的过程中，由于其在犯罪或违纪违法时惊慌或因客观原因，记得不太清楚，无法提供明确的情况，只提供了一个大概的方向。对此，讯问人员要根据被讯问人提供的大概方向，在其所交代的大概方向进行查证，查获这一事实证据，证明被讯问人的交代属实。例如，被讯问人交代把赃物或尸体匿藏在某某山上的一个山洞里，具体位置记不清楚；或把作案工具在回来的路上扔在一条水沟里；或在某某地方把赃物卖给一个好像有某特征的不熟悉的人，等等。讯问人员在对被讯问人的这些交代进行查证的过程中，就要根据被讯问人提供的方向，在某某山上展开对各个山洞的搜查，查获赃物或尸体，或沿着被讯问人回来的路的水沟进行寻找，查获作案工具，或在某某地方展开调查，寻到购买赃物的人，查获赃物。

4. 围绕被讯问人的供述与其他证据的差异点进行查证

由于人的记忆力情况和对事实经过情况感受的不同，再加上被讯问人在进行犯罪或违纪违法时处于惊慌的状态，被害人在遭受犯罪或违纪违法行为侵害时的恐惧，同案人、对合人在共同或对合犯罪或违纪违法时的慌乱，证人在耳闻或目睹被讯问人犯罪或违纪违法时受到自然等客观情况的影响，被讯问人在一些事实和情节的供述上往往会与被害人的陈述、同案人、对合人的供述、证人的陈述或客观情况发生差异，甚至出现影响到对犯罪或违纪违法事实认定的差异。这些差异的出现，讯问人员不能一概认为是被讯问人的交代不老实。这其中有的可能是被讯问人的交代不准、不实，也有的可能是被害人、同案人、对合人或证人的陈述或供述不准、不实。如果讯问人员一概认为是被讯问人不老实，在被害人、同案人、对合人或证人的陈述或供述不准、不实的情况下，就会出现认定案件事实的错误，而且，被讯问人就会认为讯问人员并未真正掌握其犯罪或违纪违法的事实证据，甚至引起被讯问人的反感，认为讯问人员偏听偏信；在被讯问人记忆差错的情况下，被讯问人就会失去如实交代的信心，认为讯问人员不会实事求是，反正都是"偏袒"。这样被讯问人在查证的续审中就不会作出如实的交代。因此，对于这些差异，讯问人员要根据被讯问人的供述，围绕差异以实事求是的态度进行查证，查证属实被讯问人的交代或纠正被讯问人的交代。

围绕被讯问人的供述与其他证据的差异点进行查证的方法是：

（1）查证影响对犯罪或违纪违法事实和情节认定的差异点

讯问人员在围绕被讯问人的供述与其他证据的差异点进行查证时，要查证的是影响对犯罪或违纪违法事实和情节认定的差异点，而对于那些与认定犯罪或违纪违法事实和情节关系不大的细枝末节的差异点没有必要去查证，把各个言词证据统一起来一模一样反而失去了言词证据的真实性。

（2）向客观存在的事实进行查证

讯问人员要根据被讯问人的供述与被害人、同案人、对合人或证人的陈述或供述的差异点，向客观存在的事实进行查证，查证是被讯问人的供述属实，还是被害人、同案人、对合人或证人的陈述或供述属实。

(3) 向被害人、同案人、对合人或证人进行查证

讯问人员要重新询问或讯问被害人、同案人、对合人或证人，在询问或讯问中，根据被讯问人的供述和客观存在的事实情况，针对差异点向被害人、同案人、对合人或证人提出有针对性的问题，让其详细回忆作出回答。

(4) 向被讯问人进行查证

讯问人员要重新讯问被讯问人，在讯问中，根据被害人、同案人、对合人或证人的陈述或供述和客观存在的情况，针对差异点向被讯问人提出有针对性的问题，让其详细回忆作出回答。

二、查证被讯问人的辩解

不少被讯问人在讯问中对其犯罪或违纪违法事实进行辩解。有的辩解自己根本就没有实施犯罪或违纪违法行为，有的辩解自己的行为不是犯罪或违纪违法，有的辩解自己实施的不是这种性质的犯罪或违纪违法行为，有的辩解自己的行为情节轻微或情节显著轻微危害不大，等等。被讯问人的这些辩解有三种情况：一是真实的；二是虚假的；三是有真有假的。因而，讯问人员不能认为被讯问人进行辩解就是不老实，是无理的狡辩，统统都是虚假的，而应当以极其负责的精神、实事求是的态度对被讯问人的辩解进行查证。通过查证，认定真实的，排除虚假的。因此，在讯问结束以后，讯问人员就要对被讯问人的辩解进行查证。

（一）查证被讯问人辩解的意义

查证被讯问人的辩解，对于及时地否定无辜的被讯问人，保护其合法的权益；收集到证据，证明被讯问人的犯罪或违纪违法事实；在续审中对被讯问人的无理狡辩进行驳斥，促使其作出如实的交代，都有着重要的意义。

1. 有利于及时地否定无辜的被讯问人，保护其合法的权益

对被讯问人进行讯问，虽然在事前讯问人员对被讯问人是实施犯罪

或违纪违法行为的人进行过严格的审查认定，但由于案件情况的复杂和讯问人员认识、判断上的误差，并不能保证所有受讯问的被讯问人都是实施了犯罪或违纪违法行为的人或其实施的行为就是犯罪或违纪违法行为。也就是说，错讯被讯问人或把不是犯罪或违纪违法行为当成犯罪或违纪违法行为进行讯问的情况是有可能存在的。这种错讯被讯问人或把不是犯罪或违纪违法行为当成犯罪或违纪违法行为进行讯问的情况，侵犯了被讯问人的合法权益，对此，讯问人员要及时地予以发现和纠正。

被讯问人在讯问中进行辩解，提出了其没有实施犯罪或违纪违法行为或其实施的不是犯罪或违纪违法行为，而是合法行为的事实和理由，对被讯问人提出的这些辩解，讯问人员在讯问结束以后，就要及时地予以查证，查明被讯问人提出的辩解事实是否确实、理由是否成立，从而认定被讯问人是实施了犯罪或违纪违法行为还是没有实施犯罪或违纪违法行为，实施的是犯罪或违纪违法行为抑或不是犯罪或违纪违法行为。只有这样，才能及时地否定无辜的被讯问人，保护其合法的权益。如果在讯问结束以后，讯问人员对被讯问人在讯问中提出的其没有实施犯罪或违纪违法行为或其实施的不是犯罪或违纪违法行为的辩解事实和理由不予立即进行查证或置之不理，一是不能及时地查清被讯问人的辩解事实和理由究竟是真实的，还是虚假的，被讯问人只能是继续被关押或被采取调查措施。如果被讯问人的辩解是真实的，确实没有实施犯罪或违纪违法行为或其实施的的确不是犯罪或违纪违法行为，那么，就冤枉了无辜的被讯问人，侵犯了他的合法权益。二是随着时间的流逝、情况的变化，被讯问人提出的辩解就有可能难以查清，认定辩解真实没有根据、虚假没有证据。这样，不仅使案件无法认定而成为疑难案件，而且，如果被讯问人的辩解是真实的，同样侵犯了被讯问人的合法权益。因此，在讯问结束以后，查证被讯问人的辩解，有利于及时地否定无辜的被讯问人，保护其合法的权益。

2. 有利于收集到证据，证明被讯问人的犯罪或违纪违法事实

事实上，查证被讯问人的辩解，同样是一个收集证据的过程。

被讯问人在讯问的过程中辩解其没有实施犯罪或违纪违法行为，或辩解其实施的不是犯罪或违纪违法行为，或辩解其实施的不是这种犯罪或违纪违法行为，或辩解其行为情节轻微或情节显著轻微危害不大，其总是会提出事实或理由的。如果被讯问人进行虚假的辩解，其就要编造虚假的事实和理由，而虚假的事实和理由是经不起查证的，必然要暴露出其虚假的真面目。

在讯问结束以后，讯问人员对被讯问人提出辩解的事实和理由进行查证，围绕其辩解的事实和理由收集证据，如果被讯问人借以辩解的事实和理由是虚假的，讯问人员在查证其编造的虚假事实和理由的过程中，就能收集到客观真实的证据，从而证明被讯问人实施了犯罪或违纪违法行为，或证明被讯问人实施的是犯罪或违纪违法行为，或证明被讯问人实施的就是这种性质的犯罪或违纪违法行为，或证明被讯问人实施的是情节重的行为。这样，就证明了被讯问人的犯罪或违纪违法的事实。如果讯问人员在讯问结束以后，不对被讯问人的辩解进行查证，就不能有针对性地收集到证明被讯问人犯罪或违纪违法的证据。因此，在讯问结束以后，查证被讯问人的辩解，有利于收集到证据，证明被讯问人的犯罪或违纪违法事实。

3. 有利于在续审中对被讯问人的无理狡辩进行驳斥，促使其作出如实的交代

被讯问人为了逃脱法网或受到较轻的处罚，不少被讯问人在讯问中编造事实和理由进行无理的狡辩，将自己的犯罪或违纪违法辩无、辩轻。讯问人员在讯问被讯问人后，对被讯问人的辩解进行查证，就可发现被讯问人借以辩解的事实和理由是编造的、虚假的，其是在进行无理的狡辩。通过全面深入的查证，就能收集到被讯问人实施了犯罪或违纪违法，或情节严重的确实、充分的证据，从而以证据证明了被讯问人狡辩的无理和其实施的犯罪或违纪违法或情节严重的事实。

对于进行无理狡辩的被讯问人，讯问人员在取得其无理狡辩的证据后，就应及时地对被讯问人进行续审，促使其如实交代犯罪或违纪违法的事实，突破其口供。

在被讯问人编造事实和理由进行无理狡辩的情况下，促使其如实交代犯罪或违纪违法事实，突破其口供，并不是一件容易的事。绝大多数被讯问人都要死守其所编造的事实和理由的防线，坚持其所编造的事实和理由，如果没有针对其所编造的事实和理由的铁板钉钉的证据，被讯问人是不会放弃其死守的防线而改口对犯罪或违纪违法事实作出如实交代的。这是讯问中的一大难点。在这种情况下，讯问人员只有以针对其所编造的事实和理由的铁的事实和确实、充分的证据对其无理狡辩进行驳斥，驳倒其所编造的事实和理由，才有可能使被讯问人在事实和证据面前理屈词穷，从而改口对犯罪或违纪违法事实作出交代。

讯问人员对被讯问人的辩解进行查证，在查证中查清了针对其所编造的事实和理由的事实，收集到了针对其所编造的事实和理由的证据，在续审中就可根据查清的事实和收集到的证据，以事实和证据对被讯问人的无理狡辩进行驳斥，驳得被讯问人所编造的事实不复存在、所编造的理由不能成立，从而使被讯问人体无完肤，哑口无言。在这种情况下，被讯问人在趋利避害的心理支配下，就有可能对犯罪或违纪违法事实重新作出如实的交代。如果讯问人员不对被讯问人的辩解进行查证，一是不知道被讯问人的辩解是有理还是无理的狡辩；二是即使知道被讯问人的辩解是无理狡辩，也不知道被讯问人的无理狡辩究竟无理在何处；三是在续审中没有针对性的事实和证据对被讯问人编造的事实和理由进行驳斥。这样，在续审中，也就无法对被讯问人的无理狡辩进行驳斥，促使被讯问人对犯罪或违纪违法事实作出如实的交代。因此，查证被讯问人的辩解，有利于在续审中对被讯问人的无理狡辩进行驳斥，促使被讯问人作出如实的交代。

（二）查证被讯问人辩解的方法

查证被讯问人的辩解，就是根据被讯问人的辩解，围绕被讯问人所提出的辩解事实、情节、理由进行查证，收集证据，以证据证明被讯问人辩解的真实或虚假。

查证被讯问人辩解的方法，总结办案实践，主要以以下方法进行：

1. 围绕被讯问人提出的辩解事实进行查证

被讯问人在讯问中提出事实进行辩解，是被讯问人进行辩解的主要手段之一。对于被讯问人提出事实进行辩解的，讯问人员就要围绕被讯问人提出的事实收集证据，查证该事实是否存在和该事实能否证明被讯问人的辩解成立。

（1）查证被讯问人提出的辩解事实是否存在

在讯问中，有的被讯问人提出事实，以事实辩解自己没有实施犯罪或违纪违法行为，或实施的行为不是犯罪或违纪违法行为，或不是这种性质的犯罪或违纪违法行为，或这种行为的情节轻微或显著轻微危害不大。对于这种以提出事实进行辩解的，讯问人员首先要查证被讯问人提出辩解的事实是否客观存在。经查证，如果收集到的证据能证明被讯问人提出的辩解事实是客观存在的，那么，也就证明了被讯问人提出的辩解是真实的；如果收集的证据证明被讯问人提出的辩解事实根本就不存在，或不是那么一个事实，那么，也就证明了被讯问人提出的辩解是虚假的，其是在进行无理的狡辩。例如，有的被讯问人提出时间事实进行辩解，辩解自己在案件发生时在某某地方，正在做某某事，或同某某人在一起，根本就没有作案的时间。对于被讯问人的这一辩解，经查证，如果有确实的证据证明被讯问人在案件发生时确实在某某地方或正在做某某事，或同某某人在一起，也就证明了被讯问人提出的辩解事实是客观存在的；如果收集到的证据证明被讯问人在案件发生时根本就不在他自己说的某某地方，或不在做某某事，或没有与某某人在一起，也就证明了被讯问人提出的辩解事实是根本不存在的。

（2）查证被讯问人提出的辩解事实能否证明被讯问人辩解的成立

被讯问人提出事实进行辩解，讯问人员不仅要查证被讯问人提出的辩解事实是否客观存在，而且还要查证被讯问人提出的辩解事实能否证明被讯问人辩解的成立。有的案件被讯问人提出的辩解事实经查证，事实是客观存在的，但这一客观事实并不能立即从本质上证明被讯问人辩解的成立。也就是说，被讯问人提出的这一辩解事实还不能从本质上立即证明被讯问人没有实施犯罪或违纪违法行为，或实施的行为不是犯罪或违纪违法行为，或不是这种性质的犯罪或违纪违法行为，或这种行为的情节是轻微的或显著轻微危害不大的。对此，讯问人员就要查证被讯问人提出的辩解事实能否在本质上证明被讯问人辩解的成立。经查证，如果收集到的证据能在本质上证明被讯问人的辩解是成立的，那么，该辩解就是有理的，讯问人员应当予以采纳；如果收集到的证据在本质上不能证明被讯问人的辩解是成立的，那么，被讯问人的辩解就是无理的，讯问人员就应予以否定，千万不要被被讯问人提出辩解的事实的现象所迷惑。例如，有的被讯问人利用职务上的便利，为他人谋取利益，然后以“借”的手段向他人索取财物，并写了借条。在讯问中，被讯问人提出了这是“借”的事实进行辩解，辩解自己的行为是“借”，而不是受贿。讯问人员经查证，被讯问人在取得他人财物时，确实向他人说了是借他的，也收集到了借条。对此，讯问人员并不能因此就认定被讯问人的辩解是真实的，是“借”而不是受贿，而是应当查证被讯问人提出辩解的这一“借”的事实能否证明被讯问人辩解的成立。经查证，如果有证据证明被讯问人借款有正当的理由，在急用时去借，被讯问人与出借人有借款的基础，被讯问人没有利用职务上的便利为出借人谋取利益，在借后有归还的意思表示和归还的行为，在借后有归还的能力即归还借款，没有归还的有没有归还的原因，那么，被讯问人提出借的事实辩解自己的行为是“借”而不是受贿就是成立的。如果有证据证明被讯问人没有借款的正当理由，不需要急用时去借，被讯问人与出借人没有借款的基础，被讯问人利用职务上的便利为出借人谋取利益，借款后没有归还的意思表示和归还的行为，有归还能力而不归还，没有归还又没有归还的原因，那么，被讯问人提出借的事实辩解自己的行为是“借”而不是受贿就不能成立。

2. 围绕被讯问人提出的辩解理由进行查证

被讯问人在讯问中提出理由进行辩解，是被讯问人进行辩解的又一手段，对于被讯问人提出理由进行辩解的，讯问人员就要围绕被讯问人提出的理由进行查证，查证该理由是否符合客观事实、符合法律和法理、符合情理。

（1）查证被讯问人辩解的理由是否符合客观事实

在讯问中，有的被讯问人提出理由进行辩解，以理由辩解自己没有实施犯罪或违纪违法行为，或实施的不是犯罪或违纪违法行为，或不是这种性质的犯罪或违纪违法行为，或这种行为的情节轻微或显著轻微危害不大。被讯问人提出辩解的理由能否成立，首先取决于该辩解的理由是否符合案件的客观事实。因为辩解理由的成立需要案件的事实加以证明，而且，能够成立的辩解一定是符合案件的事实的，而不能成立的辩解一定是不符合案件事实的。因此，在被讯问人提出理由进行辩解的情况下，讯问人员就应查证被讯问人的辩解理由是否符合案件的事实。经查证，如果被讯问人辩解的理由是符合案件的事实的，那么，也就证明了被讯问人的辩解是成立的、是有理由的、是真实的，讯问人员就应采纳被讯问人的辩解；如果被讯问人提出的辩解理由是不符合案件的事实的，那么，也就证明了被讯问人的辩解是不能成立的、是无理的、是虚假的，讯问人员就应在续审中对被讯问人的狡辩予以驳斥，促使被讯问人作出如实的交代。例如，有的收受他人财物的被讯问人，提出自己没有为他人谋取利益的理由进行辩解，辩解自己的行为不构成受贿罪。对此，讯问人员就要围绕被讯问人提出的这一辩解理由，查证被讯问人是否有为他人谋取利益的客观事实。经查证，根据案件的事实，如果被讯问人没有明示或暗示承诺为他人谋取利益，或没有明知他人有具体请托事项而收受其财物，或没有正在为他人谋取利益，或没有已为他人谋取了利益的行为，也就证明了被讯问人的辩解理由符合案件的客观事实，其辩解是成立的、是有理的、是真实的，讯问人员应当予以采纳；如果被讯问人有明示或暗示承诺为他人谋取利益的，或明知他人有具体请托事项而收受其财物的，或有正在为他人谋取利益的，或有已为他人谋取了利益的行为，也就证明了被讯问人的辩解理由不符合案件的客观事实，其辩解是不能成立的、是无理的、是虚假的，讯问人员就应在续审中对被讯问人的狡辩予以驳斥，促使被讯问人作出如实的交代。

（2）查证被讯问人的辩解理由是否符合法律和法理

有的被讯问人提出的辩解理由，很难查证其辩解的理由相对应的客观事实。但是，凡是能够成立的辩解理由都是符合法律和法理的，而不能成立的辩解理由都是不符合法律和法理的，也就是说，符合法律和法理的辩解理由都是成立的、有理的、真实的，不符合法律和法理的辩解理由都是不成立的、无理的、虚假的。因此，对于很难查证相对应客观事实的辩解，讯问人员就应查证其辩解是否符合法律和法理。经查证，如果被讯问人的辩解是符合法律和法理的，那么，也就表明被讯问人的辩解理由是成立的、有理的、真实的，对此，讯问人员就应采纳被讯问人的辩解；如果被讯问人辩解的理由是不符合法律和法理的，那么，也就表明被讯问人的辩解理由是不能成立的、无理的、虚假的，对此，讯问人员就应在续审中对被讯问人的狡辩予以驳斥，促使被讯问人作出如实交代。例如：有的被讯问人提出自己没有犯罪或违纪违法故意的理由进行辩解，辩解自己不具有犯罪或违纪违法构成的主观要件。由于犯罪或违纪违法的故意属于被讯问人的主观心理状态，很难有相对应的事实予以查证，对此，讯问人员就应围绕被讯问人提出的这一辩解理由，查证被讯问人的辩解是否符合关于主观故意的法律和法理。我们知道，根据法律和法理，主观故意是由认识因素和意志因素构成的。据此，讯问人员就要查证被讯问人是否具有认识因素和意志因素。认识因素是由被讯问人的认识能力决定的，而认识能力又取决于被讯问人的年龄、智力和精神，因此，讯问人员要通过查证被讯问人的年龄、智力和精神来认定被讯问人是否能够认识到其行为必然或可能发生某种危害结果。意志因素是通过被讯问人实施的行为表现出来的，因此，讯问人员要通过查证被讯问人实施的行为来认定被讯问人是希望某种危害结果的发生或是放任某种危害结果的发生。通过查证，如果被讯问人的认识因素不能认识到某种危害结果必然或可能发生，其意志因素不是希望或放任某种危害结果的发生，那么，被讯问人也就不具有犯罪或违纪违法的故意，其辩解是符合法律和法理的，因而，被讯问人的辩解是成立的、是有理的、是真实的，讯问人员应予以采纳；如果被讯问人的认识因素能够认识到某种危害结果的必然或可能发生，其意志因素是希望或放任某种危害结果的发生，那么，被讯问人也就具有了犯罪或违纪违法的故意，其辩解是不符合法律和法理的，因而，被讯问人的辩解是不能成立的、是无理的、是虚假的，讯问人员就应在续审中对被讯问人的狡辩予以驳斥，促使被讯问人作出如实的交代。

（3）查证被讯问人的辩解是否符合情理

有的被讯问人提出的辩解理由，很难查证到直接充分的证据证明其辩解是成立的、有理的、真实的，还是不能成立的、无理的、虚假的。但是，成立的、有理的、真实的辩解理由都是符合情理的，而不能成立的、无理的、虚假的辩解理由必然是不符合情理的。因此，对于这种很难查证到直接充分的证据证明其辩解的理由是成立的、有理的、真实的，还是不成立的、无理的、虚假的，讯问人员就应查证其辩解的理由是否符合情理。经查证，如果被讯问人的辩解理由是符合情理的，那么，被讯问人的辩解也就是成立的、有理的、真实的，对此，讯问人员就应采纳被讯问人的辩解；如果被讯问人的辩解理由是不符合情理的，那么，被讯问人的解释也就是不成立的、无理的、虚假的，对此，讯问人员就应在续审中对被讯问人的狡辩予以驳斥，促使其作出如实的交代。例如，有的强奸案件的被讯问人，提出被害人是主动要求与自己发生性行为或同意与自己发生性行为的理由进行辩解，辩解自己的行为是通奸，而不是强奸。由于被讯问人与被害人发生性行为时，只有被讯问人与被害人两人在场，言词证据一对一，很难再查证到直接的证据。对此，讯问人员就应围绕被讯问人提出的这一理由是否符合情理进行查证。经查证，根据案件发生的时间、地点、经过、被害人的情况，如果被害人主动要求或同意与被讯问人发生性行为是符合情理的，那么，被讯问人的辩解是成立的、有理的、真实的，讯问人员就应予以采纳；如果被害人主动要求或同意与被讯问人发生性行为是不符合情理的，例如，被害人身上有月经，那么，被讯问人的辩解也就不符合情理，因而，是不能成立的、无理的、虚假的，讯问人员就应在续审中对被讯问人的狡辩予以批驳，促使被讯问人作出如实的交代。

三、抓获同案人或对合人

被讯问人对犯罪或违纪违法事实作出交代，有的被讯问人供出了共同犯罪或违纪违法的同案人，有的被讯问人供出了犯罪或违纪违法的对合人。对于被讯问人供出的同案人或对合人，讯问人员要在讯问结束后，有的甚至要在讯问中立即对同案人或对合人予以抓获。

（一）抓获同案人或对合人的意义

抓获同案人或对合人，对于防止同案人或对合人逃跑、及时获取证据和防止同案人或对合人进行报复都具有重要的意义。

1. 有利于防止同案人或对合人逃跑，及时获取证据

被讯问人被查案机关采取强制措施或调查措施后，同案人或对合人都惶惶不可终日，时刻在关注、探听被讯问人交代的情况，以便根据情况采取对策。如果被讯问人能够抗得住，不将其供出，其觉得自己是安全的，就会继续稳在那里；如果被讯问人抗不住，将其供出，其认为自己必被查案机关抓去，与其被抓，不如一走了之。在被讯问人作出交代、供出了同案人或对合人后，一旦同案人或对合人得知了这一消息，其就有可能进行逃跑。有的同案人或对合人得知被讯问人作出交代后，其就会对证据进行毁灭。

同案人或对合人一旦逃跑或对证据进行了毁灭，将对查案工作带来极大的危害：一是一时难以抓到同案人或对合人，或者证据被毁灭，无法取得证据，不能证实被讯问人的交代；二是同案人或对合人逃跑，案件就无法继续深入地查下去，不能查清全案，而使案件成为悬案、疑案，无法结案，有的案件甚至连已作出交代的被讯问人都要予以释放或解除调查措施。讯问人员只有在被讯问人作出交代，供出同案人或对合人后，及时地将同案人或对合人抓获，才能防止同案人或对合人逃跑，或者防止证据被毁灭及时地获取证据，进而证明被讯问人的交代和及时

地查结案件。因此，在被讯问人作出供述，供出同案人或对合人后，及时地抓获同案人或对合人，有利于防止同案人或对合人逃跑，及时获取证据。

2. 有利于防止同案人或对合人进行报复

有的同案人或对合人在与其共同或对合犯罪或违纪违法的被讯问人被查案机关采取了强制措施或调查措施后，认为与自己共同或对合犯罪或违纪违法的被讯问人是某某人举报的，或是某某证人向查案机关提供证言的，其对举报人或证人就怀恨在心。一旦被讯问人作出交代，供出了他，其对举报人或证人就会更加仇恨，在失去理智的情况下，就有可能对举报人或证人实施报复行为；有的同案人或对合人对被讯问人顶不住查案机关的讯问而供出了他，对被讯问人及其家人怀有极大的仇恨，其就有可能对被讯问人的家人进行报复。如果在被讯问人作出交代、供出同案人或对合人后，讯问人员能够及时地将同案人或对合人抓获，就可防止和避免同案人或对合人实施报复行为。因此，及时地抓获同案人或对合人，有利于防止同案人或对合人进行报复。

（二）抓获同案人或对合人的方法

对同案人或对合人的抓获，同样有一个方法的问题，讯问人员要讲究抓获的方法。由于这些被供出的同案人或对合人的情况不同，讯问人员要根据这些被供出的同案人或对合人的不同情况，采取不同的方法予以抓获：

1. 对于那些已是惊弓之鸟的同案人或对合人，要在被讯问人供出时即实施抓捕

有的同案人或对合人在被讯问人被采取强制措施或调查措施后，已是惊弓之鸟，随时都有可能逃跑。对于这种同案人或对合人，被讯问人在供出时，讯问人员要不等讯问结束，就以最快的速度组织力量前往抓捕，使之及时到案。如果等讯问结束再组织力量进行抓捕，同案人或对合人就有可能已经逃跑。

2. 对于那些处于高度警惕中的同案人或对合人，要摸准其所在位置实施抓捕

有的同案人或对合人已处于高度警惕中，其为了以防万一，不仅已做好了逃跑的准备，而且处于半躲半公开的状态，变换着地点。对于这种同案人或对合人，讯问人员在对其实施抓捕前，一定要摸准其所在的位置，使抓捕能够一举成功。如果没有摸准其所在的位置就贸然实施抓捕，一旦落空，不能一举抓获，其就会乘机逃跑，再予抓获将会十分困难。

3. 对于那些不能确认被讯问人交代是真实的同案人或对合人，要以传唤的方式抓获

有的被讯问人作出交代，供出了同案人或对合人，但讯问人员不能确认被讯问人的供述是否真实，其供出的同案人或对合人是否就是真正的同案人或对合人。对于这种同案人或对合人，讯问人员要先对被讯问人的交代进行查证，以确认是真实的同案人或对合人。如果查证一时无法查清，而又情况紧急的，在对其实施抓获时，要以传唤的方法将其抓获，以免造成被动。

四、分析被讯问人的心理

无论是已经作出如实交代的被讯问人，还是作出部分交代的被讯问人，抑或抗拒交代的被讯问人，在讯问结束以后，讯问人员都要及时地对被讯问人的心理进行分析。

（一）分析被讯问人心理的意义

讯问结束以后，及时地对被讯问人的心理进行分析，对于准确地掌握被讯问人在讯问结束后的心理活动情况，并根据其心理活动做好有针对性的工作具有重要的意义。

被讯问人在讯问结束以后，其心理活动并不会因为讯问的结束而停止，而且有可能更为激烈和复杂。其在心理的支配下，就会做出种种危害案件查处的行为。讯问人员只有及时准确地掌握被讯问人在讯问结束

后的心理，才能根据被讯问人的心理做出有针对性的工作，防止和杜绝危害案件查处行为的发生。

有的已经作出如实交代的被讯问人，其在讯问结束以后往往会对自己作出交代的得失进行思考分析。经思考分析，或认为自己如果不交代，没有自己的口供，讯问人员就没有证据，不能认定自己的犯罪或违纪违法的事实和作出处理，于是，产生翻供的心理。由于被讯问人已经作出交代，其认为讯问人员必然会根据自己的交代进行调查取证。为了使自己翻供得逞，翻得有理，这种被讯问人就会设法与外界取得联系，通过家人或朋友做同案人、对合人、证人甚至被害人的工作，统一口径，里通外合，进行翻供；或认为自己已对犯罪或违纪违法事实作出交代，证据已铁板钉钉，面临的将是长期的劳役之苦或断头，与其遭受长期的劳役之苦或在此等死，不如冲出牢笼一试，或许能成功，或自行了结更为体面，于是，便产生了逃跑或自杀心理，进而寻找时机逃跑或自杀。如果讯问人员在讯问结束以后，能够及时准确地掌握被讯问人的这些心理，就能针对被讯问人的这些心理，做好有针对性的防范工作，或切断其与外界的联系，或落实防止被讯问人逃跑或自杀的措施，做到防患于未然。

有的已经作出了部分交代的被讯问人，其在讯问结束以后往往会对讯问人员的讯问进行分析。经分析，或认为自己尚未交代的部分，讯问人员并未掌握证据，于是，就会产生自信性侥幸心理，在续审中，其就会在自信性侥幸心理的支配下，拒绝交代尚未作出交代的犯罪或违纪违法事实；或认为自己尚未交代的部分，有的讯问人员已经掌握证据，有的讯问人员没有也不可能掌握证据，于是，便会产生选择性侥幸心理，在续审中，其就会对认为被讯问人员已掌握证据的事实作出交代，对认为被讯问人员没有也不可能掌握证据的事实拒绝作出交代。如果讯问人员在讯问结束以后，能够及时准确地掌握被讯问人的这些心理，就可针对被讯问人的这些心理，有针对性地研究部署续审工作，在续审中，针对其自信性侥幸心理或选择性侥幸心理对被讯问人进行讯问，促使其如实交代尚未交代的犯罪或违纪违法事实。

有的拒不交代犯罪或违纪违法事实的被讯问人，其在讯问的过程中和讯问结束以后，同样会对讯问人员的讯问进行分析。经分析，或认为讯问人员已经掌握了自己的犯罪或违纪违法证据，作出交代是个死，不作出交代也是个死，与其在此等死，不如逃跑，或许能免一死，或索性自行解决，于是，便产生逃跑心理或自杀心理，进而进行逃跑或自杀；或认为如果作出交代，就会发生自己所担心的问题，于是便产生了顾虑心理；或认为自己先交代对不起他人，迟交代又怕自己被动等，于是，便产生了矛盾心理；或认为讯问人员根本就没有掌握自己的犯罪或违纪违法证据，于是，便加强了自信性侥幸心理；或认为讯问人员已掌握了这部分事实的证据，没掌握那部分事实的证据，于是，便产生了选择性侥幸心理，等等。如果讯问人员在讯问结束以后，能够及时准确地掌握被讯问人的这些心理，就可针对被讯问人的这些心理，或落实防止被讯问人逃跑或自杀的措施；或有针对性地研究部署续审工作，在续审中，针对其顾虑心理、矛盾心理、自信性侥幸心理或者选择性侥幸心理对被讯问人进行讯问，促使其作出交代。

由上述可见，讯问结束以后分析被讯问人的心理，有利于及时准确地掌握被讯问人在讯问结束后的心理，做好有针对性的工作。

（二）分析被讯问人心理的方法

被讯问人讯问结束以后的心理，有的是讯问过程中思想活动的继续，有的是在讯问结束以后通过思考分析而产生的思想活动。这些思想活动必然会在讯问过程中和讯问结束以后，通过其态度、情绪、表情、言语、举止等表现出来。讯问人员根据其在讯问过程中或讯问结束以后所表现出来的态度、情绪、表情、言语、举止等的科学分析，便可准确地推断出被讯问人的心理。

1. 里通外合翻供心理的被讯问人，在讯问结束以后，往往表现为寻找能为其传递信息的对象，或提出会见律师、亲人和要亲人给其送衣、送日用品的要求。讯问人员根据被讯问人的这些表现情况，就可推断出被讯问人持有或可能持有里通外合翻供的心理。

2. 逃跑心理的被讯问人，在讯问的过程中，往往表现为以上厕所为由窥视防守的情况；在讯问结束以后，往往表现为向同监人或陪护人员探听防守的情况，或装病要到医院就医等，讯问人员根据被讯问人的这些表现情况，就可推断出被讯问人持有或可能持有逃跑心理。

3. 自杀心理的被讯问人，在讯问过程中或讯问结束以后，往往表现为情绪消沉，或流露出对生活失去信心的言语，或在讯问结束以后表现出一些异常的举动。讯问人员根据被讯问人的这些表现情况，就可推出被讯问人持有或可能持有自杀心理。

4. 顾虑心理的被讯问人，在讯问的过程中或讯问结束以后，往往表现为忧心忡忡，或向他人打听某一问题其结果会是怎样。讯问人员根据被讯问人的这些表现情况，便可推断出被讯问人持有或可能持有某一顾虑心理。

5. 矛盾心理的被讯问人，在讯问的过程中或讯问结束以后，往往表现出思想斗争激烈、左右为难、无所适从的表情，或向看守人员、陪护人员、同监人探听案件查处的有关情况，等等。讯问人员根据被讯问人的这些表现情况，便可推断出被讯问人持有或可能持有矛盾心理。

6. 自信性侥幸心理的被讯问人，在讯问的过程中或讯问结束以后，往往表现为神态自若、言语果断，或态度恶劣、气焰嚣张，等等。讯问人员根据被讯问人的这些表现情况，便可推断出被讯问人持有或可能持有自信性侥幸心理。

7. 选择性侥幸心理的被讯问人，在讯问的过程中，往往表现为对讯问人员进行试探，摸讯问人员的底细。在讯问结束以后，往往要向同监人透露讯问的情况并进行探讨分析，等等。讯问人员根据被讯问人的这些表现情况，便可推断出被讯问人持有或可能持有选择性侥幸心理。

五、落实各项安全措施

被讯问人经讯问人员讯问，思想受到了极大的震惊，预感到必将受到法律的严惩。因而，在讯问结束以后，有的被讯问人意图与外界取得联系，进行串供；有的被讯问人意图逃跑；有的被讯问人意图自杀。因此，讯问人员必须落实各项安全措施，切实防止这些事故的发生。

（一）落实各项安全措施的意义

讯问结束以后，落实各项安全措施，对于杜绝、防止各种事故的发生和使发生的事故损失减少到最低限度具有重要的意义。

案件查处中的安全问题，是案件查处的一个永恒命题。在案件查处的过程中，任何时候都要把安全问题放在第一位。特别是在讯问结束以后，更应引起足够的重视，因为在这个时候最容易出现不安全的问题。

有的被讯问人经讯问以后，认为自己的犯罪或违纪违法事实能否认定，关键在于同案人、对合人、证人或被害人的证言如何，或某证据能否毁灭。于是，被讯问人就设法与外界取得联系，让自己的亲人或朋友做同案人、对合人、证人或被害人的工作，统一口径，否认自己实施的犯罪或违纪违法行为；或让自己的亲人或朋友销毁某一证据。如果讯问人员能够落实安全措施，切断被讯问人与外界联系的渠道和途径，被讯问人也就无法实现统一口径或销毁某一证据。否则，被讯问人的这一目的就有可能实现。

有的被讯问人经讯问以后，认为讯问人员已经掌握了其犯罪或违纪违法确实、充分的证据，无论自己是交代还是不交代，其结果都要受到法律的严惩，面临的是长期劳役之苦或被处以极刑。于是，便萌发了脱逃或自杀的念头，并寻找时机和创造条件实施脱逃或自杀行为。如果讯问人员能够落实安全措施，没有留下给被讯问人实施脱逃或自杀行为的时机和条件，被讯问人也就无法实施脱逃或自杀行为。否则，被讯问人就有可能脱逃或自杀成功。

有的被讯问人经讯问以后，认为自己已无脸见人，今后也无法在这个社会上生活，于是，亦萌发了自杀的念头，并寻找时机和条件实施自杀行为。如果讯问人员能够落实安全措施，使被讯问人没有任何自杀时机和条件，被讯问人也就实施不了自杀行为。否则，被讯问人就有可能自杀成功。

任何事情都有一个万一，尽管讯问人员已进行了安全防范，但有的被讯问人还是实施了脱逃或自杀行为。如果讯问人员能够落实安全措施，当逃脱或自杀行为发生时，按照处置预案进行有效的处置，就能及时地抓获脱逃中的被讯问人，或使实施的自杀行为不能得逞，从而将损失减少到最低限度。否则，只能任损失产生。

由上述可见，落实各项安全措施有利于杜绝、防止各种事故的发生和使发生的事故损失减少到最低限度。

（二）落实各项安全措施的方法

总结查案实践，落实各项安全措施的方法有：

1. 加强监控或陪护，随时掌握被讯问人的动向或及时予以制止

杜绝和防止各种事故的发生，首先要能够随时掌握被讯问人的动向或及时地予以制止。

对于被采取刑事强制措施羁押的被讯问人，讯问人员要在被讯问人羁押场所加强监控措施，随时掌握被讯问人的动向，一有发生事故的苗头，讯问人员就能在第一时间知道，了如指掌，从而及时地排除不安全的因素，把事故扼杀在萌芽之中。

对于被采取指定监视居住强制措施或调查措施的被讯问人，要加强陪护。陪护人员要 24 小时分分秒秒盯住被讯问人，不离视线。一有发生事故的苗头，陪护人员就能予以及时制止，从而使事故发生没有任何时机和条件。

2. 落实各项防范措施

讯问人员要针对可能发生的事故，落实各项防范措施。

对于可能与外界联系的被讯问人，讯问人员要切实切断其与外界联系的一切渠道和途径，使其没有与外界联系的任何条件。

对于可能脱逃的被讯问人，讯问人员要切实落实防止被讯问人逃跑的各项措施，做到不留时机、不留条件、不留死角、不留隐患，使其没有任何逃跑时机和条件。

对于可能自杀的被讯问人，讯问人员要在被讯问人羁押、指定监视居住或采取调查措施的场所不留任何能用以自杀的工具和条件，使被讯问人无法实施自杀行为。

3. 制定应急处置预案

讯问人员还要针对各种可能发生的事故，制定应急处置预案，一旦发生事故，就能根据应急处置预案有条不紊地进行处置，把发生事故的损失减少到最低限度。

六、研究部署续审工作

讯问结束以后，对于那些拒不交代或没有彻底交代犯罪或违纪违法事实的被讯问人，讯问人员要研究部署续审工作，以在续审中突破被讯问人的口供或促使被讯问人作出彻底如实的交代。

（一）研究部署续审工作的意义

研究部署续审工作，对于在续审中按照研究部署的讯问方案对被讯问人进行有条不紊的讯问，突破被讯问人的口供或促使被讯问人彻底如实交代犯罪或违纪违法事实具有重要的意义。

对被讯问人的讯问，并不是经一次讯问就能解决所有问题，就绝大多数案件来说，需要对被讯问人进行多次讯问。这是因为，有的被讯问人在讯问中拒不交代犯罪或违纪违法事实，该次讯问无法突破其口供，就需要对其进行续审；有的被讯问人在讯问中，对轻的事实、情节作出交代，而对重的事实、情节拒不交代，在讯问中避重就轻，没有作出如实的交代，该次讯问不能讯清被讯问人的犯罪或违纪违法事实，亦需要对其进行续审；有的被讯问人在讯问中只交代了部分犯罪或违纪违法事实，但还有部分犯罪或违纪违法事实尚未作出交代，该次讯问不能讯清被讯问人的全部犯罪或违纪违法事实，同样需要对其进行续审；有的被讯问人虽交代了犯罪或违纪违法事实，但在一些具体的事实、情节上没有作出交代，或没有作出详细的交代，或交代得不清楚，此次讯问不能讯清被讯问人具体的事实、情节，还需要对其进行续审，等等。

要使续审工作顺利进行，达到突破被讯问人口供，或促使被讯问人作出如实的交代，或作出彻底的交代，或作出详细交代的目的，讯问人员在讯问结束后，就要对续审工作进行研究部署，厘清续审的讯问思路，确定续审的步骤、策略和方法，制订出针对性强、切实可行、周密的续审计划。只有这样，讯问人员在续审中才能按图施工，按照研究部署的方案，做到讯问思路清晰、步骤得当、策略高明、方法巧妙，对被讯问人进行有效的续审，进而才有可能实现续审的目的。如果讯问人员在讯问结束以后，对需要续审的被讯问人不研究部署续审工作，在续审中势必不是盲目蛮干，就是糊弄一场。这样，不仅达不到续审的目的，而且有可能把案件搞砸，导致永远无法讯清案件而成为疑难案件。因此，讯问结束以后，研究部署续审工作，有利于在续审中对被讯问人进行有条不紊的讯问，通过续审，讯清被讯问人的犯罪或违纪违法事实。

（二）研究部署续审工作的方法

研究部署续审工作的方法主要有以下几点：

1. 根据讯问的情况，研究部署续审工作

讯问人员在部署研究续审工作时，首先要对该次讯问进行总结，总结出成功的经验和失败的教训，在哪些方面是讯得成功的，讯得成功的原因是什么；在哪些方面是讯得有欠缺的，为什么会产生欠缺的情况；在哪些方面是讯得失败的，失败的教训在哪里，为什么会出现失败的情况，等等。在对该次讯问进行总结的基础上，研究部署续审工作。研究在续审中应如何发扬讯得成功的方面，制约讯得欠缺的方面，克服讯得失败的方面，提出续审工作思路、步骤、策略和方法。

2. 根据被讯问人在该次讯问中的态度，研究部署续审工作

在该次讯问中，有的被讯问人态度恶劣，气焰嚣张；有的被讯问人软磨硬泡，胡搅蛮缠；有的被讯问人貌似配合，实则抗拒，等等。讯问

人员要根据被讯问人在该次讯问中的态度表现，寻找出被讯问人产生这种态度的原因，然后针对被讯问人这种态度表现情况和产生这种态度的原因，部署研究续审工作。研究在续审中应如何以针对性的方法狠刹被讯问人不端正态度表现，挖除其不端正态度的根源，端正其不端正的态度，摧毁其抗审的心理防线，提出续审工作的思路、步骤、策略和方法。

3. 根据被讯问人在讯问后的心理，研究部署续审工作

被讯问人经讯问后，有的被讯问人的心理仍是讯问前的心理，有的被讯问人的抗审心理加强，有的被讯问人的心理起变化。讯问人员要在分析被讯问人讯问后的心理，掌握被讯问人在讯问后的心理的基础上，根据被讯问人的心理，研究部署续审工作。研究在续审中应如何针对被讯问人的心理，采取哪些有针对性的对策对被讯问人进行讯问，提出续审思路、步骤、策略和方法。

4. 根据案件的实际情况，研究部署续审工作

每一个案件的实际情况是不同的，经讯问后，讯问的结果情况也是不同的。讯问人员要根据案件的实际情况或讯问后案件的实际情况，研究部署续审工作。研究在续审中应如何针对案件的实际情况或讯问后案件的实际情况，采取哪些有针对性的对策对被讯问人进行讯问，提出续审思路、步骤、策略和方法。

七、落实各项侦查或调查措施

讯问结束以后，对于那些需要继续侦查或调查的被讯问人，讯问人员还要落实对被讯问人的各项侦查或调查措施，以不失时机地获取被讯问人犯罪或违纪违法的证据。

（一）落实各项侦查或调查措施的意义

讯问以后落实各项侦查或调查措施，对于不失时机地获取被讯问人

犯罪或违纪违法的证据具有重要的意义。

有的被讯问人经讯问，认为讯问人员已掌握了其犯罪或违纪违法的问题，自己的犯罪或违纪违法问题能否被讯问人员取得证据，关键在于证人是否出面作证，或赃物、作案工具、书证等犯罪或违纪违法的证据能否被讯问人员查获。于是，其千方百计要堵住证人的口，或匿藏好赃物、作案工具、书证等犯罪或违纪违法证据或进行毁灭。这样，对于被关押或被采取调查措施的被讯问人来说，其就会千方百计与外界取得联系，通过亲人、朋友去堵住证人的嘴，或匿藏好赃物、作案工具、书证等犯罪或违纪违法的证据；对于人身自由未被限制或相对被限制的被讯问人来说，其就会自己前去或与亲人、朋友一起前去堵证人的嘴，匿藏或毁灭这些证据。对于这些情况，讯问人员只有落实了侦查或调查措施，才能及时地发现被讯问人的这些行为，进而不失时机地获取被讯问人犯罪或违纪违法的证据，否则，讯问人员就不能发现被讯问人的这些行为，也就无法获取被讯问人的这些证据。

有的案件对被讯问人通过讯问，讯问人员发现了可用于证明被讯问人犯罪或违纪违法事实或与被讯问人犯罪或违纪违法有关的各种财物、文件。对于这些财物、文件，讯问人员在讯问以后，只有及时地落实查封、扣押的措施，进行查封、扣押，才能不失时机地获取被讯问人犯罪或违纪违法的这些证据，否则，事过境迁，就有可能造成这些财物、文件的流失而无法获取这些证据。

有的案件的被讯问人在讯问以后，需要通过使用各种侦查手段去发现其犯罪的事实和证据，对于这些被讯问人，讯问人员在讯问以后，只有及时地落实各种侦查手段，才能不失时机地掌握被讯问人的活动情况，进而获取被讯问人犯罪的证据，否则，就无法获取来自这条渠道的证据。

有的案件的被讯问人在讯问以后，需要通过技术侦查措施来发现或获取其犯罪的证据。对于这种被讯问人，讯问人员在讯问以后，只有对被讯问人及时地落实各种技术侦查措施，才能不失时机地利用技术侦查措施获取被讯问人犯罪的证据，否则，是无法获取被讯问人的犯罪证据的。

由上述可见，在讯问被讯问人后，落实各项侦查或调查措施，有利于讯问人员不失时机地获取被讯问人犯罪或违纪违法的证据。

（二）落实各项侦查或调查措施的方法

落实各项侦查或调查措施，要根据被讯问人可能进行的活动和侦查或调查需要采取的措施予以落实。

1. 落实对被讯问人的监视

讯问人员要落实对被讯问人的监视措施，或布置看守、陪护人员对被讯问人进行监视，或讯问人员自己对被讯问人进行监视，等等。

2. 落实查封、扣押措施

讯问人员要落实对可用于证明被讯问人犯罪或违纪违法事实或与被讯问人犯罪或违纪违法有关的各种财物、文件的查封、扣押措施，一旦发现这些财物和文件，讯问人员要及时、坚决地予以查封、扣押，并予以妥善保管。

3. 落实各种侦查或调查措施

讯问人员要落实对被讯问人进行侦查或调查的各种措施，特别要根据需要，落实要采取的技术侦查、调查措施，做到严格地审批、实施技术侦查、调查措施的人员到位、技术设施到位、实施的过程到位。

八、做好保护有关人的工作

讯问结束后，讯问人员还要做好保护有关人的工作，以防止有关的人受到打击报复。

（一）做好保护有关人工作的意义

讯问结束以后做好保护有关人的工作，对于防止有关的人受到打击报复，保证他们的安全具有重要的意义。

被讯问人到案接受讯问，有的被讯问人的亲属认为是被害人故意捏造事实，有的认为是被害人有错在先，现在却颠倒事实反咬一口，致使其亲人身陷囹圄；有的讯问后让其先回去的被讯问人，除有上述认识外，还认为讯问人员并未掌握其犯罪或违纪违法的证据，于是，胆大狂妄起来。这些被讯问人的亲属和被讯问人都有可能对被害人或被害人的亲属进行打击报复，实施打击报复的行为。讯问人员在讯问被讯问人后，只有做好对被害人或被害人亲属的保护工作，才能防止和排除被讯问人的亲属或被讯问人对被害人或被害人亲属的打击报复。否则，被害人或被害人的亲属就有可能受到打击报复。

被讯问人到案接受讯问，有的被讯问人的亲属认为是某人控告、检举或出面作证，如果没有某人控告、检举或出面作证，被讯问人也就不会被采取强制措施或调查措施和被讯问；有的讯问后让其回去的被讯问人，认为是因为某人的控告、检举或出面作证，才使自己被查案机关进行讯问，亦认为如果某人不控告、检举或出面作证，自己就不会被讯问；有的被讯问人在讯问回去后，认为控告、检举人或作证人没有实事求是地控告、检举或作证，或认为控告、检举人或证人的控告、检举或作证是故意捏造事实，等等。这些被讯问人的亲属和被讯问人，就有可能对控告、检举人或证人或者控告、检举人或证人的亲属进行打击报复，实施打击报复的行为。讯问人员在讯问结束后，只有做好对控告、检举人或证人或者控告、检举人或证人亲属的保护工作，才能防止和排除被讯问人的亲属或被讯问人对控告、检举人或证人或者控告、检举人或证人亲属的打击报复。否则，控告、检举人或证人或者控告、检举人或证人的亲属就有可能受到打击报复。

被讯问人到案接受讯问后，有的被害人的亲属知道了自己的亲人被害是被讯问人实施的，对被讯问人和被讯问人的亲属恨之入骨，于是，被害人的亲属和被害人就有可能对被讯问人的亲属或在讯问后回去的被讯问人进行打击报复，实施打击报复的行为。讯问人员在讯问结束后，只有做好对被讯问人亲属或被讯问人的保护工作，才能防止和排除被害人及其亲属对被讯问人或被讯问人亲属的打击报复。否则，被讯问人或被讯问人的亲属就有可能受到打击报复。

由上述可见，在讯问被讯问人后，做好对被害人及其亲属，控告、检举人及亲属、证人及其亲属，被讯问人及其亲属的保护工作，有利于防止和排除这些人受到打击报复，保证他们的安全。

（二）做好保护有关人工作的方法

对有关人的保护工作，要从以下方面做好。

1. 对可能实施打击报复行为的对象进行教育

讯问人员要对可能会实施打击报复行为的对象进行教育，教育他们要遵守法纪，不能实施违法行为，实施打击报复的行为是要受到法律追究的，使他们放弃进行打击报复的念头。

2. 对可能受到打击报复的对象，提醒其提高警惕，加强防范

讯问人员对可能受到打击报复的对象，要提醒其提高警惕，做好防范的各种准备。同时，要告诉他们在发现有被打击报复苗头的时候，要及时地告知查案机关并告诉其联系的电话号码。

3. 落实好保护的措施

讯问人员要对可能受到打击报复的对象落实好保护的各种措施，并落实好对其进行保护的力量，一旦发生打击报复的行为，就能有足够的力量进行保护。

4. 及时地予以保护

讯问人员对发生的打击报复行为，要以有效的措施、得力的方法予以制止、排除，及时有效地保护好被打击报复的对象。

后 记

《讯问步骤》就要付梓出版了。本书的写作过程也是我回忆几十年一线查办案件工作的过程。

为了使讯问步骤贴近讯问前沿，具有实践性，能够满足讯问实践的需要，我对我几十年一线查办案件工作进行了全面、深入的回忆，从所办理的案件中总结出了讯问的步骤和讯问各步骤如何实施的方法、技巧，经与我在纪检监察机关工作的大儿子廖鹏程和在中央机关工作的小儿子廖万里讨论，共同拟定了写作思路和要点，然后撰写了这本《讯问步骤》。可以说，这本《讯问步骤》，既是我一生查办案件工作的总结，也是我与两个儿子的共同研究成果。

本书的出版得到了中国法制出版社的大力支持和无私援助。编辑一部主任袁笋冰老师不辞辛苦，亲自对本书书稿中的一些不妥提法进行了高水平的斧正，付出了大量的精力，从而保证了本书叙述的正确性、科学性；责任编辑欧丹老师水平高，文字功底扎实、深厚，她不辞辛劳，一丝不苟，认真严谨，付出了辛勤的劳动，显著地提高了本书的编校质量，在此一并深表敬意和谨致谢忱。

本书的出版同样离不开家人的支持和帮助，是他（她）们给了我写作的清晰思路、巨大动力和温馨环境。衷心祝愿他（她）们幸福安康、永绥吉劭！

是为后记。

廖福田

2021 年 10 月 8 日

图书在版编目（CIP）数据

讯问步骤 / 廖福田著．—北京：中国法制出版社，2021.9(2025.3 重印)
ISBN 978 -7 -5216 -2148 -8

Ⅰ.①讯… Ⅱ.①廖… Ⅲ.①刑事侦查 - 预审 Ⅳ.①D918.5

中国版本图书馆 CIP 数据核字（2021）第 176070 号

策划编辑/责任编辑：欧丹　　封面设计　李宁

讯问步骤

XUNWEN BUZHOU

著/廖福田

经销/新华书店

印刷/北京虎彩文化传播有限公司

开本/710 毫米×1000 毫米　16 开　　印张/ 50.5　字数/ 608 千

版次/2021 年 10 月第 1 版　　2025 年 3 月第 3 次印刷

中国法制出版社出版

书号 ISBN 978 -7 -5216 -2148 -8　　定价：176.00 元

北京市西城区西便门西里甲 16 号西便门办公区

邮政编码：100053　　传真：010 -63141852

网址：http：//www.zgfzs.com　　**编辑部电话：010 -63141675**

市场营销部电话：010 -63141612　　**印务部电话：010 -63141675**

（如有印装质量问题，请与本社印务部联系。）